RALPH R. GREENSON

Technik und Praxis der Psychoanalyse

Band I

KLETT-COTTA

Verlagsgemeinschaft Ernst Klett Verlag –
J. G. Cotta'sche Buchhandlung
Aus dem Amerikanischen übersetzt von
Gudrun Theusner-Stampa
Die Originalausgabe erschien unter dem Titel
»The Technique and Practice of Psychoanalysis
Volume I«

Printed in Germany
Schutzumschlag: Klett-Cotta-Design
Druck: Omnitypie-Gesellschaft, Stuttgart
Papier: Säurefreies und holzfreies Werkdruckpapier
Einband: G. Lachenmaier, Reutlingen
Fünfte Auflage, 1989

CIP-Kurztitelaufnahme der Deutschen Bibliothek
Greenson, Ralph R.:
Technik und Praxis der Psychoanalyse / Ralph R. Greenson.
[Aus d. Amerikan. übers. von Gudrun Theusner-Stampa]. –
Stuttgart: Klett-Cotta
Einheitssacht.: The technique
and practice of psychoanalysis <dt.>
Bd. 1. – 5. Aufl. – 1989.
ISBN 3-608-95473-2

Meinen Lehrern, meinen Studenten
und meinen Patienten gewidmet

Inhalt

3. Kapitel: Übertragung

4. Kapitel: Die psychoanalytische Situation

Danksagung

Es ist unmöglich, allen jenen einzeln zu danken, die zum Entstehen dieses Buches beigetragen haben. Ich betrachte alle in der Bibliographie aufgeführten Autoren ganz offiziell als meine Lehrer; hier möchte ich nur meinen Dank etwas persönlicher zum Ausdruck bringen.

Mein Vater, Dr. med. Joel O. Greenschpoon, praktischer Arzt, hat mir seine Anteilnahme und seine Hingabe für seine Patienten und den Arztberuf mitgegeben. Otto Fenichel, mein Lehranalytiker, hat mich durch seinen unerschütterlichen Einsatz für die psychoanalytische Lehre und durch seine unbestechliche Ehrlichkeit inspiriert.

Dann gibt es noch eine inoffizielle Gruppe, die aus Gründen der Diskretion anonym bleiben muß, der ich aber vielleicht am meisten zu verdanken habe. Ich spreche von meinen Patienten, denen es gelungen ist, mich in bezug auf die Technik sehr viel zu lehren, während ich versuchte, sie zu behandeln. Ebenso habe ich viel von den vielen Ausbildungskandidaten im Psychoanalytischen Institut in Los Angeles gelernt, für die ich mehr als zwanzig Jahre lang Seminare über Technik der Psychoanalyse gehalten habe. Auch die am Medical Center der UCLA in Los Angeles, Kalifornien, angestellten Psychiater haben mich beim Lehren und Erlernen der Psychoanalyse angeregt.

Einigen Menschen kann ich persönlich danken. Ich möchte mich bei den Doktoren Hanna Fenichel, Milton Wexler, Lawrence Friedman, Rudolf Ekstein und Alfred Goldberg für die vielen fruchtbaren Diskussionen bedanken, die wir im Lauf der Jahre über technische Probleme geführt haben. Ich habe besonders vom Gedankenaustausch mit einer Reihe von Kollegen in Los Angeles profitiert, die an einem Seminar über spezielle technische Probleme für fertig ausgebildete Praktiker teilgenommen haben, das sich über eineinhalb Jahre, vom Herbst 1959 bis Sommer 1960, erstreckte. Dazu gehörten die Doktoren Richard Evans, Gerald Aronson, Arthur Ourieff, William Horowitz, Jack Vatz, Samuel Futterman, Marvin Berenson, Neal Peterson, Norman Atkins und Seymour Bird. Ich danke ebenfalls Dr. Richard Newman, der das ganze Manuskript gelesen hat.

Nathan Leites war mir eine große Hilfe bei der Formulierung einiger Definitionen und durch seine Betonung der Wichtigkeit einer großen Zahl klinischer Beispiele. Besonderen Dank schulde ich Bernard Brodie, der sich der Mühe unterzogen hat, meine Grammatik-Fehler zu korrigieren und meinen literarischen Stil zu verfeinern und zu klären. Auch Bess Kaufman hat an dieser Arbeit mitgewirkt. Meine Sekretärin Susan Alexander, die schon zwanzig Jahre bei mir ist, hat diesem Buch viele Überstunden gewidmet, angefangen vom ersten Entwurf des Jahres 1953. Lottie M. Newman hat mich ermutigt, die Arbeit an dem Buch fortzusetzen, als verschiedene Verlockungen mich abzulenken drohten. Sie hat mir auch als erfahrene Führerin und hilfreiche Redakteurin der vielen Entwürfe zu diesem Buch gedient. Schließlich und vor allem muß ich meiner Frau Hildi, meiner Tochter Joan Aebi-Greenson und meinem Sohn, Dr. Daniel Greenson, dafür danken, daß sie die endlosen Varianten und Veränderungen in den verschiedenen Versionen des Manuskripts angehört, gelesen und verbessert haben.

Einführung

Ich glaube, es ist Zeit für ein Lehrbuch über die Technik der Psychoanalyse, auch wenn damit viele Schwierigkeiten verbunden sind. Ich habe den Eindruck, daß es große Gefahren in sich birgt, wenn man zuläßt, daß Zweideutigkeiten, Abweichungen und Divergenzen mündlich vom Analytiker an den Analysanden, vom Kontrollanalytiker an den Kandidaten und in privaten Diskussionen von einem Kollegen an den anderen weitergegeben werden, ohne daß man in angemessener Weise auf sie achtet und sie als das erkennt, was sie sind.

Die Standardwerke über Technik von Freud, Glover (1955), Sharpe (1930) und Fenichel (1941), so vortrefflich sie sein mögen, sind nur umrißhaft. Dort wird nicht genügend detailliert beschrieben, was der Analytiker wirklich tut, wenn er einen Patienten analysiert. Infolgedessen kann das Analysieren eines Widerstands für den einen Analytiker das eine bedeuten, für einen anderen aber etwas erstaunlich anderes, und doch wird vielleicht jeder von ihnen glauben, er analysiere einen Widerstand gemäß den klassischen psychoanalytischen Prinzipien.

Das Podiumsgespräch über Variationen der klassischen psychoanalytischen Technik, das 1957 auf dem 20. Kongreß der Internationalen Psychoanalytischen Vereinigung in Paris abgehalten wurde, machte die Verschiedenheit der Anschauungen deutlich (siehe Greenson et al., 1958). Glovers Fragebogen über übliche technische Verfahren, den er 1938 an die Mitglieder der Britischen Psychoanalytischen Vereinigung verteilte, brachte ein unerwartetes Maß an Uneinigkeit unter den Mitgliedern ans Licht, ebenso ein hohes Maß an Zögern, Scheu und Unentschlossenheit in bezug auf die Offenbarung ihrer Techniken (Glover, 1955, S. 348). Helen Tartakoff unterstreicht in ihrer ausgezeichneten Besprechung der neueren Bücher über psychoanalytische Technik, daß der Ausdruck »Psychoanalyse« im Titel jeder Neuerscheinung recht frei auf sehr verschiedene therapeutische Methoden angewendet wird, die auf den persönlichen und speziellen theoretischen Postulaten des Autors beruhen.

Diese Verwirrung und Unsicherheit wird auch durch die alarmierende Tatsache bestätigt, daß das Komitee zur Bewertung psychoanalytischer Therapie der Amerikanischen Psychoanalytischen Vereinigung sich 1953 auflöste, nachdem man sechseinhalb Jahre lang ohne Erfolg versucht hatte, eine annehmbare Definition der psychoanalytischen Therapie zu finden (Rangell, 1954). Beispiele für die weit auseinanderklaffenden Anschauungen über die Bedeutung der Ausdrücke »dynamische Psychiatrie« und »Psychoanalyse« finden sich bei Fromm-Reichmann (1954) und Eissler (1956). Ein Lehrbuch der psychoanalytischen Technik kann zwar nicht Meinungsverschiedenheiten oder Kontroversen über Fragen der Technik beseitigen, aber es könnte nützliche Dienste leisten als gemeinsamer Bezugspunkt, wenn in ihm systematisch und in allen Einzelheiten dargestellt wird, wie ein Psychoanalytiker arbeitet, der behauptet, bestimmte seelische Phänomene bei seinem Patienten zu analysieren.

Man sollte nicht übersehen, daß es zwar in bezug auf Einzelheiten der Technik wenig öffentliche Kommunikation gibt, wohl aber viele private Gespräche unter Analytikern in kleinen geschlossenen Gruppen. Infolgedessen gibt es viele isolierte »Parteien« — eine Tatsache, die esoterische Vereinzelung hervorruft und den wissenschaftlichen Fortschritt verzögert (Glover, 1955, S. 261).

Wer Neuerungen oder Modifikationen der Technik vorschlagen möchte, setzt sich gewöhnlich nicht mit anderen ins Benehmen, die einen traditionstreueren Standpunkt vertreten. Die Neuerer neigen zur Cliquenbildung und arbeiten oft im »Untergrund« oder zumindest abseits der Hauptströmung des analytischen Denkens. Daher verlieren sie leicht den Kontakt zu den Gruppen in der Psychoanalyse, die dazu beitragen könnten, ihre neuen Ideen auf ihre Gültigkeit hin zu prüfen, zu klären oder zu ergänzen. Die isolierten Neuerer sind in Gefahr, »wilde Analytiker« zu werden, während die Konservativen auf Grund ihrer eigenen geistigen Enge dazu neigen, vor Orthodoxie zu erstarren. Anstatt einander konstruktiv zu beeinflussen, gehen beide als Gegner verschiedene Wege, blind für alle Vorteile, die jeder von ihnen aus einer offenen und fortgesetzten Diskussion hätte ziehen können.

Der wichtigste Grund für einen offenen Gedankenaustausch über psychoanalytische Technik ist die Notwendigkeit, den ernsthaft Lernenden auch mit anderen Techniken bekannt zu machen als denen seines Lehranalytikers und seiner Kontrollanalytiker. Ein großer Nachteil des Erlernens der Technik bei nur einer Handvoll von Gewährsleuten liegt darin, daß der Ausbildungskandidat mit größerer Wahrscheinlichkeit bestimmte neurotische Übertragungsgefühle und -einstellungen gegenüber seinen Lehrern behält, die ihm die Möglichkeit versperren, die für seine eigene Persönlichkeit und seine eigene theoretische Ausrichtung am besten geeignete Technik zu entdecken. Man findet nicht selten junge Psychoanalytiker, die in so hohem Maß den Stempel ihres Lehranalytikers tragen, daß es an die sklavische Nachahmung gemahnt, die man bei Jugendlichen beobachtet. Andererseits kann auch der Analytiker, der seine Ausbildung gerade abgeschlossen hat und sich in auffallender Weise gegen seinen Lehranalytiker stellt, in einer ungelösten Übertragungsneurose verstrickt sein. Glover (1955, S. 262) nannte solche Reaktionen »Ausbildungs-Übertragungen« (»training transferences«) und wies nachdrücklich auf die »verdummende« Wirkung hin, die sie auf den unerfahrenen Psychoanalytiker haben.

Es ist eine eindrucksvolle Tatsache, daß die Hauptzüge der psychoanalytischen Technik, die Freud vor etwa fünfzig Jahren in fünf kurzen Abhandlungen niedergelegt hat, noch immer als Basis der psychoanalytischen Praxis dienen (Freud, 1912 a, 1912 b, 1913 b, 1914 c, 1915 a). In der allgemein praktizierten psychoanalytischen Technik haben sich keine anerkannten größeren Veränderungen oder Fortschritte durchgesetzt.

Zum Teil ist dies ein Tribut an das Genie Freuds, der so früh und so klar erkannte, was in der psychoanalytischen Therapie wesentlich ist. Es gibt jedoch noch andere Gründe für den Mangel an Fortschritt. Ein entscheidender Faktor scheint die komplizierte emotionale Beziehung zwischen dem Lernenden der Psychoanalyse und seinen Lehrern zu sein, eine Beziehung, die unvermeidlich zu den Methoden gehört, die zum Lehren der Psychoanalyse verwendet werden (Kairys, 1964; Greenacre, 1966 a).

Die als Teil eines Berufsausbildungsprogramms durchgeführte Lehranalyse hinterläßt gewöhnlich einen beträchtlichen Rest von ungelösten Übertragungsreaktionen, die die Entwicklung des Ausbildungskandidaten auf dem Gebiet der Psychoanalyse einschränken und verzerren. Wenn ein Analytiker versucht, zum Zweck der Ausbildung psychoanalytische Therapie zu betreiben, kompliziert er die Beziehung zu seinem Patienten dadurch, daß er unbeabsichtigt die Verantwortung für den beruflichen Fortschritt des Kandidaten auf sich nimmt. Er verliert unweigerlich einen Teil seines üblichen Inkognitos, spaltet die Motivationen des Patienten und verstärkt die Tendenz des Kandidaten zu einer Haltung der Abhängigkeit, zu Identifikationen, Unterwürfigkeit und pseudonormalem Verhalten. Außerdem wird der Analytiker selber, gewöhnlich ohne es zu wissen und zu wollen, zur Partei in einer Dreieckssituation, wobei das Dreieck von dem Kandidaten, dem psychoanalytischen Ausbildungsinstitut und dem Lehranalytiker gebildet wird.

Eine der Sekundärfolgen der ungelösten Übertragungs- und Gegenübertragungsprobleme ist das Widerstreben der Psychoanalytiker, unter ihresgleichen offen darzulegen, wie sie wirklich arbeiten. Dieser Stand der Dinge mag sogar Freud selber beeinflußt haben, der nach Jones (1955, S. 230—231) oft von seiner Absicht gesprochen hat, eine systematische Darstellung der psychoanalytischen Technik zu schreiben, es aber niemals tat. Strachey (1958) weist darauf hin, daß das Fehlen jeder vollständigen Erörterung der Gegenübertragung in Freuds Schriften diese Annahme bestätigen könnte.

Das Widerstreben der Psychoanalytiker, ihre Arbeitsmethoden zu offenbaren, hat zum Teil noch eine andere, aber verwandte Ursache. Die Arbeit des Psychoanalytikers ist von vielen inneren und persönlichen Vorgängen in ihm selber abhängig (Greenson, 1966). Infolgedessen hat er, wenn er offenbart, wie er analysiert, ein Gefühl der Entblößung und der Verletzlichkeit. Da ein Großteil des vom Patienten kommenden Materials höchst triebhaft und evokativ ist, und da das analytische Verstehen eines Patienten von einer besonderen empathischen Vertrautheit mit ihm abhängig ist, können Scham-, Feindseligkeits- oder Angstreaktionen entstehen, wenn eine Offenlegung dieser Situation gefordert wird. Daher findet man bei Psychoanalytikern nicht selten die eine oder andere Art von Lampenfieber, von Exhibitionismus oder eine Kombination von beidem. Der Umstand, daß so viele Analytiker Hemmungen haben, offen zu erörtern, was sie in ihrer Praxis tun, macht sie besonders geneigt, in eine von zwei Extrempositionen zu verfallen: Orthodoxie oder Sektierertum.

Die Psychoanalyse ist ein einsamer Beruf, und es beruhigt einen, daß man zu einer Gruppe gehört, aber dieser Umstand verlegt dem wissenschaftlichen Fortschritt den Weg, weil er den Konformismus fördert. Die Einsamkeit in der psychoanalytischen Praxis birgt noch ein weiteres Berufsrisiko — gewöhnlich fehlt ein zweiter analytisch ausgebildeter Beobachter der analytischen Situation in ihrem Fortgang.

Die eigene Ansicht des Analytikers von seinem Tun ist unzuverlässig und wird leicht in irgendeiner idealisierenden Weise verzerrt. Ich will nicht andeuten, man täte besser daran, Beobachter oder Zuhörer zu haben, denn ich glaube, ihre Anwesenheit würde, selbst wenn sie unbemerkt bliebe, die analytische Situation verzerren. (Andere Autoren, besonders Merton M. Gill, haben andere Meinungen geäußert.) Ich bin jedoch der Ansicht, daß der Psychoanalytiker, der allein mit seinem Patienten arbeitet und so vor den kritischen Blicken seiner Kollegen abgeschirmt ist, zu einer voreingenommenen und unkritischen Einstellung gegenüber seiner eigenen Technik neigt.

Wenn man auch nur ein wenig eingehender beschreibt, was man in seiner psychoanalytischen Arbeit tut, gibt man nicht nur einen großen Teil seiner intimen Beziehung zum Patienten preis, sondern auch einen großen Teil des eigenen Lebens ganz allgemein. Das einzigartige und wichtigste Arbeitsgerät des Psychoanalytikers ist das Funktionieren seines eigenen Vorbewußten und Unbewußten. Wenn er sich anschickt, nachzuerzählen, wie und warum er eine Situation in der Analyse angepackt hat, wird er sich unweigerlich gezwungen sehen, viel von seinem Phantasieleben, seinen Gedanken, Charakterzügen usw. zu offenbaren. Normale Bescheidenheit und das Bedürfnis nach Selbstschutz werden ihn veranlassen, nach Möglichkeit jede übermäßige Entblößung seines innersten Selbst zu vermeiden.

Vielleicht wird ein Buch, das die Praxis der klassischen psychoanalytischen Therapie schildert, zur Anregung einer vollständigen, offenen und fortgesetzten Diskussion der psychoanalytischen Technik beitragen. Auf diese Weise werden vielleicht Varianten, Neuerungen, Modifikationen und Abweichungen geklärt und ausprobiert; man könnte so ihren wissenschaftlichen Wert für die Psychoanalyse festlegen und dem Fortschritt der psychoanalytischen Technik einen Anstoß geben.

Ich hatte vor, diese Arbeit so anzulegen, daß die technischen Probleme in chronologischer Folge besprochen würden, wie sie im Verlauf der psychoanalytischen Therapie auftauchen. Ich hatte geplant, mit den Vorbesprechungen, dem Übergang zur Couch, den ersten Analysestunden usw. zu beginnen. Ich entdeckte bald, daß es unmöglich war, sich tiefgreifend und detailliert über irgendein technisches Problem verständlich zu äußern, ohne ein gründliches Verständnis von Widerstand und Übertragung zu vermitteln. Mir wurde auch klar, daß für den Lernenden als erste Orientierung ein knapper Überblick über einige Grundkonzepte der psychoanalytischen Theorie und Technik nützlich wäre. Darum ist diese Arbeit so angelegt, daß der erste Band, nach einem einführenden Überblick, mit den Kapiteln über Widerstand und Übertragung beginnt, die die Grundmauern der psychoanalytischen Technik sind. Das letzte Kapitel des ersten Bandes ist der psychoanalytischen Situation gewidmet. Es steht an dieser Stelle, weil es eine Gesamtschau der komplizierten Wechselbeziehungen zwischen den verschiedenen Verfahren und Prozessen im Patienten und im Psychoanalytiker bietet. (Im Inhaltsverzeichnis finden sich Einzelheiten darüber.) Im zweiten Band werde ich mehr nach chronologischen Gesichtspunkten vorgehen.

Der Text ist so angeordnet, daß jedes technische Kapitel mit einer einleitenden Definition beginnt, die durch einfache klinische Beispiele belegt wird. Dann folgt ein kurzer Überblick über Literatur und Theorie, bevor wir zu den praktischen und technischen Erwägungen übergehen. Im Text erscheinen immer wieder bibliographische Hinweise auf Hauptwerke über das zur Debatte stehende Thema. Wenn zu einem ausgewählten Gegenstand viele bibliographische Hinweise zu geben sind, habe ich sie am Ende des betreffenden Kapitels unter der jeweils spezifischen Überschrift in einer Liste zusätzlicher Literatur aufgeführt. Ich habe dies getan, um den Lesefluß nicht durch lange bibliographische Listen zu unterbrechen. Am Ende des Buches findet sich eine umfassende Bibliographie.

1

Überblick über die Grundkonzepte

1.1 Die historische Entwicklung der psychoanalytischen Therapie

Um herauszubekommen, was in der psychoanalytischen Therapie wesentlich ist, kann man sich, gleichsam aus der Vogelperspektive, einen Überblick über ihre historische Entwicklung verschaffen und feststellen, welche wichtigen Veränderungen im technischen Verfahren und in den therapeutischen Prozessen vor sich gegangen sind. Im folgenden geben wir eine selektive Zusammenfassung der Schriften Freuds über diese Fragen. Eine eingehendere Untersuchung jeder Einzelfrage, einschließlich der Beiträge anderer Autoren, findet sich an geeigneter Stelle im darauffolgenden Text.

Zur Klärung der Terminologie: Ich verwende den Ausdruck *technisches Verfahren*, um eine Maßnahme, ein Werkzeug, eine Handlungsweise, ein Mittel zu bezeichnen, deren sich der Therapeut oder der Patient bedient, um die therapeutischen Prozesse zu fördern. Beispiele für technische Verfahren sind Hypnose, Suggestion, freies Assoziieren und Deuten. Ein *therapeutischer Prozeß* ist eine Reihe wechselseitig aufeinander bezogener psychischer Ereignisse im Patienten, eine Kontinuität psychischer Kräfte und Akte, die auf Genesung abzielen oder sie bewirken. Sie werden gewöhnlich durch die technischen Verfahren in Gang gesetzt. Therapeutische Prozesse sind z. B. Abreaktion, das Wiedergewinnen von Erinnerungen und Einsicht. (Siehe E. Bibring, 1954; dort findet sich ein ähnliches, aber umfassenderes methodologisches Vorgehen.)

Die psychoanalytische Technik wurde nicht plötzlich entdeckt oder erfunden. Sie hat sich allmählich entwickelt, während Freud sich bemühte, eine Möglichkeit zu finden, seinen neurotischen Patienten wirksam zu helfen. Obwohl er später angab, er könne sich überhaupt nicht für Therapie begeistern, war es seine therapeutische Absicht, die zur Entdeckung der Psychoanalyse führte.

Freud war ein gewiegter Kliniker und konnte unterscheiden, was in den komplizierten Abfolgen klinischer Geschehnisse bedeutsam war, die auf die verschiedenen von ihm angewandten technischen Verfahren folgten. Er hatte auch eine Begabung für theoretisches und schöpferisches Denken, die er kombinierte, um Hypothesen aufzustellen, in denen die Technik in Bezug gesetzt wurde zu klinischen Feststellungen und therapeutischen Prozessen. Glücklicherweise besaß Freud jene komplexe Kombination von Temperaments- und Charaktereigenschaften, die ihn befähigten, ein »Eroberer«, ein »Abenteurer des Geistes« und ein sorgfältiger wissenschaftlicher Forscher zu sein (Jones, 1953, S. 348; 1955, Kap. 16). Er hatte die Kühnheit und den Erfindergeist, neue Regionen des Denkens kraftvoll und schöpferisch zu erforschen. Wenn man ihm bewies, daß er Unrecht hatte, war er so einsichtig, seine Technik und Theorie zu ändern.

Sorgfältiges Durchlesen der technischen und klinischen Schriften Freuds macht deutlich, daß die Veränderungen der Technik weder abrupt noch vollständig waren. Man kann beobachten, wie sich eine Betonung verschiebt oder wie sich der Grad der Bedeutung verändert, die einem bestimmten Verfahren oder einem therapeutischen Prozeß beigemessen wird. Trotzdem ist es möglich, verschiedene Phasen in der Entwicklung technischer Verfahren und in der Theorie des therapeutischen Prozesses aufzuzeigen. Freud hat selber drei Phasen kurz beschrieben, allerdings bevor er zu einem strukturellen Standpunkt gelangt war.

1.11 Veränderungen in den technischen Verfahren

Obwohl Freud 1882 von Breuer über den Fall der Anna O. gehört und von Oktober 1885 bis Februar 1886 bei Charcot Hypnose gelernt hatte, beschränkte er sich am Anfang seiner Praxis auf die konventionellen therapeutischen Methoden seiner Zeit. Etwa zwanzig Monate lang verwendete er »elektrische Stimulierung«, Hydrotherapie, Massage usw. (Jones, 1953, Kap. 12). Da er mit den Ergebnissen nicht zufrieden war, begann er im Dezember 1887 mit der Anwendung von Hypnose, anscheinend, um die Symptome der Patientin zu unterdrücken.

Der 1889 behandelte Fall der Emmy von N. ist bedeutsam, weil Freud hier die Hypnose zum erstenmal zum Zweck der Katharsis benützte. Sein therapeutisches Vorgehen bestand darin, daß er die Patientin hypnotisierte und ihr befahl, über den Ursprung jedes ihrer Symptome zu sprechen. Er pflegte sie zu fragen, was sie erschreckt habe, was sie zum Erbrechen veranlaßt, was sie aus dem Gleichgewicht gebracht habe, wann das Ereignis eingetreten sei usw. Die Patientin reagierte, indem sie eine Reihe von Erinnerungen produzierte, was oft von starkem Affekt begleitet war. Am Ende bestimmter Sitzungen pflegte Freud seiner Patientin zu suggerieren, sie solle die aufgestiegenen beunruhigenden Erinnerungen wieder vergessen.

Um 1892 erkannte Freud, daß seine Fähigkeit, Patienten zu hypnotisieren, stark beschränkt war, und er sah sich vor der Wahl, entweder die kathartische Behandlung aufzugeben oder diese Behandlung ohne Herbeiführung eines somnambulen Zustands zu versuchen (Breuer und Freud, 1893—95, GW. Bd. 1, S. 165—66). Um diese Art des Vorgehens zu rechtfertigen, erinnerte er sich, daß Bernheim gezeigt hatte, man könne Patienten durch Suggestion im Wachzustand dazu bringen, sich an vergessene Ereignisse zu erinnern. (G. W. Bd. 1, S. 167). Freud ging daher von der Annahme aus, seine Patienten wüßten alles, was für die Pathogenese von Bedeutung sei, und man müsse sie nur dazu zwingen, es mitzuteilen. Er befahl seinen Patienten, sich hinzulegen, die Augen zu schließen und sich zu konzentrieren. In bestimmten Augenblicken pflegte er auf die Stirn des Patienten Druck auszuüben, und er bestand fest darauf, nun würden Erinnerungen aufsteigen (G. W. Bd. 1, S. 270).

Elisabeth von R. (1892) war die erste Patientin, die Freud ganz und gar mit Suggestion im Wachzustand behandelte. Bis 1896 hatte er die Hypnose ganz aufgegeben [1]. Es ist weniger sicher, wann er darauf verzichtete, Suggestion als primäres therapeutisches Werkzeug zu benützen. 1896 hatte Freud jedoch schon die wesentliche Arbeit an der *Traumdeutung* beendet, wenn dieses Werk auch erst 1900 veröffentlicht wurde. Man darf wohl annehmen, daß die Fähigkeit, Aufbau und Bedeutung des Traums zu verstehen, die Geschicklichkeit Freuds im Deuten vermehrt hatte. Infolgedessen konnte Freud sich immer mehr auf das Material verlassen, das der Patient spontan brachte. Er konnte Deutungen und Konstruktionen benützen, um an die verdrängten Erinnerungen heranzukommen.

Es gibt kein genaues Datum für die Entdeckung des freien Assoziierens. Anscheinend hat sich dieses Verfahren zwischen 1892 und 1896 allmählich entwickelt und sich ständig weiter von Hypnose, Suggestion, Druck auf die Stirn und Befragen, die es am Anfang begleiteten, entfernt und dabei verfeinert (Jones, 1953, S. 242—244). Andeutungen dieser Methode finden sich schon 1889 im Fall der Emmy von N. (Breuer/Freud, 1893—95, G. W. Bd. 1, S. 108). Jones beschreibt ein historisches Vorkommnis: Freud drängte und befragte Elisabeth von R., und sie machte ihm Vorwürfe, weil er den Strom ihrer Gedanken unterbrach. Freud war einsichtig genug, auf diesen Hinweis einzugehen; damit hatte die Methode des freien Assoziierens einen großen Schritt vorwärts getan.

Freud erklärte, durch das Aufgeben von Hypnose und Suggestion falle die Erweiterung des Bewußtseins weg, die dem Analytiker die pathogenen Erinnerungen und Vorstellungen geliefert habe. Das freie Assoziieren sei ein völlig ausreichender Ersatz, da es den »ungewollten Gedanken« des Patienten Eingang in die Behandlungssituation verschaffe. Freud beschreibt diese Methode selber folgendermaßen: »Er behandelt gegenwärtig

[1] Siehe Stracheys Anmerkung in der *Standard Edition*, Bd. 2, S. 111.

seine Kranken, indem er sie ohne andersartige Beeinflussung eine bequeme Rückenlage auf einem Ruhebett einnehmen läßt, während er selbst, ihrem Anblick entzogen, auf einem Stuhle hinter ihnen sitzt. Auch den Verschluß der Augen fordert er von ihnen nicht und vermeidet jede Berührung sowie jede andere Prozedur, die an Hypnose mahnen könnte. Eine solche Sitzung verläuft also wie ein Gespräch zwischen zwei gleich wachen Personen, von denen die eine sich jede Muskelanstrengung und jeden ablenkenden Sinneseindruck erspart, die sie in der Konzentration ihrer Aufmerksamkeit auf ihre eigene seelische Tätigkeit stören könnten ... Um sich dieser Einfälle zu bemächtigen, fordert er die Kranken auf, sich in ihren Mitteilungen gehen zu lassen, ‚wie man es etwa in einem Gespräche tut, bei welchem man aus dem Hundertsten in das Tausendste gerät'« (1904, G. W. Bd. 5, S. 4—5). Das Verfahren des freien Assoziierens wurde bekannt als die »psychoanalytische Grundregel« (Freud, 1912 a, G. W. Bd. 8, S. 373).

Das freie Assoziieren ist die grundlegende und einzigartige Kommunikationsmethode für Patienten in der psychoanalytischen Behandlung geblieben. Die Deutung ist immer noch das entscheidende und letzte Instrument des Psychoanalytikers. Diese beiden technischen Verfahren geben der psychoanalytischen Therapie ihre besondere Prägung. Im Verlauf der psychoanalytischen Therapie kommen auch andere Arten der Kommunikation vor, aber sie sind zusätzliche, vorbereitende oder sekundäre Mittel und nicht typisch für die Psychoanalyse. Diese Frage werden wir im Abschnitt 1.34 besprechen.

1.12 Veränderungen in der Theorie vom therapeutischen Prozeß

Die *Studien über Hysterie* (1893—1895) kann man als den Beginn der Psychoanalyse betrachten. Dort kann man erkennen, wie Freud sich bemühte zu entdecken, was im therapeutischen Prozeß bei der Behandlung von Hysterikern wesentlich ist. Es ist recht eindrucksvoll, daß einige der von Freud damals beschriebenen Phänomene zur Grundlage der psychoanalytischen Theorie der Therapie geworden sind. Es ist bezeichnend für Freud, daß er sich zunächst bemühte, gewisse Hindernisse, die sich seinem therapeutischen Vorgehen in den Weg stellten, zu überwinden, nur um später zu erkennen, daß diese Hindernisse von entscheidender Bedeutung für das Verstehen der Neurose des Patienten und des therapeutischen Prozesses waren. Freuds Ausdauer und Flexibilität befähigten ihn, mit einer Reihe verschiedenartiger Hindernisse fertigzuwerden; dies führte zur Entdeckung der Psychoanalyse.

In der *Vorläufigen Mitteilung* [1893] berichteten Breuer und Freud

(1893—95), *»daß die einzelnen hysterischen Symptome sogleich und ohne Wiederkehr verschwanden, wenn es gelungen war, die Erinnerung an den veranlassenden Vorgang zu voller Helligkeit zu erwecken, damit auch den begleitenden Affekt wachzurufen, und wenn dann der Kranke den Vorgang in möglichst ausführlicher Weise schilderte und dem Affekt Worte gab«* (G. W. Bd. 1, S. 85). Sie glaubten, nur durch Abreagieren könne ein Patient eine vollständige »kathartische« Wirkung erreichen und so von seinem hysterischen Symptom befreit werden. Diese Erlebnisse, behaupteten die Autoren, seien dem Patienten unter normalen Umständen nicht erinnerlich, man könne nur in der Hypnose an sie herankommen.

Die pathogenen Gedanken hätten sich so frisch und affektkräftig erhalten, weil ihnen der normale Abnutzungsprozeß versagt geblieben sei. Sie hätten es also mit »eingeklemmten« Affekten zu tun (G. W. Bd. 1, S. 97). Die Befreiung der eingeklemmten Affekte nehme der pathogenen Erinnerung ihre Kraft und die Symptome verschwänden.

Zu diesem Zeitpunkt in der Geschichte der Psychoanalyse wurden Abreagieren und Erinnern als die therapeutischen Prozesse angesehen, wobei die Betonung auf dem Abreagieren lag. Man hypnotisierte den Patienten und versuchte ihn zu veranlassen, sich an das traumatische Ereignis zu erinnern, denn dann sollte er, so erwartete man, ein heilsames kathartisches Erlebnis haben. Anna O., die Breuer 1882 behandelte, verfiel spontan in hypnotische Trance-Zustände, in denen sie spontan frühere traumatische Ereignisse wiedererlebte. Wenn sie aus einem somnambulen Zustand wieder erwachte, fühlte sie sich erleichtert. Die Erfahrungen der Anna O. bereiteten also der Methode der kathartischen Therapie den Weg. Sie selbst nannte sie die »talking cure« oder »chimney sweeping« (vgl. G. W. Bd. 1, S. 263).

Freud bemerkte immer häufiger eine Kraft im Patienten, die sich der Behandlung entgegenstellte. Sie kristallisierte sich im Fall der Elisabeth von R., die er nicht hypnotisieren konnte, und die sich trotz seines Drängens weigerte, ihm bestimmte Gedanken mitzuteilen (G. W. Bd. 1, S. 218). Er kam zu dem Schluß, diese Kraft, die ein Widerstand gegen die Behandlung war, sei die gleiche Kraft, die die pathogenen Vorstellungen daran hinderte, bewußt zu werden (G. W. Bd. 1, S. 268). Der Zweck war die Abwehr einer »unverträglichen Vorstellung«. »Das Nichtwissen der Hysterischen war also eigentlich ein — mehr oder minder bewußtes — Nichtwissenwollen« (G. W. Bd. 1, S. 269). Freud glaubte, die Aufgabe des Therapeuten bestehe darin, diesen Widerstand zu überwinden, und er tat dies durch »Drängen, Anwendung eines psychischen Zwanges, Drücken auf die Stirn, Ausfragen« usw.

Freud erkannte, daß der persönliche Einfluß des Arztes sehr wertvoll sein konnte, und er schlug vor, der Therapeut solle als Aufklärer, als Lehrer und als Beichtvater wirken (G. W. Bd. 1, S. 285). Er merkte aber auch, daß unter bestimmten Bedingungen die Beziehung des Patienten zum Arzt »gestört« werden kann, ein Faktor, der die Arzt-Patient-Beziehung zum »ärgsten Hindernis, auf das man stoßen kann«, macht (G. W. Bd. 1, S. 307). Dies kann vorkommen, wenn der Patient sich vernachlässigt fühlt, sexuell abhängig wird oder die peinlichen Vorstellungen aus dem Inhalt der Analyse auf die Person des Arztes überträgt (G. W. Bd. 1, S. 308). Freud begegnete diesem Hindernis, indem er es bewußtmachte und es bis zu dem Augenblick in der Behandlung zurückverfolgte, in dem es aufgetreten war. Dann versuchte er, den Patienten trotz seiner Gefühle zur Mitteilung zu bewegen (G. W. Bd. 1, S. 310).

Freud hatte also die Phänomene des Widerstands und der Übertragung entdeckt, aber im wesentlichen sah er sie als Hindernisse bei der Arbeit an. Sein Hauptziel war, ein wirksames affektives Abreagieren zu erreichen und traumatische Erinnerungen wieder bewußt zu machen. Übertragungsreaktionen und Widerstände mußte man umgehen oder überwinden.

In den *Studien über Hysterie* versuchte Freud, seine therapeutischen Bemühungen auf die einzelnen Symptome des Patienten zu konzentrieren. Er war sich klar darüber, daß dies eine symptomatische und keine kausale Form der Therapie war (G. W. Bd. 1, S. 262—63). Im Fall Dora, der schon 1901 aufgezeichnet, aber erst 1905 veröffentlicht wurde, stellte Freud fest, die psychoanalytische Technik habe »eine gründliche Umwälzung erfahren« (1905 a, G. W. Bd. 5, S. 169). Er versuchte nicht mehr, nacheinander jedes einzelne Symptom aufzuklären. Er fand diese Methode im Umgang mit der komplexen Struktur einer Neurose völlig inadäquat. Er erlaubte nun dem Patienten, das Thema der Stunde zu wählen, und er begann seine Arbeit mit jeder Facette des Unbewußten, die der Patient im Augenblick darbot.

Offenbar erkannte Freud, daß man einen therapeutischen Prozeß nicht in einem einzigen Arbeitsgang bewirken konnte, weil neurotische Symptome vielfältige Ursachen hatten. Obwohl er das Prinzip der Überdeterminierung schon in den *Studien über Hysterie* erkannt hatte (G. W. Bd. 1, S. 294), sprach er erst in der 1904 veröffentlichten Abhandlung über *Die Freudsche psychoanalytische Methode* ausdrücklich über diesen Punkt. In dieser Arbeit stellt er fest, die Veränderung der Technik von Hypnose und Suggestion zum freien Assoziieren hätte neue Ergebnisse gebracht und »zu einer andersartigen, wiewohl der früheren nicht widersprechenden Auffassung der therapeutischen Arbeit genötigt« (G. W. Bd. 5, S. 4). Hypnose und Suggestion verbergen die Widerstände und verdecken dem Arzt den Blick auf die psychischen Kräfte. Wenn man Widerständen ausweicht, kann man nur unvollständige Informationen und vorübergehende therapeutische Erfolge erlangen. Die therapeutische Aufgabe liegt darin, Widerstände zu überwinden und Verdrängungen rückgängig zu machen — dann werden die Erinnerungslücken ausgefüllt.

Ich glaube, wir sehen hier eine Verschiebung in der Theorie vom therapeutischen Prozeß: von der beherrschenden Bedeutung der Affekt-Abreaktion hin zur Überwindung der Amnesie. Das widerspricht nicht der Tatsache, daß das Abreagieren eine therapeutische Wirkung hat. Wenn man dem Patienten die Entladung emotionaler Spannungen erlaubt, empfindet er gewöhnlich vorübergehend ein Gefühl der Erleichterung. Außerdem ist die Katharsis wertvoll, weil die emotionale Entladung die Quantität des Affekts herabsetzt und kleinere Affektmengen leichter zu handhaben sind. Wichtiger ist der Umstand, daß die Verbalisierung, die die Entladung von Emotionen und Impulsen begleitet, einem die Möglichkeit gibt, diese Emotionen und Impulse genauer zu untersuchen. Aber die Katharsis ist nicht länger ein Endziel der Therapie. Ich glaube, darauf hat Freud in seiner oben angeführten Aussage »andersartig, aber nicht widersprechend« angespielt.

Das Hauptgewicht lag nun darauf, das Unbewußte bewußtzumachen, die Amnesie zu beseitigen und verdrängte Erinnerungen wiederzufinden. Der Widerstand wurde zu einem Eckstein der psychoanalytischen Theorie; man brachte ihn in Verbindung mit den Kräften, die die Verdrängung zustande gebracht hatten. Der Analytiker benützte die Kunst des Deutens, um die Widerstände zu überwinden.

In der Darstellung des Falles Dora (1905 a) betonte Freud zum erstenmal die entscheidende Rolle der Übertragung. »Die Übertragung, die das größte Hindernis für die Psychoanalyse zu werden bestimmt ist, wird zum mächtigsten Hilfsmittel derselben, wenn es gelingt, sie jedesmal zu erraten und dem Kranken zu übersetzen« (G. W. Bd. 5, S. 281). In der Nachschrift zu diesem Fall beschreibt Freud, daß die Patientin die Behandlung abgebrochen hatte, weil er es versäumt hatte, die vielfältigen Übertragungselemente zu analysieren, die die Behandlungssituation störten.

In der Abhandlung »Zur Dynamik der Übertragung« (1912 a) beschreibt Freud die Beziehung zwischen Übertragung und Widerstand, die positive und die negative Übertragung und die Ambivalenz von Übertragungsreaktionen. Ein Teil eines Absatzes verdient, hier zitiert zu werden, denn er zeigt Freuds neue therapeutische Orientierung sehr deutlich. »Dieser Kampf zwischen Arzt und Patienten, zwischen Intellekt und Triebleben, zwischen Erkennen und Agierenwollen, spielt sich fast ausschließlich an den Übertragungsphänomenen ab. Auf diesem Felde muß der Sieg gewonnen werden, dessen Ausdruck die dauernde Genesung von der Neurose ist. Es ist unleugbar, daß die Bezwingung der Übertragungsphänomene dem Psychoanalytiker die größten Schwierigkeiten bereitet, aber man darf nicht vergessen, daß gerade sie uns den unschätzbaren Dienst erweisen, die verborgenen und vergessenen Liebesregungen der Kranken aktuell und manifest zu machen, denn schließlich kann niemand *in absentia* oder *in effigie* erschlagen werden« (G. W. Bd. 8, S. 374).

Von 1912 an wurde die beständige Analyse von Übertragung und Widerstand zum zentralen Element der therapeutischen Prozesse. Etwas später im gleichen Jahr warnte Freud vor Übertragungsbefriedigungen und empfahl, der Psychoanalytiker solle für seine Patienten so undurchsichtig sein wie ein Spiegel und seine Anonymität bewahren (1912 b, G. W. Bd. 8, S. 384). In seiner Arbeit über »Erinnern, Wiederholen und Durcharbeiten« (1914 c) beschreibt Freud das besondere Problem des »Agierens« in bezug auf Übertragung und Widerstand und bringt es in Verbindung mit einem Wiederholungszwang. Er verwendet auch den Ausdruck »Übertragungsneurose« und will damit sagen, der Patient ersetze während der Psychoanalyse seine »gemeine Neurose« durch seine Beziehung zum Analytiker. Dies wird im 28. Kapitel der *Vorlesungen zur Einführung in die Psychoanalyse* (1916—17, G. W. Bd. 11, S. 472—473) erweitert.

In diesem Kapitel wurde etwas Neues in die Diskussion der therapeutischen Prozesse eingeführt, als Freud erwähnte, eine Ichveränderung werde durch die Analyse der Übertragung ermöglicht (G. W. Bd. 11, S. 473). Er stellte fest, die Deutungsarbeit, die Unbewußtes in Bewußtes verwandle, erweitere das Ich auf Kosten des Unbewußten. In *Das Ich und das Es* (1923 b) formulierte Freud diesen Gedanken kurz und bündig: »Die Psychoanalyse ist ein Werkzeug, welches dem Ich die fortschreitende Eroberung des Es ermöglichen soll« (G. W. Bd. 13, S. 286). 1933 schrieb Freud, die therapeutischen Bemühungen der Psychoanalyse zielten darauf ab, »das Ich zu stärken, es vom Über-Ich unabhängiger zu machen, sein Wahrnehmungsfeld zu erweitern und seine Organisation auszubauen, so daß es sich neue Stücke des Es aneignen kann. Wo Es war, soll Ich werden« (G. W. Bd. 15, S. 86). Und in *Die endliche und die unendliche Analyse* (1937 a) stellt Freud fest: »Die Analyse soll die für die Ichfunktionen günstigsten psychologischen Bedingungen herstellen; damit wäre ihre Aufgabe erledigt« (G. W. Bd. 16, S. 96).

Wenn man die historischen Entwicklungen der wichtigen Verfahren und Prozesse in der psychoanalytischen Therapie noch einmal überblickt, kann man feststellen, daß die Hypnose aufgegeben worden ist, daß aber alle anderen Elemente beibehalten worden sind, wenn auch mit einer ganz anderen Rolle in der therapeutischen Hierarchie (Loewald, 1955). Die Suggestion wird nicht mehr benützt, um Erinnerungen hervorzuholen, und sie ist in der Psychoanalyse kein wichtiges therapeutisches Werkzeug mehr. Man kann sie als eine zeitweilige unterstützende Maßnahme verwenden, deren Notwendigkeit am Ende analysiert werden muß. (Dies wollen wir im Abschnitt 1.34 besprechen.)

Das Abreagieren gilt nicht mehr als ein Ziel der Therapie, ist aber in anderer Hinsicht von Wert. Der Analytiker versucht immer noch, die Schranke des Bewußtseins zu überschreiten, aber er bedient sich des freien Assoziierens, der Traumanalyse und der Deutung. Das Hauptfeld für die analytische Arbeit ist der Bereich von Übertragung und Widerstand. Wir hoffen, das Unbewußte bewußtzumachen, abgewehrte Erinnerungen wieder ans Licht zu bringen und die infantile Amnesie zu überwinden. Aber selbst dies wird nicht mehr als ein Endziel angesehen. Das letzte Ziel der Psychoanalyse ist die Vergrößerung der relativen Ich-Stärke in bezug auf das Über-Ich, das Es und die Außenwelt.

1.2 Theoretische Konzepte, die für die Technik wesentlich sind

1.21 Die Beziehung zwischen Theorie und Praxis

Es erscheint mir wichtig, einige der theoretischen Grundkonzepte des psychoanalytischen Standpunkts kurz zu besprechen, bevor wir zu einer gründlicheren und systematischeren Prüfung der therapeutischen Verfahren und Prozesse übergehen. Zwischen Theorie und Praxis besteht eine Wechselbeziehung. Klinische Feststellungen können zu neuen theoretischen Formulierungen führen, die wiederum das Wahrnehmungsvermögen und die Technik des Analytikers schärfen können, so daß man zu neuen Einsichten gelangt. Auch das Umgekehrte gilt. Eine fehlerhafte Technik kann zu Verzerrungen der klinischen Ergebnisse führen, was wiederum falsche theoretische Konzepte zur Folge haben kann. Wo ein Mangel an Integration zwischen Theorie und Technik herrscht, werden wahrscheinlich beide Aspekte darunter leiden (Hartmann, 1951, deutsche Ausgabe: S. 146). Man kann z. B. einen Widerstand wirksamer handhaben, wenn man sich über die vielfältigen Funktionen des Widerstands, seine Beziehungen zur Abwehr im allgemeinen und über seinen Zweck in einem besonderen Fall im klaren ist.

Manche Analytiker neigen dazu, ihr praktisches Wissen von ihrem theoretischen Wissen zu isolieren. Einige tun das, indem sie sich mit dem Patienten treiben lassen, bis irgendein Bruchstück aus dem Material des Patienten verständlich wird; dann wird es wahllos dem Patienten mitgeteilt. Sie mißbrauchen den Satz, das Unbewußte und die Empathie des Analytikers seien seine wichtigsten Therapie-Werkzeuge, und sie wissen nicht, daß es notwendig ist, mit den Daten, die sie gewonnen haben, intellektuell zu arbeiten. Infolgedessen gibt es bei ihnen kein Gesamtbild des Patienten, keine Rekonstruktion größerer Abschnitte aus dem Leben des Patienten; es gibt nur Sammlungen von Einsichten. Fehler in der anderen Richtung sind ebenso schlimm; es gibt Analytiker, die auf der Grundlage dürftiger klinischer Daten allzu rasch Theorien formulieren. Für sie wird das Erlebnis der Analyse zu einem Denk-Wettstreit oder zu einer intellektuellen Übung. Solche Analytiker vermeiden triebhaftes oder emotionelles Eingehen auf ihre Patienten; sie verzichten auf Intuition und Empathie und werden zu Datensammlern oder Verabfolgern von Deutungen.

Die psychoanalytische Therapie stellt widersprüchliche, anstrengende Forderungen an den Analytiker. Er muß sich das Material seines Patienten anhören; während er dies tut, muß er seinen eigenen assoziativen Vorstellungen und Erinnerungen freien Raum geben; aber er muß die so gewonnenen Einsichten kritisch prüfen und sie seinen intellektuellen Fähigkeiten aussetzen, bevor er sie gefahrlos an den Patienten weitergeben kann (Ferenczi, 1919 a, S. 53). Die Fähigkeit, selber frei zu assoziieren, erwirbt der Analytiker durch die Erfahrung, selbst mit Erfolg analysiert worden zu sein. Will man sein theoretisches Wissen in der Praxis wirksam einsetzen, muß man es intellektuell beherrschen; es muß auch bei Bedarf zugänglich sein, ohne daß es das klinische Können des Analytikers bevormundet. Wenn die Arbeit des Psychoanalytikers eine wissenschaftliche Disziplin bleiben soll, ist es unerläßlich, daß er sich die Fähigkeit bewahrt, zwischen dem Gebrauch von Empathie und Intuition auf der einen Seite und seinem theoretischen Wissen auf der anderen Seite hin und her zu pendeln (Fenichel, 1941, S. 1—5; Kohut, 1959).

In der Frühzeit der Psychoanalyse entstanden die meisten Fortschritte aus klinischen Entdeckungen. In den letzten Jahren scheint jedoch die Seite der Technik nachzuhinken. Als Freud erkannte, wie entscheidend wichtig es war, die Widerstände seiner Patienten systematisch zu analysieren, war er der Entdeckung dessen, was dieses Verfahren für das Ich bedeutet, etwa zwanzig Jahre voraus. Heute wissen wir anscheinend sehr viel mehr über die Ich-Funktionen, als wir in unserer Technik direkt verwenden können (Hartmann, 1951). Aber ich glaube, unsere größte Hoffnung auf Fortschritte in der Technik liegt in einer besseren Integration des klinischen, des technischen und des theoretischen Wissens.

1.22 Die psychoanalytische Neurosentheorie

Theorie und Technik der Psychoanalyse beruhen im wesentlichen auf klinischen Daten, die beim Studium von Neurosen gewonnen wurden. Obwohl in den letzten Jahren eine Tendenz bestand, die psychoanalytische Forschung auf die Psychologie der Normalen, auf Psychosen, soziologische und historische Probleme auszudehnen, ist unser Wissen von diesen Bereichen nicht so weit vorangekommen wie unser Verständnis der Psychoneurosen (A. Freud, 1954 a; Stone, 1954 b). Die klinischen Feststellungen über Neurosen liefern uns immer noch das zuverlässigste Grundlagenmaterial für die Formulierung psychoanalytischer Theorien. Um die Theorie der psychoanalytischen Technik begreifen zu können, muß der Leser ausreichend über die psychoanalytische Neurosentheorie Bescheid wissen. Freuds *Vorlesungen zur Einführung in die Psychoanalyse* (1916—17) und die Arbeiten von Nunberg (1932), Fenichel (1945 a) und Waelder (1960) sind vorzügliche, gedrängte Quellenwerke. Ich kann hier nur umreißen, welche nach meiner Erfahrung die wichtigsten theoretischen Konzepte sind, die man zum Verständnis der Technik braucht.

Die Psychoanalyse behauptet, Psychoneurosen beruhten auf dem neurotischen Konflikt. Der Konflikt behindert die Triebabfuhr, so daß eine Triebstauung entsteht. Das Ich ist immer weniger fähig, mit den zunehmenden Spannungen fertigzuwerden und es wird schließlich überwältigt. Die unwillkürlichen Entladungen manifestieren sich klinisch als Symptome der Psychoneurose. Der Ausdruck »neurotischer Konflikt« wird im Singular gebraucht, obwohl immer mehr als ein wichtiger Konflikt vorhanden ist. Sprachgebrauch und Bequemlichkeit veranlassen uns, von *dem* Konflikt zu sprechen (Colby, 1951, S. 6).

Der neurotische Konflikt ist ein *unbewußter* Konflikt zwischen einem Es-Impuls, der nach Entladung strebt und einer Ich-Abwehr, die die direkte Entladung des Impulses oder dessen Zugang zum Bewußtsein verhindert. Zuweilen offenbart klinisches Material einen Konflikt zwischen zwei Triebansprüchen; zum Beispiel kann heterosexuelle Aktivität benützt werden, um homosexuelle Wünsche abzuwehren. Die Analyse bringt ans Licht, daß in einem solchen Fall die heterosexuelle Aktivität zum Zweck der Abwehr von peinlichen Gefühlen der Scham und Schuld verwendet wird. Die Heterosexualität wird in diesem Beispielfall zur Erfüllung einer Ich-Forderung eingesetzt und steht einem verboteneren Triebimpuls, der Homosexualität, entgegen. Darum gilt die Formulierung, ein neurotischer Konflikt sei ein Konflikt zwischen dem Es und dem Ich, immer noch.

Auch die Außenwelt spielt eine wichtige Rolle bei der Neurosenbildung, aber auch hier muß der Konflikt als ein innerer Konflikt zwischen dem Ich und dem Es erlebt werden, damit ein neurotischer Konflikt entsteht. Die Außenwelt mobilisiert vielleicht Triebversuchungen, und gewisse Situationen müssen vielleicht vermieden werden, weil sie die Gefahr irgendeiner Art von Bestrafung mit sich bringen. Wir haben es dann mit einem neurotischen Konflikt zu tun, wenn die Triebversuchung oder die Gefahr dem Bewußtsein ferngehalten werden muß. Aus dem Konflikt mit der äußeren Realität ist ein Konflikt zwischen dem Es und dem Ich geworden.

Das Über-Ich spielt im neurotischen Konflikt eine kompliziertere Rolle. Es kann auf der Seite des Ichs oder auf der Seite des Es oder auf beiden in den Konflikt eintreten. Das Über-Ich ist die Instanz, die dem Ich den Triebimpuls verboten erscheinen läßt. Das Über-Ich verursacht dem Ich Schuldgefühle selbst wegen symbolischer und verzerrter Triebabfuhr, so daß sie bewußt als hauptsächlich schmerzlich empfunden werden. Das Über-Ich kann auch in den neurotischen Konflikt eintreten, indem es regressiv wieder triebhaft wird, so daß die Selbstvorwürfe eine triebähnliche Qualität bekommen. Der schuldbeladene Patient wird dann möglicherweise in Situationen hineingetrieben, die immer wieder zum Leiden führen. Alle Teile des seelischen Apparats haben Anteil an der Bildung von neurotischen Symptomen (siehe Fenichel, 1941, 2. Kap.; 1945 a, 7. und 8. Kap.; Waelder, 1960, S. 35—47, und unsere Liste zusätzlicher Literatur).

Das Es hört niemals auf, nach Abfuhr zu streben, und die Es-Impulse versuchen, irgendeine Teil-Befriedigung zu erlangen, indem sie sich abgeleitete und regressive Abfuhrmöglichkeiten suchen. Um die Über-Ich-Forderungen zu beschwichtigen, muß das Ich sogar diese Triebabkömmlinge verzerren, so daß sie in irgendeiner verdeckten Form erscheinen und kaum noch als triebhaft zu erkennen sind. Das Über-Ich veranlaßt das Ich trotzdem, sich schuldig zu fühlen, und die verzerrte Triebaktivität macht auf verschiedene Weisen Schmerzen. Sie wird als Strafe empfunden und nicht als Befriedigung.

Der Schlüsselfaktor zum Verständnis des pathogenen Wirkens des neurotischen Konflikts ist das Bedürfnis des Ichs, ständig seine Energien bei dem Versuch zu verausgaben, den gefährlichen Trieben den Zugang zum Bewußtsein und zur Motilität zu verwehren. Am Ende führt dies zu einer relativen Ich-Insuffizienz, und Abkömmlinge des ursprünglichen neurotischen Konflikts überwältigen das erschöpfte Ich und brechen durch ins Bewußtsein und ins Verhalten. Unter diesem Gesichtspunkt kann man die Psychoneurosen als relative traumatische Neurosen auffassen (Fenichel, 1945 a, 7. und 8. Kapitel). Ein relativ harmloser Reiz kann irgendeinen Es-Impuls anregen, der mit dem Reservoir aufgestauter Triebe verbunden ist. Das erschöpfte Ich kann seine Abwehrarbeit nicht mehr leisten und wird so weit überschwemmt, daß es irgendeine Triebabfuhr zulassen muß, obwohl sogar diese verkleidet und verzerrt wird. Diese verkleideten und verzerrten unwillkürlichen Triebentladungen manifestieren sich klinisch als die Symptome der Psychoneurose.

Ich möchte dies durch ein relativ einfaches klinisches Beispiel veranschaulichen. Vor einigen Jahren kam Frau A., eine junge Frau, in Begleitung ihres Mannes zur Behandlung. Sie klagte, sie könne nicht allein aus dem Haus gehen und fühle sich nur in Gegenwart ihres Mannes sicher. Außerdem klagte sie, sie habe Angst, sie könne ohnmächtig werden, es könne ihr schwindlig werden, und sie könne den Urin nicht halten. Frau A.s Symptome waren vor etwa sechs Monaten ganz plötzlich aufgetreten, während sie in einem Friseursalon war.

Die mehrjährige Analyse erbrachte, daß der wirkliche Auslöser für den Ausbruch der Phobien der Patientin der Umstand war, daß ein männlicher Angestellter des Salons ihr das Haar gekämmt hatte. Wir konnten schließlich die Tatsache aufdecken, daß sie sich in diesem Augenblick daran erinnert hatte, wie ihr Vater ihr das Haar gekämmt hatte, als sie ein kleines Mädchen war. Der Anlaß für den Friseurbesuch an diesem Tage war ihre lustvolle Erwartung, ihren Vater wiederzusehen, der das erstemal nach der Hochzeit zu dem jungverheirateten Paar zu Besuch kommen sollte. Er sollte bei ihnen wohnen, und die junge Frau war bewußt von großer Freude erfüllt. Unbewußt aber war sie voller Schuldgefühle, weil sie ihren Vater liebte und wegen ihrer überwiegend unbewußten Feindseligkeit gegen ihren Mann.

Das scheinbar harmlose Ereignis, daß ihr das Haar gekämmt wurde, rührte alte inzestuöse Wünsche, Feindseligkeiten, Schuldgefühle und Angst auf. Kurz gesagt, Frau A. mußte sich von ihrem Mann begleiten lassen, um sicher zu sein, daß ihre Todeswünsche ihn nicht getötet hatten. Seine Gegenwart bewahrte sie auch vor sexuellem Agieren. Die Angst vor dem Ohnmächtigwerden, dem Schwindligwerden und vor der Inkontinenz waren symbolische Bilder für den Verlust ihres moralischen Gleichgewichts, den Verlust der Selbstbeherrschung, die Beschmutzung ihres guten Charakters, für die Selbsterniedrigung und für das Herunterfallen von ihrer hohen Stellung. Die Symptome der jungen Frau standen in Verbindung zu den lustvollen Körperempfindungen der Kindheit wie auch zu kindlichen Strafphantasien.

Ich glaube, man kann den Ablauf der Ereignisse folgendermaßen formulieren: Das Kämmen des Haars hatte Es-Impulse geweckt, die die Patientin in Konflikt mit ihrem Ich und ihrem Über-Ich brachten. Obwohl vor dem Ausbruch der Phobien keine offensichtlich neurotischen Symptome dagewesen waren, gab es Anzeichen dafür, daß ihr Ich schon relativ erschöpft war und daß es ihrem Es an adäquaten Abfuhrmöglichkeiten gefehlt hatte. Frau A. hatte jahrelang unter Schlafstörungen, Alpträumen und sexuellen Hemmungen gelitten. Infolgedessen verstärkten die durch das Haarekämmen mobilisierten Phantasien die Es-Spannungen so sehr, daß die infantile Ich-Abwehr überflutet wurde und daß unwillkürliche Entladungen stattfanden, die schließlich zur akuten Symptombildung führten.

Auf zwei weitere Punkte möchte ich noch hinweisen, obwohl weitere Klärung zunächst noch aufgeschoben werden muß. Das Ich versucht, mit den verbotenen oder gefährlichen Es-Impulsen fertigzuwerden, indem es die verschiedenen Abwehrmechanismen einsetzt, die ihm zur Verfügung stehen. Die Abwehr mag erfolgreich sein, wenn sie periodische Abfuhr von Triebspannung zuläßt. Sie wird pathogen, wenn viele verschiedene Arten libidinöser und aggressiver Impulse vom Kontakt mit dem Rest der Gesamtpersönlichkeit ausgeschlossen werden (A. Freud, 1965, 5. Kap.). Schließlich kehrt das Verdrängte in Form von Symptomen wieder.

Die Neurose eines Erwachsenen ist immer um einen Kern aus der Kindheit herum aufgebaut. Der Fall von Frau A. zeigt, daß ihre sexuellen Gefühle noch an ihre Kindheitsvorstellung von ihrem Vater fixiert waren und daß die Sexualität noch ebenso verboten war, wie sie es in ihrer Kindheit gewesen war. Obwohl Frau A. ihre Kindheitsneurose so weit überwunden hatte, daß sie in vielen Lebensbereichen wirksam funktionieren konnte, war sie in bezug auf alles, was mit genitaler Sexualität zu tun hatte, neurotisch regrediert geblieben. Die Kindheitsphobien und Körperängste kamen mit ihrer Erwachsenenneurose zurück. (Die einzigen Neurosen ohne Kindheitsgrundlage, die rein traumatischen Neurosen, sind äußerst selten, fast nie rein. Sie verbinden sich oft mit den Psychoneurosen [Fenichel, 1945 a, 7. Kap.].)

1.23 Die Metapsychologie der Psychoanalyse

Die psychoanalytische Metapsychologie bezieht sich auf die Mindestzahl von Annahmen, auf denen das System der psychoanalytischen Theorie beruht (Rapaport und Gill, 1959). Die metapsychologischen Schriften Freuds sind weder vollständig noch systematisch, und sie sind über sein ganzes Werk verstreut. Das siebte Kapitel der *Traumdeutung* (1900), die »Schriften über Metapsychologie« (Freud 1915 b, 1915 c, 1915 d, 1917 b) und die Anhänge zu *Hemmung, Symptom und Angst (*1926 a) sind die Hauptquellen. Tatsächlich hat Freud nur drei metapsychologische Gesichtspunkte explizit formuliert — den topischen, den dynamischen und den ökonomischen. Den genetischen Gesichtspunkt scheint er für selbstverständlich gehalten zu haben. Freud hat zwar den strukturellen Gesichtspunkt nicht definiert, aber er hat angedeutet, daß er an die Stelle des topischen treten könne (1923 b, G. W. Bd. 13, S. 247). (Siehe Rapaport und Gill [1959] und Arlow und Brenner [1964] zu diesem Punkt.) Der Anpassungsgesichtspunkt ist ebenfalls impliziert; er ist wesentlich für das psychoanalytische Denken (Hartmann, 1939).

Die klinischen Folgerungen der Metapsychologie weisen darauf hin, daß man ein psychisches Ereignis, will man es von Grund auf verstehen, unter sechs verschiedenen Gesichtspunkten analysieren muß — dem topischen, dem dynamischen, dem ökonomischen, dem genetischen, dem strukturellen und dem der Anpassung. In der klinischen Praxis analysieren wir das, was unsere Patienten hervorbringen, nur teilweise, fragmentarisch, in einem bestimmten Zeitraum. Trotzdem lehrt uns die Erfahrung, daß wir doch alle diese Gesichtspunkte berücksichtigen, wenn wir versuchen, unsere Anfangseinsichten durchzuarbeiten. Ich will versuchen, diese Konzepte im Umriß darzustellen. Einen umfassenderen Überblick findet der Leser bei Fenichel (1945 a, 2. Kap.), Rapaport und Gill (1959) und bei Arlow und Brenner (1964).

Als ersten postulierte Freud den *topischen* Gesichtspunkt. Im siebten Kapitel der *Traumdeutung* (1900) beschrieb er die verschiedenen Funktionsweisen, die die bewußten und die unbewußten Phänomene regieren. Der »Primärvorgang« beherrscht das unbewußte Material, und der »Sekundärvorgang« steuert die bewußten Phänomene. Unbewußtes Material hat nur ein Ziel — die Entladung. Es gibt hier kein Gefühl für Zeit, Ordnung oder Logik, und es können Widersprüche nebeneinander bestehen, ohne einander aufzuheben. Verdichtung und Verschiebung sind weitere Charakteristika des Primärvorgangs. Wenn man ein psychisches Ereignis als bewußt oder unbewußt bezeichnet, meint man damit mehr als einen lediglich qualitativen Unterschied. Archaische und primitive Funktionsweisen sind kennzeichnend für unbewußte Phänomene.

Lassen Sie mich das verdeutlichen. Ein männlicher Patient erzählt mir folgenden Traum: »Ich bin dabei, an der Vorderseite meines Hauses etwas anzubauen. Ich werde plötzlich dadurch unterbrochen, daß mein Sohn schreit. Ich halte voll ängstlicher Erwartung Ausschau nach ihm und sehe ihn in der Ferne, aber er läuft ständig von mir fort. Ich werde zornig und hole ihn schließlich ein. Ich fange an, mit ihm zu schimpfen, weil er weggelaufen ist, als ich bemerke, daß er am Mundwinkel einen dreieckigen Schnitt hat. Ich sage zu ihm, er solle nicht reden, sonst werde der Schnitt größer werden. Ich kann das rosa Fleisch unter der Haut sehen, und mir wird übel. Dann erkenne ich, daß es gar nicht mein Sohn ist, sondern mein älterer Bruder. Er lächelt mir herablassend zu, als hätte er mich zum Narren gehalten. Ich wende mich ab, aber ich bin verlegen, weil ich jetzt fühle, daß ich verschwitzt und erhitzt bin, und er könnte merken, daß ich schlecht rieche.«

Die Assoziationen des Patienten lassen sich auf folgendes zusammenfassen: Mein älterer Bruder hat mich immer eingeschüchtert, als ich noch jünger war, aber er hatte einen Nervenzusammenbruch, und dann wurde ich der Stärkere. Mein Bruder macht mir alles nach. Als ich mir einen Kombi kaufte, kaufte er sich auch einen. »Als meine Frau und ich schwanger wurden, wurde er auch schwanger.« Mein Bruder scheint Schwierigkeiten mit seiner Männlichkeit zu haben. Sein Sohn trägt mit vier Jahren noch immer Locken und spricht nicht. Ich habe versucht, ihm beizubringen, daß es falsch ist, einen Jungen mit Locken herumlaufen zu lassen.

An dieser Stelle griff ich ein und wies darauf hin, daß der Patient gesagt hatte: »Als meine Frau und ich schwanger wurden, wurde er auch schwanger.« Der

Patient antwortete abwehrend, das sei bloß eine Redensart. Dann lacht er und sagte, er habe vielleicht als Kind geglaubt, er könne ein Kind bekommen. Seine Mutter hatte bedauert, daß er als Junge zur Welt gekommen war, hatte ihm die Haare zu Locken gedreht und ihn in Mädchenkleidern herumlaufen lassen. Tatsächlich erinnerte er sich, daß er bis zum Alter von sechs Jahren mit Puppen gespielt hatte. Die dreieckige Wunde erinnerte ihn an eine tiefe Fleischwunde, die er als Kind bei einem Spielkameraden gesehen hatte. Die Fleischwunde erinnerte ihn an die Vagina. Seine Frau ist einmal an der Vagina operiert worden; wenn er daran denkt, wird ihm übel.

Ich greife wieder ein und weise den Patienten darauf hin, daß der Traum den Gedanken enthält, es sei besser, sich still zu verhalten, wenn man seine Fleischwunde verbergen wolle; wenn man rede, werde die Fleischwunde stärker offenbar. Der Patient ist nachdenklich und sagt dann, er glaube, er habe Angst, einige seiner eigenen Sorgen in bezug auf seine Männlichkeit aufzudecken. Vielleicht habe sich zwischen ihm und seinem Bruder etwas Homosexuelles abgespielt, wie wir vorher schon hypothetisch angenommen hätten.

Der Traum und die Assoziationen zeigen deutlich einige Merkmale des Primär- und des Sekundärvorgangs. »Ich bin dabei, an der Vorderseite meines Hauses etwas anzubauen« scheint eine Schwangerschaftsphantasie im Unbewußten meines männlichen Patienten zu symbolisieren. Dies kommt später auch in den Assoziationen des Patienten heraus, wenn er sagt: »Meine Frau und ich wurden schwanger und mein Bruder wurde schwanger.« Die dreieckige Fleischwunde symbolisiert die Anschauung des Patienten von einer Vagina. Sie deutet auch auf seine Kastrationsangst hin, was dadurch angezeigt wird, daß er im Traum Übelkeit empfindet und daß ihm beim Gedanken an eine Operation an der Vagina, der in seinen Assoziationen auftaucht, übel wird. Der Sohn verwandelt sich in den Bruder, aber das ruft im Traum keine Verblüffung hervor, weil Logik und Zeit unwichtig sind. Diese Verwandlung drückt jedoch in verdichteter Form aus, daß der Patient an der Oberfläche vielleicht das Heft in der Hand hat, daß er aber in der Vergangenheit und in der analytischen Situation passive, anale und feminine Einstellungen und Phantasien hatte und immer noch hat. Die dreieckige Fleischwunde ist eine Verschiebung von unten nach oben und zugleich eine Verdichtung. Der kleine Junge, der wegläuft, ist ebenfalls eine Verdichtung, bestehend aus dem Sohn des Patienten, auf den sich homosexuelle Wünsche und Ängste des Patienten beziehen, dem älteren Bruder des Patienten und dem Patienten selbst. Die Analyse wird repräsentiert durch die Errichtung eines Anbaus, durch die ängstlichen Erwartungen, durch das Weglaufen und durch die Ermahnung, sich still zu verhalten. Der Analytiker wird dargestellt, wie er dem kleinen Jungen nachläuft, wie er zornig über ihn wird, weil er wegläuft, als einer, der herablassend lächelt, und als derjenige, der den Patienten in Verlegenheit bringt, der den schlechten Geruch wahrnehmen könnte.

Ich glaube, dieser Traum und die Assoziationen verdeutlichen viele Eigenschaften des Primär- und des Sekundärvorgangs, wie sie in einem Bruchstück klinischer Arbeit vorkommen.

Der *dynamische Gesichtspunkt* geht davon aus, daß seelische Phänomene das Ergebnis der Interaktion von Kräften sind. Freud (1916—17, G. W. Bd. 11, S. 62) benützte die Analyse von Fehlleistungen, um die Dynamik zu demonstrieren: »An eines darf ich Sie aber noch mahnen; wollen Sie die Art, wie wir diese Phänomene behandelt haben, als vorbildlich im Gedächtnis behalten. Sie können an diesem Beispiel ersehen, welches die Absichten unserer Psychologie sind. Wir wollen Erscheinungen nicht bloß beschreiben und klassifizieren, sondern sie als Anzeichen eines Kräftespiels in der Seele begreifen, als Äußerung von zielstrebigen Tendenzen, die zusammen oder gegeneinander arbeiten. Wir bemühen uns um eine *dynamische Auffassung* der seelischen Erscheinungen.« Diese Annahme ist die Grundlage für alle Hypothesen über Triebe, Abwehrmechanismen, Ich-Interessen und Konflikte. Symptombildung, Ambivalenz und Überdeterminierung sind Beispiele für dynamische Vorgänge.

Ein Patient, der an Ejaculatio praecox litt, empfand unbewußt Angst vor der und Haß gegen die Vagina. Sie war für ihn eine schreckliche, gigantische Höhle, die ihn verschlingen wollte. Sie war eine schmutzige, schleimige, Krankheit verbreitende Kloake. Zugleich war die Vagina eine köstliche, saftige, milchgebende Brust, die er gern in den Mund genommen hätte. Während des Geschlechtsverkehrs pflegte er zwischen Phantasien hin und her zu schwanken, die ungeheure Vagina werde ihn verschlingen und sein erigierter Penis werde diese zarten und verletzlichen Wände verwunden und aufreißen, bis sie bluteten. Seine vorzeitige Ejakulation war ein Mittel, um Impulse auszudrücken, dieses verhaßte Organ zu beschmutzen und zu erniedrigen und zugleich vor diesem gefährlichen und verletzlichen Genitale davonzulaufen. Sie war auch eine symbolische Bitte an die Besitzerin der Vagina: »Ich bin nur ein kleiner Junge, der in eine Vagina uriniert, sei nett zu mir.« Die Ejaculatio praecox war ein Kompromiß zwischen Varianten der destruktiven Sinnlichkeit und oralen Bitten. Als seine Analyse fortschritt und seine Frau während des Verkehrs seine Frau blieb, konnte er seine aggressive Sinnlichkeit in kraftvoller phallischer Aktivität ausdrücken, seine Oralität dagegen im Vorspiel.

Der *ökonomische Gesichtspunkt* betrifft die Verteilung, die Verwandlungen und die Verausgabung von psychischer Energie. Konzepte wie das der Bindung, Neutralisierung, Sexualisierung, Aggressivierung und Sublimierung gründen sich auf diese Hypothese.

Ein Beispiel für die Ökonomie kann man im Fall der Frau A. sehen, den ich im Abschnitt 1.22 geschildert habe. Vor dem Ausbruch ihrer Phobien war die Patientin in einem Zustand aufgestauter Triebspannungen, aber ihre Ich-Funktionen waren noch fähig, ihre Abwehraufgaben ausreichend zu erfüllen, so daß Frau A. ohne offensichtliche Symptome auskommen konnte. Sie konnte ihr seelisches Gleichgewicht aufrechterhalten, indem sie sexuelle Beziehungen mit ihrem Mann vermied, und wenn sie sich ihnen nicht entziehen konnte, ließ sie es nicht zu, daß sie sexuell erregt wurde. Dies beanspruchte einen Großteil der Abwehrkräfte ihres Ichs, aber sie konnte die Herrschaft über diese Dinge bis zu dem Vorfall des Haarekämmens behalten. In diesem Augenblick förderten der Besuch des Vaters und das Kämmen des Haars sexuelle und romantische Erinnerungen aus der Vergangenheit wieder zutage. Außerdem wurde ihre Feindseligkeit gegen ihren Mann verstärkt. Frau A.s Ich konnte mit diesem neuen Einbruch von Es-Strebungen, die nach Abfuhr verlangten, nicht fertigwerden. Die Triebimpulse brachen durch in Gefühlen des Ohnmächtigwerdens, des Schwindels und der Inkontinenz. Dies führte zu einer Phobie vor dem Verlassen des Hauses ohne die Begleitung ihres Mannes. Wenn man den Zusammenbruch der Abwehrfähigkeiten bei Frau A. ganz verstehen will, muß man ihn als Folge von Veränderungen in der Verteilung ihrer psychischen Energien sehen.

Der *genetische Gesichtspunkt* betrifft den Ursprung und die Entwicklung psychischer Phänomene. Er hat nicht nur damit zu tun, wie die Vergangenheit in der Gegenwart enthalten ist, sondern auch mit der Frage, warum bei bestimmten Konflikten eine spezifische Lösung gewählt wurde. Er wirft ein Licht sowohl auf die biologisch-konstitutionellen Faktoren als auch auf die Faktoren des Erlebens.

Beispiel: Herr N., einer meiner Patienten, behauptete, er sei das Lieblingskind sowohl seiner Mutter als auch seines Vaters gewesen. Als Beweis führte er an, man habe ihm als Kind erlaubt, ins Ferienlager zu gehen, später habe man ihm den College-Besuch erlaubt. Seine beiden jüngeren Brüder hätten diese Vorzüge entbehren müssen. Er behauptete auch, er sei glücklich verheiratet, obwohl er selten sexuelle Beziehungen zu seiner Frau hatte und ihr oft untreu war. Er hatte das Gefühl, er sei im Grunde ein vom Glück begünstigter Mann, obwohl er periodisch unter Depressionen litt und von Zeit zu Zeit der impulsiven Spielleidenschaft verfiel.

Eins der wichtigsten Abwehrmanöver dieses Patienten bestand darin, daß er Deckerinnerungen sammelte. Die Erinnerungen als solche waren wahr, aber sie wurden behalten, um die Erinnerung an unerfreuliche Erlebnisse abzuwehren. Bisweilen war er wirklich als Lieblingskind behandelt worden, aber das war selten und nicht typisch. Seine Eltern waren inkonsequent und heuchlerisch, was bei der Bildung seiner besonderen Symptomatologie eine entscheidende Rolle spielte. Die Eltern lehnten ihn oft ab und enthielten ihm etwas vor, und wenn er sich beklagte, wiesen sie immer auf ein besonderes Vergnügen hin, das sie ihm irgendwann einmal gewährt hatten. Was seine Eltern bewußt mit ihm gemacht hatten, tat mein Patient unbewußt, indem er Deckerinnerungen benützte. Er leugnete früheres und gegenwärtiges Unglücklichsein durch Deckvorstellungen, die das Gegenteil behaupteten. Seine Perioden der Depression offenbarten die zugrundeliegende Traurigkeit. Das Spielen war ein Versuch zu beweisen, daß er vom Glück begünstigt, das Lieblingskind der Fortuna sei.

Der *strukturelle Gesichtspunkt* geht davon aus, daß man den psychischen Apparat in mehrere beständige funktionelle Einheiten aufteilen kann. Dies war Freuds letzter wichtiger Beitrag zur Theorie (1923 b). Die Auffassung, der psychische Apparat bestehe aus dem Ich, dem Es und dem Über-Ich, leitet sich von der Struktur-Hypothese her. Sie ist immer dann beteiligt, wenn wir von interstrukturellen Konflikten sprechen, z. B. von Symptombildung, oder von intrastrukturellen Prozessen wie der synthetischen Funktion des Ichs.

Ein klinisches Beispiel ist der oben beschriebene Patient mit der Ejaculatio praecox. Am Beginn der Behandlung pflegte er in sexuellen Situationen die Ichfunktion des Unterscheidungsvermögens zu verlieren. Alle Frauen wurden seine Mutter, alle Vaginen wurden mit oral-sadistischen und anal-sadistischen Phantasien besetzt. Als er Fortschritte machte, regredierte er in sexuellen Situationen nicht mehr in dieser Weise. Sein Ich konnte zwischen seiner Mutter und seiner Frau unterscheiden; seine Es-Strebungen konnten dann vom Oralen und Analen aufs Phallische übergehen.

Schließlich formulieren wir heute auch noch einen *Anpassungs-Gesichtspunkt,* obwohl Freud dies nur impliziert hat. »Das Konzept vom *Angepaßtsein* ist zum Beispiel in Freuds Aussagen über die Koordination zwischen Trieb und Objekt und in Hartmanns und Eriksons Sätzen über eine angeborene Bereitschaft für eine sich entwickelnde Reihe durchschnittlich zu erwartender Umwelten impliziert« (Rapaport und Gill, 1959, S. 159 bis 160).

Alle Aussagen über die Beziehung zur Umwelt, zu Objekten der Liebe und des Hasses, Beziehungen zur Gesellschaft usw. gründen sich auf diese Hypothese. Jedes der von mir bisher angeführten klinischen Beispiele ist auch ein Beispiel für Anpassungsversuche.

1.24 Die Theorie der psychoanalytischen Technik

Die psychoanalytische Therapie ist eine kausale Therapie; sie versucht, die Ursachen der Neurose zu beseitigen. Es ist ihr Ziel, die neurotischen Konflikte des Patienten zu lösen, einschließlich der infantilen Neurose, die als Kern der Erwachsenen-Neurose dient. Die Lösung der neurotischen Konflikte bedeutet, daß man die Teile des Es, des Über-Ichs und des unbewußten Ichs, die von den Reifungsprozessen des gesunden Restes der Gesamtpersönlichkeit ausgeschlossen geblieben waren, wieder mit dem bewußten Ich verbindet.

Der Psychoanalytiker nähert sich den unbewußten Elementen durch ihre Abkömmlinge. Alle abgewehrten Komponenten des Es und des Ichs bringen Abkömmlinge hervor — »Mischlinge«, die nicht bewußt sind, jedoch in Übereinstimmung mit dem Sekundärvorgang hochorganisiert und dem bewußten Ich zugänglich (Freud, 1915 b, G. W. Bd. 10, S. 289—290; Fenichel, 1941, S. 18).

Um die Mitteilung von Abkömmlingen zu erleichtern, verlangt die Psychoanalyse vom Patienten die Verwendung des Verfahrens des freien Assoziierens; dies ist die fundamentale Methode der Psychoanalyse, die sogenannte »Grundregel« (Freud, 1913 b, G. W. Bd. 8, S. 468; 1915 b, G. W. Bd. 10, S. 292). Diese Abkömmlinge erscheinen in den freien Assoziationen, Träumen, Symptomen, Fehlleistungen und im Agieren des Patienten.

Man fordert den Patienten auf, so gut er kann zu versuchen, die Dinge aufsteigen zu lassen und sie ohne Rücksicht auf Reihenfolge oder Logik auszusprechen, er soll alles berichten, selbst wenn es unwichtig, unanständig oder unhöflich usw. erscheint. Wenn man sich etwas einfallen *läßt*, findet eine Regression im Dienst des Ichs statt, und Abkömmlinge des unbewußten Ichs, des Es und des Über-Ichs neigen dazu, an die Oberfläche zu kommen. Der Patient bewegt sich vom streng nach den Regeln des Sekundärvorgangs ablaufenden Denken in Richtung auf den Primärvorgang. Es ist die Aufgabe des Analytikers, dem Patienten diese Abkömmlinge zu deuten. (Die Bedeutung des Ausdrucks »analysieren« und anderer technischer und klinischer Ausdrücke wird im Abschnitt 1.3 erörtert.)

Obwohl der Patient, der an einer Neurose leidet, sich mit dem bewußten Motiv in Behandlung begibt, sich ändern zu wollen, sind unbewußte Kräfte in ihm wirksam, die sich der Veränderung entgegenstellen, die die Neurose und den Status quo verteidigen. Diese Kräfte stellen sich den Verfahren und Prozessen der Behandlung entgegen und werden *Widerstände* genannt. Der Widerstand stammt von den gleichen Abwehrkräften des Ichs, die einen Teil des neurotischen Konflikts bilden. Im Verlauf der Behandlung wiederholt der Patient all die verschiedenen Formen und Varianten von Abwehrmanövern, die er in seinem Leben bisher angewendet hat. Die Analyse des Widerstands ist ein Eckstein der psychoanalytischen Technik. Da der Widerstand eine Manifestation der abwehrenden und verzerrenden Funktion des Ichs ist, versucht die psychoanalytische Technik den Widerstand als erstes zu analysieren. Die Einsicht kann nur wirksam sein, wenn der Patient fähig ist, ein vernünftiges Ich zu bilden und aufrechtzuerhalten. Widerstände kommen dem vernünftigen Ich in die Quere und müssen analysiert werden, bevor irgendeine andere analytische Arbeit zu einem Erfolg führen kann.

Zum Beispiel: Ein junger Mann scheint zu zögern, mir irgend etwas Nachteiliges über seine Frau zu erzählen. Immer, wenn er etwas an ihr auszusetzen hat, ist er rasch geneigt, sie zu entschuldigen oder ihre Mängel zu rechtfertigen. Als ich ihn auf diese Abwehrhaltung hinweise, leugnet der Patient sie zunächst, gibt aber dann unter Tränen zu, daß ich recht habe. Er gibt zu, daß er versucht, die Mängel seiner Frau zu verhüllen, weil er sicher ist, ich würde von ihm erwarten, daß er sich scheiden ließe, wenn ich »wirklich« wüßte, wie inadäquat sie ist. Als ich dieser Bemerkung über die Scheidung nachgehe, erinnert sich der Patient, daß in seiner Kindheit sein Vater wiederholt, wenn er etwas an der Mutter auszusetzen hatte, drohte, sich von ihr scheiden zu lassen. Es schien also klar, daß das Zögern des Patienten auf seine Angst hinwies, ich würde handeln wie sein Vater. Er versuchte, seine Frau vor mir in Schutz zu nehmen, wie er gerne seine Mutter vor dem Vater beschützt hätte.

Erst nachdem der Patient diese Ursache des Widerstands erkannt hatte, konnte er einen Schritt weitergehen und erkennen, daß nicht ich es war, sondern er, der einen so starken, »väterlichen« Groll gegen seine Frau empfand. Er brauchte noch viel mehr Analyse, bis er merkte, daß er zwar seine Mutter gegen seinen Vater verteidigen wollte, daß er aber selber einen ungeheuren Groll gegen seine Mutter hegte. Unbewußt wünschte er sich, ich sollte ihn drängen, er solle sich von seiner Frau scheiden lassen, wie er sich früher gewünscht hatte, sein Vater solle sich von seiner Mutter scheiden lassen.

In diesem klinischen Beispielfall war es notwendig, Schritt für Schritt jeden Aspekt des Widerstands zu analysieren, um den Patienten zu befähigen, sich der Realität der Situation zu stellen. Zunächst mußte er erkennen, daß er Angst hatte, ich würde von ihm erwarten, er solle sich von seiner Frau scheiden lassen, und daß er infolgedessen einiges über sie vor mir verbarg. Dann mußte er erkennen, daß er mich mit seinem Vater und seine Frau mit seiner Mutter verwechselt hatte. Schließlich konnte der Patient entdecken, daß unterhalb seiner Beschützergefühle gegenüber seiner Mutter auch große Feindseligkeit vorlag. Jeder Schritt in der Widerstandsanalyse erfordert, daß das vernünftige Ich des Patienten fähig gemacht wird, sich einem irrationalen, verzerrten Aspekt seiner eigenen Tätigkeit zu stellen.

Dieses klinische Beispiel führt zu einem weiteren Grundkonzept in der Theorie der psychoanalytischen Technik. Neurotische Patienten neigen zu *Übertragungsreaktionen.* Die Übertragung ist eine der wertvollsten Materialquellen für die Analyse, eine der wichtigsten Motivationen und auch das größte Hindernis auf dem Weg zum Erfolg. Die Triebversagung des Neurotikers veranlaßt ihn häufig, unbewußte Objekte zu suchen, auf die er seine libidinösen und aggressiven Impulse verschiebt. Der Patient neigt dazu, seine Vergangenheit in bezug auf seine menschlichen Beziehungen zu wiederholen, um Befriedigungen zu erlangen, die er nicht erlebt hat, oder um nachträglich irgendeine Angst oder ein Schuldgefühl zu überwinden. Die Übertragung ist ein Wieder-Durchleben der Vergangenheit, ein Mißverstehen der Gegenwart gemäß der Vergangenheit. Die zentrale Bedeutung der Übertragungsreaktionen in der Theorie der Technik beruht auf dem Umstand, daß der Patient, wenn die Übertragungsreaktionen richtig gehandhabt werden, in der Behandlungssituation und in bezug auf den Psychoanalytiker all die bedeutsamen menschlichen Beziehungen seiner Vergangenheit zu erleben pflegt, die ihm bewußt nicht zugänglich sind (Freud, 1912 a).

Die psychoanalytische Situation ist so strukturiert, daß sie die maximale Entwicklung der Übertragungsreaktionen erleichtert. Die frustrierende Haltung des Psychoanalytikers und sein relatives Inkognito tragen dazu bei, die Übertragungsgefühle und -phantasien in vollem Umfang herauszulocken. Es ist jedoch die konsequente Analyse der Übertragung, sowohl innerhalb als auch außerhalb der analytischen Situation, die es dem Patienten ermöglicht, die verschiedenen Varianten und Intensitäten der Übertragung auszuhalten.

Die Übertragung ist auch die Ursache der stärksten Widerstände während der Analyse. Ein Patient arbeitet vielleicht am Anfang der Analyse hart, um sich beim Analytiker beliebt zu machen. Es ist nicht zu vermeiden, daß der Patient sich in irgendeiner Form abgelehnt fühlt, denn all unsere Patienten haben in ihrem früheren Leben Ablehnung erlebt, und die Haltung des Analytikers ist im wesentlichen nichtbefriedigend. Die feindseligen Gefühle aus der verdrängten Vergangenheit oder die verbotenen sexuellen Wünsche der Kindheit oder der Adoleszenz pflegen im Patienten starke Tendenzen zu erwecken, unbewußt gegen die analytische Arbeit zu kämpfen. Qualität und Quantität des »Übertragungswiderstands« werden durch die Lebensgeschichte des Patienten bestimmt. Die Dauer dieser Reaktionen wird auch dadurch beeinflußt, wie wirksam der Psychoanalytiker die Übertragungsprobleme analysiert, die den Widerstand wachgerufen haben.

Hier wollen wir ein Wort über die relativ unneurotischen, rationalen und realistischen Haltungen des Patienten gegenüber dem Analytiker anfügen, über das »Arbeitsbündnis« *(working alliance)* (Greenson, 1965 a). Es ist ein Teil der Beziehung zwischen dem Patienten und dem Analytiker, der den Patienten befähigt, sich mit dem Standpunkt des Analytikers zu identifizieren und trotz seiner neurotischen Übertragungsreaktionen mit dem Analytiker zu arbeiten.

Die psychoanalytische Technik zielt direkt auf das Ich, da nur das Ich unmittelbar Zugang zum Es, zum Über-Ich und zur Außenwelt hat. Es ist unser Ziel, das Ich dazu zu bewegen, auf seine pathogenen Abwehrmechanismen zu verzichten oder geeignetere zu finden (A. Freud, 1936, S. 34—51). Die alten Abwehrmanöver haben sich als unzureichend erwiesen; neue, andere oder gar keine Abwehr könnte vielleicht Triebabfuhr ohne Schuldgefühle oder Angst erlauben. Die Es-Entladung würde den Triebdruck vermindern; dann wäre das Ich in einer relativ stärkeren Position.

Der Psychoanalytiker hofft, die relativ reifen Aspekte im Ich des Patienten dazu zu bringen, sich mit dem auseinanderzusetzen, was das Ich früher als zu gefährlich aus dem Bewußtsein verbannt hat. Der Analytiker erwartet, daß der Patient unter dem Schutz des Arbeitsbündnisses und der nichtsexuellen positiven Übertragung das von neuem betrachtet, was er früher als zu bedrohlich angesehen hat, daß er die Situation neu beurteilen kann, und daß er schließlich wagen wird, neue Methoden zu versuchen, um mit der früheren Gefahr fertigzuwerden. Der Patient wird sich langsam darüber klar, daß die Triebimpulse der Kindheit, die für die Ichkräfte eines Kindes überwältigend waren, und die durch das Über-Ich des Kindes verzerrt waren, im Leben des Erwachsenen mit anderen Augen gesehen werden können.

Die psychische Arbeit, die getan wird, nachdem eine Einsicht vermittelt worden ist, und die zu einer haltbaren Veränderung im Verhalten oder in der Einstellung führt, wird *Durcharbeiten* genannt (Greenson 1965 b). Es besteht aus Prozessen wie der Nutzung und Assimilation von Einsicht und Neuorientierung (E. Bibring, 1954). Es wird im nächsten Abschnitt besprochen.

Die Psychoanalyse versucht auf diese Weise, den Prozeß der Neurose und der Symptombildung umzukehren, wieder aufzurollen (Waelder, 1960, S. 46). Die einzige zuverlässige Lösung besteht darin, Strukturveränderungen im Ich zu bewerkstelligen, die es dem Ich erlauben, auf seine Abwehr zu verzichten oder eine Abwehrform zu finden, die eine angemessene Triebabfuhr zuläßt (Fenichel, 1941, S. 16).

Ich möchte versuchen, eine typische Abfolge von Ereignissen durch ein klinisches Beispiel zu verdeutlichen. Frau K., eine siebenundzwanzigjährige Frau, möchte sich aus verschiedenen Gründen einer Analyse unterziehen. Mehrere Jahre lang hat sie Episoden gehabt, in denen sie sich »von allem ausgeschlossen«, gefühllos, »weggetreten«, »wie ein lebender Leichnam« gefühlt hat. Außerdem hat sie Perioden der Depression, ist unfähig, in sexuellen Beziehungen einen Orgasmus zu erleben, und als neuestes empfindet sie ein impulsiv-zwanghaftes Bedürfnis, eine sexuelle Affäre mit einem Neger zu haben. Dieses letzte Symptom war für sie besonders quälend und hat sie angetrieben, zur Behandlung zu kommen. Ich werde dieses Einzelsymptom in den Mittelpunkt stellen, um meine theoretische Beschreibung der Ziele der psychoanalytischen Technik zu veranschaulichen. (Siehe Altmans Bericht [1964] über eine Podiumsdiskussion über dieses Thema, besonders den Beitrag von Ross.)

Alle Arten der Psychotherapie würden versuchen, die Patientin von ihren Symptomen zu befreien, aber nur die Psychoanalyse versucht dies, indem sie die neurotischen Konflikte löst, die den Symptomen zugrundeliegen. Andere Therapien könnten versuchen, der Patientin durch eine Verstärkung ihrer Abwehr zu helfen, oder indem sie Übertragung und Suggestion dazu verwenden, ihr sexuelles Begehren nach Negern zu unterdrücken oder zu verschieben. Oder sie könnten versuchen, den Konflikt zwischen Abwehr und Trieb dadurch zu lösen, daß sie eine Triebabfuhr vorschlagen, die unter dem Schutz einer Über-Ich-ähnlichen Übertragung auf den Psychotherapeuten möglich sein könnte. Manche Therapeuten würden vielleicht Drogen verwenden, um die libidinösen Triebe zu beruhigen und auf diese Weise dem bedrängten Ich der Patientin zu helfen. Andere würden vielleicht Mittel wie Alkohol oder Phenobarbital vorschlagen, die zeitweilig die Forderungen des Über-Ichs der Patientin dämpfen könnten. All diese Methoden können eine Hilfe sein, aber nur vorübergehend, weil sie keine bleibende Veränderung in den psychischen Strukturen bewirken, die an den ursächlichen unbewußten Konflikten beteiligt sind.

Die Psychoanalyse würde versuchen, der Patientin all die verschiedenen unbewußten Impulse, Phantasien, Wünsche, Ängste, Schuldgefühle und Bestrafungen bewußtzumachen, die sich verdichtet in ihrem Symptom ausdrücken. Die von mir als Beispiel angeführte Patientin gewann langsam Einsicht in die Tatsache, daß der Neger eine Verkleidung für ihren kraftvollen, sexuell anziehenden und beängstigenden, rothaarigen Stiefvater aus ihrer Pubertät war. Es wurde ihr gezeigt, daß der impulsiv-zwanghafte Wunsch, sexuelle Beziehungen mit Negern zu haben, zum Teil aus verkleidetem inzestuösem Begehren nach dem Stiefvater stammte. Er war auch ein Deckmantel für sado-masochistische Impulse und verbarg eine Gleichsetzung der Sexualität mit den Ausscheidungsfunktionen. Der Neger war auch eine verdichtete Vorstellung von einem analphallischen Mann, die die Patientin als Dreijährige gehabt hatte. Die Peinlichkeit des Symptoms stellte sich heraus als eine Selbstbestrafung aus Schuldgefühlen wegen der verbotenen Impulse.

Als die Patientin sich diesen Einsichten allmählich stellen konnte, mußte ihr Ich nicht mehr soviel von seinen Energien für den Versuch aufwenden, die verbotenen Impulse und Phantasien zu verdrängen. Ihr vernünftiges Ich konnte nun die Vorstellung akzeptieren, daß inzestuöse Phantasien nicht das gleiche sind wie Handlungen und daß sie zum Erwachsenwerden in unserer Gesellschaft dazugehören. Frau K. konnte nun erkennen, daß ihr Über-Ich zu streng und sadistisch gewesen war. Sie erkannte, daß sie sich selber grausame Vorwürfe gemacht hatte, in einer Weise, die ihren masochistischen sexuellen Phantasien ähnlich war. Geschlagenwerden, Schlagen und Beschmutzen wurden als regressive Versuche erkennbar, Ersatz für sexuelle Befriedigung zu erlangen.

Als die Patientin all diesen bisher unbewußten Phänomenen gestattete, bewußt zu werden, wurde eine Veränderung in den drei seelischen Strukturen sichtbar. Das Ich brauchte gegen die Impulse, die aufgedeckt wurden, keine Verdrängung, keine Reaktionsbildungen und keine Isolierung mehr einzusetzen. Dies war möglich, weil das strenge Über-Ich der Patientin dem Ich gegenüber weniger sadistisch geworden war. Sobald die analen, sado-masochistischen Impulse dem Bewußtsein offen gezeigt werden konnten, verloren sie ihre Intensität, und die Es-Antriebe der Patientin wechselten die Richtung: Sie suchten nun genitale Lust. Die Veränderung ihrer Triebantriebe machte es Frau K. möglich, mit ihrem Mann sexuelle Befriedigung zu erleben, und sie verlor den impulsiven Zwang gegenüber Negern.

In all diesen Entwicklungen spielte die Analyse von Übertragungsreaktionen und Widerständen eine wichtige Rolle. Zum Beispiel kamen die sexuellen Gefühle, die Frau K. ihrem Stiefvater gegenüber empfand, ans Licht, als sie merkte, daß sie das Gefühl hatte, ich sei für sie sexuell attraktiv, »... wenn Sie auch so alt sind, daß Sie mein Vater sein könnten«. Ihre Phantasien vom Geschlagenwerden tauchten in der Analyse als eine Angst auf, ich würde sie schlagen, dann als ein Wunsch, ich würde es tun. Frau K. hatte einen ungeheuren Widerstand dagegen, über bestimmte Sexualphantasien zu sprechen, weil sie dabei das Gefühl hatte, als ob sie auf der Toilette beobachtet würde. Dies führte dazu, daß wir ihre Gleichsetzung der Sexualität mit den Ausscheidungsfunktionen aufdeckten.

Frau K. arbeitete hart an ihrer Analyse und hatte nach etwa sechs Monaten ein relativ zuverlässiges Arbeitsbündnis mit mir entwickelt. Trotz schmerzlicher Übertragungsreaktionen und Widerstände konnte sie sich schließlich mit meinem analytischen Standpunkt identifizieren und versuchen, ihre neurotischen Reaktionen zu verstehen.

Die zeitweilige und teilweise Besserung trieb die Patientin an, in der Behandlung weiter zu gehen. Sie konnte es sich nun erlauben, in der analytischen Situation tiefer zu regredieren, und sie erlaubte sich, noch frühere Formen ihrer neurotischen Konflikte zu erleben. Das sexuelle Begehren nach Negern hatte auch eine wichtige Abwehrfunktion gegen starke homosexuelle Impulse gegenüber Frauen. Diese wiederum erwiesen sich als Abkömmlinge tief verdrängter oraler Saugimpulse gegenüber der Mutter, die die Patientin als eine Bedrohung ihrer Eigenidentität empfunden hatte. Mit diesem Konflikt ging eine enorme primitive Wut auf die Mutter einher, die als gefährlich für die Existenz der Mutter und auch als Bedrohung von Frau K.s eigener Existenz empfunden wurde. Die Einsicht in die verschiedenen Ebenen des neurotischen Konflikts zwischen Abwehr und Trieb verursachte allmähliche Veränderungen in der Struktur des Ichs, des Es und des Über-Ichs der Patientin. Einige alte Abwehrmechanismen wurden als unnötig abgelegt; einige neue wurden gefunden, die Triebbefriedigung ohne Schuldgefühle ermöglichten. Die Beziehung der seelischen Strukturen untereinander veränderte sich insgesamt, und damit entstand eine neue und befriedigendere und effektivere Beziehung zur Außenwelt.

1.3 Die Komponenten der klassischen psychoanalytischen Technik

Nachdem nun der Leser einen Gesamtüberblick über die psychoanalytische Therapie unter dem Blickwinkel der historischen Entwicklung und des theoretischen Bezugssystems gewonnen hat, will ich in diesem Abschnitt eine allgemeine Einführung in die Technik geben, wie sie heute praktiziert wird. Sie besteht aus praktischen Definitionen oder Beschreibungen der therapeutischen Verfahren und Prozesse, die in der klassischen Psychoanalyse benützt werden. Das dient dem Zweck, ein Glossar von technischen Ausdrücken und Konzepten zu erstellen und zu zeigen, wie einige von ihnen in den partiellen und verdünnten analytischen Therapien im Vergleich zur psychoanalytischen Therapie verwendet werden (E. Bibring, 1954; Greenacre, 1954; Gill, 1954, und Liste zusätzlicher Literatur).

1.31 Die Produktion von Material

1.311 Freies Assoziieren

In der klassischen Psychoanalyse ist die Hauptmethode, klinisches Material mitzuteilen, die, daß der Patient versucht, frei zu assoziieren. Das beginnt gewöhnlich nach dem Abschluß der Vorgespräche. In den Vorbesprechungen hat sich der Psychoanalytiker ein Urteil über die Fähigkeit des Patienten verschafft, in der psychoanalytischen Situation zu arbeiten. Ein Teil dieser Beurteilung besteht darin, zu erforschen, ob der Patient in seinen Ichfunktionen elastisch genug ist, um zwischen den regressiveren

Ichfunktionen, wie sie beim freien Assoziieren gebraucht werden, und den höheren Ichfunktionen, wie sie zum Verständnis der analytischen Interventionen, zum Beantworten direkter Fragen und zum Wiederaufnehmen des Alltagslebens am Ende der Stunde erforderlich sind, hin und her zu pendeln.

Der Patient assoziiert gewöhnlich während des größten Teils der Stunde frei, aber er kann auch Träume erzählen oder andere Ereignisse aus seinem täglichen Leben oder aus seiner Vergangenheit. Es ist charakteristisch für die Psychoanalyse, daß der Patient gebeten wird, beim Erzählen von Träumen oder anderen Erlebnissen seine Assoziationen auch auszusprechen. *Das freie Assoziieren hat den Vorrang vor allen anderen Methoden, in der analytischen Situation Material zu produzieren.*

Das freie Assoziieren kann jedoch auch im Dienst des Widerstands mißbraucht werden. Der Analytiker hat dann die Aufgabe, derartige Widerstände zu analysieren, um den richtigen Gebrauch des freien Assoziierens wiederherzustellen. Es kann auch vorkommen, daß ein Patient mit dem freien Assoziieren nicht mehr aufhören kann, weil seine Ichfunktionen zusammengebrochen sind. Dies ist ein Beispiel für eine Notlage, die im Lauf der Analyse entsteht. Die Aufgabe des Analytikers ist es dann, das logische, dem Sekundärvorgang gemäße Denken des Ichs wiederherzustellen. Dazu muß er vielleicht Suggestion und direkte Befehle anwenden. Dies sind unanalytische Maßnahmen, aber sie sind in dem oben erwähnten Fall angezeigt, weil wir es vielleicht mit einer beginnenden psychotischen Reaktion zu tun haben.

Die freie Assoziation ist die Hauptmethode, in der Psychoanalyse Material zu liefern. Sie wird auch in denjenigen Formen der Psychotherapie bei ausgewählten Gelegenheiten benützt, die ein bestimmtes Maß des Aufdeckens versuchen, in den sogenannten »psychoanalytisch orientierten Psychotherapien.« Nicht verwendet wird sie in den antianalytischen, den zudeckenden oder stützenden Therapien.

In dem Kapitel über das, was die Psychoanalyse vom Patienten verlangt (Abschnitt 4.12), werden wir noch einmal auf das freie Assoziieren eingehen. Die Einführung des freien Assoziierens im Zusammenhang mit dem Übergang zur Couch wird im zweiten Band beschrieben.

1.312 Die Übertragungsreaktionen

Seit er Dora behandelt hatte, erkannte Freud, daß die Übertragungsreaktionen und Widerstände des Patienten das wesentliche Material für die analytische Arbeit lieferten (1905 a, G. W. Bd. 5, S. 277—286). Von da an wurde die analytische Situation so eingerichtet, daß sie eine maximale Entwicklung der Übertragungsreaktionen förderte. Der Widerstand ist darauf gerichtet, diese Entwicklung zu verhindern oder die Analyse der Übertragung zu hemmen. Widerstand und Übertragung sind beide Träger wesentlicher Informationen über die frühere, verdrängte Lebensgeschichte des Patienten. Das zweite und dritte Kapitel des vorliegenden Bandes sind einer systematischen und gründlichen Erörterung dieser Themen gewidmet. Hier werde ich nur versuchen, eine vorläufige Orientierung zu geben.

Die Übertragung besteht darin, daß ein Mensch Gefühle, Triebe, Haltungen, Phantasien und Abwehr in bezug auf eine Person in der Gegenwart erlebt, die dieser Person nicht angemessen sind; sie sind eine Wiederholung, eine Verschiebung von Reaktionen, die der Beziehung zu wichtigen Personen aus der frühen Kindheit entspringen. Die Neigung eines Patienten zu Übertragungsreaktionen rührt her von seinem Zustand der Trieb-Unbefriedigung und dem sich daraus ergebenden Bedürfnis nach Abfuhrmöglichkeiten (Freud, 1912 a, G. W. Bd. 8, S. 364—374).

Es ist wichtig, sein Augenmerk auf den Umstand zu richten, daß der Patient dazu neigt, zu wiederholen *anstatt* sich zu erinnern; die Wiederholung ist immer ein Widerstand in bezug auf die Erinnerungsfunktion. Indem der Patient wiederholt, wieder durchspielt, macht er es jedoch der Vergangenheit möglich, in die Behandlungssituation einzutreten. Übertragungswiederholungen bringen Material in die Analyse, das sonst unzugänglich ist. Wenn man die Übertragungsanalyse richtig handhabt, führt sie zu Erinnerungen, Rekonstruktionen und Einsicht und schließlich zu einer Beendigung der Wiederholungen.

Es gibt viele Möglichkeiten, die verschiedenen klinischen Formen von Übertragungsreaktionen zu klassifizieren. Am häufigsten verwendet man die Bezeichnungen: *positive* und *negative* Übertragung. Die positive Übertragung sind die verschiedenen Formen des sexuellen Begehrens sowie Sympathie, Liebe und Respekt gegenüber dem Analytiker. Die negative Übertragung bringt irgendeine Form von Aggression mit sich, die sich als Zorn, Abneigung, Haß oder Verachtung dem Therapeuten gegenüber äußert. Man darf nicht vergessen, daß alle Übertragungsreaktionen im Grunde ambivalent sind. Was klinisch erscheint, ist nur die Oberfläche. Damit in der analytischen Situation Übertragungsreaktionen auftauchen, muß der Patient willens und bereit sein, in bezug auf seine Ichfunktionen und seine Objektbeziehungen vorübergehend eine gewisse Regression auf sich zu nehmen. Der Patient muß ein Ich haben, das zeitweilig auf Übertragungsreaktionen regredieren kann, aber diese Regression muß partiell und reversibel sein, so daß der Patient analytisch behandelt werden und doch in der realen Welt leben kann. Bei Menschen, die es nicht wagen, von der Realität zu regredieren, und bei Menschen, die nicht leicht in die Realität zurückkehren können, ist eine Psychoanalyse riskant. Freud teilte die Neurosen in zwei Gruppen ein, je nachdem, ob ein Patient in der Lage war, ein relativ zusammenhängendes System von Übertragungsreaktionen zu entwickeln und aufrechtzuerhalten und dennoch in der Analyse und in der Außenwelt zu funktionieren, oder ob er nicht dazu in der Lage war. Patienten mit einer »Übertragungsneurose« konnten es, während Patienten mit einer narzißtischen Neurose es nicht konnten (Freud, 1916—17, G. W. Bd. 11, S. 309, 462—463, 471 ff.).

Freud benützte den Ausdruck *Übertragungsneurose* auch, um jene Konstellation von Übertragungsreaktionen zu bezeichnen, in der der Analytiker und die Analyse zum Mittelpunkt des Seelenlebens des Patienten geworden sind und die Konflikte des Patienten in der analytischen Situation wiedererlebt werden (Freud 1914 c, G. W. Bd. 10, S. 135). Alle wichtigen Züge der Krankheit des Patienten werden in der analytischen Situation wieder durcherlebt oder wieder durchgespielt (Freud, 1905 a, G. W. Bd. 5, S. 279—280; 1914 c, G. W. Bd. 10, S. 129—134; 1916—17, 27. Kap.).

Die psychoanalytische Technik ist darauf angelegt, die maximale Entwicklung der Übertragungsneurose zu sichern. Die relative Anonymität des Analytikers, seine Unaufdringlichkeit, die sogenannte »Abstinenzregel« und das »Spiegelverhalten« des Analytikers haben alle den Zweck, für die keimende Übertragungsneurose ein relativ »keimfreies« Feld zu bewahren (Fenichel, 1941, S. 72; Greenacre, 1954; Gill, 1954). Die Übertragungsneurose ist ein Artefakt der analytischen Situation; sie kann nur durch die analytische Arbeit aufgelöst werden. Sie dient als Übergang von der Krankheit zur Gesundheit.

Einerseits ist die Übertragungsneurose das wichtigste Hilfsmittel für einen Erfolg der Psychoanalyse; andererseits ist sie auch der häufigste Grund für ein Mißlingen der Therapie (Freud 1912 a, 1914 c; Glover, 1955, Kap. 7,8). Die Übertragungsneurose kann nur durch Analysieren aufgelöst werden; andere Verfahren mögen ihre Form verändern, pflegen aber nur ihre Fortdauer zu bewirken (Gill, 1954).

Die Psychoanalyse ist die einzige Form von Psychotherapie, die versucht, die Übertragungsreaktionen zu lösen, indem sie sie systematisch und gründlich analysiert. In Kurzversionen oder abgeschwächten Versionen der Psychoanalyse tut man dies nur partiell und selektiv. So könnte man z. B. nur die negative Übertragung analysieren, wenn sie droht, die Behandlung zum Scheitern zu bringen, oder man analysiert nur so tief, wie es nötig ist, damit der Patient in der therapeutischen Situation arbeiten kann. In solchen Fällen bleibt nach Beendigung der Behandlung immer ein Rest von ungelösten Übertragungsreaktionen. Dies läßt darauf schließen, daß irgendeine unanalysierte Neurose unverändert geblieben ist.

Bei den anti-analytischen Formen der Psychotherapie werden die Übertragungsreaktionen nicht analysiert, sondern befriedigt und manipuliert. Der Therapeut nimmt die Rolle irgendeiner realen oder phantasierten Figur aus der Vergangenheit an und befriedigt einen infantilen Wunsch des Patienten. Der Therapeut wird vielleicht wie ein liebender oder ermutigender Elternteil oder wie ein strafender Moralist handeln, und der Patient wird vielleicht eine vorübergehende Besserung spüren oder sich sogar »geheilt« fühlen. Aber diese »Übertragungsheilungen« sind vergänglich und dauern nur so lange, wie die idealisierte Übertragung auf den Therapeuten unberührt bleibt (Fenichel, 1945 a, S. 559—561; Nunberg, 1932, S. 301).

1.313 Der Widerstand

Widerstand nennen wir all jene Kräfte im Patienten, die sich den Verfahren und Prozessen der psychoanalytischen Arbeit entgegenstellen. Er ist in größerem oder geringerem Grad von Anfang bis Ende der Behandlung vorhanden (Freud, 1912 a). Der Widerstand verteidigt den Status quo der Neurose des Patienten. Der Widerstand stellt sich dem Analytiker, der analytischen Arbeit und dem vernünftigen Ich des Patienten entgegen. Widerstand ist ein operationales Konzept; er wird nicht durch die Analyse neu geschaffen. Die analytische Situation wird zur Arena, wo sich die Widerstände offenbaren.

Die Widerstände sind Wiederholungen aller Abwehrmaßnahmen, die der Patient bisher in seinem Leben benützt hat. Alle Arten von psychischen Erscheinungen können zum Zweck des Widerstands gebraucht werden, aber, woher der Widerstand auch kommen mag, er betätigt sich immer durch das Ich des Patienten. Wenn auch manche Aspekte eines Widerstands bewußt sein können, so wird doch ein wesentlicher Teil durch das unbewußte Ich geleistet.

Die psychoanalytische Therapie ist gekennzeichnet durch die gründliche und systematische Analyse der Widerstände. Es ist die Aufgabe des Psychoanalytikers, aufzudecken, wie der Patient Widerstand leistet, wogegen sich sein Widerstand richtet und warum er es tut. Die unmittelbare Ursache eines Widerstands ist immer die Vermeidung eines schmerzlichen Affekts, von Angst, Schuldgefühlen oder Scham. Hinter diesem Motiv findet sich eine Triebregung, die den schmerzlichen Affekt ausgelöst hat. Schließlich wird man feststellen, daß der Widerstand ein Versuch ist, einen traumatischen Zustand abzuwehren (A. Freud, 1936, S. 34—51; Fenichel, 1945 a, S. 128—167).

Es gibt viele Möglichkeiten, Widerstände zu klassifizieren. Die wichtigste praktische Unterscheidung ist die zwischen ichsyntonen und ichfremden Widerständen. Wenn ein Patient das Gefühl hat, ein Widerstand sei ihm fremd, ist er bereit, ihn analytisch zu bearbeiten. Wenn der Widerstand ichsynton ist, wird der Patient vielleicht sein Vorhandensein leugnen, seine Bedeutung bagatellisieren oder ihn »wegrationalisieren«. Einer der entscheidenden Schritte am Beginn der Analyse eines Widerstands besteht darin, daß man ihn für den Patienten in einen ichfremden Widerstand verwandelt. Wenn dies erreicht ist, geht der Patient ein Arbeitsbündnis mit dem Analytiker ein. Er hat sich in seiner Bereitschaft, analytisch an seinen Widerständen zu arbeiten, vorübergehend und teilweise mit dem Analytiker identifiziert.

Andere Formen der Psychotherapie versuchen, Widerständen auszuweichen oder sie zu überwinden, und zwar durch Suggestionen, durch die Anwendung von Drogen oder durch eine Ausnutzung der Übertragungsbeziehung. In den zudeckenden oder stützenden Therapien versucht der Therapeut, den Widerstand zu stärken. Dies mag bei Patienten, die in Gefahr sind, in einen psychotischen Zustand abzugleiten, durchaus notwendig sein. Nur in der Psychoanalyse versucht der Therapeut, Ursache, Zweck, Art und Weise und Vorgeschichte des Widerstands aufzudecken (Knight, 1952).

1.32 Das Material des Patienten wird analysiert

In der klassischen Psychoanalyse wird eine große Zahl von therapeutischen Verfahren in verschiedenen Graden angewendet. Es ist charakteristisch für alle als analytisch angesehenen Techniken, daß sie das direkte Ziel haben, die Einsicht des Patienten über sich selbst zu vermehren. Einige Verfahren erhöhen nicht die Einsicht an sich, sondern sie stärken diejenigen Ichfunktionen, die zum Gewinnen von Verständnis erforderlich sind. Zum Beispiel kann Abreaktion eine genügend große Abfuhr von Triebspannungen erlauben, so daß ein bedrängtes Ich sich nicht mehr unmittelbar gefährdet fühlt. Das sich sicherer fühlende Ich ist dann fähig, zu beobachten, zu denken, sich zu erinnern und zu urteilen, also zu Funktionen, die es im akuten Angstzustand verloren hatte. Nun wird Einsicht möglich. Abreaktion ist eins der *nicht-analytischen* Verfahren, das in der psychoanalytischen Behandlung häufig angewendet wird. Es ist oft eine unentbehrliche Voraussetzung für die Einsicht.

Die *antianalytischen* Verfahren sind diejenigen, die die Fähigkeit zu Einsicht und Verständnis blockieren oder vermindern. Die Anwendung jeder Maßnahme oder Verfahrensweise, die die Ichfunktionen des Beobachtens, Denkens, Erinnerns und Urteilens vermindert, gehört in diese

Kategorie. Augenfällige Beispiele sind die Anwendung von bestimmten Drogen und Rauschmitteln, rasche und bequeme Beruhigungen, bestimmte Arten von Übertragungsbefriedigungen, Zerstreuungen usw.

Das wichtigste analytische Verfahren ist die *Deutung;* alle anderen sind ihm sowohl theoretisch als auch praktisch untergeordnet. Alle analytischen Verfahren sind entweder Schritte, die zu einer Deutung führen oder eine Deutung wirksam machen (E. Bibring, 1954; Gill, 1954; Menninger, 1958).

Der Ausdruck »analysieren« ist eine Abkürzung, die auf die einsichtfördernden Techniken angewendet wird. Das Analysieren umfaßt gewöhnlich vier deutlich unterschiedene Verfahren: *Konfrontation, Klärung, Deutung* und *Durcharbeiten.* In den folgenden Kapiteln wird ausführlich besprochen und an klinischen Beispielen veranschaulicht, wie jedes dieser Verfahren angewendet wird. Hier will ich mich auf praktische Definitionen und einfache Beispiele beschränken.

Der erste Schritt beim Analysieren einer psychischen Erscheinung ist die *Konfrontation.* Das in Frage stehende Phänomen muß deutlich gemacht, muß dem bewußten Ich des Patienten klargemacht werden. Zum Beispiel, bevor ich einem Patienten deuten kann, welchen Grund er haben mag, in der Stunde ein bestimmtes Thema zu vermeiden, muß ich ihn erst veranlassen, sich der Tatsache zu stellen, daß er etwas vermeidet. Manchmal erkennt der Patient es selbst, und es ist unnötig, daß ich ihn dazu bringe. Jedoch, bevor weitere analytische Schritte unternommen werden, muß gesichert sein, daß der Patient bei sich selber die psychischen Erscheinungen erkennt, die wir zu analysieren versuchen.

Die Konfrontation führt zum nächsten Schritt, zur *Klärung.* Gewöhnlich vermischen sich diese beiden Verfahren, aber ich finde es nützlich, sie zu trennen, weil es Fälle gibt, in denen jedes von ihnen verschiedene Probleme schafft. Bei der Klärung handelt es sich um die Handlungen, die zum Ziel haben, das analysierte psychische Phänomen scharf herauszustellen. Die wichtigen Einzelheiten müssen ausgegraben und sorgfältig von allem getrennt werden, was nicht dazugehört. Die besondere Variante oder das besondere Muster des in Frage stehenden Phänomens muß herausgeschält und isoliert werden.

Nehmen wir ein einfaches Beispiel. Ich konfrontiere Herrn N., einen Patienten, mit dem Umstand, daß er Widerstand leistet, und er erkennt, daß es tatsächlich so ist, er scheint vor etwas wegzulaufen. Die weiteren Assoziationen des Patienten können dann in die Richtung gehen, daß sie offenbaren, warum oder wogegen der Patient Widerstand leistet. Nehmen wir den ersten Fall an. Die Assoziationen des im Widerstand befindlichen Patienten veranlassen ihn, von verschiedenen Ereignissen des vergangenen Wochenendes zu sprechen. Herr N. war zu einer Versammlung der Eltern- und Lehrer-Vereinigung an der Schule seiner

Tochter gegangen und fühlte sich verlegen in der Gegenwart so vieler reich aussehender Eltern. Das erinnert ihn an seine Kindheit und daran, wie wütend es ihn machte, wenn sein Vater versuchte, sich bei seinen reichen Klienten beliebt zu machen. Im Umgang mit seinen Angestellten war der Vater ein Tyrann, den Reichen gegenüber aber ein Speichellecker. Der Patient hatte Angst vor seinem Vater, bis er sein Elternhaus verließ, um aufs College zu gehen. Dann begann er, ihn zu verachten. Er empfindet immer noch Verachtung für ihn, aber er zeigt sie nicht. Das hätte schließlich auch keinen Zweck, denn sein Vater ist zu alt, um sich zu ändern. Sein Vater muß beinah sechzig Jahre alt sein, sein Haar — »was davon noch übrig ist« — ist fast ganz weiß. Der Patient verfällt in Schweigen.

Ich hatte den Eindruck, als wiesen Herrn N.s Assoziationen auf bestimmte Gefühle mir gegenüber hin, und als seien es diese Gefühle, die den Widerstand am Anfang der Stunde verursacht hätten. Ich hatte auch das Gefühl, dies habe wahrscheinlich mit Verachtung zu tun, genauer, mit der Angst des Patienten, diese Verachtung mir gegenüber direkt zu äußern. Als der Patient schwieg, sagte ich, ich fragte mich, ob er nicht einem anderen weißhaarigen Mann gegenüber Verachtung empfinde. Der Patient wurde rot und sagte als erstes: »Ich nehme an, Sie meinen, ich hätte von Ihnen gesprochen. Das stimmt aber gar nicht. Ich verachte Sie überhaupt nicht — warum sollte ich? Sie behandeln mich recht gut — meistens. Ich habe keine Ahnung, wie Sie Ihre Familie oder Ihre Freunde behandeln. Aber das geht mich nichts an. Wer weiß, vielleicht sind Sie einer von den Menschen, die auf die Kleinen treten und sich mit den Großen gut stellen. Ich weiß es nicht, und ich will es auch nicht wissen.«

In diesem Augenblick hakte ich ein. Ich erwiderte, ich hätte das Gefühl, er sei erleichtert, nicht zu wissen, wie ich mich wirklich außerhalb der Analysestunden verhielte. Wenn er es wüßte, würde er vielleicht Verachtung empfinden und er würde Angst haben, es mir direkt zu sagen. Herr N. schwieg ein paar Sekunden und antwortete, wenn er sich vorstelle, ich täte etwas Verächtliches, würde er nicht wissen, was er mit dieser Information anfangen sollte. Dies erinnerte ihn an einen Vorfall, der sich vor einigen Wochen zugetragen hatte. Er war in einem Restaurant gewesen und hatte gehört, wie ein Mann mit wütender Stimme einen Kellner beschimpfte. Einen flüchtigen Augenblick lang hatte die Stimme wie meine geklungen, und der Hinterkopf des Mannes hatte so ähnlich ausgesehen wie meiner. Einen Augenblick später war er erleichtert, als er sah, daß es nicht stimmte.

Nun war es möglich, dem Patienten zu erklären, daß er zu vermeiden versuchte, Verachtung für mich zu empfinden, denn wenn er es täte, hätte er Angst, es zu äußern, genau wie er bei seinem Vater Angst gehabt hatte. Dieses spezifische, komplexe Zusammenspiel emotionaler Reaktionen mußte zum Zweck der Klärung deutlich herausgestellt werden, bevor die Analyse seines Widerstands fortgesetzt werden konnte.

Der dritte Schritt beim Analysieren ist die *Deutung*. Dies ist das Verfahren, das die Psychoanalyse von allen anderen Psychotherapien unterscheidet, denn in der Psychoanalyse ist die Deutung das letzte und entscheidende Werkzeug. Jedes andere Verfahren bereitet die Deutung vor oder amplifiziert eine Deutung und muß vielleicht selbst gedeutet werden. Deuten heißt, ein unbewußtes Phänomen bewußtmachen. Genauer heißt es, den unbewußten Sinn, die unbewußte Quelle, Vorgeschichte, Art und Weise oder Ursache eines bestimmten psychischen Ereignisses bewußtmachen. Dies erfordert gewöhnlich mehr als eine Intervention. Der Analytiker benützt sein eigenes Unbewußtes, seine Empathie und Intuition wie auch sein theoretisches Wissen, um zu einer Deutung zu gelangen. Indem wir deuten, gehen wir über das hinaus, was leicht zu beobachten ist, und wir schreiben einem psychischen Phänomen Bedeutung und Kausalität zu. Wir brauchen die Reaktionen des Patienten, um festzustellen, ob unsere Deutung stimmt (E. Bibring, 1954; Fenichel, 1945a und die Liste zusätzlicher Literatur).

Die Verfahren der Klärung und der Deutung sind eng miteinander verwoben. Sehr oft führt die Klärung zu einer Deutung, die wieder zu einer weiteren Klärung zurückführt (Kris, 1951). Der oben angeführte klinische Fall zeigt dies. Lassen Sie mich ein Beispiel für Deutung und Validierung beim gleichen Patienten anführen.

In einer Stunde, etwa zwei Wochen nach der oben wiedergegebenen Stunde, berichtet Herr N. ein Traumbruchstück. Er kann sich nur daran erinnern, daß er vor einer roten Verkehrsampel steht und auf die Freigabe seiner Fahrtrichtung wartet, als er spürt, daß jemand von hinten auf seinen Wagen aufgefahren ist. Er stürzt wütend hinaus und stellt zu seiner Erleichterung fest, daß es nur ein Junge mit einem Fahrrad war. Sein Wagen hatte keinen Schaden davon getragen. Die Assoziationen führten zu Herrn L.s Liebe zu Autos, besonders zu Sportwagen. Er schätzte besonders das Gefühl, an den dicken, alten, teuren Autos vorbeizuflitzen. Die teuren Wagen wirken so solide, aber sie fallen schon nach wenigen Jahren auseinander. Sein kleiner Sportwagen kann schneller fahren, schneller bergan fahren, er hält länger als die Cadillacs, Lincolns und Rolls Royces. Er weiß, daß das eine Übertreibung ist, aber der Gedanke macht ihm Spaß. Er verschafft ihm einen Kitzel. Das muß ein Überbleibsel aus seinen Sportlerzeiten sein, als es ihm Spaß machte, als prospektiver Verlierer den Favoriten zu schlagen. Sein Vater war ein Sportfan, der immer die Leistungen meines Patienten herabsetzte. Sein Vater ließ immer durchblicken, er sei ein großer Sportler gewesen, lieferte aber nie Beweise. Er war ein Exhibitionist, aber Herr N. bezweifelte, ob sein Vater wirklich etwas leisten konnte. Im Café pflegte sein Vater mit der Kellnerin zu flirten, oder er machte sexuelle Bemerkungen über vorbeigehende Frauen, aber er schien nur anzugeben. Wenn er wirklich sexuell wäre, hätte er das nicht nötig.

Es ist klar, daß das Material des Patienten einen Vergleich der sexuellen Fähigkeiten des Patienten und seines Vaters betrifft. Es hat auch mit Leuten zu tun, die vorgeben, etwas zu sein, was sie nicht sind. Der stärkste Affekt tauchte in seinen Assoziationen in dem Augenblick auf, als er sagte, bei der Vorstellung, die großen Autos hinter sich zu lassen, fühle er einen »Kitzel«. Er wußte, daß seine Phantasie eine Verzerrung war, aber er hatte Spaß daran. Im Traum verwandelt sich seine Wut in Erleichterung, als er entdeckt, daß ihn »nur ein Junge mit einem Fahrrad« von hinten angefahren hat. Ich hatte den Eindruck, als müßten diese beiden affektbesetzten Elemente den Schlüssel zur Bedeutung des Traums und der Analysestunde enthalten.

Ich deutete *für mich,* der Junge auf dem Fahrrad bedeute einen masturbierenden Jungen. Die rote Ampel bezieht sich wahrscheinlich auf Prostitution, da das »rote Licht« häufig in den Gegenden zu finden ist, wo sich Prostituierte aufhalten. Ich wußte, daß mein Patient behauptete, er liebe seine Frau, aber dennoch den Geschlechtsverkehr mit Prostituierten vorzog. Bis zu diesem Zeitpunkt in der Analyse hatte der Patient keine Erinnerung in bezug auf das Sexualleben seiner Eltern gehabt. Er sprach jedoch oft von den Flirts seines Vaters mit Kellnerinnen, was ich für Deckerinnerungen hielt. Ich meinte daher, ich sollte meine Deutung auf seine Erwachsenen-Haltung der Überlegenheit gegenüber seinen Kindheits-Interessen am Sexualleben seines Vaters richten. (Ich ließ vorläufig mit Absicht jede Bezugnahme auf das »Auffahren«, »von hinten«, die »Wut« usw. beiseite.

Am Ende der Stunde sagte ich zu Herrn N., ich hätte das Gefühl, er schlage sich mit seinen Gefühlen in bezug auf das Sexualleben seines Vaters herum. Er schien sagen zu wollen, sein Vater sei in sexueller Hinsicht kein sehr potenter Mann gewesen, aber ich fragte mich, ob er das schon immer geglaubt habe. Der Patient reagierte hierauf sehr rasch, ja, ein wenig zu rasch. Kurz gesagt, er hatte es eilig zuzustimmen, sein Vater habe auf ihn immer arrogant, prahlerisch und anmaßend gewirkt. Er wisse nicht, wie sein Sexualleben mit seiner Mutter gewesen sei, aber er sei ganz sicher, es könne nicht sehr befriedigend gewesen sein. Seine Mutter sei kränklich und unglücklich gewesen. Sie habe sich fast ihr Leben lang bei ihm über seinen Vater beklagt. Herr N. war ganz sicher, seine Mutter habe Sex nicht gemocht, obwohl er es nicht beweisen konnte.

An diesem Punkt griff ich ein und sagte, ich nähme an, der Gedanke, seine Mutter habe sexuelle Beziehungen mit seinem Vater abgelehnt, »kitzle« ihn. Der Patient sagte, der Gedanke »kitzle« ihn nicht; er mußte aber zugeben, daß er ihm ein Gefühl der Befriedigung, ein Gefühl des Triumphs über den »alten Knaben« verschaffe. Tatsächlich erinnert er sich nun, im Schlafzimmer seines Vaters versteckt ein paar »girlie magazines« (Zeitschriften mit weiblichen Aktphotos) gefunden zu haben. Er erinnert sich auch, daß er als Heranwachsender einmal eine Packung Kondome unter dem Kopfkissen seines Vaters gefunden hat, und daß er dachte: »Mein Vater muß zu Prostituierten gehen.«

Nun griff ich wieder ein und wies darauf hin, daß die Kondome unter dem Kopfkissen des Vaters offensichtlicher darauf hinwiesen, daß sein Vater sie bei seiner Mutter benützte, die im gleichen Bett schlief. Herr N. wolle jedoch seine wunscherfüllende Phantasie glauben: die Mutter will keinen Sex mit dem Vater und der Vater ist nicht sehr potent. Der Patient schwieg, und die Stunde war zu Ende.

Am nächsten Tag begann er damit, daß er mir erzählte, er sei wütend auf mich gewesen, als er meine Praxis verließ. Auf dem Heimweg fuhr er wie ein Wilder und versuchte, alle Autos auf der Schnellstraße zu überholen, besonders die teuren. Dann hatte er plötzlich Lust, ein Rennen gegen einen Rolls Royce zu fahren, wenn er nur einen finden könnte. Da schoß ihm ein Gedanke durch den Kopf: Auf der Kühlerhaube des Rolls Royce sind die Anfangsbuchstaben R. R. Plötzlich erkannte er, das sind ja die Initialen von Dr. Greenson. Da fing er an zu lachen, obwohl er allein im Wagen war. Er dachte: »Der alte Knabe hat wahrscheinlich recht; es verschafft mir einen Kitzel, mir vorzustellen, daß meine Mutter mich vorgezogen hat und ich meinen Vater übertreffen konnte.« Später habe der Patient sich dann gefragt, ob das wohl etwas mit seinen verfahrenen sexuellen Beziehungen zu seiner Frau zu tun habe.

Meiner Ansicht nach veranschaulicht diese klinische Vignette die komplizierten Schritte, die selbst zu einer einfachen Deutung gehören; sie zeigt auch, wie man auf die klinischen Reaktionen des Patienten warten muß, um entscheiden zu können, ob man auf der richtigen Spur ist. Die affektive Reaktion des Patienten auf meine erste Intervention, die Hast, mit der er reagierte, wiesen darauf hin, daß ich etwas sehr Empfindliches berührt hatte. Die neuen Erinnerungen an die Aktzeitschriften und die Kondome bestätigten, daß ich im wesentlichen recht hatte. Seine Reaktionen nach der Stunde, die Wut, die Assoziation zum Rolls Royce, das Gelächter und die Herstellung einer Beziehung zu seinem eigenen Sexualleben schieren anzuzeigen, daß Dosierung und Wahl des Zeitpunkts richtig gewesen waren. (Im zweiten Band wird über die Deutung mehr gesagt werden.)

Der vierte Schritt beim »Analysieren« ist das *Durcharbeiten.* Mit »Durcharbeiten« bezeichnet man ein komplexes Gefüge von Verfahren und Prozessen, die eintreten, nachdem eine Einsicht vermittelt worden ist. Die analytische Arbeit, die es ermöglicht, daß eine Einsicht zu Veränderungen führt, ist das Durcharbeiten (Greenson, 1965 b). Es besteht hauptsächlich aus dem wiederholten, progressiven und ausführlichen Explorieren der Widerstände, die verhindern, daß eine Einsicht zu Veränderungen führt. Außer der Erweiterung und Vertiefung der Widerstandsanalyse sind auch Rekonstruktionen von besonderer Bedeutung. Durch das Durcharbeiten werden verschiedene zirkuläre Prozesse in Gang gesetzt, in denen Einsicht, Erinnerung und Verhaltensänderung einander beeinflussen (Kris, 1956 a, 1956 b).

Um das Konzept des Durcharbeitens zu veranschaulichen, möchte ich zum Fall des Herrn N. zurückkehren. Ich habe berichtet, wie ich in der ersten Stunde seine Wunschphantasie gedeutet hatte, seine Mutter lehne Sex ab, sie lehne seinen Vater sexuell ab und sein Vater sei sexuell impotent. Diese Deutung gefiel Herrn N. nicht, aber etwas später am gleichen Tag wurde ihm klar, daß sie anscheinend doch richtig war. In der Zeit bis zur nächsten Stunde hatte er diese Einsicht erweitert und sie mit dem Umstand in Verbindung gebracht, daß sein eigenes Sexualleben mit seiner Frau gestört war. Für ihn war es am schwierigsten, am Tag nach sexuellen Beziehungen seine Frau anzusehen. Er hatte das Gefühl, sie müsse ihn verabscheuen, weil er sich sinnlich verhalten habe. Als ich dies bezweifelte, brachte er seine Reaktionen mit einer Kindheitserinnerung in Verbindung: Seine Mutter hatte ihn wegen seiner Onanie gedemütigt.

Im Lauf der nächsten Wochen wurde sich Herr N. jedoch immer mehr der Tatsache bewußt, daß er neben dem Wunsch, seine Frau solle die Sinnlichkeit mit ihm genießen, Verachtung für *sie* empfand, wenn sie sexuell erregt wurde. Das Gefühl, sie verabscheue ihn nach dem Verkehr, war eine Projektion seiner eigenen Gefühle. Kurz darauf stieg in Herrn N. eine Erinnerung daran auf, wie seine Mutter einmal seinem Vater heimlich zugeblinzelt hatte, als sie auf der Straße sahen, wie zwei Hunde sich paarten. Zunächst war diese Erinnerung mit wenig Affekt verbunden. Jedoch benahm sich der Patient zu dieser Zeit seltsam gegen seine Frau. Er fand sie äußerst unattraktiv, vermied jeden sexuellen Kontakt mit ihr und suchte Prostituierte auf. Ich gab ihm die Deutung, er scheine sich so zu verhalten, wie er sich das Verhalten seines Vaters vorstelle.

Der Patient antwortete darauf. er könne seinem Vater keinen Vorwurf machen, weil er seine Mutter sexuell gemieden habe. Seine Mutter sei zwar eine attraktive Frau gewesen, aber er erinnere sich an ein paar Gelegenheiten, wo sie im Bett gewesen sei, und »sie war nicht gerade eine Sexbombe«. Ihr Gesicht sei ihm gerötet und verschwitzt vorgekommen, das Haar war verdrückt und es ging ein abstoßender Geruch von ihr aus. Diese Erinnerungen wurden mit Krankheit und Menstruation in Zusammenhang gebracht. Ich deutete, Menstruation habe mit läufigen Hündinnen zu tun. Später rekonstruierte ich für Herrn N. die Wahrscheinlichkeit, daß das Bild von seiner Mutter mit dem geröteten, verschwitzten Gesicht und dem abstoßenden Geruch damit zusammenhing, daß er seine Mutter beim Geschlechtsverkehr mit seinem Vater gesehen habe. Ich deutete die Möglichkeit an, daß die Vorstellung, seine Mutter habe Sex nicht gemocht, und die vielen Erinnerungen an Flirts seines Vaters mit anderen Frauen Versuche seien, der unbewußten Erinnerung zu widersprechen, seine Mutter durch seinen Vater sexuell erregt gesehen zu haben. Ich wies darauf hin, daß die Erinnerung an seine Mutter, wie sie seinem Vater zublinzelte, während sie zwei sich paarenden Hunden zusahen, auch eine Deckerinnerung dieser Art sei.

Herr N. stimmte zu, meine Rekonstruktion erscheine plausibel, aber sie »lasse ihn kalt«. In einer späteren Stunde sagte ich ihm, daß er seine Frau sexuell vernachlässige und Prostituierte aufsuche, seien weitere Versuche »zu beweisen«, daß gute Frauen, verheiratete Frauen, Frauen, die die Mütter von Kindern sind, sich nichts aus Sex machen, und daß Ehemänner von solchen Frauen keine sexuellen Beziehungen zu ihnen haben. An dem auf diese Deutung folgenden Wochenende hatte der Patient nach seinen Aussagen mit seiner Frau das befriedigendste sexuelle Erlebnis seines bisherigen Lebens. Darauf folgten mehrere Wochen des Widerstands gegen Analyse und Sex, der auf der Vorstellung beruhte, alle Erwachsenen seien Heuchler und Lügner, ausgenommen ein paar Rebellen und Außenseiter.

Noch einmal kämpfte Herr N. mit seinen Kindheitskonflikten in bezug auf das Sexualleben seiner Eltern. Wenn er darauf verzichten mußte, die Existenz ihrer Sexualität zu leugnen, haßte und verachtete er sie nun wegen ihrer Heuchelei. Die dem Vater zublinzelnde Mutter war ein Sinnbild dafür. Auch seine Frau sei »falsch«, ebenso ich und meine Frau. Die einzigen ehrlichen Leute seien die, die von der Gesellschaft und den Konventionen nichts wissen wollten. Es sei ehrlicher, mit Bargeld für Sex zu bezahlen, als Sex mit teuren Wohnungen, Kleidern, Pelzen, Autos usw. zu erkaufen. Ich gab ihm die Deutung, dies scheine ein Versuch zu sein, seine Mutter und seinen Vater und andere verheiratete Leute wegen seiner Wut und seinem Neid über das Blinzeln seiner Mutter herabzusetzen. Unter seiner Verachtung verberge sich Neid. Er hätte ganz anders reagiert, wenn seine Mutter ihm zugeblinzelt hätte, und nicht seinem Vater.

Herr N. reagierte auf diese Deutung und weitere Rekonstruktion mit starrköpfiger Wut und mit Widerstand. Dann begann er, im Verlauf einiger Wochen, allmählich über die Beziehung zwischen Verachtung und Neid nachzudenken. Er erkannte, daß an meiner Formulierung doch etwas sein könne. Er gab widerwillig zu, ich hätte recht gehabt, und er wolle nur äußerst ungern die Vorstellung aufgeben, seine Mutter habe keine sexuellen Beziehungen zu seinem

Vater haben und lieber gar keine haben wollen. Er habe sich vorgestellt, wenn sie sexuelle Beziehungen gehabt habe, habe sie sich dabei nur untergeordnet, und dann habe er seinen Vater in der Phantasie impotent gemacht. Das Bild seiner durch den Vater sexuell erregten Mutter mache ihn wütend oder entrüstet. Er fühle sich wie ein kleiner Junge oder wie ein überlegener Erwachsener. Vielleicht solle er ihnen ihr eigenes Sexualleben lassen und sich auf sein eigenes Schlafzimmer konzentrieren.

Ich glaube, dieses klinische Material veranschaulicht einiges von dem, was beim Durcharbeiten vor sich geht. Was ich geschildert habe, erstreckt sich über einen Zeitraum von etwa sechs Monaten. Es beginnt mit dem Traum, in dem der Patient in seinem Sportwagen vor einer roten Ampel steht und von einem Jungen mit einem Fahrrad von hinten angefahren wird. Von da an haben wir in immer neuen Anläufen das Problem seiner emotionalen Reaktion auf das Sexualleben seiner Eltern bearbeitet und ebenso die Frage, wie das seine eigenen sexuellen Schwierigkeiten bestimmte. Oberflächlich herrschte Überlegenheit über den Vater und Mitleid mit der Mutter. Der Vater war ein impotenter Prahler und die Mutter eine widerstrebende Nichtjungfrau. Dann fanden wir, entgegen starkem Widerstand, aufflammende Wut gegen Mutter und Vater. Dann wurde die Mutter abstoßend, und der Patient verachtete beide Eltern. Gegen Ende dieser Periode deckten wir Neid auf das Sexualleben der Eltern auf. Schließlich kam Herr N. zu der Erkenntnis, daß die Eltern vielleicht ein Anrecht auf die Abgeschlossenheit ihres Schlafzimmers hätten und daß er sich auf das seine konzentrieren sollte.

Damit war Herrn N.s sexuelles Problem noch nicht gelöst, aber das Beispiel zeigt, daß er ein bedeutsames Stück wertvoller Einsicht gewonnen hatte. Es gab noch viele Vor- und Rückwärtsbewegungen, aber der Fortschritt ging weiter. Z. B. wurde das Thema der Homosexualität während dieser Periode nicht verfolgt; es wurde aber später wieder aufgenommen. Andere Probleme drängten sich hinein, und während längerer oder kürzerer Zeiträume traten sexuelle Probleme in den Hintergrund oder wurden durch Beimischungen von Aggression kompliziert. Es gab auch regressive Phasen, in denen die Libido auf anderen Ebenen beansprucht war. Ich hatte jedoch vor, ein Beispiel für das Durcharbeiten zu bieten, wie es in der Psychoanalyse vorkommt.

Man beachte, daß ein Teil des Durcharbeitens vom Patienten außerhalb der Analysestunde erledigt wird. Das Durcharbeiten ist das zeitraubendste Element in der psychoanalytischen Therapie. Nur selten führt Einsicht sehr rasch zu einer Verhaltensänderung; sie ist dann gewöhnlich vorübergehend oder bleibt isoliert und unintegriert. Normalerweise ist sehr viel Zeit nötig, um die mächtigen Kräfte zu überwinden, die sich der Veränderung widersetzen, und um dauerhafte Strukturveränderungen herbeizuführen. Die interessante Beziehung zwischen der Trauerarbeit und dem Durcharbeiten, die Bedeutung des Wiederholungszwangs und des Todestriebes werden wir im zweiten Band besprechen (siehe auch Freud, 1914 c, 1926 a, 1937 a; Fenichel, 1941, 6. Kap.; Greenacre, 1956; Kris, 1956 a, 1956 b; Greenson, 1965 b).

Die vier von mir skizzierten Schritte sind eine schematisierte Version dessen, was man darunter versteht, ein psychisches Ereignis zu analysieren. Alle diese Schritte sind notwendig, aber einige kann der Patient spontan tun, besonders den Schritt der Konfrontation oder einen Teil der Klärung. Diese Schritte folgen nicht genau in der Ordnung aufeinander, wie wir sie beschrieben haben, da jedes Verfahren neue Widerstände hervorrufen kann, die zunächst aufgenommen werden müsse. Eine Deutung kann auch einmal einer Klärung vorausgehen und kann die Klärung eines bestimmten Phänomens erleichtern.

Eine weitere Variable ist der Umstand, daß die Imponderabilien des Alltagslebens sich ins Leben des Patienten hineindrängen und aus Gründen der seelischen Ökonomie den Vorrang vor allem anderen beanspruchen können, was in der Analyse vor sich geht. Trotzdem sind Konfrontation, Klärung, Deutung und Durcharbeiten die vier grundlegenden Verfahren, die der Analytiker anwendet, wenn er analysiert.

1.33 Das Arbeitsbündnis

Bei der Psychoanalyse kommt der Patient zur Behandlung, weil seine neurotischen Leiden ihn antreiben, diese schwierige therapeutische Reise anzutreten. Seine Schwierigkeiten sind so ernst, daß sie ihn veranlassen, dieses auf lange Dauer angelegte, schmerzhafte und teure Programm auf sich zu nehmen. Seine Ichfunktionen und seine Fähigkeit, Objektbeziehungen[2] einzugehen, sind trotz seiner Neurose als gesund genug anzusehen, daß sie die Härten der psychoanalytischen Therapie aushalten können. Nur ein relativ gesunder Neurotiker kann ohne größere Modifikationen oder Abweichungen psychoanalytisch behandelt werden.

---

[2] Ich finde den Ausdruck »Objektbeziehungen« und ähnliche Bezeichnungen, wie z. B. »Liebesobjekte« und »verlorene Objekte«, unbefriedigend. Sie scheinen mir Konzepten, die mit starker persönlicher Bedeutung beladen sind, einen Anschein von Unpersönlichkeit und Distanz zu verleihen. Trotzdem habe ich sie überall weiterhin verwendet, weil sie in Psychoanalytikerkreisen weithin gebräuchlich sind und weil ich keine besseren Ausdrücke finde, die diese Termini vollgültig ersetzen könnten. Der Ausdruck »Objekt« geht auf die Vorstellung zurück, das das Es Objekte braucht, um die Triebe zu befriedigen. In diesem Sinne hatten die ursprünglichen bedürfnisbefriedigenden Objekte wenig andere Eigenschaften oder Einzigartigkeit, als daß sie bedürfnisbefriedigend waren.

Der Patient produziert in der Psychoanalyse das Material für die Behandlung durch freies Assoziieren, Übertragungsreaktionen und Widerstand. Der Analytiker benützt die Verfahren der Konfrontation, der Klärung, der Deutung und des Durcharbeitens. Aber dies alles erklärt nicht ganz, was im Verlauf der Therapie geschieht oder nicht geschieht. Es gibt noch einen weiteren wesentlichen therapeutischen Bestandteil, der entscheidend ist für den Erfolg oder das Mißlingen der psychoanalytischen Behandlung. Ich meine das »Arbeitsbündnis«, das nicht eigentlich ein technisches Verfahren oder ein therapeutischer Prozeß, sondern für beide notwendig ist (Greenson, 1965 a). Ich werde das Thema hier nur umreißen, eine vollständige Erörterung folgt im Abschnitt 3.5.

Das Arbeitsbündnis ist die relativ unneurotische, rationale Beziehung zwischen dem Patienten und dem Analytiker, die es dem Patienten ermöglicht, in der analytischen Situation zielstrebig zu arbeiten. Freud (1913 b, G. W. Bd. 8, S. 473) sprach von einer »leistungsfähigen Übertragung« und einem »ordentlichen Rapport«, die hergestellt sein müßten, bevor man dem Patienten Deutungen geben könne. Fenichel (1941, S. 27) beschrieb eine »rationale« Übertragung, Stone (1961, S. 104) eine »reife« Übertragung, Zetzel (1956) spricht von einem »therapeutischen Bündnis« und Nacht (1958 a) von der »Präsenz« des Analytikers, was sich alles auf ein ähnliches Konzept bezieht.

Die klinischen Anzeichen für dieses Arbeitsbündnis sind: die Bereitwilligkeit des Patienten, die verschiedenen Verfahren der Psychoanalyse durchzuführen, und seine Fähigkeit, analytisch mit den sich ergebenden regressiven und peinlichen Einsichten zu arbeiten. Das Bündnis wird zwischen dem vernünftigen Ich des Patienten und dem analysierenden Ich des Analytikers geschlossen (Sterba, 1934). Das dabei signifikante Ereignis ist eine partielle und vorübergehende Identifikation des Patienten mit der Haltung und der Arbeitsmethode des Analytikers, die der Patient in den regulären Analyse-Sitzungen unmittelbar erlebt.

Der Patient, der Analytiker und das analytische Milieu tragen zur Bildung des Arbeitsbündnisses bei. Das Gewahrsein neurotischen Leidens und der Möglichkeit, vom Analytiker Hilfe zu erlangen, treibt den Patienten an, die analytische Situation aufzusuchen und in ihr zu arbeiten. Die Fähigkeit des Patienten, eine relativ rationale, entsexualisierte und der Aggression entkleidete Beziehung zum Analytiker herzustellen, ist davon abhängig, ob er in seinem bisherigen Leben fähig war, solche neutralisierten Beziehungen herzustellen. Die Ichfunktionen des Patienten spielen eine entscheidende Rolle, da es nur mit einem elastischen Ich möglich ist, eine vielfältige Beziehung zum Analytiker herzustellen.

Der Analytiker trägt zu dem Arbeitsbündnis durch seine beständige

Betonung von Verständnis und Einsicht bei, ebenso durch seine fortgesetzte Widerstandsanalyse und durch seine mitleidende, mitfühlende, aufrichtige und nichtwertende Haltung (Freud 1912 a, G. W. Bd. 8, S. 370; 1913 b, Bd. 8, S. 474; Fenichel, 1941, S. 85; Sterba, 1929, S. 371 bis 372). Das »analytische Milieu« erleichtert die Entwicklung des Arbeitsbündnisses durch die Häufigkeit der Sitzungen, die lange Dauer der Behandlung, die Verwendung der Couch, das Schweigen usw. Dies fördert nicht nur Regression und neurotische Übertragungsreaktionen, sondern auch das Arbeitsbündnis (Greenacre, 1954).

Die Art des Analytikers zu arbeiten, sein therapeutischer Stil und der analytische Rahmen schaffen eine »analytische Atmosphäre«, die ein wichtiges Mittel ist, um den Patienten dazu zu bringen, etwas zur Probe zu akzeptieren, was er bisher weit von sich gewiesen hatte. Diese Atmosphäre fördert das Arbeitsbündnis und verlockt den Patienten, sich zeitweise und partiell mit dem analytischen Standpunkt des Analytikers zu identifizieren. Die analytische Atmosphäre kann auch zum Widerstand werden, wenn sie die analytische Arbeit mit einer Aura des Unwirklichen, des nicht dem realen Leben Entsprechenden, umgibt.

Das Arbeitsbündnis ist derjenige Teil der Beziehung zum Analytiker, der es dem Patienten möglich macht, in der Analyse-Stunde mitzuarbeiten. Unter diesem zuträglichen Einfluß versucht der Patient, die Anweisungen und Einsichten des Analytikers zu verstehen; er denkt über die Deutungen und Rekonstruktionen nach, was zur Integration und Assimilierung der Einsichten beiträgt. Das Arbeitsbündnis schafft gemeinsam mit dem neurotischen Leiden den Anreiz, die analytische Arbeit zu leisten; den größten Teil des Rohmaterials liefern die neurotischen Übertragungsreaktionen des Patienten.

Damit man die Übertragungsneurose mit Erfolg analysieren kann, muß der Patient ein zuverlässiges Arbeitsbündnis mit dem Analytiker entwikkelt haben. Die Übertragungsneurose ist das Hilfsmittel, das den Patienten befähigt, das abgewehrte, unzugängliche Material in die analytische Situation hineinzubringen. Eine Voraussetzung für die Durchführung der psychoanalytischen Arbeit ist die Fähigkeit des Patienten, zwischen dem Arbeitsbündnis und den neurotischen Übertragungsreaktionen hin und her zu pendeln. Diese Fähigkeit läuft parallel der Spaltung im Ich des Patienten: zwischen einem vernünftigen, beobachtenden, analysierenden Ich und einem erlebenden, subjektiven, irrationalen Ich.

Diese Spaltung ist beim freien Assoziieren zu beobachten. Wenn es sich der Patient gestattet, sich von einer schmerzlichen Erinnerung oder Phantasie hinreißen zu lassen, ist das erlebende Ich im Vordergrund, und es besteht kein Gewahrsein der Bedeutung oder der Angemessenheit der Emotionen zu diesem Zeitpunkt. Wenn der Analytiker in diesem Augenblick eingreifen würde, würde das vernünftige Ich des Patienten wieder in den Vordergrund treten, und dann wäre der Patient fähig zu erkennen, daß die betreffenden Affekte aus der Vergangenheit stammen; die Angst wäre geringer, und schließlich würden vielleicht weniger verzerrte Abkömmlinge ans Licht kommen. Diese Spaltung der Ichfunktionen tritt am deutlichsten zutage, wenn man Übertragungswiderstände analysiert (Sterba, 1929, S. 379). Die Fähigkeit, Ichfunktionen abzuspalten, ermöglicht es dem Patienten auch, das Arbeitsbündnis von der neurotischen Übertragung zu trennen. Kurz gesagt: Das Arbeitsbündnis liefert sowohl die Motivation von Tag zu Tag als auch die Fähigkeit, die analytische Arbeit zu leisten. Das wesentliche abgewehrte, unzugängliche Rohmaterial liefern die neurotischen Übertragungsreaktionen, in erster Linie die *Übertragungsneurose.*

1.34 Die nicht-analytischen therapeutischen Verfahren und Prozesse

In der klassischen Psychoanalyse werden in gewissem Maß auch andere Arten von therapeutischen Verfahren und Prozessen verwendet, aber sie dienen nur dazu, Einsicht vorzubereiten oder sie wirksam zu machen. Alle nicht-analytischen Maßnahmen müssen am Ende selbst Gegenstand der Analyse werden (E. Bibring, 1954). Ich werde die folgende kurze Erörterung auf die drei wichtigsten nicht-analytischen therapeutischen Agentien beschränken.

Abreaktion oder Katharsis ist die Entladung abgewehrter Emotionen und Impulse. Breuer und Freud (1893—95) hielten sie einmal für eine Methode der Heilbehandlung. Heute hält man die Abreaktion insofern für wertvoll, als sie den Patienten von der Realität seiner unbewußten Prozesse überzeugen kann. Intensität der Emotion kann die Einzelheiten eines Erlebnisses lebendig machen, die sonst vielleicht unbestimmt und unwirklich bleiben würden. Der Ausdruck von Affekten und Impulsen kann ein vorübergehendes Gefühl der subjektiven Erleichterung mit sich bringen, aber das ist noch kein Selbstzweck und kann wiederum zu einer Quelle des Widerstands werden.

Zum Beispiel kann ein Patient dem Analytiker irgendeinen Vorfall gestehen, der Schuldgefühle hervorruft. Dann fühlt er sich erleichtert und vermeidet vielleicht dieses Thema, anstatt seine Ursache, seine Vorgeschichte, seine Bedeutung usw. zu analysieren. Es ist jedoch wichtig, einem Patienten zum Wiedererleben der Emotionen eines traumatischen Erlebnisses zu verhelfen, um wichtige Einzelheiten wieder einzufangen, die sonst vielleicht übersehen würden.

Wenn man es mit Erlebnissen traumatischer oder fast traumatischer Bedeutung zu tun hat, sollte man den Patienten ermutigen, soviel von der Intensität wiederzuerleben, wie er ertragen kann. Der Hauptzweck besteht darin, dem Patienten eine Möglichkeit zu geben, eine genügend große Spannung zu entladen, so daß er mit dem Rest besser fertigwerden kann. Man sollte z. B. einem Patienten in einer chronischen Depression erlauben, soviel tiefen Kummer zu erleben, daß er wirksam analytisch arbeiten kann. In der Analyse eines meiner Patienten, der ein solches Problem hatte, war es mehrere Monate lang notwendig, daß er einen Teil jeder Stunde damit zubrachte, hemmungslos zu schluchzen, bevor er fähig war, analytisch an seiner Depression zu arbeiten. Der gleiche Grundsatz gilt für Angstzustände.

Das Abreagieren an sich ist nicht-analytisch, da es unmittelbar keine Einsicht erbringt. In dem klinischen Fallmaterial in diesem Buch kommen immer wieder Beispiele vor, wie man die Abreaktion in einer streng psychoanalytischen Therapie benützen kann.

Mit *Suggestion* meinen wir, daß im Patienten Gedanken, Gefühle und Impulse wachgerufen werden, die vom realistischen Denken des Patienten unabhängig sind oder es sogar ausschließen (E. Bibring, 1954). Suggestion ist bei allen Formen der Psychotherapie vorhanden, weil sie aus der Eltern-Kind-Beziehung stammt und weil Menschen, die in Not sind, leicht dem Therapeuten (der Elternfigur) gegenüber die emotionale Position eines Kindes einnehmen.

Suggestion ist so lange in der Psychoanalyse von Wert, wie sie dem Patienten hilft, in die analytische Situation einzutreten und in ihr zu arbeiten. Obwohl der Psychoanalytiker nicht garantiert, daß seine Behandlung große Erfolge haben werde, pflegt der Patient ein unrealistisches Maß an Vertrauen zu haben und sich auf ihn zu verlassen, weil seine Psychoanalytiker-Haltungen einen suggestiven Einfluß ausüben. Meine Patienten spüren bei mir trotz meiner verbalen Äußerungen oder meiner bewußten Meinungen ein zugrundeliegendes Gefühl des Optimismus.

Im Lauf einer Analyse gibt es Gelegenheiten, bei denen es ratsam ist, den Patienten zu ermutigen, er solle versuchen, Schmerz oder Frustration zu ertragen. Es ist besser, wenn man den Grund für diese Einstellung erklären kann. Manchmal kann man nur etwas sagen wie: »Sie werden sich wahrscheinlich besser fühlen, wenn Sie es aushalten.« Gewöhnlich haben solche Suggestionen oder Beruhigungen Erfolg. Oder man kann etwa sagen: »Sie werden sich an Ihre Träume erinnern, wenn Sie keine Angst mehr haben«, und der Patient beginnt, seine Träume zu behalten.

Der Verwendung von Suggestion wohnen zwei Gefahren inne. Die eine ist, daß man sie unnötigerweise benützt und den Patienten dazu verführt, sich an dieses regressive Unterstützungsmittel zu gewöhnen. Die andere Gefahr ist die, daß man Suggestion anwendet, ohne es zu merken. Dann wird der suggestive Einfluß des Analytikers nicht analysiert, und der Patien erwirbt in Wirklichkeit durch die unanalysierten Suggestionen seines Analytikers ein neues neurotisches Symptom. Das geschieht, wenn Deutungen als Dogma gegeben werden. Die Patienten klammern sich dann an die Deutung wie an eine Zwangsidee. Glovers Abhandlung (1931) über ungenaue Deutungen und Suggestion ist eine klassische Arbeit über dieses Thema (1955, S. 353—366).

Das Entscheidende an der Sache ist, daß Suggestion und Beruhigung am Ende offen zugegeben werden, in die analytische Situation hineingebracht und in ihren Wirkungen analysiert werden müssen.

Manipulation ist eine Technik des Hervorlockens, die der Therapeut ohne Wissen des Patienten anwendet. Der Ausdruck hat in Psychoanalytikerkreisen einen üblen Beigeschmack bekommen, weil ihn die sogenannten »wilden Analytiker« mißbraucht haben. Die Manipulation ist jedoch ebensosehr Teil der analytischen Therapie wie Suggestion und Abreaktion. Sie wird oft benützt, um verschiedene Prozesse zu fördern, die während einer klassischen therapeutischen Analyse entstehen. (Siehe bei Gill [1954] die klassische Anschauung in dieser Frage und bei Alexander [1954 a, 1954 b] eine entgegengesetzte Meinung.)

Es ist eine Manipulation, wenn man in einer Stunde schweigt, um zu ermöglichen, daß ein Affekt stärker wird, damit man ihn besser demonstrieren kann. Es ist eine Manipulation, die Übertragung nicht zu analysieren, um zu ermöglichen, daß sie eine bestimmte Intensität erreicht oder daß sie zurückgeht. Es ist eine Manipulation, wenn der Analytiker von seiner bevorstehenden Abreise spricht, während der Patient sie nicht erwähnt. All diese Manipulationen haben jedoch einen indirekten analytischen Zweck — sie sollen die Einsicht fördern. Auf Befragen soll man sie zugeben und die Reaktionen auf sie analysieren. Andere Manipulationen sind subtiler. Zum Beispiel haben Stimmklang und Betonung evokative Wirkungen, die Reaktionen und Erinnerungen in die Analyse bringen und dadurch die analytischen Prozesse fördern können. Wesentlich ist, daß man sich einer Manipulation bewußt ist, oder mindestens der Möglichkeit, daß man eine verwendet hat, ohne es zu merken. Schließlich muß sie in die analytische Arena eingelassen und ebenso gründlich analysiert werden wie jede andere — reale oder eingebildete — Intervention des Analytikers (Gill, 1954).

Das *absichtliche oder bewußte* Übernehmen von Rollen oder Haltungen ist antianalytisch, denn es schafft eine unanalysierbare Situation. Darin steckt ein Element der Täuschung und der List, das schließlich zu einem realistischen Mißtrauen gegen den Therapeuten führt. Ich bezweifle nicht, daß ein solches Verhalten in gewissen psychotherapeutischen Situationen notwendig sein mag, aber es macht die Analyse unmöglich. Eisslers Beitrag zu diesem Problem ist sowohl gründlich als auch systematisch (1950 b). (Ein abweichender Standpunkt findet sich bei Alexander, French et al., 1946, und in der Liste zusätzlicher Literatur.)

Nun noch ein Schlußwort zu dieser Einführung in die psychoanalytische Technik: Die Ausdrücke »Handhabung« und »Steuerung« der Übertragung usw. bezeichnen die Hinzunahme von nicht-analytischen Maßnahmen zu analytischen Verfahren, die im Rahmen der psychoanalytischen Therapie verwendet werden. Klinische Beispiele in beiden Bänden dieses Werkes werden diesen Punkt veranschaulichen. Die »Kunst« der psychoanalytischen Technik, wie sie in der klassischen Psychoanalyse angewendet wird, beruht auf der Vermischung von analytischen mit nichtanalytischen Verfahren. Sie ist schwer zu lehren. Die Prinzipien der psychoanalytischen Techniken sind leichter zu lehren. In diesen beiden Bänden will ich mein Augenmerk in erster Linie auf die Grundkomponenten der sogenannten klassischen psychoanalytischen Technik richten.

1.4 Indikationen und Kontraindikationen für die psychoanalytische Therapie: ein vorläufiger Überblick

Bei dem Problem, Indikation oder Kontraindikation für eine psychoanalytische Behandlung zu stellen, kommt es auf zwei getrennte, aber miteinander in Beziehung stehende Fragen an. Die erste und wichtigste Frage, die wir zu beantworten haben, lautet: Ist der Patient analysierbar? Die zweite und davon abhängige Frage ist: Wird die psychoanalytische Behandlung den Bedürfnissen des Patienten *am besten* gerecht? Ich möchte diese letzte Frage durch ein klinisches Beispiel verdeutlichen.

Nehmen wir an, Sie haben einen Patienten, der Psychotherapie wünscht, und Sie glauben, er sei fähig, in der analytischen Situation effektiv und gut zu arbeiten. Würden Sie ihm raten, eine Psychoanalyse anzufangen, wenn Sie entdecken, daß er demnächst zum Militär eingezogen wird? Die Psychoanalyse ist eine auf lange Dauer angelegte Behandlung; sie erfordert gewöhnlich drei bis fünf Jahre. Bei der Beurteilung, ob man zu dieser Form der Psychotherapie raten soll, muß die ganze Lebenssituation berücksichtigt werden.

Das Problem der Analysierbarkeit ist sehr kompliziert, weil die Analysierbarkeit von vielen verschiedenen, gesunden und pathologischen Eigenschaften und Voraussetzungen des Patienten abhängig ist. Außerdem muß man auch die vielen hohen Anforderungen, die der Prozeß und das Verfahren der Psychoanalyse an den Patienten stellen, ganz gründlich kennen. Die bisher vorgelegte kurze Zusammenfassung von Theorie und Technik erlaubt uns nur einen vorläufigen Überblick. Eine definitivere Erörterung müssen wir auf die späteren Kapitel verschieben.

Freud (1905 a) erkannte schon sehr früh, daß einzelne Kriterien, gleichgültig, wie wichtig oder klar ausgeprägt sie sein mögen, keine genaue Vorhersage über die Analysierbarkeit eines Patienten erlauben. Man muß versuchen, die Gesamtpersönlichkeit zu beurteilen, und das ist nach ein paar Vorbesprechungen außerordentlich schwierig (Knight, 1952). Aber genau dann muß der Therapeut seine Empfehlungen in bezug auf die Wahl der Behandlungsmethode geben. Bei manchen Patienten mögen verlängerte Vorbesprechungen und psychologische Tests etwas helfen; beim gegenwärtigen Stand unseres Wissens ermöglicht jedoch selbst dieses kombinierte Vorgehen in vielen Fällen keine zuverlässigen Vorhersagen. Außerdem können verlängerte Vorbesprechungen wie auch psychologische Tests störende Nebenwirkungen haben.

Die traditionelle ärztliche Methode zur Bestimmung der Behandlungsform besteht darin, daß man zunächst eine Diagnose stellt. Freud (1916—17, G. W. Bd. 11, S. 465) hatte dies anscheinend im Sinn, als er die Übertragungsneurosen von den narzißtischen Neurosen unterschied. Er glaubte, da psychotische Patienten im wesentlichen narzißtisch seien, könne man sie nicht mit Psychoanalyse behandeln, weil sie keine Übertragungsneurosen bilden könnten. Diese Unterscheidung gilt in der Hauptsache weiterhin, aber heute möchten viele Patienten behandelt werden, die man nicht so genau einer Kategorie zuordnen kann, weil sie sowohl neurotische als auch psychotische Züge haben. Außerdem glauben manche Analytiker seit einiger Zeit, man könne auch mit Psychotikern klassische Psychoanalyse durchführen und gute therapeutische Ergebnisse erzielen (Rosenfeld, 1952). Die meisten Psychoanalytiker glauben aber, daß man bei narzißtisch fixierten Patienten von der psychoanalytischen Standardprozedur abweichen müsse (Frank, 1956; M. Wexler, 1960). Knapp und seine Mitarbeiter überprüften 100 Personen, die um psychoanalytische Behandlung nachgesucht hatten, und stellten fest, daß die Beurteiler diejenigen ablehnten, die als schizoid, als Borderline-Fälle oder als psychotisch angesehen wurden. Dies stimmt mit Freuds Ansicht über die Behandelbarkeit der Übertragungsneurose im Vergleich zu den narzißtischen Neurosen überein. Ich glaube, die meisten Analytiker würden sich immer noch dieser Ansicht anschließen (Fenichel, 1945 a; Glover, 1958, und Waldhorn, 1960).

Gemäß dieser Anschauung wäre psychoanalytische Therapie indiziert bei Angsthysterie, Konversionshysterie, Obsessions- und Zwangsneurose, psychoneurotischen Depressionen und bei vielen Charakterneurosen und sogenannten »psychosomatischen« Erkrankungen. Sie wäre kontraindiziert bei den verschiedenen Formen der Schizophrenie und der manisch-depressiven Psychose. Bei anderen Charakterstörungen wie Triebneurosen, Perversionen, Suchtkrankheiten, Delinquenz und Borderline-Fällen wäre die Analysierbarkeit fraglich; sie müßte nach den besonderen Merkmalen des Einzelfalles beurteilt werden (Fenichel, 1945 a; Glover, 1955, 1958).

Zweifellos kann die klinische Diagnose von Wert sein, wenn man feststellen will, ob ein Patient für die Analyse geeignet ist, aber leider dauert es oft sehr lange, bis man zu einer definitiven Diagnose kommt. Manchmal ist das psychopathologische Bild, mit dem der Patient kommt, nur eine oberflächliche Tarnung für bösartige Krankheiten, die verborgen und latent sind. Das Vorhandensein hysterischer Symptome bedeutet nicht, daß der Patient im wesentlichen Hysteriker ist, und umgekehrt kann eine ausgefallene Symptomatologie trotzdem die Struktur der Hysterie haben. Symptome sind nicht so fest an spezifische diagnostische Syndrome gebunden, wie wir früher geglaubt haben (Greenson, 1959 a; Rangell, 1959, und Aarons, 1962). Manchmal kann man erst am Ende einer langen Analyse zu einer verläßlichen Diagnose gelangen.

Man hat früher angenommen, das Vorhandensein einer Phobie zeige Angsthysterie an, aber heute wissen wir, daß Phobien bei Hysterikern, Zwangsneurotikern, depressiven und schizoiden Patienten vorkommen können. Das gleiche gilt für Konversionssymptome, psychosomatische Symptome, sexuelle Hemmungen usw. Das Auftreten eines spezifischen Symptoms sagt über einige Aspekte der Pathologie des Patienten etwas aus. Es sagt uns aber nicht, ob diese pathologische Erscheinung zentral oder peripher, ob sie ein vorherrschender oder ein unwichtiger Faktor in der Persönlichkeitsstruktur des Patienten ist.

Obwohl uns die Diagnose sehr viel über die Krankheit sagt, sagt sie uns meist relativ wenig über die gesunden Kräfte des betreffenden Patienten (Knight, 1952; Waldhorn, 1960). Einige Zwangsneurotiker sind ausgezeichnete Patienten, andere sind unanalysierbar. Die Patienten der Kategorie mit fraglicher Eignung, also Perversionen und Borderline-Fälle, haben in verschiedenem Maß gesunde Reserven. Aber nicht die Krankheit, sondern das Reservoir an gesunden Kräften kann der entscheidende Faktor sein. Die Beurteilung des Patienten in seiner Gesamtheit, nicht die klinische Diagnose oder die Pathologie, muß im Mittelpunkt der Betrachtung stehen. Knight (1952) hat dies schon früher betont, und Anna Freud macht es in ihrem neuen Buch (1965) zu ihrer Hauptthese in bezug auf Kinder. (Siehe auch Anna Freud et al., 1965.)

Eine brauchbare Methode, das Problem der Analysierbarkeit anzugehen, ist die Untersuchung der Begabung des Patienten in bezug auf die spezifischen Erfordernisse der psychoanalytischen Therapie. Wir haben schon gesagt, daß die psychoanalytische Behandlung eine zeitraubende, auf lange Dauer angelegte, kostspielige Therapie ist, die ihrer Natur nach häufig schmerzlich ist. Darum werden nur Patienten, die stark motiviert sind, in der analytischen Situation rückhaltlos mitarbeiten. Die Symptome oder unverträglichen Charakterzüge des Patienten müssen ihm so viel Leiden verursachen, daß er die Härten der Behandlung aushalten kann. Das neurotische Leiden muß wichtige Aspekte im Leben des Patienten stören, und das Gewahrsein seiner traurigen Lage muß erhalten bleiben, wenn der Patient weiterhin motiviert sein soll. Geringfügige Probleme und die Wünsche von Verwandten, Liebespartnern oder Arbeitgebern sind keine Rechtfertigung für den Beginn einer psychoanalytischen Behandlung. Wissenschaftliche Neugier oder der Wunsch nach beruflichem Aufstieg motivieren einen Analysanden nicht so weit, daß er sich einem tiefen analytischen Erlebnis aussetzt, falls sie nicht auch mit einem angemessenen Bedürfnis nach Therapie gekoppelt sind. Patienten, die rasche Ergebnisse fordern oder einen großen sekundären Gewinn aus ihrer Krankheit ziehen, pflegen auch nicht die nötige Motivation zu haben. Masochisten, die ihr neurotisches Leiden brauchen, treten möglicherweise in eine Analyse ein und können dann den Schmerz der Behandlung nicht mehr entbehren. In bezug auf ihre Motivation, gesund zu werden, bieten sie für die Beurteilung ein schwieriges Problem. Kinder haben ganz andere Motivationen als Erwachsene und müssen auch unter ganz anderen Gesichtspunkten beurteilt werden (A. Freud, 1965, 6. Kap.). Die Psychoanalyse fordert vom Patienten die Fähigkeit, mehr oder weniger konsequent und wiederholt Ichfunktionen einzusetzen, die einander widersprechen. Um z. B. dem freien Assoziieren möglichst nahe zu kommen, muß der Patient fähig sein, in seinem Denken zu regredieren, Dinge passiv aufsteigen zu lassen, die Lenkung seiner Gedanken und Gefühle aufzugeben und partiell auf die Realitätsprüfung zu verzichten. Aber wir erwarten auch vom Patienten, daß er unsere Mitteilungen versteht, daß er selbständig eine gewisse analytische Arbeit leistet, daß er nach der Stunde seine Handlungen und Gefühle beherrscht und Kontakt zur Realität hat. Man erwartet vom Patienten, daß er trotz seiner Neurose elastische und flexible Ichfunktionen hat (Knight, 1952; Loewenstein, 1963).

Vom Patienten wird auch gefordert, er solle die Fähigkeit haben, in seiner Beziehung zum Psychoanalytiker zu regredieren und aus der Regression wieder aufzutauchen. Man erwartet, daß er eine Vielfalt regressiver Übertragungsreaktionen entwickelt, aufrechterhält und sie als Mitarbeiter des Analytikers bearbeitet (Stone, 1961; Greenson, 1965 a). Narzißtische und psychotische Patienten sind im allgemeinen nicht für Psychoanalyse geeignet (Freud, 1916—17; Knapp et al., 1960). Einfühlungsfähigkeit ist unerläßlich für psychologische Gesinnung; sie hängt ab von der Fähigkeit, sich vorübergehend und partiell mit anderen zu identifizieren (Greenson, 1960). Sie ist notwendig für eine effektive Kommunikation zwischen Patient und Analytiker und muß bei beiden vorhanden sein. Verschlossene, emotionell unbeteiligte Menschen sind für die psychoanalytische Therapie keine guten Patienten.

Das freie Assoziieren führt am Ende zur Aufdeckung schmerzlicher, intimer Einzelheiten des eigenen Privatlebens. Daraus ergibt sich, daß ein geeigneter Patient ein hohes Maß an Ehrlichkeit und Charakterintegrität besitzen muß. Das freie Assoziieren erfordert auch die Fähigkeit, über subtile Kombinationen von Gefühlen etwas verständlich mitzuteilen. Menschen mit großen Denkschwierigkeiten und Sprechstörungen haben ebenfalls keine guten Aussichten (Fenichel, 1945 a; Knapp et al., 1960). Von ihren Impulsen getriebene Charaktere, Menschen, die das Warten, Frustration oder schmerzliche Affekte nicht ertragen können, sind auch keine guten Kandidaten für Psychoanalyse.

Eine weitere Kombination von Faktoren, die man berücksichtigen muß, ist die äußere Lebenssituation des Patienten. Schwere körperliche Krankheit oder Invalidität können die Motivation eines Patienten aushöhlen oder seine Kraft zur psychologischen Arbeit verzehren. Manchmal kann eine Neurose das geringere Übel sein, wenn man sie mit einer verheerenden Krankheit oder einer elenden Lebenslage vergleicht. Menschen, die mitten in einer erregenden Liebesgeschichte stecken, sind gewöhnlich nicht fähig, in der Analyse zu arbeiten. Das Vorhandensein eines wütenden, streitsüchtigen, sich eindrängenden Ehepartners oder Elternteils kann die Psychoanalyse vorübergehend unmöglich machen. Man kann auf einem Schlachtfeld keine analytische Arbeit tun. Es muß auch außerhalb der Analysestunde Gelegenheit zur Kontemplation und Introspektion geben. Dann sind noch die praktischen Elemente von Zeit und Geld zu berücksichtigen, die beide gewöhnlich von wesentlicher Bedeutung sind. Psychoanalyse-Kliniken können die finanzielle Belastung erleichtern, aber bisher ist nichts bekannt, was die lange Zeit ersetzen könnte, die für die psychoanalytische Behandlung erforderlich ist. Die geringe Zahl von Psychotherapeuten, die zur Verfügung stehen, ist ein Problem, in manchen Gegenden sogar ein entscheidendes.

Alle bisher angestellten Überlegungen leisten ihren Beitrag zu der Entscheidung, ob für einen bestimmten Patienten Psychoanalyse indiziert oder kontraindiziert ist. Jahrelange klinische Arbeit hat uns jedoch gelehrt, daß nur die tatsächliche Erfahrung eines gewissen Analyse-Zeitraums mit Sicherheit die Entscheidung ermöglichen kann, ob ein Patient für Psychoanalyse geeignet ist. Anscheinend gibt es zu viele Varibale und Unbekannte, als daß irgendeine andere Methode zu zuverlässigen Vorhersagen führen könnte. Freud (1913 b) war sich dieses Problems bewußt, und er stellte fest, daß nur eine »Probe-Analyse« von mehreren Wochen eine richtige »Sondierung« der Lage ermöglichen könne. Fenichel (1945 a) stimmte mit dieser Ansicht überein, aber Glover fand, daß zwei Drittel der britischen Analytiker anderer Meinung waren (1955, S. 261—350).

Ich glaube, daß die Meinungsverschiedenheiten mehr auf Taktik als auf Inhaltlichem beruhen (Ekstein, 1950). Sie rühren von der klinischen Erfahrung her, daß die Ankündigung eines fest begrenzten Zeitraums als Probezeit die analytische Situation kompliziert. Die meisten Analytiker lösen daher dieses Dilemma so, daß sie für die Probeanalyse keine bestimmte Zeitgrenze setzen, sondern das provisorische Element auf je verschiedene Weise durchblicken lassen. Ich habe die Erfahrung gemacht, daß es nützlich ist, meine Patienten meinen Standpunkt etwa in folgender Weise wissen zu lassen: Erstens sage ich dem Patienten, daß ich glaube, Psychoanalyse sei für ihn die beste Art der Behandlung, höre mir seine Reaktionen an und warte seine Entscheidung ab. Wenn er sich einverstanden erklärt hat, eine Psychoanalyse zu beginnen, erkläre ich ihm, welche Rolle das freie Assoziieren spielt und schlage vor, er solle es versuchen, wobei ich ihm zu verstehen gebe, daß wir nach angemessener Zeit, wenn wir eine Weile zusammen gearbeitet haben, beide mehr Klarheit in bezug auf die Wahl der Psychoanalyse haben werden.

Ich lasse absichtlich offen, wie lange ich brauchen werde, bis ich sicher bin, denn ich weiß aus Erfahrung, daß dies ungeheuer verschieden sein kann. Nachdem ein Patient die Analyse begonnen hat, brauche ich Monate und manchmal Jahre, bis ich zu einer endgültigen Entscheidung komme, und der Zeitraum wird um so länger, je länger ich praktiziere. Es ist auch viel leichter, diejenigen auszuscheiden, die für die Psychoanalyse im allgemeinen und für die Arbeit mit mir im besonderen ungeeignet sind, als ein gutes Ergebnis der Therapie mit Sicherheit vorauszusagen. Diese Fragen werde ich im zweiten Band, in den Abschnitten über die ersten Analysestunden und die Beendigung der Analyse, ausführlicher erörtern.

Zusätzliche Literatur

Die historische Entwicklung der psychoanalytischen Therapie: Freud (1914 b, 1925 a), A. Freud (1950 b), Kubie (1950), Loewald (1955), Menninger (1958, 1. Kap.).

Die psychoanalytische Neurosentheorie: Arlow (1963), Brenner (1955, 8. Kap.), Fenichel (1945 a), Freud (1894, 1896, 1898), Glover (1939, 2. Abschnitt), Hendrick (1934), Lampl-de Groot (1963), Nagera (1966), Nunberg (1932, 5., 8., 9. Kap.), Waelder (1960).

Die Metapsychologie der Psychoanalyse: Hartmann (1939, 1964), Hartmann und Kris (1945), Hartmann, Kris und Loewenstein (1946), Zetzel (1963).

Die Theorie der psychoanalytischen Technik: Altman (1964), E. Bibring (1954), Gill (1954), Hartmann (1951), Kris (1956 a, 1956 b), Loewald (1960), Loewenstein (1954), Menninger (1958), Sharpe (1930, 1947).

Varianten der psychoanalytischen Technik: Alexander (1954 a, 1954 b), E. Bibring (1954), Bouvet (1958), Eissler (1958), Fromm-Reichmann (1954), Gill (1954), Greenacre (1954), Greenson (1958 b), Loewenstein (1958 a, 1958 b), Nacht (1958 a), Rangell (1954), A. Reich (1958), Rosenfeld (1958).

Freies Assoziieren: Kanzer (1961), Kris (1952), Loewenstein (1956).

Die Übertragungsreaktionen: Glover (1955, 7., 8. Kap.), Greenacre (1954, 1959, 1966 b), Hoffer (1956), Orr (1954), Sharpe (1930), Spitz (1956 b), Waelder (1956), Winnicott (1956 a), Zetzel (1956).

Widerstand: Fenichel (1941, 1., 2. Kap.), Glover (1955, 4., 5., 6. Kap.), Kohut (1957), Kris (1950), Menninger (1958, 5. Kap.), W. Reich (1928, 1929), Sharpe (1930).

Deutung: Fenichel (1941, 4., 5. Kap.), Kris (1951), Loewenstein (1951).

Durcharbeiten: Loewald (1960), Novey (1962), Stewart (1963).

Das Arbeitsbündnis: Frank (1956), Spitz (1956 a), Stone (1961), Tarachow (1963, 2. Kap.), Zetzel (1956).

Die Anwendung nicht-analytischer Verfahren: E. Bibring (1954), Gill (1954), Gitelson (1951), Knight (1952, 1953 b), Stone (1951).

Indikationen und Kontraindikationen für eine psychoanalytische Therapie: Guttman (1960; siehe besonders Karush), Nunberg (1932, 12. Kap.), Waelder (1960, 11. Kap.).

2

Widerstand

Für das erste technische Kapitel dieses Buches habe ich als Thema den Widerstand gewählt, weil Freuds Entdeckung, wie wichtig es ist, den Widerstand zu *analysieren*, den Beginn der Psychoanalyse und der psychoanalytischen Technik bezeichnet (Breuer und Freud, 1893—95, G. W. Bd. 1, S. 268—270; Freud 1914 c, Bd. 10, S. 127; Jones, 1953, S. 284). Die Handhabung des Widerstands ist einer der beiden Ecksteine der psychoanalytischen Technik geblieben.

Die Psychoanalyse unterscheidet sich von allen anderen Formen der Psychotherapie durch die Art, wie sie mit dem Widerstand umgeht. Manche Behandlungsmethoden zielen darauf ab, den Widerstand zu stärken; man bezeichnet sie als »zudeckende« oder »stützende« Therapien (Knight, 1952). Andere Varianten der Psychotherapie mögen versuchen, Widerstände zu überwinden oder Widerständen auf andere Art auszuweichen, z. B. durch Suggestion oder Zureden, durch Ausnutzung der Übertragungsbeziehung oder durch die Anwendung von Drogen. Nur in der psychoanalytischen Therapie versuchen wir, Widerstände dadurch zu überwinden, daß wir sie analysieren, ihre Ursachen, Zwecke, Methoden und ihre Vorgeschichte aufdecken und deuten.

2.1 Arbeitsdefinition

Widerstand bedeutet Opposition. All jene Kräfte im Patienten, die sich den Verfahren und Prozessen der Analyse entgegenstellen, d. h. das freie Assoziieren des Patienten behindern und die Versuche des Patienten stören, sich zu erinnern, Einsicht zu gewinnen und sie sich zu eigen zu machen, die Kräfte also, die gegen das vernünftige Ich des Patienten arbeiten und gegen seinen Wunsch, sich zu ändern, all diese Kräfte sind als Widerstand anzusehen (Freud, 1900, G. W. Bd. 2/3, S. 521). Der Widerstand kann bewußt, vorbewußt oder unbewußt sein; er kann sich ausdrücken durch Gefühle, Einstellungen, Ideen, Impulse, Gedanken, Phantasien oder Handlungen. Der Widerstand ist seinem Wesen nach eine Gegenkraft im Patienten, die gegen den Fortschritt der Analyse, gegen den Analytiker und gegen die analytischen Verfahren und Prozesse wirkt. Freud hatte schon 1912 die Bedeutung des Widerstands erkannt, als er feststellte: »Der Widerstand begleitet die Behandlung auf jedem Schritt; jeder einzelne Einfall, jeder Akt des Behandelten muß dem Widerstande Rechnung tragen, stellt sich als ein Kompromiß aus den zur Genesung zielenden Kräften und den angeführten, ihr widerstrebenden, dar« (Freud, 1912 a, G. W., Bd. 8, S. 368). In bezug auf die Neurose des Patienten haben die Widerstände eine Abwehrfunktion. Die Widerstände stellen sich der Wirksamkeit der analytischen Verfahren entgegen und verteidigen den Status quo des Patienten. Die Widerstände verteidigen die Neurose und stellen sich gegen das vernünftige Ich des Patienten und gegen die analytische Situation. Da alle Aspekte des Seelenlebens eine Abwehrfunktion haben können, können alle dem Zweck des Widerstands dienen.

2.2 Das klinische Erscheinungsbild des Widerstands

Bevor wir einen Widerstand analysieren können, müssen wir in der Lage sein, ihn zu erkennen. Ich möchte daher an dieser Stelle einige der typischsten Manifestationen des Widerstands kurz beschreiben, die im Lauf einer Analyse auftreten. Die von mir angeführten Beispiele sind einfach und deutlich, damit sie zur Unterweisung von Anfängern klare Informationen bieten. Man darf nicht vergessen, daß Widerstände in einer Vielfalt von subtilen und komplexen Weisen auftreten, in Kombinationen oder in gemischten Formen, und daß die einfachen, isolierten Beispiele nicht die Regel sind. Man muß auch betonen, daß alle Arten des Verhaltens dem Zweck des Widerstands dienen können. Der Umstand, daß das von einem Patienten gelieferte Material deutlich Inhalte des Unbewußten, Triebimpulse oder verdrängte Erinnerungen offenbart, schließt die Möglichkeit nicht aus, daß zugleich ein wichtiger Widerstand am Werk ist. Zum Beispiel wird vielleicht ein Patient im Lauf einer Stunde irgendeine aggressive Betätigung lebhaft beschreiben, um nicht ein Erlebnis erzählen zu müssen, das zeigen könnte, daß er sich einer sexuellen Versuchung gegenüber gesehen hat. Es gibt keine Aktivität, die sich nicht zum Zweck des Widerstands mißbrauchen ließe. Außerdem hat jedes Verhalten Impuls- und Abwehraspekte (Fenichel, 1941, S. 57). Die folgenden klinischen Beispiele sind jedoch auf die einfachen, typischen und offensichtlichsten Manifestationen von Widerstand beschränkt.

2.21 *Der Patient schweigt*

Dies ist die durchsichtigste und häufigste Form des Widerstands, die wir in der psychoanalytischen Praxis antreffen. Im allgemeinen bedeutet es, daß der Patient bewußt oder unbewußt abgeneigt ist, dem Analytiker seine Gedanken oder Gefühle mitzuteilen. Der Patient kann sich dieser Abgeneigtheit bewußt sein oder er merkt vielleicht nur, daß er scheinbar nichts auf dem Herzen hat. In beiden Fällen ist es unsere Aufgabe, die Gründe für sein Schweigen zu analysieren. Wir wollen die Motive für die Opposition gegen das analytische Verfahren des freien Assoziierens aufdecken und wir sagen etwa: »Was könnte es sein, das Sie zu dieser Zeit veranlaßt, vor der Analyse davonzulaufen?« Oder wir gehen dem Gefühl nach, er habe »nichts auf dem Herzen«. »Was könnte die Ursache sein, daß Ihnen nichts einfällt?« Oder: »Sie scheinen irgendetwas in ein Nichts verwandelt zu haben; was könnte das sein?« Unser Vorgehen basiert auf der Annahme, daß einem nur im tiefsten Schlaf nichts durch den Sinn geht, sonst entsteht das »Nichts« aus einem Widerstand (Freud, 1913 b, G. W. Bd. 8, S. 471—472; Ferenczi, 1916—17 c).

Manchmal offenbart der Patient trotz seines Schweigens, ohne es zu merken, durch seine Körperhaltung, seine Bewegungen oder seinen Gesichtsausdruck das Motiv oder sogar den Inhalt seines Schweigens. Ein Abwenden des Gesichts, Zudecken der Augen mit der Hand, ein Sich-Krümmen auf der Couch und Erröten können Verlegenheit anzeigen. Wenn die Patientin zugleich geistesabwesend den Ehering vom Finger abzieht und dann mehrmals mit dem kleinen Finger durch den Ring fährt, offenbart sie mir wahrscheinlich trotz ihres Schweigens, daß sie verlegen ist wegen ihrer Gedanken an Sexualität oder eheliche Untreue. Ihr Schweigen zeigt an, daß sie sich dieser Impulse noch nicht bewußt ist, und daß ein Kampf im Gang ist zwischen einem Drang, diese Gefühle aufzudecken, und einem entgegengesetzten Impuls, sie zu begraben.

Schweigen kann aber auch andere Bedeutungen haben. Zum Beispiel kann das Schweigen eine Wiederholung eines früheren Ereignisses sein, bei dem Schweigen eine wichtige Rolle gespielt hat (Greenson, 1961; Khan, 1963 b). Das Schweigen des Patienten kann seine Reaktion auf die Urszene abbilden. In einer solchen Situation ist Schweigen nicht nur ein Widerstand, sondern auch der Inhalt eines Wiedererlebens. Das Schweigen bietet viele komplizierte Probleme; sie werden in den Abschnitten 2.127, 3.9411 und im zweiten Band erörtert. Im großen ganzen und unter dem Aspekt der Praxis ist das Schweigen meistens ein Widerstand gegen die Analyse und muß als solcher behandelt werden.

2.22 *Der Patient »ist nicht zum Reden aufgelegt«*

Dies ist eine Variante der vorhergehenden Situation. In diesem Fall schweigt der Ptient nicht buchstäblich, sondern er merkt, daß er nicht zum

Reden aufgelegt ist, oder er hat nichts zu sagen. Sehr oft ist diese Aussage von Schweigen gefolgt. Unsere Aufgabe ist die gleiche. Wir müssen explorieren, warum der Patient nicht reden mag, oder was es ist, über das er nicht reden möchte. Der Zustand des »Nicht-zum-Reden-aufgelegt-Seins« hat eine Ursache oder Ursachen, und es ist unsere Aufgabe, den Patienten dazu zu bewegen, die Ursachen zu bearbeiten. Es ist im wesentlichen die gleiche Aufgabe wie das Erforschen des unbewußten »Etwas«, das das bewußte »Nichts« im Sinn des Patienten zustande bringt.

2.23 *Affekte, die Widerstand anzeigen*

Das typischste Anzeichen für Widerstand in bezug auf die Emotionen des Patienten ist zu beobachten, wenn der Patient sich verbal mitteilt, aber dabei *keine* Affekte zeigt. Seine Bemerkungen sind trocken, flach, monoton und apathisch. Man hat den Eindruck, der Patient sei unbeteiligt und distanziert von dem, was er berichtet. Dies ist besonders wichtig, wenn das Fehlen von Affekten Ereignisse betrifft, die stark mit Emotionen geladen sein sollten. Im allgemeinen ist die *Unangemessenheit* der Affekte ein sehr auffälliges Zeichen des Widerstands. Die Äußerungen des Patienten haben etwas Bizarres, wenn die Vorstellung und die Emotion nicht übereinstimmen.

Vor kurzem begann ein Patient seine Stunde mit der Feststellung, daß er in der vorangegangenen Nacht »ein großartiges sexuelles Erlebnis — wirklich die größte sexuelle Lust« seines Lebens mit seiner Frau (die er gerade geheiratet hatte) gehabt habe. Er fuhr fort, das Erlebnis zu beschreiben, aber ich war betroffen und verwundert über seine langsame, zögernde Sprechweise und seine häufigen Seufzer. Trotz der offensichtlichen Bedeutsamkeit des verbalen Inhalts spürte ich, daß die Worte und die Gefühle nicht zusammenpaßten; irgendein Widerstand war am Werk. Schließlich unterbrach ich den Patienten und sagte: »Es war ein großartiges Erlebnis, aber es war zugleich auch traurig.« Zuerst leugnete er dies, aber dann ließ er sich in seinen Assoziationen weiter treiben, um mir mitzuteilen, daß das wunderbare sexuelle Erlebnis das Ende von irgendetwas bedeutete; es war eine Art Abschied. Langsam trat zutage, daß er die Erkenntnis hatte wegschieben wollen, ein gutes Sexualleben mit seiner Frau werde den Abschied von seinen wilden, infantilen Sexualphantasien bedeuten, die in seinem Unbewußten unverändert und unerfüllt fortbestanden hatten (siehe Schafer, 1964).

2.24 *Die Körperhaltung des Patienten*

Sehr oft offenbaren Patienten ihren Widerstand durch die Körperhaltung, die sie auf der Couch einnehmen. Starrheit, Steifheit oder eine zusammengerollte Schutzhaltung können Abwehr anzeigen. Vor allem ist jede unveränderte Position, die eine ganze Stunde lang und eine Stunde nach der anderen beibehalten wird, immer ein Zeichen von Widerstand. Wenn man relativ frei von Widerstand ist, verändert man im Verlauf der Stunde seine Körperhaltung ein wenig. Auch übermäßige Bewegung zeigt an, daß etwas in Bewegung entladen wird, anstatt in Worten. Auch eine Diskrepanz zwischen Körperhaltung und Inhalt des Gesprochenen ist ein Zeichen von Widerstand. Der Patient, der ungerührt über irgendein Ereignis spricht, sich dabei aber windet und krümmt, erzählt nur ein Bruchstück einer Geschichte. Seine Bewegungen ergänzen einen anderen Teil der Erzählung. Geballte Fäuste, fest über der Brust gekreuzte Arme, zusammengepreßte Fußknöchel sind Anzeichen dafür, daß etwas zurückgehalten wird. Wenn ein Patient sich während der Stunde aufsetzt oder einen Fuß von der Couch herunterbaumeln läßt, zeigt er damit den Wunsch an, aus der analytischen Situation zu entfliehen. Gähnen in der Stunde zeigt Widerstand an. Die Art, wie ein Patient das Behandlungszimmer betritt, den Blick des Analytikers vermeidet oder »Konversation« macht, was er dann auf der Couch nicht fortsetzt, oder wenn er am Ende der Stunde fortgeht, ohne den Analytiker anzusehen — dies alles sind Anzeichen von Widerstand (F. Deutsch, 1952).

2.25 *Fixierung in der Zeit*

Wenn ein Patient relativ frei spricht, pendelt er gewöhnlich in seinen verbalen Produktionen zwischen der Vergangenheit und der Gegenwart hin und her. Wenn ein Patient beständig und unverändert über die Vergangenheit spricht, ohne etwas über die Gegenwart einzustreuen, oder umgekehrt, wenn ein Patient fortwährend von der Gegenwart spricht, ohne gelegentlich in die Vergangenheit zurückzugreifen, ist irgendein Widerstand wirksam. Das Kleben an einem bestimmten Zeitraum ist eine Vermeidung, analog der Starre und Fixiertheit in der emotionalen Färbung, in der Körperhaltung usw.

2.26 *Triviales oder äußere Ereignisse*

Wenn der Patient über längere Zeit von oberflächlichen, unbedeutenden, relativ unwichtigen Ereignissen spricht, meidet er etwas, was subjektiv bedeutsam ist. Wenn sich Inhalte ohne Amplifikation oder Affekt oder ohne Vertiefung der Einsicht wiederholen, müssen wir annehmen, daß ein Widerstand wirksam ist. Wenn das Gerede über Unwichtiges dem Patienten nicht selber als etwas Seltsames auffällt, haben wir es mit einem Weglaufen zu tun. Ein Mangel an Introspektion und Nachdenklichkeit ist ein Zeichen für Widerstand (Kohut, 1959). Im allgemeinen zeigen Verbalisierungen, selbst wenn sie reichlich sind, die nicht zu neuen Erinnerungen oder neuen Einsichten oder größerem gefühlmäßigem Gewahrwerden führen, eine Abwehrhaltung an (Martin, 1964).

Das gleiche gilt für das Reden über äußere Ereignisse — selbst Ereignisse von großer politischer Tragweite. Wenn die äußere Situation nicht zu einer persönlichen, inneren Situation führt, ist ein Widerstand am Werk. (Es ist auffallend, wie selten Patienten von politischen Ereignissen sprechen. Ich erinnere mich, wie beeindruckt ich war, daß nicht einer meiner Patienten die Ermordung Gandhis erwähnte, als sie gerade geschehen war. Übrigens sprach jeder meiner Patienten über den Tod Präsident Kennedys [siehe auch Wolfenstein und Kliman, 1965]).

2.27 Das Vermeiden bestimmter Themen

Es ist sehr typisch für Patienten, daß sie Gebiete vermeiden, die ihnen peinlich sind. Das kann bewußt oder unbewußt geschehen. Es kommt besonders in bezug auf bestimmte Aspekte der Sexualität, der Aggression und der Übertragung vor. Es fällt auf, wie viele Patienten recht wortreich reden und dabei doch unfehlbar vermeiden können, besondere Facetten ihrer sexuellen oder aggressiven Impulse oder bestimmte Gefühle gegenüber dem Analytiker ins Spiel zu bringen. In bezug auf die Sexualität scheinen die peinlichsten Aspekte mit Körperempfindungen und Körperzonen zu tun zu haben. Die Patienten sprechen vielleicht über sexuelle Wünsche oder sexuelle Erregung allgemein, es widerstrebt ihnen aber, die besondere Art von Körperempfindung oder von Drang zu nennen, die sie erregt hat. Die Patienten erzählen vielleicht von einem sexuellen Erlebnis, sind aber abgeneigt, einfach und direkt zu sagen, welcher Körperteil oder welche Körperteile beteiligt waren. Sätze wie »Wir haben uns gestern oral geliebt« oder »Mein Mann hat mich sexuell geküßt« sind typische Beispiele für diese Art von Widerstand.

Ähnlich pflegen Patienten in allgemeinen Ausdrücken zu sagen, sie hätten sich geärgert oder seien wütend gewesen, wenn sie in Wirklichkeit meinen, sie seien rasend gewesen und hätten Lust gehabt, jemand umzubringen.

Sexuelle oder feindselige Phantasien in bezug auf die Person des Analytikers gehören auch zu den am Anfang der Analyse höchst eigensinnig umgangenen Themen. Die Patienten zeigen vielleicht große Neugier in bezug auf ihren Analytiker, aber sie sprechen in höchst konventionellen Ausdrücken von ihm und stellen sich ihren sexuellen oder aggressiven Gefühlen nur widerstrebend. Verschleiert kommen solche Phantasien in

Äußerungen wie »Ich wüßte gern, ob Sie verheiratet sind« oder »Sie sehen blaß und müde aus« zum Ausdruck. Jedes bedeutsame Thema, das nicht gelegentlich in die Analysestunde hereinkommt, ist ein Zeichen von Widerstand und muß als solches verfolgt werden.

2.28 Starrheiten

Alle sich wiederholenden Routinehandlungen, die der Patient in den Analysestunden unverändert vollzieht, müssen als Widerstand betrachtet werden. Wenn ein Verhalten von Widerstand frei ist, gibt es immer ein gewisses Maß an Abwechslung. Es stimmt, daß wir alle Gewohnheitsmenschen sind, aber wenn diese Gewohnheiten nicht einem wichtigen Abwehrzweck dienen, sind sie in gewissem Maß Veränderungen unterworfen.

Im folgenden einige typische Beispiele: Der Patient beginnt jede Stunde mit dem Erzählen eines Traums oder mit der Mitteilung, er habe keinen Traum zu erzählen; er beginnt jede Stunde mit Berichten über seine Symptome oder Beschwerden oder indem er über die Ereignisse des Vortages spricht. Schon die Tatsache, daß jemand jede Stunde in stereotyper Weise beginnt, zeigt Widerstand an. Es gibt Patienten, die »interessante Informationen« sammeln, um für die Analysestunde gut vorbereitet zu sein. Sie suchen nach »Material«, um die Stunde zu füllen oder um Zeiten des Schweigens zu vermeiden oder um ein »guter Patient« zu sein — lauter Anzeichen für Widerstand. Im allgemeinen weist schon die Tatsache, daß eine Starrheit zu beobachten ist, sei es nun ständiges Zuspätkommen oder ständige Pünktlichkeit, darauf hin, daß irgendetwas anderes im Zaum gehalten, daß etwas abgewehrt wird. Die besondere Form der Starrheit kann auch einen Hinweis auf das geben, wogegen sich jemand wehrt. Zum Beispiel kann gewohnheitsmäßiges Zufrühkommen zur Stunde eine Angst vor dem Zuspätkommen andeuten, eine typische »Toilettenangst« in der Art der Angst, die Sphinktermuskulatur nicht beherrschen zu können.

2.29 Die Sprache des Vermeidens

Die Verwendung von Klischees, Fachwörtern oder »steriler« Sprache ist eins der häufigsten Anzeichen von Widerstand. Sie zeigt gewöhnlich ein Vermeiden der lebhaften, vorstellungsträchtigen Bildhaftigkeit der persönlichen Sprache an. Die Vermeidung soll dazu dienen, Persönliches offenbarende Kommunikation zurückzuhalten. (Bei Stein [1958] findet sich eine gründlichere Studie über dieses Thema.) Der Patient, der »Geschlechtsorgan« sagt, wenn er in Wirklichkeit Penis meint, vermeidet die Bilderwelt, die ihm mit dem Wort Penis in den Sinn kommen würde. Der

Patient, der sagt, »ich hatte feindselige Gefühle«, wenn er meint, »ich war rasend vor Wut«, vermeidet ebenfalls die Bilder und Empfindungen der Wut im Vergleich zu der Sterilität von »Feindseligkeit«. Ich möchte hier darauf hinweisen, daß es für den Analytiker wichtig ist, sich im Gespräch mit seinen Patienten einer persönlichen, lebhaften Ausdrucksweise zu bedienen.

Ein Arzt, der schon seit mehreren Jahren bei mir in Analyse ist, beginnt plötzlich mitten in einer Analysestunde in medizinischer Fachsprache zu sprechen. Ganz gestelzt berichtet er, seine Frau habe eine »schmerzhafte hervorstehende Haemorrhoide« bekommen, gerade vor einer geplanten Reise in die Berge. Er sagte, diese Nachricht habe ihm »ungemischte Unlust« verursacht, und er frage sich, ob die Haemorrhoide »chirurgisch exzidiert« werden könne, oder ob sie ihren Urlaub verschieben müßten. Ich spürte die latente Wut, die er zurückhielt und konnte mich nicht enthalten zu sagen: »Ich glaube, Sie meinen in Wirklichkeit, die Haemorrhoiden Ihrer Frau sind Ihnen verdammt lästig«. Er antwortete wütend: »Stimmt, Sie Scheißkerl, und ich wünschte, sie würden sie ihr rausschneiden. Ich kann diese Weiber und ihre Geschwülste nicht ausstehen, die mein Vergnügen stören.« Diese letzte Einzelheit bezog sich übrigens auf die Schwangerschaft seiner Mutter, die seine Kindheitsneurose herbeiführte, als er fünf Jahre alt war.

Der Gebrauch von Klischees isoliert die Affekte und hilft emotionale Beteiligung vermeiden. Zum Beispiel die häufige Verwendung von Phrasen wie »wirklich und wahrhaftig« oder »ich nehme an« und »wissen Sie« und »usw. usw.« ist immer ein Anzeichen für eine Vermeidung (siehe auch Feldman, 1959). Aus meiner klinischen Erfahrung mit Patienten in solchen Situationen weiß ich, daß »wirklich und wahrhaftig« und »ehrlich« gewöhnlich bedeuten, daß der Patient seine Ambivalenz spürt und die Gegensätze in seinen Gefühlen bemerkt. Er *wünscht*, das, was er sagt, möge die ganze Wahrheit sein. »Ich meine es wirklich ernst« heißt: ich wünschte, ich meinte es wirklich ernst. »Es tut mir wirklich leid« bedeutet, ich wünschte, es täte mir wirklich leid, aber ich empfinde zugleich das entgegengesetzte Gefühl. »Ich nehme an, ich war wütend« bedeutet: ich war gewiß wütend, aber es widerstrebt mir, es zuzugeben. »Ich weiß nicht, wo ich anfangen soll« heißt: ich weiß, wo ich anfangen soll, aber ich zögere, dort anzufangen. Der Patient, der wiederholt zum Analytiker sagt, »Sie wissen schon, Sie erinnern sich doch an meine Schwester Tilly«, meint gewöhnlich: ich bin mir gar nicht sicher, du Dummkopf, ob du dich wirklich erinnerst, also erinnere ich dich auf diese Weise. Dies alles sind ziemlich subtile, aber gewöhnlich sich wiederholende Anzeichen für Widerstände und müssen als solche erkannt werden. Die am häufigsten wiederkehrenden Klischees sind Anzeichen von Charakterwiderständen und können erst behandelt werden, wenn die Analyse gut in Gang gekommen ist. Isolierte Klischees kann man schon am Anfang der Analyse angehen.

2.291 Zuspätkommen, Versäumen von Stunden, Vergessen zu bezahlen

Natürlich sind Verspätungen des Patienten, das Versäumen von Stunden und das Vergessen des Bezahlens Anzeichen eines Widerstrebens, zur Analysestunde zu kommen oder für sie zu bezahlen. Auch dies kann bewußt und daher leicht zugänglich sein, oder es ist vielleicht in dem Sinn unbewußt, daß der Patient den Vorfall rationalisieren kann. In diesem Fall kann der Widerstand erst dann analysiert werden, wenn genug unterstützendes Beweismaterial vorhanden ist, um den Patienten mit der Wahrscheinlichkeit konfrontieren zu können, daß er aktiv, aber unbewußt, etwas tut, um dem Problem aus dem Weg zu gehen. Erst wenn dieser Punkt erreicht ist, kann man sich der zugrundeliegenden Ursache des Widerstands nähern. Der Patient, der zu zahlen »vergißt«, hat nicht nur ein Widerstreben dagegen, sich von seinem Geld zu trennen, sondern er versucht auch unbewußt zu leugnen, daß seine Beziehung zum Analytiker »nur« eine professionelle ist.

2.292 Das Ausbleiben von Träumen

Patienten, die wissen, daß sie träumen, und den Traum vergessen, haben offenbar einen Widerstand dagegen, sich an ihre Träume zu erinnern. Patienten, die Träume erzählen, deren Träume aber ein Weglaufen vor der Analyse anzeigen, wie z. B. das Finden eines falschen Behandlungszimmers, das Ankommen bei einem anderen Analytiker usw., kämpfen offenbar auch mit irgendeiner Form des Ausweichens vor der analytischen Situation. Patienten, die sich überhaupt nicht erinnern können, geträumt zu haben, zeigen, wie ich meine, die stärksten Widerstände, weil es hier dem Widerstand gelungen ist, nicht nur den Trauminhalt anzugreifen, sondern auch die Erinnerung daran, daß man geträumt hat.

Träume sind die wichtigste Möglichkeit des Zugangs zum Unbewußten, zum Verdrängten und zum Triebleben des Patienten. Das Vergessen von Träumen ist ein Anzeichen für den Kampf des Patienten gegen die Offenlegung seines Unbewußten und besonders seines Trieblebens vor dem Analytiker (Freud 1900, G. W. Bd. 2/3, S. 516 ff.). Wenn es einem gelungen ist, in einer bestimmten Stunde einen Widerstand zu überwinden, kann der Patient darauf so reagieren, daß er sich plötzlich an einen bisher vergessenen Traum erinnern kann, oder es kommt ihm vielleicht ein neues Bruchstück eines Traums in den Sinn. Das Überschwemmen der Stunde mit vielen Träumen ist eine weitere Variante des Widerstands und kann auf den unbewußten Wunsch des Patienten hindeuten, seinen Schlaf in Gegenwart des Analytikers fortzusetzen (Lewin, 1953).

2.293 Der Patient langweilt sich

Langeweile beim Patienten zeigt an, daß er es vermeidet, sich seiner Triebdränge und seiner Phantasien bewußt zu werden. Wenn sich der Patient langweilt, bedeutet das, daß es ihm gelungen ist, das bewußte Bemerken seiner Impulse abzuwehren; an ihrer Stelle hat er die eigenartige, leere Spannung der Langeweile (Fenichel, 1934; Greenson, 1953). Wenn ein Patient in der Analyse gut mit dem Analytiker zusammenarbeitet, ist er eifrig darauf bedacht, seine Phantasien aufzuspüren. Langeweile, gleichgültig, was sie sonst noch bedeutet, ist eine Abwehr gegen Phantasien. In Parenthese möchte ich hinzufügen, daß Langeweile beim Analytiker ein Hinweis dafür sein kann, daß der Analytiker seine Phantasien in bezug auf den Patienten aussperrt, also auf eine Gegenübertragungsreaktion. Es kann auch bedeuten, daß der Patient Widerstand leistet und daß der Analytiker es noch nicht bewußt entdeckt hat, daß aber seine unbewußte Entdeckung dieses Umstands ihn unzufrieden, ruhelos und gelangweilt hat werden lassen.

2.294 Der Patient hat ein Geheimnis

Offensichtlich gibt der Patient mit einem bewußten Geheimnis zu erkennen, daß da etwas ist, was er vermeidet. Dies ist eine besondere Form des Widerstands, deren Handhabung spezielle technische Überlegungen erfordert. Das Geheimnis kann ein Ereignis sein, das der Patient verschweigen möchte, oder sogar ein Wort, das er nicht aussprechen kann, d. h. will. An dieser Stelle können wir nicht mehr darüber sagen, als daß es eine Form des Widerstands ist; es muß als solcher bezeichnet werden, aber es ist etwas, das man respektieren muß, man darf es nicht aus dem Patienten herausquetschen, herauszwingen oder herausbetteln. Es wird im Abschnitt 2.663 ausführlicher besprochen.

2.295 Das Agieren

Das Agieren (Ausagieren) ist während der Psychoanalyse ein häufiges und wichtiges Geschehen. Gleichgültig, was es sonst noch bedeutet, es erfüllt immer den Zweck des Widerstands. Es ist ein Widerstand insofern, als das Agieren ein Wiederholen im Handeln ist, anstatt in Worten, Erinnerungen und Affekten. Außerdem ist am Agieren immer eine gewisse Verzerrung beteiligt. Das Agieren dient vielfachen Zwecken, aber seine Widerstandsfunktion muß am Ende analysiert werden, denn wenn man das unterläßt, kann man die ganze Analyse gefährden.

Eine einfache Art des Agierens, die am Anfang der Analyse häufig vorkommt, besteht darin, daß der Patient außerhalb der Analysestunde mit jemand anders als dem Analytiker über das Material aus der Analyse-Sitzung spricht. Das ist offensichtlich eine Form der Vermeidung, bei der der Patient eine Übertragungsreaktion auf jemand anders verschiebt, um irgendeinen Aspekt seiner Übertragungsgefühle zu vermeiden und zu verdünnen. Man muß darauf hinweisen, daß es ein Widerstand ist, und man muß die Motive erforschen. Diese Verhaltensweise werde ich ausführlicher besprechen, wenn ich das Agieren von Übertragungsreaktionen beschreibe (Abschnitt 3.84), ebenso im zweiten Band.

2.296 Häufige »fröhliche« Stunden

Im großen ganzen ist die analytische Arbeit ernst. Sie ist vielleicht nicht immer abscheulich oder elend, und nicht jede Stunde ist deprimierend oder schmerzlich, aber im allgemeinen ist sie, um das mindeste zu sagen, von harter Arbeit erfüllt. Der Patient wird vielleicht aus dem Gefühl, etwas zu leisten, eine gewisse Befriedigung ziehen, selbst ein gelegentliches Gefühl des Triumphs. Manchmal bringt eine richtige Deutung dem Patienten und dem Analytiker spontanes Lachen. Aber häufige heitere Stunden, große Begeisterung und lange andauernde frohe Erregung zeigen an, daß etwas abgewehrt wird — gewöhnlich etwas entgegengesetzter Art, irgendeine Form der Depression (Lewin, 1950; Greenson, 1962). Die Flucht in die Gesundheit, das vorzeitige Verschwinden von Symptomen ohne Einsicht, sind Zeichen für ähnliche Arten des Widerstands und müssen als solcher behandelt werden.

2.297 Der Patient ändert sich nicht

Manchmal arbeitet man scheinbar gut und erfolgreich mit einem Patienten, aber es gibt keine sichtbare Veränderung in der Symptomatologie oder im Verhalten des Patienten. Wenn dies über einen längeren Zeitraum andauert und kein manifester Widerstand vorhanden ist, muß man nach einem verborgenen, subtilen Widerstand suchen. Wenn die Analyse »ankommt« und daher den Patienten beeinflußt, kann man Veränderungen im Verhalten oder in der Symptomatologie des Patienten erwarten. Wenn andere Zeichen des Widerstands fehlen, haben wir es vermutlich mit einer subtilen Form des Agierens und des Übertragungswiderstands zu tun (Glover, 1955, 4. Kap.; siehe auch zweiter Band).

2.298 Stiller Widerstand

Hier spreche ich von den subtilen Widerständen, die schwer genau festzulegen sind, und die einem oft in den Sinn kommen, wenn man außerhalb der analytischen Situation an den Patienten denkt. Der Analytiker wird sich dieser Art des Widerstands häufig bewußt, wenn er den Patienten spontan einer anderen Person beschreibt. Dieser Widerstand ist nicht in einer einzigen Stunde, auch nicht in vielen Stunden zu entdecken, sondern nur dann, wenn man eine gewisse Distanz von der Analyse hat. Wir haben es hier mit subtilen Charakterwiderständen im Patienten zu tun, die für den Analytiker schwierig zu bekämpfen oder auch nur zu erkennen sind.

Offensichtlich besteht in solchen Fällen neben dem Charakterwiderstand im Patienten eine Gegenübertragungskomponente beim Analytiker (Glover, 1955, S. 54, 185—186; Fenichel, 1941, S. 67—69).

Lassen Sie mich verdeutlichen: Ich habe schon viele Jahre lang mit einer Patientin gearbeitet, und ich meine nach reiflicher Überlegung, es gehe zwar langsam, aber gut voran. Ich hätte von mir aus gesagt, die Patientin sei mir sympathisch und ich sei zufrieden mit unserer Arbeit. Aber eines Tages, als ich den Analytiker treffe, der sie an mich verwiesen hat, höre ich mich auf seine Frage nach ihrem Ergehen antworten: »Na ja, wissen Sie, sie ist eine *Qvetsch*« (Qvetsch ist ein jiddisches Wort und heißt: »chronische Seufzerin«, jemand, der sich ständig beklagt.) Ich bin überrascht über meine Bemerkung, erkenne aber später: a) daß sie richtig war; b) daß ich es vorher nicht bewußt erkannt hatte; c) daß ich die Patientin unbewußt vor meiner Unzufriedenheit mit ihr in Schutz nahm. Nach diesem Gespräch fing ich an, sowohl mit ihr als auch in mir selber an diesem Problem zu arbeiten.

Diese Zusammenstellung ist höchst unvollständig. Die schlimmste Auslassung in dieser Liste der Widerstände ist natürlich die der Widerstände, die auf der Übertragung beruhen. Diese Auslassung ist jedoch eine absichtliche, denn ich will die Übertragung und die Widerstände, die auf die Übertragungssituation zurückgehen, im 3. Kapitel besprechen. Es gibt noch viele weitere typische Widerstände, die ich in dieser Zusammenfassung hätte anführen können, aber sie sind anderen ähnlich, die ich besprochen habe. Nehmen wir als Beispiel den Patienten, der Bücher und Artikel über Psychoanalyse liest, in einem Versuch, selber etwas zu entdecken und so die Überraschung vermeidet, die er bei der unvorbereiteten Begegnung mit dem Material erleben würde. Dies ähnelt dem Widerstand des Materialsammelns für die Stunde, um leere Stellen oder Schweigen zu vermeiden. Ein anderer Patient läßt es sich angelegen sein, soziale Beziehungen zu anderen Analytikern herzustellen, um seine persönlichen Reaktionen auf seinen Analytiker zu verdünnen; das ähnelt dem Reden über die analytische Arbeit außerhalb der Stunde. Rauchen in der Stunde ähnelt anderen Handlungen, die das Verbalisieren von Gefühlen und Antrieben ersetzen usw.

2.3 Historischer Überblick

Bevor ich dazu übergehe, die Theorie des Widerstands zu erörtern, will ich die historische Entwicklung der psychoanalytischen Ansicht über dieses Thema kurz umreißen. Anstatt eine systematische Zusammenfassung jeder erwähnten Abhandlung zu versuchen, werde ich mich, da diese Abhandlungen dem Leser leicht zugänglich sind, jeweils auf die Aspekte des Beitrags beschränken, die einen signifikanten Wandel anzeigen.

Die von Freud zusammen mit Breuer verfaßten *Studien über Hysterie* (1893—95) sind ein bemerkenswertes Dokument, denn man kann dort verfolgen, wie Freud auf so denkwürdige Entdeckungen wie Widerstand und Übertragung kam. Es war bezeichnend für Freuds Genie, daß er, wenn sich ihm ein Hindernis in den Weg stellte, sich nicht damit zufriedengab, es zu umgehen oder es einfach zu überwinden, sondern daß er die glückliche Fähigkeit hatte, es sich zunutze zu machen. Das gilt besonders für seine Arbeit mit Widerstand und Übertragung. In der Schilderung des Falles der Elisabeth von R., die Freud 1892 behandelt hatte, benützte er den Ausdruck »Widerstand« zum erstenmal und formulierte einige vorläufige Hypothesen. Er glaubte, die Patientin wehre »unverträgliche« Vorstellungen ab, und die Stärke des Widerstands entspreche der Kraft, mit der die Vorstellungen aus dem Bewußtsein und aus der Erinnerung gedrängt worden waren. In diesem Kapitel stellte er die Hypothese auf, die Vorstellung sei wie ein Fremdkörper von den übrigen Vorstellungen und den freien Assoziationen der Patientin abgetrennt worden (G. W. Bd. 1, S. 222). Freud führte ebenfalls die Ausdrücke Abwehr, Motiv der Abwehr und Abwehrmechanismus in seine Diskussion dieses Problems ein (S. 233).

Im Kapitel über die »Psychotherapie der Hysterie« im gleichen Band versicherte Freud, die Nicht-Hypnotisierbarkeit des Patienten bedeute in Wirklichkeit ein Nichtwollen (S. 267). Man müsse im Patienten eine psychische Kraft überwinden, die sich dem Bewußtwerden der pathogenen Vorstellungen widersetze. Dieselbe Kraft müsse bei der Entstehung des hysterischen Symptoms mitgewirkt haben. Da die Vorstellungen peinlich gewesen seien, hätten sie im Ich des Patienten zum Zweck der Abwehr eine Kraft der Abstoßung wachgerufen, die die pathogene Vorstellung aus dem Bewußtsein gedrängt und sich ihrer Rückkehr in die Erinnerung widersetzt habe. Das Nichtwissen des Patienten sei in Wirklichkeit ein Nichtwissen-*Wollen* (S. 267—270).

Die Aufgabe des Analytikers besteht in der Überwindung dieses Widerstands. Er tut dies, nach Freud, durch »Drängen«, d. h. durch Drücken auf die Stirn, durch die Versicherung, eine Erinnerung werde auftauchen, und durch andere Mittel. Man sagt dem Patienten, er solle alles aussprechen, selbst wenn es unwichtig oder peinlich sei. Diese Methode wirkt dadurch, daß sie den Willen des Patienten von seinem Suchen nach Erinnerungen dissoziiert. Was auftaucht, ist oft ein Mittelglied zwischen der Ausgangsvorstellung und der gesuchten pathogenen Vorstellung, nicht immer eine Erinnerung (S. 271). (Dies ist ein wichtiger Beitrag zum Konzept des freien Assoziierens.)

Widerstände sind zäh und kommen häufig wieder. Sie nehmen viele Formen an, und Freud erörterte die Rationalisierungen des Patienten in bezug auf seinen Widerstand, also das Konzept des Widerstands gegen den Widerstand (S. 280).

In bezug auf die Handhabung des Widerstands lassen Sie mich Freud selbst zitieren: »Welche Mittel hat man nun zur Verfügung, um diesen fortgesetzten Widerstand zu überwinden? Wenige, aber doch fast alle die, durch die sonst ein Mensch eine psychische Einwirkung auf einen anderen übt. Man muß sich zunächst sagen, daß psychischer Widerstand, besonders ein seit langem konstituierter, nur langsam und schrittweise aufgelöst werden kann, und muß in Geduld warten. Sodann darf man auf das intellektuelle Interesse rechnen, das sich nach kurzer Arbeit beim Kranken zu regen beginnt. . . . Endlich aber — und dies bleibt der stärkste Hebel — muß man versuchen, nachdem man diese Motive seiner Abwehr erraten, die Motive zu entwerten, oder selbst sie durch stärkere zu ersetzen. . . . Man wirkt, so gut man kann, als Aufklärer, wo die Ignoranz eine Scheu erzeugt hat, als Lehrer, als Vertreter einer freieren oder überlegenen Weltauffassung, als Beichthörer, der durch die Fortdauer seiner Teilnahme und seiner Achtung nach abgelegtem Geständnisse gleichsam Absolution erteilt . . .« (S. 285).

Freud fragte dann: Sollte man sich nicht der Hypnose bedienen, und würde die Anwendung von Hypnose nicht die Arbeit erleichtern? Er beantwortete beide Fragen mit »nein«. Emmy von N. war leicht zu hypnotisieren und zeigte wenig Widerstand, bis die Rede auf sexuelle Dinge kam, dann war sie nicht hypnotisierbar, dann konnte sie sich nicht erinnern. Bei jeder Hysterie ist die Abwehr die Wurzel des ganzen. Wenn man den Widerstand beseitigt, ist das Material in der richtigen Reihenfolge vorhanden. Je näher man an den Kern der Hysterie herankommt, desto stärker wird der Widerstand (S. 288—293).

An diesem Punkt änderte Freud eine seiner früheren Auffassungen und stellte fest, die verdrängte Vorstellung sei kein Fremdkörper, sondern sei mehr einem Infiltrat ähnlich. Wenn wir den Widerstand beseitigen und dieses bisher isolierte Gebiet wieder an den Kreislauf anschließen können, kann es wieder integriert werden. Es ist aussichtslos, sofort an den Kern herankommen zu wollen, man muß an der Peripherie anfangen (S. 294 bis 296). (Hier haben wir eine Andeutung der technischen Regel, nach der die Deutung von der Oberfläche ausgehen muß.)

In der *Traumdeutung* hat Freud das Konzept vom Widerstand häufig erwähnt. An verschiedenen Stellen spricht er von der Zensur als einer Folge des Widerstands oder von einer Widerstandszensur (G. W. Bd. 2/3, S. 314, 326, 535, 569). Es ist klar, daß die Konzepte von Widerstand und Zensur sehr eng zusammenhängen. Zensur ist für die Träume, was der Widerstand für das freie Assoziieren ist (S. 524). Freud spricht von der klinischen Beobachtung, daß der Analytiker bei dem Versuch, einen Patienten zum Sich-Besinnen auf das vergessene Bruchstück eines Traumes zu bringen, auf den größten Widerstand stößt. Wenn es einem gelingt, einen Widerstand zu überwinden, kann sich der Patient häufig an einen bisher vergessenen Traum erinnern. Bei seinen Überlegungen über das Vergessen von Träumen machte Freud die Feststellung: *»Was immer die Fortsetzung der Arbeit stört, ist ein Widerstand«* (S. 521).

»Die Freudsche psychoanalytische Methode« enthält Freuds früheste unzweideutige Aussage, das Moment des Widerstands sei eins der Fundamente seiner Theorie geworden (1904, G. W. Bd. 5, S. 6). Hypnose, Suggestion und Abreaktion sind ganz weggefallen; an ihre Stelle treten das freie Assoziieren und die Analyse von Widerstand und Übertragung (S. 7).

Im Fall Dora (1905 a) beschrieb Freud, wie die Übertragungsbeziehung zur wichtigsten Quelle des Widerstands wurde, und auch, wie dieser Übertragungswiderstand von der Patientin agiert wurde. Dies führte schließlich zum Abbruch der Analyse, weil Freud sich über die Bedeutung der Übertragung noch nicht völlig im klaren war, als er die Patientin im Jahr 1900 behandelte (G. W. Bd. 5, S. 280—284).

In der Abhandlung »Zur Dynamik der Übertragung« (1912 a) ging Freud über die Feststellung hinaus, die Übertragung verursache die mächtigsten Widerstände und sei die häufigste Ursache des Widerstands. Er untersuchte die dynamischen Kräfte, die die Libido veranlassen, zu regredieren und sich in Form des Widerstands gegen die analytische Arbeit zu erheben (G. W. Bd. 8, S. 367—368). Freud beschrieb, wie der Widerstand die Psychotherapie Schritt für Schritt begleitet. Jede einzelne Assoziation, jeder Akt des Behandelten muß dem Widerstand Rechnung tragen (S. 368).

Die Assoziationen des Patienten sind auch ein Kompromiß zwischen den Kräften des Widerstands und jenen, die nach Genesung streben. Das gleiche gilt für die Übertragung. Hier sagt Freud in einer wichtigen Fußnote, die Kämpfe im Bereich des Übertragungswiderstands stellten oft die bittersten Konflikte in der Analyse dar. Er vergleicht die Lage mit folgender Kampfsituation: »Wenn in einer Schlacht um den Besitz eines gewissen Kirchleins oder eines einzelnen Gehöfts mit besonderer Erbitterung gestritten wird, braucht man nicht anzunehmen, daß die Kirche etwa ein Nationalheiligtum sei, oder daß das Haus den Armeeschatz berge. Der Wert der Objekte kann ein bloß taktischer sein, vielleicht nur in dieser einen Schlacht zur Geltung kommen« (S. 369). In der Abhandlung »Erinnern, Wiederholen und Durcharbeiten« (1914 c) erwähnt Freud zum erstenmal den Wiederholungszwang, einen besonderen Aspekt des Widerstands, nämlich die Tendenz des Patienten, ein früheres Erlebnis durch Handeln anstatt durch Erinnern zu wiederholen. Diese Widerstände sind besonders zäh und müssen durchgearbeitet werden (G. W. Bd. 10, S. 134 bis 135). Außerdem stellt er in seinem Artikel fest, daß es notwendig ist, mehr zu tun, als den Widerstand nur zu benennen, wenn man ihn überwinden will. Der Patient braucht Zeit, um den Widerstand besser kennenzulernen, und um die verdrängten Triebimpulse zu entdecken, die ihn nähren (S. 136). Dies ist eine der wenigen technischen Bemerkungen Freuds über die Art, wie man versucht, Widerstand zu analysieren.

In den *Vorlesungen zur Einführung in die Psychoanalyse* (1916—17) führte Freud den Ausdruck »Klebrigkeit der Libido« ein; sie ist eine besondere Abart des Widerstands (G. W. Bd. 11, S. 360). Hier sagt er auch, die narzißtischen Neurosen stellten eine unüberwindliche Schranke dar, die für die psychoanalytische Technik kaum angreifbar sei (S. 438).

In *Hemmung, Symptom und Angst* (1926 a) bespricht Freud die Widerstände in bezug auf ihre Herkunft. Er beschreibt fünf verschiedene Arten des Widerstands und drei Arten der Herkunft. Er unterscheidet drei Arten von Ichwiderständen, einen aus dem Über-Ich und einen aus dem Es stammenden Widerstand (G. W. Bd. 14, S. 192—193). (Dieses Thema werde ich im Abschnitt 2.5 weiter ausführen.)

Die Abhandlung über »Die endliche und die unendliche Analyse« (1937 a) enthält einige neue theoretische Beiträge zur Erörterung der Natur des Widerstands. Freud deutet an, es gebe drei für den Erfolg unserer therapeutischen Bemühungen entscheidende Faktoren: den Einfluß von Traumata, die konstitutionelle Triebstärke und die »Ichveränderung« (G. W. Bd. 16, S. 79). Diese Ichveränderungen sind im Patienten als Auswirkungen des Abwehrvorgangs schon vorhanden. Freud erweitert auch seine Überlegungen in bezug auf die Frage, warum der analytische Prozeß bei manchen Patienten so langsam vor sich geht. Er beschreibt Patienten, denen es an Mobilität der Libido fehlt, und führt dies auf »Klebrigkeit der Libido« und psychische Trägheit zurück, die er »vielleicht nicht ganz richtig« als »Widerstand vom Es« bezeichnet (S. 87). Diese Patienten sind einer »negativen therapeutischen Reaktion« ausgeliefert, die auf einem vom Todestrieb abgeleiteten unbewußten Schuldgefühl beruht (S. 88). In dieser Abhandlung sagt Freud auch, daß der Widerstand durch Irrtümer des Analytikers hervorgerufen werden kann, deren einige sich aus den enormen emotionalen Gefahren seines Berufes herleiten (S. 93—96). Er beschließt diese Arbeit mit einigen klinischen Bemerkungen über die stärksten Widerstände bei Männern und Frauen. Bei Frauen scheint die größte Ursache des Widerstands mit ihrem Penisneid zusammenzuhängen, während der stärkste Widerstand bei Männern aus ihrer Angst vor passiven weiblichen Wünschen gegenüber anderen Männern stammt (S. 97—99).

In dieser historischen Übersicht über die Gedanken Freuds in bezug auf den Widerstand kann man sehen, daß er den Widerstand zunächst als Hindernis in der therapeutischen Arbeit sah, später aber als etwas viel Wesentlicheres. Während ursprünglich bei seiner Technik die Abreaktion und das Wiedererwecken von Erinnerungen im Mittelpunkt standen, werden später die Widerstände selbst zur Quelle sehr wichtiger Informationen über die Lebensgeschichte des Patienten und besonders über seine Symptomatologie. Diese Ideen werden weiterentwickelt und erreichen in der Abhandlung über »Die endliche und die unendliche Analyse« ihren Höhepunkt, wo das Konzept vom Widerstand auch das Es und das Über-Ich umfaßt.

Ein paar Worte sind auch noch über die Beiträge anderer, außer Freud, zu sagen. Der wichtigste Einzelfortschritt war das Buch Anna Freuds: *Das Ich und die Abwehrmechanismen* (1936). Es war der erste Versuch, unsere Einsichten über die verschiedenen Abwehrmechanismen zu systematisieren und sie zu den Problemen des Widerstands, die im Verlauf der Analyse auftauchen, in Beziehung zu setzen. In diesem Werk zeigte die Autorin, daß Widerstände nicht nur Hindernisse für die Behandlung darstellen, sondern auch wichtige Informationsquellen über Ichfunktionen im allgemeinen sind. Die Abwehrmechanismen, die während der Behandlung als Widerstand zum Vorschein kommen, erfüllen für den Patienten auch in seinem Leben in der Außenwelt wichtige Funktionen. Die Abwehrmechanismen werden auch in den Übertragungsreaktionen wiederholt (S. 12—24).

Zwei Abhandlungen von Wilhelm Reich (1928, 1929) über Charakterbildung und Charakteranalyse waren ebenfalls wichtige Beiträge zum psychoanalytischen Verständnis des Widerstands. Als neurotischer Charakter werden die im allgemeinen ichsyntonen, gewohnheitsmäßigen Haltungen und Verhaltensweisen des Patienten bezeichnet, die als Panzer gegen äußere Reize und gegen aufsteigende Triebimpulse von innen dienen (1928, S. 183—186). Diese Charakterzüge müssen zum Gegenstand der Analyse gemacht werden, aber wie und wann, ist umstritten (A. Freud, 1936, S. 20; Fenichel, 1941, S. 67—68).

Hartmanns (1964) Ideen über Anpassung, relative Autonomie, konfliktfreie Sphären, Konflikte innerhalb des Systems und Neutralisierung haben wichtige Folgerungen für Probleme der Technik mit sich gebracht. Das Konzept Ernst Kris' von der Regression unter der Steuerung des Ichs oder im Dienst des Ichs ist ein weiterer hervorragender Beitrag (1950, S. 312). Diese Konzepte erhellten und spezifizierten das, was bis dahin unter der Sammelbezeichnung »die Kunst« der Psychoanalyse subsumiert worden war. Schließlich scheinen mir auch einige der neueren Gedanken über die Unterschiede von Abwehrmechanismen, Widerständen und Regressionen bei Neurosen und Psychosen vielversprechend zu sein (Winnicott, 1955; Freeman, 1959; Wexler, 1960).

2.4 Die Theorie des Widerstands

2.41 Widerstand und Abwehr

Das Konzept vom Widerstand ist von grundlegender Bedeutung für die psychoanalytische Technik, und weil es eine so zentrale Stellung einnimmt, berühren seine Ausläufer jedes wichtige technische Problem. Man muß sich dem Widerstand, damit man ihn richtig versteht, von vielfältigen Standpunkten aus nähern. Die vorliegende theoretische Erörterung soll nur einige fundamentale Überlegungen berühren, die für das Verständnis der klinischen und technischen Probleme von allgemeiner Bedeutung sind. Spezifischere theoretische Fragen werden im Zusammenhang mit besonderen Problemen behandelt. Eine umfassendere metapsychologische Betrachtung findet der Leser in der klassischen psychoanalytischen Literatur (Freud, 1912 a, 1914 c, 1926 a, 1937 a; A. Freud, 1936; Fenichel, 1945 a, 8. u. 9. Kap.; Gill, 1963, 5.—6. Kap.).

Der Widerstand richtet sich gegen das analytische Verfahren, den Analytiker und das vernünftige Ich des Patienten. Der Widerstand verteidigt die Neurose, das Alte, das Vertraute und das Infantile gegen Aufdeckung und Veränderung. Er kann Anpassung bewirken. Der Ausdruck »Widerstand« bezieht sich auf alle *Abwehroperationen* des seelischen Apparats, wie sie in der analytischen Situation wachgerufen werden.

»Abwehr« bezeichnet Prozesse, die gegen Gefahr und Schmerz schützen und muß abgehoben werden von Triebaktivitäten, die Lust und Abfuhr anstreben. In der psychoanalytischen Situation manifestieren sich die Abwehrvorgänge als Widerstand. Freud hat die beiden Ausdrücke fast sein ganzes Werk hindurch synonym benützt. Die Abwehrfunktion ist ursprünglich und im Grunde eine Ichfunktion, wenn auch psychische Phänomene aller Art zu Abwehrzwecken benützt werden können. Das berührt die Frage, die Anna Freud bespricht, wenn sie sagt, daß die vielen »fremdartigen Darstellungsmittel« der Traumarbeit zwar im Auftrag des Ichs eingesetzt werden, aber selbst keine Ich-Leistung sind. In derselben Weise sind auch die verschiedenen Abwehrmethoden keine reinen Ich-Leistungen; sie können sich auch der Triebeigenschaften bedienen (A. Freud, 1936, S. 138). Dieser Gedanke scheint mit den Vorstellungen von den Vorstufen der Abwehr und von den speziellen Problemen der Abwehr beim psychotischen Patienten im Unterschied zum Psychoneurotiker zusammenzuhängen (Freeman, 1959, S. 208, 211).

Ich glaube, man kann feststellen, daß ein psychisches Phänomen, das zu Abwehrzwecken dienen soll, durch das Ich wirksam werden muß, gleichgültig, wo es seinen Ursprung haben mag. Dies ist die Wurzel der technischen Regel, daß die Widerstandsanalyse beim Ich beginnen sollte. Widerstand ist ein operationaler Begriff; er ist nichts Neues, das durch die Analyse geschaffen wird; die analytische Situation wird nur zum Kampfplatz, auf dem sich die Kräfte des Widerstands zeigen.

Man muß sich klarmachen, daß im Lauf der Analyse die Kräfte des Widerstands alle Mechanismen, Weisen, Maßnahmen, Methoden und Konstellationen der Abwehr zu benützen pflegen, die das Ich im Leben des Patienten in der Außenwelt benützt hat. Das können die elementaren Psychodynamismen sein, die das unbewußte Ich benützt, um seine synthetische Funktion zu bewahren, wie z. B. die Mechanismen der Verdrängung, Projektion, Introjektion, Isolierung usw. Oder die Widerstände können aus neueren komplizierten Erwerbungen bestehen, wie z. B. Rationalisierung und Intellektualisierung, die zu Abwehrzwecken benützt werden (Sperling, 1958, S. 36—37).

Die Widerstände sind im Patienten wirksam, hauptsächlich in seinem unbewußten Ich, wenn auch manche Aspekte des Widerstands dem beobachtenden, urteilenden Ich zugänglich sein können. Wir haben zu unterscheiden zwischen der Tatsache, *daß* der Patient Widerstand zeigt, *wie* er es tut, *was* er abwehrt und *warum* er es tut (Fenichel, 1941, S. 18; Gill, 1963, S. 96). Der Abwehrmechanismus ist per definitionem immer unbewußt, aber der Patient kann die eine oder andere sekundäre Manifestation des Abwehrprozesses bemerken. Die Widerstände kommen während des analytischen Prozesses ans Licht als irgendeine Form der Opposition gegen die Verfahren oder Prozesse des Analysiert-Werdens. Am Anfang der Analyse pflegt der Patient dies eher als einen gewissen Widerspruch in bezug auf die Forderungen oder Interventionen des Analytikers zu empfinden und nicht als ein innerseelisches Phänomen. Je mehr sich das Arbeitsbündnis entwickelt, je mehr sich der Patient mit den Arbeitsauffassungen des Analytikers identifiziert, desto mehr werden die Widerstände als eine ichfremde Abwehrmaßnahme im erlebenden Ich des Patienten erkannt. Dies schwankt im Lauf der Analyse gemäß den Schwankungen des Arbeitsbündnisses. Man muß jedoch betonen, daß im Verlauf der ganzen Analyse, auf jedem Schritt des Weges, Kampf mit Widerständen zu erwarten ist. Der Widerstand mag intrapsychisch oder in der Beziehung zum Analytiker empfunden werden; er kann bewußt, vorbewußt oder unbewußt sein; er kann in seinen Wirkungen unbedeutend oder riesig sein, aber er ist allgegenwärtig.

Das Konzept der Abwehr hat zwei Bestandteile: eine Gefahr und eine schützende Instanz. Das Konzept des Widerstands hat drei Bestandteile: eine Gefahr, eine Kraft, die dazu antreibt, das (irrationale) Ich zu schützen, und eine Kraft, die auf das Eingehen eines Risikos drängt, das präadaptive Ich.

Eine andere Parallele zwischen Abwehr und Widerstand ist die Erkenntnis von der Existenz von Hierarchien des Widerstands, genau wie wir Hierarchien der Abwehr postulieren. Der Begriff »Abwehr« meint eine Vielfalt von unbewußten Aktivitäten des Ichs, aber wir können unterscheiden zwischen den tief-unbewußten, automatischen Abwehrmechanismen und denen, die dem bewußten Ich näher stehen. Je primitiver die Stelle ist, die eine bestimmte Abwehr in dieser Hierarchie innehat, desto enger ist sie verbunden mit verdrängtem Material, desto geringer ist die Wahrscheinlichkeit, daß sie bewußt wird. Die Abwehrvorgänge weiter oben auf der Skala verlaufen mehr gemäß dem Sekundärvorgang und regulieren stärker neutralisierte Abfuhren (siehe Gero, 1951, S. 578; Gill, 1963, S. 115). Dieser Gedankengang läßt sich auf unser Verständnis der Widerstände übertragen. Auch die Widerstände umfassen eine große Skala von Prozessen, sowohl in bezug darauf, ob sie gemäß dem Primär- oder dem Sekundärvorgang funktionieren, als auch darauf, ob sie versuchen, eine Triebabfuhr oder eine neutralisierte Abfuhr zu regulieren. Ich glaube, ich kann diesen Punkt verdeutlichen, indem ich beschreibe, was in einem Patienten vor sich ging, der sagte, er habe Angst, »mich in sich eindringen zu lassen«, denn dann würde er verschlungen, zerstört, dann sei er »hin«.

Wie anders ist dieser Widerstand als der eines Patienten, der mir eingestand, er summe immer stumm eine Melodie vor sich hin, wenn ich begänne zu sprechen, um die Wirkung dessen, was ich mich zu sagen anschickte, abzuschwächen.

Abwehr und Widerstand sind relative Begriffe; die Abwehr und das, was abgewehrt wird, bilden eine Einheit. Das Abwehrverhalten läßt eine gewisse Abfuhr dessen zu, was abgewehrt wird. Jedes Verhalten hat Trieb- und Abwehraspekte (Fenichel, 1941, S. 57). Die grausamen Selbstvorwürfe des Zwangsneurotikers verraten deutlich die zugrundeliegenden sadistischen Impulse, die er abzuwehren versucht. Alle Abwehr ist »relative Abwehr« (S. 62). Ein bestimmtes Bruckstück des Verhaltens mag eine Abwehr in bezug auf einen Antrieb sein, der primitiver ist als es selbst, und auf dieses gleiche Verhalten kann im Verhältnis zu einer weiter fortgeschrittenen Abwehr als auf einen Antrieb reagiert werden (Gill, 1963, S. 122).

Ich kann dies in bezug auf Widerstand-Trieb-Einheiten veranschaulichen, wie sie im Lauf einer Analyse auftauchen. Ein Mann mittleren Alters, ein Psychiater, erzählt mir, er genieße den Sex mit seiner Frau ganz und gar, »sogar ihre feuchte, etwas übelriechende Vagina«. Dann fügt er hinzu, »seltsamerweise« erwache er nach dem Verkehr gewöhnlich aus tiefem Schlaf und finde sich im Bad wieder, wo er seine Genitalien wasche. Im Licht der vorangegangenen Erörterung will ich versuchen, seine Widerstandshandlungen folgendermaßen zu erklären: Daß der Patient mir erzählt, er genieße den Sex ganz und gar, ist dem Inhalt nach deutlich triebhaft; aber andererseits ist es ein Versuch, mir zu gefallen, mir zu zeigen, wie gesund er ist, und irgendwelche Zweifel, die ich an seiner Potenz haben könnte, zu zerstreuen. Man kann hierin leicht Triebmanifestation und dann Widerstand erkennen. Dies alles ist jedoch in bezug auf den nächsten Satz abwehrhaft: »sogar ihre feuchte, etwas übelriechende Vagina«. Der Abwehraspekt verrät sich durch das Wort »sogar«. Aber auch diese Beschreibung enthält ein triebbefriedigendes exhibitionistisches Element. Sie ist auch ein Widerstand gegen die Erfassung der Bedeutung der nächsten Verhaltenssequenz, des Sich-Waschens im Bad. Auf diese letztere Tätigkeit reagierte der Patient wie auf einen ichfremden Widerstand angesichts der vorhergehenden Behauptung, wie sehr er ihre Vagina genieße und durch die Tatsache, daß er das Waschen seltsam fand. Aber es war auch eine Abwehrhandlung gegen ein Gefühl des Beschmutztseins, das ihn geweckt hatte und das er sich gezwungen sah zu überwinden, indem er sich wusch.

Ich glaube, diese kurze Analyse exemplifiziert und bestätigt das Konzept von der Relativität von Abwehr und Widerstand. Die Konzepte vom »Widerstand gegen den Widerstand« und »Abwehr gegen Abwehr« sind analoge Zugänge zu diesem Thema (siehe Freud, 1937 a, G. W. Bd. 16, S. 84—85; Fenichel, 1941, S. 61).

Die Hierarchie und Schichtung von Widerständen und Triebimpulsen sollte einen nicht zu der Erwartung veranlassen, in der Seele der Menschen, die sich einer Psychoanalyse unterziehen, einen geordneten Aufbau dieser Komponenten zu finden. Bis zum Extrem betrieb dies Wilhelm Reich (1928, 1929), der dafür eintrat, Widerstand-Trieb-Einheiten in der umgekehrten zeitlichen Reihenfolge zu analysieren. Fenichel (1941, S. 47—48) und Hartmann (1951, deutsche Ausgabe: S. 149) unterstreichen die vielen Faktoren, die diese historische Schichtung sprengen können und die »Verwerfungen« und andere, chaotischere Zustände hervorrufen.

Ich möchte diesen Teil der theoretischen Diskussion über Widerstand und Abwehr zusammenfassen, indem ich einen Abschnitt aus dem Werk von Merton Gill zitiere (1963, S. 123): »Wir können zwischen den verschiedenen Ebenen der Abwehr keine unumstößliche Trennungslinie ziehen. Wenn die Abwehrfunktionen in einer Hierarchie bestehen, müssen die unteren Ebenen unbewußt und automatisch sein; sie können pathogen sein. Die in der Hierarchie oben stehenden müssen bewußt und willkürlich sein, sie können der Anpassung dienen. Und natürlich kann ein spezifisches Abwehrverhalten beide Arten der Ausprägung enthalten. Nur jemand, der eine sehr eingeschränkte Auffassung von der Abwehr hat, kann den Gedanken vertreten, daß die Abwehrfunktionen nach einer Analyse verschwinden, denn nach der hierarchischen Konzeption sind die Abwehrmechanismen ebenso der Schuß im Gewebe der Persönlichkeitsfunktionen wie die Triebe und Triebabkömmlinge die Kette sind.«

Wir wollen uns nun der Frage zuwenden, wie sich die Motive und Mechanismen der Abwehr zu den Motiven und Mechanismen des Widerstands verhalten (A. Freud, 1936, S. 34—51; Fenichel, 1945 a, S. 128—167). Mit Motiv der Abwehr meinen wir das, was dazu *geführt* hat, daß eine Abwehrfunktion in Gang gesetzt worden ist. Der unmittelbare Anlaß ist immer die Vermeidung irgendeines unangenehmen Affekts wie Angst, Schuldgefühl oder Scham. Die weiter entfernt liegende Ursache ist der zugrundeliegende Triebimpuls, der Angst, Schuldgefühl oder Scham erregt hat. Die fundamentale Ursache ist die traumatische Situation, ein Zustand, in dem das Ich überwältigt und hilflos ist, weil es von Angst überschwemmt ist, die es nicht steuern, bemeistern oder binden kann — ein Zustand der Panik. Diesen Zustand versucht der Patient zu vermeiden, indem er bei jedem Anzeichen von Gefahr die Abwehrmechanismen in Gang setzt. (Eine kompakte, durchsichtige Diskussion des Ichs in Angst findet sich bei Schur, 1953.)

Lassen Sie mich das Problem durch ein einfaches klinisches Beispiel veranschaulichen. Ein gewöhnlich gutmütiger Patient beginnt in einer Analysestunde ausweichend zu sprechen, als er beschreibt, wie er mich am Abend vorher in einem Konzert gesehen hat. Es ist klar, daß er verlegen und ängstlich ist. Nachdem der Patient dies zugegeben hat, untersuchen wir die zugrundeliegenden Ursachen, und wir entdecken, daß er eifersüchtig und von Groll erfüllt war, weil ich die Gesellschaft eines jungen Mannes zu genießen schien. In darauffolgenden Stunden bekommen wir heraus, daß diese Rivalitätssituation in ihm die Tendenz zu einem schrecklichen Wutausbruch mobilisiert hatte. Er hatte als Kind an furchtbaren Wutanfällen gelitten, wenn es so schien, als werde ihm sein jüngerer Bruder vorgezogen. Ein Bestandteil seiner späteren neurotischen Charakterdeformation war eine unvernünftig starre Gutmütigkeit. Ich glaube, dieses Beispiel demonstriert die unmittelbaren, entfernteren und fundamentalen Ursachen des Widerstands. Die Verlegenheit war der unmittelbare Anlaß. Der eifersüchtige Groll war die weiter entfernte Ursache des Widerstands. Die fundamentale Ursache für den Widerstand war die Angst vor der eigenen heftigen Wut.

Gefahrensituationen, die einen traumatischen Zustand wachrufen können, machen in den verschiedenen Reifungsphasen eine Reihe von Entwicklungen und Veränderungen durch (Freud 1926 a, G. W. Bd. 14, S. 162—174). Man kann sie grob als die Angst vor dem Verlassenwerden, vor der körperlichen Vernichtung, vor dem Gefühl des Ungeliebtseins, Kastrationsangst und die Angst vor dem Verlust der Selbstachtung bezeichnen. Im Lauf der Analyse ruft jeder Gedanke, jedes Gefühl und jede Phantasievorstellung, die eine schmerzliche Emotion aufrührt, seien sie durch eine freie Assoziation, durch einen Traum oder durch eine Intervention des Analytikers geweckt, ein gewisses Maß von Widerstand hervor. Wenn man sondiert, was hinter dem schmerzlichen Affekt liegt, wird man irgendeinen gefährlichen Triebimpuls entdecken und schließlich einen Zusammenhang mit einem relativ traumatischen Ereignis in der Vorgeschichte des Patienten.

Das Problem des Durcharbeitens hat einen besonderen Bezug zur Theorie des Widerstands, denn bei seiner Erörterung dieser Frage hat Freud die Ausdrücke »Wiederholungszwang«, »Klebrigkeit der Libido« und »psychische Trägheit« eingeführt (1914 c, G. W. Bd. 10, S. 130; 1937 a, Bd. 16, S. 87). Diese Phänomene waren durch das verbunden, was Freud »vielleicht nicht ganz richtig« als »Widerstand vom Es«, als eine Manifestation des Todestriebs bezeichnete (1937 a, G. W. Bd. 16, S. 87). Ohne diese Gedanken in Bausch und Bogen wegschieben zu wollen, muß ich doch sagen, daß das Konzept von einem Widerstand aus dem Es mir entweder unpräzise oder als ein Widerspruch erscheint. Nach unserer praktischen Definition des Widerstands wirken alle Widerstände durch das Ich, gleichgültig, wo die Gefahr oder der Modus ihren Ursprung haben. Das Sich-Anklammern an alte Befriedigungen, wie es in den Ausdrücken »Klebrigkeit der Libido« oder »psychische Trägheit« angedeutet wird, hat vielleicht eine spezielle Triebgrundlage, aber meine klinischen Erfahrungen weisen darauf hin, daß in solchen Fällen eine zugrundeliegende Angst vor den neuen oder reifen Befriedigungen die frühere Form der Befriedigung für die Behandlung schwer zugänglich macht.

Meiner Meinung nach ist die Rolle des Todestriebs in bezug auf die Widerstände zu kompliziert und zu fernliegend, als daß eine gründliche Erörterung in einem Buch über Technik gerechtfertigt wäre. Ich spreche vom Konzept eines Todestriebs, das sich vom Konzept aggressiver Triebe unterscheidet. Wenn man einem Patienten klinisches Material in bezug auf einen Todestrieb deutet, gerät man leicht in die Gefahr, zu oberflächlich und mechanistisch zu verfahren.

Technisch gesehen, läßt sich der Wiederholungszwang therapeutisch am besten handhaben, indem man ihn als einen Versuch anerkennt, verspätet eine frühere traumatische Situation zu meistern. Die Wiederholung kann auch die Hoffnung auf eine glücklichere Beendigung einer Frustration aus der Vergangenheit bedeuten. Masochismus, Selbstzerstörungsdrang und das Bedürfnis zu leiden lassen sich klinisch am besten als Manifestationen der gegen das Selbst gekehrten Aggression angehen. Nach meiner Erfahrung führt die Deutung von Widerstand als Ausdruck des Todestriebs nur zu Intellektualisierung, Passivität und Resignation. Ich halte es für klinisch erwiesen, daß letzten Endes für den Widerstand das gleiche Grundmotiv zu finden ist wie für die Abwehr: Das Hauptmotiv für Widerstand und Abwehr ist der Wunsch, Schmerz zu vermeiden.

2.42 Widerstand und Regression

Regression ist ein beschreibender Begriff; er bezeichnet die Rückkehr zu einer früheren, primitiveren Form psychischer Akte (Freud, 1916—17, G. W. Bd. 11, S. 355). Man neigt dazu, zu jenen Haltepunkten zurückzukehren, die in früheren Zeiten Punkte der Fixierung gewesen sind. Fixierung und Regression bilden eine Ergänzungsreihe (Freud, 1916—17, G. W. Bd. 11, S. 376; Fenichel, 1945 a, S. 65). Man kann diese Beziehung am besten verstehen, wenn man das Gleichnis von einer Armee benützt, die versucht, durch feindliches Gelände voranzukommen. Sie läßt an den Stellen die größte Zahl von Besatzungssoldaten zurück, an denen sie die größten Schwierigkeiten oder die größte Sicherheit und Befriedigung erlebt hat. Während sie dies tut, schwächt sich die vordringende Armee jedoch selber, und wenn sich dieser nun Schwierigkeiten in den Weg stellen, kehrt sie zu den Stationen zurück, wo sie die stärksten Besatzungstruppen zurückgelassen hat.

Fixierungen kommen durch angeborene Dispositionen, konstitutionelle Faktoren und Erfahrungen zustande, die eine Ergänzungsreihe bilden. Wir wissen wenig über die erblichen, angeborenen Faktoren, aber wir wissen, daß übermäßige Befriedigungen in einem bestimmten Zeitpunkt der Entwicklung zu Fixierungen führen. Man wehrt sich dagegen, große Befriedigungen aufzugeben, besonders, wenn sie mit einem Gefühl der Geborgenheit verbunden sind. Ein Kind, das durch die unangemessene Sorge seiner Mutter in bezug auf seine analen Betätigungen viel anal-erotische Reizung erfährt, bekommt nicht nur viel sinnliche Befriedigung, sondern es hat auch noch die Sicherheit, die Billigung durch seine Mutter zu erleben. Fenichel war der Meinung, auch übermäßige Frustrationen könnten Fixierungen herbeiführen (1945 a, S. 65). Er behauptete, eine Fixierung könne entstehen, weil a) die bleibende Hoffnung besteht, daß man schließlich doch die ersehnte Befriedigung erlangen wird, und b) die Frustration eine Verdrängung der beteiligten Triebe bewirkt, was sie an einer Weiterentwicklung hindert. Kombinationen von übermäßiger Befriedigung und übermäßiger Frustration, besonders aber der abrupte Wechsel vom einen zum anderen bewirken Fixierungen.

Regression und Fixierung sind wechselseitig voneinander abhängig (A. Freud, 1965, S. 96). Trotzdem darf man nicht vergessen, daß Fixierung ein Entwicklungskonzept, Regression jedoch ein Abwehrvorgang ist. Meine eigene klinische Erfahrung stimmt nicht mit Fenichels Formulierungen über die Ursachen von Fixierung und Regression überein. Ich habe festgestellt, daß Fixierungen in erster Linie durch übermäßige Befriedigungen verursacht werden und Regression durch übermäßigen Schmerz oder übergroße Gefahr in Gang gesetzt wird. Man klammert sich nicht an eine nicht gegenwärtige Befriedigung, außer wenn mit ihr eine Erinnerung an übergroße Lust verbunden ist. Dies mag nur in einem relativen Maß zutreffen. Die »reifere« Befriedigung ist zu gefährlich, die regressivere ist zu wenig lohnend. Also ist der Fixierungspunkt am befriedigendsten. Er bietet die beste Kombination von Befriedigung und Sicherheit.

Die Regression ist motiviert durch eine Flucht vor Schmerz und Gefahr. Das scheint immer dann zuzutreffen, wenn wir es mit einer pathologischen Regression zu tun haben. Ein Beispiel in dieser Hinsicht ist der Patient, der auf seine ödipale Liebe und Rivalität, seine Masturbation, seinen phallischen, exhibitionistischen Stolz verzichtet und wieder anhänglich-trotzig, boshaft-unterwürfig, auf die Toilette gerichtet und zwangsbesessen wird. Wenn Befriedigung in der Regression eine Rolle spielt, dann nur, wenn sie traumatische Angst erzeugt hat. Wenn die Befriedigung nicht traumatisch wird, ruft sie eine Fixierung auf der ödipalen Stufe hervor, nicht eine Regression.

Regression kann in bezug auf Objektbeziehungen und in bezug auf die Sexualorganisation stattfinden (Freud, 1916—17, G. W. Bd. 11, S. 354). Sie kann auch im Rahmen der Topologie verstanden werden wie der

Übergang vom Sekundärvorgang auf den Primärvorgang. Gill (1963, S. 93) glaubt, dies habe auch eine strukturelle Regression zur Folge, eine Regression der Wahrnehmungsfunktion des Ichs, ausgedrückt in einer Umwandlung von Gedanken in visuelle Bilder. Winnicott (1955, S. 283, 296) behauptet, der wichtigste Aspekt der Regression sei die Regression der Ichfunktionen und der Objektbeziehungen, besonders in Richtung auf den primären Narzißmus.

Anna Freuds (1965, S. 93—107) Erörterung der Regression ist die gründlichste und systematischste von allen. Sie stellt fest, Regression könne in allen drei psychischen Strukturen vorkommen; sie könne sowohl psychische Inhalte als auch psychische Funktionsweisen betreffen, und sie könne das Triebziel, die Objektrepräsentanzen und den Inhalt der Phantasien betreffen. (Ich würde dieser Aufzählung die erogenen Zonen und das Selbstbild hinzufügen.) Es-Regressionen sind zäher und klebender, während Regressionen in bezug auf Ichfunktionen oft mehr vorübergehender Natur sind. Zeitweilige Regression der Ichfunktionen gehört zur normalen Entwicklung des Kindes. Im Reifungsprozeß wechseln sich Regression und Progression ab und interagieren miteinander.

Die Regression nimmt unter den Abwehrmechanismen eine Sonderstellung ein, und es scheint einige Zweifel zu geben, ob sie überhaupt zu ihnen gehört (A. Freud, 1936; Fenichel, 1945 a; Gill, 1963). Es besteht jedoch kein Zweifel, daß das Ich sich verschiedener Formen der Regression zum Zweck der Abwehr und des Widerstands bedient. Die Rolle des Ichs ist in bezug auf die Regression etwas anders. Im allgemeinen scheint das Ich passiver zu sein als bei anderen Abwehroperationen. Die Regression wird oft durch eine Triebfrustration auf einer bestimmten Stufe in Gang gesetzt, die die Triebe zwingt, auf früherem Niveau Abfuhrmöglichkeiten zu suchen (Fenichel, 1945 a, S. 160). Aber unter bestimmten Bedingungen hat das Ich auch die Fähigkeit, die Regression zu regulieren, wie z. B. im Schlaf, beim Witz und bei einigen schöpferischen Tätigkeiten (Kris, 1950, S. 312—313). Tatsächlich sind für die geistig-seelische Gesundheit und vor allem für eine psychologische Einstellung primitive Funktionen erforderlich, um die höher differenzierten zu ergänzen (Hartmann, 1947; Khan, 1960; Greenson, 1960). Wie bei allen Abwehrmechanismen ist es auch bei den Regressionen wichtig, zwischen den relativ stärker pathogenen und den der Anpassung dienenden zu unterscheiden.

Es ist auch wichtig, sich klarzumachen, daß Regression kein totales, allumfassendes Phänomen ist. Gewöhnlich bekommen wir selektive Regressionen zu sehen. Ein Patient regrediert vielleicht in einigen Ichfunktionen und nicht in anderen. Oder es besteht eine starke Regression in bezug auf Triebziele und relativ wenig Regression in bezug auf Objektbeziehungen.

Die »Ungleichmäßigkeit« der Regression ist ein sehr wichtiger Begriff in der klinischen Praxis (A. Freud, 1965).

Diese Diskussion ist wichtig in bezug auf therapeutische Prozesse. Für die psychoanalytische Therapie ist Regression notwendig — tatsächlich fördern unser Rahmen und unsere Haltung diese Entwicklung (siehe 4. Kapitel; siehe auch Menninger, 1958, S. 52). Die meisten Analytiker haben jedoch eine *optimale* Regression im Sinn. Wir wählen Patienten aus, die meistenteils vorübergehend und teilweise regredieren können. Jedoch gibt es über diese Frage gewisse Meinungsverschiedenheiten. Zum Beispiel warnt Wexler (1960, S. 41—42) davor, Verfahren wie das freie Assoziieren anzuwenden, die manche Borderline-Patienten zur Objekt-Distanzierung führen, während Winnicott (1955, S. 287) meint, es sei die Aufgabe des Analytikers, selbst bei einem psychotischen Patienten eine volle Regression zu fördern.

2.5 Klassifikation der Widerstände

2.51 Nach der Quelle des Widerstands

In seinen vielen Schriften über Probleme von Abwehr und Widerstand hat Freud zu verschiedenen Zeiten versucht, zwischen verschiedenen Typen von Widerstand zu unterscheiden. In *Hemmung, Symptom und Angst* unterschied er fünf Arten von Widerstand und klassifizierte sie nach ihrer Quelle (1926 a, G. W. Bd. 14, S. 192): 1. den Verdrängungswiderstand, womit er den Widerstand der Ichabwehr meinte. 2. Übertragungswiderstand. Da die Übertragung ein Ersatz für Sich-Erinnern ist und auf einer Verschiebung von früheren Objekten auf gegenwärtige Objekte beruht, ordnete Freud auch diesen Widerstand als »Ichwiderstand« ein. 3. Auch den Krankheitsgewinn oder sekundären Krankheitsgewinn reihte er unter die Ichwiderstände. Als 4. Art des Widerstands sah er diejenigen Widerstände an, die das Durcharbeiten notwendig machen, nämlich Wiederholungszwang und Klebrigkeit der Libido, die er zum Es-Widerstand zählte. 5. Die letzte von Freud genannte Art des Widerstands ist die aus Schuldbewußtsein und Strafbedürfnis entstehende; er hielt sie für Über-Ich-Widerstand.

Glover (1955) klassifiziert in seinem Buch über Technik in den beiden der Abwehr und dem Widerstand gewidmeten Kapiteln die Widerstände auf viele verschiedene Weisen, schließt sich aber in bezug auf die Quellen des Widerstands der Klassifikation Freuds an. Fenichel (1941) sah diese Art der Klassifizierung als unsystematisch an und wies darauf hin, daß Freud den gleichen Eindruck hatte (S. 33—34).

Bevor wir unsere Erörterung über die Quellen des Widerstands fortführen, sollten wir, glaube ich, die Binsenwahrheit aussprechen, daß alle psychischen Strukturen an allen psychischen Ereignissen beteiligt sind, wenn auch in verschiedenem Maß. Wenn wir uns dessen gegenwärtig bleiben, werden wir weniger geneigt sein, unsere Formulierungen übermäßig zu vereinfachen oder zu verallgemeinern. Gemäß unserer Diskussion von Widerstand und Abwehr glaube ich, daß die Abwehrfunktion, der Akt des Schmerz-Vermeidens, vom Ich eingeleitet wird, gleichgültig, welcher Art der hervorrufende Reiz ist. Das Ich ist die psychische Struktur, die abwehrende, der Vermeidung dienende Funktionen in Gang setzt. Es kann dies tun, indem es die unbewußten primären Abwehrmechanismen, wie Verdrängung, Projektion, Introjektion usw., benützt. Es kann dies jedoch auch durch den Einsatz jeder anderen bewußten und unbewußten psychischen Funktion tun. Zum Beispiel kann heterosexuelle Betätigung als Abwehr und in der Analyse als Widerstand gegen die Auseinandersetzung mit homosexuellen Antrieben benützt werden. Prägenitale sexuelle Lustempfindungen drücken vielleicht nicht nur infantile Es-Komponenten aus, sondern sie können, wenn sie eine Quelle des Widerstands werden, auch eine Abwehr- und Widerstandsfunktion gegen die ödipale Situation haben (Friedman, 1953). Freud, Glover und Anna Freud beschrieben Es-Widerstände als diejenigen, die das Durcharbeiten notwendig machen und die aus dem Wiederholungszwang und der Klebrigkeit der Libido stammen. Nach meiner Meinung werden auch diese Widerstände durch das Ich in Gang gesetzt. Eine bestimmte Triebbetätigung wird nur dann wiederholt und bleibt nur dann der Einsicht unzugänglich, wenn sie sich die Hilfe der Abwehrfunktionen des Ichs gesichert hat. Das Durcharbeiten wirkt nicht direkt auf das Es, sondern auf das Ich. Wenn das Durcharbeiten Erfolg zeitigen soll, muß das Ich veranlaßt werden, seine pathologische Abwehrfunktion aufzugeben. Das Es kann also an den Widerstandsmanövern teilhaben, aber, wie ich glaube, nur indem es zuläßt, daß das Ich es für Abwehrzwecke benützt. Ich möchte betonen, daß diese Formulierung für die Übertragungsneurose gilt; bei Psychosen kann das Problem anders sein (Winnicott, 1955; Freeman, 1959; Wexler, 1960).

Ähnlich ist die Lage in bezug auf das Über-Ich. Schuldgefühle können das Ich veranlassen, verschiedene Abwehrmechanismen einzusetzen. Aber wir können auch Situationen zu sehen bekommen, in denen das Schuldgefühl Befriedigung verlangt, Bestrafung fordert und einen eshaften Charakter annimmt. Das Ich kann sich dagegen verteidigen, indem es eine Vielfalt von Reaktionsbildungen benützt, die supermoralische Qualität haben. Dies tritt z. B. bei der Zwangsneurose typisch zutage. Bei schwer masochistischen Charakteren können wir jedoch eine Situation beobachten, in der das Leidensbedürfnis lustvoll betont ist; hier läßt der Patient den Forderungen seines Über-Ichs freien Lauf und gestattet sich ein Verhalten, das ihm offensichtlich Schmerz bereitet. Wenn dies geschieht, haben wir in der Analyse einen Widerstand, weil dieser erstrebte Schmerz relativ lustvoll ist und zugleich eine andere Angst abwehrt (Fenichel, 1945 a, S. 166). Er dient sowohl der Befriedigung als auch der Abwehr, dem Widerstand. Unsere therapeutische Aufgabe besteht darin, das vernünftige Ich des Patienten dazu zu bringen, die Widerstandsfunktion zu erkennen und es zu überreden, sich der größeren, tiefer liegenden schmerzlichen Angst mutig zu stellen, so daß sie analysiert werden kann.

Ich habe also den Eindruck, daß, gleichgültig aus welcher Quelle eine Betätigung stammt, ihre Widerstandsfunktion immer vom Ich herrührt. Die anderen psychischen Strukturen sind so zu verstehen, daß sie durch das Ich wirken. Das Motiv für Abwehr und Widerstand ist immer das Vermeiden-Wollen von Schmerz. Der Modus oder die Maßnahmen des Widerstands können in jeder Art psychischer Aktivität bestehen, von den Abwehrmechanismen bis hin zur Triebbetätigung. Der hervorrufende Reiz, der das Widerstandsmanöver auslöst, kann seinen *Ursprung* in jeder der psychischen Strukturen haben — im Ich, im Es oder im Über-Ich. Aber die *Wahrnehmung* der Gefahr ist eine Ich-Funktion.

Freuds Gedanken über die »Signalangst« sind als Zugang zu diesen komplizierten Wechselbeziehungen von grundlegender Bedeutung. Ich möchte die Rolle des Ichs in der Angst benützen, um einige wesentliche Fragen zu exemplifizieren. In *Hemmung, Symptom und Angst* hat Freud a) das Ich als den Sitz der Angst bezeichnet, b) die Angst als eine Reaktion des Ichs und c) die Rolle des Ichs bei der *Produktion* von Angst und bei der Bildung von Abwehr und Symptomen beschrieben (1926 a, G. W. Bd. 14, S. 162—174, 191 ff.). Diese Probleme hat Max Schur (1953) in seiner Abhandlung über »Das Ich in Angst« mit peinlicher Sorgfalt besprochen und geklärt. Er modifiziert das Konzept Freuds, nach dem das Ich Angst produziert, um Gefahr zu signalisieren und um Abwehr zu mobilisieren, und sagt statt dessen: ». . . das Ich beurteilt die Gefahr und erlebt eine gewisse Angst. Sowohl die Beurteilung als auch das Erlebnis wirken als Signal für die Mobilisierung von Abwehrfunktionen. Nicht nur in der Antizipation von Gefahr, sondern auch angesichts der Gefahr, und selbst wenn die Situation einige Elemente einer traumatischen Situation hat, und wenn die Angstreaktion des Ichs regressiver Art ist und mit Resomatisierung einhergeht, kann dieses Erlebnis für den Rest des Ichs als Signal dienen, die Reserven aufzurufen, notwendige Maßnahmen zu ergreifen. Diese Formulierung verändert in keiner Weise das Konzept von der Funktion einer Angst als Reiz zur Anpassung, zur Abwehr- und Symptombildung. ... Das Ich ist fähig, *Gefahr zu produzieren* und nicht Angst. Es kann dies tun, indem es Situationen manipuliert und sich in Phantasien ergeht. ... Das Konzept, nach dem ‚automatische' Angst im Es (d. h. in sexueller Frustration) ihren Ursprung hat, wird durch das Konzept ersetzt, nach dem das Ich bestimmte Veränderungen im Es als Gefahr beurteilt und mit Angst reagiert. Diese Formulierung betont die Tatsache, daß Angst immer eine Ich-Reaktion ist« (S. 92—93).

2.52 Nach Fixierungspunkten

Alle Versuche, Widerstände zu klassifizieren, müssen sich notwendigerweise überschneiden. Trotzdem ist es für den Psychoanalytiker eine Hilfe, wenn er verschiedene Arten der Klassifizierung zur Hand hat, denn dies kann ihn auf das typische Es-Material, die typischen Ichfunktionen, Objektbeziehungen oder die typische Über-Ich-Reaktion aufmerksam machen, mit der er gerade zu tun hat. Lassen Sie mich das folgende Beispiel eines analen Widerstands geben, der im dritten Jahr der Analyse eines jungen Mannes, Herrn Z.s, auftauchte, der im wesentlichen einen oral-depressiven neurotischen Charakter hatte. Die Erkenntnis des analen Charakters eines bestimmten Widerstands trug dazu bei, das zugrundeliegende unbewußte Material hervorzulocken und zu verstehen.

Der Patient liegt auf der Couch, gespannt und steif. Er hat die Fäuste geballt, die Zähne fest zusammengebissen, man kann die angespannte Muskulatur in seinen Wangen sehen; er hat die Füße fest übereinandergeschlagen, sein Gesicht ist leicht gerötet, er blickt starr geradeaus und schweigt. Nach einer Weile sagt er: »Ich bin deprimiert. Sogar noch mehr als vorher. Ich hasse mich. Ich habe mich gestern unbarmherzig geschlagen ... [Pause]. Aber es ist gerechtfertigt. Ich bin nicht produktiv ... [Pause]. Ich komme nicht vorwärts ... [Pause]. Ich bin steckengeblieben. Ich will nicht arbeiten. Ich weigere mich zu arbeiten, wenn ich mich so fühle ... [Schweigen]. Ich will nicht reden ... [langes Schweigen].«

Die Worte kommen in kurzen, abrupten Sätzen und Silben heraus. Sie werden ausgespuckt. Ich kann am Tonfall, an der Art, an der Haltung spüren, daß er wütend ist, aber noch mehr: er ist boshaft und trotzig wütend. Obwohl er nur davon spricht, daß er sich selbst haßt, habe ich das Gefühl, er ist mir gegenüber wütend und trotzig. Außerdem werde ich aufmerksam durch die Dinge, die er sagt: »Ich bin nicht produktiv. Ich bin steckengeblieben.« Dies alles, der Inhalt und die Haltung, verrät eine Art analer Trotzreaktion. Ich schweige, und nach einer langen Pause sage ich zu ihm: »Sie scheinen nicht nur sich selbst zu hassen, sondern Sie sind anscheinend auch mir gegenüber wütend und trotzig.« Der Patient antwortet: »Ich bin wütend auf mich selbst. Ich bin um Viertel nach zwölf aufgewacht und konnte danach nicht wieder einschlafen. Ich hab nur so an und ab gedöst [Schweigen]. Ich will nicht arbeiten. Ich möchte lieber die Analyse aufgeben als an dieser Sache arbeiten. Und wissen Sie, ich könnte es fast. Es klingt merkwürdig, aber ich könnte es fast tun. Ich könnte in diesem Augenblick aufhören und könnte mein Leben lang so weitermachen wie jetzt. Ich will es nicht verstehen. Ich will nicht arbeiten.«

Ich warte wieder und sage dann nach einer Weile: »Aber diese Art von Wut sagt uns etwas. Es ist mehr als Selbsthaß.« Der Patient antwortete: »Ich will die Wut nicht zerstreuen. Ich fühle, daß ich wütend bin, aber ich will die Wut nicht loslassen, ich will sie behalten. Ich mache es den ganzen Tag so, den ganzen Tag so wie jetzt. All diesen Haß und diese Wut. Ich verabscheue mich. Ich weiß, Sie werden dazu sagen, dies Verabscheuen hat mit der Toilette zu tun, aber ich meine nicht Verabscheuen, ich meine, ich hasse mich, obwohl ich das Wort verabscheuen gebraucht habe. Ich denke immer wieder an Mord, ans Aufgehängtwerden oder an den Galgen gehängt werden, und ich kann mich sehen, mit einem Strick um den Hals auf einer Falltüre, und sie geht auf, und ich falle, und ich warte, daß die Falltüre aufgeht, und warte auf den Fall und daß mir das Genick bricht. Ich kann fühlen, ich stelle mir vor, wie ich sterbe. Oder ich stelle mir vor, wie ich von einem Hinrichtungspeloton erschossen werde. Ich werde immer von irgendeiner Autorität hingerichtet, durch den Staat, durch irgendeine Instanz. Ich habe anscheinend eine krankhafte Neugier in bezug auf Erhängen und Erhängtwerden, und ich hab' es immer mit Falltüren zu tun. Ich gebe mich viel mehr mit dem Erhängen ab als mit dem Erschießungskommando. Im Erhängen ist viel mehr Abwechslung, es kommt viel häufiger vor, und die ganze Zeit hasse ich mich.«

Nun folgt wieder eine Periode des Schweigens, und dann sage ich: »Es ist nicht nur Haß, und es sind nicht nur Sie selber.« Darauf antwortet der Patient: »Ich will nicht nachgeben. Ich werde Ihnen nicht nachgeben. Sie versuchen, etwas auf mich abzuladen. Ich will nicht zugeben, daß ich irgendein Vergnügen dabei empfinde. Ich habe das Gefühl, Sie hassen den Gedanken an meine Lust, und ich hasse das. Ich bin einfach wütend über diese ganze Sache. Ich glaube, Sie hassen es, daß ich irgendwelche Vergnügen habe. Sie beschuldigen mich, Sie sind ein bösartiger, übelgesinnter Mensch, Sie greifen mich an. Ich muß mich aufrechthalten, ich muß gegen Sie kämpfen. Sie scheinen auf meine schmutzigen Gedanken aufmerksam geworden zu sein, und ich muß leugnen und muß sagen, da sei nichts dergleichen. Ich muß zugeben, es wäre schrecklich, wenn sowas da wäre.«

In diesem Augenblick sage ich: »Ja, und anscheinend schlagen Sie sich, um mich daran zu hindern, irgendetwas zu sagen.« Darauf antwortet der Patient: »Ja, und ich frage mich, warum das Erhängen und warum diese Falltür, da ist etwas mit der Falltür und dem Spülen auf der Toilette. Ich will einfach nicht, daß Sie es sagen. Ich kann Sie immer noch nicht leiden, und ich habe das Gefühl, daß die Selbstgeißelung ein Schutz ist ... [Pause]. Wissen Sie, es ist komisch, ich habe jetzt das Gefühl, daß ich jetzt gerade erst mit meiner Analyse anfange, daß ich im Grunde unanalysiert bin, und ich frage mich, wie lange es wohl dauern wird — aber das ist nicht wichtig.«

Ich benütze diesen Fall, um zu zeigen, daß die Art, wie der Patient wütend war, der Modus seines Widerstands, die trotzige, anale Wut, der Ausgangspunkt für ein sehr wichtiges Stück Analyse war. Wir gingen von der trotzigen Wut zu der Phantasie des Erhängtwerdens, die dann zu den Toilettenphantasien führte und zurück zur Projektion der analen Feindseligkeit auf mich. Die folgenden Monate der Analyse brachten viele wichtige historische Determinanten ans Licht. Der Schlüssel zu allem war jedoch die anale Qualität seines Widerstands, die Art, wie er in dieser besonderen Stunde wütend war. Wenn man erkennt, daß Trotz und Verstocktheit für die anale Phase der Libido-Entwicklung typisch sind, kann man auch das Gefühl des Steckenbleibens, die Unwilligkeit, produktiv zu sein, das Zähne-Zusammenbeißen, die sadistischen und masochistischen Schlagephantasien und die Scham als Elemente der analen Phase verstehen. Dies war wesentlich bei der Bearbeitung des Widerstands gerade dieser Stunde.

Genau wie es möglich war, den oben beschriebenen Widerstand als der analen Phase zugehörig zu klassifizieren, ist es auch möglich, Widerstände der oralen, der phallischen, der Latenzphase und der Adoleszenz zu beschreiben. Die Anhaltspunkte können in der Triebqualität eines Widerstands, in den Objektbeziehungen oder in dem Charakterzug liegen, der im Vordergrund steht, oder durch eine besondere Form der Angst oder der Haltung oder auch durch das Eindringen eines bestimmten Symptoms zu erschließen sein. So können wir in dem oben zitierten Fall Trotz, Verstocktheit, Eigensinn, Scham, Sadomasochismus, Retentivität, Zurückhalten, deutliche Ambivalenz und zwanghafte Gegenbeschuldigungen anführen, die alle für die anale Phase typisch sind. Diese Feststellung soll nicht das Vorhandensein von »uneinheitlichen« oder heterogenen Widerständen leugnen.

Ich möchte betonen, daß Form und Typus des Widerstands sich bei ein und demselben Patienten im Lauf der Analyse verändern. Es gibt Regressionen und Progressionen, so daß jeder Patient eine Fülle von Widerständen an den Tag legt. In dem oben angeführten Fall waren z. B. lange Perioden der Analyse dem Durcharbeiten phallischer Triebe und Ängste gewidmet; dabei standen Masturbations-Schuldgefühle, Inzestphantasien und Kastrationsangst im Vordergrund. Es gab eine lange Periode der Depression und des oralen Widerstands, der sich in Passivität, Introjektion und Identifikationen, Selbstmordphantasien, flüchtigen Süchten, Anorexie und Freßsucht, Weinerlichkeit, Phantasien vom Gerettetwerden usw. manifestierte.

2.53 *Nach Arten der Abwehr*

Ein weiterer fruchtbarer Zugang zu den Widerständen ist der, herauszufinden, welcher Arten von Abwehr sich der Widerstand bedient. Wir konnten z. B. die neun Typen von Abwehrmechanismen unterscheiden, die Anna Freud (1936) beschrieben hat, und feststellen, wie der Widerstand sie verwendet, um sich dem analytischen Verfahren zu widersetzen. *Verdrängung* tritt in der analytischen Situation dann auf, wenn der Patient seinen Traum oder den Zeitpunkt seiner Analysestunde »vergißt«, oder wenn ihm keine wesentlichen Erlebnisse einfallen, wenn Schlüsselfiguren aus seiner Vergangenheit ausgelöscht sind usw.

Der Widerstand der *Isolierung* kommt dann klinisch ins Bild, wenn Patienten die durch ein Erlebnis aufgerührten Affekte von dessen Vorstellungsinhalt abspalten. Sie beschreiben vielleicht ein Ereignis verbal in aller Ausführlichkeit, aber sie neigen dazu, Gefühle weder zu erwähnen noch zu zeigen. Solche Patienten isolieren die analytische Arbeit oft von ihrem übrigen Leben. In der Analyse gewonnene Einsichten werden nicht ins Alltagsleben übertragen. Patienten, die in ihrem Widerstand gegen die Analyse den Mechanismus der Isolierung benützen, behalten oft die Erinnerung an traumatische Erlebnisse, aber der emotionale Zusammenhang ist verloren gegangen oder verschoben worden. In der Analyse pflegen sie ihre Denkprozesse zu mißbrauchen, um ihren Gefühlen auszuweichen.

Man könnte fortfahren und alle verschiedenen Mechanismen der Abwehr von Triebregungen und Affekten aufzählen und beschreiben, wie die Widerstandskräfte den einen oder anderen Mechanismus wählen und ihn gegen das analytische Verfahren einsetzen. Der Leser wird auf die grundlegenden Werke über diesen Gegenstand verwiesen (A. Freud, 1936, S. 34—42; Fenichel, 1945 a, 9. Kapitel). Für unsere Zwecke genügt es, darauf hinzuweisen, daß alle Abwehrmechanismen des Ichs zum Zweck des Widerstands benützt werden können.

Wir sehen jedoch nicht nur, wie die einfachen und fundamentalen Abwehrmechanismen als Widerstand verwendet werden, sondern auch, wie die Kräfte des Widerstands sich komplexerer Phänomene bedienen. Die bei weitem wichtigsten Arten des Widerstands, denen wir in der Analyse begegnen, sind die *Übertragungswiderstände.* Mit diesem sehr komplexen Phänomen wollen wir uns im nächsten Kapitel ausführlich befassen. Hier möchte ich nur betonen, daß der Übertragungswiderstand zwei verschiedene Gruppen von Widerständen umfaßt: 1. diejenigen, die Patienten entwickeln, weil sie Übertragungsreaktionen haben, und 2. jene, die Patienten entwickeln, um Übertragungsreaktionen zu vermeiden. Das ganze Konzept der Übertragung hängt mit dem Widerstand zusammen, und dennoch sind Übertragungsreaktionen nicht nur als Widerstand zu verstehen. Ich schiebe daher die Erörterung des Übertragungswiderstands auf, bis wir unser Verständnis von der Natur der Übertragung geklärt haben.

Das *Agieren* (acting out) ist ein weiteres, besonderes Abwehrmanöver, das gesonderte Berücksichtigung verdient. Auch hier haben wir es wieder mit einem Phänomen zu tun, das in der Analyse immer eine Widerstandsfunktion hat und in seiner Bedeutung recht kompliziert ist. Das Agieren enthält wichtige Es- und Über-Ich-Elemente, aber auch Ichfunktionen.

Wir definieren das Agieren als das Wieder-Durchleben eines Erlebnisses aus der Vergangenheit in der Gegenwart, das eine leicht verzerrte Version der Vergangenheit ist, aber dem Patienten kohäsiv, rational und ichsynton erscheint. Alle Patienten geben sich in der Analyse in gewissem Maß dem Agieren hin, und bei gehemmten Patienten kann es ein willkommenes Zeichen sein. Manche Patienten neigen jedoch zu wiederholtem und sich lange hinziehendem Agieren; dadurch sind sie schwierig, wenn nicht unmöglich zu analysieren. Die Analysierbarkeit hängt zum Teil von der Fähigkeit des Ichs ab, Reize genügend zu binden, so daß der Patient seine Impulse in Worten und Gefühlen ausdrücken kann. Patienten, die dazu neigen, ihre neurotischen Impulse in Handlungen abzuführen, stellen für die Analyse ein spezielles Problem dar. Das Problem, wie man das Agieren erkennt und behandelt, wird im Abschnitt 3.84 und im zweiten Band besprochen. Der Leser kann sich mit dem Thema vertraut machen, indem er sich mit einigen grundlegenden Arbeiten über diesen Gegenstand beschäftigt (Freud, 1905 c, 1914 c; Fenichel, 1945 b; Greenacre, 1950).

Eine weitere komplexe und höchst wichtige Art der Abwehr, die besondere Erwähnung verdient, sind die Charakterwiderstände (W. Reich, 1928, 1929). Die Frage, was man denn unter Charakter verstehe, ist nicht einfach zu beantworten. Für unsere Zwecke würde ich die Antwort vereinfachen und sagen, mit Charakter meinen wir die gewohnte Art und Weise des Organismus, mit der inneren und äußeren Welt fertigzuwerden. Charakter ist die konstante, organisierte und integrierte Stellung und Haltung des Ichs in bezug auf die Forderungen, die an es gestellt werden. Der Charakter besteht im wesentlichen aus Gewohnheiten und Einstellungen. Einige von ihnen sind vorwiegend auf Abwehr gerichtet, andere sind im wesentlichen triebhaft, manche stellen Kompromisse dar. Der Charakterzug der Sauberkeit kann sehr wohl als Abwehr verstanden werden, als eine Reaktionsbildung gegen lustvolles Sich-Beschmutzen.

Die Charakterwiderstände stammen von der Charakterabwehr her. Sie stellen der analytischen Technik ein spezielles Problem, weil sie habituell sind, starr fixiert und gewöhnlich ichsyonton. Glover (1955) nennt sie die stummen (silent) Widerstände. Im großen und ganzen ist der Patient zufrieden und billigt sogar seine Charakterabwehrfunktionen, da sie der konventionellen Gesellschaft als Tugenden erscheinen. Die speziellen technischen Maßnahmen, die Charakterwiderstände vom Analytiker fordern, werden im Abschnitt 3.8 beschrieben. Eine vollständigere Erörterung des Charakters und der Charakterwiderstände findet sich bei W. Reich (1928, 1929), A. Freud (1936) und Fenichel (1941).

Man hat auch von einer »Deckabwehr« (screen defenses) gesprochen, die vom Patienten zum Zweck des Widerstands benützt werden kann.

Manche Patienten neigen dazu, sich sehr häufig Deckerinnerungen, Deckaffekte und Deck-Identitäten zunutze zu machen, um eine zugrundeliegende peinliche Erinnerung, einen peinlichen Affekt oder eine peinliche Identität abzuwehren. Diese Abwehrbildung ist auch ein komplizierter psychischer Vorgang und enthält sowohl wichtige Befriedigungen als auch Abwehr (Greenson, 1958 a).

2.54 Nach der diagnostischen Kategorie

Aus der klinischen Erfahrung wissen wir, daß bestimmte diagnostische Einheiten sich spezieller Abwehrarten bedienen und daß daher im Lauf der Analyse bestimmte Widerstände überwiegen werden. Jedoch kommen in allen Analysen viele verschiedene Formen des Widerstands zum Vorschein. Die klinischen Einheiten, die wir beschreiben, bekommt man selten in reiner Form zu sehen; die meisten Patienten haben neben dem zentralen Krankheitsbild, das wir in unserer Diagnose beschreiben, noch Beimischungen anderer pathologischer Zustände. Außerdem beobachten wir im Lauf der Analyse zeitweilige Regression und Progression, die das klinische Bild und die Art der Widerstände komplizieren.

Ein Beispiel dafür ist Herr Z., dessen Falldarstellung ich benützt habe, um einen analen Widerstand zu veranschaulichen (Abschnitt 2.52). Der Patient hatte eine oral-depressive neurotische Charakterstörung. Er hatte jedoch in seiner Kindheit einige anale Traumata erlitten, und darum erlebte er in der von mir beschriebenen Phase seiner Analyse eine Periode des analen Trotzes, des Hasses und der analen Wut noch einmal. Kurz vor dieser Periode war sein Haß noch sorgfältig auf besondere weibliche Liebesobjekte in seinem Leben in der Außenwelt isoliert und beschränkt gewesen. Auf dem Höhepunkt seines analen Trotzes verschob und projizierte er seine Wut und seinen Haß auf mich.

Bei einem kurzen Überblick über die typischen Übertragungsneurosen, die wir analytisch behandeln, werden wir, glaube ich, feststellen, daß folgende Widerstände überwiegen:

Bei den *Hysterien:* Verdrängung und isolierte Reaktionsbildungen. Regression auf phallische Merkmale. Emotionalität, Somatisierungen, Konversionen und Genitalisierungen. Identifizierungen mit verlorenen Liebesobjekten und solchen Objekten, die Schuldgefühle hervorrufen.

Bei den *Zwangsneurosen:* Isolierung, Ungeschehenmachen, Projektionen und massive Reaktionsbildungen. Regression auf Analität mit Reaktionsbildung, wobei die Charakterzüge Ordnungsliebe, Sauberkeit und Geiz zu wichtigen Widerständen werden. Intellektualisierung als Widerstand gegen Gefühle. Magisches Denken, Omnipotenz des Denkens, Grübeln. Internalisierung von Feindseligkeit und sadistische Über-Ich-Reaktionen.

Bei den *neurotischen Depressionen:* Introjektion, Identifizierung, Agieren, Impulsivität und Deckabwehr. Die orale und phallische Triebhaftigkeit ist regressiv verzerrt. Emotionalität, kontraphobisches Verhalten und kontraphobische Einstellungen, Süchtigkeit und Masochismus.

Bei *Charakterneurosen:* Je nachdem, ob es sich im Grunde um einen hysterischen, zwanghaften oder depressiven Charakter handelt, kann man erwarten, das zu finden, was im allgemeinen als starre, ichsyntone, »stumme« Gewohnheiten, Züge und Einstellungen beschrieben wird (Freud, 1908; Abraham, 1924; W. Reich, 1928, 1929; A. Freud, 1936, 8. Kap.; Fenichel, 1945a, 20. Kap.).

2.55 *Eine praktische Klassifikation*

Alle oben beschriebenen Klassifikationen haben ihre Vorteile und ihre Grenzen. Die klinische Erfahrung fordert jedoch, daß ich noch einen weiteren Zugang erwähne, der im wesentlichen praktischer Art ist. Ich habe festgestellt, daß es vorteilhaft ist, die ichfremden Widerstände von den ichsyntonen zu unterscheiden. Ichfremde Widerstände erscheinen dem vernünftigen Ich des Patienten unzugehörig, von außen kommend und seltsam. Infolgedessen sind solche Widerstände relativ leicht zu erkennen und zu bearbeiten. Der Patient wird bereitwillig ein Arbeitsbündnis mit dem Analytiker schließen, wenn er versucht, den betreffenden Widerstand zu analysieren.

Im folgenden ein typisches Beispiel. Eine Patientin sprach rasch, fast atemlos, und ich entdeckte ein Zittern in ihrer Stimme. Sie schien verzweifelt zu versuchen, jeden Augenblick der Analysestunde auszufüllen. Es gab keine Pausen, keine Augenblicke des Nachdenkens, nur ein Ausschütten von unzusammenhängenden Erinnerungsbruchstücken. In den Vorbesprechungen hatte ich das sichere Gefühl gehabt, die junge Frau leide im wesentlichen an einer neurotischen Depression. Es gab keine Anzeichen für psychotische oder Borderline-Zustände. Ich wußte auch, daß sie bei einem anerkannten Analytiker in einer anderen Stadt »in Analyse« gewesen war, der sie für eine analysierbare Patientin gehalten hatte.

Ich unterbrach die Patientin und sagte, sie scheine sich zu fürchten, sie scheine zu versuchen, jede Sekunde der Stunde auszufüllen, als ob sie Angst davor habe, auch nur einen Augenblick zu schweigen. Die Patientin antwortete ganz furchtsam, sie fürchte, ich würde sie kritisieren, weil sie einen Widerstand habe, wenn sie schweigen würde. Ich antwortete fragend: »Ich sollte Sie kritisieren, weil Sie einen Widerstand haben?« Die junge Frau reagierte darauf, indem sie mir erzählte, sie habe das Gefühl, ihr voriger Analytiker habe sich so verhalten, als sei es eine Schwäche von ihr gewesen, daß sie einen Widerstand hatte. Er sei ihr sehr streng und mißbilligend vorgekommen und sie habe gemeint, er habe sie im Grunde für einer Analyse unwürdig gehalten. Das erinnere sie an ihren Vater, der ein heftiges Temperament hatte und sie als Kind oft angeschrien habe, sie sei »zu überhaupt nichts gut«.

Ich glaube, das obige Beispiel zeigt einen ichfremden Widerstand. Es zeigt auch, wie leicht es ist, beim Analysieren des Widerstands ein Arbeitsbündnis zu schließen.

Wir wollen dieser Sachlage die ichsyntonen Widerstände gegenüberstellen. Sie sind dadurch gekennzeichnet, daß sie als vertraut, rational und zweckmäßig empfunden werden. Der Patient spürt die Widerstandsfunktion der in Frage stehenden Betätigung nicht. Solche Widerstände sind daher für den Analytiker und den Patienten schwerer zu erkennen, und es ist schwieriger, im Hinblick auf sie ein Arbeitsbündnis zu schließen. Diese Widerstände sind gewöhnlich gut »eingefahrene«, gewohnheitsmäßige Verhaltensweisen des Patienten, Charakterzüge, die manchmal sozial nützlich sind. In diese Kategorie gehören Reaktionsbildungen, Agieren, Charakterwiderstände, kontraphobische Einstellungen und Deckabwehr.

Im folgenden ein einfaches Beispiel. Ein männlicher Patient ist im Verlauf von zwei Jahren immer zwei bis fünf Minuten zu früh zu seiner Analysestunde gekommen. Ich habe zu verschiedenen Zeiten versucht, ihn auf diese Starre aufmerksam zu machen, aber er hatte nie das Gefühl, das sei ein Problem oder der Analyse wert. Er gibt zu, er sei pünktlich, aber er sieht es als eine Tugend an, ein Zeichen von Selbstdisziplin und Charakter. Ich habe die Analyse dieses Zuges nicht weiter verfolgt, sondern habe andere Aspekte seiner Neurose bearbeitet, die weniger unzugänglich erschienen.

Am Ende einer Stunde sage ich dem Patienten, ich würde mich zu seiner nächsten Stunde um zehn Minuten verspäten, weil ich von der Universität kommen würde. Der Patient sagte nichts dazu. In der Sitzung, von der ich berichten will, erscheint mir der Patient ziemlich aufgeregt. Er sagt mir, er sei wütend auf mich gewesen wegen meiner Verspätung, obwohl er wisse, ich hätte sie ihm angekündigt. Er beschuldigt mich, ich quäle ihn absichtlich, denn ich müsse wissen, wie sehr er Unpünktlichkeit hasse. (Er hatte dies nie vorher zugegeben.) Er hatte selbst zu spät kommen wollen, aber er hatte sich durch eine unwiderstehliche Macht getrieben gefühlt, seine »gewöhnlichen« drei Minuten zu früh zu kommen. Im Wartezimmer konnte er nicht ruhig sitzen. Er war in Versuchung, aus der Praxis wegzugehen, aber dann schoß ihm der Gedanke durch den Kopf, wenn er mir in der Diele »in die Arme liefe«, könnte ich denken, er wolle auf die Toilette gehen. Das sei für ihn ein unerträglicher Gedanke gewesen. Er habe ohnehin nicht die Absicht gehabt, auf die Toilette zu gehen. Selbst wenn er einen Drang gehabt hätte, dorthin zu gehen, hätte er dem nicht nachgegeben, weil es ihm vor der Möglichkeit graute, mir dort »von Angesicht zu Angesicht« zu begegnen. Tatsächlich kommt ihm nun der Gedanke, er komme zu früh, so daß er die Toilette benützen könne, ohne eine »Begegnung« mit mir zu riskieren. Er wäre lieber tot, als »mit heruntergezogenen Hosen angetroffen zu werden«.

Nach diesem Ausbruch schweigt der Patient. Ich sage nichts. Er beginnt wieder mit trauriger Stimme: »Es wird mir plötzlich klar, daß ich eine neue Phobie habe, eine Angst davor, Ihnen in einer Toilette zu begegnen.« Ich füge sanft hinzu, die Entdeckung sei neu, aber die Angst sei die ganze Zeit dagewesen, verdeckt durch seine Pünktlichkeit.

Ich glaube, diese klinische Vignette veranschaulicht die besonderen Probleme beim Analysieren ichsyntoner Widerstände. Im Vergleich mit den ichfremden Widerständen erfordern sie zusätzliche Arbeit. Tatsächlich müssen sie für den Patienten ichfremd gemacht werden, bevor sie wirksam analysiert werden können. Mit anderen Worten, es ist unsere Aufgabe, zunächst dem Patienten zu helfen, in bezug auf den betreffenden Widerstand ein vernünftiges Ich zu etablieren. Nur wenn dies gelingt, wird der Widerstand als ichfremder Widerstand auftauchen. Dann kann man hoffen, die Geschichte des betreffenden Widerstands zu erfahren und ihn zu analysieren. Wenn der Patient die historischen Gründe für den Ursprung der Widerstandsabwehr verstehen kann, wird er fähig, sein früheres Bedürfnis nach dem Widerstand von der gegenwärtigen Unangemessenheit dieses Widerstands zu unterscheiden.

Gewöhnlich arbeitet man am Anfang der Analyse mit den ichfremden Widerständen. Erst nachdem der Patient fähig war, ein zuverlässiges Arbeitsbündnis einzugehen, ist es möglich, nach den ichsyntonen Widerständen Ausschau zu halten und an ihnen zu arbeiten. Die ichsyntonen Widerstände sind von Anfang an vorhanden, aber es ist sinnlos, sie anzugreifen, denn der Patient wird entweder ihre Bedeutung leugnen, oder er wird ihrer Analyse nur Lippendienste leisten. Man muß vorher Arbeit mit ichfremden Widerständen geleistet *und* ein zuverlässiges Arbeitsbündnis zustande gebracht haben, damit man die ichsyntonen Widerstände wirksam analysieren kann.

Dieses Thema wird im Abschnitt 2.6 wieder aufgenommen. Dem Leser wird geraten, W. Reich (1928, 1929), A. Freud (1936), Fenichel (1941) und Sterba (1951) in dieser Frage zum Vergleich heranzuziehen.

2.6 Die Technik der Widerstandsanalyse

2.61 Vorüberlegungen

Bevor wir uns in eine ausführliche Erörterung technischer Probleme hineinbegeben, tun wir gut daran, uns einige grundlegende Punkte noch einmal vor Augen zu führen. Die Psychoanalyse als Technik wurde erst geboren, als Widerstände analysiert und nicht mehr vermieden oder durch andere Mittel überwunden wurden. Man kann die psychoanalytische Technik nicht definieren, ohne das Konzept von der konsequenten und gründlichen Widerstandsanalyse einzubeziehen. Es ist wichtig, uns noch einmal die enge Beziehung zwischen Widerstand, Abwehr, Ichfunktionen und Objektbeziehungen ins Gedächtnis zu rufen.

Widerstand ist nicht nur als Opposition gegen den Fortgang der Analyse zu verstehen, obwohl das seine unmittelbare und offensichtlichste klinische Manifestation ist. Die gründliche Beschäftigung mit dem Widerstand eines Patienten wirft ein Licht auf viele grundlegende Ichfunktionen und auf seine Schwierigkeiten in der Herstellung von Beziehungen zu Objekten. Zum Beispiel kann das Fehlen von Widerständen anzeigen, daß wir es mit einem psychotischen Prozeß zu tun haben. Ein plötzlicher Ausbruch von obszönen und beschimpfenden Ausdrücken und entsprechendem Verhalten bei einer bisher anständigen und braven Hausfrau kann eine solche Manifestation sein. Außerdem erhellt die Widerstandsanalyse, auf welche Weise die verschiedenen Ichfunktionen intrastrukturell vom Es, vom Über-Ich und von der Außenwelt beeinflußt werden. Darüber hinaus wiederholen die Widerstände gegen die therapeutischen Verfahren die neurotischen Konflikte zwischen den verschiedenen psychischen Strukturen. Infolgedessen gibt die analytische Situation dem Analytiker eine Möglichkeit, auf seiner analytischen Couch aus erster Hand Kompromißbildungen zu beobachten, die Symptombildungen analog sind. Die sich ständig verändernde Beziehung zwischen den Kräften des Widerstands auf der einen Seite und dem Drang zur Kommunikation auf der anderen kann man am deutlichsten bei den Versuchen des Patienten sehen, frei zu assoziieren. Dies ist einer der Gründe, warum das freie Assoziieren als das wichtigste Kommunikationsmittel im psychoanalytischen Verfahren angesehen wird.

Der Ausdruck »analysieren« ist ein verdichteter Begriff für viele technische Verfahren, die alle die Einsicht des Patienten fördern (siehe Abschnitt 1.32). Unter der Überschrift »analysieren« sind zumindest vier verschiedene Verfahren zusammengefaßt: *Konfrontation, Klärung, Deutung* und *Durcharbeiten.*

Deutung ist das wichtigste Instrument der psychoanalytischen Technik überhaupt. Jedes andere analytische Verfahren bereitet eine Deutung vor, erweitert eine Deutung oder macht eine Deutung wirksam. Deuten heißt, einen unbewußten oder vorbewußten Vorgang bewußtmachen. Es heißt, dem vernünftigen und bewußten Ich etwas zum Bewußtsein bringen, das es vergessen hatte, das ihm unzugänglich war. Wir schreiben einem psychischen Phänomen Bedeutung und Kausalität zu. Durch die Deutung machen wir dem Patienten die Geschichte, die Quelle, die Art und Weise, die Ursache oder Bedeutung eines gegebenen seelischen Vorgangs bewußt. Das erfordert gewöhnlich mehr als eine einzige Intervention. Der Analytiker benützt sein eigenes Bewußtsein, seine Empathie, seine Intuition und sein Phatasieleben ebenso wie seinen Intellekt und sein theoretisches Wissen, um zu einer Deutung zu gelangen. Indem wir deuten, gehen wir über das hinaus, was mit Hilfe des gewöhnlichen, logischen Denkens leicht zu verstehen und zu beobachten ist. Die Reaktionen der Patienten sind notwendig, damit man entscheiden kann, ob die Deutung zutrifft oder nicht (E. Bibring, 1954; Fenichel, 1941; Kris, 1951).

Um das Ich des Patienten wirksam in diese psychologische Arbeit einzuspannen, muß als Voraussetzung das, was gedeutet werden soll, zunächst demonstriert und geklärt werden. Damit man einen Widerstand analysieren kann, muß der Patient erst einmal erkannt haben, daß ein Widerstand am Werk ist. Der Widerstand muß demonstrierbar sein, und der Patient muß mit ihm konfrontiert werden. Dann muß man die besondere Variante oder das präzise Detail des Widerstands genau in den Brennpunkt rücken. *Konfrontation* und *Klärung* sind notwendige Hilfsmittel der Deutung und sind als solche erkannt worden, seit unsere Kenntnis der Ichfunktionen zugenommen hat (E. Bibring, 1954, S. 763). Manchmal braucht der Patient keine Konfrontation, Klärung oder Deutung durch den Analytiker, weil er diese Maßnahmen selbst vollziehen kann. Manchmal kommen die drei Verfahren zugleich vor, oder vielleicht geht der Konfrontation und Klärung schon eine blitzartige Einsicht voran.

Das *Durcharbeiten* bedeutet im wesentlichen eine Wiederholung und Ausarbeitung von Deutungen, die den Patienten von einer anfänglichen Einsicht in ein Phänomen zu einer bleibenden Veränderung seiner Reaktionsweise oder seines Verhaltens führen (Greenson, 1965 b).

Das Durcharbeiten macht eine Deutung wirksam. Konfrontation und Klärung bereiten also die Deutung vor, und das Durcharbeiten vollendet die analytische Aufgabe. Aber die Deutung ist das zentrale und wichtigste therapeutische Instrument in der Psychoanalyse.

2.611 Die Dynamik der Behandlungssituation

Die Behandlungssituation setzt im Patienten einander widersprechende Tendenzen in Gang. Es ist nützlich, wenn wir uns, bevor wir versuchen, die Widerstände des Patienten zu analysieren, einen Überblick über die im Patienten gesammelten Kräfte verschaffen (siehe Freud, 1913 b, G. W. Bd. 8, S. 477—478). Ich will mit der Aufzählung der *Kräfte* beginnen, die *auf seiten des Psychoanalytikers,* der psychoanalytischen Prozesse und Verfahren stehen.

1. Das neurotische Leiden des Patienten, das ihn antreibt, in der Analyse zu arbeiten, gleichgültig, wie schmerzvoll es sein mag. 2. Das bewußte, rationale Ich des Patienten, das die Fernziele im Blick behält und die Rationale der Therapie begreift. 3. Das Es, das Verdrängte und ihre Abkömmlinge, alle jene Kräfte im Patienten, die nach Abfuhr verlangen und die Tendenz haben, in den Produktionen des Patienten aufzutauchen.

4. Das Arbeitsbündnis, das den Patienten befähigt, trotz der gleichzeitigen Existenz entgegengesetzter Übertragungsgefühle mit dem Psychoanalyiker zusammenzuarbeiten. 5. Die vom Trieb befreite positive Übertragung, die es dem Patienten erlaubt, die Kompetenz des Analytikers überzubewerten. Auf Grund geringfügiger Beweise akzeptiert der Patient den Analytiker als Fachmann. Auch die triebhafte positive Übertragung kann den Patienten zeitweilig zum Arbeiten veranlassen, aber das ist viel unzuverlässiger und neigt zum Umschlagen ins Gegenteil. 6. Das rationale Über-Ich, das den Patienten treibt, seine Pflichten und Schuldigkeiten zu erfüllen. Menningers »Kontrakt« und Gitelsons »Kompakt« drücken ähnliches aus (Menninger, 1958, S. 14). 7. Die Neugier und der Wunsch nach Selbsterkenntnis, die den Patienten motivieren, sich zu erforschen und sich zu offenbaren. 8. Der Wunsch nach beruflichem Aufstieg und andere Arten von Ehrgeiz. 9. Irrationale Faktoren, wie Gefühle des Wettbewerbs mit anderen Patienten, der Wunsch, »etwas für sein Geld zu bekommen«, das Bedürfnis nach Buße und Beichte — diese alle sind zeitweilige, aber unzuverlässige Verbündete des Psychoanalytikers.

Alle oben aufgezählten Kräfte beeinflussen den Patienten so, daß er in der analytischen Situation arbeitet. Sie sind verschieden gewichtig und wirksam und verändern sich im Lauf der Behandlung. Das wird klarer werden, wenn wir in den folgenden Kapiteln verschiedene klinische Probleme besprechen.

Die Kräfte im Patienten, *die sich den analytischen Prozessen und Verfahren entgegenstellen,* lassen sich aufgliedern wie folgt:

1. Die Abwehrmanöver des unbewußten Ichs, die die Vorbilder für die Operationen des Widerstands bieten. 2. Die Furcht vor Veränderung und das Streben nach Sicherheit, die das infantile Ich antreiben, sich an die vertrauten neurotischen Verhaltensschemata anzuklammern. 3. Das irrationale Über-Ich, das zur Buße für unbewußte Schuld Leiden fordert. 4. Die feindselige Übertragung, die den Patienten motiviert, dem Psychoanalytiker eine Niederlage zu bereiten. 5. Die sexuelle und romantische Übertragung, die zu Eifersucht und Frustration führt und schließlich zu einer feindseligen Übertragung. 6. Masochistische und sadistische Antriebe, die den Patienten veranlassen, eine Vielfalt schmerzlicher Lusterlebnisse zu provozieren. 7. Impulsivität und Tendenzen zum Agieren, die den Patienten in die Richtung rascher Befriedigungen und gegen die Einsicht drängen. 8. Der sekundäre neurotische Krankheitsgewinn, der den Patienten in Versuchung führt, sich an seine Neurose zu klammern.

Dies sind die Kräfte, die die analytische Situation im Patienten mobilisiert. Es ist nützlich, wenn man diese ziemlich vereinfachte Teilung der Kräfte »im Hinterkopf hat«, während man dem Patienten zuhört. Viele der oben angeführten Einzelheiten werden in späteren Abschnitten dieses Werkes ausführlicher besprochen.

2.612 Wie der Analytiker zuhört

Es mag unnötig pedantisch erscheinen, wenn man schriftlich festlegt, wie ein Psychoanalytiker zuhören sollte. Aber wir wissen aus der klinischen Erfahrung, daß die Art, wie ein Psychoanalytiker zuhört, ein ebenso einzigartiger und komplexer Vorgang ist wie das freie Assoziieren für den Patienten. Diese Frage wird in den Abschnitten 4.211, 4.212, 4.221 und 4.222 mit größerem Tiefgang behandelt. Hier möchte ich nur zur vorläufigen Information einen Umriß skizzieren.

Der Analytiker hat beim Zuhören drei Ziele im Sinn: 1. Die Produktionen des Patienten in ihre unbewußten Vorläufer zu übersetzen. Die Gedanken, Phantasien, Gefühle, Verhaltensweisen und Antriebe müssen auf ihre unbewußten Vorgänger zurückgeführt werden. 2. Die unbewußten Elemente müssen zu bedeutsamen Einsichten zusammengefügt werden. Bruchstücke aus Vergangenheit und Gegenwart, bewußte und unbewußte, müssen so verbunden werden, daß sie in bezug auf das Leben des Patienten ein Gefühl der Kontinuität und des Zusammenhangs ergeben. 3. Die so gewonnenen Einsichten müssen dem Patienten mitteilbar sein. Während man zuhört, muß man herausfinden, welches aufgedeckte Material der Patient in der Lage sein wird, konstruktiv zu verwenden.

Aus der klinischen Erfahrung haben sich ein paar Grund-Richtlinien ergeben, die einem helfen können, diese divergenten Ziele zu erreichen (Freud, 1912 b, G. W. Bd. 8, S. 377—383). Man hört mit gleichmäßig zurückhaltender, gleichmäßig schwebender, frei flottierender Aufmerksamkeit zu. Man macht keine bewußte Anstrengung, sich etwas zu merken. Der Analytiker erinnert sich an die bedeutsamen Daten, wenn er aufpaßt und wenn der Patient nicht die eigenen Übertragungsreaktionen des Analytikers anrührt. Unselektive, nicht-gerichtete Aufmerksamkeit schließt meistens die eigenen vorgefaßten Meinungen aus und ermöglicht es dem Analytiker, der Führung des Patienten zu folgen. Aus der gleichmäßig zurückhaltenden, freischwebenden Position heraus kann der Analytiker hin und her pendeln und aus seinen eigenen freien Assoziationen, seiner Empathie, Intuition, Introspektion, seinem problemlösenden Denken, seinem theoretischen Wissen usw. eine Mischung brauen (Ferenczi, 1928 b; Sharpe, 1930, 2. Kap.).

Alle Tätigkeiten, die die Fähigkeit zu dem oben beschriebenen Hin- und Herpendeln beeinträchtigen, sind zu vermeiden. Ein Analytiker sollte sich keine Notizen machen, wenn ihn dies beim freischwebenden Zuhören stört. Eine wörtliche Niederschrift ist natürlich kontraindiziert, da sie das Hauptziel des Analytikers verzerren würde. Der Analytiker ist in erster Linie ein Verstehender und ein Übermittler von Einsicht. Er ist nicht hauptsächlich ein Aufzeichner oder Sammler von Forschungsdaten (Berezin, 1957). Um wirksam zuhören zu können, muß man auch auf seine eigenen emotionalen Reaktionen achten, da diese einem oft wichtige Hinweise geben. Vor allem muß der Analytiker wachsam auf seine eigenen Übertragungs- und Widerstandsreaktionen achten, denn sie können sein Verständnis für die Produktionen des Patienten behindern oder fördern.

Die analytische Situation ist im wesentlichen eine therapeutische Situation. Der Analytiker soll zu therapeutischen Zwecken Einsicht und Verständnis vermitteln. Er hört zu, um Einsicht zu gewinnen, und er hört zu aus einer Position der freischwebenden Aufmerksamkeit, mit zurückgehaltenen emotionalen Reaktionen, mit Mitgefühl und mit Geduld. Alle anderen wissenschaftlichen Bestrebungen müssen beiseitegeschoben werden, wenn der Psychoanalytiker seine komplizierten Aufgaben wirksam erfüllen soll.

2.62 Das Erkennen des Widerstands

Die erste Aufgabe des Analytikers besteht darin, zu erkennen, daß ein Widerstand vorhanden ist. Das mag einfach sein, wenn der Widerstand so offensichtlich ist wie bei den im Abschnitt 2.2 angeführten klinischen Beispielen. Es ist schwieriger, wenn der Widerstand subtil, komplex, unbestimmt oder für den Patienten ichsynton ist. In diesen letztgenannten Fällen kann der Patient unsere Aufgabe dadurch komplizieren, daß er versucht, die Tatsache zu verbergen, daß er vor etwas wegläuft. Die Situation kann auch schwierig zu beurteilen sein, weil das Material des Patienten eine Mischung aus bedeutungsvollen Es-Inhalten und Widerstand enthält. Die intellektuelle Beobachtung des Patienten muß vielleicht durch die Empathie des Analytikers ergänzt werden, damit er diese subtilen Widerstände entdecken kann. Klinische Erfahrung und psychoanalytische Arbeit unter der Aufsicht eines erfahrenen Analytikers sind die besten Methoden, um diese komplexen Manifestationen des Widerstands erkennen zu lernen. Trotzdem möchte ich das Problem der Entdeckung von Widerständen durch ein klinisches Beispiel veranschaulichen, um einige technische Hinweise zu geben.

Ein zweiunddreißigjähriger Akademiker, der seit etwa sechs Monaten in Analyse ist, beginnt seine Montagsstunde damit, daß er mir erzählt, er sei müde, habe Kopfschmerzen und fühle sich etwas reizbar, wisse aber nicht recht, warum. Das Wochenende war langweilig und sogar ein wenig deprimierend gewesen.

Seine Tochter hatte zum erstenmal seit Monaten wieder das Bett naßgemacht, und sein Sohn hatte einen Rückfall einer Infektion des Ohrs gehabt. Auch der Patient war als Kind Bettnässer gewesen, und er erinnert sich, wie seine Mutter ihn deswegen gedemütigt hat. Seine Tochter sollte nicht leiden, was er hatte erleiden müssen. Seine Frau ist eine viel rücksichtsvollere Pflegerin, als seine Mutter es war. Natürlich ist diese Art von Verantwortung eine Last, und er kann seiner Frau keinen Vorwurf machen, wenn sie müde ist. Trotzdem war sie ganz willig, Geschlechtsverkehr mit ihm zu haben, und gab sich sogar besondere Mühe, die Dinge zu tun, die er gern hatte. Sie erbot sich freiwillig, an seinem Penis zu saugen; sie tat es auch, aber sie macht das nicht sehr gut. Vielleicht ist seine Vorliebe für Fellatio ein Zeichen für Homosexualität. Das sei doch in der Freitagstunde besprochen worden, glaubt er. Ja, wir hatten von seinem Interesse gesprochen, die Größe seines Penis mit der Penisgröße anderer Männer zu vergleichen. Dieser Gedanke hatte ihn gequält, wenn er Verabredungen mit anderen Frauen hatte. Zogen sie vielleicht Männer vor, die einen größeren Penis hatten als er? Sein Sohn scheine in der Beziehung »gut ausgerüstet« zu sein, vielleicht werde er nicht die sexuellen Probleme haben, die der Patient auszuhalten habe. Jemand habe einmal gesagt, »Anatomie ist Schicksal«, aber er habe nie an Axiome geglaubt und Religion habe er immer verachtet.

Das Vorstehende ist eine Zusammenstellung der Höhepunkte von etwa vierzig Minuten der Stunde. Beim Zuhören nahm ich einen depressiven und wütenden Unterton wahr, und das Material schien mit dieser Gemütsverfassung übereinzustimmen. Das Wochenende war langweilig, die Tochter hatte eingenäßt, der Sohn war krank, die Frau war sexuell nur einigermaßen zufriedenstellend, andere Männer hatten einen größeren Penis, und das Schicksal hatte ihn unfreundlich behandelt. Während ich ihm in seinen Assoziationen folgte, erwartete ich zu verschiedenen Zeitpunkten in der Stunde einen Durchbruch irgendeines zugrundeliegenden wütenden oder depressiven Impulses, und ich griff nicht ein. Aber etwas Derartiges geschah nicht. Es schien mir, als kämpfe der Patient mit irgendwelchen latenten starken Emotionen, aber sein Material schien auf zu viele verschiedene bedeutsame Möglichkeiten hinzuweisen.

War er wütend auf seine Mutter, das Schicksal, seine Frau, oder hing dies alles mit mir zusammen? Fühlte er sich mehr wütend als verletzt oder deprimiert? Ich war nicht sicher, was der wichtigste zugrundeliegende Inhalt war, der nach Abfuhr suchte, und ob er am Ende von allein herauskommen würde, oder ob die Widerstände aufrechterhalten bleiben würden. Ich ließ ihn deshalb bis fast ans Ende der Stunde weitermachen. Zu diesem Zeitpunkt beschloß ich einzugreifen, denn trotz des Vorhandenseins einiger unbewußter Triebabkömmlinge schien mir ein reichlicher Widerstand vorzuliegen, und doch schien das vernünftige Ich des Patienten einer Deutung zugänglich.

Ich sagte zu ihm: »Sie haben das Gefühl, von Ihrer Mutter, von Ihrer Frau, Ihren Kindern und vom Schicksal schlecht behandelt worden zu sein. Sie klingen leicht deprimiert und wütend, aber Sie scheinen Ihre Gefühle zurückzuhalten.« Der Patient konnte kaum warten, bis ich ausgeredet hatte und platzte heraus: »Ja, da ist noch mehr. Während Sie sprachen, war ich angeekelt und wütend über Ihren zuckersüßen Ton. Dann ist mir eingefallen, daß ich vor der Freitagstunde wütend auf Sie war, weil Sie mich warten ließen, während Sie der hübschen Patientin etwas von meiner Zeit gaben. Ich glaube, ich hab' es in der Stunde nicht erwähnt, aber ich weiß, daß ich daran gedacht habe, nachdem ich weggegangen war. Auf der Heimfahrt bin ich falsch abgebogen und beinah in ein anderes Auto hineingefahren. Als ich an jenem Abend einschlief, hatte ich ein merkwürdiges Gefühl in den Händen, sie fühlten sich an wie gelähmt. Ich hatte die Vorstellung, daß ich vielleicht jemand umbringen muß, wenn ich gesund werden will. Vielleicht muß ich hier direkt in Ihrer Gegenwart einen Wutanfall kriegen. Manchmal hab' ich das Gefühl, ich möchte all euch guten, freundlichen Leuten den Hals umdrehen. Sie sind sogar ein noch größerer Heuchler als ich. Ich bin wenigstens so ehrlich, Symptome zu haben.«

Ich glaube, die Reaktion des Patienten zeigt, daß ich das Vorhandensein von Widerstand richtig erkannt hatte, und daß ich recht hatte, auf den Widerstand hinzuweisen. Ich hätte früher in der Stunde an einigen Punkten eingreifen und versuchen können, das eine oder andere der vom Patienten angebotenen Themen aufzugreifen. Zum Beispiel hätte ich versuchen können, ihn dazu zu bewegen, mehr dazu zu sagen, wie seine Mutter ihn gedemütigt hatte, oder über seine Furcht vor Homosexualität zu sprechen, die in der Freitagstunde schon aufgetaucht war, oder über seinen Groll, daß er vom Schicksal betrogen worden war. Aber ich hatte das Gefühl, er sei über irgendwelchen Emotionen und Impulsen in der Schwebe, die versuchten, durchzubrechen, darum entschied ich mich, mich auf den Kampf zu konzentrieren, d. h. auf den Kampf zwischen den unbewußten Impulsen, die Abfuhr suchten, und dem Widerstand, der sich ihnen entgegenstellte. Es war dieser Kampf, der in seinen freien Assoziationen am deutlichsten zum Vorschein kam. Unsere Aufgabe ist einfacher, wenn das eine oder das andere klar überwiegt, wie in den klinischen Beispielen im Abschnitt 2.2 oder in jenen sogenannten »guten Stunden«, wenn Triebabkömmlinge immer weniger verzerrt zutage treten. Wenn wir einem Patienten zuhören, müssen wir zu allererst bestimmen, ob unbewußte Triebabkömmlinge, d. h. »Inhalte«, vorherrschen oder Kräfte des Widerstands, oder ob wir es mit einem Patt zu tun haben.

Das führt uns zur nächsten Frage: Wie erkennt man Widerstand, wenn er nicht klar aus dem Material hervorgeht? Die Antwort beruht auf unserem Verständnis der freien Assoziation und der Möglichkeiten, die sie dem Patienten in der Analyse bietet. Indem wir den Patienten auffordern, seine Einfälle aufsteigen zu lassen und sie ohne die übliche Zensur auszusprechen, versuchen wir, die bewußten Widerstände auszuschließen. Infolgedessen tritt der Kampf zwischen den stärker unbewußten Es-Abkömmlingen, die nach Abfuhr streben, zutage. Fenichel (1941, S. 34) benützt den Vergleich mit der losgelassenen Kompaßnadel, die man beim Hin- und Herpendeln beobachtet. Es gibt zwei Zeichen für eine mögliche Störung: Die Nadel kommt nicht zur Ruhe, sondern pendelt weiter, oder sie kommt zu rasch, zu direkt zum Stehen. Im ersten Fall, wo die Nadel ständig in Bewegung bleibt, spricht der Patient über heterogenes Material, das nicht um einen unbewußten Impuls oder einen gemeinsamen Nenner kreist, der zum Ausdruck kommen möchte. Eine Lokalisierung würde stattfinden, wenn keine bedeutsamen Widerstände wirksam wären. Wenn die Kompaßnadel zu genau und direkt zum Stehen kommt, dann können wir annehmen, daß der Patient ein bewußtes Programm hat und die Gedankensplitter vermeidet, die aufsteigen müssen, wenn er relativ frei assoziiert.

Ich habe festgestellt, daß es nützlich ist, wenn ich mich beim Zuhören frage, bewegt er sich auf etwas unbewußt Bedeutsames zu oder davon weg? Vertieft oder verflacht sich das Material? Fügt der Patient etwas Signifikantes hinzu oder versucht er die Stunde auszufüllen? Wenn er auf etwas zuzugehen scheint, schweige ich, bis das »Etwas« klar wird. Wenn er von etwas wegzugehen scheint, warte ich auch, bis das klar genug ist, dann erkenne ich dies als Widerstand an und gehe dazu über, damit zu arbeiten. Manchmal bleibe ich im Unklaren. Am Ende einer solchen Stunde sage ich gewöhnlich, daß mir nicht klar ist, was vor sich geht.

2.63 Konfrontation: Das Aufzeigen von Widerstand

Als erste Stufe der Erklärung des allgemeinen Verfahrens beim Analysieren von Widerstand haben wir beschrieben, was der Analytiker für sich allein tun muß, bevor er mit seinem Patienten den Widerstand bearbeiten kann. Die folgenden Schritte versucht der Analytiker gemeinsam mit seinem Patienten zu tun. Kurz gesagt, es ist unsere Aufgabe, den Patienten dazu zu bringen, daß er versteht: *daß* er Widerstand leistet, *warum* er Widerstand leistet, *wogegen* er Widerstand leistet und *auf welche Weise.*

Das Aufzeigen des Widerstands kann relativ einfach oder sogar ein unnötiger Schritt sein, wenn der Widerstand dem Patienten deutlich ist. Wenn dies nicht der Fall ist, wenn der Patient von dem Widerstand nichts merkt, dann ist es unerläßlich, den Patienten mit der Tatsache zu konfrontieren, daß ein Widerstand vorhanden ist, bevor wir irgendetwas Weiteres versuchen. Die Fähigkeit des Patienten, einen Widerstand zu erkennen, hängt von zwei Dingen ab: vom Zustand seines vernünftigen Ichs und von der Heftigkeit des Widerstands. Ein hochvernünftiges Ich wird vom leisesten Widerstand Kenntnis nehmen, ein kaum vernünftiges wird für den Widerstand überwältigende Beweise verlangen. Es ist unsere Aufgabe, mit Hilfe von Beobachtung und Empathie den Status des vernünftigen Ichs des Patienten zu beurteilen, um zu entscheiden, wie klar der Beweis für den Widerstand sein muß, damit der Patient ihn als solchen erkennt. Man sollte den Patienten nur mit seinem Widerstand konfrontieren, wenn die Wahrscheinlichkeit besteht, daß die Konfrontation für ihn bedeutungsvoll ist, und wenn ihm der Versuch nicht gelingen wird, ihre Gültigkeit zu bagatellisieren oder zu leugnen. Ein vorzeitiges Aufzeigen von Widerstand ist nicht nur Zeitverschwendung, sondern es zerstreut auch Material, das zu einem späteren Zeitpunkt vielleicht bedeutungsvoll werden könnte. Gleichzeitig, wie klar die Beweise für einen Widerstand sein mögen, der entscheidende Faktor ist: Wird diese Konfrontation für den Patienten sinnvoll sein? Lassen Sie mich dies durch ein einfaches Beispiel veranschaulichen.

Eine Patientin, die am Anfang ihrer Analyse steht, kommt ein paar Minuten zu spät und erklärt atemlos, sie habe Schwierigkeiten gehabt, einen Parkplatz für ihr Auto zu finden. Es wäre falsch gewesen, der Patientin in diesem Augenblick gleich zu sagen, daß dies ein Widerstand sei. Erstens hätte man im Unrecht sein können; dann hätte die Intervention die Patientin von dem wirklichen Inhalt ablenken können, den sie bereit war mitzuteilen. Aber außerdem hätte man eine potentiell brauchbare Gelegenheit verschwendet, indem man ein fragwürdiges Beispiel verwendet hätte, das die Patientin vielleicht erfolgreich hätte widerlegen können. Wenn man schweigend abgewartet hätte, und wenn man mit seiner Vermutung recht gehabt hätte, wären auf diesen kleinen Widerstand andere gefolgt. Die Patientin, von der ich hier spreche, verfiel zu verschiedenen Zeiten während der Sitzung in Schweigen. Dann berichtete sie, sie habe den Traum der vergangenen Nacht vergessen. Wieder Schweigen. Mein Stillschweigen hatte ermöglicht, daß ihr Widerstand wuchs, was die Wahrscheinlichkeit erhöhte, daß sie bei der späteren Konfrontation den Widerstand nicht würde verleugnen können.

Um die Beweisbarkeit eines Widerstands zu steigern, ist es ratsam, den Widerstand sich entwickeln zu lassen. Der beste Weg dazu ist das Stillschweigen des Analytikers. Aber manchmal kann man eine andere Technik anwenden, um den Widerstand und die Beweisbarkeit zu erhöhen. Auch dies kann ich wieder am besten mit einem klinischen Beispiel veranschaulichen.

Ein junger Mann, Herr S., der am Anfang einer Analyse steht, kommt in die Analysestunde und beginnt, indem er sagt: »Also, ich hatte in der letzten Nacht ein recht erfolgreiches eheliches Erlebnis mit meiner Frau. Es war für die beiden Beteiligten sehr befriedigend.« Er führt dann fort, indem er sehr zurückhaltend darüber spricht, wie sehr er es genießt, seine Frau zu »lieben«, und geht dann zu ziemlich harmlosen Vorgängen über. Ich greife an diesem Punkt ein und sage: »Sie haben vor einer Weile davon gesprochen, daß Sie letzte Nacht ein ›eheliches Erlebnis‹ genossen haben. Bitte erklären Sie mir, was Sie mit ›eheliches Erlebnis‹ meinen«. Der Patient zögert, wird rot und beginnt dann stockend zu erklären, hält inne und sagt: »Ich glaube, Sie wollen, daß ich mich genauer ausdrücke ...«, und hält wieder inne. Nun antwortete ich: »Sie scheinen schüchtern zu sein, wenn es darum geht, über sexuelle Dinge zu sprechen.« Der Patient verbringt dann den Rest der Stunde mit der Beschreibung seiner Schwierigkeiten, über Sexuelles zu sprechen. Jetzt hat er begonnen, seinen Widerstand zu bearbeiten.

Es war mir klar, daß es dem Patienten stark widerstrebte, über sein »eheliches Erlebnis« zu sprechen, und doch versuchte er, darüber hinwegzugleiten, indem er über Beiläufiges sprach. Ich unterstrich sein Widerstreben, indem ich ihn um eine ausführlichere Darstellung genau dieses Teils seines Materials bat. Nun war das Vorhandensein von Widerstand unwiderlegbar. Wir gingen dann dazu über, seinen Widerstand gegen das Sprechen über Sexuelles zu bearbeiten; das war das wesentliche Thema jener Stunde.

Die beiden Beispiele exemplifizieren zwei Methoden, das Aufzeigen von Widerständen durch Steigerung des Widerstands zu erleichtern: das Schweigen des Analytikers und die Bitte um ausführlichere Darstellung eines Widerstandspunktes. Diese Methoden machen den Widerstand heftiger und machen ihn für das widerstrebende vernünftige Ich des Patienten erkennbar. Indem der Analytiker den Patienten auffordert, davon Kenntnis zu nehmen, daß es ihm zu widerstreben scheint, über sexuelle Dinge zu sprechen, hat er die Konfliktsituation für den Patienten verlagert, denn er hat ihm in Wirklichkeit gesagt: »Reden Sie nicht über Sexuelles, aber erzählen Sie mir von Ihren Schwierigkeiten beim Reden über Sexualität.« Wir müssen zuerst seinen Widerstand gegen das Sprechen über sexuelle Dinge analysieren, bevor wir seine sexuellen Probleme wirksam analysieren können. Außerdem ist er nicht in der Lage, ein klares Bild von seinen sexuellen Problemen zu geben, bevor er fähig ist, sich über dieses Thema effektiv mitzuteilen.

Eine weitere Technik, dem Patienten zu helfen, das Vorhandensein von Widerstandskräften zu erkennen, besteht darin, daß man alle klinischen Beweise aufzeigt. Im Fall der Dame, die ein paar Minuten zu spät zu ihrer Stunde kam, weil sie keinen Parkplatz hatte finden können, habe ich gewartet, bis wenigstens zwei weitere Zeichen für Widerstand aufgetaucht waren. Dann griff ich ein, indem ich sagte: »Sie scheinen etwas zu vermeiden. Sie sind ein wenig zu spät gekommen, dann sind Sie in Schweigen verfallen und nun sagen Sie mir, Sie hätten Ihren Traum vergessen.« Die Patientin ist jetzt selbst davon überzeugt, daß sie davonläuft. Wenn ich beim ersten kleinen Anzeichen eingegriffen hätte, hätte sie es vielleicht mit einer Rationalisierung beiseitegeschoben. Man beachte, daß ich lediglich aufzeige, was mich zu dem Schluß gebracht hat, sie sei im Widerstand. Ich legte ihr dies als eine Möglichkeit nahe. Wenn sie es bestritten hätte, hätte ich nicht versucht, sie auf Grund der klinischen Evidenz zu überzeugen. Ich hätte geschwiegen und hätte beobachtet, ob sie nun versucht hätte, die Widerstände zu verdecken oder ob die Widerstände noch deutlicher hervorgetreten wären. Man kann nur einem vernünftigen Ich etwas beweisen — man muß warten, bis ein vernünftiges Ich erscheint, oder bis die Beweise so überwältigend sind, daß selbst das winzigste vernünftige Ich sie zugeben muß.

2.64 *Die Klärung des Widerstands*

Lassen Sie uns mit dem Verfahren der Widerstandsanalyse fortfahren. Wir haben dem Patienten bewußtgemacht, daß er einen Widerstand hat. Was tun wir als nächstes? Wir haben nun drei Möglichkeiten, weiter zu fragen: 1. Warum vermeidet der Patient etwas? 2. Was vermeidet der Patient? 3. Wie vermeidet der Patient? Die ersten beiden Fragen, warum und was der Patient vermeidet, können wir zusammen als die Frage nach dem Motiv betrachten. Die Frage, wie der Patient vermeidet, bezieht sich auf die Art und Weise oder das Mittel des Widerstands. Es kommt nicht darauf an, welcher der beiden Fragen wir nachgehen, der nach dem Motiv oder der nach dem Modus des Widerstands. In jedem Fall schreitet die Analyse durch eine *Klärung* der untersuchten Frage fort. Wir versuchen, unsere Aufmerksamkeit auf den psychischen Prozeß zu konzentrieren, den wir zu analysieren versuchen. Wir müssen das besondere Motiv oder die besondere Methode des Widerstands sorgfältig herausschälen und isolieren, die wir untersuchen wollen. Die bedeutsamen Details müssen ausgegraben und sorgfältig von den Äußerlichkeiten getrennt werden.

Ich möchte mit der Klärung des Motivs für den Widerstand beginnen, denn unter im übrigen gleichen Voraussetzungen hat es den Vorrang vor der Art und Weise des Widerstands, denn es ist produktiver. Nur wenn wir das Gefühl haben, das Mittel des Widerstands sei augenfällig oder ungewöhnlich, verfolgen wir diese Frage zuerst. Wir explorieren auch dann zuerst die Methode, die der Patient verwendet, wenn wir schon aus dem Material erraten haben, warum und wovor der Patient wegläuft.

Die Frage: »Warum läuft der Patient weg?« läßt sich reduzieren auf: Welchen schmerzlichen Affekt will er vermeiden? Die Antwort auf diese Frage ist gewöhnlich dem Bewußtsein näher als die Antwort auf die Frage: »Welche Triebimpulse oder traumatischen Erinnerungen sind für den schmerzlichen Affekt verantwortlich?« Wie wir schon gesagt haben, ist das unmittelbare Motiv für Abwehr und Widerstand immer das Bestreben, Schmerz, d. h. schmerzliche Affekte, zu vermeiden. Der Patient im Widerstand versucht, irgendeine schmerzliche Emotion abzuwehren, wie Angst, Schuldgefühl, Scham oder Niedergeschlagenheit oder eine Kombination aus mehreren dieser Elemente. Manchmal ist der schmerzliche Affekt trotz des Widerstands zu sehen, weil sich der Patient so verhält, wie es für den betreffenden Affekt kennzeichnend ist. Zum Beispiel verrät ein Patient, der zögernd oder in Klischees spricht oder sich in Belanglosigkeiten ergeht, sein Gefühl der Scham, indem er errötet, sein Gesicht mit den Händen bedeckt, den Kopf abwendet, so daß man keinen Teil seines Gesichts mehr sehen kann, seine Genitalgegend mit den Händen bedeckt oder plötzlich die Oberschenkel fest zusammendrückt usw. Ein Verhalten des Sich-Versteckens weist auf Scham hin. Zittern, Schwitzen, Austrocknen von Zunge und Mund, Muskelanspannung, Beben oder Starre können Zeichen der Angst sein. Bei einem Patienten, der leise und klagend gesprochen hat, können zusammengebissene Zähne, Seufzen, Schweigen, mühsames Schlucken und geballte Fäuste auf einen Kampf gegen die Tränen und gegen die Depression hinweisen.

In all diesen Fällen versuche ich die nonverbal ablaufenden Körperreaktionen zu entdecken. Sie können uns Hinweise geben, mit welchem schmerzlichen Affekt der Patient gerade kämpft. Wenn ich glaube, den spezifischen Affekt entdeckt zu haben, konfrontiere ich den Patienten mit: »Sie scheinen verlegen, voll Angst, traurig zu sein, Sie scheinen zu fürchten, Sie müßten weinen.« Ich sage, »Sie scheinen . . .«, nicht »Sie sind . . .«. Warum? Weil ich mich erstens täuschen könnte, und zweitens, weil ich dem Patienten die Möglichkeit geben will wegzulaufen, wenn er es nötig hat. Später werde ich vielleicht bestimmter, wenn ich sicherer bin, daß ich recht habe, oder wenn das Weglaufen des Patienten vor der Bearbeitung der Widerstände zum Gegenstand der Diskussion werden muß.

Wenn ich den betreffenden schmerzlichen Affekt nicht herausbekommen kann, frage ich einfach: »Was für Gefühle versuchen Sie wegzuschieben?« oder »Wie haben Sie sich gefühlt, als Sie versuchten, mir Ihr sexuelles Erlebnis von gestern abend zu beschreiben?« oder »Was fühlen Sie, während Sie schweigend daliegen?«

Hier muß ich ein paar wichtige technische Punkte erwähnen. Meine Redeweise ist einfach, klar, konkret und direkt. Ich benütze Wörter, die man nicht mißverstehen kann, die nicht vage oder ausweichend sind. Wenn ich versuche, den bestimmten Affekt festzustellen, mit dem der Patient vielleicht kämpft, versuche ich, so spezifisch und so genau wie möglich zu sein. Ich wähle das Wort, das zu schildern scheint, was im Patienten vor sich geht, das Wort, das die augenblickliche Situation des Patienten widerspiegelt. Wenn der Patient einen Affekt so zu erleben scheint, als wäre er ein Kind, z. B., wenn der Patient wie ein Kind Angst zu haben scheint, würde ich sagen: »Sie scheinen sich zu fürchten«, weil dies das Wort der Kindheit ist. Ich würde niemals sagen: »Sie scheinen furchtsam zu sein«, denn das Wort würde nicht passen, es ist ein Erwachsenenwort. Außerdem ist »sich fürchten« ein suggestives Wort, es rührt Bilder und Assoziationen auf, während »furchtsam« farblos ist. Ich verwende Wörter wie »schüchtern«, »verlegen« oder »sich schämen«, wenn der Patient mit Schamgefühlen aus der Vergangenheit zu kämpfen scheint. Ich würde nicht »Demütigung« oder »Erniedrigung« oder »Unterwürfigkeit« sagen.

Außerdem versuche ich auch, die Intensität des Affekts so genau wie möglich abzuschätzen. Wenn der Patient sehr wütend ist, sage ich nicht, »Sie scheinen verärgert zu sein«, sondern ich würde sagen, »Sie scheinen wütend zu sein«. Ich benütze das übliche und lebendige Wort, um Quantität und Qualität des Affekts auszudrücken, von dem ich glaube, daß er den Patienten bewegt. Ich pflege Dinge zu sagen wie: Sie scheinen reizbar oder ärgerlich oder verdrießlich oder mürrisch oder schlechter Laune oder finster oder streitsüchtig oder wütend zu sein, um bestimmte Arten der Feindseligkeit zu beschreiben. Wie verschieden sind die Assoziationen, die sich bei »mürrisch« im Vergleich zu »feindselig« einstellen. Wenn man versucht, den schmerzlichen Affekt und die mit diesem spezifischen Affekt assoziierten Erinnerungen aufzudecken und zu klären, sollte das Wort, das man benützt, in bezug auf Zeit, Qualität, Quantität und Tonfall richtig sein. Ich werde hierüber mehr sagen, wenn ich im Abschnitt 3.943 und im zweiten Band Übertragungsdeutungen und Takt bespreche.

Genau wie wir versuchen, den Affekt zu klären, der den Widerstand verursacht, so versuchen wir auch den Impuls zu klären, der den Affekt hervorruft, wenn dies sich in der Analyse ergibt.

Lassen Sie mich dies veranschaulichen. Ein Patient, der seit über drei Jahren in Analyse ist und dem es gewöhnlich nicht schwerfällt, über sexuelle Dinge zu sprechen, klingt plötzlich ausweichend, als er den Geschlechtsverkehr mit seiner Frau beschreibt, den er früh am Morgen des gleichen Tages gehabt hat. Er ist offensichtlich verlegen über irgendetwas, das da geschehen ist. Ich beschließe, ihm die Chance zu geben, dies selbst zu klären. Schließlich sagt er: »Ich hab' das Gefühl, es ist schwierig, Ihnen zu erzählen, daß wir heute morgen Analspiele gemacht haben«. Pause. Schweigen. Da ich im allgemeinen mit dem Patienten ein gutes Arbeitsbündnis hatte, verfolgte ich diesen Punkt direkt. Ich wiederholte nur: »Analspiele?«, fügte aber das Fragezeichen hinzu. Der Patient schluckt mühsam, seufzt und antwortet: »Ja, irgendwie wollte ich meinen Finger in ihren Anus stecken, ich meine, in ihr Arschloch, und ich will verdammt sein, wenn ich das verstehe, denn sie schien es gar nicht zu mögen, aber ich habe darauf bestanden. Ich wollte irgendwas gegen ihren Willen in sie reinzwingen, ich wollte in sie hineinbrechen, ich wollte sie irgendwie zerreißen. Vielleicht war ich wütend auf sie, ohne es selber zu wissen, oder vielleicht war es gar nicht meine Frau. Ich weiß nur, daß ich ihr da unten wehtun wollte.«

Dies ist ein Beispiel für eine Teilklärung eines Triebimpulses, insbesondere des Triebziels. In diesem Fall war das Ziel, einer Frau »da unten« einen eindringlichen, zerreißenden Schmerz zuzufügen. Im letzten Teil der Stunde und in der nächsten konnten wir dies weiter klären. Die Frau, der er in seiner Phantasie Schmerz zufügte, war seine Mutter, und er brach in ihre »Kloake« ein, in den Ort, von dem er im Alter von drei Jahren geglaubt hatte, sein kleiner Bruder sei daraus geboren worden. Die weiteren Bedeutungen dieser Betätigung, besonders die mit mir, seinem »Anal-ytiker« verbundenen, würden uns zu weit führen.

Genau wie wir den schmerzlichen Affekt oder den verbotenen Triebimpuls geklärt haben, der einen Widerstand motiviert, so kann es auch nötig sein, die Art und Weise eines Widerstands, also *wie* der Patient seinen Widerstand manifestiert, zu klären. Bevor wir die unbewußte Geschichte der Methode klären können, deren sich der Patient für seinen Widerstand bedient, müssen wir erst sicherstellen, daß der Patient ganz genau weiß, um welche Frage es geht, und daß alles sachfremde oder zweideutige Material säuberlich abgetrennt ist.

Zum Beispiel: Einer meiner Patienten, Professor X., der ein äußerst intelligenter und wortgewandter Biologe ist, hat eine seltsame Art, einen Traum zu erzählen. Er beginnt die Stunde mit der Feststellung, er habe gestern abend einen interessanten Traum gehabt, und »Sie waren auch dabei, und es ging etwas Sexuelles vor sich«. Dann denkt er einen Augenblick schweigend nach und sagt: »Ich bin gar nicht sicher, daß es gestern abend war, es kann auch heute morgen gewesen sein. Ich bin in ein großes Schulzimmer gegangen, und da war kein Sitzplatz für mich. Ich war verlegen, weil ich zu spät kam, wie ich es jetzt auch oft bin, wenn ich zu einer Zusammenkunft zu spät komme. Das letzte Mal ist dies vorgekommen, als ich in ein kleines Büro in der Nähe gehen mußte und einen kleinen Stuhl hineinzwängen mußte, und ich kam mir sehr blöd vor. So habe ich mich immer gefühlt, wenn ich in eine der Klassen meines Vaters kam, als er Sommerschule hielt. Er hatte große Klassen, und die Schüler waren erheblich älter als ich. Er war ein ausgezeichneter Lehrer, aber ich glaube, er fühlte sich selber von den Schülern eingeschüchtert, oder vielleicht habe ich auch projiziert. Jetzt kommt mir der Gedanke, daß er vielleicht auch homosexuelle Tendenzen hatte, die ihm das Leben unbehaglich machten — oder ist das auch eine von meinen Projektionen? Jedenfalls war ich in diesem großen Klassenzimmer, das sich in ein Filmtheater verwandelte. Irgendetwas ging schief mit dem Film, und ich war wütend auf den Filmvorführer. Als ich ihn gerade beschimpfen wollte, sah ich, daß er in Tränen war. Er hatte sanfte, große Augen wie ein Grieche, dies ist der Punkt, wo Sie in den Traum hereinkommen. Das ist mir wenigstens heute morgen eingefallen, als ich aufwachte. Diese großen niedergeschlagenen Augenlider, unter denen die Tränen hervorquellen, erinnern mich an Sie, und wenn ich an einen weinenden Mann denke, fühle ich mich ganz sanft und liebevoll, und ich nehme an, das hängt mit Homosexualität und mit meinem Vater zusammen, wenn ich mich auch nicht erinnern kann, daß mein Vater geweint hätte. Er war immer so in seine Arbeit oder in seine Hobbies vertieft, und er zeigte nur meiner Schwester und meinem älteren Bruder gegenüber Gefühle. Meine Schwester war auch in dem Traum, in dem Teil, in dem ich in dem Kino war. Als die Leinwand dunkel wurde und man nichts mehr sehen konnte, sagte sie zu mir, wir hätten nicht kommen sollen. Das ist der Augenblick, als ich auf Sie wütend wurde. Meine Schwester wollte einmal Schauspielerin werden; wir haben auch tatsächlich oft in Theaterstücken zusammen gespielt, und sie spielte die Rolle des Jungen, ich die des Mädchens. Jetzt, wo ich mir's überlege, in dem Klassenzimmer waren lauter Jungen, in dem Kino waren hauptsächlich Mädchen ...« usw., usw.

Dies ist eine Probe der besonderen Art von Widerstand, die dieser Patient an den Tag legte, wenn er Träume erzählte oder von einem Vorfall aus seinem gegenwärtigen oder früheren Leben berichtete. Er erzählte den Vorfall nie genau, wie er sich ereignet hatte, sondern fing oft in der Mitte an, sprang dann zum Anfang, dann zum Ende, streute in den Bericht Assoziationen und Deutungen ein, dann ergänzte er einige Einzelheiten vom Anfang, aus der Mitte oder vom Ende, die er ausgelassen hatte. Ich unterbrach ihn ungern, weil ich den Fluß seiner Assoziationen nicht stören wollte. Ich war mir jedoch nie des manifesten Inhalts seiner Berichte sicher und wußte nicht, was Assoziationen waren. Ich war nie sicher, ob ich nun den ganzen Traum oder Vorfall gehört hatte, den er gerade nacherzählte, und wenn ich nachfragte, enthielten seine Antworten wieder ein Gemisch aus Tatsachen, Phantasie und Assoziationen.

Ich fragte ihn schließlich, ob er sich über den Umstand klar sei, daß er einen Traum oder ein Ereignis aus seinem Leben nicht einfach von Anfang bis Ende erzählen könne, sondern in der Mitte anfange, und ich beschrieb ihm im einzelnen, wie er sich mitteilte. Zunächst wandte er ein, er glaube, er solle die Dinge so sagen, wie sie ihm einfielen, aber nach einer Weile lächelte er und seufzte und sagte, er wisse, daß er diese Tendenz habe, seine Aufgaben oder Pflichten »durcheinanderzurühren«. Dann berichtete er spontan, er lese ein Buch nie von Anfang an, sondern fange gewöhnlich in der Mitte an und lese stückchenweise bis zum Ende, dann bis zum Anfang. In der Schule — er hatte schon viele Jahre der fachlichen Weiterbildung hinter sich, in der er sich auszeichnete — begann er die Arbeit an Hausaufgaben niemals am Anfang, sondern entweder in der Mitte oder am Ende. Er tat das gleiche auch in anderen Bereichen. Als er noch in der Volksschule war, fing er an, ein Buch über höhere Mathematik zu schreiben, und als er noch am Anfang seiner Berufslaufbahn stand, unterrichtete er zunächst Männer, die viel älter waren als er.

Im Abschnitt 2.652 über die Deutung des Widerstandsmodus werde ich einige der unbewußten Determinanten und Bedeutungen dieser Widerstandsart beschreiben. Hier möchte ich nur sagen, daß dieses Verhalten im wesentlichen mit der Tatsache zu tun hatte, daß sein Vater ein bekannter Lehrer und Akademiker war und daß seine ganze Familie für ihre Liebe zu den Wissenschaften berühmt war. Im Augenblick möchte ich betonen, daß die Klärung des Widerstandsmodus der Ausgangspunkt für viele wichtige Einsichten in unbewußte Faktoren war.

2.65 Die Deutung des Widerstands

2.651 Deutung des Widerstandsmotivs

Hier muß ich einschieben, daß der Analytiker manchmal den Widerstand nicht aufzuzeigen und zu klären braucht, weil der Patient dies spontan selber tut. Diese Schritte gehen nicht notwendigerweise in der beschriebenen Reihenfolge vor sich, da beides mehr oder weniger gleichzeitig geschehen kann. Wenn der Widerstand demonstrierbar und klar ist, sind wir bereit, die Deutung der unbewußten Determinanten zu versuchen. Das heißt, wir versuchen, die verborgenen Triebimpulse, Phantasien oder Erinnerungen aufzudecken, die für den Widerstand verantwortlich sind. (Es ist in psychoanalytischen Erörterungen üblich, die verdrängten oder abgewehrten unbewußten Impulse, Phantasien oder Erinnerungen, die ein bestimmtes psychisches Ereignis bestimmen, als »Inhalt« zu bezeichnen.) Beim Analysieren des Motivs für einen Widerstand versuchen wir, den Inhalt herauszubekommen, welcher den schmerzlichen Affekt verursacht hat, der zum Widerstand geführt hat.

Kehren wir zu dem Patienten, Herrn S. zurück, der im Abschnitt 2.63 geschildert wurde, als er bei dem Versuch, über sein »eheliches Erlebnis« zu sprechen, plötzlich schamhaft wurde. Um seine Verlegenheit zu verstehen, müssen wir nun versuchen aufzudecken, was für Impulse, Phantasien oder wirkliche Ereignisse sich bei ihm mit dem Sprechen über sexuelle Dinge verbanden. Die Untersuchung des Inhalts könnte uns zu Gefühlen, Impulsen oder Phantasien führen, die bestanden, während er in der Stunde sprach, zu Übertragungsreaktionen oder zu seiner Vorgeschichte, oder von einem zum anderen. Gewöhnlich lassen wir den Patienten entscheiden, welcher Weg eingeschlagen werden soll, und stellen eine offene Frage, wie z. B.: »Was fällt Ihnen ein, wenn Sie sich vorstellen, über Sex zu reden?«

Der schüchterne Herr S. mit dem »ehelichen Erlebnis« ging auf meine Frage ein und begann zu berichten, daß Sex in seinem Elternhaus als schmutziges und verbotenes Thema galt, daß er gescholten wurde, weil er gefragt hatte, wie Babys geboren werden; man hatte ihm gesagt, das sei keine Frage für einen anständigen Jungen, usw. Er überwand später seine Schüchternheit bei seinen Schulkameraden, aber er reagiert immer noch mit Verlegenheit, wenn mit einem Fremden oder einer Autoritätsperson die Rede auf sexuelle Dinge kommt. Das führte dann zu seinen Gefühlen mir gegenüber, in denen er mich als Fremden und als Autorität empfand. Er wußte zwar verstandesmäßig, daß ich mit allen Arten von sexuellen Erlebnissen vertraut sein müsse, aber er stellte fest, daß er trotzdem so reagierte, als sei ich sehr prüde und würde ihn tadeln. Ich deutete ihm, in dem Augenblick, in dem er Sexualität erwähnt habe, sei ich eine Vaterfigur und er ein kleiner Junge geworden. Wenn der Patient nicht spontan seine Gedanken zu mir zurück hätte treiben lassen und nur von seiner Verlegenheit im Elternhaus gesprochen hätte, hätte ich vor dem Ende der Stunde zu ihm gesagt: »Und jetzt reagieren Sie auf mich, als wäre ich Ihr Vater, und Sie werden verlegen.« Die Widerstandsanalyse muß immer die Analyse des Übertragungswiderstands einschließen; dieses Thema wird im 3. Kapitel behandelt.

Die weitere Analyse der Verlegenheit des Herrn S. beim Reden über Sexuelles erstreckte sich über mehrere Jahre. Beim Durcharbeiten entdeckten wir, daß er meinte, er müsse sein sexuelles Interesse verbergen, weil er Angst hatte, er werde sonst für übersexualisiert gehalten. Das hing zusammen mit Kindheitserinnerungen an sexuelle Spiele mit seinen Schwestern und sexuelle Phantasien in bezug auf seine Mutter. Seine Masturbationsphantasien betrafen die Beobachtungen von »Erwachsenen« beim Geschlechtsverkehr und dann beim Geschlagenwerden. Er hatte auch tief verdrängte masochistische Wünsche, geschlagen zu werden, sowie eine Tendenz, sich mit der Rolle der Frau zu identifizieren. Herr S. erlebte große Ängste in seiner Beziehung zu Männern, da diese noch voll von Triebimpulsen sowohl feindseliger als auch sexueller Art war. Er war auch unsicher in bezug auf seine Geschlechtsidentität, sein Männlichkeitsgefühl. Dies ist ein konzentrierter Bericht der Analyse der Motive seines Widerstands gegen das Sprechen über Sexualität.

Aber kehren wir zu unserer Analyse des Motivs für den Widerstand zurück. Der Patient vermeidet etwas, weil er irgendeinem schmerzlichen Gefühl entgehen will. Aber *welcher* Inhalt, was für ein Material ruft den schmerzlichen Affekt hervor? Der Mann mit dem »ehelichen Erlebnis« offenbarte den Inhalt, indem er versuchte, trotz seiner Scheu über Sexuelles zu sprechen. In diesem Fall war klar, daß sexuelles Material die unmittelbare Ursache der Verlegenheit und des Widerstands war. Aber es gibt Fälle, in denen weder klar ist, warum, noch wogegen der Patient Widerstand leistet. Ein Patient kann eine ganze Stunde fast nur schweigen und durch seine Körperreaktionen oder seinen Gesichtsausdruck keinen einzigen Hinweis darauf geben, was in ihm vorgeht. Nach meiner Erfahrung kommt dies selten vor. Das absolute Schweigen und das Fehlen von Körper- und Gesichtsausdruck scheinen Hinweise auf Phantasien über Tod, Koma oder tiefen Schlaf zu sein. Bei den zwei Gelegenheiten, wo es in meiner Praxis aufgetreten ist, bedeutete es eine Kombination von mörderischer Wut und Selbstmord (Greenson, 1961).

Nehmen wir an, wir haben zunächst das Warum bearbeitet, und wir haben den spezifischen schmerzlichen Affekt herausbekommen, haben aber immer noch keinen Hinweis auf das, was den Affekt hervorgerufen hat.

Wieder ein Beispiel: Eine junge Patientin, Frau K., die schon erwähnt wurde (Abschnitt 1.24); sie ist im dritten Jahr ihrer Analyse. In letzter Zeit hat sie recht produktiv gearbeitet und hat nun eine Stunde, in der sie erheblichen Widerstand zeigt. Sie beginnt die Stunde, indem sie sagt, sie habe keine Lust gehabt zu kommen, sie habe nichts auf dem Herzen, ich sollte ihr doch einen Hinweis geben, worüber sie sprechen solle, ihr Leben verlaufe ganz glatt, ihr Baby sei wunderbar, ihre neue Wohnung sei komfortabel, vielleicht solle sie es nun aufgeben, sie habe sich gebessert, und müsse sie wirklich in ihrer Analyse weitermachen? Sie sei in eine interessante Kunstgalerie gegangen und habe nichts gekauft, sei habe eine Verabredung mit einem »Eierkopf« gehabt; die Männer, die sie kennenlerne, seien entweder »Bauern« oder »Eierköpfe« — und immer so weiter, unterbrochen durch kurze Pausen des Schweigens. Ich merkte, daß ihr Ton einen Beiklang von Reizbarkeit und Verärgerung hatte. Ich griff also nach etwa zehn Minuten ein und sagte: »Sie scheinen ärgerlich zu sein.« Sie antwortete: »Ich nehme es an, aber ich weiß nicht über was.« Ich sage: »Irgendetwas irritiert Sie. Lassen Sie uns versuchen, es zu finden. Lassen Sie nur Ihre Gedanken treiben, mit dem Thema, ›irgendetwas ärgert mich‹.«

Die Patientin schweigt einen Augenblick und sagt dann plötzlich: »Oh, ich hab vergessen, Ihnen zu sagen, daß meine Mutter mich gestern aus New York angerufen hat.« Die Patientin geht dann dazu über, in stählernem kaltem Ton und in gestelztem, ruckhaftem Rhythmus das Telefongespräch und ihre Reaktionen darauf zu berichten. Die Mutter hatte ihr Vorwürfe gemacht, weil sie nicht geschrieben hatte, und die Patientin war wütend gewesen, hatte sich aber beherrscht und nur so getan, als sei sie distanziert und voll Verachtung. Sie sagt voll Bitterkeit, sie schicke ihrer Mutter regelmäßig ihren Scheck, aber sie wolle verdammt sein, wenn sie schriebe. Pause. Schweigen. »Ich hab' nicht vor, mich wieder mit ihr einzulassen, ... obwohl ich weiß, Sie möchten, daß ich's tue. ... Sie sagen, es würde meine Analyse voranbringen, und vielleicht haben Sie ja auch recht, aber ich kann nicht, und ich will nicht, und ich will mich auch mit Ihnen in nichts einlassen.«

Ich schweige. Ich erinnere mich, daß sie mir in der vorigen Stunde von einer Verabredung mit einem künstlerischen jungen Mann erzählt hatte. Sie hatte das Gefühl gehabt, er sei interessant, sogar faszinierend, aber er habe etwas Abstoßendes an sich. In jener Stunde hatten wir nicht herausbekommen, worauf dieses Gefühl des Abgestoßenseins zurückging. Die Patientin geht nun dazu über, mir von ihrer zweijährigen Tochter zu erzählen, wie gern sie mit ihr spielt und wie schön der Körper des kleinen Mädchens ist, nicht häßlich wie der einer erwachsenen Frau, und wie gern sie die Kleine badet. Sie hält inne und erinnert sich plötzlich an einen Traum: Sie war bei den »Froschfrauen« und sollte im Hafen von Moskau tauchen und sich merken, was sie unter Wasser zu sehen bekommen würde. Das Wasser war kalt und dunkel, aber sie war durch ihren Gummianzug geschützt. Es bestand die Gefahr, daß irgendetwas explodieren würde, und sie mußte sich beeilen, um wieder herauszukommen. Sie hatte irgendwie die Vorstellung, sie müsse bis vier Uhr fertig sein.

Die Assoziationen der Patientin führten zu einer Geschichte, die sie gehört hatte: Menschen, die im Schlaf sterben, sterben um vier Uhr morgens. Vielleicht hat sie Angst, ich könnte sterben; sie hatte gehört, ich sei herzkrank. Als sie aufwachte, war ihr Gaumen wund, sie mußte im Schlaf mit der Zunge am Gaumen gerieben haben. Das ist ein Problem, dem wir nie auf den Grund gekommen sind. Sie hat Magenschmerzen. Sie fühlt sich angespannt. Sie sollte dies bearbeiten, aber sie fühlt sich erschöpft und deprimiert. Schweigen. Ich sage an dieser Stelle: »Sie haben Angst vor dem, was Sie unter Wasser, in Ihrem Unbewußten, finden werden. Sie fürchten sich, darum ziehen Sie Ihren Gummianzug an, so daß Sie nichts fühlen, so daß Sie in nichts hineingezogen werden — in was?«

Die Patientin denkt einen Augenblick nach und sagt: »Ich bin in Versuchung, wegzulaufen, zu dem Zustand zurückzukehren, in dem ich vor der Analyse war, gelangweilt und leer. Ich bin es müde, zu kämpfen und zu suchen, ich will mich entspannen und mir das Leben leichtmachen. Sie schubsen mich, und ich möchte, daß Sie die Arbeit tun. Ich hatte gestern eine Phantasie, ich bekäme Luftröhrenkrebs und könnte nicht sprechen, dann müßten Sie die ganze Arbeit tun.« Pause.

Ich erwidere: »Sie sind wütend auf mich, weil ich Sie nicht füttern will; ich will nicht Ihre gute Mammi sein.« Die Patientin schreit mich regelrecht an: »Sagen Sie dieses Wort nicht, ich kann es nicht ertragen. Ich hasse es und ich hasse Sie auch. Ja, ich will, daß Sie mir helfen, aber nicht nur für mich arbeiten; ich will, daß Sie warm und gütig sind. Sie machen nichts als immer nur arbeiten, arbeiten, arbeiten [Pause] ... Ich glaube, Sie haben recht. Ich möchte, daß Sie mich versorgen, wie ich mein Baby versorge. Wissen Sie, gestern, als ich sie gebadet habe, hab' ich ihre Genitalien angesehen, ihre Vulva, und sie sah so schön aus, wie eine Blume, wie eine saftige Frucht, eine Aprikose. Ich hätte sie küssen mögen, aber ich weiß ja, das wäre nicht gut für sie.« Ich sage einfach: »Für sie?« Die Patientin fährt fort: »Na ja, nicht nur für sie, nehm' ich an, auch für mich. Das erinnert mich an etwas; wissen Sie, der Künstler, mit dem ich vor ein paar Tagen eine Verabredung hatte. Wir sind am Strand gewesen, und ich hab' bemerkt, daß seine Schenkel sehr fleischig waren, und sein Hinterteil auch, wie bei einer Frau. Vielleicht war es das, was mich abgestoßen hat.« Ich antwortete: »Und was Sie auch fasziniert hat. Das ist der gefährliche Hafen, den Sie unter Wasser zu finden fürchten. Das ist das, wovor Sie weglaufen.« Die Patientin: »Ich habe einen Bikini-Badeanzug für meine Tochter gekauft, sie sieht einfach entzückend darin aus — er ist hellrot — ich könnte sie darin auffressen — und ich meine es wörtlich — auffressen.«

Für eine Stunde, die mit erheblichem Widerstand begonnen hat, war diese ungewöhnlich produktiv. Die Patientin war allerdings in ihrer Analyse gewöhnt, tüchtig zu arbeiten, und wir hatten ein gutes Arbeitsklima zustandegebracht. Ich glaube, das Obige ist ein deutliches Beispiel für die Art, wie ich der Frage nach den Motiven der Abwehr gern nachgehe. Wenn wir die Stunde noch einmal überschauen, können wir sehen, daß die Patientin sich ihres Widerstandes bewußt war; sie hatte keine Lust zu kommen, sie wollte sich auf nichts einlassen. Das Material vom Anfang der Stunde gab keine definitiven Hinweise, nur eine gewisse Feindseligkeit gegenüber Männern, aber nicht genug, um etwas daraus zu machen. Dann konfrontierte ich sie mit ihrem Widerstand und forderte sie auf, zu dem Gefühl des Ärgers zu assoziieren. Das brachte sie dazu, sich an ihr wütendes, kaltes Gespräch mit ihrer Mutter und an ihre Wut auf mich zu erinnern. Dann fiel ihr der Traum wieder ein, ein Zeichen, daß die Widerstandsdeutung auf der richtigen Spur war. Der manifeste Inhalt der Angstträume zeigt sehr schön ihre Angst vor der Entdeckung einiger unbewußter Impulse. Der Hafen symbolisiert die Mutter, ebenso das Wasser. Die »Froschfrau« deutet Homosexualität an. Außerdem fiel ihr der Traum ein, während sie vom Baden ihrer kleinen Tochter sprach. Ihre ersten Assoziationen führten zu ihrer Angst und ihrem Wunsch, ich würde sterben. Sie braucht mich und fürchtet mich. Sie rieb mit der Zunge am Gaumen, eine Wiederholung infantiler Saugreflexe. Dann kam noch mehr Widerstand auf und Unwille zu arbeiten und ihre Wut über meine Deutung, sie wolle, ich solle ihre »Mammi« sein.

Wir sehen also im Widerstand, wie die verdrängten Impulse wiederkommen — die Angst vor ihrem infantilen Verlangen nach ihrer Mutter. Dann ihre Assoziationen zu ihrer kleinen Tochter und die freimütig ausgedrückten oral-einverleibenden und sexuellen Wünsche in bezug auf die Vulva des Kindes. Wieder ein Versuch, ihre Angst auf ihr Kind zu verschieben, und wieder wird sie dazu gebracht, zu sehen, daß sie vor ihren eigenen Ängsten davonläuft. Dann die Bestätigung durch ihre Assoziation zu den Schenkeln und dem Hinterteil ihres Künstlerfreundes. Schließlich die letzte Bestätigung durch das Zurückgehen auf den roten Badeanzug (rot = Moskau) ihrer Tochter und den Drang, sie aufzufressen.

Die Antwort auf die Frage, was vermeidet die Patientin, was den schmerzlichen Affekt verursacht, der sie wütend auf mich und die Analyse gemacht hat, lautet: Sie versuchte, ihr oral-aktives und passives homosexuelles, sadistisches Streben in bezug auf ihre Mutter, ihr Kind und mich zu vermeiden. Dies waren die Motive für ihren Widerstand.

Ich habe im vorhergehenden gesagt, bei dem Versuch, das Motiv des Widerstands zu analysieren, beginne man gewöhnlich mit dem Versuch der Aufdeckung des schmerzlichen Affekts, denn dieser sei gewöhnlich dem bewußten Ich leichter zugänglich als der den schmerzlichen Affekt hervorrufende Inhalt. Das trifft nicht immer zu, und manchmal kann sich der Inhalt in der Analysestunde offenbaren, bevor wir uns über den Affekt im klaren sind. Dann ist es unsere Aufgabe, dem Inhalt des Widerstands nachzugehen; wenn wir Erfolg haben, wird dadurch der Affekt erklärt. Wir beginnen mit dem Material, das wir an der Hand haben und gehen dazu über, nach dem zu forschen, was noch fehlt — wir gehen vom Bekannten zum Unbekannten. Das folgende Beispiel macht deutlich, wie der Inhalt eines Widerstands vor dem Affekt zutage trat:

Ein Patient kommt zur Stunde, nachdem ich eine Woche lang außerhalb gewesen war. Er berichtet, er habe wunderbare Ferien gehabt, während ich fort war. Er spricht mit glühender Begeisterung davon, daß er einen kurzen Ausflug aufs Land gemacht hat, wie schön ausgeruht er sich gefühlt hat, wie gut er mit seiner Frau und seinen Kindern ausgekommen ist, daß er in der Lage war, sich viel körperliche Bewegung zu verschaffen und zu lesen. Und dann, nachdem er fünf Minuten lang beschrieben hat, wie gut es ihm gegangen ist, während ich auf Urlaub war, fällt ihm plötzlich nichts mehr zu sagen ein, und er schweigt. Ich schweige auch. Er fragt sich, wovon wir geredet haben, bevor ich in Urlaub gegangen bin. Er fragt sich, ob *ich* mich erinnere, wovon er vor meiner Abreise gesprochen hat. Erinnern sich Analytiker an das, was ihre Patienten ihnen erzählen? Wieder eine Pause. Er fragt sich, wo ich war und was ich dort getan habe. Er fragt sich, ob ich allein fortgefahren bin oder mit meiner Frau. Er glaubt, ich hätte in der letzten Stunde vor meiner Abwesenheit etwas leidend und blaß ausgesehen. Er erinnert sich nun, daß er sich über meinen Gesundheitszustand Sorgen gemacht hat. Er erinnert sich sogar an den Gedanken, ich könnte vielleicht sterben. Er fragt sich, ob ich ihm den Namen von jemand aufgeschrieben habe, zu dem er gehen könne, falls ich krank werden oder sterben würde.

Dies alles sagt er mit viel Zögern und vielen Pausen. Er ist offensichtlich im Widerstand. Es ist auch ganz deutlich, daß er es vermeidet, ausführlicher und mit mehr Gefühl von seinen Reaktionen auf meine Abwesenheit zu sprechen. Darum konfrontiere ich ihn damit, indem ich sage: »Es scheint Ihnen zu widerstreben, wirklich von den anderen Gefühlen mir gegenüber zu sprechen, die Sie hatten, als ich wegfuhr, als ich Sie verließ.« Darauf bringt er prompt zur Sprache, wie es ihm mißfallen hat, zurückgelassen zu werden, und wie oft ihm das in der Vergangenheit schon passiert ist. Sein Vater ist oft allein in Urlaub gefahren und hat ihn und seine Mutter allein zuhause gelassen. Dann geht er zu anderen Erinnerungen über, wo er und seine Mutter allein weggefahren sind und den Vater allein gelassen haben; dies führt dann zu allen Arten von Todeswünschen gegenüber dem Vater. Am Ende der Stunde ist klar, daß die schmerzlichen Gefühle, die er zu vermeiden versuchte, seine wütenden Todeswünsche und seine Enttäuschung darüber waren, daß ich ihn verlassen hatte.

Ich bringe diese Schilderung als ein Beispiel dafür, wie das Ereignis, das zum Motiv des Widerstands geworden ist, trotz des Widerstands klar wird und so zum Ausgangspunkt für die Widerstandsanalyse werden kann. Das führt dann zu den Affekten, Triebimpulsen, Phantasien und Erinnerungen.

Ich möchte noch einmal betonen, daß man durch die Aufdeckung des spezifischen Ereignisses oder Affekts, die den Widerstand ausgelöst haben, vom Widerstand zur Vorgeschichte dieses Ereignisses oder dieses Affekts oder dieser Phantasie geht. Ob man nun mit dem Affekt oder dem Ereignis oder der Phantasie anfängt, man gelangt schließlich immer zur Vorgeschichte der Affekte oder Ereignisse oder Phantasien. Wenn dies gelingt, kann der Analytiker auf den aktuellen Widerstand in der Analyse zurückkommen und dem Patienten deutlich machen: »Ja, ... und mein Fortgehen scheint in Ihnen eine ähnliche Reaktion ausgelöst zu haben, und Sie haben Angst, mir von dieser Reaktion zu erzählen.« Wieder einmal wird sich der Patient dessen bewußt, daß die in der Analyse auftretenden Widerstände eine Wiederholung von Ereignissen sind, die es früher im Leben des Patienten gegeben hat. Ich wiederhole: Widerstände sind kein Kunstprodukt der Analyse, sie sind nichts Neugeschaffenes, sondern Wiederholungen, Neuauflagen früherer Ereignisse.

Eine wichtige klinische Bemerkung, die hier noch einmal wiederholt werden soll, ist die: Die häufigste Quelle des Widerstands ist die Übertragungssituation. Jedes klinische Besipiel, das ich angeführt habe, bestätigt dies, wenn ich es auch nicht immer betont habe. Wenn alles andere gleich ist oder unklar oder unbekannt, muß man nach den Übertragungsreaktionen als Ursache des Widerstands Ausschau halten. Darüber werde ich im 3. Kapitel ausführlich sprechen.

2.652 *Die Deutung der Art und Weise des Widerstands*

Manchmal ist bei dem Versuch, einen Widerstand zu analysieren, nicht der Affekt, der Triebimpuls oder das verursachende Ereignis der aussichtsreichste Weg der Exploration. Es kann sein, daß der Modus des Widerstands, die Methode oder die Mittel des Widerstands die fruchtbarsten Möglichkeiten der Untersuchung bieten. Das ist oft der Fall, wenn der Widerstandsmodus sich häufig wiederholt — in diesem Fall haben wir es wahrscheinlich mit einem Charakterzug zu tun. Wenn auch die Analyse des Widerstandsmodus vielleicht selten der erste Zugang zur Widerstandsanalyse ist, müssen doch die typischen und habituellen Widerstandsmethoden schließlich einmal Gegenstand der Analyse werden, da dieses Verfahren das Tor zur Analyse der sogenannten Charakterabwehr ist. Wenn der Widerstandsmodus bizarr ist und »eigentlich nicht zum Patienten paßt«, handelt es sich gewöhnlich um eine symptomatische Handlung; diese ist gewöhnlich dem vernünftigen Ich des Patienten leichter zugänglich.

Beim Analysieren des Widerstandsmodus unternimmt man die gleichen Schritte, wie wir sie für andere Aspekte des Widerstands schon skizziert haben. Zuallererst müssen wir den Patienten dahin bringen, daß er eine bestimmte Verhaltensweise als Widerstand erkennt. Das kann einfach oder auch ziemlich schwierig sein, je nachdem, ob die Handlungsweise ichsynton oder ichfremd ist. Wenn das Widerstandsverhalten ein ichsyntoner Charakterzug ist, stellt sich die Frage, wie schwierig es ist, das Verhalten ichfremd zu machen; anders ausgedrückt: Kann man sich die Hilfe des vernünftigen Ichs des Patienten sichern und es veranlassen, sich in der Betrachtung dieser Verhaltensweise als Widerstand mit dem Analytiker zu verbünden (Fenichel, 1941, S. 66—68)? Wird es einem gelingen, vom erlebenden Ich des Patienten ein rationales Ich abzuspalten und den Patienten so zu veranlassen, die betreffende Handlungsweise zu untersuchen?

Die Nachweisbarkeit hängt von zwei Faktoren ab: erstens von der Beziehung des Ichs zu der Verhaltensweise, d. h. davon, wie ichsynton sie ist, und zweitens vom Arbeitsbündnis, d. h. davon, wie weit der Patient bereit ist, eine analytische Haltung einzunehmen. Je kohärenter, angepaßter und erfolgreicher eine Haltung dem Patienten erscheint, desto schwieriger wird es sein, ihn davon zu überzeugen, daß sie ein Widerstand ist. In unserer Gesellschaft ist es z. B. nicht leicht, eine Patientin dazu zu bewegen, ihre habituelle Sauberkeit in ihren freien Assoziationen und in ihrem Leben in der Außenwelt als etwas zu betrachten, das analysiert werden muß. Sauberkeit ist in der amerikanischen Gesellschaft eine Tugend, und man wird im Elternhaus für diesen Zug gelobt und hoch geachtet. Das Trommelfeuer der Reklame machenden Allgemeinheit trägt dazu bei, Sauberkeit für viele Menschen selbst im späteren Leben zu einem Ich-Ideal zu machen.

Das ist etwas ganz anderes als der Versuch, eine ichfremdere Handlungsweise zu analysieren. Zum Beispiel schlief ein Patient, der sich in einer sehr starken feindseligen Übertragung befand, während einer Stunde vorübergehend ein. Trotz seiner aggressiven Einstellung mir gegenüber konnte der Patient erkennen, daß das Einschlafen in der Stunde ein Widerstand war.

Die Situation ist schwieriger, wenn mit den unbewußten Widerständen des Patienten Realitätsfaktoren vermischt sind.

Zum Beispiel: Eine Patientin verbringt einen großen Teil ihrer Stunde damit, über die Gefahren eines Atombombenangriffs zu sprechen, und darüber, daß es ratsam wäre, in den Mittleren Westen zu ziehen, wo sie sicherer wäre. Als ich andeute, daß sie sich vielleicht sicherer fühlen würde, wenn sie von mir und von der Psychoanalyse wegzöge, ist sie offensichtlich wütend und verfällt in Stillschweigen. Dann erinnert sie mich in scharfem Ton daran, daß es Leute gibt, die Atombunker bauen.

Nach einer Pause gebe ich zu, daß es eine gewisse Wahrscheinlichkeit eines Atombombenangriffs gibt, aber ich glaubte, ihre Reaktionen seien unangemessen intensiv. Die meisten Fachleute seien der Meinung, daß Bunker keinen ausreichenden Schutz böten, und der Umzug würde ihr auch keine Sicherheit garantieren. Dann beginnt die Patientin zu sprechen. Sie gibt zu, ihre Ängste könnten unangemessen sein, aber schon der Gedanke an eine Atomexplosion entsetzt sie. Ich sage ihr, daß jeder vernünftige Mensch vor einem Atomkrieg Angst habe, aber es müsse noch etwas anderes in ihr vor sich gehen, das ihre Angst so groß mache, daß sie erwäge, ihr Leben zu entwurzeln. Langsam beginnt die Patientin zu assoziieren; dabei führen ihre Gedanken zu ihrer unglücklichen Ehe, den Jahren der Frustration und Gehemmtheit und zu ihrem Wunsch, das Ganze hinter sich zu lassen und ein neues Leben anzufangen. Ich kann ihr nun zeigen, daß es die in ihr angesammelte Wut ist, die zu explodieren droht. Das ist es auch, was die Nuklearbombenexplosion so bedrohlich nahe erscheinen läßt. Dies verstärkt ihre Angst bis zum Entsetzen. Die Patientin scheint dies zu verstehen, und während der nächsten Stunden bearbeiten wir dieses Thema produktiv.

Ich möchte an dieser Stelle innehalten, um eine kleine, aber wichtige technische Einzelheit zu unterstreichen. Immer, wenn Realitätsfaktoren mit einem Widerstand verschmelzen, müssen die Realitätsfaktoren adäquat anerkannt werden (Marmor, 1958). Wenn man das nicht tut, klammert sich der Patient um so lärmender an das Realitätselement des Widerstands und verbringt seine Zeit mit dem Versuch, den Analytiker von der Logik seines Arguments zu überzeugen. Beachten Sie, wie meine Patientin die Atombunker ins Feld führte, als ich versuchte, ihre Flucht in den Mittleren Westen als eine Flucht vor der Analyse zu deuten. Erst als ich zugegeben hatte, daß ihre Angst einen gewissen Realitätsanteil hatte, konnte sie anfangen, mit mir zu arbeiten, konnte sie ein Arbeitsbündnis eingehen. Bis dahin war ihre Angst vor der Atombombe ichsynton. Meine Anerkennung des Realitätsfaktors förderte die Errichtung eines Arbeitsbündnisses, und nun wurde die Angst vor der Kernexplosion, zumindest in ihrer Intensität, für die Patientin ichfremd. Sie konnte sie als ein inneres Problem bearbeiten und erkannte schließlich die Flucht in den Mittelwesten als einen Übertragungswiderstand.

Sobald der Patient den Widerstandsaspekt seines Verhaltens erkannt hat, ist unsere nächste Aufgabe die *Klärung*. Wir versuchen nun, das Verhaltensmuster außerhalb der Analyse wiederzufinden und verfolgen dann die Geschichte und den Zweck dieser Handlungsweise. Was ist im Leben des Patienten geschehen, das ihn veranlaßt hat, sich diese Art des Widerstands zu eigen zu machen? Lassen Sie mich zu Professor X. zurückkehren, dem Mann, der seine Träume in »durcheinandergerührter« Form erzählte (siehe Abschnitt 2.64).

Professor X. erzählte, daß er auch Bücher in dieser »durcheinandergerührten« Art las und auch seine Hausarbeiten auf diese Weise erledigte. Er konnte nicht studieren, wenn er am Schreibtisch saß, sondern nur im Liegen oder im Gehen! Das wurde verständlich, als mir klar wurde, daß sein Vater ein sehr bekannter Lehrer gewesen war und seinen Sohn darauf getrimmt hatte, in seine Fußstapfen zu treten. Der Junge wollte rebellieren, weil er tiefsitzende feindselige, eifersüchtige, rivalisierende Gefühle gegenüber seinem Vater hegte, und seine Arbeitsweise war ein Ausdruck von Trotz und Gegenwehr. Aber er empfand auch tiefe Liebe zu seinem Vater, die stark prägenital und oral geprägt war. Er hatte Angst, seinem Vater zu nah zu kommen, denn das hätte anales und orales Eindringen und Verschlingen bedeutet. Aus seiner Vorgeschichte ergab sich, daß der Vater gern die Rolle des Arztes gespielt hatte, wenn mein Patient krank gewesen war. Der Vater hatte oft rektale Temperaturmessungen vorgenommen, ihm Klistiere, Halsspülungen usw. verabreicht. Das »durcheinandergerührte« Verhalten war auch eine Manifestation des Kampfes gegen die Identifikation mit dem Vater, denn Identifikation war gleichbedeutend mit Verschlungenwerden und Vernichtung. Das Verhalten stellte die Rückkehr des verdrängten Verlangens nach Verschmelzung und Verlust der Ichgrenzen dar (siehe Greenson, 1954, 1958 a; Khan, 1960).

Ein anderer Wissenschaftler, den ich als Patienten hatte, pflegte alle seine Erlebnisse in sehr sachlichem Ton und in Fachausdrücken darzustellen. Er pflegte sogar intime sexuelle Erlebnisse sehr ausführlich zu beschreiben, aber er verriet niemals irgendeine Emotion. Er war niemals zögernd oder eifrig, sondern mechanisch und gründlich in seiner Art des Berichtens. Ich versuchte ihm klarzumachen, daß er durch die Verwendung von Fachausdrücken alle seine emotionalen Reaktionen wegließ, weil er diese Ereignisse so beschrieb, als berichte er über ein unpersönliches Experiment. Er war ein kühler, distanzierter Beobachter, der einem Wissenschaftskollegen etwas berichtete, anstatt ein Patient, der seinem Therapeuten ein intimes Erlebnis erzählt.

Der Patient rechtfertigte sich lange, indem er sagte, die Tatsachen seien das Wichtige, nicht die Emotionen. Dann konnte ich ihm zeigen, daß Emotionen auch »Tatsachen« sind, daß er aber eine Abneigung dagegen habe, diese »Tatsachen« in bezug auf sich selber anzuerkennen. Darauf erkannte der Patient, daß er bei seinen Berichten, die er mir gab, die Emotionen wegließ, weil er meinte, es sei für einen erwachsenen Wissenschaftler eine Schande zuzugeben, daß er Gefühle habe. Überdies erkannte er, daß er seine Emotionen auch vor anderen verbarg, sogar bei seinen sexuellen Beziehungen vor seiner Frau. Er verfolgte dann die Spur dieses Verhaltens bis in seine Kindheit; damals hatte sein Vater, ein Ingenieur, Verachtung für emotionale Menschen gezeigt, die er für schwach und unzuverlässig hielt. Schließlich erkannte der Patient, daß er das Zeigen von Gefühlen für gleichwertig mit Inkontinenz und Unbeherrschtheit hielt. Er setzte Kälte mit Sauberkeit gleich und emotionale Wärme mit Schmutzigkeit und Verlust der Beherrschung.

Die Analyse des Widerstandsmodus wird in Fällen wie diesem erst möglich, wenn der Patient nicht mehr in der Lage ist, seine Verwendung der betreffenden Methode zu rechtfertigen. Sie mußte ichdyston werden, bevor er bereitwillig die Analyse dieser altgewohnten Verhaltensweisen aufnahm. Der zuletzt beschriebene Patient brauchte über ein Jahr, um seine Einstellung zu seiner distanzierten Redeweise zu ändern. Selbst als wir diese Verhaltensweise auf seine Kindheitskonflikte in bezug auf die Sauberkeitserziehung und anal-sadistische Impulse hatten zurückführen können, war er nicht in der Lage, ein verläßliches Arbeitsbündnis aufrechtzuerhalten. Seine tiefer liegenden Ängste nahmen schließlich paranoide Form an und beraubten ihn der echten Motivation, die Analyse fortzusetzen. Er war nur bereit, sich analysieren zu lassen, wenn er emotionell im wesentlichen unverändert und unbewegt bleiben konnte. Wir einigten uns schließlich auf einen Abbruch seiner Analyse.

2.653 Rekapitulation

Wir wollen nun die allgemeinen Verfahren der Widerstandsanalyse rekapitulieren. Sie lassen sich folgendermaßen skizzieren:

1. Den Widerstand erkennen.
2. Dem Patienten den Widerstand demonstrieren.
   a) Man macht den Widerstand demonstrierbar, indem man mehrere Manifestationen abwartet.
   b) Man greift auf solche Weise ein, daß der Widerstand zunimmt; man verhilft ihm dazu, demonstrierbar zu werden.
3. Motive und Modi des Widerstands klären.
   a) Welcher spezifische schmerzliche Affekt treibt diesen Patienten in den Widerstand?
   b) Welcher besondere Triebimpuls ruft in diesem Augenblick den schmerzlichen Affekt hervor?
   c) Genau welchen Modus und welche Methode benützt der Patient, um seinen Widerstand auszudrücken?
4. Den Widerstand deuten.
   a) Was für Phantasien oder Erinnerungen bringen die Affekte und Triebimpulse hervor, die hinter dem Widerstand stecken?
   b) Man gehe der Vorgeschichte und den unbewußten Zwecken dieser Affekte, Impulse oder Ereignisse innerhalb und außerhalb der Analyse und in der Vergangenheit nach.
5. Den Widerstandsmodus deuten.
   a) Man gehe dieser und anderen Handlungsweisen innerhalb und außerhalb der Analyse nach.
   b) Man spüre die Vorgeschichte und die unbewußten Zwecke dieser Handlungsweise in Gegenwart und Vergangenheit des Patienten auf.
6. Durcharbeiten.

Wiederholungen und Erweiterungen der Schritte 4 a und 4 b sowie 5 a und 5 b.

Es ist wichtig, sich klarzumachen, daß in einer bestimmten Stunde nur ein kleiner Bruchteil der Arbeit getan werden kann. Viele Stunden enden nur mit dem unklaren Bewußtsein, daß da irgendwo ein Widerstand am Werk ist, und am Ende einer solchen Stunde kann man nichts tun, als den Patienten darauf hinzuweisen, daß er etwas zu vermeiden scheine. Manchmal kann man nur den Affekt klären, und selbst dies nur unvollständig, manchmal nur den historischen Vorläufer, manchmal nur die Methode. Wenn und soweit möglich versucht man, Vermeidungen mit dem Patienten zusammen zu untersuchen, wobei man ausprobieren muß, wieviel von dieser Sondierungsarbeit der Patient in einer bestimmten Stunde in sinnvoller und nützlicher Form leisten kann. Der eigene Forschungseifer des Analytikers und seine Freude am Aufdecken unbewußter Phänomene muß gegenüber der Frage, wieviel der Patient ertragen und nutzen kann, eine sekundäre Rolle spielen. Der Patient darf weder traumatisiert werden, noch darf man ihm erlauben, eine spielerische Exploration des Widerstands anzufangen.

Es ist wichtig, Widerstandsdeutungen nicht vorzeitig zu geben, denn das veranlaßt den Patienten nur zum Rationalisieren oder Intellektualisieren, oder es macht aus der Widerstandsdeutung einen intellektuellen Wettbewerb. In jedem Fall wird dem Erlebnis seine emotionale Wirkung genommen. So werden die Widerstände vermehrt anstatt vermindert. Der Patient muß Gelegenheit bekommen, seine Widerstände zu fühlen; er muß sich ihrer Stärke und Zähigkeit bewußt werden. Es ist wichtig zu wissen, wann man in der analytischen Arbeit passiv und wann man aktiv sein muß. Zuviel Geduld kann es dem Patienten ermöglichen, wertvolle Zeit zu verschwenden, wenn er statt dessen effektiv arbeiten könnte. Zuviel Aktivität kann entweder die Fähigkeit des Patienten zum Aktivsein behindern und seine Passivitätswünsche befriedigen, oder sie kann Ereignisse remobilisieren, für die der Patient noch nicht bereit ist, und dadurch eine traumatische Situation schaffen. Vor allem kann zuviel Aktivität dazu dienen, dem emotionellen Aufprall auszuweichen und die Widerstandsanalyse in ein Ratespiel verwandeln (siehe Freud, 1914 c, G. W. Bd. 10, S. 135; Fenichel, 1941, S. 36—43).

Es ist außerdem wichtig, nicht dem Widerstand des Patienten dadurch Vorschub zu leisten, daß man die gleiche Art von Widerstand einsetzt wie der Patient. Wenn er schweigt, muß man aufpassen, daß das eigene Schweigen kein Gegenwiderstand ist. Wenn der Patient eine gestelzte Redeweise, Obszönitäten oder Klischees benützt, muß man vermeiden, sich diesem Widerstand anzuschließen oder das Gegenteil zu tun. Es ist wichtig, direkt und genau zu sein, ohne sich roh, spielerisch, provokant oder vorwurfsvoll zu äußern.

Die Schritte und die Aufeinanderfolge der verschiedenen Schritte variieren von Stunde zu Stunde und von einem Patienten zum anderen. Man kann nur dem nachgehen, was zu einem bestimmten Zeitpunkt als der lohnendste Weg der Exploration erscheint. Man muß offen und wachsam bleiben und bereit sein, seine Art des Vorgehens zu ändern, oder dabei zu bleiben, wenn sie einem richtig erscheint.

Der unentbehrliche Verbündete des Analytikers bei dieser Arbeit ist das rationale Ich des Patienten. Es muß vorhanden sein, oder es muß durch die Interventionen des Analytikers auf den Plan gerufen werden; sonst muß man warten, bis sich der emotionale Sturm gelegt hat und das rationale Ich zurückkehrt. Dies kann durch die Beziehung zum Analytiker zum Ausdruck kommen. Es muß ein Arbeitsbündnis bestehen oder evozierbar sein, bevor man sich auf eine tiefe Widerstandsanalyse einläßt. Sie ist eine Vorbedingung für jegliche Deutung (Greenson, 1965 a). Dies wird im 3. Kapitel ausführlich dargestellt.

Schließlich ist die Erkenntnis wichtig, daß die Widerstände, gleichgültig, wie geschickt und richtig man sie bearbeitet, wiederkommen werden. Man sollte sich an Freuds Bemerkung erinnern, daß der Widerstand in jedem Schritt, in jedem Aspekt, in jeder Stunde der Analyse gegenwärtig sein wird, bis die Analyse vollzogen ist. Das Durcharbeiten ist notwendig, damit ein bestimmter Widerstand seine pathogene Kraft verliert. Widerstandsanalyse ist kein Umweg, sondern ein notwendiger und wesentlicher Bestandteil jeder Analyse.

2.66 Spezielle Probleme beim Analysieren des Widerstands

2.661 Widerstände in den ersten Stunden

Am Anfang der Analyse, in den ersten Stunden, sollte man, wenn der Analytiker einen Widerstand erkannt hat, bevor man zur Exploration des Widerstandsmotivs oder -modus übergeht, erwägen, die folgenden Schritte einzuschalten:

1. Man sollte dem Patienten sagen, daß ein Widerstand eine von ihm ausgehende Aktivität ist. Er ist eine Handlungsweise, die er entweder unbewußt, vorbewußt oder bewußt hervorbringt (Fenichel, 1941, S. 35). Er ist nicht etwas, was dem Patienten passiv geschieht, obwohl er ihn als etwas Derartiges empfinden kann. Das ist wichtig, weil viele Patienten das Gefühl haben, Widerstand geschehe ihnen einfach; er befalle sie, und sie

neigen dazu, sich hilflos zu fühlen oder zu resignieren. Ich habe es als nützlich empfunden, sie über diesen Punkt aufzuklären.

Zum Beispiel: Ein Patient sagt mir, ihm falle nichts ein. Nachdem ich eine angemessene Zeitlang gewartet habe, finde ich es nützlich, meine Patienten zu informieren, daß einem nur dann nichts einfällt, wenn man versucht, etwas zu vermeiden. Ich fordere sie dann auf, ihre Gedanken mit der Vorstellung »ich möchte etwas vermeiden« schweifen zu lassen und zu berichten, was in ihnen aufsteigt. Unweigerlich treten einige Assoziationen auf den Plan. Ich akzentuiere diesen Punkt vielleicht noch, indem ich sie erinnere, daß ihr Kopf nicht leer ist, wenn sie zu Hause ungestört auf der Couch liegen oder wenn sie einfach nur ihre Gedanken wandern lassen, während sie Auto fahren. Es müsse auch hier so sein, es sei denn, irgendetwas störe und verhindere entweder, daß in ihrem Kopf etwas vor sich gehe, oder es halte sie davon ab zu entdecken, was vor sich gehe.

2. Man sollte dem Patienten zu gegebener Zeit sagen, daß das Aufdekken von Widerständen und die Widerstandsanalyse wichtige, würdige und achtbare Bestandteile der Psychoanalyse sind. Ein Widerstand ist kein Irrtum, kein Fehler und keine Schwäche des Patienten. Er darf sich nicht kritisiert oder abgelehnt fühlen, weil er Widerstände hat. Hier ist es natürlich von entscheidender Bedeutung, daß man sich seines Stimmklangs bewußt ist, wenn man dem Patienten einen Widerstand aufzeigt. Der Analytiker kann mit seinen Worten dem Patienten sagen, es sei vollkommen in Ordnung, Widerstände zu haben, aber wenn sein Ton vorwurfsvoll ist, sind die Worte sinnlos. Man sollte dem Patienten klarmachen, daß die Widerstandsanalyse ein notwendiger, unvermeidlicher und produktiver Teil des psychoanalytischen Verfahrens ist.

Wenn es mir am Anfang der Analyse gelungen ist, einen Aspekt eines Widerstands zu analysieren, versuche ich die Gültigkeit des Satzes zu beweisen, daß die Widerstandsanalyse fruchtbar und lohnend ist.

Ich glaube, daß diese Interventionen am Anfang der Analyse wichtig sind, denn sie helfen, in der analytischen Situation eine bestimmte Atmosphäre zu schaffen. Ich möchte, daß mein Patient das Gefühl hat, er habe das Recht, einiges über die Vorgänge in der Analyse zu wissen, damit er sich als mein Mitarbeiter in der analytischen Situation fühlt. Ich möchte das Zustandekommen eines Arbeitsbündnisses erleichtern. Ich will nicht, daß er sich als ein Kind fühlt, das man im unklaren lassen muß, oder daß ich der weit entfernt und über ihm stehende Fachmann bin. Ich will keine autoritäre, keine geheimnisvolle und keine elterliche Atmosphäre schaffen. Ich möchte, daß eine Situation zwischen zwei hart arbeitenden, ernsthaften Erwachsenen entsteht, von denen einer Hilfe braucht, der andere ein Fachmann ist, beide aber gleich ernsthaft und verantwortlich in ihrer

Arbeit, die sie miteinander tun. Und ich möchte dem Patienten alle Kenntnisse vermitteln, die er braucht, um ein Analysepatient zu werden; ich möchte ihm helfen, in der Analyse zu arbeiten. Ich will keinen Analytiker aus ihm machen, aber ich möchte, daß er mit einigen Aspekten des Analysiertwerdens vertraut wird, nachdem er sie erlebt hat, so daß er nach bester bewußter Fähigkeit mit mir zusammenarbeiten kann. Über diesen Punkt werde ich im Abschnitt 3.5 und im zweiten Band ausführlicher sprechen.

Wenn ein Patient von selber nicht nur entdeckt, daß er im Widerstand ist, sondern warum er Widerstand hat oder wogegen, dann hat er nach meinem Gefühl einen wichtigen Schritt in der Analyse getan. Man hört oft den Ausdruck, ein Patient sei »in Analyse«. Ich glaube, das bezieht sich auf die oben beschriebene Situation. Es heißt, daß ein Teil des Ichs des Patienten, das beobachtende, vernünftige Ich, nun selbständig die Fähigkeit hat, von Zeit zu Zeit den erlebenden Teil des Ichs anzusehen und als Verbündeter des Analytikers zu arbeiten, d. h. in vorübergehender Identifikation mit der Arbeitsweise des Analytikers. So ist zeitweise und teilweise ein Arbeitsbündnis hergestellt worden. Dies bedeutet keineswegs, daß der Patient seine eigenen Widerstände vollständig analysieren kann, aber er ist sich mindestens über die Wichtigkeit des Analysierens von Widerständen klar und hat Widerständen gegenüber eine analytische Einstellung, anstatt zu versuchen, seine Widerstände zu vermeiden, zu verbergen oder zu verdecken.

Ganz am Anfang der Analyse hüte ich mich davor, den Ausdruck »Widerstand« zu verwenden; ich sage statt dessen: Sie vermeiden etwas, Sie laufen vor etwas davon, Sie scheinen sich zu ducken, Sie scheinen nur an der Oberfläche entlangzustreifen, Sie scheinen sich zu verstecken usw. Obwohl »Widerstand« ein Wort der Umgangssprache ist, ist es auch ein Fachausdruck, und ich versuche es zu vermeiden.

3. In den ersten Stunden lege ich großen Wert darauf, den Patienten zu fragen, wie er sich gefühlt hat, während er in der Stunde irgendein Ereignis beschrieb. Ich tue dies, um ihn daran zu gewöhnen, seine Emotionen und seine körperlichen Reaktionen in seine Assoziationen mit hineinzubringen. Ebenso frage ich ihn, was er für Vorstellungen hatte, während eine bestimmte Tätigkeit vor sich ging, um ihm die Wichtigkeit seines Phantasielebens bewußtzumachen.

Die oben beschriebenen drei Verfahren haben alle das Ziel gemeinsam, die Entwicklung eines Arbeitsbündnisses zwischen dem vernünftigen Ich des Patienten und dem analysierenden Ich des Analytikers zu fördern. Dies werde ich ausführlicher und unter verschiedenen Gesichtspunkten im 3. und 4. Kapitel und im zweiten Band beschreiben.

2.662 Widerstand gegen den Widerstand

In der klinischen Praxis stellt man häufig fest, daß »der« Widerstand nicht aus einer einzigen Kraft besteht, die sich gegen einen Inhalt stellt. In Wirklichkeit kann der Widerstand aus mehreren Gegenkräften bestehen, die in verschiedenen Schichten angeordnet sind. Außerdem kann das, was im einen Fall Widerstand ist, im anderen Fall das sein, was abgewehrt wird, denn Widerstand ist ein relativer Begriff (siehe Abschnitt 2.41). Zum Beispiel spricht ein Patient über Belangloses, weil er sich schämt, zu schweigen und damit zu offenbaren, daß er nichts zu sagen hat. Dann sind zwei Vermeidungen am Werk: Er läuft vor etwas davon, das ihn zum Schweigen veranlaßt, und er verdeckt das Schweigen, indem er über Belangloses redet. In diesem Beispiel behandelt er das Schweigen wie einen verbotenen Triebimpuls. Wir nennen diese Situation Widerstand gegen den Widerstand (vgl. Breuer und Freud, 1893—95; Fenichel, 1941, S. 62).

Daß der Patient Belangloses redet, ist der oberflächlichere Widerstand und muß zuerst behandelt werden. Dann wäre also unsere erste Aufgabe, herauszubekommen, warum sich der Patient schämt zu schweigen. Erst danach können wir zur Analyse der Gründe für das eigentlich intendierte Schweigen übergehen. Einer der typischen Gründe für diese Art des Widerstands gegen den Widerstand ist der Versuch des Patienten, ein »guter« Patient zu sein, d. h. der Liebling. Der Patient hat den falschen Eindruck, »gute« Patienten hätten keinen Widerstand. Das Schweigen, das der Patient »beschützt« hat, hatte also durchaus eine Triebverbindung. Es kommt am Anfang der Analyse häufig vor. Andere Patienten schämen sich, wütend zu sein oder vor der Angst, wütend oder sexuell zu sein usw., und sie versuchen, das Schweigen zu verdecken, das auf die darunterliegenden Emotionen hinweisen könnte.

Eine andere häufige Ursache des Widerstands gegen den Widerstand ist die Reaktion auf eine neue und schmerzliche Einsicht. Der Patient versucht vielleicht, seine Wut oder Angst über eine Neuentdeckung dadurch zu verdecken, daß er eifrig bekräftigende Beispiele sucht, um weitere Deutungen nicht hören zu müssen.

Zum Beispiel: Am Anfang einer Analyse wies ich einen Patienten zum erstenmal auf seine auf Wettbewerb gerichteten Gefühle der Geschwisterrivalität gegenüber seinen Arbeitskollegen hin. Er reagierte darauf, indem er mir bereitwillig zustimmte und rasch mehrere weitere Beispiele in seinem Alltagsleben und in seiner Vergangenheit fand. In der nächsten Stunde verfiel er jedoch nach einem raschen Ausbruch bestätigender Mitteilungen in Schweigen. Er schien über sein Schweigen erregt zu sein, und als ich diese Erregung untersuchte, entdeckte ich, daß er verzweifelt versuchte, mehr Material zu finden, um die Tatsache zu verbergen, daß er meine Deutung übelnahm und fürchtete. Er nahm meine Deutung übel, weil er meinte, wenn ich dies wisse, würde er seine Phantasievorstellung aufgeben müssen, er sei mein Lieblingspatient. Er versuchte den Wunsch zu verbergen, mein Liebling zu sein, indem er sich so rasch in peinliches Material stürzte, als ob ihm meine Reaktionen gleichgültig seien.

Wenn wir uns die Widerstandssituation bei dem Patienten noch einmal ansehen, ist sie strukturiert wie folgt: Eine neue Einsicht verursacht Schmerz, Groll und Angst mir gegenüber. Der Patient fürchtet, wenn er mir seine Wut offenbare, würde er seine Position des Lieblings verlieren. Er versucht, seine Feindseligkeit wegzuschieben, und sucht auf reaktive, kontraphobische Weise nach Material, als wolle er sagen: »Es ist mir gleich, was Sie über mich herausfinden — nur gute Arbeit zählt.« Aber das neue Material geht ihm aus, weil der versteckte Groll nach Abfuhr verlangt und danach, gehört zu werden. Der Patient hat auch Schuldgefühle, weil er versucht, mich zu täuschen, und das Schweigen ist zugleich eine Form der Selbstbestrafung.

Im großen ganzen habe ich gefunden, daß Patienten aus zwei Hauptgründen ihre Widerstände zu verbergen pflegen. 1. Sie schämen oder fürchten sich, einen Zustand des Widerstands zu offenbaren. Widerstand bedeutet Defekt und führt zu Liebesverlust oder Bestrafung. 2. Sie haben Angst, eine Situation aufzudecken, die Widerstand hervorruft — gewöhnlich, um Material zu vermeiden, von dem sie spüren, daß es zu einer feindseligen Übertragungsreaktion führen könnte. Dies sind Patienten, die sich davor fürchten, wütend zu werden. Sie versuchen oft, ihre Wut durch das Gegenteil — Sich-beliebt-Machen und Unterwürfigkeit — zu verdecken. Gute Beispiele sind Ausbildungskandidaten, die es vermeiden, über eine Zusammenkunft zu sprechen, bei der ich etwas Falsches gesagt habe, oder nur über das sprechen, womit sie einverstanden waren, und das Übrige übergehen.

Es kann noch kompliziertere Konstellationen des Widerstands gegen den Widerstand und gegen verschiedene Inhalte geben. Ich möchte das folgende klinische Beispiel aus einer einzigen Analysestunde anführen.

Ein Patient beginnt eine Stunde mit der obenhin gesagten Feststellung, seine dreijährige Tochter sei krank, aber er wolle nicht darüber sprechen, denn er wolle nicht deprimiert werden. Er plaudert dann ganz flüssig und berührt dabei lauter harmlose Alltagsereignisse. Als er gar nicht auf die Krankheit des Kindes zurückkommen will, greife ich ein und sage: »Warum müssen Sie die Krankheit Ihrer kleinen Tochter vermeiden?« Er antwortete wütend: »Warum lassen Sie mich nicht in Ruhe — warum drängen Sie mich immer?« und so weiter. Ich schweige. Langsam beginnt er über die Krankheit seiner Tochter zu sprechen, daß sie einen zweiten Arzt zugezogen haben, der gesagt hat, sie müßte vielleicht operiert werden; daß er diese Möglichkeit entsetzlich findet, daß er Angst hat, das Kind könnte sterben. Er windet sich auf der Couch, als habe er Schmerzen, Tränen strömen über sein Gesicht; er macht sich nicht einmal die

Mühe, sie abzuwischen. Ich schweige. Der Patient hält einen Augenblick inne und schreit dann: »Ich wollte, ich wäre tot. Ich würde mich lieber selbst umbringen.« Schweigen. An dieser Stelle greife ich ein und sage: »Ich kann Ihre Sorge um Ihr Kind verstehen, aber warum hassen Sie sich selbst so?« Dann bringt der Patient heraus, wie schuldig er sich dem kleinen Mädchen gegenüber fühlt; es frustriert ihn, weil es die Mutter mehr liebt als ihn; es enttäuscht ihn, weil es kein Junge ist; er vernachlässigt es; er ist an allem schuld; er verdient den Tod ... (Pause) ... »außerdem legt auf mich sowieso kein Mensch Wert«.

Wenn wir diese Stunde noch einmal überblicken, können wir sehen, wie kompliziert die Widerstände sind: das oberflächliche Vermeiden des deprimierenden Themas, die Wut auf mich wegen meines Drängens, seine Ängste in bezug auf das Kind, die seine Schuldgefühle dem Kind gegenüber zudecken, die wiederum seinen Groll auf das Kind verdecken, die seine Identifizierung mit dem ungewollten Kind verdecken, — was mit einem Vorwurf an mich endet. Diese Stunde macht anschaulich, wie eine Vielfalt von Widerständen gegen verschiedene Inhalte eingesetzt wird und wie ein Inhalt benützt werden kann, um noch tiefer darunterliegende Inhalte abzuwehren. Das Konzept des Durcharbeitens umfaßt nicht nur die Aufdeckung der gleichen Widerstände in verschiedenen Situationen und zu anderen Zeiten und an anderen Stellen, sondern auch die Aufdeckung der großen Vielfalt von Widerständen, die benützt werden, um einen bestimmten Triebimpuls oder eine bestimmte Erinnerung oder ein bestimmtes Erlebnis usw. abzuwehren. Ich werde hierüber im zweiten Band noch ausführlicher sprechen.

2.663 Das Geheimnis

Gewöhnlich ist es in der Analyse unsere Aufgabe, die unbewußten Geheimnisse des Patienten aufzudecken; der Patient weiß nichts von den Erinnerungen, die er verborgen gehalten hat; sie sind auch für sein bewußtes Ich geheim. Er mag zwar unserer Exploration gegenüber unbewußte und vorbewußte Widerstände haben, aber er ist, zumindest bewußt, gewöhnlich auf der Seite der analytischen Arbeit. Es kommt aber gelegentlich vor, daß ein Patient bewußt versucht, dem Analytiker bestimmtes Material vorzuenthalten. In den meisten Fällen ist dieses bewußte, absichtliche Zurückhalten nur vorübergehend; gewöhnlich überwindet der Patient es von selbst — und gesteht dann sein Geheimnis. Sehr oft geschieht das in einer einzigen Analysestunde. Aber es gibt Patienten, die lange Zeit ein Geheimnis für sich behalten und die diesen bewußten Widerstand nicht ohne unsere Hilfe überwinden können. Es ist der Mühe wert, einige der speziellen Probleme zu erörtern, die die

Analyse des Geheimnisses bietet, denn wenn das Geheimnis der Analyse nicht zugänglich wird oder wenn es nicht richtig gehandhabt wird, kann es die ganze Analyse gefährden. Für den Lernenden ist die Abhandlung von Alfred Gross (1951) über diesen Gegenstand eine unerläßliche Lektüre.

Es gibt ein paar Grundprinzipien, die in bezug auf die analytische Methode der Handhabung von Geheimnissen besonders hervorgehoben werden müssen. Erstens einmal kommt in bezug auf unsere Einstellung, daß wir entschlossen sind, alle wichtigen psychischen Ereignisse zu analysieren, die im Patienten vor sich gehen, kein Zugeständnis in Frage. Das Geheimnis ist allein schon seiner Natur nach ein wichtiger psychischer Vorgang und muß analysiert werden. In bezug auf diesen Punkt kann es keinen Kompromiß geben. Freud (1913 b, G. W. Bd. 8, S. 469) brachte diese Ansicht sehr deutlich zum Ausdruck, als er erklärte, wollte der Psychoanalytiker »die Reserve an einer einzigen Stelle gestatten«, würden sich alle tabuierten Erinnerungen, Gedanken und Triebimpulse hinter dieser Schutzmauer verstecken und sich der Analyse entziehen. Er führte zum Vergleich an, wie es wäre, wenn »bei uns ein Asylrecht, zum Beispiel für einen einzigen Platz in der Stadt, bestünde, wie lange es brauchen würde, bis alles Gesindel der Stadt auf diesem einen Platz zusammenträfe« und so der Entdeckung entginge. Freud erzählt von seiner persönlichen Erfahrung, als er versuchte, einen »hohen Funktionär« zu behandeln, »der durch seinen Diensteid genötigt war, gewisse Dinge als Staatsgeheimnis vor der Mitteilung zu bewahren«. Es war unter diesen Bedingungen unmöglich, die Analyse zu vollenden. Viele Patienten versuchen, einen Vorwand zu finden, um etwas geheimzuhalten. Sie sagen z. B., sie könnten keine Namen nennen, denn das sei indiskret, es sei nicht recht, unschuldige Menschen hineinzuziehen usw. Das leiseste Zugeständnis in bezug auf Geheimhaltung, aus welchem Grund auch immer, ist unvereinbar mit der analytischen Situation. Ein erlaubtes Geheimnis bedeutet das Ende der wirksamen Analyse.

Ich kann Freuds Feststellungen und Schlüsse durch eigene Erfahrungen bestätigen, die ich im Zweiten Weltkrieg gemacht habe. Ich hatte in einem Air Force Hospital eine Psychoneurose-Station, wo es meine Aufgabe war, unter anderen eine Gruppe von Offizieren und Mannschaften zu behandeln, die aus Kriegsgefangenenlagern feindlicher Nationen entkommen waren. Diese Männer hatten jedoch aus Washington die Anweisung bekommen, niemandem zu sagen, wie ihnen die Untergrundorganisation bei der Flucht geholfen hatte. Das war geschehen, um die Mitglieder der Untergrund-Organisationen zu schützen, die ihre wertvolle Arbeit fortsetzten. Die Geflüchteten litten an verschiedenen Angstzuständen und traumatischen Neurosen und hatten Therapie verzweifelt nötig. Es war jedoch unmöglich, mit diesen Männern wirksam Therapie zu betreiben, solange sie sich verpflichtet fühlten, gewisse Daten geheimzuhalten. Die Namen der Untergrundleute waren in der Geschichte der Männer ohne Bedeutung, aber die Tatsache, daß sie sich gerechtfertigt fühlten, wenn sie mir diese Information vorenthielten, machte die Behandlung zunichte. Glücklicherweise hatte ich Zugang zu einem Psychoanalytiker, der der Chef der Psychiatrie-Versorgung war, Oberst John Murray; dieser traf mit Washington eine Regelung, nach der bestimmte Psychiater an jedem Standort ermächtigt wurden, mit Geheimmaterial zu arbeiten. Den Patienten wurde dies mitgeteilt, und erst danach wurde es möglich, wirksame Psychotherapie zu betreiben.

Unsere Grundeinstellung besagt, es gibt keine Zugeständnisse in bezug auf Geheimnisse; sie müssen analysiert werden. Es ist jedoch auch wichtig, sich klarzumachen, daß es falsch ist, Zwang anzuwenden, zu drohen oder zu bitten, um den Patienten zur Preisgabe seines Geheimnisses zu bewegen. Patienten zum Aufgeben ihrer Geheimnisse zu zwingen, ist ebenso falsch, wie Geheimnisse zuzulassen. Die analytische Einstellung besagt, wir sollten versuchen, Geheimnisse ebenso zu analysieren wie jede andere Form des Widerstands. Wir sind dabei ebenso entschlossen und ebenso geduldig. Wir merken vielleicht, daß ein Patient ein bewußtes Geheimnis hat, aber wir wissen, daß zuerst einmal die unbewußten Faktoren analysiert werden müssen, bevor der Patient das Geheimnis preisgeben kann. Der Patient kennt den Inhalt des Geheimnisses, aber ihm sind die wichtigen Gründe nicht bewußt, die es notwendig machen, das Geheimnis zu wahren. Unsere Methode des Vorgehens besteht darin, das Motiv des Geheimnisses anzupacken.

Ich möchte das konkret ausdrücken. Ein Patient sagt mir, es gebe da etwas, das er mir nicht sagen kann und will. Meine Reaktion darauf ist: Sagen Sie mir nicht, *was* Ihr Geheimnis ist, aber sagen Sie mir, *warum* Sie mir nichts darüber sagen können. Mit anderen Worten: Ich gehe dem Motiv für das Geheimnis nach, nicht dem Inhalt. Die Methode ist den Techniken ähnlich, die ich für die Analyse der Motive für den Widerstand umrissen habe. Ich pflege den Patienten zu fragen, was für ein Gefühl er hätte, wenn er es mir erzählen würde. Wenn er sich vorstellen könne, er habe es mir erzählt, wie würde er sich dann fühlen? Ich fragte weiter: »Wie stellen Sie sich vor, daß ich reagieren würde, wenn Sie es mir erzählt hätten?« Mit anderen Worten: Ich verfolge die peinlichen Affekte und Phantasien, die das geheime Material im Patienten erweckt, einschließlich der peinlichen Übertragungsphantasie. Dann gehe ich der Geschichte dieser peinlichen Übertragungssituation in seinem früheren Leben nach, ich frage also: »Wann ist Ihnen das früher schon einmal passiert?«

Ich möchte ein einfaches klinisches Beispiel für die oben erwähnten Punkte anführen. Eine Patientin in den ersten sechs Monaten ihrer Analyse sagt mir, es gebe ein bestimmtes Wort, das sie einfach nicht über die Lippen bringen könne. Diese Patientin ist gewöhnlich kooperativ, und ich kann sehen, wie sie mit sich kämpft, um das Wort zu sagen. Ich schweige eine Zeitlang, und dann, als ich sehe, daß ihre Bemühungen, sich mitzuteilen, zu mißlingen scheinen, frage ich sie: »Wie würden Sie sich fühlen, wenn Sie das Wort gesagt hätten?« Sie antwortete, sie würde sich überwältigt, vernichtet fühlen. Sie würde sich fühlen, als müsse sie unter einen Stein kriechen, sie würde sich wie ein Insekt fühlen, ein schmutziges, kleines, häßliches Insekt. Ich brauche der Frage nach ihrer Übertragungsphantasie nicht nachzugehen, denn sie nimmt sie spontan auf. »Sie wären angewidert von mir, Sie würden mich verabscheuen, Sie wären schockiert und abgestoßen und Sie würden mich auffordern, wegzugehen.« Ich schweige weiter. Die Patientin fährt fort: »Das ist ja lächerlich, Sie würden das alles überhaupt nicht tun ... aber so fühle ich es. Ich reagiere, als würde das Wort Sie aus der Fassung bringen.« Ich sage nichts. Die Patientin fährt fort und erzählt mir, wie es war, als sie das Wort im Elternhaus zum erstenmal gesagt hat. Sie aß zu Mittag mit ihrer Mutter und sagte das Wort spielerisch, neckend. Ihre Mutter war schockiert und entsetzt. Sie befahl dem neunjährigen Mädchen, vom Tisch aufstehen, und sagte, sie müßte sich den Mund mit Seife auswaschen. Die Patientin hatte gespürt, daß es ein »schmutziges« Wort war, aber sie war doch überrascht über die Reaktion ihrer Mutter. In diesem Augenblick ist die Patientin fähig, mir das geheime Wort zu sagen; es ist der obszöne Ausdruck »ficken« (fuck).

Obwohl die Patientin von da an in der Lage war, das Wort »ficken« in der Analyse zu gebrauchen, endete mit den oben beschriebenen klinischen Vorgängen die Analyse ihres Geheimnisses noch nicht. Die Tatsache, daß sie dieses Wort spielerisch und neckend zu ihrer Mutter gesagt hatte, hatte auch eine wichtige Nebenbedeutung. Das Wort »ficken« hing auch noch mit vielen weiteren oralen, anal-sexuellen und sadistischen Phantasien zusammen (Stone, 1954 a). Jedoch war von nun an das Wort »ficken« kein bewußtes Geheimnis mehr; wir suchten nach den unbewußten Faktoren, die es so verabscheuungswürdig gemacht hatten.

Dieser Ablauf der Ereignisse ist ziemlich typisch. Wenn man das Motiv für das Geheimnis analysiert hat, einschließlich der Übertragungsphantasien und der peinlichen Affekte, dann ist der Patient gewöhnlich fähig, das Geheimnis zu gestehen. Aber damit sind die technischen Probleme des Analysierens von Geheimnissen noch nicht zu Ende. Das Geheimnis ist für den Patienten etwas Intimes und Wichtiges, gleichgültig, wie belanglos es erscheinen mag, wenn es ans Licht kommt. Wenn er dem Analytiker ein Geheimnis erzählt, ist das für den Patienten die Preisgabe von etwas äußerst Persönlichem und Wertvollem. Die Information muß mit Respekt und Rücksicht behandelt werden, aber man muß die Analyse des Geheimnisses weiter verfolgen.

Nachdem ein Geheimnis aufgedeckt worden ist, gibt es zwei mögliche Wege des Vorgehens. Es hängt von den Reaktionen des Patienten ab, welchen Weg wir einschlagen. Wir können entweder die Reaktion des Patienten auf seine Preisgabe des Geheimnisses untersuchen oder den Inhalt des Geheimnisses. Sehr oft kreuzen sich diese beiden Wege.

Lassen Sie mich auf die Frau zurückkommen, die das Wort »ficken« nicht sagen konnte. Sie war schließlich, wie ich oben beschrieben habe, fähig, dieses Wort mir gegenüber auszusprechen, nach dem wir ihr Gefühl der Verlegenheit etwas bearbeitet hatten. Nachdem sie das Wort gesagt hatte, verfiel sie in Schweigen, und ich ging auf ihr Schweigen ein und fragte sie danach. Sie reagierte nun darauf, daß sie das »schmutzige« Wort gesagt hatte. Sie fühlte sich, als sei sie in meiner Gegenwart auf die Toilette gegangen, als ob ich sie bei der Defäkation gesehen hätte. Mit anderen Worten, dieses Geheimnis zu offenbaren bedeutete, vor mir zu defäzieren.

Für sie war der Kampf mit dem Geheimnis gleichbedeutend mit ihren Bemühungen, ihre Toilettenbetätigungen zu verbergen. Sie war nicht prüde in bezug auf die Erörterung ihrer sexuellen Betätigungen, aber sie war äußerst scheu in bezug auf das Reden über die Toilette, besonders über anale Vorgänge. Ihre Mutter war in der Sauberkeitserziehung sehr streng gewesen, und das Kind hatte den Eindruck bekommen, alle Ausscheidungsfunktionen seien etwas Häßliches und müßten geheimgehalten werden — sonst würde man als ekelhaft und abstoßend empfunden. Dies galt besonders für Toilettengeräusche, die ihr am meisten zuwider waren. Für sie war die Tatsache, daß sie mir das Geheimnis erzählte, das gleiche wie ein hörbarer Flatus in meiner Gegenwart, eine höchst peinliche Situation für die Patientin.

Die weitere Analyse ihres Geheimnisses ereignete sich einige Tage später und wurde in Wirklichkeit in den nächsten paar Jahren immer wieder aufgenommen. Ich spreche hier von der Analyse des Inhalts — in diesem Fall von der Analyse dessen, was das Wort »ficken« für sie bedeutet. »Ficken« war ihre infantile Vorstellung von Sexualität — es war ödipale Sexualität, anale und orale Sexualität. Es waren die Geräusche und Gerüche des elterlichen Geschlechtsverkehrs, der elterlichen Toilettentätigkeiten, und es war das sinnliche Saugen eines Kindes an der Brust der Mutter. Es enthielt auch eine primitiv-aggressive Komponente auf allen diesen Ebenen (siehe Stone, 1954 a; Ferenczi, 1911).

Die Aufdeckung eines Geheimnisses ist ein sehr lohnender, wenn auch schwieriger Gegenstand für die Analyse. Im allgemeinen haben Geheimnisse mit Sekretionen zu tun. Sie haben immer anale oder urethrale Anklänge; sie werden als beschämend oder abscheuerregend, oder als das Gegenteil angesehen, d. h. als etwas sehr Wertvolles, das man horten und beschützen muß. Geheimnisse hängen auch mit der sexuellen Betätigung der Eltern zusammen, die der Patient nur per Identifizierung wiederholt und die der Patient aus Rache in der Übertragungssituation wiederholt. Darüber hinaus hängen Geheimhaltung und Bekenntnis immer mit Problemen des Exhibitionismus, der Schaulust und des Neckens zusammen. Das Geheimnis ist als eine spezielle Form des Widerstands unweigerlich mit der Übertragungssituation verbunden.

Ich muß an dieser Stelle aus verschiedenen Gründen den Abschnitt über die besonderen Widerstände unterbrechen. Einige spezielle Probleme der Technik sind zu komplex, als daß man sie so früh in diesem Buch mit Gewinn erörtern könnte, und werden daher erst später behandelt. Ich beziehe mich hier aufs Agieren, auf Charakterwiderstände und auf den schweigenden Patienten — auch auf jene Widerstände, die durch eine Aktivität kompliziert werden, die eine wichtige Es-Befriedigung mit sich bringt, d. h. bestimmte masochistische Widerstände, Deckwiderstände und den Widerstand der sogenannten »Klebrigkeit der Libido«.

Weitere Sonderformen des Widerstands werden im Abschnitt 3.8 über die Übertragungswiderstände besprochen, denn das Übertragungselement ist von entscheidender Bedeutung. Im Zusammenhang mit der Deutung werde ich die Widerstände besprechen, die auf eine falsche Dosierung, den falschen Zeitpunkt oder fehlenden Takt der Deutung folgen, sowie Widerstände vor und nach dem Urlaub und nach sozialem Kontakt zwischen Analytiker und Patient usw. (siehe zweiter Band).

2.67 *Abweichungen in der Technik*

Nachdem wir nun das allgemeine Verfahren und einige besondere Probleme der Technik der Widerstandsanalyse besprochen haben, wird es nützlich sein, dem hier vorgelegten Standpunkt zwei abweichende Methoden gegenüberzustellen. Melanie Klein und Franz Alexander sind die Führer zweier eigener Schulen der Psychoanalyse, die sich in mancher Hinsicht scharf von der klinischen Position unterscheiden, sowohl in der Theorie als auch in der Technik. Obwohl dieses Buch in erster Linie einer Darlegung der sogenannten klassischen psychoanalytischen Technik gewidmet ist, kann eine kurze Beschreibung dieser beiden abweichenden, aber wichtigen Richtungen dazu dienen, einige der wesentlichen Punkte meiner Darstellung hervorzuheben. Beide Schulen haben einige wertvolle Beiträge zur Psychoanalyse geleistet, wenn sie auch Ursache heftiger Kontroversen gewesen sind. Aus diesen Gründen sollte der Lernende sich mit ihren grundlegenden Werken vertraut machen (siehe Klein, 1932; Klein et al., 1952, 1955; Alexander et al., 1946). Hier kann ich nur eine stark zusammengefaßte Version ihrer Anschauungen über die Widerstandsanalyse bieten.

Erstens fällt auf, daß im Index der ersten beiden oben erwähnten Bücher von Melanie Klein der Ausdruck »Widerstand« ganz fehlt; im dritten kommt er nur zweimal vor. Wenn man die verschiedenen klinischen Beispiele liest, kann man jedoch ableiten, daß Melanie Klein und ihre Anhänger doch erkennen, wenn ihre Patienten sich manchmal der analytischen Prozedur widersetzen. Aber mit dieser klinischen Feststellung wird nicht so gearbeitet, wie ich es auf den vorhergehenden Seiten beschrieben habe. Es wird kein Versuch gemacht, mit dem vernünftigen Ich des Patienten ein Arbeits- oder Therapiebündnis zu schließen, um den Patienten dazu zu bringen, daß er das Motiv, den Modus oder die Vorgeschichte seines Widerstands versteht (Zetzel, 1956). Alle Widerstände werden sofort im Hinblick auf die zugrundeliegenden Triebimpulse gedeutet, die der Analytiker in spezifische und detaillierte Phantasien überträgt, selbst wenn sie sich auf präverbale Zeiten beziehen. Die klinischen Beweise für ihre analytischen Deutungen sind meiner Ansicht nach erstaunlich mager; sie legen nur selten ausführliche Fallgeschichten vor, und die Deutungen sind bei einem Patienten nach dem anderen auffallend ähnlich. Man bekommt den Eindruck, daß die individuelle Lebensgeschichte des Patienten wenig Einfluß auf seine Persönlichkeitsentwicklung und seine Neurose gehabt hat.

Ich möchte als Beispiel klinisches Material aus einer Abhandlung von Thorner (1957, S. 286—287) zitieren, die in einer kürzlich veröffentlichten Sammlung von Schriften der Kleinschen Schule erschienen ist. Er beschreibt einen Patienten mit Examensangst und anderen Symptomen, der einen Traum erzählt — rote Spinnen, die in seinen und aus seinem Anus krabbeln. Der untersuchende Arzt habe dem Patienten gesagt, er könne nicht feststellen, daß ihm etwas fehle; darauf habe der Patient gesagt: »Doktor, Sie sehen vielleicht nichts, aber sie sind doch da.« Der Analytiker Kleinscher Richtung behandelt diesen Traum, indem er deutet, der Patient fühle sich von bösen inneren Objekten verfolgt. Der Analytiker berichtet dann, der Patient habe diese Deutung mit großer Erleichterung angenommen; darauf habe er seinem Analytiker »neue Kindheitserinnerungen« geliefert, die »gute und hilfreiche Objekte« repräsentiert hätten.

Es ist gefährlich, Material eines Patienten zu deuten, den man nicht kennt, aber ein offensichtliches Widerstandselement in dem Traum scheint klar zu sein: Es gibt da einen Doktor, der nichts finden kann, was einem Patienten fehlt, und der Patient beklagt sich darüber. Dieser Aspekt des Traumes wird übergangen. Vielleicht sollte man richtiger sagen, dieser Widerstand wird umgangen, indem man sich in die Tiefe stürzt. Der Analytiker handhabt die Situation, indem er das Kleinsche Deutungsklischee der »Verfolgung durch böse innere Objekte« verwendet. Es wird kein Versuch gemacht, an die gegenwärtige Beziehung des Patienten zum Analytiker oder an die aus seiner persönlichen Lebensgeschichte stammende Erfahrung mit analen Untersuchungen, inkompetenten Ärzten, roten Spinnen usw. heranzukommen. Die individuellen Erlebnisse des Patienten werden vernachlässigt. Außerdem scheint sich der Analytiker nicht um die Beurteilung der Bereitschaft des Patienten zu kümmern, sich den Triebinhalten zu stellen; es scheint keine Rücksicht auf Probleme der Dosierung oder der Wahl des richtigen Zeitpunkts zu geben. Deutungen der primitivsten infantilen Triebkomponenten oder Introjekte werden vom Anfang der Analyse an gegeben. Die Kleinianer scheinen mit ihren Patienten in einer Weise zu arbeiten, die die technische Regel von der Bewußtmachung des Unbewußten karikiert. Sie scheinen sich um das Problem des Vorhandenseins oder Nichtvorhandenseins des rationalen Ichs des Patienten nicht zu kümmern. Sie geben eine Inhaltsdeutung nach der anderen, die sich anscheinend an irgendeinen computerähnlichen Intellekt richten, der ein stereotypisiertes Es besitzt.

Ich habe im Dezember 1962 an einer Arbeitstagung über Melanie Kleins Beiträge unter dem Vorsitz von Elisabeth Zetzel teilgenommen; diese Tagung fand im Rahmen der Winter-Zusammenkunft der Amerikanischen Psychoanalytischen Vereinigung statt. Es waren etwa zwanzig Analytiker aus allen Teilen der USA anwesend, mit verschiedenem Werdegang, verschiedenen Interessen und Erfahrungen. Alle waren sich einig, daß Melanie Klein und ihre Anhänger wertvolle Beiträge zu unserem Verständnis der frühen Objektbeziehungen, der frühesten Varianten von Haß und Aggression und der speziellen Schicksale der primitiven Feindseligkeit geleistet haben. Es herrschte auch allgemeine Übereinstimmung darüber, daß die Kleinianer die Arbeit mit Widerständen als solchen nicht kennen, das Arbeitsbündnis vernachlässigen, die persönliche Vorgeschichte des Patienten unterschätzen und ausführliche, komplizierte Phantasien über präverbale Zeiten verallgemeinern.

Alexander und seine Gefolgsleute scheinen ins entgegengesetzte Extrem zu gehen. Während die Kleinianer vom Anfang der Analyse an die infantilsten Triebstrebungen hinter den Widerständen deuten, versucht die Alexandersche Schule die Widerstände durch eine Reihe verschiedener Manipulationen zu handhaben. Sie scheinen zum Ziel zu haben, ihren Patienten zum *Vermeiden* der Widerstände, vor allem der Regression, zu verhelfen, die sie im Grunde für überflüssig halten. Alexander befürwortet die Manipulation der Häufigkeit von Analysesitzungen, um den Patienten zu hindern, allzu regressiv abhängig zu werden. Er pflegt die Häufigkeit der Sitzungen auf zwei oder sogar nur eine in der Woche zu reduzieren. Man muß der Tendenz des Patienten entgegentreten, »sich in eine sichere, bequeme Übertragungsneurose sinken zu lassen« (Alexander et al., 1946, S. 33). Er deutet an, wenn ein Patient Material wiederhole, das er vorher schon viele Male gebracht hat, solle man die Behandlung unterbrechen, so daß der Patient »erfährt, welche seiner früheren Schwierigkeiten noch vorhanden sind ...« (S. 36). Außerdem glaubt Alexander, der Analytiker »sollte den Patienten ermutigen (oder sogar von ihm fordern), die Dinge zu tun, die er früher vermieden hat, um mit der Tätigkeit zu experimentieren, in der er früher versagt hat« (S. 41).

French, ein Mitarbeiter Alexanders, gibt seine Ansichten über die Handhabung von Widerständen deutlich zu erkennen, indem er davor warnt, zu sehr an Einsicht zu glauben. Ich zitiere jetzt aus einem Absatz über die Handhabung feindseliger Impulse: »Es ist daher oft möglich, durch das Eindringen in das Problem, das die feindseligen Impulse hat entstehenlassen, diese Impulse auszuschalten, ohne zu irgendeiner Zeit die Aufmerksamkeit des Patienten direkt auf sie zu konzentrieren, lediglich indem man dem Patienten hilft, eine Lösung für das zugrundeliegende Problem zu finden« (Alexander et al., 1946, S. 131).

Offensichtlich kann man die Methoden des Umgangs mit Widerständen, die Alexander und seine Anhänger befürworten, nicht als psychoanalytisch betrachten. Sie sind im Grunde manipulativ und anti-analytisch. Der Patient lernt nicht, seine Widerstände zu erkennen und zu verstehen; es wird kein Wert auf Einsicht als Mittel zur Überwindung von Widerständen gelegt, es wird kein Versuch gemacht, die Ich-Struktur zu verändern. Der omnipotente Therapeut entscheidet, mit welchen Widerständen der Patient fertigwerden kann, und welche er für immer vermeiden muß. Das mag eine wirksame Psychotherapie der Symptome sein, aber es ist gewiß keine Psychoanalyse.

2.7 Technische Regeln in bezug auf Widerstand

Hier können wir nun, so glaube ich, gewisse allgemeine Leitlinien für die Festsetzung unseres technischen Vorgehens aufzeigen. Diese Regeln sollen keine Gebote oder Gesetze sein, sondern vielmehr Wegweiser, die die allgemeine Richtung angeben. Alle Regeln müssen elastisch angewandt werden; sie müssen dem Patienten angemessen sein, ebenso dem Analytiker und der Situation. Eine technische Maßnahme ist nur dann nützlich, wenn man das klinische Problem, die Fähigkeiten des Patienten und die Ziele einbezieht, die man zu erreichen versucht. Man kann das gleiche Ziel erreichen, indem man Umwege einschlägt, aber auf einer langen Reise ist es praktisch wichtig, eine Straßenkarte im Kopf zu behalten, die das Gelände, die Topographie, die Hindernisse usw. anzeigt. Die folgenden Regeln sind solche Richtpunkte. Sie sind besonders wertvoll, wenn man sich hilflos oder unsicher fühlt. Freud nannte die Regeln, die er niederlegte, »Ratschläge«, und er verlangte nicht, man solle sie bedingungslos annehmen. Er hatte das Gefühl, psychische Konstellationen seien so verschiedenartig und es gebe eine solche Fülle von bestimmenden Faktoren, daß sich jede Mechanisierung der Technik irgendwann als ineffektiv erweisen würde. Trotzdem glaubte er, bestimmte Verfahren seien für die Durchschnittssituation nützlich (Freud, 1913 b, G.W. Bd. 8, S. 445).

2.71 *Man analysiere den Widerstand vor dem Inhalt, das Ich vor dem Es, man beginne an der Oberfläche*

In der Frühzeit der Psychoanalyse konzentrierte man die Technik auf die Versuche, die verdrängten Erinnerungen wieder zu fassen; die Aufgabe war einfach, das Unbewußte bewußtzumachen. Widerstände konnte man umgehen, indem man Deutungen auf Grund der freien Assoziationen des Patienten gab. Freud erkannte bald, daß die Betonung falsch war, daß nicht das Wiedererlangen der vergessenen Erinnerung therapeutisch wirksam war, sondern die Überwindung des Widerstands. Wenn die Widerstände noch bestehen, sind die wiedererlangten Erinnerungen nicht in der Lage, eine Veränderung zu bewirken, weil sie auf die gewohnte Weise den Widerstandskräften unterliegen (1913 b, G.W. Bd. 8, S. 476). 1914 stellte Freud fest, die Aufgabe des Analytikers bestehe darin, die Widerstände des Patienten zu analysieren und zu deuten. Wenn einem dies gelinge, entdecke der Patient oft die vergessenen Erinnerungen wieder und stelle die richtigen Zusammenhänge her (1914 c, G.W. Bd. 10, S. 127).

Sobald die zentrale Rolle der Kräfte des Widerstands erkannt worden war, wurde die alte topische Formel von der Bewußtmachung des Unbewußten ersetzt durch eine dynamische Formel: wir analysieren Widerstände vor dem Inhalt (Fenichel, 1941, S. 45). Diese Formulierung widerspricht der früheren nicht, sie wandelt sie nur ab. Die Bewußtmachung des Unbewußten ist nur dann nützlich, wenn dadurch die Dynamik eines neurotischen Konflikts geändert wird. Es ist sinnlos, das Verdrängte aufzudecken, wenn ihm wieder die gleichen Abwehrkräfte begegnen, die die erste Verdrängung bewirkt haben. Zuerst muß eine Veränderung in der Instanz vor sich gehen, die Widerstand leistet. Die verschiedenen Verfahren der Widerstandsanalyse (siehe Abschnitt 2.6) sind darauf gerichtet, günstige Veränderungen in den Widerstand leistenden Kräften zu bewirken.

An dieser Stelle ist es nützlich, den strukturellen Gesichtspunkt hereinzubringen, denn er macht unsere therapeutische Aufgabe noch deutlicher. Unser Endziel ist es, das Ich zu befähigen, besser mit dem Es, dem Über-Ich und der Außenwelt fertigzuwerden (Freud, 1923 b, G. W. Bd. 13, S.

277—278). Im Prozeß der Analyse kann man das Ich des Patienten so ansehen, als habe es zwei verschiedene Aspekte und Funktionen. Das unbewußte, irrationale Ich ist der Urheber der pathogenen Abwehr und tritt während der Behandlung als das erlebende Ich in Erscheinung. Das bewußte, rationale Ich ist der Verbündete des Analytikers und tritt klinisch während der Analyse als beobachtendes Ich des Patienten auf (Sterba, 1934). Die technische Regel, man solle den Widerstand vor dem Inhalt analysieren, läßt sich auch strukturell ausdrücken: Man sollte das Ich vor dem Es analysieren (Freud, 1933, G. W. Bd. 15, S. 86; Fenichel, 1941, S. 56). Genauer gesagt: Die Eingriffe des Analytikers sollten darauf abzielen, das rationale Ich besser fähig zu machen, mit den alten Gefahrensituationen fertigzuwerden.

Früher hat der Patient diese Gefahren als zu bedrohlich empfunden, und sein irrationales Ich hat die pathogenen Abwehrmechanismen eingesetzt, die die neurotischen Symptome zur Folge hatten. Wir erwarten, daß das rationale Ich des Patienten in der analytischen Situation mit Hilfe des Arbeitsbündnisses und der richtigen Abfolge der Deutungen seine Kräfte erweitert, je mehr es damit vertraut wird, wie es in der Gegenwart — im Gegensatz zur Vergangenheit — operieren kann, wie es früher Gefahren beurteilt hat und wie es jetzt die gleichen Gefahren neu beurteilen würde usw. Die Arbeit mit dem beobachtenden Ich des Patienten und die Demonstration der Unvernünftigkeit der Operationen des erlebenden Ichs machen es dem rationalen Ich möglich, seine Herrschaft zu erweitern. Wir analysieren den Widerstand vor dem Inhalt oder das Ich vor dem Es, so daß der Patient, wenn wir ihm den abgewehrten Inhalt deuten, angemessener mit ihm umgeht und nicht nur seine früheren neurotischen Verhaltensweisen wiederholt.

Um die Überlegungen hinter diesen Formulierungen zu verdeutlichen, möchte ich ein klinisches Beispiel anführen:

Der Patient Herr Z.[1], ein junger Mann, der seit etwa eineinhalb Jahren in Analyse ist, beginnt die Stunde, indem er folgenden Traum erzählt: »Ich träumte, daß ich auf einem riesigen Bett lag. Ich war völlig unbekleidet. Eine große Frau kam herein und sagte, sie müsse mich baden und machte sich daran, mein Geschlechtsorgan zu baden. Ich wurde wütend und schämte mich, weil mein Geschlechtsorgan nicht erigierte.«

Ich schweige, und der Patient beginnt zu sprechen. Hier ist das Wesentliche seiner Assoziationen: »Die Frau im Traum hat Ähnlichkeit mit einer Freundin der Familie. Tatsächlich sah sie aus wie die Mutter meines guten Freundes John. Sie ist auch eine Freundin meiner Eltern, besonders meiner Mutter, aber sie ist nicht wie meine Mutter. Sie ist nicht verwöhnt. Sie ist kein verwöhntes Gör, wie

---

[1] Von Herrn Z. war schon in den Abschnitten 2.52 und 2.54 die Rede.

meine Mutter es war. Ich mochte diese Frau gern. Ich hab' mir oft gewünscht, ich hätte so eine Mutter [Pause] ... Ich hatte am Wochenende eine Verabredung, und wir haben uns sexuellen Spielen hingegeben ... [Pause]. Sie ist verheiratet. Und sie war ganz bereitwillig; ja, sie war sogar die Aggressive. Frauen, die sich so benehmen, sind wie Prostituierte. Sie haben kein Gefühl für Liebe, sie interessieren sich nur für Sex. Sie wollen bedient werden. All dies Gerede ist mir ziemlich unbehaglich ... [Pause].«

An diesem Punkt ist, glaube ich, klar, daß wir es mit einer Situation zu tun haben, in der Herr Z. sich müht, gewisse infantile Sexualwünsche und -ängste auszudrücken und zu verbergen. Wenn man sich den manifesten Trauminhalt und die Assoziationen ansieht, ist nicht allzu schwer zu erkennen, daß es bei diesem Material darum geht, daß der Patient ein kleiner Junge ist, der auf einem großen Bett liegt und den kindlichen Wunsch hat, seine Mutter solle seinen Penis liebkosen. Aber es ist auch ein wenig Wut und Beschämung vorhanden, weil sein Penis nicht so eindrucksvoll ist wie der seines Vaters. Er kann diese Frauen nicht leiden, die große Penisse bevorzugen, aber er will doch, daß sie mit seinem Penis spielen. Diese Inhalte sind zwar ziemlich klar, aber es wäre verkehrt, wollte man dem Patienten irgendetwas davon deuten, denn es ist auch offensichtlich, daß in Herrn Z. starke Neigungen bestehen, vor all diesem wegzulaufen, es zu verbergen, es alles zu verdecken. Man beachte die Sprechweise, wie gestelzt, wie ausweichend, wie steril sie ist. »Ich war völlig unbekleidet.« Eine Frau machte sich daran, sein »Geschlechtsorgan« zu baden. »Mein Geschlechtsorgan erigierte nicht.« »Wir haben uns ›sexuellen Spielen‹ hingegeben.« Dann das offene Eingeständnis: »Mir ist unbehaglich, wenn ich über dies alles rede.«

In einer solchen Situation, wenn verdrängte Inhalte zum Vorschein kommen, wenn zugleich aber erheblicher Widerstand besteht, halte ich es für sinnlos, zu dem abgewehrten Inhalt überzugehen, bevor ich einige Widerstände des Patienten analysiert und teilweise durchgearbeitet habe. Wenn ich versucht hätte, den verlegenen Herrn Z. darauf hinzuweisen, er scheine zu wollen, daß eine mütterliche Person seinen Penis liebkose, hätte er mich wütend beschuldigt, ich sei ein lüsterner alter Mann oder er wäre in eisigem Schweigen erstarrt. Ich bin dessen ziemlich sicher, denn bei anderen Gelegenheiten hat er so reagiert, selbst nachdem ich versucht hatte, seine Widerstände zu bearbeiten.

Darum entscheide ich mich dafür, zunächst die Widerstände zu bearbeiten, und erst wenn ich Anzeichen für Veränderungen in den Widerständen sehe, versuche ich, den Patienten mit dem Inhalt zu konfrontieren. Ich sage zu Herrn Z., als er in Schweigen verfällt: »Sie scheinen heute in Verlegenheit zu sein, wenn Sie versuchen, mir von Ihren sexuellen Erlebnissen zu erzählen. Selbst Ihre Sprache wirkt gestelzt.« (Ich sage »heute«, weil er bei anderer Gelegenheit fähig war, sich in bezug auf sexuelle Dinge direkter auszudrücken, und ich erinnere ihn auf diese Weise daran.) Darauf antwortete Herr Z.: »Na ja, es nützt nichts, grob zu sein ... [Pause]. Ich weiß nicht, was für eine Sprache ich hier benützen soll. Ich frage mich oft, wie Sie auf eine vulgäre Redeweise reagieren würden. Wie würden Sie reagieren, wenn ich die ersten besten Wörter gebrauchen würde, die mir einfallen? Es ist mir, gleich nachdem ich dies gesagt hatte, klargeworden, daß das wahrscheinlich gerade das ist, was Sie wollen ... [Pause]. Ja, Sie sind es gar nicht, der das mißbilligen würde, ich bin es selber; ich halte diese Art von vulgärer Ausdrucksweise nicht für richtig ... [Pause]. Der Traum war so lebhaft, die Gefühle in dem Traum waren so stark ... ich fühlte mich so kindisch.«

An dieser Stelle habe ich das Gefühl, der Patient habe es für den Augenblick fertiggebracht, einen Aspekt seines Übertragungswiderstands erfolgreich zu bearbeiten. Er hat begriffen, daß er seine Mißbilligungsgefühle auf mich projiziert hat und daß diese Gefühle der Mißbilligung unangebracht waren. Wir hätten diesem Widerstand weiter nachgehen können, aber nun scheint der Patient bereit, dem Inhalt des Traumes nachzugehen, denn er kommt spontan auf die Gefühle im Traum zurück. Ich mache daher die nächste Intervention. »Sie wurden wütend und beschämt, aber wie haben Sie sich im Traum gefühlt, als die Frau anfing, Ihren Penis zu liebkosen?«

Hier sollte man beachten, daß ich einen Schritt weitergehe als der Patient. Ich benütze nicht seine gestelzte Redeweise, sondern verwende Alltagsausdrücke, und ich spreche in offenem Ton. Ich spreche von einer Frau, die seinen Penis liebkost, nicht ihn badet. Der Patient reagiert zunächst mit Schweigen. Dann sagt er: »Ja, zunächst hatte ich es gern ... [Pause].« Dann fährt er fort, bei der Verabredung habe die Frau »dies« getan ... sie habe mit seinem Penis gespielt. Aber er möchte mir versichern, sie sei die Aggressive gewesen, nicht er. Er muß aber zugeben, daß es ihm gefallen hat; ja, tatsächlich hat es ihm ungeheuer gut gefallen; tatsächlich, wenn er es zugeben muß, er würde diese Art von sexueller Lust jeder anderen vorziehen. Aber irgendwie hat er das Gefühl, es ist nicht recht ... [Pause]. Die Frau war verheiratet. Ihr Mann ist ein hohes Tier. Er war entzückt, ihren Mann zu betrügen, aber in Wirklichkeit war es kein so großer Betrug, denn sie leben getrennt. »Es war kein wirklicher Sieg, nur ein hohler Sieg. Das ist wie bei meiner Arbeit; es sieht aus, als ob ich schwer arbeite, aber es ist keine wirkliche Arbeit, und ich arbeite in Wirklichkeit nicht schwer. Es ist wie alles andere; ich will nichts tun, ich will, daß man mir etwas schenkt. Ich tue die ganze Zeit so, als sei ich aktiv und als strengte ich mich an, aber in Wirklichkeit will ich, daß jemand mir etwas schenkt.«

Der Patient scheint gut zu arbeiten, sein Widerstand ist vorläufig verschwunden. Also gebe ich ihm an dieser Stelle eine weitere Deutung. Ich sage, mir komme es so vor, als habe er das Gefühl genossen, von einer großen Frau sexuelle Lust zu bekommen, und obwohl er es genossen habe, habe er sich auch geschämt, weil er sich wie ein kleiner Junge gefühlt habe. Darauf antwortete der Patient, ja, im Traum sei das Bett so groß gewesen, es sei riesig gewesen, im Vergleich dazu müsse er sehr klein gewesen sein. Dann macht er eine Pause und sagt: »Sie müssen denken, das habe etwas mit meiner Mutter zu tun? Pfui. Es stimmt, die Frau, mit der ich die Verabredung hatte, hatte irgendwie die gleichen schweren Oberschenkel, die ich an meiner Mutter so abstoßend fand.«

Dieses klinische Beispiel veranschaulicht, daß es durch das Anfangen beim Widerstand möglich war, mit diesem Patienten ein echtes Stück analytischer Arbeit zu leisten. Ich glaube, wenn ich dem Widerstand ausgewichen und direkt auf den Inhalt eingegangen wäre, hätte es entweder eine wütende Verleugnung gegeben oder eine intellektuelle Diskussion oder Unterwürfigkeit mit keiner wirklichen Emotion und keiner wirklichen Einsicht. Wir wollen dieses klinische Bruchstück als Beispiel benützen und versuchen, die rationale hinter der technischen Regel »Man analysiere den Widerstand vor dem Inhalt« zu überprüfen.

Damit eine Deutung oder Konfrontation wirksam werden kann, müssen wir sicher sein, daß der Patient die Deutung oder Konfrontation wahrnehmen, verstehen, erfassen kann. Darum müssen wir sicher sein, daß dem Patienten ein rationales Ich zur Verfügung steht. Wir analysieren zunächst die Widerstände, weil sie die Bildung eines vernünftigen Ichs stören. Genauer gesagt: Der verlegene Patient hat ein eingeschränktes rationales Ich. Wenn ich ihn mit Inhalten konfrontiere, die Verlegenheit hervorrufen, wird er auch noch die begrenzte Vernünftigkeit einbüßen. Ich muß in dem Bereich arbeiten, in dem er sein begrenztes vernünftiges Ich einsetzen kann. Ich weise darauf hin, daß er verlegen ist; das ist offensichtlich, das ist seinem rationalen Ich zugänglich, das wird ihn nicht zum Weglaufen veranlassen, er kann es ertragen, sich dieser Tatsache zu stellen. Ich frage mich mit ihm, was ihn heute verlegen macht, wobei ich ihn indirekt erinnere, daß er nicht immer verlegen ist. Zunächst verteidigt er sich irrational, sagt, es nützt nichts, grob zu sein, und fragt sich, wie ich darauf reagieren würde. Sein rationales Ich, das sich nicht isoliert und allein fühlt, macht einen großen Schritt vorwärts, erweitert seine Vernünftigkeit, und er wagt zu erkennen, daß nicht ich es bin, der mißbilligen würde, sondern er selber. Dann erkennt er, daß seine Reaktion unangemessen ist, er betrachtet dieses Verhalten analytisch, er hat eine vorübergehende und teilweise Identifikation mit mir, ein Arbeitsbündnis in bezug auf seinen Widerstand hergestellt. Ich hatte auf etwas in seinem Verhalten hingewiesen, er konnte mir folgen und im gleichen Sinn wie ich verstehen. Da er dieses Bündnis mit mir schloß, wurde sein rationales Ich stärker, und nun wagte er es, das analytisch zu betrachten, was er erlebt hatte. Es war mir gelungen, in seinem Ich eine Spaltung herbeizuführen; dieses hatte nun eine erlebende und eine beobachtende Funktion. Dann konnte er das rationale, beobachtende Ich erweitern. Sterbas ausgezeichnete Abhandlung (1934) über dieses Thema ist eine unerläßliche Lektüre.

Mein verlegener Patient wäre wütend geworden oder hätte sich distanziert und nicht mit mir gearbeitet, wenn ich mit den beunruhigenden Inhalten seiner Träume und Assoziationen angefangen hätte. Ich begann mit etwas, das seinem bewußten Ich zugänglich war, mit etwas, das er bereitwilliger als sein eigenes Gefühl anerkennen konnte. Um eine andere topische Formulierung zu zitieren: ich begann mit der Oberfläche (Freud 1905 a, G.W. Bd. 5, S. 169; Fenichel, 1941, S. 44). Ich appellierte an seine Vernunft, und er konnte vernünftig sein und zugeben, daß er verlegen gewesen war. Dann kam ein Arbeitsbündnis mit mir zustande, und nun konnte er selber seine unangemessene Übertragungsreaktion auf mich analysieren. Wenn er es nicht getan hätte, hätte ich ihm dies gedeutet. Nun hatten wir ein starkes rationales Ich, mit dem wir arbeiten konnten, und nun konnte ich es wagen, das peinliche abgewehrte Material anzugehen.

Ich beschloß, seinen *Wunsch* zu bearbeiten, von einer großen Frau geliebkost zu werden, denn seine Masturbationsphantasien verursachten ihm immer noch große Schuldgefühle, und er hatte vorher schon mehrere zögernde Versuche gemacht, daran zu arbeiten. Ich hatte das Gefühl, wenn ich ihn dazu bewegen könnte, die infantile Natur seiner sexuellen Wünsche zu erkennen, werde er besser in der Lage sein, seine Schuldgefühle, seine Impotenz und seine Beschämung zu verstehen. Ich fragte ihn, wie er sich gefühlt habe, als die Frau anfing, seinen Penis zu liebkosen, denn das hatte er in seinem Traumbericht offensichtlich ausgelassen, wie er ja auch seine sexuellen Reaktionen nicht offenbart hatte, die eingetreten waren, als seine Freundin das gleiche getan hatte. Die Intervention war recht produktiv; er kämpfte noch einmal gegen seine Widerstände und erkannte schließlich, daß ihm diese passive sexuelle Lust lieber war als alle anderen Arten.

Nun glaubte ich, er könne bereit sein, sich mit der Tatsache konfrontieren zu lassen, daß dies infantil, d. h. inzestuös sei — also führte ich ihn in diese Richtung, indem ich darauf hinwies, diese Betätigung beschäme ihn, denn er fühle sich dabei wie ein kleiner Junge, dem eine große Frau sexuelle Lust verschafft. Er nahm dies auf und kämpfte damit. Er erkannte, daß es ihm gefiel, Ehemänner zu betrügen, er machte sich klar, daß das ein hohler Sieg war, dann wagte er zu denken, dies könne seine Mutter sein, indem er zunächst sagte, »Sie müssen denken, dies ...« Dann nahm er es schließlich an und bestätigte es. Wie dehnte sich sein kleines rationales Ich aus, und wie war es in der Lage, erfolgreich gegen alle Arten von Widerstand zu kämpfen, je weiter die Stunde voranschritt! Während der ganzen Stunde konnte man seinen Kampf gegen die Widerstände beobachten. Wenn sie stärker geworden wären und das vernünftige Ich an der Entwicklung gehindert hätten, wäre es notwendig gewesen, die Widerstände weiter zu bearbeiten und auf die Arbeit mit den Inhalten zu verzichten.

Diese technischen Regeln sind grundlegend: Man analysiere den Widerstand vor dem Inhalt, das Ich vor dem Es, und man beginne an der Oberfläche. Das Arbeiten mit Inhalten mag interessanter sein, funkelnder; die Arbeit mit Widerständen ist mühsamer. Aber wenn die Ich-Widerstände nicht analysiert werden, kommt die analytische Arbeit zum Stillstand. Der Patient beendet die Analyse, regrediert destruktiv, oder die Analyse wird ein intellektuelles Spiel oder eine versteckte Übertragungsbefriedigung.

Die Regel, daß wir den Widerstand vor dem Inhalt analysieren, darf *nicht* so verstanden werden, daß wir den Widerstand allein analysieren oder ihn zuerst angehen, und daß wir den Inhalt ganz vermeiden, bis der Widerstand aufgelöst ist. In Wirklichkeit sind Widerstand und Inhalt nicht immer scharf getrennt. In den verschiedenen von mir angeführten Beispielen wird häufig deutlich, wie Widerstand zum Inhalt wird und wie dann ein bestimmter Inhalt als Widerstand benützt wird. Außerdem führt die Analyse jedes Widerstands zu seiner Vorgeschichte, d. h. zum Inhalt. Schließlich müssen wir vielleicht etwas vom Inhalt benützen, um den Widerstand sichtbar zu machen. Die technische Grundregel bedeutet, daß Inhaltsdeutungen nicht wirksam werden, bevor die wichtigen Widerstände genügend analysiert sind. Das letzte Beispiel von dem verlegenen Patienten macht das ganz deutlich. Er konnte nicht mit dem Material arbeiten, bis er seinen Übertragungswiderstand merklich überwunden hatte. Nun möche ich ein Beispiel dafür bringen, wie man Inhalte benützen kann, um einen Widerstand zu analysieren.

Frau K.[2], eine Patientin im vierten Jahr ihrer Analyse, beginnt die Stunde, indem sie mir folgende Träume erzählt: 1. »Ich werde nackt photographiert, dabei liege ich in verschiedenen Stellungen auf dem Rücken, einmal mit geschlossenen Beinen, einmal mit gespreizten Beinen.« 2. »Ich sehe einen Mann mit einem gebogenen Maßstab in der Hand; dieser trug Schriftzeichen, die erotischen Inhalts sein sollten. Ein rotes kleines Ungeheuer mit Dornen auf dem Rücken biß diesen Mann mit winzigen scharfen Zähnen. Der Mann klingelte um Hilfe, aber es hörte niemand außer mir, und mir schien es gleichgültig zu sein.«

Ich möchte hier einfügen, daß die Patientin in den vergangenen Stunden das Problem ihrer Angst vor ihren homosexuellen Antrieben bearbeitet hatte, die sie mit ihrer Klitorissexualität — im Gegensatz zu ihrer Vaginalsexualität — in Verbindung brachte. Nun, da sie die Fähigkeit erlangt hatte, einen Vaginalorgasmus zu erleben, war sie kühner geworden in der Untersuchung dieser Bereiche. Außerdem hatte sie ihren Penisneid niemals wirklich empfunden und hatte erst vor kurzem erkannt, daß ihre Einstellung — ich bin froh, daß ich eine Frau bin, als Mann hätte ich versagt — eine Abwehr gegen eine tiefsitzende und bis jetzt unberührte Feindseligkeit gegen den Penis des Mannes war. Wenn wir dies alles wissen, ist offensichtlich, daß der manifeste Inhalt dieser Träume eine Weiterführung dieser Themen ist. Nackt photographiert werden bezieht sich auf Probleme des Bloßgestelltwerdens als penislos. Der Mann mit dem Maßstab, um den sie sich nicht kümmert, stellt offenbar den Analytiker dar. Das rote Ungeheuer, mit dem er kämpft, könnte eine Projektion ihrer Gefühle in bezug auf das männliche Genitale oder eine Rache für diese Gefühle darstellen.

Die Patientin beginnt in etwas traurigem, leerem Ton zu sprechen. Sie erzählt von Plänen für eine Party für ihre zweieinhalbjährige Tochter. Sie hofft, das Kind werde an der Party seinen Spaß haben und sie nicht abscheulich finden, wie sie selber es als Kind tat. Sie ist mit ihrem Verlobten ausgegangen und hat ihm gegenüber bissige Bemerkungen gemacht, Vorwürfe wegen seiner dekadenten

---

[2] Ich habe von Frau K. schon in den Abschnitten 1.24 und 2.651 gesprochen.

Vergangenheit, er sei ein Schürzenjäger, ein Lump gewesen. [Pause]. Ihre Periode ist einen Tag überfällig, und sie glaubt, sie sei schwanger, aber es scheint ihr gleichgültig zu sein. [Pause]. Sie hat das Gefühl, in ihr stimme etwas nicht, etwas Abstoßendes sei in ihr; das erinnert sie an die Gefühle, die der Mann in *The Immoralist* hatte, der sich von der Tuberkulose seiner Frau abgestoßen fühlte. [Pause]. »Ich bin auf einer langweiligen Party gewesen, und ich fand es entsetzlich. [Schweigen] Ich wünschte, Sie würden etwas sagen, ich fühle mich leer. Ich bin auf meine Kleine wütend geworden und hab sie geschlagen. Dann wurde sie sehr liebevoll. [Schweigen] Ich fühle mich distanziert und weit weg.«

An dieser Stelle greife ich ein und sage: »Sie fühlen sich distanziert und leer, weil Sie Angst zu haben scheinen, das verhaßte Ungeheuer in Ihrem Inneren anzuschauen.« Die Patientin antwortet: »Das Ungeheuer war rot, in Wirklichkeit dunkel-rotbraun, wie altes Menstruationsblut. Es war ein mittelalterlicher Teufel, wie man sie auf den Bildern von Hieronymus Bosch sieht. So bin ich; wenn ich ein Bild wäre, dann wäre ich sowas, voll von allerlei Dämonen der Sexualität, der Defäkation, der Homosexualität und des Hasses. Ich nehme an, ich will mich nicht meinem Haß stellen, meinem Haß auf mich selbst, auf Bill, auf meine Kleine und auf Sie. Ich habe mich gar nicht wirklich verändert, und ich hatte geglaubt, ich hätte große Fortschritte gemacht.« [Schweigen]

Ich interveniere: »Wir haben vor kurzem ein neues Ungeheuer entdeckt: Ihre Wut auf den Penis der Männer und Ihren Ekel vor Ihrer Vagina. Und Sie laufen davor weg, indem Sie versuchen, sich in die Leere zu flüchten.« Die Patientin antwortet: »Sie klingen so selbstsicher, als hätten Sie alles gelöst. Vielleicht laufe ich weg. Ich hab ein Buch gelesen von einem Mann, der seiner Frau Cognac gab, um sie betrunken zu machen, so daß sie eine bessere Sexualpartnerin würde, und sie tat so, als sei sie betrunken, damit sie ihre wirklichen Gefühle herauslassen konnte. Vielleicht bin ich auch so. Ich würde euch Männern wirklich zeigen, was ich sexuell leisten könnte. Ich hab' manchmal das Gefühl, daß ich unter diesem Äußeren eines sanften Sklavenmädchens, das ich zur Schau trage, einen Zug zur Großartigkeit habe. Ich würde euch miserablen ›Fickern‹ schon zeigen, wie man einen Penis gebraucht, wenn ich einen hätte. Ja, als Bill neulich abends sein Bestes tat, um mich zu befriedigen, hab' ich ihn angesehen, und es fuhr mir durch den Kopf, wer ist nun hier der ›Sklave‹. Und dieser Maßstab — ich erinnere mich, daß ich Sie einmal gefragt hab', nach welchem Maßstab messen Sie eine Neurose? Ich hasse es, mich dumm zu fühlen, und manchmal machen Sie und diese Analyse mich so. Ich könnte ebenso scharf sein wie Sie, wenn ich es wagte. Aber dann fürchte ich, ich könnte Sie verlieren oder ich könnte abstoßend auf Sie wirken und Sie würden mich im Stich lassen. Ich nehme an, ich muß mehr Vertrauen zu Ihnen entwickeln. Ich kann von Bill nicht erwarten, daß er mit alledem fertigwird — aber Sie sollten es können . . .«

Ich lege dieses Bruchstück einer Stunde vor, um zu zeigen, wie ich den Widerstand der Patientin bearbeitet habe, indem ich den Inhalt zu Hilfe nahm. Ich gab ihr die Deutung, sie laufe davon in die Leere, um dem Ungeheuer ihres Penisneides, ihrem verhaßten inneren Penis und der maskulinen Identifikation zu entkommen. Diese Formulierung half ihr zu erkennen, daß sie versuchte, dieses verhaßte Introjekt zu verleugnen und es dann auf mich und auf ihren Verlobten zu projizieren. Sie konnte seine

Widerstand erzeugende Wirkung wahrnehmen und war in der Lage anzufangen, es in sich selbst zu untersuchen. Die Klärung des Inhalts half ihr, ihren feindselig-depressiven Übertragungswiderstand zu bearbeiten.

2.72 Der Patient bestimmt das Thema der Stunde

Diese technische Regel ist eine Erweiterung der alten Regel: Beginne jede Deutung von der Oberfläche her. Wir haben diese topische Formulierung revidiert und sie strukturell ausgedrückt, so daß sie nun lautet: Wir beginnen unsere Deutungen mit dem, was dem bewußten, rationalen Ich des Patienten zugänglich ist. Die Regel, daß wir den Widerstand vor dem Inhalt analysieren, ist eine Anwendung der ersten Regel. Da Widerstände ein Produkt von Ichfunktionen sind, sind sie dem rationalen Ich zugänglicher als Es-Material. Diese Überlegung gilt auch für die Parallelformulierungen: Man analysiere die Abwehr vor dem Verdrängten und das Ich vor dem Es.

Freud (1905 a, G. W. Bd. 5, S. 169) gab im Fall Dora die technische Empfehlung: man lasse den Patienten das Thema der Stunde bestimmen. Damals verband er mit seinem Rat die Empfehlung, man solle die analytische Arbeit an der Oberfläche des Unbewußten des Patienten beginnen. Wir zwingen dem Patienten weder unsere Interessen noch unsere theoretischen Überlegungen auf. Die Methode des freien Assoziierens beruht auf unserem Wunsch, den Patienten das Thema der Stunde wählen zu lassen. Durch die Assoziationen haben wir Zugang zu dem, was für den Patienten im Augenblick lebendige psychische Wirklichkeit ist. Seine Assoziationen offenbaren uns, was ihn beschäftigt, was ins Bewußtsein aufsteigen möchte, was ihm wichtig ist. Die Assoziationen oder ihr Ausbleiben zeigen uns auch an, was er zu vermeiden sucht. Aus diesem Grunde schließe ich diese Regel in die technischen Regeln in bezug auf den Widerstand ein. Der Patient bestimmt sehr oft durch das, worüber er schweigt, was er vermeidet oder wie er vermeidet, das Thema der Stunde.

Das bedeutet nicht, daß der Patient absichtlich bestimmen kann, worüber *wir* sprechen. Zum Beispiel: Ein Patient beginnt die Stunde, indem er sagt: »Ich will mit Ihnen über meine Frau sprechen.« Dann verbringt er einen großen Teil der Sitzung damit, mir zu beschreiben, wie rätselhaft seine Frau auf ihn reagiert. Ich schweige, weil ich den Eindruck habe, daß er über etwas spricht, was ihm emotional wichtig ist, und weil ich nichts Ausweichendes in seinen Produktionen entdecke. An einer Stelle verspricht er sich jedoch und sagt: »Meine Mutter stellt sehr hohe sexuelle Ansprüche ... ich meine, meine Frau.« An dieser Stelle verändere ich den Brennpunkt dessen, was er sagt, indem ich ihn auffordere, mir zu sagen, wie seine Mutter im Vergleich zu seiner Frau ist. In Wirklichkeit wechsle ich nicht das Thema; er hatte es unbewußt schon gewechselt, ich bin nur seinem Hinweis gefolgt.

Den Patienten das Thema der Stunde »wählen« lassen, bedeutet 1., man lasse den Patienten jede Stunde mit dem manifesten Material *beginnen*, das ihn beschäftigt, und 2., man dränge ihm nicht die eigenen Interessen auf. Wenn einem das Material der gestrigen Stunde auch sehr wichtig vorgekommen ist, muß man doch auf sein Interesse verzichten und dem Patienten folgen, solange er produktiv arbeitet. Ausbildungskandidaten pflegen oft das Material ihrer Kontrollsitzung in ihre Arbeit mit den Patienten einzuführen, auch wenn es nicht wirklich relevant ist. Manche Analytiker gehen der Deutung eines Traums auch dann nach, wenn er nicht der wichtigste Teil der Stunde ist, weil sie das Arbeiten mit Träumen genießen. 3. Der Patient wählt zunächst das Material der Stunde, aber wir wählen aus seinem Material das aus, was wir für sein aktuelles Anliegen halten oder wovon wir glauben, es sollte sein Anliegen sein. Zum Beispiel: Der Patient erzählt uns von seinen sexuellen Lusterlebnissen, aber wir wählen seine *Verlegenheit* beim Sprechen über Sexuelles aus. Wir wählen das aus, von dem wir meinen, es beschäftige ihn wirklich, auch wenn er sich dessen vielleicht nicht bewußt ist. Man kann eine Analogie zum Traum bilden und sagen, der Patient wählt den manifesten Inhalt und wir suchen uns das latente signifikante Material aus.

2.73 Ausnahmen von der Regel

2.731 Geringfügige Widerstände

Obwohl sich die psychoanalytische Technik von allen anderen Methoden durch den Umstand unterscheidet, daß wir Widerstände analysieren, analysieren wir nicht absolut jeden Widerstand. Kleine und vorübergehende Widerstände können dadurch gehandhabt werden, daß man nur schweigt und den Patienten seine eigenen Widerstände überwinden läßt. Man kann aber auch eine hilfreiche Bemerkung machen. Der Patient schweigt z. B. oder er zögert, und man sagt: »Ja?« oder »Was?«, und der Patient fängt an zu sprechen. Man muß nicht unbedingt darauf zurückkommen und die Bedeutung, den Zweck oder den Inhalt jedes Widerstands analysieren. Dies gilt solange, wie der Patient selbst den Widerstand zu überwinden scheint und sinnvolle Mitteilungen machen kann. Wenn der Widerstand aber bestehen bleibt oder wächst, dann müßte man ihn analysieren. Anders ausgedrückt: Die allgemeine Regel lautet, kleine und vorübergehende Widerstände brauchen nicht analysiert zu werden; sie müssen lediglich überwunden werden.

Kleinen Widerständen nachzugehen, ist nicht nur unnötig; es kann auch von wichtigem Material wegführen. Außerdem sollte man dem Patienten gestatten, beim Überwinden seiner Widerstände eine aktive Rolle zu spielen. Schließlich würde die Verfolgung jedes kleinen Widerstands den Analytiker zum Nörgler und die Analyse zu einer Plage machen. Ein Teil des Takts bei der analytischen Arbeit besteht darin, daß man zwischen Widerständen zu unterscheiden weiß, die analysiert werden müssen, und solchen, bei denen es nicht nötig ist.

2.732 Verlust von Ichfunktionen

In der Analyse entstehen manchmal Situationen, in denen Widerstände auf Grund des Verlustes von Ichfunktionen verschwinden. Dann haben wir die Aufgabe, die Entwicklung eines gewissen Grades von Widerstand zuzulassen und sogar zu fördern. Dies kann bei der analytischen Arbeit mit Psychotikern oder Borderline-Fällen vorkommen, aber auch bei neurotischen Patienten auf dem Höhepunkt des Wiedererlebens ihrer infantilen Neurose. Die in solchen Situationen notwendigen Interventionen mögen wohl unanalytisch sein, aber in dieser Situation geht es nicht um Einsicht; sie verlangt Notmaßnahmen. Da derartiges im Verlauf einer Analyse vorkommen kann, lohnt es sich, etwas Zeit auf die Erörterung der technischen Probleme zu verwenden.

Emotionelle Stürme kommen in allen Analysen vor, denen es gelingt, bis zum Kern der infantilen Neurose durchzudringen. Auf dem Höhepunkt des emotionellen Ergusses besteht ein Verlust der Ichfunktionen in höherem oder geringerem Maß, je nach der Intensität und der Qualität des Affekts, der zur Abfuhr kommt. Wenn ein solcher Ausbruch früh genug in der Stunde geschieht, kann unsere therapeutische Aufgabe einfach sein. Geduld und unterstützendes Schweigen werden genügen, um dem Patienten reichlich Gelegenheit zu geben, seine aufgestaute Emotion zu entladen. Wenn Panik, Wut oder Depression abnehmen, kann man beobachten, wie ein gewisses rationales Ich zurückkehrt, und man kann den Versuch wieder aufnehmen, analytisch zu arbeiten. Aber wenn sich der emotionelle Sturm nicht wieder legt, oder wenn er erst am Ende der Stunde ausbricht, wird ein Eingriff nötig. Obwohl wir im Idealfall dem Patienten eine volle Entladung seiner Gefühle ermöglichen möchten, ist es hier aus Gründen der Zweckmäßigkeit nötig einzugreifen. Es wäre gefährlich, wollte man zulassen, daß der Patient auf dem Höhepunkt eines emotionellen Sturms weggeht ohne ein funktionierendes vernünftiges

Ich. Es ist also unsere Aufgabe, ein solches wieder zu erwecken und dennoch keine unanalysierbaren Komplikationen heraufzubeschwören.

Nach meiner Erfahrung erscheinen mir die folgenden Arten von Maßnahmen bei einem Minimum an Komplikationen wirksam zu sein. Nehmen wir an, der Patient ist von einer starken Schmerzreaktion übermannt, er schluchzt bitterlich, und die Stunde ist zu Ende. Ich würde fast bis zum letzten Augenblick warten, bevor ich unterbreche. Dann würde ich sagen: »Es tut mir leid, daß ich Sie unterbrechen muß, wo Sie sich gerade so elend fühlen, aber ich fürchte, unsere Zeit ist um.« Wenn der Patient darauf reagiert, was gewöhnlich der Fall ist, dann sage ich: »Wir wollen ein paar Minuten dazunehmen, bis Sie sich wieder ein wenig gefaßter fühlen.« Damit gebe ich dem Patienten Gelegenheit, etwas zu sagen, wenn er es wünscht, aber ich gebe ihm auf alle Fälle eine Möglichkeit wahrzunehmen, daß ich weder ängstlich, noch aus dem Gleichgewicht geraten, noch ungeduldig bin. Mein Verhalten zeigt, daß man sich aber der Realität stellen muß. Ich trage dazu bei, daß einige Beherrschung Platz greift, indem ich dem Patienten die Realität des Endes der Stunde nahebringe, aber ich lasse merken, daß es mir leid tut, seinen Gefühlserguß zu unterbrechen — was zutrifft. Schließlich ist es wichtig, daß der Analytiker zeigt, daß er sich vor dem Ausbruch des Patienten nicht fürchtet, und sich selber als ein Beispiel für den Patienten anbietet, mit dem dieser sich identifizieren kann. Am Ende einer solchen Stunde sage ich gewöhnlich etwas wie: »Dieser Gefühlsausbruch ist für Sie etwas Schmerzliches, aber er ist wichtig für unsere Arbeit. Wir müssen ihn verstehen und analysieren und bewältigen.«

Es gibt auch noch andere Situationen im Lauf einer Analyse, in denen der Patient einige oder viele seiner Ichfunktionen verliert oder zu verlieren fürchtet. Zum Beispiel kommt es vor, daß ein Patient anfängt, einen unverständlichen Wortsalat hervorzubringen, oder daß er lallt wie ein Kleinkind. Auch in einem solchen Fall muß man geduldig, unerschrocken und fest bleiben. Man muß schließlich unterbrechen und zu dem Patienten sagen: »Nun wollen wir uns ansehen, was geschehen ist — Sie haben geredet wie ein kleines Kind.« Indem der Analytiker auf diese Weise eingreift, dient er dem Patienten als Beispiel und Erinnerungsstütze für sein vorübergehend verlorengegangenes rationales Ich. Durch seinen festen Ton zeigt er an, daß er keine Angst hat, was den Patienten beruhigt.

Ein Patient kann auf der Couch in einen Zustand panischer Angst geraten und entsetzt und hilflos werden. Eine meiner Patientinnen beklagte sich, die Worte entflöhen ihr und sie habe Angst, sie werde die Couch naßmachen. Ich ließ sie soviel davon ertragen, wie sie nach meiner Ansicht aushalten konnte und sagte dann: »Nun ist es genug, jetzt wollen wir mal zur Analyse zurückkommen. Wir wollen mal versuchen, das alles anzusehen; wir wollen zum Anfang zurückgehen und dies untersuchen.«

In manchen Situationen waren Patienten schon von entsetzlicher Furcht erfüllt, sie könnten jede Beherrschung verlieren und sie könnten heftig aggressiv oder sexuell handeln. Wenn ich das Gefühl hatte, diese Angst sei echt, und wenn Gründe vorhanden waren, die ihre Ängste berechtigt erscheinen ließen, habe ich entweder gesagt oder mich verhalten, als ob ich sagen wollte: »Machen Sie sich keine Sorgen, ich werde es nicht zulassen, daß Sie sich oder mir etwas antun.«

Wie gesagt, diese Interventionen sind nicht analytisch, aber ich glaube, diese Situationen sind ebenfalls zu der Zeit nichtanalytisch. Ich verwende unanalytische Methoden, aber ich versuche, antianalytische zu vermeiden, d. h. Handlungen, die die spätere Analyse stören. Erst wenn die akute Krise vorüber ist, kann man die Analyse wieder aufnehmen. Ich habe jedoch die Erfahrung gemacht, daß Interventionen, die man mit therapeutischer Absicht macht und später gründlich analysiert, der analytischen Situation keinen unwiderruflichen Schaden zufügen. Andererseits kann die streng passive und schweigende Analytiker-Rolle eine größere Gefahr sein, wenn sie es dem Patienten ermöglicht, auf eine traumatische Stufe zu regredieren. Das Schweigen und die Passivität des Analytikers werden vom Patienten richtig als Anzeichen von mangelnder Anteilnahme, Angst und Verwirrung beim Analytiker wahrgenommen. Das kann sehr viel mehr Schaden anrichten. Wenn derartige Dinge vorkommen, muß der Analytiker eine Selbstanalyse seines Gegenübertragungs-Verhaltens vornehmen.

Am Ende dieses Kapitels über die Technik des Analysierens von Widerständen fühle ich mich noch einmal gedrängt zu wiederholen, daß die Übertragungswiderstände die wichtigsten Widerstände sind. Ich habe dies in den oben angeführten klinischen Beispielen nicht betont, da ich zunächst das Konzept des Widerstands im allgemeinen besprechen wollte.

Zusätzliche Literatur

Der Patient schweigt: Arlow (1961), Glover (1955), Loewenstein (1961), Loomie (1961), van der Heide (1961), Zeligs (1961).

Widerstand und Abwehr: Freeman (1959), Freud (1916—17, 19. Kapitel; 1923 b, 5. Kap.; 1926 a; 1933), Gero (1951), Hartmann (1951), Hoffer (1954), Kohut (1957), Lampl-de Groot (1957), Loewenstein (1954), Sperling (1958), Winnicott (1955).

Agieren und Widerstand: Altman (1957), Bird (1957), Ekstein und Friedman (1957), Kanzer (1957), Spiegel (1954), Zeligs (1957).

Charakterstörungen und Widerstand: Gillespie (1958), Gitelson (1958), Glover (1958), Katan (1958), Nacht (1958 b), Waelder (1958).

Ichfremde und ichsyntone Widerstände: Glover (1955), Menninger (1958), Sharpe (1930).

3

Übertragung

Die Entwicklung der psychoanalytischen Technik wurde im wesentlichen durch die Erweiterung unseres Wissens von der Natur der Übertragung bestimmt. Die größten Fortschritte in der psychoanalytischen Technik gingen aus Freuds (1905 c) großen Entdeckungen über die zwiefache Kraft der Übertragung hervor; sie ist ein Instrument von unersetzlichem Wert und zugleich die Quelle der größten Gefahren. Übertragungsreaktionen bieten dem Analytiker eine unschätzbare Möglichkeit, die unzugängliche Vergangenheit und das Unbewußte zu erforschen (Freud, 1912 a, G.W. Bd. 8, S. 374). Die Übertragung erweckt auch Widerstände, die zu den ernsthaftesten Hindernissen für unsere Arbeit werden können (S. 366). Jede Definition der psychoanalytischen Technik muß als zentrales Element die *Analyse* der Übertragung einschließen. Jede von der Orthodoxie abweichende Schule der Psychoanalyse läßt sich durch eine Abweichung der Art beschreiben, in der die Übertragungssituation gehandhabt wird. Übertragungsreaktionen kommen bei allen Patienten vor, die sich einer Psychotherapie unterziehen. Die Psychoanalyse unterscheidet sich von allen anderen Therapien durch die Art, wie sie die Entstehung von Übertragungsreaktionen fördert und wie sie versucht, Übertragungsphänomene systematisch zu analysieren.

3.1 Arbeitsdefinition

Als Übertragung bezeichnen wir eine besondere Art der Beziehung zu einer Person; sie ist ein besonderer Typus von Objektbeziehung. Das Hauptmerkmal ist das Erleben von Gefühlen einer Person gegenüber, die zu dieser Person gar nicht passen und die sich in Wirklichkeit auf eine andere Person beziehen. Im wesentlichen wird auf eine Person in der Gegenwart so reagiert, als sei sie eine Person in der Vergangenheit. Übertragung ist eine Wiederholung, eine Neuauflage einer alten Objektbeziehung. Sie ist ein Anachronismus, ein Irrtum in der Zeit. Eine Verschiebung hat stattgefunden; Triebimpulse, Gefühle und Abwehrhaltungen, die sich auf eine Person in der Vergangenheit beziehen, sind auf eine Person in der Gegenwart verschoben worden. Dies ist ein in erster Linie unbewußtes

Phänomen, und die Person, die mit Übertragungsgefühlen reagiert, ist sich weitgehend der Verzerrung nicht bewußt.

Übertragung kann aus beliebigen Komponenten einer Objektbeziehung bestehen, d. h., sie kann als Gefühle, Triebe, Wünsche, Ängste, Phantasien, Einstellungen und Ideen oder Abwehr gegen diese erlebt werden. Die Menschen, die die ursprünglichen Ursachen von Übertragungsreaktionen sind, sind die bedeutungsvollen und wichtigen Menschen der frühen Kindheit (Freud, 1912 a, G.W. Bd. 8, S. 364; A. Freud, 1936, S. 17). Übertragung kommt innerhalb und außerhalb der Analyse vor, bei Neurotikern, Psychotikern und Gesunden. Alle menschlichen Beziehungen enthalten eine Mischung von realistischen Reaktionen und Übertragungsreaktionen (Fenichel, 1941, S. 72).

Bevor wir dazu übergehen, die oben skizzierten Elemente näher zu beschreiben, müssen wir die Terminologie klären. Die Überschrift dieses Kapitels heißt »Übertragung«, und das ist der alte und vertraute Ausdruck, den Freud eingeführt hat und den die meisten Analytiker heute noch gebrauchen. In den letzten Jahren hat es eine Tendenz gegeben, dies zu ändern, weil man das Gefühl hatte, der Ausdruck »Übertragung« könnte irreführend sein. »Übertragung« ist ein Singular, und Übertragungsphänomene sind plural, vielfältig und verschieden; der Ausdruck »Übertragungen« wäre grammatisch richtiger. Leider klingt »Übertragungen« in meinen Ohren künstlich und seltsam, und ich habe mich auf einen Kompromiß zwischen Korrektheit und Altgewohntem zurückgezogen. Ich ziehe es vor, den Ausdruck »Übertragungsreaktionen« zu gebrauchen, um die ganze Klasse der Übertragungsphänomene zu bezeichnen. Wenn ich den Ausdruck »Übertragung« verwende, benütze ich ihn als Sammelwort, als Kurzausdruck für »Übertragungsreaktionen«.

Übertragungsreaktionen sind immer unangemessen, in bezug auf die Qualität, die Quantität oder die Dauer der Reaktion. Man kann übermäßig, zu wenig oder bizarr auf das Übertragungsobjekt reagieren. Die Übertragungsreaktion ist im aktuellen Zusammenhang unangemessen, aber sie war früher einmal eine angemessene Reaktion auf eine Situation der Vergangenheit. So unpassend, wie Übertragungsreaktionen für eine Person in der Gegenwart sind, so genau passen sie auf jemand in der Vergangenheit.

Zum Beispiel: Eine junge Patientin reagiert darauf, daß ich sie zwei oder drei Minuten warten lasse, indem sie in Tränen ausbricht und wütend wird und sich einbildet, ich müsse wohl meiner Lieblingspatientin zusätzliche Zeit gewähren. Das ist bei einer fünfunddreißigjährigen intelligenten und kultivierten Frau eine unangemessene Reaktion, aber ihre Assoziationen führten zu einer Situation in der Vergangenheit, auf die diese Zusammenstellung von Gefühlen und

Phantasien paßte. Sie erinnert sich an ihre Reaktionen als fünfjähriges Kind, das auf seinen Vater wartete, der in ihr Zimmer kommen sollte, um ihr einen Gutenachtkuß zu geben. Sie mußte immer ein paar Minuten warten, weil er es sich zur Regel gemacht hatte, ihrer jüngeren Schwester zuerst den Gutenachtkuß zu geben. Damals reagierte sie mit Tränen, Wut und Eifersuchtsphantasien — genau das gleiche erlebte sie nun mit mir. Ihre Reaktionen sind angemessen für ein fünfjähriges Mädchen, aber offensichtlich nicht passend für eine fünfunddreißigjährige Frau. Der Schlüssel zum Verständnis dieses Verhaltens ist die Erkenntnis, daß es eine Wiederholung der Vergangenheit, d. h. eine Übertragungsreaktion ist.

Übertragungsreaktionen sind im wesentlichen Wiederholungen einer früheren Objektbeziehung. Man hat die Wiederholung auf mehrerlei Weisen verstanden; sie dient anscheinend vielfältigen Zwecken. Triebversagung und Triebhemmung veranlassen den Neurotiker, nachträglich Gelegenheiten zur Befriedigung zu suchen (Freud, 1912 a, G.W. Bd. 8, S. 365; Ferenczi, 1909). Aber man hat die Wiederholung auch als ein Mittel aufgefaßt, Erinnerungen zu vermeiden, als Abwehr gegen Erinnerungen, ebenso als eine Manifestation des Wiederholungszwangs (Freud, 1912 a, 1914 c; A. Freud, 1936; Fenichel, 1945 b).

Dieser Umstand, daß ein Verhalten etwas aus der Vergangenheit wiederholt, macht es wahrscheinlich, daß das Verhalten der Gegenwart unangemessen ist. Die Wiederholung kann eine genaue Entsprechung der Vergangenheit, eine Neuauflage, ein Wiedererleben sein, oder sie kann eine abgewandelte Auflage, eine modifizierte Version, eine entstellte Repräsentation der Vergangenheit sein. Wenn im Übertragungsverhalten eine Abwandlung der Vergangenheit erscheint, geht sie gewöhnlich in Richtung auf eine Wunscherfüllung. Oft werden Kindheitsphantasien so erlebt, als hätten sie sich wirklich ereignet (Freud, 1914 b, G.W. Bd. 10, S. 55; Jones, 1953, S. 265—267). Patienten erleben dem Analytiker gegenüber Gefühle, die man als sexuelles Verführtwerden durch den Vater auslegen kann; später stellt sich heraus, daß sie die Wiederholung eines Wunsches sind, der ursprünglich eine Kindheitsphantasie war. Übertragungsgefühle, die agiert werden, offenbaren sich oft als solche Versuche der Wunscherfüllung (Freud, 1914 c; Fenichel, 1945 b; Greenacre, 1950; Bird, 1957). Eine Erweiterung dieses Gedankens findet man bei Patienten, die in ihrem Agieren versuchen, unerledigte Aufgaben zu erledigen (Lagache, 1953).

Die Objekte, die ursprünglich Urheber der Übertragungsreaktion waren, sind die in den ersten Lebensjahren des Kindes wichtigen Menschen. Gewöhnlich sind es die Eltern und andere Pflegepersonen, die Spender von Liebe, Behagen und Strafe, die Geschwister und andere Rivalen. Übertragungsreaktionen können sich aber auch von späteren und sogar aktuellen Figuren herleiten, aber die Analyse zeigt gewöhnlich, daß diese späteren Objekte sekundär sind und sich selbst aus den primären Figuren der frühen Kindheit entwickelt haben. Schließlich muß man noch hinzufügen, daß Teile des Selbst auf andere verschoben werden können, d. h., es können Projektionen eintreten. Diese können auch wie Übertragungsreaktionen aussehen, aber ich bezweifle, ob diese Art von Reaktion korrekterweise zum Bereich der Übertragungsreaktionen gezählt werden kann. Dies wird im Abschnitt 3.41 ausführlicher besprochen.

Übertragungsreaktionen kommen im späteren Leben eher gegenüber Personen vor, die eine besondere Funktion ausüben, wie sie ursprünglich von den Eltern wahrgenommen wurde. Also sind besonders Liebespartner, Führer, Autoritätsfiguren, Ärzte, Lehrer, darstellende Künstler und Berühmtheiten geeignet, Übertragungsreaktionen zu aktivieren. Außerdem können Übertragungsreaktionen sich auf Tiere, unbelebte Gegenstände und Institutionen beziehen, aber auch hier pflegt die Analyse zu zeigen, daß sie von den wichtigen Menschen der frühen Kindheit herzuleiten sind (Reider, 1953 a).

Jedes einzelne Element und alle Elemente einer Objektbeziehung können in einer Übertragungsreaktion enthalten sein: jede Emotion, jeder Trieb, Wunsch, jede Einstellung, Phantasie und die Abwehrmechanismen gegen sie. Zum Beispiel kann die Unfähigkeit eines Patienten, seinem Analytiker gegenüber Wut zu empfinden, aus seiner Kindheitsabwehr gegen den Ausdruck von Wut stammen. Als Junge hat er gelernt, daß die beste Methode, schreckliche Streitigkeiten mit seinem Vater zu vermeiden, darin bestand, Wut in sich selbst gar nicht zu bemerken. In der Analyse merkt er nichts von der Wut, die hinter seiner beständigen Milde steckt.

Während der Analyse können Identifizierungen vorkommen, die Übertragungsrekationen sein können. Einer meiner Patienten pflegte während der Analyse von Zeit zu Zeit den einen oder anderen meiner Charakterzüge anzunehmen. Dies geschah besonders leicht dann, wenn er sich von einem erfolgreichen Rivalen zurückgesetzt fühlte. Es war, als müsse er mir ähnlich werden, wenn er mich als Liebesobjekt nicht besitzen konnte. Aus seiner Lebensgeschichte ging hervor, daß er diesen Mechanismus eingesetzt hatte, als er mit seinen älteren Brüdern im Wettstreit um die Liebe des Vaters stand.

Übertragungsreaktionen sind im wesentlichen unbewußt, wenn auch der eine oder andere Aspekt der Reaktion bewußt sein kann. Der Mensch, der eine Übertragungsreaktion erlebt, nimmt vielleicht wahr, daß er exzessiv oder seltsam reagiert, aber er weiß nicht, was das wirklich bedeutet. Er weiß vielleicht intellektuell sogar die Ursache der Reaktion, aber eine wichtige emotionale oder triebhafte Komponente oder Intention bleibt ihm unbewußt.

Übertragungsreaktionen kommen bei allen Menschen vor; die analytische Situation fördert nur ihr Zustandekommen und nützt sie für Deutung und Rekonstruktion (Freud, 1905 c, 1912 a). Neurotiker neigen besonders zu Übertragungsreaktionen, ebenso frustrierte und unglückliche Menschen im allgemeinen. Der Analytiker ist ein erstklassiges Objekt für Übertragungsreaktionen, aber ebenso alle wichtigen Leute im Leben eines Menschen.

Zusammenfassung: Übertragung ist das Erleben von Gefühlen, Trieben, Einstellungen, Phantasien und Abwehr gegenüber einer Person in der Gegenwart, die zu dieser Person nicht passen, sondern die eine Wiederholung von Reaktionen sind, welche ihren Ursprung in der Beziehung zu wichtigen Figuren der frühen Kindheit haben und unbewußt auf Figuren der Gegenwart verschoben werden. Die beiden hervorstechendsten Merkmale einer Übertragungsreaktion sind: sie ist eine Wiederholung und sie ist unangemessen. (Eine Erweiterung dieser Definition findet sich im Abschnitt 3.41.)

3.2 Das klinische Bild: Allgemeine Kennzeichen

In diesem Abschnitt möchte ich den Lernenden mit einigen der typischen Manifestationen von Übertragungsphänomenen vertraut machen, wie sie im Verlauf der Analyse mit großer Wahrscheinlichkeit auftreten. Ich glaube, das geschieht am besten, indem ich das Augenmerk auf jene Kennzeichen der Reaktion des Patienten auf den Analytiker richte, die für die Wahrscheinlichkeit einer Übertragungsreaktion sprechen. Man beachte dabei, daß das Vorhandensein der Merkmale, die ich hervorhebe, kein absoluter Beweis für eine Übertragung ist. Das untersuchte Merkmal muß außerdem eine Wiederholung und unangemessen sein.

3.21 Unangemessenheit

Wenn wir versuchen, das klinische Bild der Übertragungsreaktionen anschaulich zu machen, erhebt sich sofort eine grundlegende Frage: Könnten wir nicht alle Reaktionen auf den Analytiker als Übertragung einordnen? Nach unserer Definition lautet die Antwort: Nein. Nehmen wir ein einfaches Beispiel: Ein Patient wird wütend auf seinen Analytiker. Man kann aus diesem Umstand allein nicht schließen, daß man es mit einer Übertragungsreaktion zu tun hat. Man muß zunächst herausfinden, ob das Verhalten des Analytikers die Wut rechtfertigt. Wenn der Patient wütend geworden ist, weil der Analytiker die Assoziationen des Patienten unterbrochen hat, indem er ein Telefongespräch angenommen hat, würde ich den Ärger des Patienten nicht als Übertragungsreaktion ansehen. Seine Reaktion erscheint realistisch; sie paßt zu den Umständen und ist einem reifen Funktionsniveau angemessen. Das bedeutet nicht, daß man die Reaktion des Patienten übergehen soll, aber wir handhaben solche Vorkommnisse anders als Übertragungsphänomene. Wir können die Lebensgeschichte und die Phantasien des Patienten im Hinblick auf Wutreaktionen untersuchen, aber wir sollten den Patienten und uns selbst erinnern, daß diese offene Reaktion auf die Frustration realistisch war. Wenn der Patient sehr wütend und nicht nur ärgerlich geworden wäre, oder wenn er ganz gleichmütig geblieben wäre, dann würde die unangemessene Intensität der Reaktion andeuten, daß wir es wahrscheinlich mit einer Wiederholung oder Reaktion aus der Kindheit zu tun haben. Das gleiche wäre der Fall, wenn der Ärger stundenlang andauern würde oder wenn der Patient auf die Unterbrechung mit Gelächter reagieren würde.

Lassen Sie mich ein typisches Beispiel für eine unangemessene Reaktion anführen. Während einer Analysestunde läutet mein Telefon mehrmals, und ich nehme ab, weil ich glaube, es handle sich um einen Notfall. Zu meiner Bestürzung stellt sich heraus, daß jemand die falsche Nummer gewählt hat, und ich zeige meinen Ärger, indem ich unabsichtlich ganz leise murmle »Verdammt nochmal«. Dann schweige ich. Der Patient fängt wieder an zu sprechen, wo er aufgehört hatte. Nach ein paar Minuten unterbreche ich ihn und frage, was er bei dem Telefonanruf empfunden habe. Er antwortete: »Was soll ich da empfinden? Es war nicht Ihre Schuld.« Schweigen. Er versucht, das vorherige Gespräch wieder anzuknüpfen, aber es erscheint mir angestrengt und gekünstelt. Ich weise nun darauf hin, daß er zu versuchen scheine, gewisse Gefühlsreaktionen zu verdecken, indem er sich so verhält, wie er sich vorstellt, daß »man es von ihm erwartet«. Dies führt dazu, daß der Patient sich erinnert, einen Augenblick lang wütend gewesen zu sein, als er hörte, wie ich den Anruf beantwortete. Darauf folgte ein Bild, in dem ich ihn wütend anschrie. Der Patient erinnert sich dann an eine Fülle von Gelegenheiten, bei denen er gezwungen wurde, sich den Vorstellungen seines Vaters, welches Benehmen er von ihm »erwartete«, zu fügen. Ich deutete ihm, er habe auf mich reagiert, als sei ich sein Vater.

Die Unangemessenheit einer Reaktion auf eine aktuelle Situation ist das beste Zeichen dafür, daß die Person, die die Reaktion auslöst, nicht das entscheidende oder wahre Objekt ist. Sie zeigt an, daß die Reaktion wahrscheinlich zu einem Objekt in der Vergangenheit gehört und paßt.

3.22 Intensität

Im großen und ganzen sind *intensive Gefühlsreaktionen* auf den Analytiker Anzeichen für eine Übertragung. Das gilt sowohl für die verschiedenen Formen der Liebe als auch für Haß und Furcht. Die gewöhnlich zurückhaltenden, unaufdringlichen und konsequenten Verhaltensweisen und Haltungen des Analytikers fordern, realistisch gesehen, keine intensiven Reaktionen heraus. Auch hier muß man wieder die Angemessenheit beachten. Es ist wichtig anzuerkennen, daß ein Patient gerechtfertigt sein kann, wenn er mit großer Intensität reagiert, falls das Verhalten des Analytikers und die analytische Situation ihm einen Grund dazu geben. Zum Beispiel: Ein Analytiker schläft ein, während er seinem Patienten zuhört. Der Patient merkt es, und es gelingt ihm schließlich, den Analytiker durch Zuruf zu wecken. Der Patient wird sehr wütend, als der Analytiker sein Versagen nicht zugibt, sondern statt dessen deutet, der Patient habe ihn unbewußt durch seine Langweiligkeit einschläfern wollen.

In einer solchen Situation würde ich die Wut des Patienten nicht als Übertragungsreaktion ansehen, sondern als im wesentlichen gerechtfertigt und angemessen. Tatsächlich wäre jede andere Reaktion mit mehr Wahrscheinlichkeit ein Zeichen für eine Übertragung aus der Vergangenheit gewesen. Das bedeutet nicht, daß man die Reaktion des Patienten nicht analysieren sollte, aber das letzte analytische Ziel ist, wenn wir es mit einer Übertragungsreaktion zu tun haben, anders als bei einer realistischen Reaktion. Überdies besteht bei allen intensiven Reaktionen, gleichgültig, wie gerechtfertigt sie erscheinen mögen, immer die Möglichkeit, daß außer dem realistischen Überbau auch noch ein Übertragungskern vorhanden ist. Im normalen Verlauf einer Analyse sind jedoch intensive Reaktionen auf den Analytiker ein zuverlässiges Zeichen für eine Übertragungsreaktion.

Das Gegenteil von intensiven Reaktionen auf den Analytiker, das Fehlen von Reaktionen, ist ebenso sicher ein Zeichen von Übertragung. Der Patient hat vielleicht Reaktionen, hält sie aber zurück, weil er verlegen ist oder Angst hat. Das ist eine offensichtliche Manifestation von Übertragungswiderstand. Die Situation ist komplizierter, wenn der Patient sich nur der mildesten und harmlosesten Gefühle bewußt ist. Es kann sein, daß der Patient starke Gefühle in sich trägt, aber sie werden verdrängt, isoliert oder verschoben. Manchmal ist eine beharrliche Analyse der Angst vor dem gefühlsmäßigen Reagieren auf den Analytiker nötig, bevor ein Patient es wagt, sich spontane Reaktionen zu gestatten. Solche Widerstände gegen die Übertragung haben wir im 2. Kapitel beschrieben. An dieser Stelle möchte ich kurz die häufige klinische Erfahrung erwähnen, daß meine Patienten ganz vernünftig auf meine Eigenheiten zu reagieren pflegen, daß sie aber dazu neigen, sich durch jedes Anzeichen von Seltsamkeit bei einem anderen Analytiker beunruhigen zu lassen. Dies ist ein ausgeprägtes Beispiel für die Verschiebung einer Übertragungsreaktion und muß als Abwehr des Patienten gegen Übertragungsgefühle gegenüber dem eigenen Analytiker erkannt werden. Einen ähnlichen Widerstand manifestieren Patienten, die in der Stunde ganz mild reagieren und nach der Stunde unerklärliche starke Gefühlsreaktionen gegenüber Fremden erleben.

Es kann vorkommen, daß sich ein Patient kurze Zeit nicht besonders für seinen Analytiker interessiert, weil sich außerhalb der Analyse in seinem Leben wichtige Dinge ereignen. Ein länger dauerndes Fehlen von Gefühlen, Gedanken oder Phantasien über den Analytiker ist jedoch ein Übertragungsphänomen, ein Übertragungswiderstand. Der Analytiker ist im Leben des Analysanden ein zu wichtiger Mensch, als daß er längere Zeit in seinen Gedanken und Gefühlen nicht auftauchen könnte. Wenn der Analytiker wirklich nicht wichtig ist, dann ist der Patient nicht »in Analyse«. Der Patient mag so tun, als unterzöge er sich einer Analyse, um jemand anders einen Gefallen zu tun, oder er kommt zu einem anderen Zweck als dem der Behandlung.

Es kann auch vorkommen, daß ein anderer Mensch im Leben des Patienten dessen starke Gefühle absorbiert und daß das Fehlen intensiver Gefühle für den Analytiker nicht in erster Linie auf einen Übertragungswiderstand zurückzuführen ist. Zum Beispiel: Ein Patient wird im ersten Teil seiner Analyse von seiner Angst vor emotionalen Bindungen befreit und verliebt sich im weiteren Verlauf der Analyse. An der Liebesgeschichte werden mit aller Wahrscheinlichkeit wichtige Elemente aus der Vergangenheit des Patienten beteiligt sein, aber der Beitrag aus der analytischen Situation kann von entscheidender Bedeutung sein oder auch nicht. Man muß eine derartige Situation sehr sorgfältig und mehrmals untersuchen, bevor man zuverlässige Schlüsse ziehen kann. Verliebt sich der Patient dem Analytiker zu Gefallen? Verliebt er sich dem Analytiker zum Trotz, weil dieser ihm nicht genug Liebe gibt? Verliebt er sich aus einer Identifizierung mit dem Analytiker heraus? Hat sich der Patient in jemand verliebt, der dem Analytiker ähnlich ist? Ist das Sich-Verlieben ein Zeichen von Reife? Sieht es so aus, als bestünde eine realistische Hoffnung auf eine dauerhafte glückliche Beziehung?

Diese Fragen sind nicht leicht zu beantworten; es gibt keine fest umrissenen Antworten, und nur länger dauernde Erforschung und Zeit können eine einigermaßen zuverlässige Antwort ermöglichen. Dies ist die Grundlage für die von Freud vorgeschlagene praktische Regel, der Analytiker solle den Patienten um das Versprechen bitten, während der Analyse an seiner Lebenssituation nichts Wesentliches zu verändern (1914 c, G.W. Bd. 10, S. 133). Auch dieser Ratschlag kann vom Patienten wegen der Übertragungsverzerrungen mißdeutet werden; er muß zur richtigen

Zeit und im richtigen Zusammenhang gegeben werden (Fenichel, 1941, S. 29). Der Umstand, daß in den letzten Jahren die Dauer der analytischen Behandlung zugenommen hat, hat zu einer weiteren Abwandlung dieser Regel geführt. Heute würden wir, glaube ich, dem Patienten sagen, es wäre besser, wenn er in seiner Lebenssituation keine einschneidenden Änderungen vornähme, bevor die betreffende Änderung genügend analysiert ist. Diesem Problem werde ich im zweiten Band weiter nachgehen.

3.23 Ambivalenz

Alle Übertragungsreaktionen sind gekennzeichnet durch Ambivalenz, durch die Koexistenz einander entgegengesetzter Gefühle. Es ist in der Psychoanalyse gebräuchlich, daß wir bei Ambivalenz unterstellen, ein Aspekt des Gefühls sei unbewußt. Es gibt keine Liebe zum Analytiker, ohne daß irgendwo auch Haß verborgen ist, kein sexuelles Verlangen ohne verdecktes Abgestoßensein usw. Die Ambivalenz kann leicht zu entdecken sein, wenn die beteiligten Gefühle launisch sind und sich unerwartet ändern. Oder: ein Aspekt der Ambivalenz wird vielleicht über lange Zeit zäh im Bewußtsein gehalten, während sein Gegenteil eigensinnig abgewehrt wird. Es kann auch vorkommen, daß der Patient die Ambivalenz handhabt, indem er eine Komponente auf eine andere Person, oft einen anderen Analytiker, verschiebt. Dies begegnet einem häufig bei Ausbildungskandidaten. Sie erhalten zu ihrem eigenen Analytiker eine positive Beziehung aufrecht und verschieben ihre unbewußte Feindseligkeit auf einen Kontrollanalytiker oder Seminarleiter — oder umgekehrt.

Man sollte nicht vergessen, daß auch in der Übertragung präambivalente Reaktionen stattfinden können. Die Figur des Analytikers wird in ein gutes und ein böses Objekt gespalten, von denen jedes im Geist des Patienten eine eigene Existenz führt. Wenn Patienten, die auf diese Weise reagieren — und es sind immer die stärker regredierten Patienten —, fähig werden, dem gleichen Gesamtobjekt gegenüber Ambivalenz zu empfinden, ist das ein erheblicher Fortschritt.

Ich möchte ein klinisches Beispiel anführen. Mehrere Jahre lang pflegte einer meiner Borderline-Patienten auf meine Interventionen bizarre Antworten zu geben, sobald er ängstlich war. Allmählich konnte ich mir folgende Erklärung zusammenreimen. Wenn er mir gegenüber Wut und Haß empfand, bekam er Angst und hörte darum nicht auf meine Worte, denn er hatte das Gefühl, sie seien wie vergiftete Pfeile, und seine Abwehr müsse für sie undurchdringlich werden. Zu solchen Zeiten konzentrierte er sich nur auf meinen Stimmklang, wobei er peinlichst auf die Veränderungen in der Stimmlage und im Rhythmus achtete. Tiefe Töne und regelmäßige Rhythmen gaben ihm das Gefühl, ich gäbe ihm etwas Gutes zu essen, wie es die Mutter zubereitete und auf den Tisch brachte, wenn sie mit ihm allein aß. Hohe Töne und unregelmäßige Rhythmen bedeuteten, die Mutter gab ihm etwas Schlechtes zu essen, denn der Vater war da und machte sie nervös und verdarb das Essen. Es waren viele Jahre der Analyse nötig, bis er es zuließ, daß ich eine ganze Person wurde und es auch blieb, ob er mich nun liebte, haßte oder fürchtete.

3.24 Launenhaftigkeit

Eine weitere hervorstechende Eigenschaft der Übertragungsreaktionen ist ihre Unberechenbarkeit. Übertragungsgefühle sind oft unbeständig, regellos und launisch. Das ist besonders am Anfang der Analyse der Fall. Glover (1955) hat diese Reaktionen sehr passend als »fluktuierende« (floating) Übertragungsreaktionen bezeichnet.

Ein typisches Beispiel für die plötzlichen und unerwarteten Veränderungen, die in der Übertragungssituation eintreten können, ist die folgende Reihe von Ereignissen, die in der Analyse einer jungen, hysterisch-depressiven Patientin im zweiten Monat der Behandlung innerhalb einer einzigen Woche vorkamen. Sie hatte gut gearbeitet, trotz ihrer Angst, ich würde sie wenig lohnend und gewöhnlich finden. Sie hegte mir gegenüber Gefühle der Ehrfurcht und Bewunderung mit der darunterliegenden Hoffnung, ich würde sie gern mögen.

Plötzlich gibt sie in einer Stunde nach erheblichen Schwierigkeiten zu, daß sie das Gefühl hat, mich zu lieben. Sie datiert den Beginn dieses Gefühls auf das Ende der vorigen Stunde, als sie bemerkt hatte, daß meine Hosen voller Falten und meine Krawatte verrutscht war. Sie war überzeugt, das bedeute, ich sei kein Materialist, kein gieriger Kapitalist, sondern ein Träumer, ein Idealist, sogar ein Künstler. Den ganzen Tag und die ganze Nacht ergehe sie sich so in Phantasien über mich; ihre Gefühle würden immer intensiver und sie genieße diesen Zustand. Selbst als wir beginnen, diese Reaktion zu analysieren, und sie auf die Vergangenheit zurückführen, bleiben ihre Gefühle bestehen.

Am nächsten Tag ist sie überwältigt von Schuldgefühlen. Ihr Kind hat in der Nacht Ohrenschmerzen bekommen, und die Patientin hat das Gefühl, das sei die Folge ihrer Nachlässigkeit; sie hat zuviel Zeit mit Tagträumen über ihre neue Liebe zugebracht, anstatt sich um ihr Kind zu kümmern. Sie ist überzeugt, ich müsse eine so leichtfertige Frau verachten. Als ich versuche, die Geschichte dieser Reaktion zu verfolgen, hat sie das Gefühl, ich bestrafte sie, wie sie es ja auch verdiene.

Am nächsten, dem dritten, Tag, hat sie das Gefühl, meine Begrüßung sei kalt, fast affektiert, und mein Schweigen sei geringschätzig. Sie hat nun das Gefühl, ich sei kein Idealist oder Träumer, der keinen Wert auf seine äußere Erscheinung legt, sondern arrogant und voll Verachtung meinen Patienten gegenüber, die »arme reiche Neurotiker« seien. Sie verteidigt sich und ihre Gruppe, indem sie mich als einen jener übelgesinnten Psychoanalytiker angreift, die von den Reichen leben, sie aber verachten. Sie findet den Geruch meiner Zigarre ekelerregend, ja, er verursacht ihr Übelkeit.

In der folgenden Stunde findet sie meine Versuche, ihre feindseligen Gefühle zu analysieren, tolpatschig, aber liebenswert. Ich habe wahrscheinlich die besten Absichten, bin auch warmherzig, aber launisch. Ich müsse wohl meine Zigarrenmarke gewechselt und wegen ihrer Kritik eine teurere gekauft haben, sie ist dankbar für meine Rücksicht. Sie hofft, ich werde eines Tages ihr geistiger Führer und Mentor werden, denn sie hat gehört, ich sei brillant. Als ich schweige, hat sie das Gefühl, ich sei »spießig«, konventionell und ein Spaßverderber. Ich sei wahrscheinlich ein Arbeitstier und liebe nur meine Arbeit. Sie geht nach der Stunde mit dem Gefühl, ich sei zwar vielleicht ein guter Analytiker, aber ihr tue jeder Mensch leid, der mit mir verheiratet sei.

Dies ist ein ziemlich extremes Beispiel für Unberechenbarkeit, aber es hebt den regellosen und launischen Charakter der Übertragungsreaktionen am Beginn der Analyse mancher hysterisch und neurotisch depressiver Patienten hervor.

3.25 Zähigkeit

Es ist ein auffallendes Merkmal von Übertragungsreaktionen, daß sie widersprüchlicher Natur sind. Ich habe gerade beschrieben, wie unberechenbar und flüchtig Übertragung sein kann; nun muß ich hinzufügen, daß sich Übertragungsphänomene oft durch ihre Zähigkeit auszeichnen. Während sporadische Reaktionen am ehesten im Anfang der Analyse auftreten, kommen lange andauernde und starre Reaktionen mit größerer Wahrscheinlichkeit in den späteren Phasen vor, wenn es auch dafür keine absolute Regel gibt.

Die Patienten pflegen chronisch gewisse Gefühle und Einstellungen gegenüber dem Analytiker an den Tag zu legen, die der Deutung nicht leicht weichen. Diese zähen Reaktionen erfordern eine lange Zeit der Analyse, manchmal Jahre. Diese lange Dauer bedeutet nicht, daß die analytische Arbeit stillsteht, denn während solcher Perioden können sich andere Verhaltensmerkmale des Patienten ändern, und neue Einsichten und Erinnerungen können auftauchen. Der Patient ist gezwungen, an dieser fixierten Position festzuhalten, denn die beteiligten Gefühle sind überdeterminiert und dienen wichtigen Trieb- und Abwehrbedürfnissen. Diese zähen Reaktionen können relativ stark oder ganz subtil sein.

Meine Patientin Frau K. behielt fast drei Jahre lang eine positive sexuelle und erotische Übertragung auf mich bei. Diese Gefühle überdauerten meine beständige Deutung ihrer Widerstandsfunktion, mein länger andauerndes Schweigen, meine gelegentlichen Fehler und Versehen, und wurden durch sie nicht meßbar beeinflußt. Erst nachdem die Patientin so weit gebessert war, daß sie einen partiellen Vaginalorgasmus erleben konnte, was dazu beitrug, ihre Angst vor der Homosexualität zu mindern, veränderte sich diese chronische positive Übertragung. Erst dann wagte sie sich zu gestatten, ihren Haß und Ekel mir gegenüber und gegenüber Männern allgemein bewußt zu empfinden [1].

---

[1] Von Frau K. war bereits in den Abschnitten 1.24 und 2.651 die Rede. Im Abschnitt 2.71 findet sich eine ausführliche klinische Darstellung der Veränderung dieser Patientin.

Zähigkeit und Mangel an Spontaneität sind Zeichen für Übertragungsreaktionen. Selbst in aufs beste durchgeführten Analysen geben die menschlichen Schwächen des Analytikers gelegentlich Anlaß zu feindseligen Reaktionen, wenn nicht eine abwehrende positive Übertragung besteht. Die analytische Arbeit ist oft schmerzvoll; auch das führt gelegentlich zu Groll. Vor allem stammen die Übertragungsreaktionen aus der abgewehrten Vergangenheit des Patienten, die eine Menge unbewußter Aggression enthalten muß; diese sucht nach Abfuhr. Umgekehrt erfordert die mitfühlende Neutralität der analytischen Haltung die lange andauernde Feindseligkeit mancher Patienten nicht heraus. Zähigkeit und Starrheit der Übertragungsreaktionen beruhen auf einer Kombination von unbewußter Abwehr und Triebbefriedigung.

Die fünf obengenannten Eigenschaften sind die typischsten Kennzeichen einer Übertragungsreaktion. Der hervorstechendste und alle anderen übertreffende Zug, der in allen anderen auch enthalten ist, ist die Unangemessenheit. Unangemessenheit in der Stärke, Ambivalenz, Unberechenbarkeit oder Zähigkeit signalisiert, daß eine Übertragung wirksam ist. Das gilt nicht nur, wenn derartige Reaktionen dem Analytiker gegenüber auftreten, sondern auch, wenn sie sich auf andere Menschen beziehen. Reaktionen, die unpassend oder an der falschen Stelle auftreten, sind Übertragungsphänomene.

3.3 Historischer Überblick

Ich möchte nur kurz skizzieren, welche Beiträge Freud und andere zu unserem Verständnis der theoretischen und technischen Probleme in bezug auf die Übertragung geleistet haben. Ich werde sie für den Zeitraum von 1895 bis 1960 in chronologischer Reihenfolge aufnehmen. Ich möchte nur die Punkte unterstreichen, die ich für wichtige Fortschritte halte; viele wertvolle Abhandlungen werde ich weglassen, die im Grunde Zusammenfassungen oder Wiederholungen sind. Dem Lernenden wird geraten, die Originalabhandlungen zu lesen. Meine Version der bedeutungsvollen Inhalte ist nicht nur äußerst gedrängt, sondern auch eine subjektive Auswahl. Diese Frage habe ich schon im Abschnitt 1.1 berührt.

Freuds erste Beschreibung und Erörterung der Rolle der Übertragung findet sich im 4. Kapitel über Psychotherapie in den *Studien über Hysterie* (1893—95). Zunächst sah er es als einen Nachteil an, daß »die persönliche Beziehung zum Arzt sich ... ungebührlich in den Vordergrund drängt«, obwohl er erkannte, daß allein schon der persönliche Einfluß gewisse Widerstände beseitigen kann (G.W. Bd. 1, S. 286). Manche Patienten neigten dazu, sich vernachlässigt zu fühlen, andere fürchteten, abhängig zu werden, selbst sexuell abhängig. Später beschrieb Freud Patienten, die dazu neigten, peinliche Gedanken, die aus dem Inhalt ihrer Analyse aufstiegen, auf die Figur des Analytikers zu übertragen. Diese Patienten, sagte Freud, hatten eine »falsche Verknüpfung« mit dem Analytiker hergestellt (S. 308—309). In manchen Fällen schien dies regelmäßig zu geschehen. Dann ging er dazu über, die Technik der Handhabung dieser Situation zu beschreiben. 1. Sie muß bewußtgemacht werden. 2. Man sollte zeigen, daß sie ein Hindernis ist. 3. Man sollte versuchen, ihren Ursprung in der Stunde aufzuspüren. Zunächst war Freud über diese Vermehrung seiner Arbeit »recht ungehalten«, aber er erkannte bald ihren Wert (S. 310).

Der Fall »Dora« ist ein Markstein in der psychoanalytischen Technik (Freud, 1905 a). Hier hat Freud in aller Bescheidenheit und mit großer Klarheit beschrieben, wie er die entscheidende Bedeutung der Übertragung dadurch kennenlernte, daß es ihm bei einer seiner Patientinnen nicht gelang, sie zu erkennen und zu handhaben. Das führte zu einer vorzeitigen Unterbrechung der Behandlung und einem therapeutischen Mißerfolg. In dieser Abhandlung beschreibt Freud, daß seine Patientin während der Analyse Gefühle in bezug auf seine Person erlebte, die Neuauflagen, Faksimiles, Neudrucke und Neubearbeitungen von Gefühlen waren, die ursprünglich zu wichtigen Personen in der Vergangenheit gehört hatten (G.W. Bd. 5, S. 279—280). Solche Gefühle wirken wie Neuschöpfungen, sind aber in Wirklichkeit eine Wiederbelebung früherer Gefühlsreaktionen. Freud nannte dieses Phänomen Übertragung und erklärte, es sei ein notwendiger Bestandteil der psychoanalytischen Therapie. Es bringt die größten Hindernisse hervor, aber es ist auch ein höchst wichtiger Bundesgenosse in der Behandlung. Er erkannte zu spät, daß die Übertragungsgefühle der Patientin ihm gegenüber sich verändert hatten und daß sie mit ihm nun ein Stück ihrer Vergangenheit agierte. Sie verließ Freud, was sie bei ihrem Geliebten nicht gewagt hatte (G.W. Bd. 5, S. 282—283). Nun erkannte Freud, daß die Analyse der feindseligen Übertragung für einen therapeutischen Erfolg notwendig ist (S. 284).

Eine Abhandlung von Ferenczi aus dem Jahr 1909 über »Introjektion und Übertragung« ist der nächste Schritt vorwärts. Hier berührte Ferenczi gewisse neue Ideen zur Übertragung, von denen einige uns heute noch Mühe machen. Er wies darauf hin, daß Übertragungsreaktionen bei Neurotikern nicht nur in der analytischen Situation vorkommen, sondern auch anderswo. Er betrachtete Übertragungsreaktionen als eine besondere Form der Verschiebung und bemerkte, Ärzte würden mit besonders hoher Wahrscheinlichkeit zu Objekten von Übertragungsreaktionen gemacht, nicht nur Analytiker. Er glaubte jedoch, diese Prädisposition liege im Patienten, und der Analytiker sei nur der Katalysator. Diese Reaktionen kommen gewöhnlich in positiver und negativer Form vor. Außerdem glaubte Ferenczi, alle neurotischen Patienten hätten ein Verlangen nach Übertragung. Er sagt: Diese frustrierten Menschen haben eine Tendenz zur Introjektion und einen Hunger nach Identifizierung (S. 19—21). Sie neigen dazu, die Person des Analytikers mit in ihre private Welt hineinzunehmen. Ferenczi stellt dem die Paranoiker und andere Psychotiker gegenüber, die den Analytiker nicht introjizieren, sondern dazu neigen, zwischen sich und dem Analytiker eine Distanz zu schaffen. Er glaubt, dieser Hunger des Patienten nach dem Analytiker komme von einem Reizhunger (S. 22). Überdies stellt er die Theorie auf, der Ursprung der Übertragungsreaktionen gehe auf gewisse Projektionen in der Kindheit zurück. Der Analytiker ist eine »Deckperson«, eine Tarnung für die wichtigen Objekte aus der Kindheit des Patienten. Die Übertragungsreaktion ist ein Versuch der Heilung.

Ferenczi ging noch weiter und erörterte, daß wir es auch bei Hypnose und Suggestion mit Übertragungsreaktionen zu tun hätten, die auf einer sexuellen Grundlage beruhen, deren Ursprung in beiden Elternfiguren liege. Die Bereitschaft des Patienten, auf den Hypnotiseur zu übertragen, stammt entweder aus Liebe zu oder aus Angst vor den Eltern. Die Patienten werden dann blind-gläubig und blind-gehorsam. Ähnliche Reaktionen kommen in der psychoanalytischen Therapie auch ohne Hypnose vor. Man kann in der Hypnose zwischen Vater- und Mutterübertragung unterscheiden; man kann Veränderungen beobachten, und zwar das Schwanken des Patienten zwischen Liebesreaktionen, die Mutter-Reaktionen sind, und Angstreaktionen, die Reaktionen auf den Vater entsprechen.

Freuds Abhandlung »Zur Dynamik der Übertragung« (1912 a) bringt weitere wertvolle Einsichten in das Wesen der Übertragung. Die Bereitschaft des Patienten zu Übertragungsreaktionen kommt vom Unbefriedigtsein (G.W. Bd. 8, S. 365). Sie sind beim neurotischen Patienten so stark wegen seiner Neurose, sie entstehen nicht durch das analytische Verfahren (S. 367). Übertragungsreaktionen sind ein Zeichen für eine Regression der Libido. Sowohl Übertragung als auch Widerstand sind Kompromißbildungen (S. 368—369). Jeder Konflikt des Patienten muß in der Übertragungssituation ausgefochten werden (S. 370). Sie ist für die Analyse von entscheidender Bedeutung, denn sie ermöglicht es dem Patienten, in der Gegenwart mit seinen ungelösten Konflikten in bezug auf wichtige Objektbeziehungen seiner Vergangenheit zu kämpfen, »denn schließlich kann niemand *in absentia* oder *in effigie* erschlagen werden« (S. 374). Es ist notwendig, diese Probleme in der gegenwärtigen Übertragungssituation zu bearbeiten, die sich während der Analyse einstellt.

In dieser Abhandlung bespricht Freud einige der Beziehungen zwischen Übertragung und Widerstand, besonders die Unterschiede zwischen der positiven (d. h. sexuellen und erotischen) Übertragung und der negativen Übertragung, und wie sie die Bildung von Widerständen beeinflussen (S. 371). Er unterscheidet zwischen der sexuellen, erotischen Übertragung und der negativen Übertragung einerseits und dem »Rapport« andererseits, der die nicht-sexuelle positive Übertragungsreaktion darstellt. Nach Freuds Meinung sind alle Übertragungsreaktionen im Grunde ambivalent (S. 372). Es sei interessant, sagte Freud, daß Patienten nicht nur beim Analytiker und beim Arzt Übertragungsreaktionen hätten, sondern auch in Institutionen (S. 372). Die Abhandlung »Ratschläge für den Arzt bei der psychoanalytischen Behandlung« (1912 b) ist bemerkenswert, weil Freud hier zum erstenmal die Gegenübertragung bespricht und die Notwendigkeit einer »psychoanalytischen Purifizierung« des Analytikers. Hier bringt Freud zum erstenmal den berühmten Vergleich mit dem »Spiegel«. Um die Übertragung wieder lösen zu können, muß der Analytiker seine Anonymität wahren. »Der Arzt soll undurchsichtig für den Analysierten sein und wie eine Spiegelplatte nichts anderes zeigen, als was ihm gezeigt wird« (G.W. Bd. 8, S. 384).

Der Essay »Zur Einleitung der Behandlung« (1913 b) enthält die Empfehlung Freuds, das Thema der Übertragung unberührt zu lassen, solange kein merkliches Zeichen des Widerstands auftaucht. Er schlägt auch vor, man solle dem Patienten keine Deutungen geben, bis sich ein Rapport zwischen Analytiker und Patient entwickelt hat. Der Rapport stellt sich ein, wenn dem Patienten ernstes Interesse bezeugt, seine Widerstände bearbeitet werden und eine Haltung mitfühlenden Verständnisses an den Tag gelegt wird (G.W. Bd. 8, S. 473—474). (Ich bin versucht zu sagen, dies sei die erste Beschreibung des Arbeitsbündnisses.)

In der Abhandlung »Erinnern, Wiederholen und Durcharbeiten« (1914 c) bespricht Freud etwas ausführlicher die Tendenz des Patienten, in der Übertragungssituation zu agieren. Er führt auch eine neue Hypothese zur Erklärung der Übertragungsreaktionen ein, nämlich das Konzept vom Wiederholungszwang, der jedoch noch nicht an den Todestrieb gebunden ist. Außerdem wird in dieser Arbeit zum erstenmal das Konzept von der Übertragungsneurose erwähnt (G.W. Bd. 10, S. 135). Die Übertragungsneurose ist ein Kunstprodukt der Behandlung und tritt an die Stelle der allgemeinen Neurose des Patienten. Sie ist durch die analytische Arbeit heilbar.

Die Abhandlung »Bemerkungen über die Übertragungsliebe« (1915 a) ist aus zwei Hauptgründen bemerkenswert. In ihr erwähnt Freud zum erstenmal die »Abstinenzregel«. Es ist ein Grundprinzip, sagt Freud, »daß man Bedürfnis und Sehnsucht als zur Arbeit und Veränderung treibende Kräfte« beim Patienten bestehen lassen muß (G.W. Bd. 10, S. 313). Die Abhandlung zeichnet sich auch durch Freuds sensible persönliche und literarische Darstellung des Problems aus, wie man mit der romantischen Liebe einer Patientin zum Analytiker richtig umgeht.

Die Kapitel über »Übertragung« und »analytische Therapie« in den *Vorlesungen zur Einführung in die Psychoanalyse* (1916—17) sind im Grunde eine ziemlich systematische und gründliche Zusammenstellung der Grundgedanken Freuds zur Übertragung bis zu jenem Zeitpunkt. Außerdem ist dort eine Erörterung der Übertragungsneurosen zu finden, einer Neurosenkategorie, die von den narzißtischen Neurosen abgehoben werden muß, sowie eine kurze Erörterung der Übertragungsprobleme bei Psychosen (G.W. Bd. 11, S. 462, 438—446).

Eine wichtige Veränderung in Freuds theoretischen Anschauungen von der Natur der Übertragungsphänomene wurde in *Jenseits des Lustprinzips* (1920) publiziert. Bestimmte Kindheitsreaktionen werden in der Übertragung wiederholt, nicht weil man auf Lustgewinn hofft, sondern weil ein Wiederholungszwang besteht, der sogar noch primitiver ist als das Lustprinzip und der die Oberhand über es gewinnt (G.W. Bd. 13, S. 16 ff.). Der Wiederholungszwang ist eine Manifestation des Todestriebes (S. 40). Zum erstenmal werden hier Übertragungsreaktionen als Manifestationen sowohl des Libido- als auch des Todestriebes betrachtet.

Nach diesen Abhandlungen gab es keine größeren Neuentwicklungen, bis 1928 die Reihe technischer Abhandlungen von Glover erschien. Sie enthielten die erste systematische klinische Beschreibung einiger typischer Probleme bei der Entwicklung und Auflösung der Übertragungsneurose und der Übertragungswiderstände. Glover unterschied verschiedene Phasen der Übertragungsentwicklung und die typischen Probleme bei der Handhabung der verschiedenen Übertragungsreaktionen.

Ella Freeman Sharpes technische Abhandlungen (1930) machten deutlich, wie wichtig es ist, die Phantasien des Patienten in bezug auf den Analytiker zu analysieren. In ihrer gelehrten und sensiblen Darstellung betonte sie, wie die Repräsentanzen des Über-Ichs, des Ichs und des Es in Phantasien ausgespielt werden, die den Analytiker betreffen. Übertragungsreaktionen sind nicht nur Verschiebungen, sondern können auch Projektionen sein. Gemäß dem Kleinschen Standpunkt war Ella Sharpe der Ansicht, die Analyse der Übertragung sei keine Separataufgabe, sondern es sei von Anfang bis Ende der Analyse erforderlich, die Übertragungssituation ständig ausfindig zu machen. Von besonderem klinischem Wert ist ihre Beschreibung einiger der komplizierten Probleme, die in den subtilen Übertragungswiderständen des gefügigen, unterwürfigen Patienten liegen.

Freuds Abhandlung über »Die endliche und die unendliche Analyse« (1937 a) ist bemerkenswert, weil Freud hier die Diskussion der strittigen Hypothesen über Übertragung und Übertragungswiderstand fortsetzt. Er unterstreicht das Problem der lange andauernden negativen Übertragung und des Agierens, die er dem Wiederholungszwang, einer Manifestation des Todestriebs, zuschreibt. Er macht auf physiologische und biologische Faktoren aufmerksam (G.W. Bd. 16, S. 70). Freud erörtert ebenfalls die schlechte Prognose und die Grenzen der psychoanalytischen Therapie und die speziellen Probleme bei Patienten mit einer sogenannten negativen therapeutischen Reaktion (S. 87—88). In dieser Abhandlung wirft er auch die Frage auf, ob es richtig ist, wenn der Analytiker latente Probleme im Patienten aufrührt. Freud verlangt unerbittlich, der Analytiker dürfe die Übertragung nicht manipulieren; seine Aufgabe sei es, zu analysieren und nicht zu manipulieren (S. 75—78).

Richard Sterbas zwei Abhandlungen über die Übertragung (1929, 1934) liefern einen wichtigen Beitrag zu unserem Verständnis des therapeutischen Prozesses. Er beschreibt die Spaltung im Ich des Patienten, die dann eintritt, wenn dieser fähig ist, sich partiell mit der Beobachterfunktion des Analytikers zu identifizieren. Auf diese Weise kann der Patient zum aktiven Teilnehmer an der Analyse werden. Er produziert nicht nur das Material, sondern auf der Grundlage der Identifizierung kann er analytisch mit ihm arbeiten. Diese Vorstellung ist ein zentrales Element in dem, was später als »therapeutisches Bündnis« oder »Arbeitsbündnis« bezeichnet wurde.

Fenichels schmaler Band über Technik (1941) ist im wesentlichen ein sehr gedrängter, systematischer und gründlicher Überblick über die theoretischen Grundlagen der psychoanalytischen Technik. Er bietet auch eine Skizze der technischen Schritte, die man in Betracht ziehen muß, wenn man die typischen Probleme der Technik angeht.

Der hervorragendste Beitrag in der Abhandlung von I. Macalpine über »Die Entwicklung der Übertragung« (1950) ist ihre sorgfältige Untersuchung darüber, wie die analytische Situation selbst die Übertragungsbereitschaft des Patienten in Übertragungsreaktionen verwandelt. Die Autorin hat etwa fünfzehn verschiedene Faktoren herausgestellt, die beim Herbeiführen der nötigen Regression in dem Patienten, der sich einer Psychoanalyse unterzieht, eine Rolle spielen.

Das Werk von Phyllis Greenacre über »Die Rolle der Übertragung« (1954) hat einige wichtige Einsichten in den Ursprung der Übertragung, die »Matrix« von Übertragungsreaktionen, geliefert. Die Autorin erklärt auch sorgfältig, wie wichtig es ist, die Übertragung zu schützen und eine »Korrumpierung« (»contamination«) zu vermeiden. Ihr Bild von der »schiefen« (»tilted«) Beziehung in der analytischen Situation, der Ungleichheit zwischen Patient und Analytiker, ist ein weiterer nützlicher Gedanke (S. 674). Ph. Greenacre erkennt, daß die Übertragungsbeziehung ungewöhnlich kompliziert ist, und regt an, wir sollten stärker auf die Spaltung der Übertragungsbeziehung achten (Greenacre, 1959).

Die »Diskussion von Übertragungsproblemen« (die auf dem 19. Internationalen Psychoanalytiker-Kongreß 1955 stattgefunden hat) ist eine ausgezeichnete Zusammenfassung der aktuellen psychoanalytischen Ansicht (siehe Waelder et al., 1956). Elizabeth Zetzels Analyse der Bedeutung des »therapeutischen Bündnisses« ist ein hervorragender Beitrag. In dieser Arbeit betont sie, wie verschieden das therapeutische Bündnis von den klassischen Analytikern und den Anhängern Melanie Kleins aufgefaßt wird. Diese Unterscheidung stellt nach meiner Ansicht die Grundlage für einige wichtige Unterschiede in Theorie und Technik dar. Die Abhandlung von Spitz (1956 b) vertieft unser Verständnis für die Art, wie das analytische Milieu einige der frühesten Aspekte der Mutter-Kind-Beziehung wiederbelebt. Winnicotts Essay (1956 a) unterstreicht, welche Modifikationen der Technik bei Patienten notwendig sind, die in den ersten Lebensmonaten nicht genug bemuttert worden sind. Nach seiner Meinung können wir uns erst dann im wesentlichen auf Deutungsarbeit verlassen, wenn ein Patient fähig war, eine Übertragungsneurose auszubilden.

In einer sehr sensiblen und eindringlichen Studie über »Das therapeutische Wirken der Psychoanalyse« (1960) lenkt Loewald das Augenmerk auf bestimmte nonverbale Elemente in der Übertragungsbeziehung. Er beschreibt eine Art von Wechselseitigkeit, die den nonverbalen und entwicklungsfördernden Interaktionen der Mutter mit dem Kind ähnlich ist. Diese basiert zum Teil auf den selektiven, vermittelnden und organischen Funktionen der Mutter, die dem Kind bei der Ausbildung einer Ich-Struktur helfen. Die Vorstellung der Mutter von dem Potential des Kindes wird ein Bestandteil des Selbstbildes des Kindes. Ein ähnlicher Prozeß findet unbemerkt auch in der psychoanalytischen Therapie statt.

Das Buch von Leo Stone über »Die psychoanalytische Situation« (1961) ist nach meiner Meinung ein wichtiger Schritt vorwärts in bezug auf die Klärung einiger Probleme der Übertragungsphänomene. Das Konzept von den notwendigen Befriedigungen, vom Vorhaben des Analytikers, und die Betonung verschiedener, gleichzeitig bestehender Beziehungen zwischen Analytiker und Patient stellen einen bedeutsamen Fortschritt in unserer Theorie und Technik dar. Ich glaube, Zetzels Abhandlung über das therapeutische Bündnis und Stones Buch über die psychoanalytische Situation haben mich zu meiner Formulierung über das Arbeitsbündnis (Greenson, 1965 a) gebracht. Die Trennung der relativ unneurotischen Beziehung zum Analytiker von den neurotischen Übertragungsreaktionen hat wichtige theoretische und technische Folgen. Ein Patient muß beide Arten von Beziehungen enwickeln können, um analysierbar zu sein.

Man kann einen historischen Überblick über ein so grundlegendes Thema nicht abschließen, ohne eine kurze Beschreibung einiger abweichender Entwicklungen einzufügen. Ich habe die beiden gegenwärtig abweichenden Schulen unter den Psychoanalytikern ausgewählt, die mir am wichtigsten erscheinen, die Schulen von Melanie Klein und von Franz Alexander.

Die Anhänger der Kleinschen Schule sind der Ansicht, die Deutung der unbewußten Bedeutung der Übertragungsphänomene sei das entscheidend Wichtige am therapeutischen Prozeß. Sie glauben jedoch, die Beziehung des Patienten zu seinem Analytiker sei fast ausschließlich eine der unbewußten Phantasie (Isaacs, 1948, S. 79). Übertragungsphänomene werden im wesentlichen als Projektionen und Introjektionen der frühkindlichsten guten und bösen Objekte angesehen. Obwohl diese frühen Introjekte in einer präverbalen Phase entstehen, erwarten die Kleinianer von ihren Patienten, daß sie die Bedeutung dieser primitiven Vorgänge vom Anfang der Analyse an verstehen (Klein, 1961; Segal, 1964). Sie analysieren nicht den Widerstand als solchen, sondern geben statt dessen Deutungen, die die komplexen, feindseligen und idealisierten Projektionen und Introjektionen des Patienten gegenüber dem Analytiker betreffen. Es scheint, als ob sie erwarten, die internen guten und bösen Objekte im Ich des Patienten dadurch zu beeinflussen, daß sie deuten, was nach ihrem Eindruck vor sich geht. Sie kommunizieren nicht mit einem kohäsiven, integrierten Ich; sie versuchen nicht, ein Arbeitsbündnis herzustellen, sondern sie scheinen statt dessen direkten Kontakt mit den verschiedenen Introjekten aufzunehmen (Heimann, 1956).

Kleinianer sind der Meinung, *nur* Übertragungsdeutungen seien wirksam. Andere Deutungen werden nicht als wichtig angesehen. Sie behaupten, ihr Vorgehen sei gleich gut geeignet für die Arbeit mit Kindern, Psychotikern und Neurotikern (Rosenfeld, 1952, 1958). Man kann diesen Anschauungen mit einer so kurzen Schilderung nicht gerecht werden; es ist notwendig, sich mit der ganzen Denkrichtung vertraut zu machen. Der Lernende sollte die drei zuletzt erschienenen Bücher von Melanie Klein und ihren Anhängern lesen (1952, 1955; Segal, 1964). Eine klare und maßvolle Erörterung dieses Themas findet der Lernende bei Brierley (1951) in dem Kapitel über die Arbeit von Melanie Klein.

Man mag an der Kleinschen Methode vieles finden, mit dem man nicht einverstanden ist; trotzdem gehen die Kleinianer psychoanalytisch vor, insofern sie die Übertragung *deuten*. Alexander und seine Anhänger (1946) stellen diese Grundhaltung der Analyse und Deutung der Übertragung in Frage. Sie befürworten, man solle die Übertragung im Gegenteil regulieren, beherrschen und manipulieren. Man sollte ihr nicht gestatten, gemäß den neurotischen Bedürfnissen des Patienten aufzublühen. Man sollte dem Patienten nicht erlauben, in tiefe Regression zu verfallen, denn diese führt zu Übertragungsreaktionen der Abhängigkeit, die im wesentlichen Widerstände sind und nicht produktiv. Es ist am besten, Antipathie und Mißtrauen des Patienten zu vermeiden; eine feindselige und aggressive Übertragung ist eine unnötige Komplikation. Analytiker können es unterlassen, infantile Konflikte überhaupt zu erwähnen, und dadurch die Übertragungsreaktionen der Abhängigkeit vermeiden. Eine gemäßigte Übertragungsneurose ist zulässig, aber starke Übertragungsneurosen sind zu vermeiden. Man sollte sich viel mehr auf die Gegenwart und weniger auf die Vergangenheit konzentrieren.

Dies ist nur eine kleine Probe der von Alexander und French in ihrem Buch *Psychoanalytic Therapy* ausgedrückten Ansichten. Dieses Werk hat in Psychoanalytikerkreisen in Amerika einiges Aufsehen erregt (in Europa ist es anscheinend übersehen worden), da viele der Autoren prominente Psychoanalytiker waren und die vorgelegten Ansichten vielen allgemein akzeptierten Grundsätzen der psychoanalytischen Theorie und Technik widersprachen. Der Widerhall dieses Versuchs, die Psychoanalyse zu ändern, hat nach meiner Meinung dazu geführt, daß man in der Amerikanischen Psychoanalytischen Vereinigung feste Ausbildungsvorschriften eingeführt hat. Man glaubte, daß Ausbildungskandidaten, die nach den von Alexander und seinen Anhängern befürworteten Methoden ausgebildet würden, keine tiefgehende psychoanalytische Erfahrung durchmachen würden.

Wie schon am Anfang dieses Kapitels gesagt: Jede Abweichung in der Psychoanalyse läßt sich an der abweichenden Art demonstrieren, in der Übertragungsphänomene betrachtet werden.

3.4 Theoretische Überlegungen

3.41 Ursprung und Natur der Übertragungsreaktionen

Bevor wir einige der theoretischen Fragen untersuchen, die Übertragungsphänomene betreffen, müssen wir uns in bezug auf den Sinn dieses

Ausdrucks genauer fassen. Es gibt viele verschiedene Theorien darüber, was eine Übertragungsreaktion ausmacht, und ich habe den Eindruck, daß einige der Divergenzen darauf beruhen, daß man seine Termini nicht ausführlich genug definiert. Ich möchte hier die Definition der Übertragung wiederholen, die ich im Abschnitt 3.1 verwendet habe. *Übertragung ist das Erleben von Gefühlen, Trieben, Haltungen, Phantasien und Abwehr gegenüber einer Person in der Gegenwart, die zu dieser Person gar nicht passen, sondern die eine Wiederholung von Reaktionen sind, welche ihren Ursprung in der Beziehung zu wichtigen Personen der frühen Kindheit haben und unbewußt auf Figuren der Gegenwart verschoben werden.*

Diese Definition beruht auf vier Grundannahmen: 1. Übertragung ist eine Variante der Objektbeziehungen. 2. Übertragungsphänomene wiederholen eine frühere Beziehung zu einem Objekt. 3. Der Mechanismus der Verschiebung ist der wesentliche Vorgang bei Übertragungsreaktionen. 4. Übertragung ist ein regressives Phänomen. Wenn ein psychisches Phänomen als Übertragung angesehen werden soll, müssen diese vier Elemente alle vorhanden sein. Jede dieser vier Komponenten hat wichtige theoretische und klinische Bedeutung.

Die psychoanalytische Behandlung schafft keine Übertragungsreaktionen; sie bringt sie lediglich ans Licht, indem sie ihre Entwicklung fördert. Übertragungsphänomene bei Neurotikern sind eine Sonderform der Beziehung zu einem anderen Menschen. Sie sind eine Art Zwischenreich zwischen Krankheit und wirklichem Leben (Freud, 1914 c). Während der analytischen Behandlung kommen auch andere Arten von Beziehungen zum Analytiker vor. Auch ein Arbeitsbündnis und eine reale Beziehung kommen zustande und spielen eine wichtige Rolle in der psychoanalytischen Therapie neurotischer Patienten. Sie unterscheiden sich von Übertragungsphänomenen und sollen getrennt behandelt werden.

Es können auch primitivere Arten der Beziehung zum Analytiker vorkommen. Reaktionen wahnhafter oder psychotischer Art treten auf, aber es ist nicht sicher, ob man sie zu Recht als Übertragungsreaktionen bezeichnen kann (Freud, 1915 b). Um jede Zweideutigkeit zu vermeiden: Wenn ich in diesem Werk den Ausdruck Übertragung oder Übertragungsreaktion ohne weitere Spezifikation verwende, spreche ich von neurotischen Übertragungsphänomenen. Bei verschiedenen schwer regredierten Patienten können wir vorübergehend psychotische Reaktionen auf den Therapeuten beobachten. Diese Manifestationen sind ganz anders als neurotische Übertragungsreaktionen. Die Hauptunterschiede rühren von dem Umstand her, daß der Psychotiker seine Objektrepräsentanzen verloren hat und infolgedessen nicht mehr zwischen seinem Selbst und der Objektwelt unterscheiden kann (Freud, 1915 b; M. Wexler, 1960; Jacobson, 1964). Man darf jedoch nicht vergessen, daß psychotische Patienten neurotische und gesunde Komponenten haben können, und auch das Umgekehrte gilt (M. Katan, 1954). Man begegnet Patienten, die neurotische und psychotische Übertragungsreaktionen zeigen.

Die vielfältigen Formen der Herstellung von Beziehungen zum Analytiker während der Psychoanalyse müssen voneinander unterschieden werden, denn mit ihnen gehen wichtige klinische, theoretische und technische Unterschiede einher. Wenn man sie einfach alle als Übertragungsphänomene zusammenwirft, wird man der Komplexität der menschlichen Beziehungen nicht gerecht, ebensowenig der Verwobenheit der therapeutischen Prozesse, die an der psychoanalytischen Behandlung beteiligt sind.

3.411 Übertragung und Objektbeziehungen

Die Übertragungsreaktion des Neurotikers ist eine Beziehung, an der drei ganze Menschen beteiligt sind — ein Subjekt, ein früheres Objekt und ein gegenwärtiges Objekt (Searles, 1965). In der analytischen Situation umfaßt sie gewöhnlich den Patienten, irgendeinen wichtigen Menschen aus der Vergangenheit und den Analytiker. Ein Patient, der sich vor seinem Analytiker fürchtet, wie er sich früher vor seinem Vater gefürchtet hat, mißversteht die Gegenwart gemäß seiner Vergangenheit, solange er in den Fängen der Übertragungsreaktion steckt (Fenichel, 1945 a). Jedoch weiß der neurotische Patient, daß der Analytiker sein Analytiker ist und nicht sein Vater, und er weiß auch, daß er, der Patient, nicht der Analytiker ist und auch nicht sein eigener Vater. Mit anderen Worten, der Neurotiker kann zeitweilig und partiell so reagieren, *als ob* der Analytiker mit seinem Vater identisch wäre, aber intellektuell kann er den Analytiker von seinem Vater und seinem eigenen Selbst klar unterscheiden. Klinisch ausgedrückt, der neurotische Patient ist fähig, sein erlebendes Ich von seinem beobachtenden Ich abzuspalten. Entweder tut er dies spontan, oder er bedarf der Hilfe durch die Deutungen des Analytikers.

Neurotische Übertragungsphänomene beruhen auf zwei Voraussetzungen: 1. der Fähigkeit des Individuums, zwischen dem Selbst und der Objektwelt zu unterscheiden; 2. der Fähigkeit, Reaktionen von einer früheren Objektrepräsentanz auf ein Objekt in der Gegenwart zu verschieben (Jacobson, 1964; Hartmann, 1950). Dies bedeutet, daß der Neurotiker ein organisiertes, differenziertes Selbst hat, eine eigene Organisation, abgetrennt und deutlich unterschieden von der Umgebung, mit der Fähigkeit, inmitten von Veränderungen sich selbst gleichzubleiben (Jacobson,

1964; Lichtenstein, 1961; Mahler, 1957 [siehe Rubinfine, 1958] und Greenacre, 1958).

Sehr kleine Kinder haben die Trennung von der Mutter, die Individuation, noch nicht vollzogen. Ältere Kinder haben Hunger auf neue Objekte. In der Behandlungssituation wiederholen sie nicht nur die Vergangenheit, sondern sie versuchen auch, neue Arten von Beziehungen herzustellen (A. Freud, 1965). Psychotiker haben ihre inneren Objektrepräsentanzen verloren und streben danach, das Gefühl einer schrecklichen Leere auszufüllen, indem sie neue Objekte schaffen (Freud, 1915 b). Sie neigen dazu, Reste ihres Selbst und Objektrepräsentanzen zu verschmelzen und zu verwechseln. Außerdem ist ihre Welt voll von Teilobjekten, die sie im Versuch, ihre verlorenen Objektbeziehungen aufzubauen oder wiederaufzubauen, introjizieren und projizieren (M. Wexler, 1960; Searles, 1963).

Eine meiner schizophrenen Patientinnen war jahrelang überzeugt, sie sei aus Seife gemacht, und gab mir die Schuld dafür. Diese Ideen beruhten zum Teil darauf, daß sie die Sprichwörter »Schweigen ist Gold« und »Reinlichkeit kommt gleich nach Gottesfurcht« buchstäblich und konkret akzeptierte. Sie hatte das Gefühl, meine Versuche, sie zum Reden zu bringen, führten zum Verlust ihres »reinen« Schweigens. Ich hatte »schmutzige« Wörter gebraucht, und das hatte *sie* in Seife verwandelt. (Man beachte die Verwechslung des Selbst mit dem Analytiker.) Das Grundproblem war aber ihr Gefühl der Leere, ihr Gewahrsein, daß sie ihre Objektwelt verloren hatte. Das Gefühl, aus Seife gemacht zu sein, war sowohl eine Anerkennung dieser Tatsache als auch ein Versuch, den ursprünglichen Zustand wiederherzustellen.

Diese Art der Beziehung zum Analytiker ist ganz anders als die neurotischen Übertragungsreaktionen. Ich verweise den Leser auf die Werke von Freud (1915 b, 1911 a), Searles (1963), Little (1958) und Rosenfeld (1952, 1954); dort findet sich weiteres klinisches und theoretisches Material über Übertragungsphänomene bei Psychotikern.

Die obenstehenden Überlegungen deuten einige der Probleme, die hinter den Unterschieden im therapeutischen Vorgehen gegenüber dem Kind, dem erwachsenen Neurotiker und dem Psychotiker liegen, nur an (A. Freud, 1965). Freuds (1916—17) Trennung der Übergangsneurosen von den narzißtischen Neurosen scheint auf ähnlichen Grundlagen zu beruhen. Menschen, die im Grunde narzißtisch sind, werden nicht in der Lage sein, eine folgerichtig analysierbare Übertragungsbeziehung aufrechtzuerhalten. Ihre Beziehung zum Analytiker wird voll sein von Verschmelzungen von Selbst und Objektvorstellungen, den primitiven Vorläufern der Identifizierung (Jacobson, 1964). Es gibt Übergänge zwischen narzißtischen Beziehungen und Objektbeziehungen, wie Winnicott (1953) mit seinem Konzept von den Übergangsobjekten bewiesen hat. Ich rate dem ernsthaft Interessierten, sich durch die Lektüre von Jacobson (1964),

Fenichel (1945 a), Spitz (1957, 1965) und Mahler (1965) ein gründlicheres Bild von den Anfängen des Selbst und der Objektrepräsentanzen zu verschaffen. Ich stimme mit Greenacres (1954) Ansicht überein, nach der die Matrix der Übertragungsbeziehung die frühe Einheit zwischen Mutter und Kind ist. Der Mensch kann das Alleinsein über längere Zeit nicht sehr gut ertragen. Die analytische Situation setzt zwei antithetische Gruppen von Reaktionen in Gang. Die sensorische Isolierung des Patienten auf der Couch weckt das Gefühl des Alleinseins, der Frustration und einen Hunger nach Objektbeziehungen. Andererseits wecken die Häufigkeit der Sitzungen, die lange Dauer der Behandlung und die Aufmerksamkeit für die Bedürfnisse des Patienten Erinnerungen an die frühe Nähe zwischen Mutter und Kind.

3.412 Übertragung und Ichfunktionen

Übertragungsreaktionen zeigen die Stärken und Schwächen des Patienten an seinen Ichfunktionen. Wie schon gesagt, neurotische Übertragungsphänomene zeigen an, daß der Patient eine stabile Selbstrepräsentanz hat, die sich von seinen Objektrepräsentanzen scharf unterscheidet. Dies läßt darauf schließen, daß seine frühe Ichentwicklung im wesentlichen erfolgreich war; er ist »ausreichend« bemuttert worden und kann sich zu ganzen Menschen in Beziehung setzen (Winnicott, 1955, 1956 b). Wenn er »die Gegenwart gemäß seiner Vergangenheit mißversteht«, ist das Mißverständnis nur partiell und vorübergehend. Die Regression der Ichfunktion ist umschrieben und auf bestimmte Aspekte seiner Beziehung zur Übertragungsfigur beschränkt. Außerdem ist sie reversibel.

Einer meiner Patienten ist z. B. mitten in einer starken feindseligen Übertragungsreaktion. Er bringt den Großteil mehrerer Stunden damit zu, sich wortreich zu beklagen, ich sei inkompetent, skrupellos und dickfellig. Er kommt jedoch pünktlich zu seinen Sitzungen, hört meinen Interventionen aufmerksam zu und funktioniert in seinem Leben außerhalb der Analyse in angemessener Weise. Auch wenn er daran denkt, die Analyse abzubrechen, erwägt er es doch nicht wirklich ernsthaft.

Ein Patient in einer solchen Verfassung läßt sich von seinen Gefühlen und Phantasien hinreißen. Er läßt es zu, daß er in bezug auf seine Objektbeziehungen und Ichfunktionen regrediert. Er verzichtet partiell und vorübergehend auf einige seiner Realitätsprüfungsfunktionen. (Dies ist vom Rollenspiel oder vom »So-tun-als-ob« zu unterscheiden.) In dem oben angeführten Fall wurde die Übertragungsreaktion ausgelöst, als ich eine seiner Fragen nicht beantwortete. Diese meine Handlung überwog vorübergehend alle meine Eigenschaften, die seiner Anschuldigung widersprachen, ich sei inkompetent, skrupellos und dickfellig. Während dieser Behandlungsphase war die Ichfunktion des Unterscheidungsvermögens beim Patienten beeinträchtigt. Als ich schwieg, wurde ich zu seinem harten und straffreudigen Vater. Der Patient konnte diese Reaktion bearbeiten und begann, sie zu verstehen, als sein beobachtendes Ich und das Arbeitsbündnis wiederhergestellt waren.

Es kommen bei Übertragungsreaktionen noch andere Mechanismen vor, die auf eine Regression der Ichfunktionen hinweisen, aber sie sind eine *Ergänzung* zum Mechanismus der Verschiebung. Projektion und Introjektion können vorkommen, aber sie sind nicht der Grundprozeß in der neurotischen Übertragung. Sie können zusätzlich zur Verschiebung wirksam werden. Ich möchte diese Aussage unterstreichen, denn sie widerspricht den Ansichten der Kleinschen Schule, deren Anhänger alle Übertragungsphänomene auf der Grundlage von Projektion und Introjektion deuten (Klein, 1952; Racker, 1954; Segal, 1964). Sie vernachlässigen die Verschiebung von einer früheren Objektbeziehung und kümmern sich deshalb relativ wenig um die Erlebnisse aus der Lebensgeschichte des Patienten. Ich glaube, das liegt zum Teil daran, daß sie es unterlassen, Projektion und Introjektion von Verschiebung zu unterscheiden; außerdem beruht es auf einer ungenauen Verwendung der Begriffe Projektion und Introjektion.

Auf die Gefahr hin, pedantisch zu erscheinen, will ich diese Ausdrücke, wie sie in der klassischen psychoanalytischen Literatur gebraucht werden, kurz definieren. Verschiebung bezeichnet die Verlagerung von Gefühlen, Phantasien usw. von einem *Objekt* oder einer *Objektrepräsentanz* der Vergangenheit auf ein Objekt oder eine Objektrepräsentanz in der Gegenwart. Wenn ein Mensch projiziert, verlagert er etwas aus seiner *Selbstrepräsentanz* hinaus in oder auf einen anderen Menschen. Introjektion ist die Einverleibung von einem Teil eines äußeren Objekts in die *Selbstrepräsentanz*. Projektion und Introjektion können während der Analyse vorkommen, aber sie *treten zur Verschiebung hinzu*. Sie sind *Wiederholungen* projektiver und introjektiver Mechanismen, die sich in der Vergangenheit auf frühere Objekte von historischer Bedeutung bezogen haben (Jacobson, 1964).

Ich möchte ein Beispiel von Projektion als einer neurotischen Übertragungsreaktion geben. Professor X.[2], der an Lampenfieber litt, beklagte sich während seiner Analyse häufig, er habe das Gefühl, jedesmal, wenn ich eine Deutung gäbe, mache ich mich über ihn lustig, lache ihn hinter seinem Rücken aus oder verspotte ihn. Für diese Reaktion waren in der Lebensgeschichte des Patienten viele Determinanten zu finden. Sein Vater war als »Fopper« bekannt gewesen,

[2] Siehe auch Abschnitt 2.64 und 2.652.

der sein Vergnügen daran hatte, den Patienten sadistisch in Verlegenheit zu bringen, besonders vor Gästen. Der Patient hatte ein sehr strenges Über-Ich entwickelt und geißelte sich selbst wegen verschiedener Betätigungen, die er als beschämend empfand. Im Verlauf der Analyse verwandelte sich sein Gefühl der Beschämung in das Gefühl, ich würde ihn beschämen, wenn ich wüßte, was er getan hätte. Der Patient hatte Teile seines Über-Ichs auf mich projiziert. Seine Phantasie, von mir gedemütigt zu werden, war nicht nur schmerzhaft, sondern enthielt auch masochistische und exhibitionistische Lust. Das war ein Überbleibsel aus seiner Kindheitsbeziehung zu seinem Vater, die voll von sexuellen und aggressiven Phantasien gewesen war. Aber ein wichtiger Aspekt seiner Demütigungsphantasien beruhte auf Projektion.

In einer Stunde berichtete er voller Beschämung, am Wochenende habe er sich betrunken und eine Versammlung von Freunden damit unterhalten, daß er den »greulichen Greenson, den großen Psychoanalytiker« nachgeahmt habe. Er war verblüfft, wie lange er seine Zuhörer veranlassen konnte, über seinen Analytiker zu lachen. In der Analysestunde erkannte er, daß er dies gelegentlich zu Hause tat, indem er einige meiner Ausdrücke oder Gesten nachahmte, wenn Leute da waren, die mich kannten. Der Patient wurde ganz ängstlich, als er davon sprach; er war sicher: »das Dach würde einstürzen«. Dieser Ausdruck brachte ihm eine bisher vergessene Erinnerung ins Bewußtsein, wie sein Vater ihn einmal erwischt hatte, als er eine Parodie auf die Sprechweise seines Vaters aufführte. Sein Vater hatte ihn unbarmherzig geschlagen und ihn dann gequält, weil er weinte. Diese Episode machte dem Versuch des Patienten, seinen Vater nachzuahmen, ein Ende und führte schließlich zu seinem Lampenfieber.

Es schien mir deutlich, daß der Patient zum Teil seine Impulse, ein »Demütiger« zu sein, auf mich projiziert hatte. Das war eine Abwehr gegen seine Feindseligkeit, ein Mittel, um Angst zu vermeiden und noch anderes. Aber diese Projektion war eine Ergänzung der Grunddeterminante seines Gefühls der Demütigung — der Geschichte von einem Vater, der ihn gedemütigt hatte und den er aus Rachsucht zu demütigen wünschte.

Das Agieren oder Durchleben von Übertragungsreaktionen zeigt das Vorhandensein weiterer regressiver Züge der Ichfunktionen in der Übertragung an. Die Beziehung zwischen Übertragung und Erinnerung wird in den folgenden Abschnitten über Wiederholung und Regression ausführlicher besprochen.

3.413 Übertragung und Wiederholung

Ein hervorstechender Zug der Übertragungsreaktionen ist ihre Tendenz zur Wiederholung, ihr Widerstand gegen Veränderungen, ihre Zähigkeit. Bei diesem Phänomen spielen viele Faktoren eine Rolle, und es gibt verschiedene theoretische Erklärungen. Ich möchte hier nur einige der Hauptfragen kurz berühren.

Übertragung ist ein Wiedererleben der verdrängten Vergangenheit — genauer, der abgewehrten Vergangenheit. Die Wiederholungstendenz und die Starre der Übertragungsreaktionen im Gegensatz zu realistischeren

Objektbeziehungen beruht auf der Tatsache, daß die Es-Impulse, die im Übertragungsverhalten Abfuhr suchen, auf den Widerstand der einen oder anderen unbewußten Gegenkraft des Ichs stoßen. Übertragungsbefriedigungen sind niemals ganz befriedigend, weil sie nur Ersatz für reale Befriedigung, regressive Abkömmlinge und Kompromißbildungen sind (Fenichel, 1941). Sie sind das Produkt einer ständigen Gegenbesetzung. Nur wenn die Gegenbesetzung, die Abwehr, aufgelöst wird, kann eine adäquate Abfuhr stattfinden.

Triebversagung und die Suche nach Befriedigung sind die Grundmotive für Übertragungsphänomene. Befriedigte Menschen und Menschen in einem Zustand der Apathie zeigen weit weniger Übertragungsreaktionen. Befriedigte Menschen können ihr Verhalten gemäß den Möglichkeiten und Forderungen der Außenwelt abwandeln. Apathische Menschen haben sich in eine mehr narzißtische Orientierung zurückgezogen. Der Neurotiker, der an einer Vielfalt ungelöster neurotischer Konflikte leidet, ist in einem ständigen Zustand der Trieb-Unbefriedigtheit und infolgedessen in der Verfassung der Übertragungsbereitschaft (Freud, 1912 a). Ein Mensch in diesem Zustand begegnet jedem neuen Menschen mit bewußten und unbewußten libidinösen und aggressiven Antizipationen. Diese sind schon vorhanden, bevor der Patient den Analytiker kennenlernt, und die Lebensgeschichte des Neurotikers ist voll von Übertragungsverhalten, schon lange bevor er zur Behandlung kommt (Frosch, 1959).

Die abgewehrten Triebimpulse, denen die direkte Abfuhr verwehrt ist, suchen regressive und verzerrte Wege bei ihrem Versuch, Zugang zum Bewußtsein und zur Motilität zu gewinnen. Übertragungsverhalten ist ein Beispiel für die Rückkehr des Verdrängten. Die Person des Analytikers wird zu einer vortrefflichen Zielscheibe für die aufgestauten Triebimpulse, weil der Patient ihn als eine Gelegenheit benützt, die kurzgeschlossenen Impulse auszudrücken anstatt sich den ursprünglichen Objekten zu stellen (Fenichel, 1941). Die Übertragung ist in diesem Sinn ein Widerstand, aber ein notwendiger Umweg auf dem Weg zu Einsicht und Erinnerung. Das unaufdringliche, nicht befriedigende Verhalten des Analytikers macht die Übertragungsreaktionen des Patienten demonstrierbar. Freuds (1915 a) sogenannte Regeln vom »Spiegel« und von der Abstinenz beruhen auf dieser Grundlage. Wenn der Psychoanalytiker die neurotischen Triebwünsche des Patienten nicht erfüllt, werden diese Impulse demonstrierbar als Übertragungsverzerrungen und werden so zu Vermittlern wertvoller Einsichten. Diese Fragen werden in den Abschnitten 3.92, 4.213 und 4.223 gründlicher erörtert.

Die Wiederholung eines psychischen Erlebnisses kann auch ein Mittel sein, es nachträglich doch noch zu bewältigen (Freud, 1920; Fenichel,

1945 a). Die aktive Wiederholung eines traumatischen Erlebnisses ist ein Beispiel dafür. Das infantile Ich lernt, das Gefühl der Hilflosigkeit dadurch zu überwinden, daß es die Situation aktiv wiederholt, die in der Vergangenheit das ursprüngliche Gefühl der panischen Angst herbeigeführt hatte. Spiele, Träume und Gedanken, die das peinliche Erlebnis betreffen, machen es möglich, einen Teil der überschüssigen Erregung abzuführen, die das Ich überschwemmt hatte. Das Ich, das in der ursprünglichen traumatischen Situation passiv war, reproduziert das Ereignis aktiv zu einem selbstgewählten Zeitpunkt, unter Bedingungen, die für es günstig sind, und lernt so langsam, damit fertigzuwerden.

Die Wiederholung einer Situation kann von der Bewältigung und Bemeisterung bis zur Lust führen. Das kann teilweise auf dem Gefühl des Triumphs über ein früher gefürchtetes Ereignis beruhen. Dies ist gewöhnlich vorübergehender Art, wenn nicht noch ein kontraphobisches Element wirksam ist (Fenichel, 1939). Das bedeutet, daß das Ereignis wiederholt wird, *weil* es gefürchtet wird; die Wiederholung ist ein Versuch zu leugnen, daß die Angst noch besteht. Zum Beispiel kann übermäßige sexuelle Betätigung bedeuten, daß der betreffende Mensch versucht, seine Angst zu leugnen. Sein Handeln deutet darauf hin, daß er versucht, sich selbst einzureden, er habe keine Angst mehr. Seine kontraphobische Sexualität ist auch ein Versuch, Zeugen zu bekommen, die dies bestätigen. Die übermäßige Wiederholungsneigung deutet darauf hin, daß ein neurotischer Konflikt beteiligt ist. Das unbewußte Ich verhindert die vollständige Triebabfuhr, und die Handlung muß immer wieder ausgeführt werden.

Man kann Übertragungsreaktionen gut von den oben skizzierten Punkten aus angehen. Eine angsterregende Beziehung zu einem Menschen in der Vergangenheit wird wiederholt als Versuch, nachträglich die Angst zu überwinden, die in dem ursprünglichen Erlebnis enthalten war. Eine Frau sucht sich z. B. harte, grausame Männer als Liebesobjekte aus. In der Übertragung reagiert sie immer wieder so, als sei der Analytiker grausam und strafend. Dieser Reaktionstypus kann, zusätzlich zu seinen sonstigen Bedeutungen, sinnvoll als ein nachträglicher Versuch verstanden werden, die ursprüngliche Angst zu überwinden. Als Kind war sie ihrem harten Vater gegenüber hilflos. Als Patientin wählt sie unbewußt die aggressiven Komponenten ihres Analytikers aus, um darauf zu reagieren; dies dient ihr als Mittel, um ihre Angst zu beherrschen. Sie agiert die schmerzliche Situation, *anstatt* sich an das ursprüngliche Erlebnis zu erinnern. Die Wiederholung im Handeln ist ein Vorspiel, eine Vorbereitung auf das Sich-Erinnern (Freud, 1914 c; Ekstein und Friedman, 1957).

Lagache (1953) hat unserem Verständnis des wiederholten Agierens von Übertragungsphänomenen einen wertvollen Bestandteil hinzugefügt.

Er hat gezeigt, daß das Agieren ein Versuch sein kann, unerledigte Aufgaben zu Ende zu führen. Dies wird in Beziehung gesetzt zu Anna Freuds (1965) Gedanken bezüglich der Übertragungsprobleme bei Kindern, die auf ihrem Hunger nach neuen Erlebnissen beruhen. Auf einige dieser Fragen werde ich im Abschnitt 3.84 über das Agieren von Übertragungsreaktionen näher eingehen.

Diese Erörterung der Bedeutung der Wiederholung von Übertragungsphänomenen führt uns zu Freuds (1920, 1923 b, 1937 a) Konzept vom Wiederholungszwang. Freud nahm an, der Wiederholungszwang stamme letzten Endes von einem frühesten Todestrieb ab. Er glaubte, im lebenden Wesen sei ein Selbstzerstörungstrieb, der es treibe, zum Nirwana des ursprünglichen unbelebten Zustands zurückzukehren. Diese theoretische Frage ist in Psychoanalytikerkreisen heftig debattiert worden; sie geht über den Rahmen dieses Buches hinaus. Dem Leser wird dringend empfohlen, Kubie (1939, 1941), E. Bibring (1943), Fenichel (1945 a) und die Berichte von Gifford (1964) und Schur (1966) über das kürzlich abgehaltene, ausgezeichnete Symposium über dieses Thema zu lesen. Ich kann an dieser Stelle nur sagen, daß ich es meiner Erfahrung nach niemals notwendig gefunden habe, den Wiederholungszwang als eine Manifestation eines Todestriebes zu verstehen oder zu deuten. Klinisch schien es mir immer möglich, den Drang zur Wiederholung innerhalb der Grenzen des Lust-Unlust-Prinzips zu erklären (Schur, 1960, 1966).

Ein weiteres theoretisches Problem stellt sich durch die Wiederholungstendenz bei Übertragungsreaktionen: die Frage nach einem Beherrschungstrieb (Hendrick, 1942; Stern, 1957). Ohne Zweifel wird der Mensch in dieser Richtung getrieben. Es scheint jedoch, daß der Beherrschungsdrang eine allgemeine Tendenz, ein allgemeines Prinzip ist und nicht auf einen spezifischen Trieb beschränkt (Fenichel, 1945). Auch die Konzepte von Anpassung und Fixierung sind relevante Fragen; sie würden uns aber zu weit von unserem Gegenstand fortführen. Die Schriften von Hartmann (1939, 1951), Waelder (1936, 1956) und E. Bibring (1937, 1943) sind besonders informativ.

3.414 Übertragung und Regression

Die analytische Situation bietet dem neurotischen Patienten die Gelegenheit, mit Hilfe von Regression alle seine früheren Stadien der Objektbeziehungen zu wiederholen. Übertragungsphänomene sind so wertvoll, weil sie außer auf die Objektbeziehungen auch auf die Entwicklungsphasen der verschiedenen psychischen Strukturen ein Schlaglicht werfen. Man kann im Übertragungsverhalten und in den Übertragungsphantasien frühe Funktionsformen von Ich, Es und Über-Ich beobachten. In bezug auf die Regression in der Übertragung muß man sich zwei Dinge vor Augen halten. Beim neurotischen Patienten sehen wir in der Behandlungssituation sowohl vorübergehende Regressionen als auch Progressionen. Der analysierbare Patient kann regredieren und wieder in die Gegenwart zurückkehren. Die Regressionsphänomene sind gewöhnlich umschrieben und nicht allumfassend. Wir können z. B. einer Es-Regression begegnen, die sich in anal-sadistischen Impulsen gegenüber Autoritätsfiguren manifestiert. Zur gleichen Zeit können Triebimpulse gegenüber einem Liebesobjekt auf einer höheren Ebene wirksam sein, und manche Ichfunktionen können ziemlich fortgeschritten sein. Dies führt zur zweiten Verallgemeinerung: Regressionsphänomene sind ungleichmäßig; darum muß jedes klinische Bruchstück von Übertragungsverhalten mit großer Sorgfalt untersucht werden. Anna Freuds (1965) Diskussion der Regression beleuchtet und klärt viele dieser Probleme (siehe auch Menninger, 1958, und Altmans Bericht über das Symposium, 1964).

Was die Objektbeziehungen angeht, so gibt die Übertragungssituation dem Patienten eine Gelegenheit, alle Varianten und Mischungen von Liebe und Haß ödipaler und präödipaler Natur wiederzuerleben. Ambivalente und prä-ambivalente Gefühle gegenüber Objekten kommen an die Oberfläche. Wir können Übergänge zwischen äußerster Hilflosigkeit mit Sehnsucht nach symbiotischer Nähe und hartnäckigem Trotz beobachten. Abhängigkeit kann abwechseln mit Bosheit und Auflehnung. Was wie Selbstgenügen aussieht, kann sich als Widerstand gegen die Aufdeckung einer darunter liegenden Abhängigkeit herausstellen. Der Wunsch, geliebt zu werden, kann zu oberflächlichen therapeutischen Vorteilen führen, kann aber auch eine tiefsitzende Furcht vor Objektverlust verdecken. Im allgemeinen manifestiert sich die regressive Natur von Übertragungsbeziehungen durch die Unangemessenheit, die Ambivalenz und das relative Vorherrschen aggressiver Strebungen.

Die Regression in den Ichfunktionen, die bei Übertragungsreaktionen stattfindet, läßt sich auf verschiedene Arten demonstrieren. Die Definition der Übertragung allein zeigt dies schon an. Die Verschiebung von der Vergangenheit weist darauf hin, daß ein Objekt in der Gegenwart teilweise mit einem Objekt aus der Vergangenheit verwechselt wird. Die Realitätsprüfungs- und Unterscheidungsfunktion ist vorübergehend verlorengegangen. Primitive seelische Mechanismen wie Projektion, Introjektion, Abspaltung und Verleugnung treten auf. Der Verlust des Zeitgefühls in bezug auf Objektbeziehungen ähnelt auch den regressiven Zügen, die wir beim Träumen beobachten (Lewin, 1955). Die Tendenz, Übertragungsreaktionen zu agieren, weist auf einen Verlust des Gleichgewichts zwischen Triebimpulsen und Beherrschung hin. Die gesteigerte Neigung zur Somatisierung als Übertragungsmanifestation spricht auch für eine Regression der Ichfunktionen (Schur, 1955). Die Externalisierung von Teilen des Selbst, also von Ich, Es und Über-Ich, ist ein weiteres Zeichen der Regression.

Auch das Es nimmt auf vielerlei Arten an der Regression teil. Die Libido-Ziele und -Zonen der Vergangenheit werden mit der Person des Psychoanalytikers verquickt und färben das Bild der Übertragung. Je regressiver die Übertragung wird, desto stärker herrschen feindselige, aggressive Strebungen vor. Melanie Klein (1952) war unter den ersten, die diese klinische Feststellung unterstrichen. Edith Jacobson (1964, S. 16) erklärt dies auf der Grundlage einer Energie-Regression und spekuliert über eine Zwischenphase mit einer undifferenzierten, primordialen Triebenergie.

Die regressiven Züge der Übertragung beeinflussen auch das Über-Ich. Am häufigsten stellt man eine gesteigerte Strenge in den Über-Ich-Reaktionen des Patienten fest, die auf den Psychoanalytiker verschoben werden. Am Anfang überwiegen gewöhnlich Schamreaktionen. Wir beobachten auch Regressionen auf eine Zeit, in der Über-Ich-Funktionen nur äußerlich stattfanden. Der Patient empfindet keine Schuldgefühle mehr; statt dessen hat er nur noch Angst, man werde ihn ertappen. Je mehr der Patient regrediert, desto wahrscheinlicher hat er das Gefühl, der Analytiker nehme ihm gegenüber eine feindselige, sadistische, kritische Haltung ein. Dies ist zurückzuführen auf Verschiebungen von früheren Objekten, ergänzt durch die Projektion der eigenen Feindseligkeit des Patienten auf den Psychoanalytiker.

Bevor wir diese kurze Diskussion der Regression verlassen, wollen wir noch einmal darauf hinweisen, daß der analytische Rahmen und die analytischen Verfahren eine wichtige Rolle dabei spielen, daß regressive Züge der Übertragungsphänomene maximal in Erscheinung treten. Dies wird im 4. Kapitel ausführlicher besprochen.

3.415 Übertragung und Widerstand

Übertragung und Widerstand hängen auf mannigfache Weise zusammen. Der Ausdruck »Übertragungswiderstand« wird in der psychoanalytischen Literatur als Kurzausdruck für die enge und komplexe Beziehung zwischen Übertragungsphänomenen und Widerstandsfunktionen gebraucht. »Übertragungswiderstand« kann jedoch verschiedene Bedeutungen haben, und ich glaube, es wäre klug, diesen Terminus zu klären, bevor wir zum klinischen Material übergehen.

Ich habe Freuds grundlegende Aussage (1905 c, 1912 a, 1914 c), Übertragungsphänomene seien sowohl die Quelle der größten Widerstände als auch das wirksamste Werkzeug der psychoanalytischen Therapie, bereits besprochen. Übertragungsreaktionen sind eine Wiederholung der Vergangenheit, ein Wiedererleben ohne Erinnerung. In diesem Sinn sind alle Übertragungsphänomene als Widerstand zu werten. Andererseits liefern die Reaktionen auf den Analytiker die wichtigsten Brücken zur unzugänglichen Vergangenheit des Patienten. Die Übertragung ist ein Umweg auf dem Weg zur Erinnerung und zur Einsicht, aber sie ist ein Pfad, wo es kaum einen anderen gibt. Die Übertragung bietet nicht nur Hinweise auf das, was abgewehrt wird; sie kann auch das Motiv und den Anreiz für die Arbeit in der Analyse liefern. Sie ist ein unzuverlässiger Bundesgenosse, weil sie unberechenbar ist und auch oberflächliche »Übertragungsbesserungen« hervorbringt, die trügerisch sind (Fenichel, 1945 a; Nunberg, 1951).

Manche Varianten von Übertragungsreaktionen *verursachen* Widerstände, weil sie peinliche und erschreckende libidinöse und aggressive Impulse enthalten. Sexuelle und feindselige Übertragungsreaktionen sind als Quelle erheblicher Widerstände besonders geeignet. Sehr oft erscheinen die erotischen und die aggressiven Komponenten zusammen. Eine Patientin entwickelt zum Beispiel sexuelle Gefühle für ihren Analytiker und wird dann wütend über seinen Mangel an Erwiderung, den sie als Ablehnung erlebt. Oder der Patient kann in der analytischen Situation nicht arbeiten, weil er fürchtet, sich durch die Preisgabe infantiler oder primitiver Phantasien zu demütigen.

Es kann auch vorkommen, daß die Übertragungsreaktion selbst den Patienten unfähig macht zu arbeiten. Ein Patient kann z. B. auf ein äußerst passives, abhängiges Stadium der Objektbeziehung regredieren. Der Patient merkt es vielleicht gar nicht, agiert es aber in den Analysestunden. Die Regression kann als Pseudostupidität oder selige Trägheit erscheinen. Der Patient erlebt vielleicht einen frühen Aspekt der Mutter-Kind-Beziehung wieder. In einem solchen Zustand kann der Patient die analytische Arbeit nicht leisten, wenn es dem Analytiker nicht gelingt, ein vernünftiges Ich und ein Arbeitsbündnis wiederherzustellen.

Die Situation wird komplizierter, wenn der Patient sich hartnäckig an bestimmte Übertragungsreaktionen klammert, um so andere Arten von Übertragungsgefühlen zu verbergen. Es gibt Patienten, die halsstarrig eine Fassade realistischer Mitarbeit aufrechterhalten, um ihre irrationalen Phantasien zu verbergen. Manchmal spaltet ein Patient gewisse Gefühle ab und verschiebt sie auf andere Menschen, um seine Ambivalenz gegenüber dem Analytiker nicht bemerken zu müssen. Es kommt oft vor, daß meine Patienten große Feindseligkeit gegen andere Psychoanalytiker äußern, während sie vorgeblich große Bewunderung für mich hegen. Die Analyse bringt ans Licht, daß beide Arten von Gefühlen sich in Wirklichkeit auf mich beziehen.

Am schwierigsten zu überwinden sind die sogenannten »Charakter-Übertragungs«-Reaktionen. In solchen Situationen werden allgemeine Charakterzüge und Haltungen, die eine Abwehrfunktion haben, sowohl gegenüber dem Analytiker als auch gegenüber Menschen im Alltagsleben manifestiert. Sie sind in der Charakterstruktur des Patienten so tief verwurzelt und so gut rationalisiert, daß es schwer ist, sie zum Gegenstand der Analyse zu machen. Diese Probleme werden in den Abschnitten 3.82 und 3.83 ausführlicher beschrieben.

Zusammenfassend läßt sich sagen: Übertragung und Widerstand hängen auf mannigfache Weise zusammen. Der Ausdruck »Übertragungswiderstand« ist eine verdichtete Formel für diese Tatsache. Übertragungsphänomene sind allgemein ein Widerstand gegen das Sich-Erinnern, der Tatsache zum Trotz, daß sie indirekt in diese Richtung führen. Übertragungsreaktionen können dazu führen, daß ein Patient wegen der Art der Reaktion unfähig wird, analytisch zu arbeiten. Einige Übertragungsreaktionen können als Widerstand gegen die Aufdeckung anderer Übertragungsreaktionen benützt werden. Die Analyse von Übertragungswiderständen ist das »tägliche Brot«, die reguläre Arbeit der psychoanalytischen Therapie. Mit dem Analysieren der Übertragungswiderstände bringt man mehr Zeit zu als mit irgendeinem anderen Aspekt der therapeutischen Arbeit.

3.42 Die Übertragungsneurose

Freud hat den Ausdruck »Übertragungsneurose« in zwei verschiedenen Bedeutungen verwendet. Einerseits benützte er den Terminus, um eine Gruppe von Neurosen zu bezeichnen, die durch die Fähigkeit des Patienten gekennzeichnet sind, ein relativ zusammenhängendes, vielförmiges und zugängliches System von Übertragungsreaktionen zu bilden und aufrechtzuerhalten (Freud, 1916—17). Hysterien, Phobien und Zwangsneurosen wurden so von den narzißtischen Neurosen, den Psychosen, unterschieden. In der letzten Gruppe konnten die Patienten nur fragmentarische und sporadische Übertragungsreaktionen entwickeln und waren daher für die klassische Psychoanalyse nicht behandelbar. Freud benützte den Ausdruck Übertragungsneurose aber auch, um ein regelmäßiges Vorkommnis in den Übertragungsreaktionen eines Patienten in psychoanalytischer Behandlung zu beschreiben (Freud, 1905 c, 1914 c, 1916—17, Kap. 27).

Im Verlauf einer Analyse kann man beobachten, daß sich die Interessen des Patienten immer mehr auf die Person des Analytikers konzentrieren. Freud (1914 c, G.W. Bd. 10, S. 134—135) wies darauf hin, daß der Wiederholungszwang des neurotischen Patienten nicht nur unschädlich, sondern sogar nutzbar wird, wenn man ihm »die Übertragung als den Tummelplatz [eröffnet], auf dem ihm gestattet wird, sich in fast völliger Freiheit zu entfalten, und auferlegt ist, uns alles vorzuführen, was sich an pathogenen Trieben im Seelenleben des Analysierten verborgen hat«. Wenn die Übertragungssituation richtig gehandhabt wird, »gelingt es uns regelmäßig, allen Symptomen der Krankheit eine neue Übertragungsbedeutung zu geben, seine gemeine Neurose durch eine Übertragungsneurose zu ersetzen, von der er durch die therapeutische Arbeit geheilt werden kann«. Die Übertragungsneurose übernimmt alle Züge der Krankheit des Patienten, aber sie ist eine künstliche Krankheit und ist an jedem Punkt unseren Interventionen zugänglich. Sie ist eine Neuauflage der alten Krankheit.

In den Frühphasen der psychoanalytischen Behandlung erleben wir gewöhnlich sporadische vorübergehende Reaktionen, die Glover als »floating« (etwa »fluktuierende«) Übertragungsreaktionen bezeichnet hat (1955, S. 37). Wenn diese frühen Übertragungsreaktionen richtig gehandhabt werden, entwickelt der Patient dauerhaftere Übertragungsreaktionen. Klinisch zeigt sich die Entwicklung einer Übertragungsneurose dadurch an, daß Intensität und Dauer der Beschäftigung des Patienten mit der Person des Analytikers und mit den analytischen Prozessen und Verfahren zunehmen. Der Analytiker und die Analyse werden zum zentralen Interesse im Leben des Patienten. Nicht nur drehen sich die Symptome und Triebforderungen des Patienten alle um den Analytiker, sondern alle alten neurotischen Konflikte werden wieder in Gang gesetzt und stehen im Brennpunkt der analytischen Situation. Der Patient empfindet dieses Interesse als eine Variante und Mischung von Liebe und Haß, aber auch als Abwehr gegen diese Gefühle. Wenn die Abwehr überwiegt, steht gewöhnlich irgendeine Form von Angst oder Schuldgefühlen im Vordergrund. Diese Reaktionen können intensiv, explosiv, subtil oder chronisch sein. Auf jeden Fall sind solche Gefühlskonstellationen, sobald die Übertragungsneurose eingesetzt hat, allgegenwärtig.

In der Übertragungsneurose wiederholt der Patient mit seinem Analytiker seine früheren *Neurosen.* Wir hoffen, durch richtige Handhabung und Deutung dem Patienten dazu zu verhelfen, daß er seine infantile Neurose wiedererlebt und sich schließlich an sie erinnern oder sie rekonstruieren kann. Das Konzept der Übertragungsneurose umfaßt mehr als die infantile Neurose, denn der Patient erlebt auch spätere Auflagen und Varianten seiner Kindheitsneurose noch einmal. Ich möchte versuchen, dies durch ein klinisches Beispiel zu veranschaulichen.

Ich verwende den Fall von Frau K.[3]. Diese junge Frau kam in die psychoanalytische Behandlung, weil sie in jüngster Zeit von Zwangsideen und -impulsen gequält wurde, sich sexuell mit einem Neger einzulassen. Dies wechselte ab mit dem Gefühl, ein »lebender Leichnam« zu sein, oder sie fühlte sich leer, gelangweilt, wertlos und deprimiert. Sie hatte vor kurzem einen hervorragenden Mann am Ort geheiratet, der zwanzig Jahre älter war als sie; vor der Hochzeit hatte sie ihn geliebt, aber nun empfand sie ihm gegenüber Ressentiment und Angst. Der auffallendste Zug in ihrer Lebensgeschichte war der Umstand, daß sie von einer warmherzigen, unberechenbaren, dem Alkohol verfallenen Mutter aufgezogen worden war, die sie vergötterte und anbetete, ihr alles durchgehen ließ und sie manchmal im Stich ließ. Der Vater verließ die Familie, als die Patientin eineinhalb Jahre alt war, und die späteren Ehen der Mutter dauerten jeweils ungefähr ein Jahr lang. Die Patientin hatte zwei Brüder, drei und zwei Jahre jünger als sie, um die die Mutter sich nicht kümmerte und die die Patientin versorgte. Sie leisteten ihr Gesellschaft, waren ihre Verantwortung und ihre Rivalen. Es herrschte große Armut, man wechselte oft die Wohnung und es gab wenig Schulbildung. Als das Mädchen fünfzehn Jahre alt war, bestand die Mutter darauf, es könne nun für sich selber sorgen, und obwohl es schüchtern, voller Angst und unausgebildet war, baute sich das Mädchen eine erfolgreiche Karriere als Mannequin auf. Mit 20 lernte Frau K. ihren späteren Ehemann kennen und verliebte sich in ihn. Durch ihn lernte sie die angenehmen Seiten des Lebens kennen, und er heiratete sie fünf Jahre später. Sie war seit etwa zwei Jahren verheiratet, als sie in die Analyse kam. Ich will nun versuchen, die Hauptentwicklungen einer erfolgreichen Analyse zu skizzieren, die etwa viereinhalb Jahre dauerte.

Die frühen Übertragungsreaktionen bestanden in ihrem dringlichen Wunsch, von mir als Patientin angenommen zu werden; sie stellte sich in ihrer Phantasie vor, ich sei der »Spitzenanalytiker« des Ortes und darum eine Garantie für eine erfolgreiche Analyse. Zugleich fürchtete sie, ich würde sie langweilig, einer Analyse unwert, unanziehend oder unbehandelbar finden. Sie wurde hin und her gerissen, einerseits von ihrem Wunsch, eine gute Patientin zu sein und alle ihre Schwächen einzugestehen, andererseits von ihrem Wunsch, von mir geliebt zu werden, sexuell und seelisch attraktiv gefunden zu werden und darum ihre Mängel zu verbergen. Ich sollte ihr ihren fehlenden Vater ersetzen, indem ich sie zu meiner Lieblingspatientin machte und indem ich für sie tat, was ich für keinen meiner anderen Patienten tat. Ich sollte der ideale, unbestechliche Vater sein, auf den sie stolz sein würde, aber auch der delinquente Vater, der ihre inzestuösen Wünsche befriedigte. Schon sehr früh verlagerte sich Frau K.s Symptom der Promiskuitätsimpulse auf mich als ödipale Figur. Dies wechselte ab mit einer Vorstellung von mir als dem strengen, mißbilligenden und puritanischen, idealisierten Vater.

Während dies vor sich ging, drehte sich die Analyse um den Versuch, die große Beschämung der Patientin über die Masturbation, die sie erst im Alter von 21 Jahren »entdeckt« hatte, und die ohne Phantasien und mit nur wenig orgastischer Erleichterung abzulaufen schien, zu verstehen. Die Analyse ihrer Scham führte uns zu der Erkenntnis, daß ich nicht nur der puritanische Vater, sondern auch die fanatisch auf Sauberkeit bedachte Mutter aus den Tagen ihrer Reinlich-

[3] Siehe auch die Abschnitte 1.24, 2.651, 2.71, 3.25.

keitserziehung war. Frau K.s Langeweile und ihr Gefühl der Leere stellten sich als Abwehr gegen sexuelle Phantasien heraus und wurden in der Analyse zu Widerständen. Sie fürchtete sich vor dem Phantasieren, denn das bedeutete, erregt zu werden, erregt zu werden bedeutete, die Beherrschung zu verlieren und das Bett naßzumachen. Dies manifestierte sich in der Analyse dadurch, daß es ihr widerstrebte weiterzusprechen, wenn sie gefühlvoll oder erregt wurde. Wenn ich sie weinen oder erröten sehen würde, würde ich sie unanziehend finden. Sie nahm nach jeder Stunde das Zellstofftuch vom Kissen, weil sie nicht wollte, daß ich ihr »beschmutztes« Tuch sähe. Wie könnte ich sie lieben, wenn ich wüßte, daß sie schmutzig sei und Entleerungsfunktionen vollzöge. Ich war entweder der idealisierte, entsexualisierte, ent-»toilettierte« Vater, der ihre schmutzige Mutter verlassen hatte, oder ich war die zwanghaft reinliche Mutter, die dreckige Kinder verabscheute. Sie erinnerte sich dann an viele Gelegenheiten, bei denen sie ihre betrunkene Mutter nackt gesehen und sich von ihren häßlichen Genitalien abgestoßen gefühlt hatte. Nun fürchtete sie, so wie ihre Mutter zu sein oder ihre schmutzige Mutter in sich zu haben und war von Schrecken erfüllt durch die Vorstellung, ich würde sie im Stich lassen, wie ihr Vater die Mutter verlassen hatte. Sie wollte lieber leer als voll von dreckiger Mutter sein. Aber Leersein bedeutete Schweigen und Widerstand in der Analyse, und das war gleichbedeutend mit »ein schlechter Patient sein«. Hier trugen das Arbeitsbündnis und ihre Sehnsucht, von ihrem Vater-Analytiker geliebt zu werden, den Sieg davon, und sie war fähig, das zu bearbeiten, was hinter der Leere verborgen war.

Hinter der Leere kam eine Flut von sexuellen Phantasien zum Vorschein, die eine große Vielfalt von oralen, saugenden, skoptophilen Handlungen betrafen, die aktiv und passiv mit einem verbotenen Mann ausgeführt wurden. Dieser Mann war der Analytiker oder ein Neger oder Araber, der zugleich sadistisch und masochistisch war. Sie und ihr Partner übernahmen abwechselnd die gleichen Rollen. Zu dieser Zeit war ich nicht nur ihr Komplize bei ihren sexuellen Abenteuern, sondern ich gestattete ihr auch, ihre Mutter zu hassen, was sie mit Genuß tat. In dieser Periode der Analyse sehnte sie sich nach jeder Analysestunde, ihr graute vor den Wochenenden und sogar vor dem Ende jeder Stunde, denn ich war zum Hauptinhalt ihrer Phantasie geworden, und Getrenntsein von mir bedeutete Leere und Langeweile. Sie fühlte sich an mich »angekuppelt«; in meiner Gegenwart war sie mit Gefühlen geladen; außerhalb der Stunde fühlte sie sich matt und schal.

Als Frau K. langsam erkannte, daß ich entschlossen war, sie zu analysieren, und vor ihren Impulsen weder Angst hatte noch mich durch sie abgestoßen fühlte, wagte sie es allmählich, regressiveren Impulsen das Auftauchen zu gestatten. Mit mir als väterlichem Beschützer wagte sie es, sich an gelegentliche Träume und Phantasien von oralem Saugen und sadistischen Impulsen gegenüber femininen Männern und schließlich gegenüber Frauen zu erinnern. Als sie mir mehr vertraute, wagte sie auch, mir gegenüber primitiven Haß und primitive Wut zu empfinden. Vorher konnte sie mir gegenüber nur milde Feindschaft empfinden wie gegen den kritischen Vater oder die mißbilligende Mutter. Später konnte sie mich als den Räuber hassen, der ihr ihr Kapital wegnahm, ihr Geheimnis, und den wertvollen Klumpen, den sie in sich fühlte und der ihr Sicherheit gab. Sie konnte mich auch lieben als ihre gute Investition, ihre Sicherheit für die Zukunft, ihre Garantie gegen die Leere, als den Mann, der ihr Substanz gab.

Zu dieser Zeit war ich auch ihre Abwehr gegen den Penisneid, indem ich der Penis-Mann war, den sie besaß.

In diesem Stadium der Analyse war Frau K. zum erstenmal fähig, beim Geschlechtsverkehr einen Orgasmus zu erleben. Dies gab ihr den Mut, starke homosexuelle Gefühle gegenüber ihrer kleinen Tochter bei sich zu bemerken, die sie als eine Wiederholung von Kindheitsimpulsen ihrer Mutter gegenüber (mit vertauschten Rollen) erkennen konnte. Die Tatsache, daß sie diese Impulse erleben konnte, ohne daß ihre Fähigkeit, einen heterosexuellen Orgasmus zu erleben, wenn sie es wünschte, gestört wurde, befähigte sie schließlich, eine heftige Phase des Penisneids durchzumachen. Sie konnte mich wütend hassen als den Besitzer eines Penis, der »nur ein Loch brauchte, um sein dreckiges Ding hineinzustecken«, der sich nicht einen feuchten Kehricht um Frauen scherte, der sie schwängerte und sie dann sitzen ließ. Als die Patientin diese Gefühle ausdrücken konnte und merkte, daß ich weder zerstört noch beleidigt war, bekam sie das Gefühl, ich liebte sie und akzeptierte sie bedingungslos und auf Dauer — selbst wenn ich nicht mit ihr übereinstimmte. Ich war zu einem Inventarstück in ihrem Inneren geworden, zuverlässig und dauerhaft — zu einem liebenden elterlichen inneren Objekt. Nun konnte sie sich erlauben, eine ausgewachsene Mutter und Ehefrau zu werden und konnte ihren Haß und ihre Liebe zu ihrer Mutter bearbeiten, ohne das Gefühl zu haben, überwältigt zu werden. Der Fall von Frau K. wird im zweiten Band ausführlicher beschrieben.

Diese kurze Skizze, so komplex sie beim Lesen erscheinen mag, wird keineswegs allen Übertragungsreaktionen der Patientin gerecht. Sie zeigt, so hoffe ich, wie die Symptome, Konflikte, Impulse und Abwehrmechanismen der Patientin sich auf den Analytiker und auf das analytische Verfahren konzentrierten und in hohem Maß an die Stelle ihrer ursprünglichen Neurose traten. Die Übertragungsneurosen machten es mir möglich, die Konflikte der Patientin in der lebendigen Gegenwart zu beobachten und zu bearbeiten. Übertragungserlebnisse sind lebendig und real und bringen ein Gefühl der Überzeugung mit sich, das in der psychoanalytischen Arbeit keine Parallele hat.

In seiner Beschreibung der Übertragungsneurose sagte Freud (1914 c), die gewöhnliche Neurose des Patienten werde durch die Übertragungsneurose »ersetzt«. Anna Freud (1928) stimmt damit überein und besteht darauf, nur eine Struktur dieser Art verdiene den Namen Übertragungsneurose.

In dem oben angeführten klinischen Material kann man beobachten, wie während verschiedener Zeitabschnitte Frau K.s Beschäftigung mit mir nur an die Stelle der ursprünglichen Neurose trat. Eine Zeitlang konzentrierten sich die Promiskuitätsimpulse der Patientin auf mich und fielen an anderer Stelle fort. Ihre Konflikte in bezug auf den Verlust der Beherrschung waren während der Analysestunde intensiv; sie bezogen sich auf ihre Angst, schmutziges Material herauszulassen und auf das Verstecken des »beschmutzten« Zellstofftuchs. Während dieser Periode verschwanden ihre analen Ängste außerhalb der Analyse nicht, aber sie traten in den Hintergrund. Nach meiner Erfahrung nimmt derjenige Aspekt der Neurose des Patienten, der in der Übertragungssituation aktiv und lebendig wird, im äußeren Leben des Patienten ab. Oft verblaßt er jedoch nur und wird relativ unbedeutend im Vergleich zur Übertragungsneurose — nur um im äußeren Leben des Patienten wieder zu erscheinen, wenn eine andere Konstellation das Bild der Übertragung beherrscht. Zum Beispiel verlagerten sich Frau K.s Promiskuitätsphantasien eine Zeitlang ausschließlich auf mich. Als sich jedoch die Analyse auf ihre Toilettenängste und ihre Scham konzentrierte, kehrten ihre zwang- und triebhaften Gedanken an dunkelhäutige Männer zurück.

Noch eine Frage sollte man in bezug auf das Maß stellen, in dem die Übertragungsneurose die Neurose des Patienten ganz und gar ersetzt. Ich habe die Erfahrung gemacht, daß manche Aspekte der Neurose des Patienten auf eine Figur im äußeren Leben des Patienten verschoben werden, die dann anscheinend als eine ergänzende Übertragungsfigur funktioniert. Zum Beispiel verlieben sich viele meiner männlichen Patienten im Lauf ihrer Analyse in eine Frau. Dies ist eine Übertragungsmanifestation, ereignet sich aber außerhalb der Analyse. Wir werden dies im Abschnitt 3.84 besprechen.

Diese Frage, ob die Übertragungsneurose die »gemeine Neurose« des Patienten ersetzt, berührt das Problem dessen, was in der Analyse kleiner Kinder geschieht. Anna Freud (1928), Fraiberg (1951) und Kut (1953) pflegten zu behaupten, daß kleine Kinder eine Vielfalt isolierter Übertragungsreaktionen manifestieren, aber keine Übertragungsneurose entwickeln. Erst nach der Lösung des Ödipuskomplexes in der Latenzzeit sehe man bei der analytischen Behandlung von Kindern Anzeichen für die Entwicklung einer Übertragungsneurose. Anna Freud (1965) und Fraiberg (1966) haben vor kurzem ihre Ansichten über diese Frage geändert. Ältere Kinder zeigen doch intensive, dauerhafte, verzerrte Reaktionen auf den Analytiker, die der Übertragungsneurose bei Erwachsenen ähneln. Diese Reaktionen treten nicht im gleichen Maß an die Stelle der alten Neurose wie bei der Analyse Erwachsener (siehe Nagera, 1966). Die Kinderanalytiker der Kleinschen Schule unterscheiden nicht zwischen Übertragungsreaktionen und Übertragungsneurose und behaupten, die Übertragungsphänomene bei kleinen Kindern seien die gleichen wie bei Erwachsenen (Isaacs, 1948).

Glover (1955), Nacht (1957) und Haak (1957) haben beschrieben, wie bestimmte Formen der Übertragungsneurose ein Hindernis für die Aufdeckung der infantilen Neurose werden und zu einem Stillstand der Analyse führen können. Eine der häufigsten Ursachen dafür ist die Gegenübertragung des Analytikers, die unbemerkt verhindert, daß die Übertragungsreaktionen des Patienten in Schwung kommen. Zum Beispiel kann unangemessene Wärme auf seiten des Analytikers verhindern, daß sich die feindselige Übertragung voll entwickelt. Vor allem die unvollständige Deutung mancher Aspekte der Übertragungsreaktionen ruft einen lange andauernden Stillstand hervor. Dieses Thema werden wir in nachfolgenden Abschnitten ausführlich erörtern.

Man könnte fragen: Was tut man, um zu sichern, daß eine Übertragungsneurose eintritt? Die Antwort lautet: Wenn die analytische Atmosphäre im wesentlichen eine Atmosphäre des Mitleidens und des Annehmens ist, und wenn der Analytiker konsequent nach Einsicht sucht und die Widerstände des Patienten deutet, wird sich eine Übertragungsneurose entwickeln. Dies wird in den Abschnitten 3.7 und 3.9 ausführlicher besprochen und demonstriert.

Die Haltung der klassischen Psychoanalyse gegenüber der Übertragungsneurose besteht darin, ihre maximale Entwicklung zu fördern. Es ist allgemein anerkannt, daß die Übertragungsneurose dem Patienten das wichtigste Hilfsmittel bietet, um zu den abgewehrten früheren pathogenen Erlebnissen Zugang zu gewinnen. Das Wiedererleben der verdrängten Vergangenheit mit dem Analytiker und in der analytischen Situation ist die wirksamste Möglichkeit, die neurotische Abwehr und den neurotischen Widerstand zu überwinden. So wird sich der Psychoanalytiker große Mühe geben, die Übertragungssituation abzusichern und jede Beeinträchtigung zu verhindern, die ihre volle Ausbildung verkürzen könnte (Greenacre, 1954). Jedes Eindringen der persönlichen Eigenschaften und Wertmaßstäbe des Analytikers wird als Faktor erkannt, der die Reichweite der Übertragungsneurose des Patienten beschränken könnte. Deutung ist die einzige Methode, mit der Übertragung umzugehen, die es ermöglicht, daß sie bis zum Ende ihren Lauf nimmt. Zusammen mit einem wirksamen Arbeitsbündnis wird die Deutung schließlich zur Auflösung der Übertragung führen (Gill, 1954; Greenson, 1965 a).

Die von der Orthodoxie abweichenden Schulen der Psychoanalyse nehmen der Übertragungsneurose gegenüber eine andere Haltung ein. Alexander, French und andere (1946) überbetonen die Gefahren der regressiven Elemente und befürworten daher verschiedene Manipulationen der Übertragungssituation, um die Übertragungsneurose zu vermeiden oder zu verkürzen. Die Kleinsche Schule geht bis zum anderen Extrem und verläßt sich fast ausschließlich auf die Übertragungsdeutung (Klein, 1932; Klein et al., 1952; Strachey, 1934; Isaacs, 1948). Außerdem beobachten sie vom Anfang der Analyse an, daß höchst infantile und primitive Impulse auftauchen, und deuten diese sofort (Klein, 1961). Schließlich scheint bei ihnen die individuelle Lebensgeschichte des Patienten nur geringe Bedeutung zu haben, da die Übertragungsentwicklungen bei allen Patienten gleich zu sein scheinen.

Bevor wir die theoretische Erörterung der Übertragung beenden, wollen wir noch erwähnen, daß die analytische Situation und die Persönlichkeit des Analytikers zu den Übertragungsreaktionen des Patienten beitragen. Dies werden wir im 4. Kapitel etwas eingehender besprechen.

3.5 Das Arbeitsbündnis

An dieser Stelle in unserer Erörterung der Übertragungsphänomene müssen wir eine Abschweifung machen. Wir haben betont, wie außerordentlich wichtig die Übertragungsreaktionen für die psychoanalytische Behandlung des neurotischen Patienten sind. Ich kann die psychoanalytische Anschauung zusammenfassen, indem ich sage, daß der Psychoanalytiker sich große Mühe gibt, eine analytische Situation herzustellen, die eine maximale Entfaltung der verschiedenen Übertragungsreaktionen ermöglicht. Dies ist unsere beste Methode, an das pathogene Material heranzukommen, das sonst unzugänglich bleibt. Das Sammeln von historischen Daten ist jedoch nur ein Teil des therapeutischen Prozesses. Eine weitere Hauptkomponente ist die Vermittlung von Einsicht mit Hilfe von Deutungen.

So wichtig diese beiden Faktoren auch sind, sie reichen nicht aus, um im Patienten bleibende Veränderungen hervorzurufen. Damit ein neurotischer Patient in die analytische Situation eintreten und in ihr effektiv arbeiten kann, ist es unerläßlich, daß er außer seinen Übertragungsreaktionen noch eine andere Beziehung zum Psychoanalytiker herstellt und aufrechterhält. Ich spreche hier vom »Arbeitsbündnis«. Ich behaupte, das Arbeitsbündnis verdient in der Beziehung zwischen dem Therapeuten und dem Patienten als ein voller und gleichgestellter Partner der Übertragungsneurose angesehen zu werden (Greenson, 1965 a).

Meine eigenen klinischen Erfahrungen mit dem Arbeitsbündnis wurden durch Elizabeth Zetzels Abhandlung über »Current Concepts of Transference« (1956) (etwa: Aktuelle Auffassungen von der Übertragung) vertieft und geklärt. In dieser Arbeit hat sie den Ausdruck »therapeutisches Bündnis« eingeführt. Für wie wichtig sie dieses hält, hat sie dadurch gezeigt, daß sie demonstrierte, es sei möglich, »klassische Psychoanalytiker« und Anhänger der sogenannten »britischen Schule« daran zu unterscheiden, ob sie diesen Aspekt der Übertragung handhaben oder nicht beachten. Das Buch über »Die psychoanalytische Situation« (1961) von Leo Stone hat mir einen neuen Anstoß gegeben, das Problem des Arbeitsbündnisses zwischen Patient und Therapeut zu klären und zu formulieren.

Das klinische Material, auf das sich dieser Abschnitt gründet, stammt von einer Reihe von Patienten, bei denen sich im Lauf ihrer Analyse unerwartete Schwierigkeiten entwickelten. Manche dieser Patienten hatten eine oder mehr Analysen bei anderen Analytikern durchgemacht; andere waren Patienten von mir, die zu weiterer Analyse zu mir zurückkamen. In dieser Gruppe waren Patienten, die auf irgendeine Art unfähig waren, über die Vorstadien der Analyse hinauszugelangen. Selbst nach mehreren Jahren der Analyse waren sie noch nicht wirklich »in Analyse«. Bei anderen schien sie unendlich zu sein; es bestand eine merkliche Diskrepanz zwischen der Fülle von Einsicht und der geringen Veränderung. Die klinischen Syndrome dieser Fälle waren heterogen in bezug auf diagnostische Kategorien, Ichfunktionen und Dynamik. Der Schlüssel zum Verständnis der Haupt-Pathologie wie auch des therapeutischen Stillstands lag in dem Umstand, daß es dem Patienten nicht gelang, ein zuverlässiges Arbeitsbündnis mit dem Analytiker herzustellen. In jedem dieser Fälle, die ich beschreiben werde, war der Patient unfähig, ein dauerhaftes Arbeitsbündnis mit dem Analytiker entweder herzustellen oder aufrechtzuerhalten; der Analytiker vernachlässigte diesen Umstand und verfolgte statt dessen die Analyse anderer Übertragungsphänomene. Ich habe diesen Fehler in der Technik bei Psychoanalytikern mit umfassender klinischer Erfahrung gefunden, und ich habe diesen gleichen Mangel bei mir selbst erkannt, als ich die Analyse mit Patienten wieder aufnahm, die ich früher schon einmal behandelt hatte.

Bei der Arbeit mit diesen scheinbar unanalysierbaren Patienten (oder Patienten, die eine unendliche Analyse zu brauchen schienen) wurde mir eindrucksvoll klar, wie wichtig es ist, die Reaktionen des Patienten auf den Analytiker in zwei deutlich unterschiedene Kategorien einzuordnen: die Übertragungsneurose und das Arbeitsbündnis. In Wirklichkeit ist diese Unterteilung weder vollständig noch genau; diese Punkte werde ich später zu klären versuchen. Aber diese Unterscheidung verhilft einem zu der Möglichkeit, zwei wesentlich verschiedene Arten von Reaktionen auf den Psychoanalytiker in gleicher Weise zu prüfen und zu beachten.

3.51 Arbeitsdefinition

Der Begriff »Arbeitsbündnis« ist sowohl in der psychiatrischen als auch in der psychoanalytischen Literatur schon lange bekannt. Man hat es unter einer Reihe von verschiedenen Bezeichnungen beschrieben, aber außer bei Zetzel und Stone ist das Arbeitsbündnis entweder als weniger wichtig angesehen worden, oder man hat es nicht deutlich von anderen Übertragungsreaktionen getrennt.

Wir werden den Terminus »Arbeitsbündnis« den verschiedenen Ausdrücken vorziehen, die andere Autoren gebraucht haben, um den relativ unneurotischen, rationalen Rapport zwischen dem Patienten und seinem Analytiker zu bezeichnen. Dieser vernünftige und zweckgerichtete Teil der Gefühle des Patienten gegenüber dem Analytiker bringt das *Arbeitsbündnis* zustande. Diese Bezeichnung haben wir gewählt, weil sie die hervorragende Funktion dieser Beziehung unterstreicht: Sie konzentriert sich auf die Fähigkeit des Patienten, in der analytischen Situation zu arbeiten. Ausdrücke wie »therapeutisches Bündnis« (therapeutic alliance, Zetzel, 1956), »rationale Übertragung« (Fenichel, 1941) und »reife Übertragung« (Stone, 1961) beziehen sich auf ähnliche Konzepte. Die Bezeichnung »Arbeitsbündnis« hat jedoch den Vorteil, das wesentliche Element zu betonen: die Fähigkeit des Patienten, in der Behandlungssituation zweckgerichtet zu arbeiten. Man kann sie am deutlichsten beobachten, wenn der Patient in den Klauen einer starken Übertragungsneurose steckt und doch noch eine effektive Arbeitsbeziehung zum Analytiker aufrechterhalten kann.

Den zuverlässigen Kern des Arbeitsbündnisses bilden die Motivation des Patienten, seine Krankheit zu überwinden, sein Gefühl der Hilflosigkeit, seine bewußte und rationale Bereitwilligkeit mitzuarbeiten und seine Fähigkeit, den Anweisungen und Einsichten des Analytikers zu folgen. Das wirkliche Bündnis besteht im Grunde zwischen dem vernünftigen Ich des Patienten und dem analysierenden Ich des Analytikers (Sterba, 1934). Das Medium, das es ermöglicht, ist die Teilidentifikation des Patienten mit dem analytischen Vorgehen des Analytikers bei seinem Versuch, das Verhalten des Patienten zu verstehen (Sterba, 1929).

Das Arbeitsbündnis tritt in der analytischen Situation im gleichen Maß hervor, in dem das vernünftige, das beobachtende, analysierende Ich des Patienten sich von seinem erlebenden Ich trennt. Die Interventionen des Analytikers lösen die Arbeitshaltung von den neurotischen Übertragungsphänomenen genauso, wie sie das vernünftige vom irrationalen Ich trennen. Diese beiden Gruppen von Phänomenen laufen einander parallel und drücken analoge psychische Ereignisse von verschiedenen Bezugspunkten her aus. Patienten, die kein vernünftiges, beobachtendes Ich vom übrigen sondern können, sind nicht in der Lage, eine Arbeitsbeziehung aufrechtzuerhalten, und umgekehrt.

Diese Unterscheidung zwischen Übertragungsreaktionen und Arbeitsbündnis ist jedoch nicht absolut, da das Arbeitsbündnis Elemente der infantilen Neurose enthalten kann, die schließlich analysiert werden müssen. Zum Beispiel: Der Patient arbeitet eine Zeitlang gut, um die Liebe des Analytikers zu gewinnen, und dies führt schließlich zu starken Widerständen, oder die Überschätzung des Charakters und der Fähigkeiten des

Analytikers kann am Beginn der Analyse dem Arbeitsbündnis gute Dienste leisten, nur um später eine Quelle starker Widerstände zu werden. Nicht nur die Übertragungsneurose kann in das Arbeitsbündnis eindringen, sondern auch das Arbeitsbündnis kann zu Abwehrzwecken mißbraucht werden, um die regressiveren Übertragungsphänomene abzuwehren.

Ein klinisches Beispiel dafür bot eine meiner Patientinnen, die mir und der analytischen Situation gegenüber eine standfeste Vernünftigkeit bewahrte. Sie wußte zwar wenig über Psychoanalyse, aber sie akzeptierte die Versagungen und Einschränkungen gutwillig und ohne eine Spur von bewußtem Ärger oder bewußter Wut. Aber die Träume, die sie sich gelegentlich merken konnte, waren voller unmißverständlicher Anzeichen von Wut und Zorn. Als ihr dies gesagt wurde, reagierte die Patientin so, als sei das ja »nur« ein Traum und als sei sie für ihre Träume nicht »verantwortlich«. Selbst wenn sie ihre Analysestunde vergaß, hielt sie es für einen »natürlichen« Fehler. Meine Deutung ihrer Angst vor ihrer tieferliegenden Feindseligkeit nahm sie als Gedanken eines Exzentrikers, die sie in guter Haltung duldete. Erst nachdem ihre oberflächlichen Assoziationen und Rationalisierungen erloschen und Schweigen herrschte, wurden ihr ihre regressiveren feindseligen und sexuellen Impulse unverkennbar deutlich. Nun erkannte sie, daß sie sich an das Arbeitsbündnis als Abwehrfassade geklammert hatte.

Trotz der Vermischungen scheint die Trennung der Reaktionen des Patienten auf den Analytiker in diese beiden Gruppen: neurotische Übertragung und Arbeitsbündnis, von klinischem und technischem Wert zu sein. Bevor ich zu weiterem Fallmaterial übergehe, möchte ich einen kurzen Überblick über die psychoanalytische Literatur zu diesem Thema geben.

3.52 Literaturübersicht

Freud (1912 a, G.W. Bd. 8, S. 371) spricht von den freundlichen und zärtlichen Aspekten der Übertragung, die bewußtseinsfähig und »in der Psychoanalyse die Träger des Erfolges« sind. Über den Rapport schreibt er: »Das erste Ziel der Behandlung bleibt, ihn [den Patienten] an die Kur und an die Person des Arztes zu attachieren. Man braucht nichts anderes dazu zu tun, als ihm Zeit zu lassen. Wenn man ihm ernstes Interesse bezeugt, die anfangs auftauchenden Widerstände sorgfältig beseitigt und gewisse Mißgriffe vermeidet, stellt der Patient ein solches Attachement von selbst her. . . . Man kann sich diesen ersten Erfolg allerdings verscherzen, wenn man von Anfang an einen anderen Standpunkt einnimmt als den der Einfühlung . . .« (Freud, 1913 b, G.W. Bd. 8, S. 473—474).

Sterba (1929) schrieb über die Identifikation des Patienten mit dem

Analytiker, die dazu führt, daß dem Patienten die Arbeit am Herzen liegt, die sie gemeinsam zu leisten haben— aber er gab diesem Aspekt der Übertragung keine spezielle Bezeichnung. Fenichel (1941, S. 27) beschreibt die »rationale Übertragung«, eine zielgehemmte positive Übertragung, die für die Analyse notwendig ist. Elizabeth Zetzels Betonung der Bedeutung des »therapeutischen Bündnisses« haben wir bereits besprochen. Loewalds Abhandlung (1960) über die therapeutische Wirkungsweise der Psychoanalyse ist eine eindringliche und sensible Untersuchung der verschiedenen Arten von Beziehungen, die der Patient während der Psychoanalyse dem Analytiker gegenüber entwickelt. Einige seiner Gedanken betreffen unmittelbar das, was ich das »Arbeitsbündnis« nenne. Das Buch von Leo Stone ist den Komplexitäten in der Beziehung zwischen Analytiker und Patient gewidmet. Er spricht dort von der »reifen Übertragung«, von der er glaubt, sie stehe a) im Gegensatz zu den »ursprünglichen Übertragungsreaktionen« und sei b) wesentlich für eine erfolgreiche Analyse (S. 106).

Das Symposium über die Heilfaktoren in der Psychoanalyse, das auf dem 22. Kongreß der Internationalen Psychoanalytischen Vereinigung abgehalten wurde (siehe Gitelson et al., 1962), enthielt viele Bezugnahmen auf die speziellen Übertragungsreaktionen, die zum Entstehen eines therapeutischen Bündnisses beitragen, und auch einige Diskussionsbeiträge über den Anteil des Analytikers am Zustandekommen einer »guten« analytischen Situation. Gitelson sprach von dem Rapport, auf den wir im Anfang der Analyse angewiesen sind und der schließlich zur Übertragung führt. Er betonte, der Analytiker müsse sich als ein gutes Objekt und als ein Hilfs-Ich präsentieren. Myerson (siehe Gitelson, S. 202, Anmerkung), Nacht, Segal, Kuiper, Garma, King und Heimann machten Einwände gegen den einen oder anderen Aspekt seiner Methode. In gewissem Maß scheinen die Unstimmigkeiten darauf zurückzugehen, daß nicht klar zwischen dem Arbeitsbündnis und den regressiveren Übertragungsphänomenen unterschieden wird.

Dieser kurze und unvollständige Überblick offenbart, daß viele Analytiker, auch Freud, erkannten, daß in der psychoanalytischen Behandlung außer den regressiveren Übertragungsreaktionen noch eine andere Art der Beziehung zum Analytiker notwendig ist.

3.53 Die Entwicklung des Arbeitsbündnisses

3.531 Abweichungen von der üblichen Art der Entwicklung eines Arbeitsbündnisses

An den Anfang stelle ich einige klinische Beispiele, bei denen die Entwicklung des Arbeitsbündnisses sich in ihrem Verlauf merklich vom Verlauf beim gewöhnlichen Analysepatienten unterschied. Der Grund, warum ich so anfange, ist die Tatsache, daß sich beim klassischen Psychoanalyse-Patienten das Arbeitsbündnis fast unmerklich entwickelt, unter relativ wenigen verbalen Äußerungen und scheinbar unabhängig von irgendeiner speziellen Aktivität meinerseits. Die nicht der Regel entsprechenden Fälle werfen ein Licht auf verschiedene Prozesse und Verfahren, die beim gewöhnlichen Analysepatienten fast unsichtbar vor sich gehen.

Vor einigen Jahren schickte mir ein Analytiker aus einer anderen Stadt einen intelligenten Mann mittleren Alters, der schon seit mehr als sechs Jahren in analytischer Behandlung war. Manche allgemeine Umstände im Leben des Patienten hatten sich gebessert, aber sein erster Analytiker hatte das Gefühl, der Patient brauche zusätzlich weitere Analyse, denn er war noch immer unfähig zu heiraten, und er war sehr einsam. Vom Beginn der Analyse an fiel mir der Umstand auf, daß er in bezug auf das Erkennen und Bearbeiten seiner eigenen Widerstände absolut passiv war. Es stellte sich heraus, daß er erwartete, ich würde ihn auf sie hinweisen, wie es sein früherer Analytiker während der ganzen Analyse getan hatte.

Dann beeindruckte mich die Tatsache, daß er in dem Augenblick, in dem ich irgendeine Intervention machte, sofort eine Antwort bereit hatte, wenn auch oft eine unverständliche. Ich entdeckte, daß er es für seine Pflicht hielt, sofort auf jede Intervention zu antworten, weil er glaubte, es wäre ein Zeichen von Widerstand und daher schlecht, einen Augenblick zu schweigen und über das nachzudenken, was ich gesagt hatte. Anscheinend hatte sein früherer Analytiker seine Angst vor dem Schweigen nie als Widerstand erkannt. Beim freien Assoziieren suchte der Patient aktiv nach Dingen, über die er reden könnte, und wenn ihm mehr als ein Gegenstand einfiel, wählte er den, der ihm als das erschien, was ich suchte, ohne die anderen Möglichkeiten zu erwähnen, die auch noch vorhanden waren. Wenn ich irgendeine Information von ihm haben wollte, antwortete er häufig, indem er frei assoziierte, so daß oft ein bizarres Ergebnis dabei herauskam. Als ich ihn z. B. fragte, was sein mittlerer Name sei, antwortete er: »Raskolnikow« — mit dem ersten Namen, der ihm einfiel. Nachdem ich meine Fassung wiedergewonnen hatte und meine Zweifel äußerte, verteidigte er sich, indem er sagte, er habe geglaubt, er solle frei assoziieren.

Ich gewann bald den deutlichen Eindruck, daß dieser Mann niemals ein wirkliches Arbeitsbündnis mit seinem ersten Analytiker hergestellt hatte. Er wußte nicht, was in der analytischen Situation für eine Tätigkeit von ihm erwartet wurde. Er hatte sich viele Jahre lang bei einem Analytiker auf die Couch gelegt und sich gefügig dem unterworfen, was seiner Vorstellung nach sein voriger Analytiker von ihm gefordert hatte, nämlich ständiges und sofortiges freies

Assoziieren. Der Patient und der Analytiker hatten sich einer Karikatur der Psychoanalyse hingegeben. Es trifft zu, daß der Patient einige regressive Übertragungsreaktionen entwickelt hatte, von denen einige gedeutet worden waren, aber durch das Fehlen eines konstanten Arbeitsbündnisses war das ganze Verfahren amorph, wirr und unwirksam geblieben.

Ich erkannte zwar, daß die Größe der Probleme des Patienten nicht allein oder auch nur hauptsächlich auf dem technischen Unvermögen des ersten Analytikers beruhte, aber ich hatte das Gefühl, man müsse dem Patienten eine faire Möglichkeit geben zu erfahren, ob er in der analytischen Situation arbeiten konnte oder nicht. Außerdem sollte diese Klärung auch die Pathologie des Patienten lebendiger in Erscheinung treten lassen. Darum erklärte ich dem Patienten schon in den allerersten Monaten unserer Zusammenarbeit bei jeder geeigneten Gelegenheit sorgfältig, welche verschiedenen Aufgaben die psychoanalytische Therapie dem Patienten stellt. Der Patient reagierte auf diese Informationen, als sei ihm das alles neu, und er schien eifrig versuchen zu wollen, auf die Weise zu arbeiten, die ich ihm beschrieben hatte. Es wurde aber bald klar, daß er nicht einfach sagen konnte, was ihm einfiel; er fühlte sich gezwungen, herauszufinden, was ich suchte. Er konnte nicht schweigen und über das nachdenken, was ich sagte; er hatte Angst vor den leeren Stellen; sie bedeuteten irgendeine furchtbare Gefahr. Wenn er schwiege, würde er vielleicht denken, und wenn er dächte, könnte er vielleicht anderer Meinung sein als ich, und anderer Meinung zu sein als ich war gleichbedeutend damit, mich zu töten. Seine auffallende Passivität und Nachgiebigkeit zeigten sich als eine Form des Sich-beliebt-Machens, mit der eine innere Leere verdeckt wurde, ein unersättlicher infantiler Hunger und eine schreckliche Wut. In einem Zeitraum von sechs Monaten wurde ausreichend deutlich, daß dieser Mann ein schizoider »Als-Ob«-Charakter war, der die Entbehrungen der klassischen Psychoanalyse nicht ertragen konnte (H. Deutsch, 1942; Weiss, 1966). Ich verhalf ihm deshalb zu einer stützenden Psychotherapie bei einer Therapeutin.

Eine Frau, die ich etwa vier Jahre lang analysiert hatte, nahm nach einer Pause von sechs Jahren die Analyse bei mir wieder auf. Wir beide wußten zum Zeitpunkt der Unterbrechung, daß noch sehr viel Unerledigtes zu analysieren war, aber wir waren uns einig, daß eine analysefreie Pause vielleicht die ungewöhnlichen Unklarheiten und Schwierigkeiten aufhellen könnte, die uns bei dem Versuch begegneten, eine bessere Auflösung ihrer höchst ambivalenten, klagsamen, sich anklammernden, sado-masochistischen Übertragung auf mich zustande zu bringen. Ich hatte vorgeschlagen, sie solle zu einem anderen Analytiker gehen, denn ich habe im allgemeinen festgestellt, daß ein Wechsel des Analytikers produktiver ist als eine Rückkehr zum früheren. Der Wechsel bringt gewöhnlich neue Einsichten in die alten Übertragungsreaktionen und auch neue Übertragungsmöglichkeiten mit sich. Aus äußeren Gründen war dies jedoch nicht möglich, und ich nahm es auf mich, die Analyse mit ihr wieder aufzunehmen, wenn auch mit einigen Bedenken.

In den ersten Stunden, die die Patientin auf der Couch zubrachte, war ich erstaunt über die seltsame Art ihres Arbeitens in der Analyse. Dann fiel mir rasch wieder ein, daß dies auch früher häufig geschehen war, nur fiel es mir jetzt stärker auf, weil ich nicht mehr daran gewöhnt war; es kam mir fast bizarr vor. Von einem bestimmten Augenblick der Stunde an pflegte die Patientin fast ununterbrochen zu sprechen, es kamen zusammenhanglose Sätze vor, ein Teil der Erzählung eines Ereignisses aus jüngster Zeit, gelegentlich eine obszöne Wendung, ohne daß ihre Seltsamkeit erwähnt wurde oder der Umstand, daß es sich um eine Zwangsvorstellung handelte, dann kehrte sie zu einem Bericht über ein früheres Ereignis zurück. Die Patientin schien von ihrer seltsamen Redeweise nichts zu wissen und kam niemals spontan darauf zu sprechen. Als ich sie mit der Sache konfrontierte, schien sie zunächst nichts davon zu wissen und fühlte sich dann angegriffen.

Mir wurde klar, daß es auch in der früheren Analyse viele solche Stunden oder Teile von Stunden gegeben hatte, immer wenn die Patientin sehr angsterfüllt war und versuchte, das Bewußtwerden der Angst und die Analyse der Angst abzuwehren. Ich erinnerte mich sogar, daß wir einige der Bedeutungen und historischen Determinanten solchen Verhaltens aufgedeckt hatten. Z. B. war ihre Mutter eine große Plaudertasche gewesen und hatte mit der Tochter wie mit einer Erwachsenen gesprochen, bevor sie es verstehen konnte. Ihr unverständliches Reden vor mir war eine Identifizierung mit ihrer Mutter und ein Agieren in der analytischen Situation. Außerdem hatte die Mutter durch einen Redestrom sowohl ihre Angst als auch ihre Feindseligkeit ihrem Ehemann gegenüber ausgedrückt, der im Grunde ein stiller Mann war. Die Patientin übernahm dieses Verhaltensmuster von der Mutter und spielte es mit mir in der Analysestunde wieder durch, wenn sie angsterfüllt und feindselig war und wenn sie zwischen den Möglichkeiten, mich zu verletzen und sich an mir festzuhalten, hin und her schwankte.

Außerdem verstanden wir allmählich, daß diese Verhaltensweise auch eine Regression der Ichfunktionen vom Sekundärvorgang auf den Primärvorgang anzeigte, eine Art von »Reden im Schlaf« mit mir, ein Wieder-Durchspielen des Schlafens bei den Eltern. Diese seltsame Art zu reden war während der ersten Analyse häufig aufgetreten, und obwohl verschiedene Determinanten analysiert worden waren, war sie in gewissem Maß bis zur Unterbrechung der Analyse noch erhalten geblieben. Immer, wenn ich versuchte, die Patientin mit einem Mißbrauch eines Analyseverfahrens zu konfrontieren, wurden wir durch ihre Reaktionen auf meine Konfrontation oder durch auftauchendes neues Material abgelenkt. Sie erinnerte sich vielleicht an irgendein Ereignis aus ihrer Lebensgeschichte, das relevant schien, oder in den nächsten Stunden tauchten Träume oder neue Erinnerungen auf, und wir kamen nie wirklich auf das Thema zurück, daß sie nicht fähig war, einen gewissen Teil der analytischen Arbeit zu leisten.

In der zweiten Analyse ließ ich mich nicht abschütteln. Wenn auch nur die leiseste Spur der gleichen unzusammenhängenden Redeweise auftauchte, und wo es auch sonst relevant erschien, konfrontierte ich die Patientin mit diesem Problem und hielt sie bei diesem Thema fest, bis sie zumindest anerkannte, was zur Debatte stand. Die Patientin versuchte, alle ihre alten Abwehrmethoden dagegen einzusetzen, daß ich sie mit ihren Widerständen konfrontierte. Ich hörte ihren Protesten und Ausweichmanövern nur kurze Zeit zu und wies immer wieder auf deren Widerstandsfunktion hin. Ich begann nicht, mit neuem Material zu arbeiten, bis ich überzeugt war, daß die Patientin in einem guten Arbeitsbündnis mit mir war.

Allmählich begann sich die Patientin der Tatsache zu stellen, daß sie die Grundregel mißbrauchte. Sie merkte selber, wie sie manchmal bewußt, manchmal vorbewußt und zu wieder anderen Zeiten unbewußt den wirklichen Zweck des freien Assoziierens verwischte. Es wurde klar, daß die Patientin sich immer dann in diese regressive Redeweise des »Im-Schlaf-Sprechens« gleiten ließ, wenn sie in ihrer Beziehung zu mir Angst bekam. Es war eine Art »trotziger Gehorsam.« Trotzig war er insofern, als sie wußte, daß sie dem echten freien Assoziieren auswich. Es war insofern Gehorsam, als sie sich dieser regressiven, d. h. inkontinenten, Redeweise unterwarf. Dies pflegte aufzutreten, wenn sie eine bestimmte Art von Feindseligkeit mir gegenüber empfand. Sie fühlte dies als einen Drang, einen Strom von Gift über mich zu ergießen. Das führte bei ihr zu dem Gefühl, ich würde vernichtet und ginge ihr verloren, und dann würde sie sich einsam fühlen und sich fürchten. Dann pflegte sie in ihr »Im-Schlaf-Sprechen« hinunterzutauchen; das war, als wenn sie zu mir sagte: »Ich bin ein kleines Kind, das halb im Schlaf ist und nicht für das verantwortlich ist, was aus ihm herauskommt. Verlaß mich nicht; laß mich bei dir weiterschlafen; es ist nur harmloser Urin, was aus mir herauskommt.« (Andere Determinanten will ich nicht besprechen, denn das würde uns hier zu weit führen.)

Es war faszinierend zu sehen, wie anders diese Analyse verlief als die vorhergehende. Ich will damit nicht andeuten, daß die Tendenz dieser Patientin, ihre Fähigkeit des Regredierens in ihren Ichfunktionen zu mißbrauchen, völlig verschwunden sei. Aber mein beharrliches Verfolgen der Analyse des mangelhaften Arbeitsbündnisses, mein ständiges Achten auf die Erhaltung einer guten Arbeitsbeziehung, meine Weigerung, mich zum Analysieren anderer Aspekte ihrer Übertragungsneurose verleiten zu lassen, alles hatte seine Wirkungen. Die zweite Analyse hatte eine völlig andere Tönung und Atmosphäre. In der ersten Analyse hatte ich eine interessante und launische Patientin gehabt, die sehr frustrierend war, weil ich mich durch ihre kapriziösen Irrwege selbst so oft verirrte. In der zweiten Analyse hatte ich immer noch eine launische Patientin, aber ich hatte auch eine Verbündete, die mir nicht nur half, wenn ich mich verirrt hatte, sondern auch darauf hinwies, daß ich auf Abwege geführt wurde, noch bevor ich es erkannte.

Herr Z., ein junger Mann[4], kam zu mir in die Analyse, nachdem er zweieinhalb Jahre bei einem Analytiker in einer anderen Stadt zugebracht hatte, in einer Analyse, die ihn fast völlig unberührt gelassen hatte. Er hatte gewisse Einsichten gewonnen, aber er hatte den deutlichen Eindruck, sein früherer Analytiker mißbillige in Wirklichkeit die infantile Sexualität, obwohl dem jungen Mann klar war, daß man von Analytikern erwartet, sie nicht zu verachten. In den Vorbesprechungen sagte mir der junge Mann, er habe die größten Schwierigkeiten beim Sprechen über Masturbation, und er habe seinem vorigen Analytiker diese Information oft bewußt vorenthalten. Er habe diesem das Vorhandensein vieler bewußter Geheimnisse mitgeteilt, aber sich trotzdem eigensinnig geweigert, sie preiszugeben. Er gab sich nie von ganzem Herzen dem freien Assoziieren hin, und es hatte viele Stunden langen Schweigens gegeben, in denen er und sein Analytiker stumm geblieben waren. Die Art, wie der Patient zu mir in Beziehung trat, seine Lebensgeschichte und mein allgemeiner klinischer Eindruck ließen mich jedoch glauben, er sei analysierbar, der Tatsache zum Trotz, daß er mit seinem ersten Analytiker kein Arbeitsbündnis hatte schließen können.

Ich unternahm es, Herrn Z. zu analysieren, und erfuhr sehr viel über seine negativen Reaktionen auf seinen vorigen Analytiker, von denen einige auf die

---

[4] Siehe Abschnitt 2.52, 2.54 und 2.71.

Art zurückgingen, wie dieser die Analyse geführt hatte. Zum Beispiel nahm der Patient in einer der ersten Stunden auf der Couch eine Zigarette heraus und zündete sie sich an. Ich fragte ihn, was er empfunden habe, als er sich entschloß, die Zigarette anzuzünden. Er antwortete mürrisch, er wisse, daß er in seiner vorigen Analyse nicht habe rauchen sollen, und er habe angenommen, ich würde es auch verbieten. Ich sagte zu Herrn Z., ich wolle wissen, was für Gefühle, Vorstellungen und Empfindungen in dem Augenblick in ihm gewesen seien, als er beschloß, die Zigarette anzuzünden. Da gestand er, daß er in der Stunde etwas Angst bekommen hatte, und um diese Angst vor meinen Blicken zu verbergen, hatte er beschlossen, die Zigarette anzuzünden.

Ich erwiderte, es sei vorzuziehen, daß solche Gefühle und Vorstellungen in Worten ausgedrückt würden, anstatt in Handlungen, denn dann würde ich genauer verstehen, was in ihm vorginge. Er erkannte nun, daß ich ihm nicht verbot zu rauchen, sondern ihn nur darauf hinwies, daß es den Prozeß des Analysiertwerdens besser voranbrächte, wenn er sich in Worten und Gefühlen ausdrückte. Er stellte dies der Haltung seines ersten Analytikers gegenüber, der ihm, bevor er sich auf die Couch legte, gesagt hatte, es sei üblich, auf der Couch nicht zu rauchen. Es erfolgte keine Erklärung, und der Patient hatte das Gefühl, sein erster Analytiker gehe willkürlich vor.

In einer späteren Stunde fragte mich Herr Z., ob ich verheiratet sei. Ich entgegnete, indem ich ihn fragte, was er sich darüber vorstelle. Er gestand zögernd ein, daß er zwischen zwei Gruppen von Phantasien hin und her gerissen war, einer, ich sei ein Junggeselle, der seine Arbeit liebte und nur für seine Patienten lebte; die andere Phantasie hatte zum Inhalt, ich sei ein glücklich verheirateter Mann mit vielen Kindern. Dann sprach er spontan weiter und sagte, er hoffe, ich sei glücklich verheiratet, denn dann wäre ich besser in der Lage, ihm bei seinen sexuellen Problemen zu helfen. Dann verbesserte Herr Z. sich und sagte, es sei ihm peinlich, sich vorzustellen, daß ich sexuelle Beziehungen mit meiner Frau hätte, denn das mache ihn verlegen und gehe ihn nichts an. Nun wies ich ihn darauf hin, wie der Umstand, daß ich seine Frage nicht beantwortet hatte und ihn statt dessen gebeten hatte, über seine Phantasien in bezug auf die Antwort zu sprechen, dazu geführt hatte, daß er aufgedeckt hatte, worauf er eigentlich neugierig war. Ich sagte ihm, ich würde Fragen nicht beantworten, wenn ich das Gefühl hätte, es würde mehr dabei herauskommen, wenn ich schwiege und ihn zu seiner eigenen Frage assoziieren ließe.

In diesem Augenblick weinte Herr Z. ein wenig, und nach einer kurzen Pause erzählte er mir, am Anfang seiner vorigen Analyse habe er viele Fragen gestellt. Sein früherer Analytiker habe niemals geantwortet und auch niemals erklärt, warum er schwieg. Er empfand das Schweigen seines Analytikers als eine Abwertung und Demütigung und erkannte nun, daß sein eigenes späteres Schweigen eine Vergeltung für diese eingebildete Ungerechtigkeit war. Etwas später erkannte er, daß er sich mit der vermuteten Verachtung seines ersten Analytikers identifiziert hatte. Herr Z. empfand Geringschätzung für die Prüderie seines Analytikers; zugleich war er voll von schweren Selbstvorwürfen wegen seiner eigenen sexuellen Praktiken, die er dann auf den Analytiker zurückprojizierte.

Es war für mich sehr lehrreich zu sehen, wie eine Identifikation mit dem vorigen Analytiker, die auf Furcht und Feindseligkeit beruhte, zu einer Verzerrung der Arbeitsbeziehung führte anstatt zu einem effektiven Arbeitsbündnis. Die ganze Atmosphäre der ersten Analyse war beeinträchtigt durch feindselige, mißtrauische, rachsüchtige Gefühle und Haltungen. Dies erwies sich als eine Wiederholung des Verhaltens, das der Patient seinem Vater gegenüber an den Tag gelegt hatte; diesen Punkt hatte der erste Analytiker erkannt und gedeutet. Die Analyse dieses Übertragungswiderstands war jedoch unwirksam, teilweise deshalb, weil der frühere Analytiker so gearbeitet hatte, daß er das infantil-neurotische Verhalten des Patienten ständig gerechtfertigt und so das Eindringen der Übertragungsneurose in das Arbeitsbündnis gefördert hatte.

Ich habe mit Herrn Z. etwa vier Jahre lang gearbeitet, und fast von Anfang an bestand ein relativ wirksames Arbeitsbündnis. Jedoch mobilisierte meine Art, die Analyse zu führen, die ihm echte menschliche Anteilnahme an seinem Wohlergehen und Achtung vor seiner Stellung als Patient anzuzeigen schien, in einer späteren Phase der Analyse wichtige Übertragungswiderstände. Im dritten Jahr seiner Analyse bei mir begann ich zu erkennen, daß trotz einem anscheinend guten Arbeitsbündnis und einer starken Übertragungsneurose im äußeren Leben des Patienten viele Bereiche sich nicht entsprechend der analytischen Arbeit zu verändern schienen. Schließlich gelang es mir herauszufinden, daß der Patient eine subtile, aber spezifische Hemmung durch analytische Arbeit außerhalb der Analysestunde entwickelt hatte. Wenn Herr Z. außerhalb der Stunde aus dem Gleichgewicht geriet, fragte er sich, was ihn aus dem Gleichgewicht gebracht habe. Gewöhnlich gelang es ihm, sich auf die Situation zu besinnen. Manchmal fiel ihm sogar die Bedeutung des betreffenden Ereignisses ein, die ich ihm zu einem früheren Zeitpunkt erklärt hatte, aber diese Einsicht blieb für ihn relativ bedeutungslos; sie kam ihm fremd, künstlich und auswendig gelernt vor. Es war nicht seine Einsicht; es war meine, und darum hatte sie keine lebendige Bedeutung für ihn. In bezug auf die Bedeutung der Ereignisse, die ihn aus dem Gleichgewicht brachten, war er dabei relativ ratlos.

Er schien zwar in der analytischen Situation ein Arbeitsbündnis mit mir geschlossen zu haben, aber anscheinend bestand es außerhalb der Analysestunde nicht weiter. Die Analyse ergab, daß der Patient es sich nicht gestattete, außerhalb der Analysestunde irgendeine Haltung, Methode oder Anschauung anzunehmen, die der meinen glich. Er hatte das Gefühl, wenn er dies täte, wäre es gleichbedeutend mit dem Eingeständnis, ich sei in ihn eingedrungen. Das war unerträglich, weil Herr Z. es als homosexuelle Vergewaltigung empfand, als eine Wiederholung mehrerer Traumata aus Kindheit und Pubertät. Wir konnten allmählich aufdecken, daß der Patient den Prozeß der Introjektion sexualisiert und mit Aggression erfüllt hatte.

Diese neue Einsicht war für den Patienten der Ausgangspunkt, von dem aus er zu lernen begann, die verschiedenen Varianten des »In-sich-Aufnehmens« zu unterscheiden. Nach und nach konnte der Patient in bezug auf das Einnehmen eines analytischen Standpunkts eine von Homosexualität freie Identifizierung mit mir wieder herstellen. Auf diese Weise wurde eine Arbeitsbeziehung, die von der Übertragungsneurose überschwemmt worden war, wieder relativ frei von infantil-neurotischen Zügen. Die vorher gewonnenen Einsichten, die unwirksam geblieben waren, führten schließlich zu signifikanten und bleibenden Veränderungen. Ich werde den Fall des Herrn Z. im zweiten Band ausführlicher schildern.

Schließlich möchte ich auf die Patienten zurückkommen, die sich zäh an das Arbeitsbündnis klammern, weil sie vor den regressiven Zügen der

Übertragungsneurose schreckliche Angst haben. Diese Patienten entwickeln ein vernünftiges Verhältnis zum Analytiker und erlauben sich nicht, irgendetwas Irrationales zu fühlen, sei es sexueller oder aggressiver Natur oder beides. Lange andauernde Vernünftigkeit in der Analyse ist eine Pseudo-Vernünftigkeit; der Patient hält sich aus verschiedenen unbewußten neurotischen Motiven unbewußt an der Vernünftigkeit fest. Lassen Sie mich dies veranschaulichen.

Etwa zwei Jahre lang behielt ein junger Akademiker, der ein intellektuelles Wissen von der Psychoanalyse hatte, zu mir, seinem Analytiker, eine positive und vernünftige Einstellung. Wenn seine Träume auf Feindseligkeit oder Homosexualität hinwiesen, erkannte er es an, behauptete aber, er wisse, daß er solche Dinge seinem Analytiker gegenüber empfinden solle, aber »in Wirklichkeit« empfinde er sie nicht. Wenn er zu spät kam oder vergaß, seine Rechnung zu bezahlen, gab er auch wieder zu, es könne so aussehen, als wolle er nicht kommen oder seine Rechnung nicht bezahlen, aber »in Wirklichkeit« sei es nicht so. Er empfand heftige Wut-Reaktionen gegenüber anderen ihm bekannten Psychiatern, aber er bestand darauf, sie verdienten es, und ich sei anders. Eine Zeitlang war er in einen anderen Analytiker verliebt, und er »nahm an«, dieser müsse ihn wohl an mich erinnern, aber das sagte er spielerisch.

Alle meine Versuche, den Patienten zu bewegen, seine beharrliche Vernünftigkeit als ein Mittel der Vermeidung oder Bagatellisierung seiner tieferen Gefühle und Impulse zu erkennen, mißlangen. Selbst meine Versuche, die historischen Ursachen dieses Verhaltens aufzuspüren, blieben fruchtlos. Er hatte während seiner High-School-Zeit die Rolle des Exzentrikers, des Clowns, des harmlosen Nonkonformisten angenommen und wiederholte dies nun in der Analyse. Da ich den Patienten nicht bewegen konnte, mit diesem Material weiter oder konsequent zu arbeiten, sagte ich ihm schließlich, wir müßten der Tatsache ins Auge sehen, daß wir nicht weiterkämen, und wir müßten uns eine Alternative zur Fortsetzung der Psychoanalyse bei mir überlegen. Der Patient schwieg eine Weile und sagte dann, »offen gesagt« sei er enttäuscht. Er seufzte und machte dann eine einer freien Assoziation ähnliche Bemerkung. Ich ließ ihn innehalten und fragte, was in aller Welt er da tue. Er antwortete, er »nehme an«, ich klänge etwas ärgerlich. Ich versicherte ihm, das sei keine Annahme. Dann sah er mich langsam an und bat, ob er sich aufsetzen dürfe. Ich nickte, und er richtete sich auf. Er war ganz erschüttert, nüchtern, blaß und offensichtlich in Not.

Nach einer Weile des Schweigens sagte er, vielleicht werde er besser arbeiten können, wenn er mich sehen könne. Er müsse sicher sein, daß ich ihn nicht auslache, oder wütend auf ihn sei oder sexuell erregt. Der letzte Punkt schien mir auffallend, und ich fragte ihn danach. Er sagte mir, er habe sich oft vorgestellt, ich würde vielleicht durch sein Material sexuell erregt und verberge dies vor ihm. Dies hatte er vorher niemals zur Sprache gebracht, es war nur ein flüchtiger Gedanke. Aber dieser »flüchtige Gedanke« führte rasch zu vielen Erinnerungen, wie sein Vater wiederholt und unnötigerweise rektal seine Temperatur gemessen hatte. Dies wiederum führte zu einer Flut von Phantasien homosexueller und sadomasochistischer Natur. Die beharrliche Vernünftigkeit war sowohl eine Abwehr gegen diese Phantasien als auch ein spielerischer Versuch, mich zum gemeinsamen Agieren mit ihm zu reizen. Mein Verhalten in der oben beschriebenen

Stunde war nicht gut beherrscht, aber es führte zu der Erkenntnis, daß das Arbeitsbündnis des Patienten zur Abwehr der Übertragungsneurose benützt wurde.

Das Arbeitsbündnis war zur Fassade für die Übertragungsneurose geworden. Es war sowohl das Versteck für seine neurotische Charakterstruktur als auch ein Ausdruck für seine zugrundeliegende Neurose. Erst als das Agieren des Patienten unterbrochen wurde und als er erkannte, daß er dabei war, sein Übertragungsobjekt zu verlieren, wurde sein streng vernünftiges Verhalten ichfremd und für die Therapie zugänglich. Er brauchte mehrere Wochen, während denen er mich ansehen konnte, um zu prüfen, ob er meinen Reaktionen vertrauen konnte. Dann wurde er fähig, zwischen echter Vernünftigkeit und der neckenden, trotzigen Vernünftigkeit seiner Charakterneurose zu unterscheiden, und die Analyse begann voranzugehen.

3.532 Das Arbeitsbündnis beim »klassischen« Analysepatienten

Der Ausdruck »klassisch« bezieht sich in diesem Zusammenhang auf eine heterogene Gruppe von Patienten, die mit Hilfe der klassischen psychoanalytischen Technik ohne größere Abwandlungen analysierbar sind. Sie leiden an irgendeiner Form von Übertragungsneurose, an einem Symptom oder an einer Charakterneurose, ohne einen erkennbaren Defekt in den Ichfunktionen. Bei solchen Psychoanalyse-Patienten entwickelt sich das Arbeitsbündnis fast unmerklich und scheinbar unabhängig von irgendeiner speziellen Aktivität oder Intervention von seiten des Analytikers. Gewöhnlich bekomme ich die ersten Anzeichen des Arbeitsbündnisses etwa im dritten bis sechsten Monat der Analyse zu sehen. Meistens sind die ersten Zeichen dieser Entwicklung folgende: Der Patient verfällt in Schweigen, und anstatt auf eine Intervention von mir zu warten, äußert er selber die Vermutung, er scheine etwas vermeiden zu wollen. Oder er unterbricht einen ziemlich oberflächlichen Bericht über irgendein Ereignis und bemerkt, er müsse wohl vor etwas davonlaufen. Wenn ich dann schweige, fragt er sich spontan, was es wohl sein könne, das ihn so ausweichend mache; er läßt seine Gedanken ins freie Assoziieren treiben und spricht sie dann laut aus.

Es ist offensichtlich, daß der Patient sich partiell und vorübergehend mit mir identifiziert hat und nun auf die gleiche Weise mit sich selber arbeitet, wie ich es Tag für Tag mit seinen Widerständen getan habe. Wenn ich die Situation noch einmal überblicke, stelle ich gewöhnlich fest, daß der Patient vor dieser Entwicklung eine sporadische sexuelle oder feindselige Übertragungsreaktion erlebt hat, die vorübergehend einen starken Widerstand hervorgerufen hat. Ich muß diesen Widerstand dem

Patienten geduldig und taktvoll nachweisen, dann klären, wie er gewirkt hat, was sein Zweck war, und schließlich seine wahrscheinliche historische Ursache deuten und rekonstruieren. Es scheint, als könne der Patient erst nach einem wirksamen Stück der Übertragungswiderstands-Analyse ein partielles Arbeitsbündnis eingehen. Man muß jedoch bis zum ersten Anfang der Analyse zurückgehen, um ein detaillierteres Bild von der Entwicklung des Arbeitsbündnisses zu bekommen.

Die Arten, wie ein Patient in die Vorbesprechungen eintritt, sind sehr verschieden. Zum Teil hängt dies von seiner Vorgeschichte in bezug auf Psychoanalytiker, Ärzte, Autoritätsfiguren und Freunde ab, ebenso davon, wie er darauf reagiert, krank zu sein, Hilfe zu brauchen und Hilfe nötig zu haben usw. (Gill, Newman und Redlich, 1954). Außerdem werden die anfänglichen Reaktionen des Patienten von seinem Wissen oder Mangel an Wissen über die Verfahren der Psychoanalyse und den Ruf des Psychoanalytikers beeinflußt. Der Patient kommt also zur ersten Besprechung mit einer vorgeformten Beziehung zu mir, die zum Teil Übertragung ist, zum Teil realistisch, je nachdem, wie weit er das Unbekannte mit seiner dafür ungeeigneten Vergangenheit ausfüllt.

Die Vorbesprechungen tönen die Reaktionen des Patienten auf den Analytiker in hohem Maß. Dies hängt hauptsächlich von den Gefühlen ab, die der Patient hat, wenn er sich preisgeben soll, ebenso aber auch von seinen Reaktionen auf meine Methode des Vorgehens und auf meine Persönlichkeit. Auch hier bekommen wir meiner Ansicht nach eine Mischung von realistischen und Übertragungsreaktionen zu sehen. Wenn man sich selbst exponiert, führt das meist zu einem Widerhall früherer Entkleidungen vor Eltern, Ärzten usw., daher ruft es leicht Übertragungsreaktionen hervor. Meine Technik der Durchführung dieser Gespräche hat die gleiche Wirkung, je mehr sie dem Patienten merkwürdig, peinlich oder unverständlich erscheint. Nur die Methoden des Vorgehens, die dem Patienten verständlich erscheinen, können bei ihm realistische Reaktionen herbeiführen. Auch meine »Analytiker«-Persönlichkeit, wie sie sich in den ersten Besprechungen manifestiert, kann realistische Reaktionen und Übertragungsreaktionen hervorrufen. Ich habe den Eindruck, daß die Eigenschaften, die seltsam, bedrohlich oder nicht-professionell wirken, starke Übertragungsreaktionen und Angst auslösen. Die Züge, von denen der Patient glaubt, sie wiesen auf eine therapeutische Einstellung, auf Mitgefühl und Fachkundigkeit hin, können sowohl realistische Reaktionen als auch positive Übertragungsreaktionen hervorrufen. Das klinische Material aus dem Fall des Herrn Z. zeigt, wie die Art, die Einstellung und die Technik des Analytikers am Beginn beider Analysen die analytische Situation entscheidend getönt haben.

Vor meiner Entscheidung, daß die Psychoanalyse die angemessene Behandlungsmethode ist, habe ich den Eindruck gewonnen, daß der betreffende Patient das Potential für die Bildung eines Arbeitsbündnisses mit mir neben seiner Übertragungsneurose hat. Meine Diskussion mit dem Patienten darüber, warum ich die Psychoanalyse für die beste Therapiemethode für ihn halte, die Erklärung der Häufigkeit der Sitzungen, ihrer Dauer, des Honorars usw. und das eigene Urteil des Patienten über seine Fähigkeit, diese Forderungen zu erfüllen, sind von zusätzlichem Wert, um Aufschluß über die Fähigkeit des Patienten zu gewinnen, ein Arbeitsbündnis zu schließen.

Die ersten Monate der Analyse im eigentlichen Sinn, in denen der Patient auf der Couch liegt und frei zu assoziieren versucht, lassen sich am besten zusammenfassend als eine Kombination von Prüfen und Bekennen bezeichnen. Der Patient probiert seine Fähigkeit zum freien Assoziieren und zum Aufdecken seiner Schuldgefühle und Angst erzeugenden Erlebnisse aus. Zugleich erprobt er die Reaktionen seines Analytikers auf diese Produktionen (Freud, 1915 a; Gitelson, 1962). Einen großen Raum nehmen das Erzählen der Lebensgeschichte und das Berichten von Alltagsereignissen ein. Meine Interventionen zielen darauf, ziemlich offensichtliche Widerstände und unangemessene Affekte aufzuzeigen und zu explorieren. Wenn das Material ganz klar ist, versuche ich, Verbindungen zwischen früheren und gegenwärtigen Verhaltensmustern herzustellen. Die Folge ist gewöhnlich, daß der Patient zu fühlen beginnt, ich verstünde ihn möglicherweise. Dann wagt der Patient zu regredieren; er wagt es, sich selbst irgendeinen vorübergehenden Aspekt seiner Neurose in der Übertragung, in bezug auf meine Person, erleben zu lassen. Wenn ich dies wirksam analysieren kann, dann ist es mir wenigstens zeitweilig gelungen, ein vernünftiges Ich und ein Arbeitsbündnis neben dem erlebenden Ich und der Übertragungsneurose herzustellen. Wenn der Patient dieses Hin und Her zwischen Übertragungsneurose und Arbeitsbündnis auf einem Gebiet erst einmal erlebt hat, wird er bereitwilliger, zukünftige Regressionen im gleichen Bereich der Übertragungsneurose zu riskieren. Aber jeder neue Aspekt der Übertragungsneurose kann eine Beeinträchtigung oder einen vorübergehenden Verlust des Arbeitsbündnisses mit sich bringen.

Eine einfache Hausfrau mittleren Alters trat in das zweite Jahr ihrer Analyse ein. Im ersten Jahr hatte sie große Schwierigkeiten gehabt zuzugeben, daß sie manchmal romantische und sexuelle Gefühle mir gegenüber empfand, obwohl in ihrem Verhalten und in ihren unverstellten Träumen unverkennbare Beweise dafür zu sehen waren. Sie hielt sich für glücklich verheiratet und meinte, erotische Phantasien über den Analytiker wären ein Zeichen dafür, daß sie mit ihrer Ehe nicht zufrieden sei. Das erschreckte sie, weil sie von ihrem Mann äußerst abhängig war, ihm unbewußt feindselig gegenüberstand und schreckliche Angst hatte, ihn zu verlieren. Meine Versuche, die Patientin zu bewegen, sich ihrer sexuellen Übertragung zu stellen, und ihre Angst davor pflegten diese gewöhnlich gutmütige, kooperative Frau in eine eigensinnige, trotzige, mürrische Person zu verwandeln. In einem solchen Zustand pflegte sie auf meine Interventionen zu reagieren, indem sie sagte: »Würde nicht irgendjemand, würde nicht jeder auf diese Weise reagieren? Ist das nicht ganz natürlich? Würden Sie nicht so reagieren, wenn Sie an meiner Stelle wären?«

Als wir einige der Ängste herausgearbeitet hatten, die sie zum Widerstand gegen die Einsichten, die ich ihr vermitteln wollte, trieben, wurde die Patientin allmählich fähig, sich ihren positiven Gefühlen für mich zu stellen, und brauchte nicht mehr auf ihre Abwehrmechanismen des »würde nicht jeder« und »würden Sie nicht auch« zurückgreifen. Zugleich konnte die Patientin sich selber und auch mir eingestehen, daß es in ihrer Ehe Mängel gab, ohne das Gefühl zu haben, dies sei der Anfang vom Ende ihrer Geborgenheit. Sie begann auch, meine Deutungen einiger Ursprünge der sexuellen Gefühle, die sie für ihren Analytiker hegte, zu verstehen und zu akzeptieren. Die Patientin war fähig, mit der Vorstellung fertigzuwerden, daß einige ihrer Gefühle mir gegenüber von ihrer sexuellen Liebe herstammten, die sie in der Kindheit für ihren Vater und ihren älteren Bruder empfunden hatte. Die Patientin hatte nun in bezug auf heterosexuelle Dinge ein ziemlich stabiles Arbeitsbündnis mit mir entwickelt.

Als sich jedoch Aggression in signifikantem Ausmaß in die Analysestunde einzudrängen begann, nahm die Situation wieder die Atmosphäre an, die in der Frühzeit ihrer Analyse geherrscht hatte. Zum Beispiel wurde die Patienten ungewöhnlich schweigsam, als ich ihr deutete, ihr Gefühl, sie werde von mir abgelehnt, hänge damit zusammen, daß sie am Ende des Monats vergessen habe, mir mein Honorar zu bezahlen. Sie bekam eine schwere gastrointestinale Kolik mit explosiver Diarrhoe und hatte Angst, an Krebs tödlich erkrankt zu sein. Als ich darauf hinwies, dies sei ein Ausdruck ihrer verdrängten Wut auf mich, leugnete sie dies zunächst. Als ich ihr sagte, ihr Gefühl, sich auf mich verlassen zu können, werde durch meine Versuche erschüttert, zu deuten, anstatt sie zu befriedigen oder sie zu beruhigen, antwortete sie mir: »Würde nicht jeder so reagieren? Ist das nicht natürlich? Würden Sie nicht so reagieren, wenn Sie an meiner Stelle wären?« Dann fügte sie hinzu: »Ich glaube, es ist besser, ich gehe in die Mayo-Klinik und lasse mich untersuchen.« Das Arbeitsbündnis, das sie in bezug auf heterosexuelle Dinge gebildet hatte, war verschwunden, als das Thema Feindseligkeit ins klinische Bild eintrat. Es waren Wochen geduldiger, äußerst sorgfältiger Widerstandsdeutung notwendig, um wieder ein brauchbares Arbeitsbündnis herzustellen. Die gleiche Abfolge von Ereignissen trat ein, als die Homosexualität in die analytische Situation hineinkam.

3.54 Die Ursprünge des Arbeitsbündnisses

3.541 Die Beiträge des Patienten

Damit ein Arbeitsbündnis entsteht, muß der Patient die Fähigkeit haben, eine besondere Form der Objektbeziehung zu bilden. Menschen, die im Grunde narzißtisch sind, können das nicht. Das Arbeitsbündnis ist ein relativ rationales, entsexualisiertes und von Aggressionen befreites Übertragungsphänomen. Die Patienten müssen auch in ihrem Leben in der Außenwelt schon in der Lage gewesen sein, solche sublimierten, zielgehemmten Beziehungen herzustellen. Es wird vom Patienten erwartet, daß er im Lauf der Analyse fähig ist, auf die primitiveren und irrationaleren Übertragungsreaktionen zu regredieren, die unter dem Einfluß des Primärvorgangs stehen. Um ein Arbeitsbündnis zustande zu bringen, muß der Patient aber fähig sein, den Sekundärvorgang wiederherzustellen — eine relativ vernünftige Objektbeziehung zum Analytiker von den regressiveren Übertragungsreaktionen abzuspalten. Menschen, denen Ichfunktionen weitgehend fehlen oder deren Ichfunktionen schwer geschädigt sind, können sehr wohl in der Lage sein, regressive Übertragungsreaktionen zu erleben; sie werden aber Schwierigkeiten haben, ein Arbeitsbündnis aufrechtzuerhalten. Andererseits sind diejenigen, die nicht wagen, auch nur vorübergehend und partiell ihre Realitätsprüfung aufzugeben, und besonders jene, die sich an eine feste Form der Objektbeziehung klammern müssen, nicht gut für die Psychoanalyse geeignet. Dies wird bestätigt durch die klinische Feststellung, daß Psychotiker, Borderline-Fälle, triebbesessene Charaktere und kleine Kinder gewöhnlich Modifikationen der psychoanalytischen Technik erfordern (Glover, 1955; Gill, 1954; Garma [siehe Gitelson et al., 1962]). Dies hatte Freud im Sinn, als er die Übertragungsneurosen, die gut analysierbar sind, von den narzißtischen Neurosen unterschied, die es nicht sind.

Wie wir schon gesagt haben: Die Neigung des Patienten zu Übertragungsreaktionen ist von seinem Zustand der Trieb-Unbefriedigung und dem sich daraus ergebenden Bedürfnis nach Abfuhrmöglichkeiten abhängig (Ferenczi, 1909). Auch das Bewußtsein neurotischen Leidens treibt den Patienten, eine Beziehung zum Analytiker herzustellen. Auf einer bewußten und rationalen Ebene bietet der Therapeut eine realistische Hoffnung auf Erleichterung des neurotischen Elends. Die Hilflosigkeit des Patienten in bezug auf sein Leiden mobilisiert jedoch frühkindliche Sehnsüchte nach einer omnipotenten Elternfigur. Das Arbeitsbündnis hat eine rationale und eine irrationale Komponente. Alles, was wir oben gesagt haben, weist darauf hin, daß der analysierbare Patient das Bedürfnis nach Übertragungsreaktionen, die Fähigkeit zu regredieren und neurotische Übertragungsreaktionen zuzulassen und dann noch die Ichstärke oder die besondere Form von Ichelastizität haben muß, die ihn befähigt, seine Regression zu unterbrechen, um das vernünftige und zielgerichtete Arbeitsbündnis wiederherzustellen (Loewald, 1960).

Die Ichfunktionen des Patienten spielen — neben der Rolle des Ichs in den Objektbeziehungen — eine wichtige Rolle bei der praktischen Nutzung des Arbeitsbündnisses. Um die analytische Arbeit leisten zu können, muß der Patient in der Lage sein, sich auf die verschiedensten Weisen mitzuteilen, in Worten, mit Gefühlen und doch mit Zurückhaltung in bezug auf sein Handeln. Er muß fähig sein, sich in Worten auszudrücken, verständlich, geordnet und logisch; er muß Informationen geben können, wenn es angezeigt ist, und er muß fähig sein, partiell zu regredieren und ein gewisses Maß an freiem Assoziieren zustande zu bringen. Er muß dem Analytiker zuhören können, begreifen, nachdenken, »meditieren« und Introspektion üben. In gewissem Maß muß er auch sich erinnern können, sich selbst beobachten, phantasieren und darüber berichten. Dies ist nur eine unvollständige Liste der Ichfunktionen, die in der Fähigkeit des Patienten, ein Arbeitsbündnis zu schließen und aufrechtzuerhalten, eine Rolle spielen; wir erwarten auch noch, daß der Patient gleichzeitig eine Übertragungsneurose entwickelt. Der Beitrag des Patienten hängt also von zwei antithetischen Eigenschaften ab: seiner Fähigkeit, den Kontakt mit der Realität der analytischen Situation aufrechtzuerhalten, und seiner Bereitschaft, die Regression in seine Phantasiewelt zu riskieren.

3.542 Der Beitrag der analytischen Situation

Greenacre (1954), Macalpine (1950) und Spitz (1956 b) haben gezeigt, wie verschiedene Elemente des analytischen Rahmens und der analytischen Verfahren Regression und Übertragungsneurose fördern. Einige der gleichen Elemente tragen auch zur Bildung des Arbeitsbündnisses bei. Die große Häufigkeit der Sitzungen und die lange Dauer der Behandlung fördern nicht nur die Regression, sondern weisen auch auf die Fernziele und auf die Bedeutung detaillierter intimer Mitteilung hin. Die Couch und das Schweigen geben Gelegenheit zur Introspektion und zum Nachdenken, wie auch zum Phantasieren. Der Umstand, daß der Patient gestört und unwissend ist und von jemand betreut wird, der relativ ungestört und sachkundig ist, erweckt im Patienten den Wunsch zu lernen und nachzuahmen. Vor allem die ständige Betonung, die der Analytiker auf den Versuch legt, Verständnis für alles zu gewinnen, was im Patienten vor sich geht, der Umstand, daß nichts zu klein oder zu unklar, zu häßlich oder zu schön ist, um der Suche des Analytikers nach Verständnis zu entgehen, dies alles weckt meistens im Patienten den Wunsch, zu wissen, Antworten und Ursachen zu finden. Damit wird nicht geleugnet, daß das Sondieren des Analytikers Widerstand erregt; es wird lediglich unterstrichen, daß es auch die Neugier des Patienten weckt und seine Suche nach Gründen anregt.

Ich möchte noch hinzufügen, daß die beständige Prüfung der Zusammenarbeit zwischen dem Patienten und dem Analytiker, das Interesse beider am Arbeitsbündnis, selbst schon Faktoren sind, die zur Verbesserung des Arbeitsbündnisses beitragen. Diese Kontrolle fördert die Selbstprüfung und das Vertrauen zum Analytiker.

3.543 Die Beiträge des Analytikers

Ich habe schon angedeutet, daß die Persönlichkeit und die theoretische Ausrichtung des Analytikers zum Arbeitsbündnis beitragen. Es ist interessant zu beobachten, daß manche Analytiker theoretische Standpunkte einnehmen, die anscheinend ihrer manifesten Persönlichkeit gemäß sind, und daß andere Theorien vertreten, die ihren Charakterzügen zu widersprechen scheinen. Manche benützen ihre Technik, um ihre Persönlichkeit zu projizieren, andere, um sie zu schützen. Diese Feststellung ist nicht als Kritik an der einen oder anderen Gruppe gemeint, denn ich habe bei beiden glückliche und unglückliche Verbindungen gesehen. Ich habe starre Analytiker gesehen, die strengste Beachtung der »Abstinenzregel« befürworten und die zugleich versuchen, die krasseste Art von manipulierender, Befriedigung gewährender Psychotherapie vom Typus des »korrigierenden emotionalen Erlebnisses« zu praktizieren. Ich habe viele scheinbar sorglose und unbeschwerte Analytiker eine sich streng nach der »Abstinenzregel« richtende Therapie praktizieren sehen, aber auch andere, von ähnlichem Charakter, die ihre Patienten zum Agieren provozieren oder ihre Patienten in einer Art Therapie der gegenseitigen Befriedigung verwöhnen. Manche Analytiker praktizieren eine Analyse, die zu ihrer Persönlichkeit paßt; manche benützen ihre Patienten, um ihre verdrängten Wünsche abzuladen. Wie dem auch sei, diese Betrachtungen sind relevant für die Probleme, die der Herstellung des Arbeitsbündnisses innewohnen. An dieser Stelle können wir jedoch nur versuchen, die Probleme kurz zu umreißen. Im Grunde geht es um die Frage: Welche theoretische Ausrichtung des Analytikers und welche Merkmale unserer Analytikerpersönlichkeit stellen die Entstehung eines Arbeitsbündnisses wie auch die Entwicklung einer ausgewachsenen Übertragungsneurose sicher?

Ich habe schon kurz erwähnt, wie bestimmte Aspekte der analytischen Situation die Entstehung einer Übertragungsneurose fördern. Das läßt sich auf folgendes verdichten: Wir bringen den Patienten dazu, daß er regrediert und daß er eine Übertragungsneurose entwickelt, indem wir eine Situation schaffen, die aus einer Mischung von Entbehrung, einem schlafähnlichen Zustand und Beständigkeit besteht. Ich habe beobachtet, daß Patienten bei ihrer Arbeit mit einer Reihe verschiedener Analytiker jedesmal eine Übertragungsneurose entwickelten, solange die analytische Situation nur ein ausreichendes Maß an Entbehrung mit sich brachte, die auf vorhersehbare Weise über einen angemessenen Zeitraum verteilt wurde. Für ein gutes therapeutisches Ergebnis muß man jedoch auch eine gute Arbeitsbeziehung zustandebringen.

Nun zu der Frage: Welche Art von Haltung des Analytikers bringt mit größter Wahrscheinlichkeit ein gutes Arbeitsbündnis hervor? Der Fall des Herrn Z. hat gezeigt, wie der Patient sich mit seinem vorigen Analytiker auf der Grundlage der Identifikation mit dem Aggressor, auf einer Basis der Feindseligkeit, identifiziert hatte (siehe Abschnitt 3.531). Diese Identifikation brachte kein therapeutisches Bündnis zustande; sie rief eine Kombination von Groll und Trotz hervor und störte die psychoanalytische Arbeit. Der Grund dafür war, daß die Persönlichkeit des ersten Analytikers dem Patienten kalt und distanziert erschien; diese Züge erinnerten ihn an seinen Vater, und Herr Z. konnte seinen ersten Analytiker nicht von seinen regressiven Übertragungsgefühlen trennen. Wie anders reagierte er am Anfang auf mich! Er konnte mich deutlich von seinem Vater unterscheiden und war daher fähig, sich vorübergehend und teilweise mit mir zu identifizieren und so die analytische Arbeit zu tun.

Der wichtigste Beitrag des Psychoanalytikers zu einer guten Arbeitsbeziehung kommt aus seiner täglichen Arbeit mit dem Patienten. Der entscheidende Faktor ist das konsequente und unerschütterliche Suchen nach Einsicht, das der Analytiker in seinem Umgang mit allen Einzelheiten des Materials und des Verhaltens, die der Patient bringt, an den Tag legt. Regelmäßige und geordnete Arbeitsgewohnheiten helfen dem Patienten, sich an einiges Seltsame in den psychoanalytischen Verfahren und Prozessen anzupassen (Gill, 1954; Stone, 1961). Das bedeutet nicht, der Analytiker solle seine verschiedenen täglichen analytischen Aufgaben mit zwanghafter Genauigkeit oder in monotonem Ritual ausführen. Eine solche Starre schafft zwar Vorhersehbarkeit, aber nicht das Gefühl des Vertrauens zu einem menschlichen Wesen. Andere Inkonsequenzen mögen dem Patienten Schmerz zufügen, aber sie stören das Zustandekommen eines Arbeitsbündnisses nicht wesentlich. Die Bedeutung, die der Analytiker jeder Stunde beimißt, und der Umstand, daß er nur selten abwesend ist, unterstreichen die Wichtigkeit jeder einzelnen Stunde wie auch der Kontinuität der Stunden und tragen dazu bei, daß der Patient von der Notwendigkeit, ernsthaft mitzuarbeiten, den richtigen Eindruck bekommt. Die Bereitschaft des Analytikers, dem Wohl des Patienten Jahre der Arbeit zu widmen, hilft in ähnlicher Weise. Alle oben beschriebenen Arbeitsmerkmale sind von grundlegender Bedeutung. Ich glaube nicht, daß man therapeutische Psychoanalyse betreiben kann, wenn sie fehlen. Aber für ein wirksames Arbeitsbündnis sind noch zusätzliche Elemente erforderlich.

Manche Analytiker arbeiten konsequent und ernsthaft und haben doch Schwierigkeiten, ihre Patienten zur Bildung eines Arbeitsbündnisses zu bewegen. Ihre Patienten entwickeln eine Haltung der Unterwürfigkeit und Gefügigkeit an Stelle eines Gefühls der Gemeinschaft und Beteiligung. In der Atmosphäre der Analyse herrscht eine subtile, aber beständige Unterströmung von Angst und Ehrfurcht dem Analytiker und der Arbeitsbeziehung gegenüber. Der Patient bemerkt vielleicht diesen Zustand nur flüchtig und sporadisch, weil er sich nur in subtilen Nuancen und nicht in offenkundigen, ichfremden Phantasien und Handlungen äußert. Diese gefügige Haltung ist vielleicht auch dem Analytiker ichsynton, der sie daher oft nicht erkennt und sie nicht der analytischen Überprüfung aussetzt. Ich habe oft Gelegenheit gehabt, solche Fälle klinisch zu beobachten, wenn ich der zweite oder dritte Analytiker eines Patienten war.

Zum Beispiel: Ein Patient mittleren Alters, ein Universitätsprofessor, der über fünf Jahre Analyse bei einem anderen Analytiker hinter sich hatte, wagte nicht, während der Analysestunde auf seine Uhr zu sehen. Er sagte mir am Anfang der Stunde, er müsse fünf Minuten früher gehen als sonst. Während der Stunde sah ich, wie er versuchte, aus dem Augenwinkel einen Blick auf seine Uhr zu werfen. Er rieb sich sogar die Stirn, während er verstohlen nach der Zeit schaute. Als ich auf das offensichtliche Ausweichverhalten hinwies, erschrak der Patient. Einerseits machte ihm die Konfrontation Angst. Andererseits war er bestürzt über seine eigene Schüchternheit. Dann erkannte er, daß diese Angst während seiner ganzen vorigen Analyse unentdeckt und unanalysiert geblieben war.

Zweifellos weist das obige Beispiel auf Gegenübertragungsreaktionen beim Analytiker hin, aber die Sache kann dadurch kompliziert worden sein, daß der Analytiker zwei technische Vorschläge Freuds zu wörtlich akzeptiert hat. Ich spreche hier von der Auffassung, der Analytiker solle wie ein Spiegel sein, und von der sogenannten Abstinenzregel, die in den Abschnitten 3.921 und 3.922 ausführlicher besprochen werden soll (Freud, 1912 b, 1915 a, 1919 a). Diese beiden Faustregeln Freuds haben viele Analytiker verleitet, ihren Patienten gegenüber eine strenge, distanzierte und sogar autoritäre Haltung einzunehmen. Ich glaube, daß man damit Freuds Absicht bestenfalls mißversteht und daß diese Haltung mit der Bildung eines wirksamen Arbeitsbündnisses unvereinbar ist.

Das Bild vom Spiegel und die Abstinenzregel wurden vorgebracht, um dem Analytiker zu helfen, die Übertragung von einer Überlastung mit sachfremden Inhalten freizuhalten; diese Ansicht hat Greenacre (1954) ausführlicher dargestellt. Der »Spiegel« bezieht sich auf die Vorstellung, der Analytiker solle für den Patienten »undurchsichtig« sein, unaufdringlich in dem Sinn, daß er dem Patienten seine Wertvorstellungen und Maßstäbe nicht aufdrängt. Das bedeutet nicht, daß der Analytiker leblos, kalt und reaktionslos sein soll. Die Abstinenzregel bezieht sich darauf, daß es wichtig ist, die infantilen und neurotischen Wünsche des Patienten nicht zu befriedigen. Das heißt nicht, daß man dem Patienten die Erfüllung aller seiner Wünsche versagen soll. Manchmal muß man auch einen neurotischen Wunsch zeitweilig erfüllen. Selbst die Versagung neurotischer Wünsche muß so vorgenommen werden, daß der Patient nicht gedemütigt oder traumatisiert wird.

Es trifft zwar zu, daß Freud in seinen Schriften die Entbehrungsaspekte der analytischen Situation betont hat, aber ich glaube, er hat es getan, weil zu jener Zeit (1912—1919) die große Gefahr darin bestand, daß die Analytiker sich gestatten könnten, übermäßig zu reagieren und mit ihren Patienten zusammen zu agieren. Übrigens bekommt man, wenn man die Falldarstellungen Freuds liest, nicht den Eindruck, die analytische Atmosphäre seiner Analysen sei von Kälte oder Strenge bestimmt gewesen. Im Originalbericht über den Fall des Rattenmannes findet sich als Anhang zu der veröffentlichten Abhandlung Freuds (1909) eine Bemerkung über den Patienten mit dem Datum vom 28. Dezember: »Er war hungrig und bekam zu essen« (nur in Standard Edition Band 10, S. 303). Dann, am 2. Januar: »Daneben hatte er anscheinend nur Unwichtiges zu erzählen, und ich konnte ihm heute sehr viel sagen« (S. 308).

Wenn wir wollen, daß der Patient ein relativ realistisches und vernünftiges Arbeitsbündnis entwickelt, müssen wir — und ich glaube, das ist unverkennbar — in einer Weise arbeiten, die sowohl realistisch als auch vernünftig ist, wobei wir nicht aus den Augen verlieren dürfen, daß die Verfahren und Prozesse der Psychoanalyse seltsam, einzigartig und sogar künstlich sind. Weder Selbstzufriedenheit noch Ritualismus, weder Zaghaftigkeit noch autoritäres Gehaben, weder Unbeteiligtheit noch Verwöhnung haben einen Platz in der analytischen Situation.

Der Patient wird nicht nur durch den Inhalt unserer Arbeit beeinflußt, sondern auch dadurch, wie wir arbeiten, durch die Haltung, die Art und Weise, die Stimmung, die Atmosphäre, in der wir arbeiten. Er reagiert besonders auf jene Aspekte, die uns nicht notwendigerweise bewußt sind, und identifiziert sich besonders mit ihnen. Freud (1913 b) stellte fest, um einen Rapport herzustellen, brauche man Zeit und mitfühlendes Verständnis. Sterba (1929) betonte die identifikatorischen Prozesse. Der Umstand, daß der Analytiker fortwährend Realität beobachtet und dem Patienten deutet, bringt den Patienten dazu, sich mit diesem Aspekt des Analytikers teilweise zu identifizieren. Die Einladung zu dieser Identifikation kommt vom Analytiker. Vom Anfang der Behandlung an macht der Analytiker Bemerkungen über die Arbeit, die er und der Patient gemeinsam zu leisten haben. Der Gebrauch von Sätzen wie »Sehen wir uns das einmal an« oder »Wir können sehen ...« usw. fördert diese Tendenz.

Glover (1955) betonte, der Analytiker müsse natürlich und aufrichtig sein, und tadelte z. B. die Vorspiegelung, alle Abmachungen über Zeit und Honorar würden ausschließlich zum Wohl des Patienten getroffen. Fenichel (1941) betonte, vor allem müsse der Analytiker menschlich sein, und er war entsetzt, daß so viele seiner Patienten über seine Natürlichkeit und Freiheit erstaunt waren. Er glaubte, die analytische Atmosphäre sei der wichtigste Faktor, wenn man den Patienten dazu bringen wolle, etwas bisher Abgelehntes auf Probe anzunehmen. Loewald (1960) wies darauf hin, daß das Interesse des Analytikers für das Potential des Patienten Wachstum und neue Entwicklungen anrege. Stone (1961) geht sogar noch weiter, indem er die legitimen Befriedigungen und auch die therapeutische Haltung und Absicht des Psychoanalytikers unterstreicht, die für den Patienten notwendig sind.

Alle Analytiker erkennen die Notwendigkeit von Entbehrungen im Verfahren der Psychoanalyse an; im Prinzip sind sie sich auch darin einig, daß der Analytiker menschlich sein sollte. Das Problem stellt sich jedoch, wenn man definieren soll, was mit Menschlichkeit in der analytischen Situation gemeint ist und wie man dies mit dem Prinzip der Entbehrung vereinbaren soll. Dieses Thema werden wir in den Abschnitten 3.9, 3.10, 4.22 und 4.23 weiter diskutieren. Hier will ich nur die nach meiner Meinung wichtigsten Punkte skizzieren.

Im wesentlichen drückt sich die Menschlichkeit des Analytikers in seinem Mitleiden, in seinem Interesse und in seiner therapeutischen Absicht gegenüber seinem Patienten aus. Es liegt ihm etwas daran, wie es seinem Patienten ergeht; er ist weder nur ein Beobachter noch ein Forscher. Er ist Arzt und Therapeut, ein Behandler der Kranken und Leidenden, und sein Ziel ist, dem Patienten zu helfen, gesund zu werden. Aber die »Medizin«, die er verschreibt, ist Einsicht; dabei reguliert er die Dosierung sorgfältig, behält das Fernziel im Auge und opfert vorübergehende und rasche Ergebnisse späteren und dauerhaften Veränderungen. Die Menschlichkeit drückt sich auch in der Einstellung aus, daß der Patient Rechte hat und als Individuum respektiert werden muß. Er muß mit der üblichen Höflichkeit behandelt werden; Grobheit hat in der psychoanalytischen Therapie keinen Platz. Wenn wir wollen, daß der Patient als Mitarbeiter mit uns zusammen das regressive Material bearbeitet, das er produziert, müssen wir darauf achten, daß im Lauf unserer analytischen Arbeit die reifen Aspekte des Patienten konsequent genährt werden.

Wir dürfen nicht vergessen, daß für den Patienten die Verfahren und Prozesse der Psychoanalyse seltsam, irrational und künstlich sind. Gleichgültig, wieviel er intellektuell darüber wissen mag, die tatsächliche Erfahrung ist seltsam und neu und ruft Angst hervor. Er ist jedoch durch seine neurotischen Leiden motiviert und er betrachtet uns als fachkundig; also unterwirft er sich den Anweisungen und Forderungen des Analytikers und versucht, ihnen nachzukommen, zumindest bewußt.

Der Patient, der zur Behandlung kommt, ist zumindest vorübergehend und teilweise von seiner neurotischen Krankheit überwältigt, und in diesem Zustand der relativen Hilflosigkeit neigt er dazu, unkritisch alles anzunehmen, was ihm zu nützen verspricht. Die Hilflosigkeit hat den Patienten zu einer ziemlich blinden Suche nach Hilfe gezwungen. Dies ist die »schiefe« oder »ungleiche« Beziehung, die Greenacre (1954) und Stone (1961) beschrieben haben. Um der Tendenz des Patienten, sich aus Angst oder Masochismus zu unterwerfen, entgegenzuwirken, muß der Analytiker sich mit den Bedürfnissen des Patienten nach Selbstachtung, Selbstschätzung und Würde beim Psychoanalysiertwerden befassen. Der gefügige Patient begräbt oft seine Gefühle der Demütigung und der Wut aus Angst vor Liebesverlust oder aus Angst vor Feindseligkeit. Dies kann der Analytiker vielleicht nicht immer verhindern, aber er sollte wachsam auf diese Möglichkeit achten.

Wir können nicht einen Patienten wiederholt demütigen, indem wir ihm Regeln und Vorschriften auferlegen, ohne sie zu erklären, und dann von ihm erwarten, er solle wie ein Erwachsener mit uns arbeiten. Wenn wir ihn wie ein Kind behandeln, indem wir gebieterische und willkürliche Haltungen an den Tag legen, bleibt er auf irgendeine Form infantil-neurotischer Übertragungsreaktionen fixiert. Für ein Arbeitsbündnis ist es unerläßlich, daß sich der Analytiker im Verlauf der ganzen Analyse konsequent um die Rechte des Patienten kümmert. Das bedeutet, daß wir nicht nur unsere Anteilnahme für das neurotische Leiden zeigen, das der Patient in die Analyse hineinbringt und das er außerhalb der Analyse auszustehen hat, sondern auch für den Schmerz, den ihm die analytische Situation zufügt. Distanziertheit, autoritäres Gehaben, Kälte, Extravaganz, Selbstgefälligkeit und Starrheit gehören nicht in die analytische Situation. Ich möchte dies mit einigen typischen Beispielen verdeutlichen.

Alle neuen oder seltsamen Verfahren werden dem Patienten erläutert. Ich erkläre dem Patienten immer, warum wir ihn bitten zu versuchen, frei zu assoziieren, und warum wir es vorziehen, uns der Couch zu bedienen. Ich warte auf die Fragen oder Reaktionen des Patienten, bevor ich vorschlage, er solle es einmal mit der Couch probieren. Alle meine Äußerungen dem Patienten gegenüber spreche ich in einem Ton, der anzeigt, daß ich mir der mißlichen Lage des Patienten bewußt bin und sie respektiere. Ich spreche nicht von oben herab zum Patienten, sondern ich sorge dafür, daß er meine Gedanken und Absichten versteht. Ich bediene mich der Umgangssprache, vermeide Fachwörter und intellektualisierte Ausdrucksweisen. Ich behandle ihn als einen Erwachsenen, dessen Mitarbeit ich brauche und der bald große Schwierigkeiten beim Arbeiten mit dem psychoanalytischen Material haben wird.

Ich erkläre dem Patienten, daß ich für abgesagte Stunden, die ich nicht für andere Patienten verwenden kann, Honorar fordern werde. Ich sage ihm, daß ich relativ schweigsam sein werde, um seine Produktionen nicht zu stören. Wenn er zum erstenmal eine Frage stellt, erkläre ich, warum ich sie nicht beantworte; beim nächsten Mal schweige ich. Wenn ich die Bedeutung einer Stunde nicht verstehe, sage ich ihm genau das; ich lasse keinen Patienten gehen, ohne ein Wort zu sagen. Wenn er beim ersten Sprechen über ein besonderes Thema starke Verlegenheit empfindet, erkenne ich an, daß es für ihn peinlich ist, sage aber, es sei für die Behandlung notwendig, daß er versuche, so offen wie möglich zu sein. Wenn er sich beschwert, daß ich auf einige seiner Gefühle nicht reagiere, sage ich ihm vielleicht, ich könne meine Aufgabe besser dadurch erfüllen, daß ich ihm zeige, was ich verstehe, als dadurch, daß ich ihm meine Gefühle zeige.

Ich antworte auf seine Bitten um Beruhigung, ich wisse zwar, daß er sich elend fühle, aber Beruhigung sei nur eine zeitweilige und trügerische Hilfe. Wenn er das nächste Mal danach verlangt, schweige ich höchstwahrscheinlich. Ich bin bereit zuzugeben, daß meine Deutung falsch ist, und ich modifiziere sie, wenn das klinische Material anzeigt, ich sollte es tun. Ich gebe die Möglichkeit zu, daß er recht hat, wenn er glaubt, meine Worte hätten einen Beiklang von Ärger oder Schärfe, aber ich bestehe darauf, daß wir den Vorfall und seine Reaktion auf ihn analytisch bearbeiten.

Ich breche die Stunde nicht ab, wenn er mitten in einer kurzen biographischen Erzählung oder einer starken emotionalen Reaktion ist; ich lasse dann zu, daß die Stunde länger als die üblichen 50 Minuten dauert. Wenn ich mich verspäte, versuche ich, die Zeit in der gleichen Stunde oder in den darauffolgenden Stunden aufzuholen. Ich unterrichte ihn lange im voraus über meine Ferienpläne und bitte ihn, die seinen möglichst entsprechend einzurichten. (Ähnliche Probleme werden ausführlicher im zweiten Band besprochen.) Wenn er einen Witz erzählt, erlaube ich mir, Vergnügen oder Heiterkeit zu zeigen, aber ich versuche trotzdem zu analysieren, warum er die Geschichte erzählt hat, und ich gestatte mir zu analysieren, was er bei meinem Lachen empfunden hat. Das gleiche tue ich, wenn ich traurig oder ärgerlich auf etwas reagiere, das er erzählt. Während der Stunde beantworte ich keine Telefonanrufe. Wenn eine Ausnahme vorkommt, entschuldige ich mich und frage ihn nach seinen

Reaktionen. Von Zeit zu Zeit frage ich ihn, wie er seiner Meinung nach mit mir arbeitet und wie nach seinem Gefühl die Arbeit vorangeht. Wenn er fertig ist, sage ich ihm gewöhnlich, welche allgemeinen Eindrücke ich habe; dann analysiere ich seine Reaktionen auf diese meine Eindrücke.

Ich glaube, dies ist ein ziemlich typisches Beispiel dafür, wie ich die Rechte des Patienten schütze; dieser Faktor ist ein Grundelement des Arbeitsbündnisses. Ich möchte betonen, daß der Schutz der Rechte des Patienten die notwendigen Entbehrungen nicht aufhebt oder beseitigt. Obwohl das Arbeitsbündnis ein wesentlicher Bestandteil des Prozesses der Psychoanalyse ist, müssen die Entbehrungen vorherrschen, wenn wir erwarten, daß der Patient fähig sein soll, auf die infantile Übertragungsneurose zu regredieren.

Der Analytiker muß fähig sein, zwischen dem Auferlegen von Entbehrungen und dem Zeigen von Anteilnahme hin und her zu pendeln. Manchmal muß er zwischen diesen beiden Positionen einen Kompromiß schließen, indem er mit einer Deutung Schmerz zufügt, aber zugleich durch seinen Ton Mitgefühl zeigt und so den Schmerz erträglich macht. Das Pendeln zwischen versagendem Inkognito und Sorge um die Rechte des Patienten ist eine weitere unter den dialektischen Anforderungen, die an den Psychoanalytiker gestellt werden.

Wenn ich auch meinen Patienten sehen lasse, daß ich Anteil an ihm nehme und mich für ihn interessiere, müssen meine Reaktionen doch unaufdringlich sein. Ich versuche, bei keinem seiner Konflikte Partei zu ergreifen, außer daß ich gegen seine Widerstände, gegen sein schädigendes neurotisches Verhalten und gegen seine selbstzerstörerischen Tendenzen arbeite. Im Grunde bin ich jedoch der Träger von Verständnis und Einsicht, die in einer Atmosphäre ernster Arbeit, von Aufrichtigkeit, Mitgefühl und Zurückhaltung übermittelt werden (Greenson, 1958 b).

Diese Zusammenfassung gibt meine persönliche Ansicht darüber wider, wie ich versuche, den Konflikt zwischen der Aufrechterhaltung der Distanz und der für die analytische Arbeit notwendigen Nähe zu lösen. Mir ist klar, daß dies eine höchst persönliche Angelegenheit ist, und ich biete dies nicht als ein genaues Rezept für alle Analytiker an. Ich behaupte jedoch, daß trotz der großen Verschiedenheit der Analytikerpersönlichkeiten diese beiden antithetischen Elemente angemessen berücksichtigt und gehandhabt werden müssen, wenn wir zu guten Analyseergebnissen kommen wollen. Die Übertragungsneurose und das Arbeitsbündnis sind in den Übertragungsphänomenen parallele antithetische Kräfte. Jedes dieser Elemente ist von gleich großer Bedeutung für die optimale analytische Situation. Dieses Problem werden wir im 4. Kapitel weiter behandeln.

3.6 Die reale Beziehung zwischen Patient und Analytiker

Übertragungsreaktionen und Arbeitsbündnis sind klinisch die beiden wichtigsten Arten von Objektbeziehungen, die in der analytischen Situation entstehen. Es kommen auch archaischere Arten der menschlichen Interaktion vor, sowohl Vorläufer der Übertragung als auch Übergänge zu Übertragungsphänomenen. Primitive Reaktionen dieser Art kommen meistens in schwer regressiven Zuständen vor und erfordern mehr »Steuerung« als Therapie durch Einsicht (Winnicott, 1955, 1956 b; James, 1964). Sie sollen deshalb hier nicht besprochen werden. Andererseits entsteht im Lauf der Analyse auch eine »reale Beziehung«. Bevor wir zum Thema der Übertragungsphänomene zurückkehren, müssen wir das Konzept der »realen Beziehung« zwischen Patient und Analytiker erörtern und klären. Das ist nicht so einfach, wie es auf den ersten Blick erscheinen könnte, denn der Ausdruck »real« hat im wesentlichen zwei verschiedene Bedeutungen und Anwendungsbereiche, von denen beide sowohl für den Patienten als auch für den Psychoanalytiker mit verschiedenen Begleitvorstellungen verbunden sein können. Auf dieses Thema sind schon viele Autoren gekommen, aber ihre scharfsinnigen klinischen Feststellungen leiden an einem Mangel klarer Definition (Stone, 1945 b, 1961; A. Freud, 1954 a, 1965).

Der Ausdruck »real« in der Formulierung »reale Beziehung« kann bedeuten: realistisch, realitätsorientiert oder unentstellt — im Gegensatz zu dem Ausdruck »Übertragung«, dem der Beiklang von unrealistisch, entstellt und unangemessen eigen ist. Das Wort »real« kann auch »echt«, »authentisch« und »wahr« bedeuten, im Gegensatz zu »künstlich«, »synthetisch« oder »angenommen«. An dieser Stelle möchte ich den Ausdruck real benützen, um auf die realistische *und* echte Beziehung zwischen Analytiker und Patient Bezug zu nehmen. Diese Unterscheidung ist wichtig, weil sie uns befähigt, das, was in der Beziehung des Patienten real ist, mit dem zu vergleichen, was in der des Analytikers real ist. Sowohl beim Patienten als auch beim Analytiker sind Übertragungsreaktionen unrealistisch und unangemessen, aber sie sind echt, sie werden wirklich empfunden. Bei beiden ist das Arbeitsbündnis realistisch und angemessen, aber es ist ein Kunstprodukt der Behandlungssituation. Bei beiden ist die reale Beziehung echt *und* real. Der Patient benützt das Arbeitsbündnis, um den Standpunkt des Analytikers zu erfassen, aber seine Übertragungsreaktionen haben den Vorrang, wenn sie eindringen. Beim Analytiker muß das Arbeitsbündnis den Vorrang vor allen anderen offenkundigen Reaktionen auf den Patienten haben. Ich will versuchen, diese Punkte durch klinische Beispiele von Patienten und Analytikern zu verdeutlichen.

Ein junger Mann in der Abschlußphase seiner fünfjährigen Analyse zögert, nachdem ich eine Deutung gegeben habe, und äußert dann, er habe etwas zu sagen, das für ihn sehr schwierig sei. Er sei gerade drauf und dran gewesen, es zu überspringen, als ihm klar geworden sei, daß er gerade das jahrelang getan habe. Er holt tief Atem und sagt: »Sie reden immer ein klein wenig zu viel. Sie neigen zum Übertreiben. Es wäre viel einfacher für mich, eine Wut auf Sie zu bekommen und zu sagen, Sie seien leicht verrückt, oder was Sie sagen, sei irrelevant, oder einfach nicht zu antworten. Es ist schrecklich schwer zu sagen, was ich meine, weil ich weiß, daß ich Sie damit verletze.«

Ich glaube, der Patient hat da einige Züge von mir richtig wahrgenommen, und es war etwas peinlich für mich, darauf hingewiesen zu werden. Ich sagte, er habe recht, aber ich wolle wissen, warum es ihm schwerer falle, es mir einfach und direkt zu sagen, wie er es gerade getan habe, als wütend zu werden. Er antwortete, er wisse aus Erfahrung, seine Wut würde mich nicht so aus dem Gleichgewicht bringen, das sei ja offensichtlich seine Neurose, und es würde mich nicht berühren. Wenn er mir sage, ich rede zuviel und übertreibe, sei das eine persönliche Kritik und das sei schmerzhaft. Er wisse, ich sei stolz auf mein Geschick als Therapeut. Früher wäre er besorgt gewesen, ich könnte Vergeltung üben, aber nun wisse er, das sei nicht wahrscheinlich. Außerdem würde es ihn nicht umbringen.

Ich bringe dieses klinische Beispiel als eine realistische Reaktion auf den Analytiker. Der Patient hatte einige richtige Beobachtungen gemacht und war auch fähig gewesen, meine Reaktionen ohne Entstellungen vorherzusehen. Früher waren seine Beobachtungen richtig gewesen, aber seine Vorstellungen von meinen Reaktionen waren phantastisch gewesen, d. h. Übertragungsvorstellungen. Er hatte das Gefühl gehabt, ich würde Vergeltung üben, und das würde ihn vielleicht umbringen. Früher hatte er in bezug auf Wutausbrüche mir gegenüber ein gutes Arbeitsbündnis entwickelt, aber das Bündnis erstreckte sich nicht auf realistische Kritik an mir. Dies kam erst in der Abschlußphase zustande. Wir sehen also, wie wertvoll es ist, zwischen Realismus in bezug auf Wahrnehmungen und auf Reaktionen zu unterscheiden. Eine von beiden oder beide können realistisch oder unangemessen sein.

Wie ich im vorigen Unterabschnitt gesagt habe: Die Fähigkeit des Patienten, ein Arbeitsbündnis einzugehen, hängt von seinem realistischen Motiv ab, Hilfe erlangen zu wollen, indem er mit dem Analytiker zusammenarbeitet, der ein Fachmann auf diesem Gebiet ist. Außerdem muß der Patient in seinem früheren Leben in gewissem Grad die Fähigkeit gehabt haben, realistische und vom Trieb befreite Objektbeziehungen zu bilden. Die Einsatzbereitschaft und das Geschick des Psychoanalytikers tragen realistisch zur Bildung des Arbeitsbündnisses bei. Die konsequente Haltung des Annehmens und der Toleranz, die der Analytiker einnimmt, sein ständiges Suchen nach Einsicht, seine Aufrichtigkeit, seine therapeutische Absicht und Zurückhaltung dienen als Kern, um den der Patient eine realistische Objektbeziehung aufbaut. Diese zuverlässigen Züge des Analytikers veranlassen den Patienten, die verschiedenen Identifikationen vorzunehmen, die zum Kern des Arbeitsbündnisses werden. Die Unvollkommenheiten des Analytikers führen gewöhnlich sowohl zu realistischen Reaktionen als auch zu Übertragung. In jedem Fall stören sie das Zustandekommen eines Arbeitsbündnisses. Die klinische Kurzdarstellung, die ich oben angeführt habe, zeigt, wie meine Gesprächigkeit und meine Übertreibungen zu dem realistischen Urteil des Patienten führten, ich empfände narzißtischen Stolz auf meine Deutungskunst. Sie führte auch zu Übertragungsphänomenen. Nach jahrelanger Analyse riefen diese meine Züge beim Patienten keine Übertragung mehr hervor, sondern sie wurden als Mängel wahrgenommen, die der Patient in realistischer Weise akzeptieren konnte. Er konnte trotz meiner Schwächen ein Arbeitsbündnis mit mir eingehen.

Bei Erwachsenen bestehen alle Beziehungen zu anderen Menschen aus einer sich wandelnden Mischung aus Übertragung und Realität. Es gibt keine Übertragungsreaktion, so phantastisch sie auch erscheinen mag, ohne einen Keim von Wahrheit, und es gibt keine realistische Beziehung ohne eine gewisse Spur von Übertragungsphantasie. Alle Patienten, die in psychoanalytischer Behandlung stehen, haben neben ihren Übertragungsreaktionen und ihrem Arbeitsbündnis objektive Wahrnehmungen von ihrem Analytiker und Reaktionen auf ihn. Diese drei Arten des Sich-in-Beziehung-Setzens zum Analytiker hängen untereinander zusammen. Sie beeinflussen einander, verschmelzen miteinander und können einander zudecken. Trotz der Überschneidungen ist es klinisch und praktisch nützlich, diese drei Reaktionsweisen voneinander zu trennen. Der Patient hat vom Beginn der Behandlung an realistische Wahrnehmungen und Reaktionen, aber er findet es gewöhnlich schwierig, die negativen zum Ausdruck zu bringen. Diese werden rasch zum Auslöser für Übertragungsreaktionen, aber sie sind nicht analysierbar, bis trotz der Befürchtungen des Patienten ein Arbeitsbündnis von gewissen Ausmaßen zustande gekommen ist. Dies ist vielleicht nicht möglich, wenn die Unvollkommenheiten des Analytikers einen Bereich betreffen, der aus realistischen Gründen für den Patienten sehr wichtig ist.

Ein junger Analytiker, dessen Kontrollanalytiker ich war, erzählte mir, eine seiner Patientinnen, eine junge Mutter, habe den größten Teil der Stunde damit zugebracht, ihm die schrecklichen Ängste zu beschreiben, die sie empfunden hatte, als ihr kleiner Sohn in der vorhergehenden Nacht plötzlich krank geworden war. Das Baby hatte hohes Fieber und Krämpfe gehabt, und die Mutter war wie von Sinnen, bis sie den Kinderarzt erreichen konnte. Während sie meinem Schüler von den Ereignissen berichtete, weinte sie mehrmals. Als sie in Schweigen verfiel, sagte er ihr, nachdem sie beide noch eine Weile geschwiegen hatten, sie müsse im Widerstand sein. Die Patientin sagte nichts. Kurz danach war die Stunde zu Ende. Mit dieser Bemerkung schloß der junge Analytiker seine Beschreibung der betreffenden Stunde.

Ich fragte ihn dann, ob er im Rückblick mit seiner Arbeit in der Stunde zufrieden sei, ob es noch etwas gebe, was er hätte tun können. Er erwiderte, er glaube, ihr langes Schweigen habe vielleicht bedeutet, daß sie wegen ihrer verdrängten Todeswünsche ihrem Sohn gegenüber Schuldgefühle gehabt habe, aber er denke, er wolle noch warten, bevor er das zur Sprache brächte. Ich sagte, vielleicht seien in der Patientin tief vergrabene Todeswünsche gegen den Jungen vorhanden gewesen, aber ihre Angst und Traurigkeit seien doch viel offensichtlicher gewesen und hätten im Lauf der Stunde eine Reaktion seinerseits verdient. Der Ausbildungskandidat erinnerte mich förmlich, Freud habe gesagt, man solle die triebhaften und narzißtischen Wünsche seiner Patienten nicht befriedigen.

Ich enthielt mich an dieser Stelle weiterer Bemerkungen und fragte ihn, was in der nächsten Stunde geschehen sei. Der Kandidat erwiderte, die Patientin sei zur Stunde gekommen, habe absolut nichts gesagt und sich schweigend die Tränen abgewischt, die ihr übers Gesicht geströmt seien. Von Zeit zu Zeit habe er sie gefragt, was sie denke. Die Stunde endete, ohne daß etwas anderes gesprochen wurde. Ich fragte den jungen Analytiker wieder, ob er sich nicht überlegt habe, was er sonst noch hätte tun können. Er zuckte die Achseln. Ich fragte ihn, ob er herausbekommen habe, was mit dem Baby geschehen sei. Er sagte, die Patientin habe nichts gesagt, und er habe nicht gefragt. Die letzte Stunde, über die er berichtet hatte, war die letzte Stunde der Patientin in der betreffenden Woche, und er sollte sie erst nach seiner Kontrollstunde wieder zu sehen bekommen.

Ich schüttelte ungläubig den Kopf. Ich fragte den Kandidaten, ob er selber nicht an dem Wohl des Kindes interessiert sei oder neugierig, was geschehen sei. Ich fügte hinzu, vielleicht hätte das stumme Weinen der jungen Frau angezeigt, daß der Zustand des Babys sich verschlechtert hätte. Oder vielleicht sei es ein Zeichen dafür, daß sie das Verhalten des Analytikers als ein kaltes und feindseliges emotionales Unbeteiligtsein an ihren Sorgen empfand. Der Kandidat erwiderte, ich könnte zwar recht haben, aber er habe das Gefühl, ich sei übertrieben emotional. Ich beendete die Sitzung, indem ich dem jungen Mann sagte, seine emotionale Reaktionsunfähigkeit werde das Zustandekommen eines Arbeitsbündnisses verhindern. Wenn er nicht ein gewisses Mitgefühl für seine Patientin empfinden könne und ihr dies in Grenzen mitteilen könne, werde er nicht fähig sein, sie zu analysieren. Ich sagte ihm voraus, selbst wenn sie wiederkommen würde, müßte ich fürchten, die Behandlung werde nicht gelingen. Wenn ein Patient in einem solchen Zustand der Not sei, sei es nicht nur natürlich, sondern unerläßlich, ein gewisses Mitgefühl zu zeigen.

In der nächsten Woche berichtete der junge Analytiker, seine Patientin sei am Montagmorgen gekommen und habe gesagt, sie höre auf. Als er fragte, warum, hatte sie geantwortet, er sei kränker als sie. Sie hatte ihre Rechnung bezahlt und war fortgegangen. Nach einer Weile fragte ich ihn, was mit ihrem Baby geschehen sei. Der junge Mann wurde rot und gab mit beschämter Miene zu, er habe »vergessen«, sie zu fragen. Ich benützte sein Vergessen und sein Erröten als Gelegenheit, um ihm zu beweisen, daß er auf diesem Gebiet Probleme haben müsse. Dann deutete ich an, weitere Analyse könnte für ihn nützlich sein. Der junge Mann stimmte zu.

Diese klinischen Daten zeigen, daß ein tadelnswerter Zug des Analytikers beim Patienten realistische Reaktionen hervorrufen kann, die eine erfolgreiche psychoanalytische Behandlung ausschließen. (Im zweiten Band werden dieses Problem und andere verwandte Probleme ausführlicher besprochen.) Meiner Ansicht nach war das Verhalten der jungen Patientin realistisch und angemessen. Damit soll nicht geleugnet werden, daß das Verhalten des Analytikers auch Übertragungsreaktionen geweckt hatte, aber sie sind in dieser Situation von untergeordneter Bedeutung. Ich meine, das Verhalten des Analytikers war schädlich für die Bildung eines Arbeitsbündnisses, weil die Patientin spüren konnte, daß dieses Verhalten einen feindseligen Rückzug oder eine Furcht vor Gegenübertragungsgefühlen anzeigte. Ich behaupte, es müßte einem Analytiker möglich sein, ein wenig Mitleid mit der Not des Patienten zu zeigen, ohne daß eine übermäßig lustvolle Übertragungsbefriedigung daraus wird. Er hätte die Patientin z. B. einfach fragen können: Wie geht es dem Baby? Was hat der Doktor gesagt? Erst später wäre es möglich gewesen, die Reaktionen der Patientin zu analysieren, und auch dann so dosiert, daß es sich mit der Fähigkeit der Patientin hätte vereinbaren lassen, zusätzlichen Schmerz zu ertragen. Viele Analytiker haben die Gefahren übermäßiger oder überflüssiger Frustrationen und Entbehrungen betont (Glover, 1955; G. Bibring, 1935; Menninger, 1958).

Eine weitere Veranschaulichung dieses Problems ist darin zu sehen, wie der Analytiker seine kleinen technischen Fehler behandelt, die vom Patienten entdeckt werden. Ich habe Analytiker gekannt, die glauben, es sei falsch, einem Patienten gegenüber zuzugeben, daß sie einen Fehler gemacht haben. Sie verstecken sich hinter dem undurchdringlichen Mantel des »analytischen Schweigens«. Ich kenne andere, die nicht nur ihre Irrtümer zugeben, sondern den Patienten auch noch dadurch belasten, daß sie die unbewußten Motive für ihren Fehler eingestehen. Ich meine, es ist autoritär, unfair und entwürdigend, den Umstand, daß man einen Fehler gemacht hat, vor einem Patienten zu verbergen, der den Fehler bemerkt hat. Ein solches Verhalten des Analytikers wird gerechtfertigtes Mißtrauen hervorrufen, das unanalysierbar werden und zu unbehandelbarer Unterwürfigkeit oder zum Abbruch der Behandlung führen kann. Das Ausplaudern der unbewußten Motivationen des Analytikers für einen Fehler ist eine Karikatur der Ehrlichkeit. Der Analytiker macht sich die mißliche Lage des Patienten zunutze, um sich eine persönliche Triebbefriedigung oder eine Befriedigung seines Strafbedürfnisses zu verschaffen. Wie anders sind diese Reaktionen als das offene und freie Zugeben eines Fehlers, auf das die Bitte an den Patienten folgt, seine Gefühle und seine Assoziationen sowohl zum Fehler des Analytikers als auch zum Eingeständnis des Fehlers zu beschreiben. Die analytische Situation ist in dem Sinn eine ungleiche, daß die eine Partei krank und hilflos ist, die andere aber der Therapeut und Fachmann. Aber sie sollte in dem Sinn ausgewogen sein, daß sowohl der Patient als auch der Analytiker menschliche Rechte haben, die geschützt werden sollten.

Wenn ein Patient mich fragen würde, warum ich einen Fehler gemacht habe, würde ich ihn zuerst nach seinen diesbezüglichen Phantasien fragen und ihm dann sagen, daß meine Gründe für den Fehler nicht in seine, sondern in meine Analyse gehören. Auf die gleiche Weise würde ich alle Fragen nach meinem Intimleben beantworten. Ich frage nach Assoziationen und gebe dann meine Gründe an, warum ich nicht antworte.

Damit der Analytiker auf dem Gebiet der Psychoanalyse effektiv und glücklich arbeiten kann, ist es wichtig, daß seine analytische und ärztliche Haltung sich im wesentlichen aus seiner realen Beziehung zum Patienten herleiten. Wie ich schon in den Abschnitten 1.33 und 3.5 festgestellt habe und im 4. Kapitel weiter erörtern werde, kann man nicht analytisch arbeiten, ohne daß man fähig ist, zwischen der relativ distanzierten Position des Analytikers und der beteiligteren des Arztes hin und her zu pendeln. Der Analytiker muß ein Mensch sein, der sich einfühlen, aufrichtiges Mitgefühl empfinden und doch Zurückhaltung üben kann. Manchmal ist es notwendig, Schmerz zuzufügen, manchmal muß man zulassen, daß der Patient Leiden erträgt. Psychoanalytische Behandlung kann jedoch nicht in einer Atmosphäre ungemilderter Grimmigkeit, eisiger Distanz oder lange andauernder Fröhlichkeit durchgeführt werden. Der Analytiker muß fähig sein, seine bipolaren Funktionen des Datenanalytikers und des Behandlers der Kranken und Leidenden zu verschmelzen, aber auch zwischen ihnen hin und her zu pendeln.

Die echten Gefühle des Analytikers müssen sich seinem Arbeitsbündnis unterordnen. Es ist seine Aufgabe, die Reaktionen zurückzuhalten, die dem therapeutischen Prozeß schädlich werden könnten. Das bedeutet nicht, daß er bewußt eine Rolle spielen soll, die ihm fremd ist. Es bedeutet, daß der Analytiker, wenn er das Bild vom Patienten als dem Hervorbringer von analytischem Material und als dem leidenden Neurotiker zur Deckung bringen kann, seinerseits in der Lage sein wird, den Patienten als der Analysierende oder als der Therapeut oder als eine Mischung aus beiden zu erreichen. Gegenübertragungsreaktionen müssen entdeckt und gebremst werden. Auch realistische und starke Reaktionen müssen gebremst werden, aber ihre Natur kann die Möglichkeit anzeigen, daß man einen Patienten gewählt hat, mit dem man nicht arbeiten kann. Künstliche Reaktionen sollten nur als vorübergehende Maßnahme notwendig sein, bis man seine echten analytischen und ärztlichen Haltungen mobilisieren kann. Wenn dies geleistet wird, hat der Patient die Möglichkeit, eine einzigartige Objektbeziehung zu erleben und aus ihr Einsicht zu gewinnen, eine Objektbeziehung, in der viele Varianten von Liebe und Haß konstruktive Werkzeuge werden und nicht nur Anlässe für Lust und Schmerz (Winnicott, 1949; Stone, 1961; Greenson, 1966).

Obwohl Patient und Analytiker Übertragungsreaktionen, ein Arbeitsbündnis und eine reale Beziehung zueinander entwickeln, sind doch die Proportionen und die Abfolgen verschieden. Beim Patienten herrschen in der langen mittleren Phase der Analyse die Übertragungsreaktionen vor. Am Anfang steht die reale Beziehung im Vordergrund, die auch in der Abschlußphase wieder mehr Bedeutung gewinnt (A. Freud, 1954 a, 1965). Das Arbeitsbündnis entwickelt sich gegen Ende der Einleitungsphase, tritt aber periodisch zurück, bis sich der Patient der Abschlußphase nähert.

Beim Psychoanalytiker sollte das Arbeitsbündnis von Anfang bis Ende vorherrschen. Die Gegenübertragung sollte immer im Hintergrund stehen. Der realen Beziehung sollte man nur in der Abschlußphase mehr Raum geben. Es gibt aber Zeiten, in denen spezielle Überlegungen es erfordern, daß der Analytiker seinen realen Gefühlen schon früher Ausdruck verleiht. Die Situation des jungen Analytikers, die ich oben beschrieben habe, ist eine, in der ich meine Sorge um das Baby der Patientin offen gezeigt hätte. Ich kann mir nicht vorstellen, wie jemand es zulassen könnte, daß er von einem Analytiker tief analysiert wird, der in einer solchen Situation eisige Distanz wahrt. Derartige menschliche Reaktionen sind eine Voraussetzung für das Zustandekommen eines Arbeitsbündnisses im Patienten. Manche Patienten wollen vielleicht einen computerähnlichen Analytiker, aber in Wirklichkeit versuchen sie, einer echten psychoanalytischen Erfahrung auszuweichen.

Es gibt Patienten, die versuchen, den Psychoanalytiker vom wirklichen Leben zu isolieren, und sich vorstellen, er existiere nur in seiner Praxis und seine emotionalen Reaktionen seien immer gemäßigt und beherrscht. In solchen Fällen habe ich es nützlich gefunden, mir zu erlauben, dem Patienten zu zeigen, daß es anders ist. Es genügt oft nicht, wenn man es nur mit Worten sagt. Ich habe manchmal dem Patienten erlaubt zu spüren, daß ich über seinen Mangel an Fortschritten enttäuscht war oder daß Weltereignisse mich berühren. Ich versuche, die Intensität meiner Reaktionen einzuschränken, aber ich öffne nicht jeden Tag die Tür mit dem gleichen Gesichtsausdruck und ich schließe die Sitzung auch nicht immer in der gleichen Weise. Ich plane diese Variationen nicht. Ich erlaube mir, in solchen Dingen flexibel zu sein. Ich bin der Meinung, daß es wichtig ist, in bestimmten Handlungen und Verhaltensweisen zu demonstrieren, daß der Analytiker wirklich ein Mensch ist. Dazu gehört, daß er einigen seiner menschlichen Schwächen manchmal gestattet, zum Vorschein zu kommen. Stones Buch (1961) enthält zu dieser und zu verwandten Fragen viele interessante Bemerkungen.

Noch ein anderer Bereich erfordert ein ungewöhnliches Maß an Freimut von seiten des Analytikers. Ich spreche von der Situation, die entsteht, wenn der Analytiker entdeckt, daß er und sein Patient in bezug auf eine politische oder soziale Frage, die ihnen beiden wichtig ist, grundlegend verschiedener Meinung sind. Ich weiß z. B. aus Erfahrung, daß ich mit einigen Patienten nicht wirksam arbeiten kann, die in ihren politischen oder sozialen Anschauungen sehr reaktionär sind. In solchen Fällen habe ich es ratsam gefunden, einem Patienten dieser Art meine Gefühle ganz offen und so früh wie möglich in der Behandlung mitzuteilen. Ich schlage dann vor, er solle sich frei fühlen, sich einen anderen Analytiker suchen, wenn er meine Anschauung zu störend finde. Wenn meine eigenen Gefühle in der Sache sehr stark sind und wenn die übrigen Eigenschaften des Patienten nicht genügen, um ihn liebenswert zu machen, sage ich dem Patienten, ich könne nicht mit ihm arbeiten, und bestehe darauf, daß er sich einen anderen Analytiker sucht. Um den Patienten nicht zu traumatisieren, gebe ich auch zu, daß es an einem Mangel meinerseits liegt.

Über die reale Beziehung zwischen dem Patienten und dem Analytiker ist noch viel mehr zu sagen. Im 4. Kapitel werden wir weitere Probleme berühren, und im weiteren Verlauf des Buches werden immer wieder neue Beispiele dafür erscheinen.

3.7 Klinische Klassifikation von Übertragungsreaktionen

Es gibt keine Art, Übertragungsphänomene zu klassifizieren, die allen verschiedenen Varianten gerecht werden könnte. Gleichgültig, wie man versuchen mag, die vielen klinischen Formen der Übertragung zu trennen, man hat am Ende entweder eine systematische Klassifikation, bei der sehr viele wichtige klinische Typen ausgelassen werden, oder man führt alle klinisch wichtigen Varianten an, und es gibt viele Überschneidungen. Das kleinere Übel ist es, wenn man zugunsten der Vollständigkeit die Systematik opfert. Ich will versuchen, die wichtigsten Formen von Übertragungsreaktionen zu beschreiben und sie gemäß dem mir klinisch am nützlichsten erscheinenden Vorgehen zu klassifizieren oder zu bezeichnen.

Man sollte nicht vergessen, daß eine Klassifikationsmethode eine andere nicht ausschließt. Man kann z. B. eine Situation als positive Übertragung darstellen und mit gleichem Recht das gleiche Phänomen als eine Mutter-übertragung bezeichnen usw. Weiter: diese Übertragungsreaktionen werden nicht nach dem Gesichtspunkt unterschieden, ob sie sporadische, vorübergehende Übertragungsreaktionen oder ob sie Manifestationen der Übertragungsneurose sind. Eine solche Unterscheidung haben wir schon im theoretischen Abschnitt beschrieben, und bei allen Kategorien von Übertragungsreaktionen sollte man sich vor Augen halten, daß sie in beiden Formen vorkommen. Schließlich sollte man sich klarmachen, daß sehr viele Übertragungsgefühle zugleich auftreten, genau wie bei Objektbeziehungen im allgemeinen. Theoretisch könnte man die verschiedenen Schichtungen oder Hierarchien von Emotionen und Abwehr beschreiben, die in jeder gegebenen Beziehung zwischen Menschen nebeneinander bestehen. In der folgenden Beschreibung von Typen von Übertragungsreaktionen werde ich mich auf eine Erörterung dessen beschränken, was für einen bestimmten Zeitabschnitt in einer Analyse vorherrschend, klinisch signifikant, ist.

3.71 Die positive und die negative Übertragung

Obwohl Freud (1912 a) schon sehr früh erkannt hatte, daß alle Übertragungsphänomene ihrem Wesen nach ambivalent sind, blieben die Bezeichnungen positive und negative Übertragung seine bevorzugten Charakterisierungsmittel. Trotz aller Zweideutigkeiten und Mängel, die dieser Klassifikationsmodus mit sich bringt, ist er bei praktizierenden Psychoanalytikern die am häufigsten verwendete Bezeichnungsart geblieben.

3.711 Die positive Übertragung

Der Ausdruck »positive Übertragung« ist eine Abkürzung, um Übertragungsreaktionen zu beschreiben, die vorwiegend aus Liebe in irgendeiner ihrer Formen oder aus ihren Vorläufern und Abkömmlingen bestehen. Wir nehmen an, daß eine positive Übertragung existiert, wenn der Patient seinem Analytiker gegenüber irgendetwas vom Nachfolgenden empfindet: Liebe, Vorliebe, Vertrauen, Verliebtheit, Gernhaben, Anteilnahme, Ergebenheit, Bewunderung, Vernarrtheit, Leidenschaft, Hunger, Sehnsucht, Zärtlichkeit oder Respekt. Die nichtsexuellen, milden Formen der Liebe tragen zur Entstehung des Arbeitsbündnisses bei. Ich meine hier Gefühle, die dem Gernhaben, dem Vertrauen und besonders dem Respekt verwandt sind.

Eine andere wichtige Form der positiven Übertragung findet statt, wenn der Patient sich in den Analytiker verliebt. Das kommt bei der Arbeit mit Patienten des anderen Geschlechts regelmäßig vor, aber ich habe nie erlebt, daß es bei Patienten des gleichen Geschlechts geschehen ist, mit Ausnahme von Patienten, die offenkundig homosexuell waren. Dieses Sich-Verlieben in der Analyse ist dem Sich-Verlieben im realen Leben bemerkenswert ähnlich. Es geschieht in der Analyse so regelmäßig, weil unsere Patienten in ihrem früheren Leben in dieser Hinsicht schmerzliche Erfahrungen gemacht haben. Das Gefühl wird verdrängt und erscheint während der Analyse als Übertragungsliebe. Es ist vielleicht in gewissem Maß in seinen Manifestationen irrationaler und infantiler als wirkliche Liebe. Freuds scharfsinnige und sensible Studie (1915 a) über dieses Phänomen ist für den ernsthaft Lernenden eine Pflichtlektüre.

Die Patientin, die ihren Analytiker liebt, stellt ihn vor eine Vielfalt schwieriger Probleme. Zuallererst wird es zum Hauptziel der Patientin, irgendeine Befriedigung ihrer Wünsche zu erlangen, und sie leistet Widerstand, wenn sie diese Gefühle analytisch bearbeiten soll. Während der intensiven Phasen ihrer Liebe ist es schwierig, wenn nicht unmöglich, zu ihrem vernünftigen Ich Zugang zu gewinnen und ein Arbeitsbündnis herzustellen. Man muß Geduld üben und warten, bis die heftigen Emotionen an Intensität verlieren. Zweitens kann die glühende Liebe einer Patientin im Analytiker Gegenübertragungsgefühle wecken. Das geschieht besonders leicht bei einem jungen, unerfahrenen Analytiker ober bei einem Analytiker mit einem unglücklichen Privatleben. Die unbewußte Versuchung besteht dann darin, in irgendeiner Weise auf die Liebe der Dame zu reagieren, entweder sie in irgendeiner Form zu befriedigen oder hart und ärgerlich mit ihr zu verfahren, weil ihre Liebe eine Versuchung darstellt. Freud hat seinen Rat für diese Situation unmißverständlich deutlich formuliert (1915 a, G.W. Bd. 10, S. 313—319). Es kann keinen Kompromiß geben. Man kann auch nicht die unschuldigste und partielle erotische Befriedigung zulassen. Jede derartige Befriedigung macht die Liebe der Patientin relativ unanalysierbar. Das bedeutet nicht, daß man sich gefühllos und hart benehmen soll. Man kann gegenüber der Patientin in ihrer Notlage rücksichtsvoll und aufmerksam sein und doch seiner Aufgabe des Analysierens gerecht werden. Die analytische Haltung mitfühlender, zurückhaltender Menschlichkeit und Festigkeit ist vielleicht zu keiner anderen Zeit so absolut notwendig. Das möchte ich veranschaulichen.

Eine schüchterne und zaghafte junge Frau beginnt im dritten Monat ihrer Analyse unverkennbare Zeichen der Überzeugung zu manifestieren, sie habe sich in mich verliebt. Schließlich, nachdem sie einige Tage mit ihren Gefühlen gekämpft hat, gesteht sie mir unter Tränen ihre Liebe. Dann fleht sie mich an, diese Sachlage nicht in der gleichen kalten, analytischen Weise zu behandeln, wie ich es mit ihren übrigen Emotionen getan hatte. Sie bittet mich dringend, nicht schweigsam und distanziert zu bleiben. Ich solle bitte irgendetwas sagen, gleichgültig was — es sei so demütigend für sie, sich in einer solchen Lage zu befinden. Sie weint und schluchzt und verfällt dann in Schweigen. Nach einer Weile sage ich: »Ich weiß, daß Ihnen dies sehr schwerfällt, aber es ist wichtig für uns, daß Sie versuchen, genau auszudrücken, wie Sie sich fühlen.« Die Patientin schweigt einen Augenblick und sagt dann bittend und zornig: »Das ist nicht fair, Sie können sich hinter der Analysecouch verstecken und ich muß alles preisgeben. Ich weiß, daß Sie mich nicht lieben, aber sagen Sie mir wenigstens, ob Sie mich mögen, geben Sie zu, daß Ihnen ein wenig an mir liegt, sagen Sie mir, daß ich nicht nur eine Nummer für Sie bin — die Elfuhrpatientin.« Sie weint und schluchzt und schweigt wieder. Auch ich schweige eine Weile und sage dann: »Das ist richtig, es ist nicht fair; die analytische Situation kennt keine Gleichberechtigung; es ist Ihre Aufgabe, Ihre Gefühle hervorkommen zu lassen, und meine Aufgabe ist es, Sie zu verstehen und zu analysieren, was auftaucht. Ja, es ist nicht fair.«

Diese Bemerkung von mir schien der Patientin zu helfen. Sie konnte danach mehr von ihrer Wut und ihrem Gefühl der Schmach äußern. In den folgenden Stunden herrschte ein Gemisch aus Haß und Liebe, aber sie wurde fähig, diese Reaktionen zu bearbeiten. Ich glaube, sie konnte an meinem Ton und an meinen Worten hören, daß ich mir über ihre schmerzliche Notlage im klaren war und daß ich, obwohl ich Mitgefühl mit ihr hatte, entschlossen war, mit meiner analytischen Arbeit fortzufahren. Aber zunächst traten ihre Enttäuschung und ihr Gefühl des Abgelehntwerdens durch meine nicht-befriedigende, auf Arbeit beharrende Haltung in das klinische Bild ein und mußten bewältigt werden. Wichtig war dabei, die verschwisterten Gefahren zu vermeiden, entweder der Patientin falschen Mut zu machen oder ihr unnötigen Schmerz zu bereiten, was sie zwingen würde, ihre Gefühle zu unterdrücken und in irgendeiner Form wegzulaufen.

Die Übertragungsliebe des Patienten wird immer zu einer Quelle des Widerstands. Sie kann durch die dringenden Forderungen und das dringende Verlangen des Patienten nach sofortiger Befriedigung der analytischen Arbeit zuwiderlaufen. Die analytische Stunde wird dann zu einer Gelegenheit, den Wunsch des Patienten nach Nähe und Zusammensein zu befriedigen, und der Patient verliert das Interesse an Einsicht und Verstehen. Eine weitere Komplikation liegt darin, daß der Patient gewöhnlich auf die Interventionen oder auf das Nicht-Eintreten von Interventionen dadurch reagiert, daß er sich verletzt und abgelehnt fühlt und sich aus diesem Grund bewußt weigert zu arbeiten. Die oben erwähnte Patientin ist ein Beispiel für eine solche Entwicklung. Die technische Aufgabe besteht darin, die Patientin zum vollständigsten Ausdruck jeder Entwicklung ihrer Übertragungsliebe zu ermutigen und im richtigen Augenblick mit der Bearbeitung des Widerstands der Patientin gegen die analytische Arbeit zu beginnen.

Lassen Sie mich zu der oben erwähnten Patientin zurückkehren. Nachdem ich ihr gegenüber zugegeben hatte, daß die analytische Situation in dem Sinn nicht fair war, daß sie sich exponieren sollte und ich die Aufgabe hatte, sie zu analysieren, versuchte sie, den Ausdruck ihrer Liebesgefühle für mich wieder aufzunehmen. Aber nun trat zu ihrem traurigen, bittenden, dringlichen Ton ein Ton der Wut hinzu; ich konnte einen Unterton von Bitterkeit hören: »Ich weiß, Sie haben recht, ich sollte mich gehenlassen, gleichgültig, was Sie dabei empfinden. Aber es ist so schwer, nach Liebe zu schreien und zu betteln und nur Schweigen zur Antwort zu bekommen. Aber schließlich müssen Sie ja daran gewöhnt sein; ich nehme an, das passiert bei allen ihren Patienten. Ich frage mich, wie Sie das aushalten können ... Aber schließlich werden Sie ja fürs Zuhören bezahlt.«

Die Patientin schwieg, und ich schwieg auch eine Zeitlang. Nun waren ihre Augen wieder trocken und geöffnet, ihr Mund war fest geschlossen und ihre Hände fest vor dem Körper verschränkt. Nach einer Weile sagte ich: »Nun nehmen Sie es mir übel, daß ich Ihnen so geantwortet habe, wie ich es tat — bitte beschreiben Sie das in Worten.« Sie tat es; zuerst kam eine Flut von zornigen Gefühlen, dann wieder ein Strom von Liebe, und dies wiederholte sich mehrmals. Innerhalb einiger Stunden nahm die Intensität dieser Gefühle allmählich ab und sie war bereit zu arbeiten. Jetzt konnte ich zu ihr sagen: »Lassen Sie uns versuchen zu verstehen, was geschehen ist; lassen Sie uns versuchen zu verstehen, warum Sie lieben und wie Sie lieben. Was finden Sie an mir liebenswert?« Indem ich diese letzte Frage stelle, biete ich mich der Patientin selber als ein Modell dafür an, wie sie selbst ihre Liebesgefühle ansehen könnte. Das schien zu diesem Zeitpunkt zu helfen, und das vernünftige Ich der Patientin stand beständiger zur Verfügung. Nun waren wir in der Lage, wieder ein Arbeitsbündnis herzustellen, und wir konnten miteinander erforschen, was in den vorhergehenden Stunden zum Vorschein gekommen war. Die Einzelheiten des Verfahrens in den nächsten Stufen wollen wir im Abschnitt 3.9 beschreiben.

Ein weiteres spezielles technisches Problem stellt die besonders aufgeklärte Patientin, die fragt, gewöhnlich ganz am Anfang ihrer Analyse: »Doktor, erwartet man von mir, daß ich mich in Sie verliebe?« Diese Frage muß, wie alle anderen Fragen in der Analyse, zunächst auf ihren Ursprung zurückgeführt werden und wird nicht sofort beantwortet. Aber schließlich ist es doch ratsam, die Frage zu beantworten, da nach meiner Meinung die Patienten ein Recht darauf haben, einiges über das zu erfahren, was man von ihnen in bezug auf ihre Gefühle »erwartet«. Die beste Antwort auf eine solche Frage ist nach meiner Erfahrung, alles, was von einem Patienten »erwartet« werde, sei, daß er sich nach der Regel des freien Assoziierens richte, daß er seine Gedanken und Gefühle ohne Zensur frei schweifen lassen solle und so genau wie möglich über diese Gedanken und Gefühle berichte. Es gebe kein einfaches Muster dafür, was ein Patient empfinden solle, da alle Individuen verschieden seien. Es gebe keine Möglichkeit zu wissen, was für besondere Gefühle eine Patientin zu irgendeinem Zeitpunkt in der Analyse in ihren Reaktionen auf ihren Analytiker erleben werde.

Ich habe schon gesagt, daß nach meiner Erfahrung die Übertragung des romantischen Sich-Verliebens nur dann vorkommt, wenn Patient und Analytiker verschiedenen Geschlechtern angehören (außer bei offenkundigen Homosexuellen). Diese Feststellung muß jedoch modifiziert werden. Meine männlichen Patienten verlieben sich oft während der Analyse in Frauen, von denen sie in ihren Phantasien glauben, sie stünden in irgendeinem Zusammenhang mit mir — meine Frau, Tochter, Kollegin, Patientin usw. Oft zeigt ihre Liebe, daß die Verbindung zu mir der wichtigste Aspekt ist. Meine männlichen Patienten empfinden mir gegenüber auch sexuelle Gefühle — aber gewöhnlich ohne Liebe. Oder sie empfinden einen bestimmten Aspekt von Liebe, aber nicht zugleich mit Sexualität. Die einzige Ausnahme ereignet sich in Träumen, wo meine männlichen Patienten mir gegenüber sowohl sinnliche Gefühle als auch Liebe empfinden können, besonders wenn ich etwas verkleidet bin.

Idealisierung ist eine andere Variante der positiven Übertragung; sie kommt bei beiden Geschlechtern vor (Greenacre, 1966 b). Manchmal entpuppt sie sich als eine Rückkehr der Heldenverehrung der Latenzphase. Idealisierung ist besonders häufig bei Patienten, die durch Scheidung oder Tod einen Elternteil verloren haben. Nach meiner Erfahrung ist die Idealisierung ein Versuch, den Analytiker vor primitiven destruktiven Impulsen zu schützen. Dies gilt für alle fixierten und unveränderlichen Übertragungsreaktionen; die Starrheit zeigt an, daß Gefühle und Triebimpulse der entgegengesetzten Art in Schach gehalten werden. Die verehrende Haltung verbirgt einen verdrängten Abscheu, der primitiven Haß zudeckt. Der oberflächliche Neid ist eine Tarnung für Verachtung, die einen regressiveren Neid verbirgt. Alle Übertragungsphänomene sind ambivalent, weil die übertragene Objektbeziehung mehr oder weniger infantiler Art ist und weil alle infantilen Objektbeziehungen ambivalent sind. Jeder Mensch handhabt jedoch die Ambivalenz verschieden, und es bestehen in ein und demselben Patienten verschiedene Arten von Ambivalenz. Man kann z. B. beobachten, daß eine bestimmte Patientin vorwiegend liebevolle und bewundernde Gefühle gegenüber ihrem Analytiker manifestiert, und doch finden sich eingestreut zwischen ihre positiven Bemerkungen gelegentlich Ausbrüche von Spott oder Wut. Oder die gleiche Patientin macht eine Periode von mehreren Wochen durch, in denen ihre Gefühle fast ausschließlich warm und liebevoll sind, durchläuft dann aber eine Periode mit ausgeprägter Feindseligkeit und Wut.

Schwieriger zu erkennen ist eine Situation, in der der Patient einen Aspekt der Ambivalenz abspaltet und auf ein anderes Objekt verlagert, häufig auf einen anderen Analytiker oder Arzt (Greenacre, 1966 a). Dann reserviert die Patientin gewöhnlich die positiven Gefühle für ihren eigenen Analytiker und verschiebt die negativen Gefühle auf die anderen

Analytiker. Auch das Umgekehrte kommt vor. Diese Art der Aufspaltung der Übertragung herrscht sehr stark vor bei neurotischen Depressiven und auch bei Ausbildungskandidaten. Die Aufgabe des Analytikers besteht darin, zunächst zu erkennen, daß die Ambivalenz durch Aufspaltung gehandhabt wird, dann, dies dem Patienten zu demonstrieren. Manchmal genügt diese Einsicht, um eine Veränderung zuwege zu bringen. Oft jedoch wird die Übertragungssituation trotz der Erkenntnis nicht beeinflußt. Dies bedeutet, daß die Aufspaltung wichtigen Abwehrbedürfnissen dient; dann müssen die Widerstandsfunktionen der Abspaltung zum Gegenstand unserer analytischen Arbeit werden.

Ein gutes Beispiel für diese Situation bot ein Kandidat, den ich viele Jahre lang analysiert habe. Lange Zeit war seine manifeste Übertragung auf mich beständig positiver Natur. Er achtete und bewunderte mich, und trotz meiner gelegentlichen Versehen war er mir gegenüber immer ungewöhnlich verständnisvoll und voll des Lobes. Andererseits war er äußerst kritisch gegen jeden Mangel, den er bei irgendeinem anderen Ausbildungsanalytiker beobachtete oder zu beobachten glaubte. Ich wies ihn auf sein außerordentlich voreingenommenes Verhalten hin, aber der Patient rechtfertigte seine Reaktionen hartnäckig. Ich bestand jedoch darauf, diese Verhaltensweise als Widerstand gegen die Konfrontation mit seiner Feindseligkeit mir gegenüber zu deuten und gab ihm lange Zeit keine andere Deutung. Schließlich konnte der Kandidat seine feindseligen Gefühle nicht länger abwehren. Er brach in Wut über mich aus und beschuldigte mich, ich sei genauso wie die anderen Ausbildungsanalytiker, dogmatisch, anmaßend und unvernünftig. Er war überrascht von seinem eigenen Ausbruch und von der Intensität der zum Vorschein kommenden Gefühle. Erst dann erkannte er, daß er mich über ein Jahr lang unbewußt vor seinen aggressiven Gefühlen geschützt und sie auf andere Ausbildungsanalytiker verschoben hatte. Erst jetzt konnte er erkennen, daß er in seinen Gefühlen gegenüber seinem Vater eine ähnliche Spaltung vorgenommen hatte. Er hatte seinen Vater stets bewußt idealisiert, während er gegen andere Autoritätsfiguren in seiner Umwelt ständig kampflustig und streitsüchtig war.

Die positive Übertragung kann auf jeder Ebene der Libido-Entwicklung erlebt werden. Das wird im Abschnitt 3.73 ausführlicher beschrieben. Hier möchte ich nur das Bild der positiven und negativen Übertragungsreaktionen ergänzen. Der Analytiker kann zur zärtlichen, liebenden, milchspendenden Mutter werden oder zur grausamen, ablehnenden, verdorbene Milch gebenden oder keine Milch gebenden Mutter. Derartige Reaktionen treten bei Patienten beiderlei Geschlechts auf. Wenn dies geschieht, wird auf Deutungen als gute oder schlechte Fütterung reagiert; Schweigen wird als Im-Stich-Lassen oder als selige Vereinigung erlebt. Der Patient kann entweder passiv und abhängig werden oder sich verdrießlich beklagen, er bekomme nichts, was der Mühe wert sei. Während solcher Perioden können depressive, hypochondrische und paranoia-ähnliche Reaktionen auftreten.

Der Analytiker kann zum gütig-duldsamen Elternteil der analen Phase werden; die reichlichen freien Assoziationen werden fäkale Opfergaben, die in Fülle als Geschenke dargeboten werden. Die negative Seite dieses Bildes ist der Analytiker, der zum strengen, harten Forderer der Inhalte des Patienten wird, zu demjenigen, der dem Patienten seine wertvollen Besitztümer wegnehmen will. Unter solchen Bedingungen kann der Patient widerspenstig, trotzig und retentiv werden. Oder dies wird auf den Analytiker projiziert, der als starrköpfig, haßerfüllt und retentiv empfunden wird. Der Analytiker kann zur ödipalen Figur werden, eifersüchtig und inzestuös geliebt, womit Schuldgefühle und Angst einhergehen. Man kann auch die Heldenverehrungsliebe der Latenz und die Vernarrtheitsliebe der Adoleszenz beobachten. In jedem Fall muß der Analytiker auf den Umstand achten, daß diese Liebe einen schlummernden negativen Aspekt hat, der zugleich existieren und schließlich ans Licht gebracht werden muß.

Die sexuellen Komponenten der positiven Übertragung verdienen besondere Erwähnung, weil sie oft die Ursache der stärksten und hartnäckigsten Widerstände sind. Die Patienten sind geneigt, ihre emotionalen Reaktionen auf den Analytiker anzuerkennen, aber es widerstrebt ihnen, die sinnlichen Aspekte ihrer Gefühle zu erkennen. Jedoch ist jede Übertragung, abgesehen von den sublimierten, entsexualisierten Gefühlen, immer begleitet von irgendeiner libidinösen Strebung, und dies bedeutet, daß Körperzonen, Triebziele und Körpergefühle beteiligt sind. Es ist die Aufgabe der Analyse, diese verschiedenen Elemente zu klären und die Phantasien hervorzulocken, die mit diesen Empfindungen und Betätigungen verbunden sind. Sehr oft bietet ein Traum die deutlichsten Hinweise auf die verborgenen sexuellen Strebungen.

Der Patient, Herr Z.[5], kämpft im zweiten Jahr seiner Analyse mit seinen homosexuellen Wünschen und Ängsten und hat den folgenden Traum: »Ich fahre in einem Lastwagen einen großen Berg hinunter. Ich sitze hinten; der Lastwagen wird von einem Mann gefahren, der anscheinend der Anführer einer Karawane ist. Wir machen eine Pause, und während er mir herunterhilft, steckt er seine Zunge in mein Ohr.« Die Assoziationen des Patienten zu diesem Material zeigten mir, nachdem er einen Teil seines Widerstands überwunden hatte, daß der Rückteil des Lastwagens und der große Bergabhang das Hinterteil und den After eines großen Mannes bedeuteten. Ich wies den Patienten darauf hin, was zu Assoziationen führte, wie er als kleiner Junge seinen Vater im Bad nackt gesehen hatte. Die Zunge im Ohr erinnerte ihn zuerst an ein Kitzelspiel, das er mit einem jüngeren Bruder gespielt hatte. Dann wurde ihm jedoch klar, daß er mich ein paar Tage vorher wütend beschuldigt hatte, ich stäche ihn mit meinen

---

[5] Siehe Abschnitt 2.52, 2.54, 2.71 und 3.531.

Deutungen ins Ohr. Allmählich konnte ich dem Patienten zeigen, daß er Angst, aber auch den Wunsch hatte, ich sollte ihm etwas in den After stecken.* Dies war ein Abkömmling passiver und masochistischer analer Lustgefühle, die er erlebt hatte, wenn sein Vater ihm Klistiere verabreicht hatte.

Man darf nicht vergessen, daß das, was in der Übertragung wieder durchlebt wird, nicht nur die wirklichen Erlebnisse sind, sondern auch die Phantasien der Vergangenheit. Sehr oft sind die sexuellen Übertragungsreaktionen Wiederholungen von Phantasien, die der Patient in bezug auf einen Elternteil erlebt hat (Freud, 1914 b, G. W. Bd. 10, S. 55—56). Das vorige klinische Beispiel veranschaulicht die Wiederholung eines realen Erlebnisses. Ich möchte nun ein Beispiel von einer wiedererlebten Phantasie des gleichen Patienten, Herrn Z., bringen.

Ich habe im Abschnitt 2.52 erwähnt, daß dieser Patient Zwangsvorstellungen hatte, er würde erhängt. Er konnte sich dies in lebhaften Einzelheiten vorstellen, sogar bis hin zu der Empfindung, daß sein Hals brach, und bis zur Ausbreitung elektrischer Empfindungen und Taubheitsgefühle, die durch seinen Körper liefen. Zu einem bestimmten Zeitpunkt in der Analyse wurde ich zum Henker; er konnte sich vorstellen, wie ich die Schlinge um seinen Hals legte, und er konnte sehen, wie ich die Falltür bediente, die ihn in den leeren Raum fallen ließ, aus diesem Fall wurde er nur dadurch gerissen, daß das zerschmetternde Seil ihn am Hals zog. Ich war verantwortlich für Gefühle und Empfindungen wie Zerschmetterung, Brechen, Reißen, Elektrisierung und Taubheit. Der Henker trug eine Kapuze und sah zunächst aus wie ich; als er ohne Maske war, stellte sich heraus, daß es sein Vater war. Die Zwangsvorstellung war eine Wiederkehr einer Kindheitsphantasie; sie war seine masochistische Ausgestaltung und Entstellung passiver und intrusiver Wünsche seinem Vater gegenüber. Sie war auch eine Projektion sadistischer Phantasien, die er in bezug auf seinen Vater hegte. Von mir erhängt zu werden, d. h. von seinem Vater, war zum Teil eine Identifikation mit seinem Vater, in der sein Vater ihm antat, was er, der Junge, seinem Vater hatte antun wollen, ebenso das, was sein Vater ihm nach seinem Wunsch hatte antun sollen (Freud, 1919 b). Hier möchte ich jedoch betonen, daß der Patient Phantasien aus seinem früheren Leben in der Übertragung wieder durchlebt.

Bei verschiedenen Patienten kann der eine oder andere Aspekt der positiven Übertragungsgefühle abgewehrt werden, weil er als Gefahr empfunden wird. Bei Männern werden homosexuelle Impulse gewöhnlich so angesehen und stark abgewehrt. Freud (1937 a, G.W. Bd. 16, S. 98) hat festgestellt, daß sie zu den zähesten Widerständen gehören, denen man bei der Analyse begegnet. Aber auch andere Gefühle können als Gefahr betrachtet werden. Manche Patienten fürchten romantische und erotische Gefühle und entwickeln Abwehr gegen sie. Ihre Analysen können gekennzeichnet sein durch das hartnäckige Fortbestehen einer »vernünfti-

---

* Anm. d. Übers.: Das Wortspiel des Traumes »r-ear«, rear = Hinterteil, Rücksitz, ear = Ohr, ist im Deutschen nicht wiederzugeben.

gen« Übertragung, oder sie können sich in eine oberflächliche, aber chronische Feindseligkeit oder in einen oberflächlichen, chronischen Sarkasmus als Abwehr und Widerstand verflüchtigen. Das länger andauernde Fehlen einer positiven Übertragung ist gewöhnlich die Folge von Abwehrmechanismen, es wird unter der Überschrift der Abwehrübertragung ausführlicher beschrieben werden (Abschnitt 3.82). Man darf nicht vergessen, daß die Atmosphäre der Analyse ebenfalls lange andauernde negative Reaktionen hervorrufen kann, die nicht nur Übertragungsreaktionen sind. Dann müssen wir uns zwei Problemen stellen: der Gegenübertragung des Analytikers und dem masochistischen Patienten, der sie sich gefallen läßt.

Wenn sie ichsynton sind, rufen die positiven Übertragungsreaktionen in der Analyse starken Widerstand hervor. Der erste Schritt in der Analyse dieses Widerstands, nachdem der Patient die Übertragungsreaktion erkannt hat, besteht darin, diese ichfremd zu machen. Das vernünftige Ich des Patienten muß veranlaßt werden zu erkennen, daß seine Übertragungsgefühle unrealistisch sind, auf Phantasien gegründet, und daß ihnen Motive zugrundeliegen, die nichts mit der Aktualsituation zu tun haben. Dann ist der Patient bereitwilliger, seine Gefühle durchzuarbeiten und zu versuchen, sie mit dem Ziel zu untersuchen, sie auf seine Vergangenheit zurückzuverfolgen.

Auch ichdystone positive Übertragungsreaktionen können jedoch Widerstände hervorrufen. Die Patienten sind manchmal wegen ihrer Liebe oder ihrer sexuellen Gefühle verlegen oder beschämt. Es kann auch sein, daß sie Ablehnung oder Demütigung fürchten und deswegen versuchen, ihre Gefühle zu verbergen. In allen solchen Fällen treten Widerstände in den Vordergrund, die erst aufgedeckt und analysiert werden müssen, bevor man die libidinöse Übertragungsreaktion analysieren kann. Man muß zunächst die Verlegenheit oder Furcht vor Ablehnung des Patienten analysieren, ehe man die anderen Aspekte der Übertragung erfolgreich analysieren kann. Dies wird im Abschnitt 3.82 ausführlicher dargestellt.

3.712 Die negative Übertragung

Man verwendet den Ausdruck »negative Übertragung«, um Übertragungsgefühle zu bezeichnen, die auf Haß in einer seiner vielfältigen Formen beruhen, auf seinen Vorläufern und seinen Abkömmlingen. Negative Übertragung kann zum Ausdruck kommen als Haß, Wut, Feindseligkeit, Mißtrauen, Abscheu, Abneigung, Widerwille, Ressentiment, Bitterkeit, Neid, Mißfallen, Verachtung, Ärger usw. Sie ist in der Analyse immer vorhanden, wenn sie oft auch schwieriger zu entdecken ist als die Manifestationen der positiven Übertragung. Die Patienten wehren sich nicht nur selbst dagegen, den Übertragungshaß zu bemerken, sondern auch der Psychoanalytiker neigt unbewußt dazu, diesem Widerstand Vorschub zu leisten. Nach meiner Erfahrung und den Erfahrungen anderer ist die ungenügend analysierte negative Übertragung die häufigste Ursache von Stillstand in der Analyse (Freud, 1937 a, G.W. Bd. 16, S. 85—90; Glover, 1955; Nacht, 1954; Haak, 1957).

Vieles, was wir in der Erörterung der positiven Übertragung beschrieben haben, hat seine Parallelen bei der negativen. Diese Punkte will ich hier nicht wiederholen. Die wichtigsten Unterschiede liegen in den verschiedenen Arten von Widerstand, die die negative Übertragung hervorruft. Es bestehen Analogien zum Arbeitsbündnis, zum nichtsexuellen Gernhaben, zum Vertrauen und zum Respekt vor dem Analytiker, die den Patienten bereitwillig machen, neue Einsichten zu riskieren. Auf der Seite der negativen Übertragung finden wir ein chronisches, allem zugrundeliegendes Mißtrauen, das das ganze analytische Verfahren zur Qual machen und es als etwas erscheinen lassen kann, dessen man sich entledigen möchte. Wenn der Patient fähig ist, diese Art von negativer Übertragung auszuhalten, ohne dem Impuls nachzugeben, die Analyse zu unterbrechen, bekommen wir möglicherweise eine chronische, unterwürfige, masochistische Übertragungsreaktion zu sehen. Der Patient erträgt die Härten der analytischen Arbeit, um sie hinter sich zu bringen, um damit fertig zu werden. Es gibt kein lustvolles Gefühl der Leistung oder Befriedigung in einem wechselseitig empfundenen Arbeitsbündnis. Der Patient unterwirft sich der Analyse, weil er unfähig ist, die Behandlung abzubrechen; durch sein Kommen zur Stunde vermeidet er diese Krise: Es ist eine Vermeidung, ein Agieren eines Widerstands gegen die Analyse durch ein Kommen zur Analyse. Die ganze Analyse kann zu etwas werden, das man ertragen muß, weil es im Vergleich zum wirklichen Aufgeben und zum Kampf mit dem neurotischen Elend das kleinere Übel ist.

Solche Patienten können lange Zeit hindurch gut und sogar wirksam arbeiten, aber früher oder später muß diese Art der Übertragungsbeziehung als das erkannt werden, was sie ist — als ein Widerstand. Es ist entweder eine subtile, latente, dem Paranoiden ähnliche Abwehr oder ein versteckter masochistischer Genuß oder eine Abwehr gegen die positive Übertragung oder eine Kombination aus allen drei Elementen. Diese Abwehr kann auch eine Reaktion auf unerkannte negative Gefühle des Analytikers sein, die entweder realistischer Art sein oder auf Gegenübertragung beruhen können. Bei analysierbaren neurotischen Patienten überwiegen mehr der Masochismus und die Abwehr von Liebesgefühlen, obwohl auch hier ein kleines paranoides Element vorhanden sein kann.

Ich habe einmal eine solche Patientin behandelt; sie war fünfunddreißig Jahre alt und eine begeisterte Kommunistin. Unter dem Einfluß eines sich unterordnenden, mißtrauisch getönten Arbeitsbündnisses arbeitete sie in ihrer Analyse schwer, aber mit Bitterkeit. Oberflächlich betrachtet, konnte man mir nicht vertrauen, weil ich kein kommunistischer Genosse, sondern ein Angehöriger der Mittelschicht war. Aber ich bot die beste Gelegenheit für sie, einer noch unerträglicheren phobisch-zwanghaften Neurose zu entfliehen. Auf einer tieferen Ebene genoß sie masochistisch die Leiden, denen ich sie ihrer Vorstellung nach aussetzte. Darunter lag ihre noch größere Angst, Liebe für mich zu empfinden — denn das hätte sie wirklich in meine Gewalt gegeben und sie wirklich verwundbar gemacht. Am Grunde von allem lag aber ihre Angst vor ihrer primitiven Wut und Destruktivität, von der sie meinte, sie würde uns beide zerstören, wenn sie lieben und abgelehnt werden würde. Diese im wesentlichen negative, von Unterordnung bestimmte Übertragung war trotzdem lange Zeit relativ produktiv, wenn auch weit weniger, als es ein echtes Arbeitsbündnis gewesen wäre. Es waren etwa zweieinhalb Jahre nötig, um einen Teil der masochistischen Übertragung durchzuarbeiten; sobald dies geschafft war, ging die Analyse rascher voran.

Dann entstand eine Komplikation. Die Patientin verfiel wieder in äußersten Widerstand, und ihre frühere mißtrauische Haltung kehrte wieder. Es stellte sich heraus, daß dies von dem Umstand herrührte, daß sie und ihre kommunistische Gruppe irgendeine Sabotageaktion planten, und da wir mittlerweile im Zweiten Weltkrieg standen, konnte sie es mir nicht sagen. Sie fragte sich, was ich tun würde, wenn sie mir die Einzelheiten erzählen würde. Ich sagte ihr ganz einfach, ich hätte das Gefühl, ich könnte sie unter solchen Umständen nicht analysieren, denn ich würde mich dann im Zwiespalt zwischen meiner Pflicht ihr gegenüber als Patientin und meiner Loyalität meinem Vaterland gegenüber befinden usw. Sie schien durch meine Antwort beruhigt zu sein, denn sie sagte, sie erscheine ihr ganz ehrlich, und jede andere Antwort hätte sie nicht glauben können. Aber ich hatte den Eindruck, ihr altes Mißtrauen sei nie ganz verschwunden, und unsere Arbeit verlangsamte sich wieder. Daß ich kurz darauf in den Militärdienst eintrat, machte es notwendig, sie an jemand anders zu überweisen, was wahrscheinlich für uns beide die beste Lösung war.

Wenn ganz am Anfang der Analyse schon vorübergehende negative Übertragungsreaktionen auftreten, ist das problematischer als früh auftretende vorübergehende Übertragungsliebe. Feindseligkeit und Wut am Beginn der Analyse, bevor ein zuverlässiges Arbeitsbündnis entstanden ist, führen den Patienten in Versuchung, zu agieren und die Analyse abzubrechen. Die frühe negative Übertragung muß daher nachdrücklich verfolgt werden, um einer solchen Entwicklung zuvorzukommen. Beim Bearbeiten der positiven Übertragung kann man es sich leisten, passiver zu sein.

Wenn jedoch erst ein Arbeitsbündnis entstanden ist, kann das Auftreten der negativen Übertragung ein wichtiges Zeichen von Fortschritt sein. Das Wiedererleben von Feindseligkeit und Haß gegen die Figuren der frühen Kindheit in der Übertragung ist eine höchst produktive Phase der analytischen Arbeit, solange ein gutes Arbeitsbündnis besteht. Ich glaube, eine solche Entwicklung ist eine notwendige Phase jeder erfolgreichen Analyse. Das Fehlen der negativen Übertragung oder ihr Auftreten in lediglich vorübergehenden und sporadischen Reaktionen ist ein Zeichen einer unvollständigen Analyse. Unsere tiefere Kenntnis der Entwicklung in der frühen Kindheit scheint darauf hinzuweisen, daß intensive und lange andauernde Haßreaktionen auf den Analytiker auftauchen sollten, bevor man daran denken sollte, eine Analyse zu beenden.

Freud warf in »Die endliche und die unendliche Analyse« (1937 a) die Frage auf, ob ein Analytiker die latenten, unsichtbaren Konflikte eines Patienten wecken sollte oder nicht. Er meinte, der Psychoanalytiker habe nicht das Recht, eine so zudringliche Rolle zu spielen, kein Recht, die Übertragung zu manipulieren. Obwohl ich mit Freuds allgemeiner Einstellung übereinstimme, bin ich mit dieser seiner Beurteilung des klinischen Materials nicht einverstanden. Ich meine, daß er damals die Bedeutung der negativen Übertragung noch nicht genügend erkannt hat. Die Analyse des Übertragungshasses ist ebenso wichtig wie die der Übertragungsliebe. Ich stimme zu, es ist nicht Sache des Analytikers, sich einzudrängen oder zu manipulieren; aber seit Freud die Bedeutung der Aggressionstriebe erkannt hat, sind die meisten Analytiker zu dem Schluß gekommen, es sei unerläßlich, diesen Aspekt der Übertragung zu analysieren, bevor man eine Analyse beendet. Trotz meiner Vorbehalte gegenüber Melanie Klein und ihren Anhängern muß ich sagen, es ist ihr Verdienst, diesen Punkt unterstrichen zu haben. Die unendlichen Analysen, die negativen therapeutischen Reaktionen sind, nach meiner Erfahrung, ausnahmslos Beispiele von unvollständiger Analyse des Übertragungshasses.

Die negative Übertragung ist noch in anderer Hinsicht wichtig. Sie wird oft zu Abwehrzwecken benützt — als Widerstand gegen die positive Übertragung. Viele Patienten, besonders solche, die dem gleichen Geschlecht angehören wie der Analytiker, klammern sich an ihre feindseligen Gefühle, weil sie sie als Abwehr gegen ihre Liebe brauchen, d. h. besonders gegen ihre homosexuellen Gefühle. Viele meiner männlichen Patienten empfinden mir gegenüber lieber Wut und Groll, weil sie sich in ihren Ressentiments behaglicher fühlen, als wenn sie mich lieben. Abscheu und Ekel in ihren Reaktionen mir gegenüber sind Abwehrmechanismen, Reaktionsbildungen gegen orale, introjektive Triebimpulse.

Das Fehlen der sichtbaren negativen Übertragung muß schließlich als Abwehr und Widerstand erkannt werden. Bei einer glatt verlaufenden Analyse muß die negative Übertragung irgendwann einmal eine hervorragende Rolle spielen. Ein komplizierender Faktor ist dabei die Wahrscheinlichkeit, daß bei der Verhinderung der Entwicklung oder des Erkennens irgendeiner Form von Haß die Gegenübertragung des Analytikers beteiligt ist. Entweder verhält sich der Analytiker so, daß es dem Patienten sehr schwer wird, seine Feindseligkeit auszudrücken, oder der Analytiker und der Patient vereinigen sich im Übersehen der Feindseligkeit. Manchmal verdecken Patienten ihre Feindseligkeit durch Humor oder Neckerei oder Spott, und auf diese Weise entgeht sie der Aufmerksamkeit. Aber wichtiger ist die Aufspaltung der Übertragung. Die Patienten finden einen Analytikerersatz, einen anderen Analytiker oder Arzt oder eine Elternfigur, gegen die sie große Feindseligkeit zum Ausdruck bringen. Man muß erkennen, daß dieser Haß zu Abwehrzwecken von der Person des Analytikers verschoben wird.

Die Verwendung von Hilfsobjekten für die Übertragung kommt als Versuch der Bewältigung der negativen Übertragung sehr oft vor, viel öfter als bei der positiven. Oft ist es, obwohl man die Abwehr-Widerstands-Funktion dieses Manövers erkennt, nicht möglich, die Übertragungsgefühle auf die Person des Analytikers gerichtet zu bekommen. Manche Patienten halten so zäh an dieser Spaltung der Übertragung fest, als bedeute der Verzicht auf diesen Mechanismus eine große Gefahr. Meine eigene klinische Erfahrung deutet darauf hin, daß diese Sachlage wahrscheinlich dann eintritt, wenn ein Patient eine seiner Elternfiguren sehr früh im Leben verloren hat. Solche Patienten scheinen in der Übertragungsneurose eher geneigt, ihren Haß auf Hilfsobjekte der Übertragung abzuspalten, um den Analytiker vor diesem Haß zu bewahren. Obwohl ich energisch daran gearbeitet habe, diesen Widerstand zu überwinden, habe ich das Gefühl, manchmal nur einen Teilerfolg errungen zu haben. Eine meiner Patientinnen, eine Frau, deren Vater die Familie im Stich gelassen hatte, als sie zwei Jahre alt war, verschob ihren Haß auf die Männer auf mehrere Vaterfiguren außerhalb der Analyse und empfand diesen Haß nur gelegentlich für mich. Das gleiche galt für ihren Mutterhaß. Mit anderen Patienten mit einer derartigen Vorgeschichte habe ich ähnliche Erfahrungen gemacht.

Eine beharrliche positive Übertragung weist immer darauf hin, daß die negative Übertragung verborgen ist, nicht darauf, daß sie fehlt. Der Analytiker muß sie aufdecken und versuchen, es dem Patienten zu ermöglichen, sie dem Analytiker gegenüber direkt zu empfinden. Das heißt, daß im Idealfall in jeder Analyse der Patient die verschiedenen Varianten des Hasses auf allen Libidostufen dem Analytiker gegenüber empfunden haben sollte. Vor allem muß in einer tiefen Analyse die frühe primitive Wut auf die Mutter erlebt worden sein.

Noch ein weiterer Aspekt der negativen Übertragung verdient betont zu werden. Angst vor dem Analytiker, sei es in Form der Angst vor seiner

Kritik oder in Form tiefsitzenden Mißtrauens, muß als Abkömmling von Aggression und Feindseligkeit erkannt werden. Auch hier waren es wieder die Klein-Anhänger, die darauf hingewiesen haben, daß Angstreaktionen im wesentlichen aus aggressiven Impulsen stammen. Wenn ich auch nicht mit ihren phantastischen und detailliert ausgestalteten Konstruktionen übereinstimme, wird doch durch meine eigene klinische Erfahrung bestätigt, daß sie mit ihrer Grundformulierung recht haben: Angst vor dem Analytiker stammt letzten Endes von projizierter Feindseligkeit her.

3.72 Übertragungsreaktionen gemäß den Objektbeziehungen

Eine weitere praktische Methode zur Bezeichnung einer bestimmten Form von Übertragungsphänomenen besteht darin, sie in Übereinstimmung mit der Objektbeziehung aus der frühen Kindheit zu benennen, der sie ihren Ursprung verdanken. So können wir von einer Vater-Übertragung, einer Mutter-Übertragung, einer Bruder-Übertragung usw. sprechen. Diese Bezeichnung bedeutet, daß die Übertragungsreaktion des Patienten überwiegend von seinen unbewußten Gefühlen und Impulsen gegenüber dem Vater, der Mutter usw. bestimmt wird. Im Lauf einer Analyse macht die Objektrepräsentanz, die die Übertragungsreaktion bestimmt, mit dem Fortschreiten der analytischen Arbeit Wandlungen durch. Zum Beispiel kann ein Patient die Analyse mit einer überwiegenden Vater-Übertragung beginnen, die sich dann langsam in eine Mutter-Übertragung verwandeln kann.

Die Art des zugrundeliegenden Objekts, das die Übertragungsreaktion entstehen läßt, wird hauptsächlich durch die Lebenserfahrungen des Patienten bestimmt (Freud, 1912 a, G.W. Bd. 8, S. 367). Der Patient überträgt gemäß seinen verdrängten Bedürfnissen in bezug auf die frühen Objekte der Familie. Wenn das Verdrängte dem Bewußtsein zugänglich wird, verändern sich jedoch die Bedürfnisse, und so verändert sich auch die Natur der Übertragungsreaktion. Wenn es uns z. B. gelingt, in der Übertragung die Gefühle gegenüber dem Vater zu analysieren, kann dann eine Mutter-Übertragungs-Reaktion auftauchen. Jedoch beeinflußt auch die Person des Analytikers die Natur der Gestalt, die die Übertragungsreaktion färbt. Dies gilt besonders für Übertragungsreaktionen am Anfang der Analyse (A. Freud, 1954 a, S. 618). Ich habe festgestellt, daß die meisten meiner Patienten in ihren frühen Übertragungsreaktionen und in der ersten Phase ihrer Übertragungsneurose auf mich als auf eine Vaterfigur reagieren. Später scheinen mein Geschlecht und meine Persönlichkeit weniger entscheidend zu wirken. Die persönlichen Eigenschaften des Analytikers spielen jedoch bei manchen Patienten eine Rolle, die Schwierigkeiten haben, sich in der Übertragungssituation das Regredieren ganz zu erlauben. Sie finden es nötig, außerhalb der Analyse Hilfsobjekte für die Übertragung zu suchen, um Erlebnisse aus der verdrängten, weit zurückliegenden Vergangenheit wieder durchzuspielen. In einer erfolgreichen Analyse sollte der Analytiker schließlich sowohl zur Vater- als auch zur Mutterfigur geworden sein.

Man kann die Bezeichnung Vater- oder Mutter-Übertragung abwandeln, indem man hinzufügt, ob sie in erster Linie positiv oder negativ ist. Man darf nicht vergessen, daß verschiedene Übertragungsreaktionen nebeneinander bestehen, manche bewußter, manche weniger bewußt, manche stärker, manche schwächer. Es kommt darauf an, was überwiegt, was dringlich ist, was nach Abfuhr drängt; wichtig ist ebenfalls das Wissen, daß auch das Gegenteil in gewissem Grad vorhanden sein muß, wenn es auch im Augenblick verborgen ist.

Ein Patient drückt z. B. im Lauf einer Analysestunde seine Dankbarkeit aus, daß er habe zur Stunde kommen können, denn er habe ein elendes Wochenende hinter sich. Unter der Dankbarkeit kann ich eine Tönung von Ressentiment hören. Der Patient fährt fort und erzählt ziemlich ausführlich von seiner Feindseligkeit gegen und Angst vor seinen Vorgesetzten bei der Arbeit. Sie scheinen ihm so ehrfurchtgebietend und er fühlt sich so unbedeutend. Schweigen. Dann beschreibt er seine Enttäuschung über seinen jüngeren Sohn, der in seinen Spielen mit andern Kindern zaghaft und gehemmt zu sein scheint. Er fragt sich, ob das Kind in einer anderen Schule besser fahren würde. [Schweigen]. Ihm hat die Arbeit Freude gemacht, die wir in unserer letzten Stunde an einem Traum geleistet haben; es war interessant, wenn es ihm auch anscheinend nicht geholfen hat. Er hat gehört, daß manche Menschen das Analysiertwerden als eine Art Folter empfinden, aber er würde das für seinen Teil gewiß nicht sagen. Er hat Glück, daß er einen vorzüglichen Analytiker hat. Er freut sich auf die Analysestunde ... [Pause] ... »das heißt ... meistens«.

Ich glaube, wenn man sich das analytische Material dieses Bruchstücks einer Stunde ansieht, kann man geradezu hören, wie der Patient mit der negativen Vaterübertragung kämpft. An der Oberfläche kann man seine positiven Gefühle sehen, seine Dankbarkeit, daß er kommen kann, seine Freude an der letzten Stunde mit ihrer Traumdeutung, seine Erleichterung, daß die Analyse nicht nur eine Folter ist, was für ein Glück er hat, usw. Aber es sind auch unverkennbare Zeichen seiner negativen Vaterübertragung und seiner Angst davor zu erkennen: sein elendes Wochenende und der unausgesprochene Vorwurf, seine Angst und Ehrfurcht vor seinen Vorgesetzten, sein Schweigen, seine Enttäuschung über seinen Sohn, die Möglichkeit des Schulwechsels, der Mangel an Besserung und seine ausweichende Redeweise. Obwohl gewisse Zeichen für die positive Vaterübertragung vorhanden sind, müssen wir sagen, daß dieses Analysebruchstück das Auftauchen der negativen Vaterübertragung und besonders die Angst des Patienten davor anzeigt.

Nach meiner klinischen Erfahrung haben meine männlichen Patienten besonders starke Widerstände dagegen, mir gegenüber ihren frühen oral-sadistischen Haß auf die Mutter zu erleben. Andererseits scheinen meine Patienten ungewöhnliche Schwierigkeiten dabei zu haben, ihren Widerstand dagegen abzubauen, mich als die liebende, die Brust gebende Mutterfigur zu erleben. Freud hat in »Die endliche und die unendliche Analyse« festgestellt, der am schwierigsten zu analysierende Aspekt bei Männern sei ihre Angst vor der passiven homosexuellen Einstellung gegenüber Männern, und bei Frauen sei es der Penisneid. Meine eigene klinische Erfahrung hat mich zu einem anderen Ergebnis geführt. Bei Männern ist die größte Schwierigkeit ihr primitiver Mutterhaß; bei Frauen ist es die primitive Liebe zur Mutter.

An dieser Stelle muß ich erwähnen, daß das Arbeitsbündnis sich aus einer Mischung von unbewußten mütterlichen und väterlichen Komponenten zusammensetzt. Der Analytiker als ärztliche Gestalt ist einerseits eine Amme, die die primitiven und intimen Bedürfnisse des relativ hilflosen Patienten erfüllt, und andererseits ein Vater, der keine Angst hat, sich den Gefahren zu stellen, die den Patienten und seine übrige Umwelt in Schrecken versetzen (Stone, 1961, S. 118—120).

3.73 Übertragungsreaktionen gemäß den Phasen der Libido-Entwicklung

Manchmal ist es von Nutzen, eine Übertragungsreaktion bezogen auf die Phase der Libidoentwicklung zu beschreiben, aus der sie sich ableitet (A. Freud, 1936, S. 17—18). Dies bedeutet, daß wir die Reaktionen eines Patienten auf seinen Analytiker in bezug auf die Triebziele, Triebzonen, die Ängste, Einstellungen und Wertvorstellungen gemäß jenen Triebkomponenten kategorisieren können.

Ein Patient z. B., der auf jede Äußerung des Analytikers so reagiert, als wäre sie eine Fütterung, auf Schweigen, als wäre es ein Im-Stich-Lassen, der gierig darauf bedacht ist, jedes Wort einzusaugen, der unersättlich ist und der die Trennung fürchtet, reagiert offensichtlich auf einer oralen, introjektiven Stufe. Die Gefühle des Patienten, Liebe oder Haß, Vertrauen oder Mißtrauen, bestimmen, ob dies in erster Linie als positive oder negative orale Mutterübertragung empfunden wird.

Eine meiner Patientinnen pflegte mir, wenn ich sprach, mit geschlossenen Augen und einem verzückten Gesichtsausdruck zuzuhören. Es wurde mir klar, daß sie nicht auf meine Worte hörte, sondern nur auf den Klang meiner Stimme.

Als ich diesen Punkt verfolgte, sagte sie mir schließlich, der Klang meiner Stimme erinnere sie an den Duft des Kaffeekochens am Morgen in der Küche, den sie als kleines Mädchen wahrgenommen hatte, während sie noch im Bett döste.

Analog kann ein Patient auf die Analyse wie auf eine Toilettensituation reagieren; er hat das Gefühl, er muß entweder produzieren oder hinausgehen; seine Assoziationen sind kostbares Material, das man mit jemand teilen oder horten kann, oder sie sind übelriechende Produktionen, die man in der Wut verspritzen oder zum Aufbewahren verstecken kann. In einer solchen Phase reagiert der Patient auf die Interventionen des Analytikers wie auf Klistiere, schmerzhaftes Eindringen oder lustvoll erlebte Einstiche. Es ist klar, daß der Patient auf den Analytiker und die analytische Situation die Erlebnisse seiner analen Phase überträgt. Zusätzlich zu den oben erwähnten Elementen kann man Ängste in bezug auf Beherrschung und Autonomie, Probleme in bezug auf Scham, Haltungen des Trotzes, des Eigensinns, der Unterwürfigkeit, der Ordentlichkeit, der Sauberkeit, der Sparsamkeit usw. erwarten. Isolierung ist höchstwahrscheinlich zu dieser Zeit der vorherrschende Abwehrmechanismus.

Wenn die phallische Phase in bezug auf den Analytiker und die analytische Situation wiedererlebt wird, führt sie zu den dramatischsten Übertragungserlebnissen. Man darf nicht vergessen, daß dies auf die verschiedenste Weise stark abgewehrt werden kann. Sobald die Abwehr überwunden ist, rufen die inzestuöse Liebe und die Kastrationsangst, die eifersüchtige Rivalität und die Todeswünsche, der Wunsch nach einem Baby oder einem Penis, die Rückkehr ödipaler Masturbationsphantasien und die damit verbundenen Schuldgefühle sehr lebhafte Übertragungsreaktionen hervor.

Diese Methode, Übertragungsreaktionen zu kategorisieren, läßt sich bei allen Stufen der Libidoentwicklung anwenden. Ein umfassenderes Bild von den Möglichkeiten findet der Leser in den grundlegenden Werken über diesen Gegenstand (Freud, 1905 d; Abraham, 1924; Fenichel, 1945 a; Erikson, 1950; A. Freud, 1965).

3.74 Übertragungsreaktionen im Hinblick auf die Struktur

Manchmal lassen sich bestimmte Reaktionen des Patienten auf den Analytiker am besten unter dem Gesichtspunkt der Struktur beschreiben — der Analytiker kann für den Patienten zur Über-Ich-, Es- oder Ich-Repräsentanz werden. Im Abschnitt 3.411 haben wir bezweifelt, ob dies gemäß unserer Definition wirklich eine Übertragungsreaktion ist. Wie dem auch sei, es ist nützlich, sie klinisch als solche zu betrachten. Am Beginn der Analyse kann man gewöhnlich Situationen beobachten, in denen der Analytiker für den Patienten eine Über-Ich-Figur darstellt. Dies kann vorübergehend sein oder sich länger hinziehen, kann mild oder intensiv ausfallen. Wenn der Analytiker die Funktion des Über-Ichs annimmt, wird er vor allem als kritisch, feindselig, ablehnend und negativ erlebt. Dies entspricht unseren theoretischen Vorstellungen über die Besetzung des Über-Ichs mit aggressiven Triebenergien (Hartmann, Kris und Loewenstein, 1946, S. 30—35). Die Anhänger der Kleinschen Schule glauben, Introjektion und Projektion des Analytikers ins Über-Ich des Patienten seien Grundphänomene jeder Analyse. Der Kern des Über-Ichs ist nach ihrer Ansicht die Mutterbrust, sowohl die gute als auch die böse (Klein, 1952, S. 434).

Das klinische Material scheint jedoch, je nach der Lebensgeschichte des Patienten und je nach der Entwicklungsstufe, die in der analytischen Situation wiedererlebt wird, verschiedene Deutungen zuzulassen. Wenn der Analytiker zu einer Über-Ich-Repräsentanz wird, wird er immer durchtränkt mit feindseligen Impulsen, Einstellungen und Phantasien. Den kritischen Figuren, wie sie in der Lebensgeschichte des Patienten existiert haben, wird die eigene Feindseligkeit des Patienten gegenüber der jeweils betroffenen Figur hinzugefügt, auf sie projiziert. Außerdem kann auch noch die Feindseligkeit des Patienten gegen den Analytiker auf dieses Über-Ich-Bild projiziert werden. Aber dies ändert sich im Lauf der Analyse, und man muß sich hüten, stereotype Deutungen zu geben.

Ich möchte dies mit einem klinischen Beispiel veranschaulichen. Ein Patient mittleren Alters kam wegen zwanghaft-obsessiver Charakterzüge und einer darunterliegenden neurotischen Depression in die Analyse. In der Anfangsphase seiner Analyse bemerkte er ständig Gefühle bei sich, ich mißbillige seine Arbeitsweise. Routinemäßig brachte er dies in Zusammenhang mit seinem strengen Vater aus Kindertagen. Langsam wurde aber deutlich, daß sein Vater nicht entfernt so mißbilligend gewesen war, wie der Patient mich empfand. Nun deutete ich ihm, daß seine eigene Feindseligkeit gegen seinen Vater auf mich übertragen werde. Ich erhielt Feindseligkeit aus zwei Quellen: aus der Erinnerung des Patienten an seinen mißbilligenden Vater, die auf mich verschoben wurde, und aus der Wut des Patienten auf sich selber, die auch auf mich projiziert wurde. Etwas später entdeckten wir eine dritte Quelle der Feindseligkeit.

Er verachtete mich, ich war kein reiner Wissenschaftler, sondern ein Materialist und Sensualist. Meine Art zu reden, mich zu kleiden, die Dinge, die er über mich hörte, brachten ihn zu der Überzeugung, ich sei ein »Hans Dampf in allen Gassen«, der es sich gut gehen lasse, der »Tom Jones« der Psychoanalyse. Die Analyse dieser Gefühle erbrachte zuerst, daß Neid hinter der Verachtung stand. Er beneidete mich, und nun projizierte er die Verachtung auf mich. Er glaubte, ich verachtete seine Mittelschicht-Moral. Als der Patient anfing, sich zu ändern, veränderte sich diese Konstellation. Der Patient gestattete sich, die Frustrationen in seinem Sexualleben zu erleben, und er stürzte sich in eine Liebesgeschichte, ein Agieren. Zunächst meinte er, ich mißbilligte sein Verhalten, aber es sei ihm gleich. Er war es müde, das »gute Kind« zu sein. Er wollte seinen ihm zustehenden Anteil an Vergnügen, und wenn es mir nicht gefiele, sollte ich »zum Teufel gehen« *. »Ich hab meinen Perfektionismus satt; wirklich, ich hasse ihn ebenso, wie ich euch Männer gehaßt habe, die ihr das Leben genossen! Als Liebhaber bin ich ein besserer Mensch, als ich als Tugendbold war. Ich bin sogar besser zu meiner Frau und den Kindern. Nun hab' ich Angst, Sie wollen versuchen, mir das wegzunehmen, aber darin werd' ich mich gegen Sie wehren. Und ich warne Sie, ich bin schrecklich zornig, und kein gottverdammter Psychoanalytiker soll mir bei meinem Vergnügen in die Quere kommen.«

Ich glaube, diese klinische Skizze veranschaulicht die vielen Verschiebungen und Veränderungen, die im Hinblick auf die Art der Über-Ich-Figur, die der Analytiker darstellt, in einem Patienten vor sich gehen können, ebenso im Hinblick auf das, was auf den Analytiker verschoben und projiziert wird. Zuerst wird auf mich der triebverneinende Vater verschoben. Dann bin ich die Projektion der Feindseligkeit des Patienten gegen sich selbst. Dann werde ich der verächtliche, triebbejahende Vater, der »Tom Jones« der Psychoanalyse, den er, wie sich herausstellt, in Wirklichkeit beneidet. An diesem Punkt findet im Patienten eine Veränderung statt, und sein Über-Ich erlaubt ihm, triebhafter zu werden. Sein neues Über-Ich haßt sein altes Selbst, aber die alte triebverneinende Komponente wird auf mich zurückverschoben; er hat Angst, ich könnte eingreifen. Er kann jetzt aber fühlen, daß er mir in dieser Sache entgegentreten würde.

Ich glaube, dieses klinische Bruchstück zeigt, daß man wachsam auf alle möglichen Veränderungen achten muß, die in der Beziehung zwischen dem Selbst des Patienten, seinem Über-Ich und dem Analytiker während des analytischen Prozesses vor sich gehen können. Stereotype Deutungen oder ein starrer, enger Standpunkt in bezug auf diese Dinge würden den Analytiker in seiner Beurteilung der beteiligten Verwicklungen behindern.

Manchmal kann man während der Analyse beobachten, wie der Patient sein Über-Ich auf die Person des Analytikers zurückprojiziert und sich so benimmt, als hätte er selber keins. Dies tritt auf, wenn sich Patienten während der Arbeitswoche genau beobachtet und fortwährend geplagt fühlen und übers Wochenende oder während anderer Abwesenheiten vom Analytiker übermäßig den verschiedensten Triebbetätigungen huldigen. Sie regredieren auf eine Stufe, auf der sie Angst in bezug auf eine äußere Figur haben, anstatt im Inneren Schuldgefühle zu empfinden.

Ein anderer Aspekt dieser Situation tritt zutage, wenn der Patient auf

* Anm. d. Übers.: Im Original heißt es: »Fuck you, doctor« — Fick dich, Doktor — der sexuelle Beiklang geht in der deutschen Übertragung verloren.

die frühe Zeit vor der Entstehung des Über-Ichs regrediert, zu der die meisten Über-Ich-Funktionen von den mächtigen äußeren Elternfiguren erfüllt wurden. Wenn dies eintritt, ist die Über-Ich-Figur in der Übertragung allmächtig, allwissend, schwer aggressiv und destruktiv. Der Patient hat die Feindseligkeit, die Wut und Angst verschoben und auf den Analytiker projiziert, die er den Elternfiguren gegenüber in der frühesten Kindheit empfunden hat, als sie noch nicht klar vom Selbst geschieden waren (Jacobson, 1964).

Der Analytiker kann auch als Es-Figur wahrgenommen werden und nicht als ein Über-Ich. Das geschieht, wenn der Patient seine eigenen Es-Strebungen auf den Analytiker verschiebt und projiziert. In solchen Zeiten hat der Patient möglicherweise das Gefühl, der Analytiker wolle, daß er masturbiert, daß er aggressiv ist, daß er promiskuös ist, daß er perverse Sexualakte ausführt usw. Der Analytiker wird als Verführer, Provokateur und Versucher empfunden. Das kann Patienten veranlassen zu agieren, als unterwürfen sie sich lediglich dem Willen des Analytikers. Oder es kann zu pseudosexuellem und pseudoaggressivem Verhalten führen, was in Wirklichkeit ein versteckter Versuch ist, dem Analytiker zu gefallen und sich ihm zu fügen. Diese Verhaltensweise kann kompliziert sein, denn sie kann für das Bewußtsein pseudotriebhaft sein und dennoch reale Triebimpulse verbergen.

Zum Beispiel verbringt ein relativ gehemmter Patient eine Nacht in einer wilden Sexorgie mit einer fremden Frau und betätigt sich dabei sexuell auf verschiedene Weisen, die er gewöhnlich vermeidet. Zuerst behauptet er, er sei etwas betrunken gewesen, und das habe ihn in diese Situation gebracht. Etwas später erkennt er, daß er dies getan hat, um mir zu gefallen; tatsächlich war ihm der Gedanke gekommen, wenn er all diese Dinge tue, werde der Doktor aufhören zu bohren. Erst viel später erkannte er, daß die Fähigkeit, all diese Dinge zu tun, auf einen latenten Wunsch in ihm selbst hinwies.

Der Analytiker kann auch als Erweiterung des Ichs des Patienten benützt werden. Er wird nach der Formel zur Realitätsprüfung benützt: Was würde mein Analytiker jetzt tun? Wie würde er in dieser Situation reagieren? Der Prozeß, in dem der Analytiker als Hilfs-Ich benützt wird, ist bei Patienten, die mit der Realitätsprüfung Schwierigkeiten haben, besonders bei Borderline-Fällen, sehr wichtig. Er ist für alle Patienten in Krisensituationen nützlich. Hier haben wir es auch mit einem Vorläufer der Identifikation mit dem Analytiker zu tun — mit einer Form von Nachahmung. Dies ist ein wertvoller Übergang für die Entwicklung eines Arbeitsbündnisses insofern, als der Patient sich mit dem analytischen Angehen von Problemen vertraut macht. Dies kann auch zu pathologischen Zwecken mißbraucht werden, und wenn der Prozeß nicht entdeckt wird, werden Patienten zu einem Abbild ihrer Analytiker. Wir werden dies im nächsten Abschnitt ausführlicher besprechen.

3.75 Identifikation als Übertragungsreaktion

Identifikationen spielen eine wichtige und komplizierte Rolle bei der Objektbildung. Frühe Identifizierungen gehen den Objektbeziehungen voraus, und es gibt Identifizierungen, die die Beziehung zu Objekten ersetzen (Jacobson, 1964). Es scheint verschiedene Arten von Identifikationen zu geben: Manche sind partiell, manche total; manche sind vorübergehend, manche andauernd; manche sind dem Bewußtsein zugänglich, manche unzugänglich; manche sind ichsynton und manche ichdyston. Da alle Aspekte der Objektbeziehungen in der Übertragung wiederholt werden, kommen auch Identifizierungen aller Art vor. Wir wollen diese Erörterung auf die wichtigsten klinischen Formen der Übertragungsidentifikation beschränken. Einen umfassenderen Überblick über die klassische Literatur bekommt der Leser in den Schriften von Freud (1921), Fenichel (1945 a), Hartmann, Kris und Loewenstein (1946), Jacobson (1964) und Hendrick (1951).

Eine Form der Identifikation, die absolut notwendig ist, damit die Analyse überhaupt wirksam werden kann, haben wir beschrieben, als von der Bildung des Arbeitsbündnisses die Rede war. Wir wiederholen: Wenn der Analytiker eine Deutung gibt oder den Patienten mit etwas konfrontiert, verlangt er vom Patienten, er solle vorübergehend sein erlebendes, frei assoziierendes Ich aufgeben und zusammen mit seinem Therapeuten betrachten, was er gerade erlebt hat. Mit anderen Worten, er wird aufgefordert, sich vorübergehend und partiell mit dem Analytiker zu identifizieren (Sterba, 1929). Zuerst tut er dies nur, wenn der Analytiker ihn dazu auffordert, und er muß diese Entwicklung bewußt in Gang bringen. Später wird dieses Verhalten automatisch und vorbewußt. Man sieht es am lebendigsten beim Bearbeiten von Widerständen. Zunächst muß der Analytiker auf den Widerstand hinweisen und fragen, warum und wogegen der Patient Widerstand leistet.

Später erkennt der Patient selbst, daß er im Widerstand ist, und fragt sich selber, warum und was er vermeidet. Dies ist ein Zeichen der partiellen und vorübergehenden Identifikation mit dem Analytiker, die das Arbeitsbündnis zustande bringt. Wenn diese Stufe erreicht ist, sagen wir, »der Patient ist in Analyse«. Diese Art der Identifizierung bleibt selbst nach der Analyse erhalten. Menschen, die analysiert worden sind, unternehmen, wenn sie sich einem Problem gegenübersehen, eine gewisse Selbstanalyse.

Im Lauf einer Analyse identifizieren sich die Patienten mit dem Analytiker, um mit ihm als einer angsterzeugenden Figur fertigzuwerden. Ich habe es erlebt, daß solche Patienten in ihrem Verhalten zu Hause und am Arbeitsplatz plötzliche und ausgeprägte Veränderungen durchmachten.

Ein launischer und von seinen Impulsen getriebener Patient von mir zeigte plötzlich ein umgängliches, vernünftiges und rücksichtsvolles Benehmen. Seine Familie und seine Freunde machten Bemerkungen über diese auffällige Verwandlung. Sie war auch in seiner Arbeitsweise in der Analysestunde zu bemerken. Sein Ungestüm und seine Stimmungsschwankungen schienen verschwunden zu sein. Seine Assoziationen jedoch wirkten gespreizt und unproduktiv. Dann, als der Patient einen Wutausbruch eines seiner Kinder beschrieb, war ich betroffen von seiner distanzierten und unemotionalen Reaktion. Er hatte das Kind nur gefragt, was es so wütend gemacht hatte. Das paßte überhaupt nicht zu der Art des Patienten. Schließlich wurde mir klar, was da vor sich ging, als er anfing, bestimmte Worte und Ausdrücke zu benützen, die mir bekannt vorkamen. Er hatte das Vokabular übernommen, das ich zu verwenden pflegte und das ihm fremd war. Er hatte sich mit mir auf der Basis der Identifikation mit dem Aggressor identifiziert, eines Mechanismus, den Anna Freud (1936) als ein Mittel des Versuchs beschrieben hat, mit einem furchterregenden Objekt fertigzuwerden.

Der Patient versuchte, sein eigenes Material zu deuten, um mir zuvorzukommen. Es war ein Widerstand, eine Methode der Abwehr. Er hatte früher schon ähnliche Identifikationen benützt — bei dem Versuch, seine Angst vor Autoritätsfiguren zu überwinden. Diese Art der Identifizierung mit dem Analytiker bekommt man in der Analyse häufig zu sehen; der Patient übernimmt gegenüber seiner Familie und seinen Freunden die Rolle des Analytikers, sogar dem Analytiker gegenüber.

Aber Patienten identifizieren sich auch noch aus anderen Gründen mit dem Analytiker, z. B. um einen Drang nach Nähe auszudrücken. Dies ähnelt der Art des Übertragungshungers, die Ferenczi (1909) beschrieben hat. Patienten übernehmen unter dem Einfluß einer positiven Übertragung Manierismen, Eigenschaften, Züge und Gewohnheiten des Analytikers; das ist eine Manifestation ihrer Liebe und, noch wichtiger, ein primitives Mittel, sich zu einem Objekt in Beziehung zu setzen. Man darf nicht vergessen, daß Identifizierung die früheste Variante der Objektbeziehung ist und beim Aufbau der Selbst-Repräsentanz und der Ich-Struktur eine entscheidende Rolle spielt. Es ist nicht immer möglich, die verschiedenen Funktionen der Identifikation voneinander zu trennen (Fenichel, 1945 a, S. 36—39). Ich habe männliche Patienten gesehen, die gewöhnlich in ihrer Kleidung ordentlich und genau waren, und die nachlässig und verknittert wurden, wie ich es anscheinend bin. Patienten wechseln von ihrer Zigarettenmarke zu meiner über oder fangen an, Zigarren zu rauchen, wenn ich es tue. Ein Patient begann plötzlich, Musik zu studieren; ich konnte dies auf einen Psychoanalytikerklatsch zurückführen, wo er gehört hatte, in meinem Haus werde Kammermusik betrieben. Diese Identifikationen stammen im Grunde von einem oral-introjektiven Objekthunger, einem Drang, so zu werden wie der idealisierte Analytiker, von ihm geliebt zu werden oder, auf der tiefsten Stufe, mit ihm eins zu werden. Für diese Art der Identifizierung gibt es noch ein weiteres mögliches Motiv. Patienten identifizieren sich zu eifrig und zu rasch mit dem Analytiker, um eine neue Identität zu gewinnen — um ihre wirkliche Identität zu verbergen. Dies kann man bei den Patienten mit einer sogenannten »Tarn-Identität« beobachten — einer Form des »Als-Ob-Charakters (Greenson, 1958 a).

Es gibt Patienten, die das Gegenteil dieses Bildes bieten; sie scheinen nur die allerdürftigste Identifikation mit ihrem Analytiker vollziehen zu können. Sie bilden vielleicht die partielle und vorübergehende Identifikation des Arbeitsbündnisses, aber sonst nicht viel. Ich habe Patienten viele Jahre lang in der Analyse gehabt, die sehr hart daran arbeiten, die aber keine Identifikation mit mir zustande bringen, selbst in Bereichen, wo sie eine erhebliche Hilfe sein könnte. Patienten, denen der verbale Ausdruck Angst macht, übernehmen meine verbale Geschicklichkeit nicht. Patienten, die allgemein zaghaft sind, identifizieren sich nicht mit mir in meinem Freimut. Sie identifizieren sich in irgendeiner trivialen Weise mit mir; sie kaufen sich vielleicht einen Füllfederhalter wie meinen oder fangen an, Hemden mit aufgeknöpften Kragen zu tragen, aber sie identifizieren sich nicht in bezug auf irgendeine wichtigere Eigenschaft mit mir. Diese Patienten leiden an einer Angst vor der Identifikation und sind ständig in einem Kampf gegen die Identifikation befangen. Sich identifizieren bedeutet für sie, überwältigt zu werden, übernommen, verschluckt zu werden, die eigene Identität zu verlieren. Diese Patienten kämpfen gegen die Identifikation mit dem Analytiker, wie sie in der Adoleszenz gegen die Identifikation mit ihren Eltern gekämpft haben (Greenson, 1954).

Bei sehr kranken Borderline- oder psychotischen Patienten erlebt man bizarre, flüchtige und plötzliche Identifizierungen. Für sie ist die Identifikation ein verzweifelt eingesetztes Mittel, um sich an irgendeine Form der Beziehung zur Realität und zu Objekten zu klammern oder sie herzustellen.

Vor einigen Jahren hatte ich ein Gespräch mit einer verheirateten Frau mit zwei kleinen Kindern im Hinblick auf den Beginn einer Analyse bei mir. In ihrem Verhalten und in ihrer Lebensgeschichte schien nichts Morbides zu sein, das gegen die Anwendung von Psychoanalyse gesprochen hätte. Ich hatte ihr beim ersten Zusammentreffen eine Zigarette angeboten, und sie hatte sie abgelehnt und gesagt, sie sei Nichtraucherin. In der nächsten Stunde war ich sehr überrascht, als sie eine Packung Zigaretten meiner Marke herauszog und mehrere Zigaretten rauchte. Es war für mich das erste Zeichen einer drohenden psychotischen Episode, die sich gerade anzukündigen begann.

3.8 Übertragungswiderstände

Man könnte Übertragungswiderstände wirklich als eine Kategorie der klinischen Übertragungsreaktionen erörtern. Diese Gruppe von Übertragungsphänomenen ist jedoch von besonderer klinischer Bedeutung und verdient stärkere Betonung und sorgfältige Erklärung. Wie schon gesagt, Übertragungswiderstände sind die wichtigsten und häufigsten Ursachen für die Behinderung der analytischen Arbeit (Freud, 1912 a). Mit dem Analysieren von Übertragungswiderständen bringt man mehr Zeit zu als mit jedem anderen Aspekt der analytischen Arbeit. Ungenügend analysierter Übertragungswiderstand ist die wichtigste Ursache für den Abbruch oder den Stillstand von Analysen. Andererseits führt die wirksame Widerstandsanalyse zur produktivsten analytischen Arbeit.

Der Ausdruck Übertragungswiderstand ist eine Abkürzung; er bezieht sich auf viele verschiedene klinische Konstellationen. In jedem Fall verursacht die Übertragung den Widerstand, aber auf verschiedene Art und Weise. Zum Beispiel: Der Patient hat vielleicht Übertragungsgefühle, die er zu befriedigen anstatt zu analysieren versucht. Oder der Patient stellt sich dem analytischen Verfahren entgegen, weil er fürchtet, es könnten sich in ihm gewisse Übertragungsreaktionen entwickeln. Oder der Patient nimmt gewisse Übertragungsgefühle an und klammert sich an sie, weil er andere Formen von Übertragungsreaktionen fürchtet, und um sich zu schützen, leistet er Widerstand gegen das freie Assoziieren.

Unter einem klinischen und technischen Gesichtspunkt ist es der Mühe wert, verschiedene Typen des Übertragungswiderstands auseinanderzuhalten, denn sie unterscheiden sich sehr in ihrer Dynamik und Struktur und in bezug auf den Grad der technischen Schwierigkeiten, die sie bieten. Form und Struktur des Übertragungswiderstands verändern sich im Lauf der Analyse im einzelnen Patienten, und bei jedem Patienten ist die Abfolge der verschiedenen Widerstandstypen einzigartig. Es ist auch sehr verschieden, welche Formen des Übertragungswiderstands bei einem Patienten überwiegen. Man sollte sich ferner vor Augen halten, daß die verschiedensten Übertragungswiderstände zugleich wirksam sein können, und eins unserer technischen Probleme besteht darin herauszufinden, welche Konstellation des Übertragungswiderstands wir zu einem bestimmten Zeitpunkt für unsere therapeutische Arbeit auswählen sollen. Für die besondere Bearbeitung habe ich jene Arten von Übertragungswiderstand ausgewählt, die am häufigsten vorkommen und die man am deutlichsten herausstellen kann.

3.81 Die Suche nach Übertragungsbefriedigung

Eine der einfachsten und häufigsten Ursachen des Übertragungswiderstands ist dann gegeben, wenn der Patient starke emotionale und Triebwünsche in bezug auf den Analytiker entwickelt und nach ihrer Befriedigung strebt, anstatt die analytische Arbeit zu tun. Dies kann auf libidinösen und aggressiven Trieben beruhen, auf Liebe oder Haß. Außerdem können alle Entwicklungsphasen der Triebe und Emotionen oder jede einzelne von ihnen beteiligt sein. Zum Beispiel kann der Patient auf einer phallisch-ödipalen Stufe dem Analytiker gegenüber sexuelle Wünsche, inzestuöse Wünsche und Kastrationsangst empfinden. Oder ein Patient kann dem Analytiker gegenüber passiv-anale Triebimpulse haben oder orale Wünsche, gefüttert und versorgt zu werden, usw. Jedes dieser libidinösen Elemente kann den Patienten dazu treiben zu versuchen, irgendeine Form der Befriedigung zu erlangen und auf die analytische Arbeit zu verzichten.

Zur Veranschaulichung möchte ich den Fall einer Patientin anführen, die zu verschiedenen Zeiten von jeder der eben erwähnten Libido-Komponenten getrieben wurde. Am Anfang ihrer Analyse (sie war eine depressive Patientin, die darunter litt, daß sie zuviel aß) verfiel sie häufig in trauriges Schweigen, weil sie wollte, ich sollte zu ihr sprechen. Zu dieser Zeit bedeutete mein Zu-ihr-Sprechen, daß ich bereit war, sie zu füttern. Wenn ich redete, hieß das, daß ich wirklich an ihr Anteil nahm, daß ich sie versorgen, füttern und sie nicht im Stich lassen würde. Wenn diese Wünsche befriedigt wurden, war sie fähig zu arbeiten, zu produzieren, sonst fühlte sie sich leer und verlassen und unfähig, sich mitzuteilen. Später in der Analyse empfand sie mir gegenüber starke sexuelle Impulse, die unverkennbar inzestuöser Natur waren. Sie kam in frivoler Stimmung, zum Flirt aufgelegt, in ihre Stunde, entschlossen, mich zu irgendeiner Art von sexuellem Spiel zu provozieren, sei es auch nur verbaler Art. Eine Zeitlang weigerte sie sich, mit diesem Material zu arbeiten; sie verlangte, ich müsse zuerst zeigen, daß ich ihre Gefühle irgendwie erwidere. Noch später in ihrer Analyse machte sie eine Phase durch, in der sie sich weigerte, analytisches Material zu produzieren, wenn ich sie nicht »stupste«. Sie versicherte beharrlich, wenn ich auch nur eine kleine Bemerkung in ihr Schweigen einschöbe, würde sie fähig sein, all ihre aufgestauten Mitteilungen herauszulassen. All diese verschiedenen Bedürfnisse wurden zu Quellen des Widerstands, bis sie in der Lage war, auf ihren Wunsch nach Befriedigung zu verzichten. Erst dann war sie bereit, ein Arbeitsbündnis einzugehen und zu versuchen, ihre verschiedenen Triebimpulse mir gegenüber analytisch zu bearbeiten.

Verbunden mit den oben angeführten Beispielen und als Widerstandsquelle sehr häufig ist der Wunsch oder das Bedürfnis des Patienten, geliebt zu werden. Alle Patienten machen in höherem oder geringerem Maß und auf die verschiedensten Weisen Perioden durch, in denen ihr Wunsch, von ihrem Analytiker geliebt zu werden, ihren Wunsch, sich auf das analytische Verfahren einzulassen, überlagert und blockiert. Die Angst, Liebe oder Achtung des Therapeuten zu verlieren, ist eine ständig vorhandene und lauernde Quelle des Widerstands. Sie kann allein wirksam sein, oder sie findet sich auf der Oberfläche oder am Grund der verschiedenen Formen des Übertragungswiderstands. Auch kann der Familienroman in der Übertragung wiederholt werden (Freud, 1905 d; Frosch, 1959).

Ich möchte dieses Problem durch ein Beispiel aus der Analyse von Frau K. veranschaulichen[6]. Ich wurde auf das enorme Liebesbedürfnis der Patientin aufmerksam durch ihren Bericht, sie sei von einer verantwortungslosen Mutter aufgezogen worden und der Vater habe sie im Stich gelassen, als sie zwei Jahre alt war. Ihr erster Traum brachte dieses Bedürfnis an den Tag. Ich hatte die Vorbesprechungen mit Frau K. durchgeführt, und wir hatten vereinbart, daß sie in etwa zwei Monaten ihre Analyse beginnen würde, dann würde bei mir ein Platz frei. Sie kam zur ersten Analysestunde; wir sprachen kurz über die Ereignisse der Zwischenzeit und über die Verwendung der Couch. Sie brannte darauf zu beginnen. Sobald sie sich hingelegt hatte, erzählte sie folgenden Traum: »Ich komme zu meiner ersten Analysestunde, aber Sie scheinen anders zu sein, Sie sehen aus wie Dr. M. Sie führen mich in ein kleines Zimmer und sagen, ich solle mich ausziehen. Ich bin überrascht und frage Sie, ob man das von Ihnen als einem klassischen Freudianer erwartet. Sie versichern mir, es sei alles in Ordnung. Ich ziehe mich aus, und Sie fangen an, mich überall zu küssen. Dann haben Sie mich schließlich mit dem Mund geliebt. Mir gefiel das, aber ich zweifelte immer noch, ob es richtig sei.«

Die Patientin gab zu, sie sei verlegen über den Traum und begann zu sprechen. Dr. M. ist der Arzt, der sie an mich überwiesen hat, und sie hat eine Zeitlang für ihn geschwärmt. Er schien ihr sehr tüchtig, aber dann sah sie, daß er seine Mängel hatte. Er schien ihre Bereitschaft zum Flirten zu genießen; das war für sie ein Beweis, daß in seinem häuslichen Leben etwas nicht in Ordnung war. Sie weiß, daß ich verheiratet bin, und das beruhigt sie. Sie ist so aufgeregt, daß sie auf der Couch liegt und Psychoanalyse macht. Sie hat so Angst gehabt, ich würde sie nicht als Patientin annehmen; sie hatte gehört, ich hätte nur wenige Privatpatienten. Vielleicht werde ich sie hinauswerfen, wenn ich merke, was für ein »Nichts« sie ist. Sie hat das Gefühl, ich sei bei unserer letzten Zusammenkunft ein wenig brüsk gewesen, nicht so warmherzig wie in den ersten paar Stunden. Aber sie war entschlossen, bei mir in die Analyse zu kommen. Sie hätte so lange gewartet, wie es nötig gewesen wäre. Sie hatte es satt, die zu nehmen, die keiner haben wollte. »Ich will das Allerbeste [Pause]. Ich will das Beste, aber kann ich es halten? Was macht mich glauben, daß ich es verdiene? [Pause] Alles, was der Mühe wert war, habe ich immer bekommen, weil

[6] Siehe auch Abschnitt 1.24, 2.651, 2.71, 3.25, 3.42.

ich attraktiv war. Vielleicht haben Sie mich auch darum als Patientin genommen. Aber warum sollte ich davon träumen, daß Sie mich mit dem Mund lieben? Ich weiß nicht einmal, wie ich das höflich ausdrücken soll. Vielleicht bringen Sie mir bei, wie man richtig Englisch spricht. Oder haben Sie schon genug von meinem Geschwätz? [Pause] Ich hab' Schwierigkeiten mit dem Sex. Mir gefällt der Gedanke, aber ich kann beim Verkehr keinen Orgasmus erleben. Die einzige Art, wie es mir manchmal gelingt, ist die, daß mein Mann mich mit dem Mund liebt. Ich nehme an, das bedeutet was — was Schlimmes.«

Dieser Traum stellte uns vor einige schwierige Probleme, denn es waren sowohl offenkundige Sexualbetätigung darin als auch Widerstände, und es war die erste Analysestunde der Patientin. Der manifeste Traum schien zu besagen, daß ich sie an jemand erinnerte, in den sie verliebt war, und daß ich, nicht sie, ihr sexuelle Dinge mit meinem Mund antun wolle. Außerdem war sie bemüht, das Richtige zu tun, und ich war in erster Linie daran interessiert, ihr sexuelle Lust zu verschaffen. Man konnte sehen, wie unsere Rollen vertauscht worden waren. Ihre Assoziationen gingen immer wieder auf die Frage zurück, ob ich sie akzeptieren, als Patientin behalten würde. Sie zeigten auch ihr Gefühl an, wenig wert, leer und ungebildet zu sein, während ich als hochwertig und als der »Beste« angesehen wurde. Dann war da noch die Feststellung, daß sie nur durch Cunnilingus zu einem Orgasmus komme.

Das spezielle technische Problem war, wie man das offenkundige sexuelle Element des Traumes in dieser Stunde handhaben sollte, der ersten dieser ängstlichen Patientin. Ich beschloß, sie auf ihr Bedürfnis, geliebt zu werden, hinzuweisen, ihre Angst, von mir abgelehnt zu werden, und dies irgendwie mit dem sexuellen Element zu verbinden. Das Sexuelle zu übergehen hätte bedeutet, es »schlecht« zu machen, darüber zu sprechen hätte vielleicht die Widerstandselemente verwischt und uns vielleicht zu früh in der Analyse in zu große Tiefen geführt. Aber da die Patientin fähig gewesen war, es zu träumen und es zu behalten, beschloß ich, ich müsse zu der sexuellen Betätigung eine Bemerkung machen. Ich sagte etwa folgendes: »Sie müssen sich große Sorgen gemacht haben nach der letzten Stunde, als ich Ihnen brüsk vorkam und Sie sich fragten, ob ich Sie wirklich als Patientin annehmen würde. Dann träumen Sie, daß ich meinen Mund sexuell an Ihnen benütze, als Beweis, daß ich Sie wirklich akzeptiere.« Ich machte eine Aufwärts-Rekonstruktion, wie sie von Berta Bornstein (1949) und Loewenstein beschrieben worden ist (1951, S. 10).

Die Patientin hörte aufmerksam zu und erwiderte: »Komisch, Sie haben erkannt, daß ich immer das Gefühl hatte, wenn ein Mann einen liebt, sollte er auch fähig sein, einen mit dem Mund zu lieben. Viele Männer sind groß im Reden über die Liebe, aber sie weichen zurück, wenn es ›dazu‹ kommt. Ich bin zuerst immer verlegen, wenn sie es tun, denn ich frag' mich, wie sie es aushalten können, aber vielleicht beweist es wirklich, daß ein Mensch einen liebt, mindestens sexuell.«

Das Bedürfnis, geliebt zu werden und die schreckliche Angst, abgelehnt zu werden, waren in den Übertragungswiderständen Frau K.s die Hauptfaktoren. Sie setzte Abgelehntwerden mit Im-Stich-gelassen-Werden gleich. Verlassenwerden rief eine große Wut hervor, die sie nach innen wendete, und infolgedessen fühlte sie sich wie ein »Nichts«. Zum Teil geschah dies, um den idealisierten Analytiker zu bewahren, festzuhalten, denn sie fürchtete sehr, ihre Feindseligkeit würde ihn zerstören, dann aber wäre sie wirklich allein, d. h. ein »Nichts«.

Ich kann auch Beispiele für die aggressive Seite bringen. Es gibt Patienten, die von feindseligen, destruktiven Impulsen erfüllt werden, die unbewußt darauf aus sind, ihren Analytiker und ihre Analyse zu zerstören, anstatt ihre Triebimpulse zu analysieren.

Ein neurotisch-depressiver Patient von mir mit einer Colitis ulcerosa hatte einen Streit mit seiner Frau, die, wie er behauptete, nicht darauf achtete, ihm die richtige Nahrung zuzubereiten. Er stürzte aus dem Haus zu seiner Analysestunde. Mir schien klar, daß er seine Feindseligkeit von seiner Mutter auf seine Frau verschoben hatte. Als er relativ vernünftig zu sein schien, wies ich ihn darauf hin. Alles, was er von dieser Deutung hörte, war, daß ich auf der Seite seiner Frau stand. Am gleichen Abend ging er, obwohl er jahrelang eine strenge Diät eingehalten hatte, allein in ein Restaurant und aß alle verbotenen Nahrungsmittel, die er herunterbringen konnte. Er beschloß die Mahlzeit mit viel Cognac und schwarzem Kaffee. In der folgenden Nacht hatte er heftige Schmerzen, schweres Erbrechen und Durchfall. Die Wut, die er gegen seine Frau, seine Mutter und mich empfand, ließ er an sich selbst aus als ein Mittel der Rache nach dem Motto: »Ich bringe mich um, und dann tut es euch allen leid«. Außer all seinen anderen Bedeutungen war dieses Verhalten ein Versuch, die Analyse zunichte zu machen und den Analytiker zu verletzen.

Patienten, die an einer sogenannten »erotisierten« Übertragung leiden, neigen zu sehr destruktivem Agieren (Rappaport, 1956). Dies sieht man auch bei von ihren Triebimpulsen besessenen Charakteren, bei Perversionen, Borderline-Fällen usw. All diese Patienten haben Übertragungswiderstände, die auf tieferliegenden Haßimpulsen beruhen. Sie versuchen nur, diese Gefühle zu entladen, und stellen sich gegen die analytische Arbeit. Die technische Aufgabe besteht im Aufspüren des Augenblicks, in dem man das vernünftige Ich mobilisieren kann. Gewöhnlich wird ein vernünftiges Ich zugänglich, sobald die Intensität des Gefühls abgeklungen ist, sobald die Triebforderungen weniger dringlich geworden sind.

Die wenigen intensiven, subtilen, chronischen Forderungen nach Befriedigung sind schwerer zu entdecken und dem Patienten zu demonstrieren. Sobald sie für den Patienten erkennbar werden, werden sie auch für die analytische Arbeit zugänglich.

3.82 Defensive Übertragungsreaktionen

Eine andere Form des Übertragungswiderstands tritt auf, wenn der Patient in bezug auf seinen Analytiker seine Abwehr gegen triebhaftes und emotionales Engagement wiederholt und wiedererlebt (A. Freud, 1936, S. 17—24). Dies kann zur hervorragenden Eigenschaft und Funktion der Übertragungsreaktion werden. Diese Form der Übertragung kann man als defensive Übertragungsreaktion bezeichnen. Solche Reaktionen sind immer Übertragungswiderstände und dienen dem Zweck, andere Aspekte und Formen von Übertragungsphänomenen abzuwehren. Mehrere typische klinische Varianten kommen sehr häufig vor und verdienen, gesondert besprochen zu werden (siehe Fenichel, 1941, S. 68—69).

Eine der häufigsten Formen der defensiven Übertragungsreaktion ist das Fortbestehen eines vernünftigen und rationalen Verhaltens gegenüber dem Analytiker. Ein solcher lange andauernder Mangel an irrationalen Reaktionen sieht an der Oberfläche wie ein Fehlen der Übertragung aus, aber er ist in Wirklichkeit eine Übertragungsreaktion, wenn auch eine defensive. Das beständige vernünftige und rationale Verhalten ist die Abwehrseite eines Systems von Reaktionen, unter dem sich das Triebhafte, das Emotionale und das Irrationale verbirgt. Diese Art defensiver Übertragungsreaktion sieht man oft am Anfang einer Analyse bei Patienten, die »gute« Patienten sein wollen (Gitelson, 1948, 1954).

Ich möchte diese Situation anschaulich machen, indem ich kurz einen meiner Patienten beschreibe, einen Mann Ende dreißig, der wegen acht Jahre langer sexueller Impotenz in die Analyse kam. Die Impotenz beschränkte sich auf seine Frau; bei anderen Frauen war er potent, aber er hatte Schuldgefühle, sowohl wegen seiner Untreue als auch wegen der Impotenz. Er war jedoch unfähig, seine außerehelichen Affären aufzugeben, obwohl er seine Frau liebte.

In seiner beruflichen Arbeit war er außerordentlich tüchtig und erfolgreich; es war ein Bereich mit halsabschneiderischem Wettbewerb; hier erforderte der Erfolg einen hohen Grad von Aggressivität und sogar Kampfeslust.

In seiner Analyse war er sehr gewissenhaft und bereit zur Mitarbeit. Er gab sich große Mühe, frei zu assoziieren, er brachte Träume mit, er versuchte, meinen Deutungen zu folgen, er sprach mit gemäßigtem Gefühl, er war nicht kalt oder überintellektualisiert. Manchmal verfiel er in Schweigen und wünschte sich, ich sollte etwas sagen, aber er wußte, daß Analytiker schweigen sollen. Er hatte oft das Gefühl, er mache nur geringe Fortschritte, gab sich dafür aber selbst die Schuld, da er überzeugt war, ich sei ein tüchtiger Analytiker. Wenn er über peinliches Material sprechen mußte, warf er sich selbst vor, er sei kindisch, da er ja wisse, ich würde ihn nicht kritisieren; Analytiker seien ja an solches Material gewöhnt. Wenn ich ihm Deutungen gab, denen er nicht zustimmen oder folgen konnte, nahm er an, ich müsse wohl recht haben und er sei nur ein wenig träge oder langsam im Begreifen.

Nun begann ich auf die bleibende Vernünftigkeit seiner Reaktionen mir gegenüber hinzuweisen und fragte mich und ihn, ob er jemals irgendwelche anderen Gefühle oder Phantasien in bezug auf mich habe. Er wußte nichts anderes als das Gefühl, ich sei ein tüchtiger Analytiker, der sein Bestes tue. Ich wies ihn darauf hin, daß es in manchen seiner Träume Situationen gab, wo ich als tot oder verstümmelt dargestellt wurde, und solche Bilder müßten ja aus seinem Inneren kommen. Er stimmte zu, das scheine plausibel, aber er konnte keine solchen Gefühle in sich finden. Als ich versuchte, die Figur in seiner Vergangenheit zu finden, der gegenüber er ähnliche Reaktionen gehabt hatte, stellte sich heraus, daß es sein Vater war. Für den Patienten war der Vater ein anständiger, gewissenhafter, hart arbeitender Mann, in bezug auf den er auch bleibende vernünftige, rationale und warmherzige Gefühle hegte. Gegenüber irgendwelchen Mängeln seines Vaters war er immer tolerant und gutmütig. Dies stand in deutlichem Gegensatz zu seinem feindseligen und kampflustigen Verhalten gegenüber anderen Männern in Autoritätsstellungen oder seinen Konkurrenten. Er schien mich und seinen Vater vor seinen unbewußten Triebimpulsen schützen zu wollen — aber warum?

Ein Traum liefert den Schlüssel zu dieser Frage. Er ist auf einem Segelboot. Das Segel ist an einem Totempfahl befestigt, auf dem drei Gestalten zu sehen sind, zwei Männer und ein Baby. Die oberste Gestalt sieht aus wie ich, dann kommt das Baby, ganz unten ist sein Vater. Seine Assoziationen führen zu folgendem: Als der Patient sieben Jahre alt war, erlitt der Vater einen Herzanfall, und man machte den Jungen glauben, seine emotionalen Ausbrüche hätten den Vater beinah getötet. Dieses Material war nicht neu, aber es schien für den Patienten neue Bedeutung zu gewinnen. Er zögerte eine Weile und sagte dann ruhig, er habe gehört, ich hätte einmal einen Herzanfall gehabt. Er fährt fort, indem er munter sagt, er sei sicher, ich werde wohl sehr auf mich aufpassen, schließlich sei ich ja Arzt. Ich entdecke eine gewisse Fadenscheinigkeit in seinem Versuch, beruhigend zu sprechen. Ich unterbreche ihn und frage: »Irgendetwas macht Ihnen Sorgen, was denken Sie sonst noch?« Der Patient seufzt, tut so, als ob er lache, dann sagt er, er habe gehört, ich sei über fünfzig Jahre alt; das sei für ihn ein Schock gewesen. Er habe gedacht, ich sei zwischen vierzig und fünfzig. Ich schiene ihm jung zu sein und wie ein junger Mann zu handeln.

Ich intervenierte: »Daß ich über fünfzig bin, hat Sie schockiert. Was fällt Ihnen zu dem Gedanken ein — über fünfzig Jahre alt?« Der Patient sagt rasch: »Mein Vater ist mit dreiundfünfzig gestorben, und ich kann die Möglichkeit nicht ertragen, daß Sie sterben. Ich hab genug auf dem Gewissen. Ich glaube nicht, daß ich Ihnen dies schon einmal erzählt habe, aber das Baby auf dem Totempfahl hat mich an den Tod unseres ersten Babys erinnert. Ich habe Ihnen erzählt, daß meine Frau eine Placenta praevia hatte, aber mir ist eben erst aufgegangen, daß ich Schuldgefühle hatte, weil ich Verkehr mit ihr hatte, kurz bevor sie ihre Blutung bekam, und so daran schuld war.«

Ich deute: »Und Sie wurden impotent bei Ihrer Frau, um ganz sicher zu gehen, daß Sie nie wieder einem Baby etwas antun könnten.« Er antwortet: »Ja, ich hab' keinen Verkehr mit einer guten Frau verdient. Aus mir scheinen nur zerstörerische Dinge herauszukommen, wenn ich loslasse. Sie sollten froh sein, daß ich hier so beherrscht bin.« Pause. Schweigen.

Nun ist klar geworden, daß hinter der chronischen Vernünftigkeit dieses Patienten, hinter seiner defensiven Übertragung, stürmische Gefühle und Triebimpulse lagen. Daß er sich bei mir so vernünftig gab, war seine Methode, mich vor seiner destruktiven Feindseligkeit zu schützen und zu bewahren. Die Analyse der Geschichte seiner defensiven Vernünftigkeit machte es dem Patienten schließlich möglich, die stürmischen Impulse zu erleben, die hinter diesem Schutzwall lagen.

Das scheinbare Fehlen von Übertragungsreaktionen entpuppte sich als defensive Übertragung. Der Patient wiederholte bei seinem Analytiker eine Reihe von Abwehrreaktionen, die er in bezug auf seinen Vater und später in bezug auf seine Frau anzuwenden nötig gefunden hatte. Diese Abwehrreaktionen waren ein Widerstand und stellten sich der Aufdeckung der triebhaften und affektiven Komponenten entgegen, die darunter verborgen lagen.

Im obigen Beispielfall übertrug der Patient ein ganzes System von Abwehrmechanismen auf den Analytiker, aber man erlebt auch Fälle, wo vielleicht nur eine einzige Abwehrhaltung übertragen wird. Es gibt Patienten, die immer auf eine Deutung reagieren, indem sie sie scheinbar akzeptieren. Sie wiederholen möglicherweise eine unterwürfige Haltung aus der Vergangenheit, um aggressive Gefühle abzuwehren. Einer meiner Patienten machte nie aus eigenem Antrieb eine Deutung, gleichgültig, wie offensichtlich das Material sein mochte. Er wartete immer, bis ich die Deutung gab. Dieses defensive Verhalten beruhte auf dem Umstand, daß sein älterer Bruder in wildem Wettstreit mit ihm gestanden hatte und ihn heftig angriff, wenn der Patient seine Vormachtstellung in irgendeiner Weise bedrohte. So spielte der Patient auch bei mir den Naiven, Unwissenden — die gleiche Abwehrrolle, die er seinem älteren Bruder gegenüber angenommen hatte.

Bisher haben wir Beispiele von defensiver Übertragung beschrieben, bei denen bestimmte Abwehrformen im Vordergrund der Übertragungsphänomene stehen. Es gibt aber noch andere defensive Übertragungsreaktionen, bei denen gewisse triebhafte und affektive Reaktionen als Abwehr gegen andere Trieb- und Affektphänomene benützt werden. Zum Beispiel erhält eine Patientin lange Zeit hindurch eine starke sexuelle und erotische Übertragung aufrecht, um eine tieferliegende feindselige, aggressive Übertragung abzuwehren. Bei Patienten, die dem gleichen Geschlecht angehören wie der Analytiker, kann eine andauernde feindselige Übertragung benützt werden, um homosexuelle Gefühle abzuwehren. Ähnlich ist die Lage bei Haltungen. Beharrliche Unterwürfigkeit kann eine Abwehr gegen Widerspenstigkeit sein oder Widerspenstigkeit kann eine Abwehr gegen Unterwürfigkeit sein, die für den Patienten vielleicht passive Homosexualität bedeutet, usw. Die obigen Schilderungen sind Beispiele für Reaktionsbildungen, die in der Übertragung eintreten.

Defensive Übertragungsreaktionen geben immer einen Hinweis darauf, daß Angst vor irgendeiner tieferliegenden triebhaften und affektiven Komponente besteht. Die defensive Übertragung ist gewöhnlich ichsynton und stellt darum eine zusätzliche technische Hürde dar. Man muß zuerst die defensive Übertragung ichfremd machen; erst dann kann man dazu übergehen, sie wirksam zu analysieren. Defensive Übertragungsreaktionen finden sich häufig bei pseudonormalen Charakteren, bei Ausbildungskandidaten in der Lehranalyse, bei Klinikfällen, die unentgeltlich behandelt werden, und auch bei Menschen mit neurotischen Charakterstörungen, die eine normale Fassade aufrechterhalten müssen. Solche Patienten bieten die zusätzliche technische Schwierigkeit, daß man die defensive Übertragung als Widerstand entlarven muß, daß man sie ichdyston machen und sie dem Patienten als ein Symptom deutlich machen muß (Reider, 1950; Gitelson, 1954). Erst dann kann man dazu übergehen, die zugrundeliegenden Impulse und Affekte zu analysieren.

3.83 Generalisierte Übertragungsreaktionen

Bisher haben wir bei der Erörterung der verschiedenen Typen von Übertragungsphänomenen und Übertragungswiderständen Reaktionen auf den Analytiker beschrieben, die aus der Erfahrung mit spezifischen bedeutsamen Personen in der Vergangenheit des Patienten abgeleitet sind. Der Patient liebt oder haßt oder fürchtet den Analytiker, wie er früher seinen Vater, seine Mutter, seinen Bruder usw. gefürchtet oder geliebt hat. Das Übertragungsverhalten des Patienten gegenüber seinem Analytiker hebt sich gewöhnlich deutlich ab und ist ganz anders als sein Verhalten gegenüber den meisten Menschen in seinem Leben außerhalb der Analyse, mit Ausnahme derjenigen, die ähnliche Übertragungsfiguren sind. Übertragungsreaktionen sind gewöhnlich spezifisch und umschrieben.

Unter der Überschrift »generalisierte Übertragungsreaktionen« möchte ich jedoch eine Art von Übertragungsphänomen beschreiben, das sich von allen anderen vorher besprochenen Arten genau dadurch unterscheidet, daß es unspezifisch und nicht begrenzt ist. Hier reagiert der Patient auf den Analytiker, wie er auf viele oder die meisten Menschen in seinem Leben reagiert. Das Übertragungsverhalten ist nichts Besonderes, es ist typisch und habituell. Dieses Verhalten hat Wilhelm Reich (1928, 1929) als »Charakterübertragung« bezeichnet, aber andere haben diese Bezeichnung als irreführend und zweideutig abgelehnt (A. Freud, 1936; Sterba, 1951).

Diese Form der Übertragung unterscheidet sich von anderen dadurch, daß die Reaktionen auf den Analytiker die habituellen, repräsentativen und typischen Reaktionen des Patienten auf andere Menschen im allgemeinen sind; die Übertragung ist charakteristisch für die allgemeinen Objektbeziehungen des Patienten. Es ist diese Eigenschaft des Unspezifischen, des Charakteristischen, die zum Gebrauch des Ausdrucks »Charakterübertragung« geführt hat. Der Ausdruck »Charakter« hat jedoch verschiedene Bedeutungen, und ich finde die Bezeichnung »generalisierte Übertragungsreaktion« genauer.

Patienten, die mit generalisierter Übertragung auf ihren Analytiker reagieren, haben Gefühle, Haltungen, Impulse, Erwartungen, Wünsche, Ängste und Formen der Abwehr, die in ihren Charakter gewissermaßen

»eingegossen« sind und die zu ihrer Schaufassade der Welt gegenüber geworden sind. Diese Züge sind die relativ festgelegten Ergebnisse, die Überbleibsel, die Kompromißlösungen verschiedener Konflikte zwischen Trieben und Abwehr. Dieser Aspekt der Persönlichkeit enthält sowohl Abwehr- als auch Triebkomponenten, oft in verdichteter Form. Im Lauf einer psychoanalytischen Therapie haben solche Übertragungsreaktionen immer eine wichtige Widerstandsfunktion. Der Lernende halte sich an die Standardwerke über Charakterbildung, dort findet sich eine ausführliche Darstellung der Dynamik (W. Reich, 1928, 1929; Fenichel, 1945 a).

Ich möchte ein typisches Beispiel für eine generalisierte Übertragungsreaktion anführen. Ein Mann Mitte fünfzig kam wegen einer Schlafstörung und der Angst, schlafmittelsüchtig zu werden, in die Analyse. Er war in seinem Beruf außerordentlich erfolgreich, scheinbar auch in seinem Familien- und Gesellschaftsleben. Ein wesentlicher Faktor bei seinen verschiedenen Erfolgen war seine Neigung zur Begeisterung. Er war ein »Hallo, nett-Sie-zu-sehen«-Typ, witzig, herzhaft, fröhlich, emotionell freigiebig, offenherzig, sehr gesellig, der Mittelpunkt jeder Party usw. Kurzum, er war ein Enthusiast.

Er begann seine Analyse wie jedes andere Projekt, eifrig, kraftvoll und optimistisch. Er leitete jede Stunde mit einem dröhnenden ›Hallo‹ ein; zwischen seine Assoziationen streute er Witze ein; seine Erlebnisse wurden zu faszinierenden Geschichten verwoben; er fand meine Deutungen brillant, bemerkenswert oder entzückend. Wenn meine Bemerkungen ihn schmerzten, war er eingeschüchtert und eifrig bereit, meine Feststellungen zu betätigen. Er bewunderte mich, schmeichelte mir, verkündete jedermann meine Tugenden und warb neue Patienten für mich. Obwohl er das Standardverfahren der Psychoanalyse kannte, lud er mich wiederholt zu Parties ein; er arrangierte sogar Parties mit berühmten Leuten, von denen er glaubte, sie würden mich interessieren, und obwohl ich jedesmal ablehnte, war er sicher, ich würde früher oder später doch nachgeben. Er war überzeugt, mein Lieblingspatient zu sein, obwohl er wußte, daß ich durch die Übereinkünfte der Psychoanalyse verpflichtet war, eine solche Information nicht zu geben. Diese Art, auf mich zu reagieren, war typisch und charakteristisch für die Art, wie er auf die meisten Menschen — und zwar höchst erfolgreich — reagierte. Er wurde von Menschen aller Schichten als liebenswürdig und charmant angesehen, von seinen Familienangehörigen, seinen Angestellten, seinen vielen Geliebten, wichtigen leitenden Männern und berühmten Künstlern.

Diese generalisierte Übertragungsreaktion war schwierig zu handhaben. Zuallererst mußte ich meine realen Reaktionen und meine Gegenübertragungsreaktionen bezwingen. Dann mußte ich ihn ständig auf die Unterschiedslosigkeit seines Verhaltens hinweisen, auf die Promiskuität seiner Lieben, seine fortwährende Ruhelosigkeit, die auf eine verborgene Unzufriedenheit hindeutete. Allmählich konnte ich ihm demonstrieren, daß diese chronische Begeisterung, dieses Gefühl, der Liebling zu sein, ein Märchen war, eine Tarnung, die er aufrechtzuerhalten suchte. Sie ließ ihn nur im Schlaf und in seinen Träumen im Stich, wenn er auf seine bewußten Steuerungsmechanismen verzichten mußte. Nach monatelanger Arbeit wurde seine Begeisterung für ihn ichfremd, er bejahte sie nicht mehr, er erkannte, daß sie trügerisch war, und er wagte es, sich zu gestatten, die darunter liegende Depression zu fühlen. Nun veränderte sich seine Übertragungsreaktion, und ich wurde zu verschiedenen Zeiten die verhaßte, heuchlerische Mutter, die ihn verführt und abgelehnt hatte, der zornige Vater usw. Auch außerhalb der Analyse veränderte sich sein Verhalten. Er konnte zwar immer noch enthusiastisch und charmant sein, aber er hatte es in der Hand. Schließlich konnte er einige würdige Feinde aufweisen; manchmal war er sogar fähig, langweilig zu sein. Nun konnte er auch schlafen und träumen (Greenson, 1962).

Die technischen Probleme bei der Behandlung generalisierter Übertragungsreaktionen sind denen bei der defensiven Übertragung ähnlich, da die generalisierte Übertragung immer einem wichtigen Abwehrzweck dient und ichsynton ist. Die erste Aufgabe besteht darin, die Übertragung in eine ichdystone zu verwandeln, die Schmerz verursacht, so daß der Patient sie aktiv bearbeitet, anstatt zu versuchen, sie aufrechtzuerhalten. Charakterwiderstände müssen in Übertragungswiderstände verwandelt werden (Fenichel, 1941, S. 68). Dann entwickelt sich die Übertragungsneurose, und es kann fruchtbare analytische Arbeit geleistet werden. Weitere technische Probleme werden im Abschnitt 3.10 besprochen.

Generalisierte Übertragungsreaktionen kommen bei Patienten vor, die überwiegend an Charakterstörungen leiden. Jeder Typus bringt eine typische generalisierte Übertragung hervor; z. B. entwickelt ein zwanghafter Charakter eine generalisierte Übertragung auf den Analytiker, die ein Abbild seiner isolierten, zwanghaften Objektbeziehungen im allgemeinen ist.

3.84 Das Agieren von Übertragungsreaktionen

Seit dem Dora-Fall, den er im Jahr 1900 behandelte, war sich Freud darüber klar, wie wichtig es ist, Übertragung, Übertragungswiderstände und besonders das Agieren von Übertragungsreaktionen zu erkennen und zu analysieren. Dora brach die Behandlung bei Freud ab, weil er nicht erkannte, daß sich eine bestimmte Übertragungsreaktion auf ihren Geliebten bezog und nicht auf ihren Vater. Außerdem agierte die Patientin diesen Aspekt ihrer Übertragung. Sie handelte Freud gegenüber, wie sie es gern bei ihrem Geliebten, Herrn K., getan hätte; sie verließ ihn. Beim erneuten Durchdenken der Geschichte und des Ergebnisses dieser Behandlung erkannte Freud (1905 a) die besondere Bedeutung der Übertragung und des Agierens von Übertragungsphänomenen. Er kehrte später bei mehreren Gelegenheiten zu dem Problem des Agierens zurück, besonders in seiner Arbeit über den Wiederholungszwang (1914 c, 1920, 1937 a). In den letzten Jahren haben mehrere andere Autoren wichtige Beiträge zu unserem Verständnis des Agierens von Übertragungsreaktionen geleistet. (Fenichel, 1945 a, 1945 b; Greenacre, 1950; Spiegel, 1954; Bird, 1957. Siehe auch die Liste zusätzlicher Literatur.)

Agiert wird unter den verschiedensten Umständen und nicht nur als Übertragungsreaktion. Das allgemeine Thema des Agierens wird im zweiten Band weiterentwickelt. In diesem Abschnitt wollen wir das Agieren als ein Übertragungsphänomen erörtern, das im Lauf der Analyse und als besondere Variante der Übertragungsreaktion auftritt.

»Agieren« bezeichnet eine gut-organisierte, zusammenhängende Reihe von Handlungen, die zielgerichtet zu sein scheinen, bewußt gewollt und ichsynton; es stellt sich heraus, daß sie ein aktives Wieder-Durchspielen einer Erinnerung aus der Vergangenheit sind. Die Handlung ist eine leicht verkleidete Wiederholung der Vergangenheit, aber der Patient kann sich die Erinnerung oder Erinnerungen aus der Vergangenheit nicht bewußt machen. Der Patient scheint eifrig bestrebt, zu handeln, anstatt sich zu erinnern; das Agieren ist eine Abwehr gegen die Erinnerung. Im Lauf der Analyse pflegen die Patienten ihre Übertragungsreaktionen zu agieren, anstatt sie in Worten und Gefühlen zu berichten. Das Agieren kann gegenüber dem Analytiker selbst oder außerhalb der Analyse gegenüber anderen Menschen geschehen.

Das ist teilweise auf den Umstand zurückzuführen, daß der Analytiker die neurotischen Abwehrmechanismen angreift und so die Abfuhr von Affekten und Impulsen auf weniger entstellte Weise ermöglicht. Dies erleichtert den Durchbruch zum Handeln. Zweitens ist die Übertragung selbst ein Wiedererleben, eine Wiederholung der Vergangenheit, und mobilisiert deshalb Impulse aus der Vergangenheit, die im Verhalten und in Handlungen zum Ausdruck kommen können. Das Agieren wird aber auch durch eine falsche Handhabung der Übertragung verursacht, besonders durch eine ungenügende Analyse der negativen Übertragung. Fehler in bezug auf die Dosierung, die Wahl des Zeitpunkts und den Takt von Deutungen führen oft zum Agieren. Übertragungsreaktionen des Analytikers gegenüber dem Patienten können auch ein Agieren auslösen. Die Tendenz, etwas wieder durchzuspielen, anstatt sich daran zu erinnern, erscheint jedoch auch, wenn nonverbales oder präverbales Material während der Analyse zum Ausdruck kommen möchte, oder wenn man in die Nähe von traumatischem Material kommt.

Agieren ist immer Widerstand, wenn es auch vorübergehend eine nützliche Funktion haben kann. Es ist eine Abwehr gegen das Erinnern, es ist eine Abwehr gegen das Denken; es stellt sich der Integration von Denken, Erinnern und Verhalten entgegen und wirkt so strukturellen Veränderungen im Ich entgegen. Manche Formen des Agierens können dennoch einem konstruktiven Zweck dienen. Ich spreche hier vom zeitweiligen, sporadischen Agieren, das beim Zusammenbruch starrer, hemmender Abwehr eintreten kann. Diesen Typus sollte man vom habituellen Agieren des »chronischen Wieder-Durchspielers« unterscheiden. Das Agieren kann auch eine Form des versuchsweisen Sich-Erinnerns sein, ein erstes Ausprobieren des Wagnisses, sich zu erinnern (Ekstein und Friedman, 1957). In diesem Sinn ist es ein Umweg auf dem Weg zur Erinnerung. Nach meiner klinischen Erfahrung scheint es so zu sein, daß die wieder durchgespielte Erinnerung eine Deckerinnerung ist (Greenson, 1958 a). Die dem Wieder-Durchspielen eigentümliche Entstellung geht immer in Richtung auf eine Wunscherfüllung. Die offenkundigen Handlungen sind, wie der manifeste Trauminhalt, eine versuchte Wunscherfüllung (Lewin, 1955). Schließlich ist das Agieren eine Form der nonverbalen Kommunikation; trotz seiner Widerstandsfunktion ist es auch ein Griff nach einem Objekt (Bird, 1957; Greenson, 1959 a). Es kann auch ein Hilfeschrei sein (Winnicott, 1956 b).

Das Agieren ist nur eine spezifische Form des neurotischen Wieder-Durchspielens, die in der Analyse und außerhalb auftreten kann. Man sollte es vom Wiedererleben und von der symptomatischen Handlung unterscheiden, wenn dies klinisch auch nicht immer möglich ist. Beim Wiedererleben handelt es sich um eine einfache Wiederholung und Verdoppelung eines früheren Erlebnisses. Es ist keine Entstellung vorhanden, und das Wiedererleben führt ohne Schwierigkeiten zur Erinnerung. Dies kommt gewöhnlich in Zuständen der Bewußtseinsveränderung vor, unter dem Einfluß von starken Emotionen, Drogen, in Absence-Zuständen usw. Symptomatische Handlungen sind nicht gut organisiert und unzusammenhängend; sie werden als bizarr und ichfremd empfunden und stellen ein Versagen der Ichfunktionen dar. Das frühere Erlebnis ist stark entstellt, und in der symptomatischen Handlung wird möglicherweise nur ein Bruchstück des Ereignisses berichtet. Ich möchte einfache Beispiele von Agieren, Wiedererleben und symptomatischem Handeln anführen.

Frau K.[7] beendete jede Stunde damit, daß sie aufstand und das Zellstofftuch aufnahm, auf dem ihr Kopf auf dem Kissen gelegen hatte. Während sie zur Tür ging, zerknüllte sie das Zellstofftuch in ihrer Hand und achtete sorgfältig darauf, es vor meinen Blicken zu verbergen. Dann warf sie es im Vorbeigehen in den Papierkorb unter meinem Schreibtisch oder steckte es in ihre Handtasche. Sie machte das so geschickt wie möglich, und ich hatte den Eindruck, die Patientin hoffte, diese Handlungen würden meiner Aufmerksamkeit entgehen. Als ich Frau K. auf dieses Verhalten hinwies, gab sie es bereitwillig zu, schien aber erstaunt, daß ich es in Frage stellte. Ihre Haltung war: macht das nicht jeder? Sie meinte, ihre Reaktionen erklärten sich selbst und zeigten nur gewöhnlichen

[7] Siehe Abschnitt 1.24, 2.651, 2.71, 3.25, 3.42, 3.81.

Anstand. Trotz meiner Versuche, die zugrundeliegende Bedeutung zu verstehen, fuhr sie fort, so zu handeln.

In einer Stunde kam ich etwas voran, als ich sie bat, zu dem »befleckten Tüchlein« zu assoziieren, das sie versuchte, vor mir zu verstecken. Dies führte zu peinlichen Erinnerungen über ihre Scham in bezug auf die Menstruation. Mit dem Zellstofftuch verfuhr sie wie bisher. Schließlich begannen wir ihre schreckliche Scham über ihren Anus zu analysieren, den Körperteil, den sie um jeden Preis verbergen mußte. Sie konnte nicht defäzieren, wenn Fremde in ihrer Wohnung waren, aus Angst, man könnte sie hören oder der Geruch könnte sie verraten. Nach der Defäkation verbrachte sie lange Zeit im Badezimmer, um es so erscheinen zu lassen, als ob nichts geschehen wäre. Ich wies sie darauf hin, daß sie sich mit dem Zellstofftuch so verhalte, als weise es auf eine Toilettenbetätigung hin, die sie verbergen müsse. Da fielen ihr viele Einzelheiten über den Fanatismus ihrer Mutter in bezug auf Toilettenprobleme und Sauberkeit im Badezimmer ein. Nun erst konnte sie am Ende der Stunde das Zellstofftuch auf dem Kopfkissen lassen.

Frau K. agierte am Ende jeder Analysestunde: Ich bin ein sauberes Mädchen, das dafür sorgt, daß seine Toilettenbetätigungen nicht von anderen gesehen werden. Niemand darf wissen, daß ich so etwas tue. Es ist nicht wahr, daß ich so schmutzige Dinge tue; es bleiben keine Beweise dafür zurück. Es war ein gut organisiertes, bewußt gewolltes und ichsyntones System von Handlungen, das dazu diente, ihre früheren lustvollen Toilettenbetätigungen zu leugnen, an die sie sich nicht erinnern konnte. Kurzum, es war eine Form des Agierens.

Während des Zweiten Weltkriegs gab ich einem Heckschützen eines B-17-Bombenflugzeugs, der gerade aus der Kampfzone zurückgekommen war, eine intravenöse Natrium-Pentothal-Injektion. Er litt an Schlaflosigkeit, Alpträumen, Tremor, Schweißausbrüchen und einer ausgeprägten Bereitschaft zu Schreckreaktionen. Er hatte fünfzig Einsätze geflogen, war sich aber keiner beunruhigenden Angst bewußt und war abgeneigt, über die Kämpfe zu sprechen. Er erklärte sich bereit, sich das Pentothal spritzen zu lassen, weil er gehört hatte, man fühle sich dann wie betrunken, und außerdem bedeutete es, daß er mit keinem anderen Offizier zu sprechen brauchte. Sobald er etwa fünf Kubikzentimeter in der Vene hatte, sprang er auf das Bett, riß dabei die Nadel aus dem Arm und begann mit höchster Lautstärke zu schreien: »Sie kommen auf vier Uhr rein, sie kommen auf vier Uhr rein, trefft sie, trefft sie doch, sonst kriegen sie uns, die verfluchten Hunde, trefft sie doch! O Gott, trefft sie doch, trefft sie doch! Hier kommen sie wieder, auf ein Uhr, auf ein Uhr, trefft sie, trefft sie, ihr Bastarde, trefft sie, o Gott, ich bin verletzt, ich kann mich nicht mehr bewegen, trefft sie, trefft sie, so hilf mir doch einer, ich bin getroffen, ich bin getroffen, ich kann mich nicht bewegen, helft mir! O Ihr Bastarde, helft mir, trefft sie, trefft sie!«

Der Patient rief und schrie so zwanzig Minuten lang, seine Augen waren von Entsetzen erfüllt und der Schweiß lief ihm übers Gesicht. Mit der linken Hand umklammerte er seinen rechten Arm, der schlaff herabhing. Er zitterte und war ganz angespannt. Schließlich sagte ich: »Okay, Joe, ich hab' sie, ich hab' sie.« Darauf brach er auf dem Bett zusammen und fiel in tiefen Schlaf.

Am nächsten Morgen sah ich ihn und fragte, ob er sich an das Pentothal-Interview erinnere. Er lächelte scheu und sagte, er erinnere sich, daß er geschrien habe, aber es sei alles verschwommen. Ich erzählte ihm, er habe von seinem Einsatz gesprochen, bei dem er an der rechten Hand verletzt worden sei, und er habe immer wieder geschrien »trefft sie, trefft sie«. Er unterbrach mich: »O ja, ich erinnere mich, wir kamen gerade von Schweinfurt zurück, da fielen sie über uns her, und sie griffen uns von vier Uhr her an, und dann von ein Uhr, und wir wurden von Flak getroffen, usw. usw.«.

Der Patient konnte sich ohne Schwierigkeiten an das Erlebnis aus der Vergangenheit erinnern, das er unter dem Einfluß von Natrium-Pentothal wiedererlebt hatte. Es war unentstellt und zugänglich, was für Wiedererleben typisch ist.

Im folgenden möchte ich eine symptomatische Handlung anführen. Einer meiner Patienten, ein Mann mittleren Alters, kann sich in meinem Wartezimmer nicht hinsetzen. Er steht verlegen in der Ecke, bis ich die Tür zu meinem Behandlungszimmer aufmache; dann geht er sofort auf mich zu. Dieses Verhalten macht ihm zu schaffen, er weiß, daß es merkwürdig ist, aber er wird von großer Angst übermannt, wenn er versucht, sich zu setzen. Er hat in anderen Wartezimmern schon ähnliche Reaktionen erlebt, die er zu verbergen pflegte, indem er zu spät kam oder unter irgendeinem Vorwand fortging und wiederkam. Es wurde durchsichtiger, als er begann, regelmäßig zu seiner Analysestunde zu kommen, und ich begann, seine Tendenz zum Zuspätkommen zu analysieren.

In einem Zeitraum von etwa einem Jahr entdeckten wir die folgenden Determinanten seiner Angst, sich im Wartezimmer hinzusetzen. Wenn man sitzend angetroffen wurde, bedeutete das, sitzend »ertappt« zu werden, das heißt, beim Masturbieren entdeckt zu werden. Er hatte als Junge auf der Toilette sitzend masturbiert und war immer aufgesprungen, wenn er hörte, daß jemand sich näherte, aus Angst, es könnte jemand hereinkommen. Bei ihm zuhause hatte es an der Badezimmertür kein Schloß gegeben. Wenn er saß und ich stand, bedeutete das, er war klein und ich war groß, und er hatte das Gefühl, ich könnte ihn physisch attackieren. Außerdem hatte sein Vater darauf bestanden, daß er aufsprang, wenn Erwachsene das Zimmer betraten, und nun gehorchte er nachträglich. Er hatte sich, als er in die Adoleszenz kam, gegen seinen Vater aufgelehnt, und er fühlte sich schuldig, als sein Vater an einem Schlaganfall starb. Er hatte seinen Vater in einem Stuhl sitzend gefunden, als wenn er döste, nur um zu seinem Entsetzen zu entdecken, daß er im Koma war. Aufrechtstehen bedeutete also auch, daß er lebendig war; sitzend vorgefunden zu werden, bedeutete, wie sein Vater zu sein — tot. Schließlich bedeutete sitzen auch noch, die weibliche Stellung beim Urinieren einzunehmen, und er mußte in meiner Gegenwart stehen, um mir zu zeigen: sieh, ich bin ein Mann!

Hier haben wir ein Beispiel, wie eine ichfremde, bizarre Handlung gegen den Willen des Patienten ausgeführt wird; er ist gezwungen, sie zu vollführen, es ist eine symptomatische Handlung. Die Analyse bringt die vielen historischen Ereignisse ans Licht, die in dieser Handlungsweise verdichtet, entstellt und symbolisiert sind. Bei klar ausgeprägten Fällen sind Agieren, Wiedererleben und symptomatische Handlungen leicht voneinander zu unterscheiden. In der klinischen Praxis sieht man nicht oft die reine Form; oft hat man es mit einer Mischung der drei Varianten neurotischen Wieder-Durchspielens zu tun. Nun wollen wir zu unserer Untersuchung des Agierens von Übertragungsreaktionen zurückkehren.

3.841 Agieren im analytischen Rahmen

Die einfachste Art des Agierens von Übertragungsreaktionen tritt auf, wenn der Patient etwas im analytischen Rahmen agiert. Freud gibt das Beispiel von dem Patienten, der sich seinem Analytiker gegenüber trotzig und ungläubig benimmt und sich an diese Art des Verhaltens in seiner Vergangenheit nicht erinnern kann. Er empfindet diese Gefühle seinem Analytiker gegenüber nicht nur, sondern er handelt auch danach, weigert sich zu sprechen, vergißt seine Träume usw. Er handelt nach seinen Gefühlen, anstatt sie zu berichten; er spielt ein Stück der Vergangenheit wieder durch, anstatt sich daran zu erinnern (Freud, 1914 c, G.W. Bd. 10, S. 129). Außerdem ist er sich der Unangemessenheit seiner Reaktionen nicht nur nicht bewußt, sondern er fühlt sich gewöhnlich in seinem Verhalten gerechtfertigt. Das Agieren ist, wie gesagt, ichsynton.

Ich möchte dies mit dem folgenden Beispiel veranschaulichen. Ein vierzigjähriger Musiker kam in die Analyse, weil er an chronischer Schlaflosigkeit, Colitis und einer Arbeitshemmung litt. Als ich ihm meine erste Stunde am Morgen um acht Uhr geben konnte, entwickelte er eine bemerkenswerte Art, die Stunde zu beginnen. Erstens konnte ich ihn schon die Diele entlang kommen hören, weil er seine Ankunft anzukündigen pflegte, indem er sich laut trompetend die Nase schneuzte, jedes Nasenloch einzeln und zu wiederholten Malen. Wenn er ins Behandlungszimmer kam, pflegte er mir fröhlich und musikalisch einen guten Morgen zu wünschen. Dann pflegte er, leise vor sich hinsummend, sein Jackett auszuziehen und es über die Lehne eines Stuhls zu drapieren. Er ging hinüber zur Couch, setzte sich und begann, indem er immer noch leise vor sich hinsummte, seine Taschen auszuleeren. Zuerst wurden Brieftasche und Taschentuch aus den Gesäßtaschen auf einen Beistelltisch gelegt, dann die Schlüssel und das Kleingeld aus seinen anderen Taschen und der Ring von seinem Finger. Dann bückte er sich, hörbar ächzend, nach vorn und zog seine Schuhe aus, die er säuberlich nebeneinanderstellte. Nun öffnete er den obersten Knopf seines Hemdes, lockerte die Krawatte und legte sich mit einem hörbaren Seufzer der Erleichterung auf die Couch, drehte sich auf die Seite, legte die Hände zusammen und steckte sie zwischen das Kissen und seine Wange, schloß die Augen und schwieg. Nach einer Weile fing er ganz leise an zu sprechen.

Zuerst sah ich dieser Szene schweigend zu; es erschien mir unglaublich, daß mein Patient dies alles ernsthaft tun sollte. Als ich erkannte, daß er sich der Unangemessenheit seines Verhaltens nicht bewußt war, beschloß ich, dessen Bedeutung so genau wie möglich auszuloten, bevor ich ihn damit konfrontierte. Offensichtlich hatte sein Agieren etwas mit Schlafengehen zu tun. Allmählich erkannte ich, daß er das Schlafengehen seines Vaters und seiner Mutter wieder durchspielte, wobei ich ein Elternteil war und er entweder der andere Elternteil oder er selber das Kind. Seine Lebensgeschichte war voll von Erinnerungen an die schrecklichen Streitereien zwischen seinen Eltern im Schlafzimmer, die ihn aus dem Schlaf weckten und mit Schrecken erfüllten. Diese Streitigkeiten ereigneten sich immer etwa vier Stunden nachdem man ihn als Kind ins Bett gebracht hatte, und die Schlaflosigkeit, an der er gegenwärtig litt, war dadurch gekennzeichnet, daß er nach etwa vier Stunden Schlaf aufwachte. Er agierte bei mir, a) wie er sich wünschte, daß seine Eltern friedlich hätten zusammen schlafen sollen, und b) wie er sich als Kind in seiner Phantasie vorgestellt hatte, daß er mit jedem Elternteil geschlafen hätte.

Als ich versuchte, seine Aufmerksamkeit auf seine eigentümliche Art zu lenken, wie er die Stunde begann, war er empört. Daran war nichts eigentümlich oder seltsam oder bemerkenswert. Er versuchte nur, sich zu entspannen und frei zu assoziieren; schließlich hatte ich ihm am Anfang der Analyse gesagt, er habe nichts weiter zu tun, als sich zu entspannen und alles zu sagen, was ihm einfiele. Nun entspannte er sich also. Es war schon wahr, daß er sich etwas schläfrig fühlte, aber das lag daran, daß die Stunde so früh lag. Dann gab er widerstrebend zu, daß er, wenn ich gegen Ende der Stunde etwas zu ihm sagte, es als Mißton empfand, als eine Störung. Er erkannte auch, daß er, obwohl er aus irgendeinem seltsamen Grund diese frühe Stunde gern hatte, sich kaum an das erinnern konnte, was er gesagt, noch an das, was ich gesagt hatte. Ich sagte ihm nun, dies alles sei auf den Umstand zurückzuführen, daß er zur Stunde komme, um seinen Schlaf bei mir fortzusetzen. Er ziehe sich aus, als gehe er ins Bett, und er liege mit geschlossenen Augen und einem seligen Gesichtsausdruck auf der Couch, denn er habe das Gefühl, wir schliefen zusammen, und dies sei der friedliche Schlaf, den er sich zwischen seinen Eltern oder zwischen sich und Vater oder Mutter gewünscht haben müsse. Bis zu diesem Zeitpunkt in der Analyse hatte sich der Patient nur an seinen Haß auf seine Eltern wegen ihrer ständigen Streitereien in der Nacht erinnern können oder an seine eifersüchtigen Rivalitätsgefühle und seine sexuellen Wünsche, entweder seinen Vater oder seine Mutter im Ehebett zu ersetzen. Meine Deutung über die Wünsche nach friedlichem Schlaf waren die ersten Schritte in der Rekonstruktion der präödipalen Wünsche des Patienten gegenüber Vater und Mutter (Lewin, 1955).

In den angeführten Fällen hat der Patient dem Analytiker gegenüber Gefühle, die er nicht beschreibt oder berichtet, sondern nach denen er handelt. Eine Patientin läßt heimlich das Zellstofftuch verschwinden, ein Patient verhält sich trotzig, einer geht schlafen. Alle drei spielen ein Stück der Vergangenheit wieder durch, aber die Patienten können sich nicht daran erinnern, und es widerstrebt ihnen, ihre Handlungen zu analysieren.

Schließlich stellt sich heraus, daß die Handlung ein Versuch der Wunscherfüllung ist. Der Patient agiert mit seinem Analytiker, was er sich wünscht, in der Vergangenheit getan zu haben. Nach meiner klinischen Erfahrung ist das Agieren immer ein Wieder-Durchspielen eines früheren Wunsches, nach dem der Agierende früher nicht hat handeln können. Das Agieren ist also der nachträgliche Versuch der Wunscherfüllung.

Das Agieren im Rahmen der Analysestunde braucht nicht auf eine bestimmte Episode oder ein einzelnes Erlebnis beschränkt zu sein, es kann während langer Abschnitte der Analyse stattfinden. Ich habe Patienten erlebt, besonders Ausbildungskandidaten, die die Rolle des »guten« Patienten agieren, und die versuchen, mit mir die Rolle des »perfekten« Analytikers zu besetzen. Das kann monate- oder sogar jahrelang so gehen, bis man erkennt, daß in der Analyse eine gewisse Sterilität und Beschränkung herrscht. Dann besteht die Aufgabe darin, dieses Verhalten als Widerstand und Abwehr zu enthüllen und die tieferliegende Feindseligkeit aufzudecken. Ich habe Parallelsituationen bei Patienten gesehen, die das Gefühl und die Haltung beibehalten, sie seien mein Lieblingspatient. Mein schläfriger Achtuhrpatient gehörte dazu. Er glaubte bewußt, er sei mein Lieblingspatient, und als ich dies als seinen Wunsch und sein Bedürfnis deutete, antwortete er, er wisse, daß ich durch meinen Freudschen Eid gebunden sei, meine wahren Gefühle zu verschweigen. Wenn ich Deutungen machte, die jeder andere Patient als schmerzlich erlebt hätte, reagierte er, indem er meinen Scharfsinn bewunderte und stellvertretend meinen mutmaßlichen Triumph genoß. Er liebte die Analyse und vor allem, von mir analysiert zu werden. Er hatte das Gefühl, wir seien eine wunderbare Kombination, er und ich, ich mit meinem Verstand und er mit seiner Phantasie. Obwohl seine Symptome sich nicht besserten und er wenig Einsicht gewann, war er entzückt von der Analyse. Ich mußte ihn immer wieder energisch darauf hinweisen, daß er anscheinend nicht um der Analyse willen komme, sondern um das köstliche Gefühl wieder durchzuspielen, der Liebling zu sein. Langsam begann er sich zu erinnern und davon zu sprechen, daß er Mutters Liebling und auch Vaters Liebling gewesen sei, und dann stellte sich heraus, daß diese Erinnerungen bittere Enttäuschungen von seiten beider Eltern verdeckten.

3.842 Das Agieren außerhalb der Analyse

Eine junge verheiratete Frau begann während ihrer Analyse ganz unerwartet ein sexuelles Verhältnis. Durch die folgenden klinischen Feststellungen kam ich zu der Überzeugung, daß dies ein Agieren ihrer Übertragungsgefühle war: die Patientin hatte diesen Mann kaum gekannt, und er war ganz anders als die Männer, von denen sie sich gewöhnlich angezogen fühlte. Er war künstlerisch, benahm sich wie ein Professor und sah aus wie ein alter Römer — diese Eigenschaften zogen sie an. Die Affäre fand statt, als ich einige Stunden ausfallen lassen mußte, weil ich an einer Konferenz teilnahm. Die Patientin hatte die Analyse mit einer positiven Übertragung begonnen, die zu einer erotisch-sexuellen aufblühte. Dies war gedeutet worden und schien zeitweilig gelöst. Ich erinnerte mich, daß sie mich während der Phase ihrer starken Liebe zu mir als Professor und Künstler bezeichnet hatte. Sie hatte auch einmal von mir in einer römischen Toga geträumt; in Assoziationen zu dem Traum behauptet sie, ich kämme mir mein Haar wie ein Römer, und sie hatte gehört, mein Spitzname sei »Romi«. Es schien klar, daß die junge Dame ihre sexuellen und romantischen Gefühle mit dem jungen Mann agierte. Sie spielte mit ihm durch, was sie mit mir hätte durchspielen wollen und was sie mit mir nicht durchspielen konnte. Diese Wünsche waren tief verdrängte Wünsche, die sie ihrem Stiefvater gegenüber empfunden hatte.

Ein männlicher Analysand entwickelte plötzlich eine enge Beziehung zu seinem Internisten, einem Mann, den er vorher nicht privat gekannt hatte. Jetzt lädt der Patient ihn häufig zum Essen ein und führt mit diesem Doktor intime Gespräche. Offensichtlich werden die Wünsche des Patienten nach Intimität mit mir außerhalb der Analyse agiert. Wenn dies geschieht, wird der Wunsch nach Intimität mit mir in der Analysestunde nicht ausgedrückt. Meine Deutung des Agierens brachte diese unbewußten Wünsche (unbewußt, soweit sie mich betrafen) wieder in die Analyse zurück.

Wenn Übertragungsgefühle außerhalb der Analyse agiert werden, ist es charakteristisch, daß die Impulse und Affekte, die agiert werden, nicht in der analytischen Situation im eigentlichen Sinn erscheinen. Ein Student, der bei mir in der Analyse ist, kritisiert ständig die Dummheit, die Faulheit und Abgeschmacktheit seiner Lehrer. Zugleich sind seine Übertragungsgefühle mir gegenüber beständig positiv. Das Fehlen jeglicher feindseligen Übertragung auf mich und die fortwährende Feindseligkeit gegen die Lehrer brachten mich zu der Erkenntnis, daß er seine negative Übertragung agierte.

Das Abspalten der ambivalenten oder präambivalenten Übertragung, wobei ein Aspekt außerhalb der Analyse agiert wird, ist eine häufige Form des Agierens. Man kann sie oft bei Ausbildungskandidaten beobachten. Gewöhnlich wird die ichfremde Übertragung an einem fremden Analytiker ausgelassen, und nur die ichsyntonen Gefühle werden dem eigenen Analytiker gegenüber ausgedrückt. So werden feindselige und homosexuelle Gefühle gegenüber anderen Analytikern entladen, und die weniger beunruhigenden Gefühle und Impulse werden für den eigenen Analytiker reserviert. Oder die Spaltung erfolgt nach dem Schema »guter« und »schlechter« Analytiker, wobei ein fremder Analytiker die Hilfsrolle spielt.

Man darf nicht vergessen, daß das Agieren während der Analyse nicht nur mit der Übertragungssituation zusammenhängt. Sehr oft stellt sich heraus, daß auch schon vor der Analyse auf diese Weise agiert worden ist. Die Mitspieler in solchen Situationen entpuppen sich als Übertragungsfiguren (Bird, 1957). Dies wird im zweiten Band erörtert werden.

Ich möchte nun ein Beispiel für eine Kombination von Agieren und symptomatischer Handlung geben, bei denen die Übertragung beteiligt war. Mehrere Stunden hindurch nörgelt ein Patient an allem herum, was ich in der Analyse tue. Er findet mein Schweigen bedrückend und meine Interventionen irritierend und feindselig. Er gibt zu, daß er die Analysestunde gern hat, bis ich zu sprechen anfange oder bis er erwartet, daß ich zu sprechen beginne. Er weiß es schon im voraus, wann ich intervenieren werde, denn er hört meinen Stuhl quietschen oder wie meine Atmung sich verändert. Ein kurzer Traum und die Assoziationen dazu lieferten wichtige Hinweise zum Verständnis seiner Reaktionen. In dem Traum hörte jemand dem Radiokommentator Gabriel Heater zu, der eine »Stimme des Jüngsten Gerichts« hatte. Der Patient assoziiert dazu, daß dieser Sprecher der Liebling seines Vaters war und daß die ganze Familie gezwungen war, sich diesen Mann anzuhören, sobald der Vater des Patienten zum Essen nach Hause gekommen war. Daran knüpft sich die Erinnerung, wie das Heimkommen des Vaters die Atmosphäre veränderte, er war ein Spaßverderber. Er verdarb der Familie das Vergnügen, mindestens dem Patienten. Er wußte immer schon im voraus, wenn der Vater nach Hause kam, denn er kam immer zwanzig Minuten vor sieben und er pfiff immer, wenn er sich dem Haus näherte. Immer, wenn der Patient merkte, daß es auf sieben Uhr zuging, oder wenn er das Pfeifen hörte, pflegte er reizbar und feindselig zu werden.

Mir fiel auf, wie zahlreich die Parallelen zwischen dem Verhalten des Patienten mir gegenüber in der Analysestunde und seinen Reaktionen auf die Heimkehr des Vaters waren. Ich formulierte für den Patienten folgendes: Solange ich in der Stunde schwieg und den Patienten reden ließ, und solange man noch am Anfang der Stunde war, genoß der Patient die analytische Situation genauso, wie er es genoß, zu Hause mit seiner ihn verwöhnenden Mutter und seinen Schwestern zusammen zu sein. Dies war friedlich und angenehm. Etwa zwanzig Minuten vor dem Ende der Stunde begann der Patient meine Unterbrechung seines geheimen Vergnügens »zu Hause« vorauszuempfinden. Das Quietschen meines Stuhls oder die Veränderung in meiner Atmung erinnerten ihn an das Pfeifen seines Vaters. Meine Deutungen waren wie die »Stimme des Jüngsten Gerichts«, die Heimkehr des Vaters, das Ende des vergnüglichen Beisammenseins des Patienten mit seiner Mutter und seinen Schwestern. Der Patient bestätigte diese Hypothese, indem er hinzufügte, »ganz ehrlich gesagt« müsse er zugeben, die Heimkehr seines Vaters sei nur für ihn unangenehm gewesen; die Mutter und die Schwestern hätten sich darauf gefreut. Dieses Beispiel macht deutlich, daß der Patient in der Analysestunde mit mir ein Stück seiner Familiengeschichte wieder durchspielte. Am Anfang der Stunde war er der große Redner, und ich stellte die schweigende und bewundernde Mutter und die Schwestern dar. Gegen Ende der Stunde, wenn ich mit dem Sprechen an der Reihe war, wurde ich der herrische und störende Vater. Da die Situation für den Patienten ichdyston und sehr schmerzlich war, arbeitete er sehr fleißig in dem Versuch, die frühen Erlebnisse zu rekonstruieren und sich ins Gedächtnis zurückzurufen, die diesem neurotischen Wieder-Durchspielen zugrundelagen.

Wie gesagt, alle Arten des neurotischen Wieder-Durchspielens können in reiner Form vorkommen, aber gewöhnlich findet man Beimischungen von Wiedererleben, symptomatischer Handlung und Agieren. Entscheidend ist dabei, ob das neurotische Wieder-Durchspielen ichsynton oder ichfremd ist. Wenn das Wieder-Durchspielen ichsynton ist, stellt es einen zusätzlichen Widerstand dar. Dann ist es immer schwieriger, das vernünftige Ich des Patienten heranzuziehen, ein Arbeitsbündnis herzustellen und die tieferliegenden Erinnerungen aufzudecken oder zu rekonstruieren.

3.9 Die Technik der Übertragungsanalyse

3.91 Allgemeine Überlegungen

Man beachte, daß die Überschrift dieses Abschnitts lautet »Die Technik der Übertragungsanalyse« und nicht »Deutung oder Handhabung der Übertragung«. Der Grund ist, daß Deutung zwar beim psychoanalytischen Verfahren das entscheidende Werkzeug zum Umgang mit Übertragungsphänomenen ist, daß aber noch weitere technische Hilfsmittel erforderlich sind. Die Deutung einer Übertragungsreaktion ist der letzte technische Schritt bei der Handhabung von Übertragungsphänomenen; aber um die Übertragung wirksam deuten zu können, braucht man die verschiedensten vorbereitenden Schritte. Edward Bibring (1954) hat den Umstand hervorgehoben, daß der Psychoanalytiker bei unserem vermehrten Wissen von der Ich-Psychologie sich der Notwendigkeit klarer bewußt geworden ist, ein bestimmtes psychisches Phänomen sorgfältig zu klären, bevor er versucht, es zu deuten. Fenichel (1941) und Kris (1951) haben ebenfalls unterstrichen, wie wichtig es ist, das in Frage stehende Phänomen klar zu demonstrieren und zu beleuchten, bevor man versucht, seine unbewußte Bedeutung zu interpretieren. Ich habe bereits gesagt, daß das Aufzeigen, die Klärung, die Deutung und das Durcharbeiten eines psychischen Ereignisses als das »Analysieren« eines gegebenen Phänomens angesehen werden kann.

Der Grund, warum ich das Konzept der »Handhabung« der Übertragung in die Diskussion einführe, liegt darin, daß der Psychoanalytiker berufen ist, mehr zu tun als zu »analysieren«, um die Übertragung richtig zu handhaben. Diese Feststellung sollte auf keinen Fall den Umstand verschleiern, daß die *Analyse* der Übertragung dasjenige ist, was für die Psychoanalyse wesentlich und charakteristisch ist. Um jedoch ein psychisches Ereignis analysierbar zu machen, kann es manchmal notwendig sein, andere Verfahren anzuwenden (E. Bibring, 1954; Eissler, 1953; Menninger, 1958, 6. Kapitel; Abschnitt 1.34 dieses Buches).

Zum Beispiel: Da die klassische psychoanalytische Technik darauf abzielt, eine maximale Entwicklung aller Varianten und Intensitäten der Übertragungsreaktionen zu erleichtern, und da Übertragungsphänomene im Patienten spontan entstehen, muß unsere Technik unaufdringliches und geduldiges Warten umfassen. Die wohlüberlegte Verwendung des abwartenden Schweigens ist eins der wichtigsten Werkzeuge, um die Entwicklung der Übertragung zu erleichtern. Aber streng genommen ist es eine Manipulation. Das Schweigen des Analytikers kann dem Patienten dazu verhelfen, daß er seine Übertragungsreaktionen stärker entwickelt und empfindet. Die schließlich eintretende emotionelle Abreaktion kann den Patienten am besten von der Realität seiner Gefühle überzeugen. Das Schweigen des Analytikers und die emotionelle Abreaktion beim Patienten sind, streng genommen, nicht-analytische Maßnahmen. Sie können auch zu traumatischen Situationen und massiven Widerständen führen, falls der Therapeut nicht im richtigen Augenblick »analysiert«. Nur indem man analysiert, kann man eine Übertragungsreaktion auflösen und so für eine andere Variante und Intensität der Übertragungsreaktion Platz schaffen, damit sie zum Vorschein kommen kann.

Auch Suggestion hat ihren Platz in der Handhabung der Übertragung. Wir fordern unsere Patienten auf, frei zu assoziieren und ihre Gefühle sich spontan entwickeln zu lassen. Wir suggerieren ihnen auf diese Weise, daß ihre Gefühle zulässig und beherrschbar sind. Unser Schweigen kann dem Patienten auch suggerieren, daß wir von ihm erwarten, gewisse Gefühle zu ertragen, so schmerzlich sie sein mögen, und daß alles zu einem nützlichen Ende führen wird. Wenn wir fragen, ob der Patient sich an seine Träume erinnert, suggerieren wir, daß er träumt und daß er sich erinnern kann. Besonders am Anfang der Analyse, wenn der Patient erst wenig über uns und über das psychoanalytische Verfahren weiß, ist es die Suggestion, die ihn befähigt, das Mitgehen mit uns zu riskieren. Schließlich muß das Übertragungsgefühl, das den Patienten suggestibel oder manipulierbar gemacht hat, analysiert und aufgelöst werden. Eine weitere Untersuchung dieses Problems und verwandter Probleme findet sich bei Charles Fisher (1953).

Die gleichen Regeln gelten für alle anderen nicht-analytischen Interventionen. Alle nicht-autonomen therapeutischen Einflüsse auf den Patienten müssen schließlich bewußtgemacht und gründlich analysiert werden. Es ist jedoch wichtig zu erkennen, daß in jeder Analyse in gewissem Maß nicht-analytische Maßnahmen notwendig sind. Suggestion und Manipulation sind in Psychoanalytikerkreisen in Verruf geraten, weil sie mißbraucht worden sind. Sie ersetzen die Analyse nicht, sie bereiten darauf vor oder sind Hilfsmaßnahmen. Deutung allein, »reine« Analyse, ist ein nicht-therapeutisches Verfahren, ein Werkzeug der Forschung. Wenn auch im Blickpunkt dieses Abschnitts die *Analyse* von Übertragungsphänomenen steht, veranschaulichen und klären die klinischen Beispiele doch die Beziehungen zwischen den analytischen und den nicht-analytischen Verfahren. Die richtige Mischung dieser Techniken macht die Kunst der Psychotherapie aus.

Noch einige weitere Faktoren machen die Übertragungsanalyse so kompliziert und so bedeutsam. Erstens sind da die beiden antithetischen Eigenschaften der Übertragungsphänomene. Andererseits kann die Übertragung selbst zur Quelle des größten Widerstands gegen die analytische Arbeit werden. Außerdem werden auch die pathologischen Abwehrmechanismen selbst übertragen, und wir haben Kombinationen von Übertragungsproduktionen und Übertragungswiderständen zur gleichen Zeit.

Eine der allgegenwärtigen technischen Fragen lautet, wie soll man entscheiden, wann die aktuelle Übertragung den Verlauf der Analyse fördert und wann sie sich ihm entgegenstellt; jede dieser Situationen erfordert andere Interventionen. Nach meiner klinischen Erfahrung und, wie ich glaube, auch nach den Erfahrungen anderer Analytiker, ist der häufigste Grund, warum ein Patient vorzeitig die psychoanalytische Therapie abbricht, die falsche Handhabung der Übertragungssituation (Freud, 1905 a). Weiter besteht das Problem: Um Material produzieren zu können, muß der Patient eine Übertragungsneurose entwickeln. Um dieses Material analytisch zu bearbeiten und es zu assimilieren, muß der Patient auch ein Arbeitsbündnis zustandebringen. Diese beiden Entwicklungen sind einander entgegengesetzt. Wie bringen wir beides zuwege? (Siehe Abschnitt 3.5).

Aus dieser Erörterung folgt, daß die Technik der Analyse von Übertragungsphänomenen sich folgende Fragen stellen muß: 1. Wie stellen wir die natürliche Entfaltung der Übertragung des Patienten sicher? 2. Wann erlauben wir der Übertragung, sich spontan zu entwickeln, und unter welchen Bedingungen ist es notwendig zu intervenieren? 3. Wenn es notwendig wird zu intervenieren, welche technischen Schritte sind für die Analyse einer Übertragungsreaktion erforderlich? 4. Wie fördern wir die Entwicklung des Arbeitsbündnisses?

Die ersten drei Fragen werde ich nach der Reihe aufnehmen. Die Überlegung in bezug auf das Arbeitsbündnis werde ich in jedem Abschnitt hinzufügen, wo immer es angezeigt ist. Das Arbeitsbündnis muß man fortwährend im Auge behalten.

3.92 Die Sicherstellung der Übertragung

Das Konzept von der Sicherstellung der Übertragung bezieht sich auf das Prinzip des Schutzes für die Beziehung des Patienten zu seinem Analytiker, damit er die größte Vielfalt und Intensität von Übertragungsreaktionen entwickeln kann, gemäß seiner eigenen, einzigartigen, individuellen Vorgeschichte und seinen eigenen Bedürfnissen. In allen technischen Abhandlungen Freuds kann man verschiedene Hinweise und Empfehlungen finden, wie dies zu erreichen sei (Freud, 1912 b, 1915 a, 1919 a). In einer wichtigen, 1954 vorgelegten Abhandlung hat Greenacre viele dieser Punkte geklärt und erweitert. Ihr Essay war seinerzeit besonders wichtig, weil unter den prominenten amerikanischen Psychoanalytikern erhebliche Meinungsverschiedenheiten über die Notwendigkeit bestanden, in der psychoanalytischen Technik die klassischen Verfahren zu beachten.

3.921 Der Psychoanalytiker als Spiegel

Freud (1912 b) empfahl, der Psychoanalytiker solle seinem Patienten gegenüber wie ein Spiegel sein. Das hat man mißverstanden und fälschlich so ausgelegt, als solle der Psychoanalytiker seinem Patienten gegenüber kalt und ohne Reaktionen sein. Ich glaube, daß Freud in Wirklichkeit etwas ganz anderes gemeint hat. Sein Hinweis auf den Spiegel bedeutete, das Verhalten und die Haltung des Analytikers in bezug auf die neurotischen Konflikte des Patienten solle »undurchsichtig« sein; es solle dem Patienten nichts widerspiegeln, was der Patient nicht manifestiert habe. Die persönlichen Wertvorstellungen und Vorlieben des Analytikers sollten sich nicht in die Analyse jener Konflikte eindrängen. Die konsequente Neutralität des Analytikers in solchen Situationen macht es möglich, daß die entstellten und unrealistischen Reaktionen als solche demonstrierbar werden. Außerdem muß der Analytiker versuchen, seine eigenen Reaktionen zu dämpfen, so daß er für den Patienten relativ anonym ist (Freud, 1912 b, G.W. Bd. 8, S. 383—384). Nur so können die Übertragungsreaktionen des Patienten deutlich in den Brennpunkt treten, so daß man sie aussondern und von realistischeren Reaktionen unterscheiden kann. Um Übertragungsphänomene zu analysieren, ist es vor allem wichtig, das Feld der Interaktion zwischen Patient und Analytiker von Sachfremdem und Künstlichem frei zu halten. Jede Verhaltensweise und Haltung auf seiten des Analytikers, die etwas anderes ist als beständige, humane Unaufdringlichkeit, verschleiert und entstellt die Entwicklung und Erkenntnis von Übertragungsphänomenen. Ich möchte ein paar Beispiele für das Eindringen von sachfremden Gesichtspunkten anführen.

Vor einigen Jahren machte einer meiner Patienten, der an Magengeschwüren und Depressionen litt, in der Analyse eine lange Periode der unproduktiven Arbeit durch; zugleich flammten seine Symptome wieder auf. Wir erkannten beide, daß ein Widerstand wirksam war, aber wir konnten gegen die Verschlimmerung der Symptome und das Fortdauern des starken Widerstands keine wirklich bedeutsamen Fortschritte erringen. Im Lauf einer Periode von mehreren Monaten begann ich langsam zu erkennen, daß der Patient sich in einigen seiner Haltungen mir gegenüber verändert hatte. Vorher hatte er dazu geneigt, in harmloser Weise Späßchen mit mir zu machen, mich zu necken oder mir zu trotzen. Jetzt war er gefügiger, aber unfroh und mürrisch. Früher war sein Trotz offenkundig und sporadisch gewesen. Nun war er oberflächlich zur Zusammenarbeit bereit, aber versteckt halsstarrig. Eines Tages erzählte er, er habe von einem Esel geträumt, dann verfiel er in mürrisches Schweigen. Nachdem ich eine Weile geschwiegen hatte, fragte ich ihn, was los sei. Er antwortete seufzend, er habe gedacht, vielleicht seien wir beide Esel. Nach einer Pause fügte er hinzu: »Ich will nicht nachgeben und Sie auch nicht. Sie wollen sich nicht ändern und ich will mich nicht ändern [Schweigen]. Ich hab' versucht, mich zu ändern, aber das hat mich krank gemacht.« Ich war ratlos, ich hatte keine Ahnung, worauf er anspielte. Ich fragte ihn, wie er *versucht* habe, sich zu ändern. Der Patient antwortete, er habe versucht, seine politischen Ansichten nach den meinen zu ändern. Er sei ein Leben lang Republikaner gewesen (das hatte ich gewußt), und in den letzten Monaten habe er versucht, einen liberalen Standpunkt einzunehmen, weil er wisse, daß meine Neigungen dahin gingen. Ich fragte ihn, woher er wisse, daß ich ein Liberaler und Anti-Republikaner sei. Nun sagte er mir, immer, wenn er etwas Günstiges über einen Republikaner sage, fordere ich ihn auf, seine Assoziationen zu bringen. Andererseits, immer, wenn er etwas Feindseliges über einen Republikaner sage, schwiege ich, als sei ich damit einverstanden. Immer, wenn er ein freundliches Wort über Roosevelt sage, bliebe ich stumm. Immer, wenn er Roosevelt angreife, pflege ich zu fragen, an wen Roosevelt ihn erinnere, als sei ich darauf aus zu beweisen, daß Roosevelt zu hassen infantil sei.

Ich war bestürzt, denn ich war mir dieser Verhaltensweise überhaupt nicht bewußt gewesen. Aber in dem Augenblick, in dem der Patient mich darauf hinwies, mußte ich zugeben, daß ich genau das getan hatte, wenn auch, ohne es zu merken. Wir bearbeiteten dann die Frage, warum er das Bedürfnis empfand, meine politischen Ansichten hinunterzuschlucken. Es stellte sich heraus, daß dies seine Methode war, sich bei mir beliebt zu machen. Sie erwiesen sich aber als unverdaulich für ihn, und seine Selbstachtung wurde herabgesetzt; das führte zu den Magengeschwür-Symptomen und zur Depressivität. (Der Traum vom Esel drückte in stark verdichteter Form seine Feindseligkeit gegen die demokratische Partei aus, die einen Esel als Symbol verwendet, sowie seinen Groll über meinen anhaltenden Mangel an Scharfsinn in bezug auf seine Notlage — der Esel ist bekannt für Dummheit und Halsstarrigkeit. Er stellt zugleich das Selbstbild des Patienten dar.)

Vor einigen Jahren habe ich eine Patientin behandelt, die ihre Behandlung bei einem anderen Analytiker nach einem lange andauernden Stillstand abgebrochen hatte. Die unmittelbare Ursache des ungelösten Widerstands war die Entdeckung der Patientin, daß der vorige Analytiker ein fromm-religiöser Mann war, der regelmäßig in die Synagoge ging. Ein Freund der Patientin hatte ihr dies mitgeteilt, und später hatte sie es selbst nachgeprüft. Die Patientin stellte den Analytiker zur Rede, aber er weigerte sich, die Tatsache zu bestätigen oder zu leugnen. Er sagte jedoch, er meine, sie sollten ihre Zusammenarbeit fortsetzen. Die Patientin empfand leider immer mehr Ressentiment gegen die Interventionen und Deutungen, die der Analytiker früher gemacht hatte, von denen sie nun den Eindruck hatte, sie seien in die Richtung gegangen, sie zu überreden, einen Glauben an Gott anzunehmen. Dies leugnete der vorige Analytiker, aber die Patientin blieb skeptisch. Sie kam schließlich zu der Folgerung, sie sei nicht länger fähig, effektiv bei ihm zu arbeiten.

Diese Patientin fragte mich, ob ich religiös sei, und ich sagte, ich würde ihre Frage nicht beantworten, denn ich hätte das Gefühl, jede Antwort würde unsere Beziehung beeinträchtigen. Sie akzeptierte diesen Standpunkt. Später in ihrer Analyse bei mir wurde klar, daß sie das Gefühl hatte, sie könne niemand respektieren, der fromm-religiös sei, geschweige denn, sich von ihm analysieren lassen. Außerdem machte die ausweichende Haltung des vorigen Analytikers, nachdem sie die Tatsachen entdeckt hatte, diesen zu einer nicht vertrauenswürdigen Person.

In beiden Fällen störte das Eindringen von sachfremden Elementen in die Übertragung die volle Entwicklung der Übertragungsneurose und wurde zur Quelle lange andauernden Widerstands. In beiden Fällen war der Zug, der dem Patienten enthüllt wurde, für diesen äußerst schmerzlich und angsterregend. Ich glaube wirklich, daß es von entscheidender Bedeutung ist, wie solche Situationen gehandhabt werden. Die ernstesten Folgen entstehen, wenn eine solche Beeinträchtigung vom Analytiker nicht erkannt wird. Ebenso destruktiv ist es, wenn der Analytiker sich weigert, die Realität dessen, was herausgekommen ist, anzuerkennen. Nur Aufrichtigkeit auf seiten des Analytikers und eine gründliche Analyse der Reaktionen des Patienten kann einen solchen Bruch im Inkognito des Analytikers wiedergutmachen.

Ohne Zweifel kann der Patient, je weniger er wirklich über den Psychoanalytiker weiß, um so leichter die leeren Stellen mit seinen eigenen Phantasien ausfüllen. Außerdem wird es, je weniger der Patient wirklich vom Analytiker weiß, für den Analytiker um so leichter, den Patienten zu überzeugen, daß seine Reaktionen Verschiebungen und Projektionen sind. Man sollte jedoch nicht vergessen, daß das Inkognito des Analytikers nur relativ ist, denn alles im Behandlungszimmer und in der analytischen Routine enthüllt etwas über den Analytiker. Selbst die Entschlossenheit des Analytikers, anonym zu bleiben, sagt etwas über ihn aus. Außerdem stört frostiges, hölzernes oder extrem passives Verhalten die Entwicklung eines Arbeitsbündnisses. Wie kann ein Patient seinen intimsten Phantasien gestatten aufzusteigen, wenn er sich einem Analytiker gegenübersieht, der nur starre emotionale Unbeteiligtheit zeigt oder ein ritualistisches Festhalten an Regeln und Vorschriften. Es trifft zu, daß Wissen über den Analytiker die Entwicklung von Übertragungsphantasien erschweren kann, aber strenge Distanziertheit und übertriebene Passivität machen die Entwicklung des Arbeitsbündnisses fast unmöglich. Sie rufen eine Übertragungsneurose hervor, die zwar intensiv sein kann, aber auch eng und schwer zu bearbeiten.

Greenacre geht so weit vorzuschlagen, Analytiker sollten sich von der Öffentlichkeit fernhalten und sich nicht mit irgendwelchen sozialen, politischen oder wissenschaftlichen Anliegen in Verbindung bringen lassen (1954, S. 681—683; 1966 b). Aber wenn man lange an einem Ort gelebt hat, ist es nicht immer möglich, unbekannt oder unidentifizierbar zu bleiben. Das gleiche Problem stellt sich immer, wenn Lehranalytiker versuchen, Ausbildungskandidaten aus ihren eigenen Instituten zu analysieren, und es ist immer ein komplizierender Umstand. Es bedeutet aber nicht unbedingt ein unanalysierbares Hindernis. Auch Psychoanalytiker, die in ihrer Gemeinde bekannt sind, haben mit einer nicht mehr reinen Übertragung zu kämpfen. Ihre Patienten kommen oft zu den ersten Besprechungen bereits mit einer auf dem Ruf des Analytikers und den Phantasien des Patienten beruhenden Übertragungsreaktion. Analytiker, die zum Gegenstand der öffentlichen Diskussion werden, stören nicht nur das Bild vom Analytiker als Spiegel, sondern sie bieten dem Patienten auch verschiedene Übertragungsbefriedigungen. Aber die Analyse ist auch unter solchen Umständen nicht unmöglich, wenn der Analytiker auf das Problem aufmerksam geworden ist. Das »beeinflußte« Übertragungsmaterial muß früh und unablässig in die Analyse gebracht werden, und die Reaktionen des Patienten auf solche Informationen müssen gründlich analysiert werden. (Bei der Lehranalyse ist das Problem schwieriger; der Analytiker hat reale Macht bei der Berufskarriere des Ausbildungskandidaten.)

Man muß aber auch darauf hinweisen, daß viele Patienten äußerst intuitiv sind und allein schon aus der alltäglichen analytischen Arbeit ziemlich viel Wissen über ihren Analytiker auflesen. Manche Patienten tun dies früher, andere später, aber am Ende erfahren alle Patienten ziemlich viel über ihren Analytiker in der Realität. Gleichgültig jedoch, aus welcher Quelle das Wissen über den Analytiker stammt, es muß alles Gegenstand der Analyse werden, sobald es zum Träger unbewußter Phantasien wird (siehe Abschnitt 3.6).

Die »Regel vom Spiegel« hat jedoch Gefahren für die Herstellung des Arbeitsbündnisses, wenn man sie bis zum Extrem befolgt. Freud hat selber gesagt, das erste Ziel der Behandlung sei es, einen Rapport mit dem Patienten herzustellen, und dies könne man nur tun, indem man eine Haltung der »Einfühlung« einnehme (1913 b, G.W. Bd. 8, S. 473—474). Siehe Abschnitt 3.543, dort wird dieser Punkt weiter erörtert.

3.922 Die Abstinenzregel

Freud (1915 a) hat die wichtige Empfehlung gegeben, man solle die Behandlung mit dem Patienten soweit wie möglich in einem Zustand der Abstinenz durchführen. Er hat sehr deutlich gesagt: *»Die analytische Kur soll, soweit es möglich ist, in der Entbehrung — Abstinenz — durchgeführt werden«* (Freud, 1919 a, G.W. Bd. 12, S. 187). Er fügte hinzu: »Wir müssen, so grausam es klingt, dafür sorgen, daß das Leiden des Kranken in irgendeinem wirksamen Maße kein vorzeitiges Ende finde« (S. 188).

Die Symptome des Patienten, die ihn in die Behandlung getrieben haben, bestehen zum Teil aus abgewehrten Trieben, die Befriedigung suchen. Diese Triebimpulse richten sich so lange auf den Analytiker und die analytische Situation, wie der Analytiker es konsequent vermeidet, dem Patienten Ersatzbefriedigungen zu bieten. Die lange andauernde Versagung veranlaßt den Patienten zu regredieren, so daß seine ganze Neurose in der Übertragung noch einmal erlebt wird, eben in der Übertragungsneurose. Wenn man jedoch innerhalb oder außerhalb der analytischen Situation dem Patienten symptomersetzende Befriedigungen von irgendeiner Bedeutung gewährt, beraubt man ihn seiner neurotischen Leiden und der Motivation, die Behandlung fortzusetzen (Glover, 1955, S. 167; Fenichel, 1941, S. 29—30).

Die Abstinenzregel ist so mißverstanden und mißdeutet worden, als besage sie, es sei dem Patienten verboten, während der Analyse irgendeine Triebbefriedigung zu genießen. In Wirklichkeit versuchte Freud, den Patienten an einer vorzeitigen »Flucht in die Gesundheit« zu hindern und eine sogenannte »Übertragungsheilung« zu erleben.

Um die Erhaltung einer adäquaten Motivation sicherzustellen, ist es notwendig, a) daß der Psychoanalytiker den Patienten immer wieder auf die infantile und unrealistische Qualität der Triebbefriedigung hinweist, die er zu erlangen versucht, und b) dafür zu sorgen, daß der Analytiker auf keine Weise, weder bewußt oder unbewußt, die infantilen, neurotischen Triebbedürfnisse des Patienten befriedigt. Es ist der Punkt (b), der uns hier, wo wir die Sicherstellung der Übertragung besprechen, besonders viel angeht.

Übertragungsbefriedigungen aller und jeder Art, die unentdeckt und unanalysiert bleiben, können die optimale Entwicklung der Übertragungsneurose des Patienten verhindern. Eine der häufigsten Folgen ist eine Fixierung der Übertragungsreaktionen des Patienten. Zum Beispiel werden Analytiker, die ihren Patienten ständig offene Wärme und emotionale Reaktionsbereitschaft entgegenbringen, feststellen, daß ihre Patienten dazu neigen, mit einer lange andauernden positiven und unterwürfigen Übertragung zu reagieren. Die Patienten dieser Analytiker werden Schwierigkeiten haben, sich die Entwicklung einer negativen, feindseligen Übertragung zu gestatten. Solche Patienten bilden vielleicht rasch ein oberflächliches Arbeitsbündnis, haben dann aber Angst, ihren Übertragungsreaktionen eine Vertiefung und Verbreiterung über die positive und unterwürfige Frühphase hinaus zu erlauben. Die Übertragungsbefriedigungen, die sie von ihren warmherzigen Analytikern erfahren, verlängern ihre Abhängigkeit von solchen Befriedigungsquellen und veranlassen sie, die negative Übertragung abzuwehren.

Andererseits werden Analytiker, die zu distanziertem und barschem Benehmen neigen, oft finden, daß ihre Patienten rasch eine dauerhafte negative und feindselige Übertragungsreaktion zeigen. In solchen Situationen kann es für die Patienten schwierig sein, sich tief und gründlich in andere Übertragungsreaktionen einzulassen. Ihr Mißtrauen gegen den Analytiker verhindert, daß die Übertragungsneurose ihr ganzes mögliches Spektrum und ihren ganzen möglichen Umfang entwickelt. Wenn die Analyse lange genug weitergeht, entwickelt sich bei diesen Patienten möglicherweise eine sadomasochistische Übertragungsbeziehung, die intensiv sein kann, sich aber auch als resistent gegen Analyse und Veränderung erweist.

Ich habe vor kurzem die Behandlung einer Patientin begonnen, die bei einem Analytiker in einer anderen Stadt über sechs Jahre in Analyse gewesen war. Die Beschwerden, mit denen die junge Frau sich bei mir vorstellte, hatten sich trotz harter Arbeit von Patientin und Analytiker kaum verändert. Mir wurde klar, daß in der Beziehung zwischen Analytiker und Patientin irgendetwas nicht richtig verlaufen sein mußte, als die Patientin häufig versuchte, lange Deutungen, die ihr früherer Analytiker ihr gegeben hatte, wörtlich zu zitieren. Ich fragte sie z. B. einmal, was sie in einer bestimmten Stunde so ausweichend gemacht habe. Sie antwortete prompt, das sei vielleicht ein Versuch, mich zu kastrieren, als Vergeltung dafür, daß ich in der letzten Sitzung ihre Abhängigkeitsbedürfnisse abgewiesen hätte. Ich bat sie, mir zu erklären, was das wirklich bedeute; sie wurde verwirrt und gab schließlich zu, sie sei nicht sicher, aber dies sei etwas, was ihr früherer Analytiker häufig zu ihr gesagt habe. Sie habe nicht gern um eine Erklärung gebeten, denn er habe sie bei früheren ähnlichen Gelegenheiten geneckt und sarkastisch geantwortet. Er pflegte Dinge zu sagen, wie: »Es ist ein Jammer, daß Sie Ihr Geld hinauswerfen, wenn Sie herkommen und nicht zuhören.« oder: »Vielleicht werden Sie sich erinnern, wenn ich dieses Abhängigkeitsbedürfnis auch nicht befriedige.«

Es gibt noch andere Formen der Übertragungsbefriedigung und der Provokation, die aus dem unbewußten Wunsch des Analytikers entstehen können, der Seelenführer, Mentor oder der Vater (die Mutter) des Patienten zu sein. Dies veranlaßt den Analytiker gewöhnlich, Ratschläge zu geben, Konversation zu machen, übermäßig beruhigend oder überbesorgt zu sein.

Eine schwerwiegendere Komplikation entsteht, wenn der Analytiker bewußt oder unbewußt verführerisch wird. Dies erregt nicht nur das inzestuöse Begehren des Patienten, sondern bringt enorme Schuldgefühle und eine lange andauernde Überidealisierung des Analytikers mit sich. Wenn diese schließlich zusammenbricht, entsteht große Wut und Angst (Greenacre, 1966 b).

Ich kann diesen Teil der Erörterung zusammenfassen, indem ich sage, der Analytiker muß darauf achten, die infantilen Triebwünsche seines

Patienten nicht zu befriedigen, denn wenn er es tut, verhindert er die volle Entwicklung der Übertragungsneurose. Infolgedessen bricht der Patient entweder die Behandlung ab, oder die Analyse wird zu einem unendlichen Erlebnis des Stillstands.

Wenn man jedoch die »Abstinenzregel« auf die Spitze treibt, gibt es Konflikte bei der Herstellung eines Arbeitsbündnisses. Wenn auch klinisch bewiesen ist, daß die beständige Versagung der infantilen Wünsche des Patienten eine Voraussetzung für regressive Übertragungsreaktionen ist, führt eine übermäßige Frustrierung des Patienten auch zu unendlichen oder abgebrochenen Analysen (siehe Stone, 1961, S. 53; Glover, 1955, S. 88—107; Fenichel, 1941, S. 74; Menninger, 1958, S. 53—58). Eine unserer grundlegenden technischen Aufgaben besteht also darin, diese beiden Gruppen antithetischer Erfordernisse miteinander in Einklang zu bringen (Greenson, 1966). Dies müssen wir einigermaßen ausführlich erklären, weil diese einander widersprechenden Erfordernisse an den Psychoanalytiker und an den Patienten ungewöhnliche Ansprüche stellen.

Es ist wichtig, sich darüber Rechenschaft abzulegen, daß die Art, wie der klassische Psychoanalytiker die Beziehung zwischen sich und dem Patienten handhabt, sowohl einzigartig als auch künstlich ist und der Art, in der Menschen gewöhnlich zueinander in Beziehung treten, zuwiderläuft. Diese Beziehung ist insofern schief und ungleich, als vom Patienten erwartet wird, er solle sich gestatten, all seine innersten Emotionen, Impulse und Phantasien zu fühlen und auszudrücken, während der Analytiker eine relativ anonyme Figur bleibt (Greenacre, 1954, S. 674; Stone, 1961, S. 80). Am Anfang der Analyse und auch später noch von Zeit zu Zeit pflegen die Patienten gegen die Ungerechtigkeit dieser Situation zu protestieren. (Wenn sie sich nicht beklagen, sollte dies untersucht werden.) Die Klagen des Patienten müssen zuerst analysiert werden, aber man muß die Künstlichkeit oder Ungleichheit der Beziehung nicht leugnen. Nach meiner Meinung hat der Patient ein Recht auf eine Erklärung, warum der Analytiker die Beziehung in der Weise aufrechterhält, wie er es tut. Ich glaube nicht, daß dies ins Ermessen des Analytikers gestellt sein sollte, denn der Patient hat das *Bedürfnis* nach Wahrung seiner Rechte. Das analytische Verfahren ist unweigerlich ein schmerzliches, einseitiges, erniedrigendes Erlebnis für den Patienten. Wenn wir wollen, daß er daraus als ein selbständiger Mensch hervorgeht und als Mitarbeiter mit uns zusammenarbeitet, können wir ihn nicht fortwährend erniedrigen, indem wir ihm die von uns verwendeten Methoden nicht erklären. Wir können ihn nicht wie ein Kind behandeln und dann erwarten, er solle ein reifer Mensch werden. Genau wie es wichtig ist, die Übertragungssituation zu schützen, so ist es auch wichtig, die Rechte und die

Selbstachtung des Patienten zu wahren. Ich habe diese Punkte in den verschiedenen klinischen Beispielen veranschaulicht, die ich im Abschnitt 3.5 angeführt habe.

Das lebendigste und vielleicht anschaulichste Beispiel ist der Fall des Herrn Z.[8]. Er ist der junge Mann, der mehrere Jahre einer relativ unproduktiven Analyse in einer anderen Stadt hinter sich hatte. Ein Teil der Schwierigkeiten war durch die Atmosphäre entstanden, die sein erster Analytiker durch seine Arbeitsweise geschaffen hatte. Als der junge Mann in einer seiner ersten Stunden bei mir auf der Couch eine Zigarette herausnahm und sie anzündete, fragte ich ihn, wie er sich gefühlt habe, als er sich entschloß, die Zigarette anzuzünden. Er antwortete, er wisse, daß er in seiner vorigen Analyse nicht habe rauchen sollen, und nun nehme er an, auch ich würde es verbieten. Ich sagte ihm sofort, alles, was ich im Augenblick wolle, sei, zu erfahren, welche Gefühle, Gedanken und Empfindungen in dem Moment in ihm vorgegangen seien, in dem er sich entschlossen habe, die Zigarette anzuzünden.

In einer späteren Stunde fragte mich der Patient, ob ich verheiratet sei. Ich entgegnete ihm, indem ich ihn fragte, was er sich in seiner Phantasie darüber für Vorstellungen mache. Ich erklärte und demonstrierte später, welchen Wert es gehabt hatte, daß ich ihm nicht geantwortet hatte. Nun erzählte mir der Patient, sein früherer Analytiker habe die vielen Fragen, die er am Anfang seiner vorigen Analyse gestellt habe, nie beantwortet, aber er habe sich nie die Mühe genommen zu erklären, warum er schwieg.

Er hatte das Schweigen seines Analytikers als Erniedrigung und Demütigung empfunden, und er erkannte jetzt, daß sein darauffolgendes Schweigen eine Vergeltung für diese eingebildete Ungerechtigkeit gewesen war. Etwas später sah er ein, daß er sich mit der angenommenen Verachtung seines ersten Analytikers identifiziert hatte. Herr Z. empfand Geringschätzung für die Prüderie seines Analytikers, war aber zugleich voller schwerer Selbstvorwürfe wegen seiner eigenen sexuellen Praktiken; diese Selbstvorwürfe projizierte er dann auf seinen Analytiker. Wie man beurteilt, wann ein Patient ein Recht auf eine Erklärung hat, wird im zweiten Band ausführlicher besprochen.

Der Analytiker muß sich dem Patienten nahe genug fühlen, so daß er fähig ist, die intimsten Einzelheiten seines Gefühlslebens mitzufühlen; aber er muß fähig werden, sich genug zu distanzieren, um ihn leidenschaftslos zu verstehen. Dies ist eine der schwierigsten Forderungen der psychoanalytischen Arbeit — das Abwechseln zwischen der zeitweiligen und partiellen Identifikation der Empathie und der Rückkehr zur distanzierten Position des Beobachters, des Beurteilers usw. Für den Analytiker gibt es keinen Bereich im Leben des Patienten, aus dem er ausgeschlossen sein darf, aber diese Vertrautheit darf nicht zur Vertraulichkeit führen. Es ist eine natürliche Tendenz, auf die intimen Bedürfnisse und Leiden eines anderen Menschen emotionell und triebhaft zu reagieren, aber diese Reaktionen müssen beim Analytiker vorwiegend seinem Verständnis des

---

[8] Siehe Abschnitt 2.52, 2.54, 2.71, 3.531 und 3.711.

Patienten dienen. Er darf ihnen nicht erlauben, sich der Person des Patienten aufzudrängen. Das Mitgefühl oder unangemessenes Mitleid des Analytikers könnte, wenn es dem Patienten enthüllt wird, entweder als Übertragungsbelohnung oder Bestrafung empfunden werden. Mitgefühl und Mitleid würden die anonyme Spiegeloberfläche trüben, die der Analytiker braucht, um zu demonstrieren, daß die Reaktion des Patienten wirklich eine Übertragungsreaktion ist. Aber wenn man kein Mitgefühl für den Patienten zeigt, wie kann man erwarten, daß er die intimsten, verletzlichsten Aspekte seines Seelen- und Gefühlslebens bloßlegt?

Die Antwort ist kompliziert. Einerseits sollten die therapeutischen Pflichten des Analytikers im Hintergrund all seiner Maßnahmen stehen. Das braucht nicht ausgesprochen zu werden; das vernünftige Ich des Patienten sollte es spüren.

Der Analytiker ist ein Behandler der neurotisch Kranken; er ist nicht in erster Linie ein Forscher oder ein distanzierter Datensammler. Die Analyse ist eine Behandlungssituation, und der Analysand ist ein Patient. Um uns einzufühlen, müssen wir in gewissem Maß die gleiche Qualität der Emotionen oder Impulse fühlen, wie sie der Patient empfindet. Das sollte aber dem Patienten nicht offen gezeigt werden. Wir sammeln unsere Daten mit Hilfe der Einfühlung, aber unsere Reaktionen müssen zurückhaltend sein. Unsere Aufgabe ist es, zwischen den einander entgegengesetzten Positionen hin und her zu pendeln und sie zu verschmelzen: die Positionen des teilnehmenden Mitfühlenden, des distanzierten Sichters und Begreifers von Daten und des zurückhaltenden, aber mitfühlenden Vermittlers von Einsicht und Deutungen. Dies ist eine übermäßig vereinfachte verdichtete Formulierung der Kunst und Wissenschaft der psychoanalytischen Therapie.

Indem er die Regeln der Wahrung seines Inkognitos und der Vermeidung von Übertragungsbefriedigungen einhält, kann der Analytiker die Entwicklung der Übertragungsreaktionen des Patienten sicherstellen. Aber auch fähige Psychoanalytiker sind Menschen mit Schwächen und Grenzen. Ich bezweifle, daß irgendein Analytiker beständiges Mitgefühl und beständige Anteilnahme, gepaart mit Zurückhaltung, mehrere Jahre lang ohne ein gelegentliches Versehen aufrechterhalten kann. Wesentlich für die psychoanalytische Technik ist jedoch, daß der Analytiker sich seiner Mängel bewußt ist. Besonders wachsam muß er in Situationen sein, von denen er weiß, daß sie potentiell schwierig für ihn sind. Wenn Fehler vorkommen, muß sie der Analytiker erkennen und zur richtigen Zeit dem Patienten gegenüber zugeben. Dann müssen die Reaktionen des Patienten auf die Verletzung der Regeln durch den Analytiker gründlich analysiert werden.

Eine Gefahr besteht darin, die Wirkung des Fehlers auf den Patienten zu verharmlosen und lediglich die Tatsache einzugestehen, daß der Fehler begangen worden ist. Eine andere Gefahr liegt darin, die Größe des Fehlers übermäßig zu betonen und aus Schuldgefühlen zu versuchen, den Patienten zu entschädigen, anstatt einfach die Reaktionen des Patienten gründlich zu analysieren. Wenn Fehler wiederholt vorkommen, ist dies ein Zeichen dafür, daß a) der Analytiker in dieser Hinsicht selbst der Analyse bedarf, und daß b) der Patient vielleicht zu einem anderen Analytiker geschickt werden sollte (siehe Abschnitt 3.10.4).

Die Sicherstellung der Übertragung des Patienten fördert zwar gleichzeitig die Entwicklung des Arbeitsbündnisses, bringt aber bei der Durchführung einer klassischen Psychoanalyse die höchsten Anforderungen mit sich. Greenacre hat recht, wenn sie sagt, die Psychoanalyse sei ein strenger Zuchtmeister (1954, S. 684). Der Psychoanalytiker muß nicht nur ständig wachsam auf das achten, was in seinen Patienten geschieht, sondern er muß außerdem noch die Ehrlichkeit und Demut haben, seine eigenen persönlichen Reaktionen genau zu untersuchen.

Ich fasse zusammen: Der Analytiker hat gleichzeitig zwei Aufgaben, die einander im Grunde entgegengesetzt sind. Er muß die Entwicklung sowohl der Übertragungsneurose als auch des Arbeitsbündnisses sicherstellen. Um die Übertragung zu sichern, muß er seine Anonymität und seine versagende Haltung gegenüber den neurotischen Wünschen des Patienten nach Befriedigung bewahren. Um das Arbeitsbündnis zu sichern, muß er die Rechte des Patienten wahren, eine beständig therapeutische Haltung zeigen und sich menschlich verhalten. Diese Forderungen sind äußerst anspruchsvoll. Es können leicht Fehler vorkommen; sie müssen erkannt und so zu einem Teil des Gegenstands der Analyse gemacht werden.

3.93 Wann analysieren wir die Übertragung?

3.931 Wenn sie ein Widerstand ist

Aus unserer vorhergehenden Erörterung von Übertragung und Widerstand ist deutlich geworden, wie eng verwoben diese beiden Phänomene sein können. Manche Übertragungsreaktionen rufen Widerstände hervor, manche sehen wie Widerstand aus, manche dienen als Widerstand gegen andere Formen der Übertragung und manche Widerstände dienen als Abwehr gegen Übertragungsreaktionen. Technisch ist wichtig: Immer, wenn eine Übertragungsreaktion irgendeiner Art sich der analytischen Arbeit entgegenstellt, wenn ihre vorherrschende Funktion im Widerstand besteht oder wenn sie einem wichtigen, wenn auch nicht überwiegenden Obstruktionszweck dient, muß die Übertragung analysiert werden.

Diese Regel muß jedoch gemäß unserem Wissen über das Arbeitsbündnis modifiziert werden. Wir analysieren Übertragungswiderstand nur, wenn ein vernünftiges Ich, wenn ein Arbeitsbündnis vorhanden ist. Wenn der Übertragungswiderstand signifikant, aber nicht demonstrierbar ist, müssen wir zunächst dafür sorgen, daß er demonstrierbar wird. Mit anderen Worten, bevor wir analysieren, müssen wir sicher sein, daß ein vernünftiges Ich, ein Arbeitsbündnis, vorhanden ist. Die Technik dafür ist genau die gleiche, wie wir sie für die Handhabung anderer Widerstände beschrieben haben.

Gewöhnlich genügt das *Schweigen* des Analytikers, um den Übertragungswiderstand scharf herauszuarbeiten. Wenn dieser Methode kein Erfolg beschieden ist, macht eine *Konfrontation* oft dem Patienten seinen Übertragungswiderstand bewußt, z. B. eine Intervention wie: »Sie scheinen Angst zu haben, offen zu mir über das und das zu sprechen« oder »Sie scheinen Ihren Gefühlen mir gegenüber aus dem Weg zu gehen« usw.

Wenn diese beiden Methoden nicht genügen, kann man versuchen, den Übertragungswiderstand zu *intensivieren*, indem man Fragen über den Bereich stellt, dem der Patient auszuweichen scheint.

Ein einfaches Beispiel: Nach einigen Monaten der Analyse beginnt eine Patientin, eine junge Frau, die Stunde, indem sie sagt, ich schiene ihr an diesem Morgen anders auszusehen. »Ich möchte sogar sagen, Sie wirken irgendwie attraktiv.« Nach einer Pause sagt sie, sie »meint«, sie habe »positive Gefühle« mir gegenüber. Dann redet sie weiter über Belanglosigkeiten. Ich weise sie darauf hin und deute an, sie laufe vor irgendetwas davon. Sie hat keine Ahnung, was das sein könnte, und geht der Frage nur halben Herzens nach. Nach einer Weile bringe ich sie zu dem Punkt zurück, an dem sie begonnen hat, wegzulaufen, und sage, ich hätte den Eindruck, das Vermeiden habe begonnen, als sie sagte, sie »meine«, sie habe »positive Gefühle« mir gegenüber. Ich bitte sie, doch für mich noch einmal klarzustellen, was sie in Wirklichkeit mit diesem Ausdruck »positive Gefühle« meine. Nun verfällt die Patientin in Schweigen; sie windet sich auf der Couch, sie schlägt die Beine übereinander, sie verschlingt die Hände fest ineinander. Ich kann auf ihren Wangen eine Rötung sehen. Dann beginnt sie zu stammeln: »Sie wissen schon, was ich meine, positive Gefühle, wissen Sie, ich hasse Sie nicht, ich meine, ich hab' Sie irgendwie gern, irgendwie ... Sie wissen schon ...« Jetzt ist der Übertragungswiderstand demonstrierbar geworden. Ich kann der Frage nachgehen: Warum fällt es Ihnen so schwer, mir das zu sagen? Nun kommt ihre Angst heraus, ausgelacht zu werden. Dann, da sie dadurch beruhigt wird, daß ich nicht lache, kann sie ihre Gefühle des Angezogenseins von mir in konkreteren Worten beschreiben.

Durch diese Erörterung haben wir die Frage der Demonstrierbarkeit noch nicht erschöpft. Da ist noch das Element der Intensität, das für sich betrachtet werden muß und das bei der Frage: Wann deuten wir? immer eine besondere Rolle spielt. Es ist gewöhnlich leichter, einen psychischen Vorgang von großer Stärke zu demonstrieren als einen schwächeren. Außerdem wird der Patient, je größer die Intensität eines bestimmten Phänomens ist, eine um so stärkere Überzeugung gewinnen, wenn er mit ihm konfrontiert wird. Darum wartet man gewöhnlich, bis der Übertragungswiderstand eine Intensität erreicht hat, die es nicht mehr erlaubt, ihn zu leugnen, und die auch ein Gefühl der Überzeugung mit sich bringt. Das Problem des optimalen Intensitätsniveaus wird im Abschnitt 3.932 weiter besprochen.

Welche Arten von Übertragungsreaktionen bringen mit größter Wahrscheinlichkeit Widerstände hervor? Darauf zu antworten, ist nicht einfach, denn alle Arten und Mengen von Übertragung können bedeutsame Widerstände hervorbringen. Es gibt jedoch ein paar Verallgemeinerungen, die mir gültig und nützlich erscheinen. Ichsyntone Übertragungsreaktionen rufen Widerstände hervor, weil die Ich-Syntonizität den Patienten leicht daran hindert, ein beobachtendes Ich abzuspalten, wenn der Analytiker versucht, den Patienten zum Bearbeiten der Übertragung zu bewegen. Kurzum, der Patient kann in bezug auf manche seiner Gefühle mir gegenüber kein Arbeitsbündnis eingehen. Das kann dazu führen, daß der Patient die Übertragungsreaktion abwehrt, rechtfertigt oder leugnet, daß sie geeignetes Material für die Analyse sei. Dies geschieht besonders leicht bei chronischen und subtilen Übertragungsreaktionen. Ein Beispiel dafür ist Frau K., von der ich in den Abschnitten 1.24, 2.651, 2.71, 3.25, 3.42, 3.81 und 3.84 gesprochen habe.

Frau K. bewahrte sich mehrere Jahre ein idealisiertes Bild von mir als von einem wunderbar humanen Menschen. Allen Schmerz und alle Entbehrung der psychoanalytischen Behandlung legte sie der Psychoanalyse als Wissenschaft zur Last. Sie hatte das Gefühl, ich sei nur ein widerstrebendes Werkzeug dieser grausamen und fordernden Form der Therapie. Meinen Versuchen, diese Spaltung der Übertragung als Widerstand zu identifizieren, hörte sie geduldig zu, glaubte aber nicht daran. Sie glaubte, in Wirklichkeit sei dies ein weiterer Beweis für meine Bescheidenheit. Meine gelegentlichen Fehler schätzte sie sehr als weitere Beweise für meine Ehrlichkeit und Aufrichtigkeit. Die Patientin weigerte sich, diese lange bestehende und unveränderliche Gruppe von Gefühlen als Widerstand zu erkennen, obwohl Träume und Versprecher offensichtlich latente Wut und latenten Haß anzeigten. Bestenfalls leistete sie dieser Vorstellung Lippendienste und gab zu, sie könne vielleicht intellektuell meinen Gedanken folgen, aber sie könne in sich keine Spur feindseliger Gefühle mir gegenüber entdecken. Erst viel später in der Analyse, als ihre Angst vor der Homosexualität abgenommen hatte und als sie fähig geworden war, einen Teil ihrer sexuellen Erlebnisse mit ihrem Mann zu genießen, wagte sie sich zu gestatten, einen Teil ihres tiefsitzenden Hasses auf mich zu fühlen. Erst jetzt entwickelte sie ein Arbeitsbündnis in bezug auf ihre Feindseligkeit mir gegenüber.

Auch stark emotionelle Übertragungsreaktionen können Widerstand hervorrufen. Patienten, die mitten in intensiven Liebes- oder Haßgefühlen stecken, möchten vielleicht diese Gefühle lediglich über den Analytiker ergießen und haben nicht den Wunsch zu analysieren und Einsicht zu gewinnen. Solange diese Gefühle überwältigend oder ichsynton sind, sucht der Patient nach Abfuhrbefriedigung, nach Abreaktion. Das Bedürfnis, zu verstehen, kommt erst zum Vorschein, wenn die Intensität der Übertragung nachläßt oder als ichdyston, ichfremd, empfunden wird. Starke Liebe und starker Haß können als Übertragungsreaktionen nur dann produktiv werden, wenn trotz der starken Gefühle ein Arbeitsbündnis mobilisiert und aufrechterhalten werden kann.

Im großen ganzen aber, wenn alle übrigen Umstände gleich sind, ist es wahrscheinlicher, daß die feindselige, aggressive, negative Übertragung Widerstand und eine Störung des Arbeitsbündnisses hervorruft als liebende, positive Gefühle. Sexuelle und romantische Gefühle erregen leichter Widerstand als freundliche Zuneigung oder andere entsexualisierte Varianten der Liebe. Prägenitale Impulse rufen größeren Widerstand hervor als Impulse aus einer Stufe größerer Reife. Masochismus ist eine Quelle starker Widerstände, ebenso bei Männern die Angst vor passiven homosexuellen Strebungen und primitivem Mutterhaß, bei Frauen Penisneid und primitive Liebe zur Mutter.

Kehren wir zur technischen Frage zurück: Wann intervenieren wir in der Übertragungssituation? Unsere erste Antwort lautet: Wir intervenieren, wenn die Übertragung einen Widerstand hervorruft; wir versuchen zunächst, dafür zu sorgen, daß ein vernünftiges Ich und ein Arbeitsbündnis vorhanden sind, und analysieren dann den Widerstand. Es kommt nicht darauf an, welche Art oder Menge von Übertragung beteiligt ist: Wir intervenieren, wenn wir Anzeichen eines signifikanten Widerstands sehen, wenn die analytische Arbeit unproduktiv ist, zum Stillstand kommt oder emotional dünn geworden ist. Aber es gibt noch andere Übertragungssituationen, die unser Eingreifen notwendig machen.

3.932 Wenn ein optimales Intensitätsniveau erreicht ist

Eine weitere nützliche Regel in der Frage des Zeitpunkts für eine Intervention in der Übertragungssituation ist die folgende: Der Analytiker läßt die Übertragungssituation sich entwickeln, bis sie ein optimales Intensitätsniveau erreicht hat. Wir müssen nun definieren, was wir mit diesem Ausdruck »optimales Intensitätsniveau« meinen. Es bezieht sich nicht auf eine festgelegte Menge, sondern es ist abhängig vom Zustand des Ichs des Patienten und davon, was der Analytiker im Augenblick zu erreichen versucht. Wir wollen im Grunde, daß das Übertragungserlebnis für den Patienten emotionell bedeutsam wird, aber wir wollen nicht, daß es ihn überwältigt. Wir wollen Erschütterung, aber nicht Trauma.

Gewöhnlich zieht es der Analytiker vor, die Übertragungsgefühle des Patienten sich spontan entwickeln und an Stärke zunehmen zu lassen, es sei denn, irgendein Widerstand behindere die analytische Arbeit oder die Weiterentwicklung dieser Gefühle. Wenn kein Widerstand vorhanden ist, wartet der Analytiker mit seiner Intervention, bis die Intensität der Übertragungsgefühle einen Punkt erreicht hat, der die Übertragungsreaktion für den Patienten echt und lebendig macht. Wir wissen, daß ein solches Erlebnis ein Gefühl der Überzeugung mit sich bringt, das im Prozeß des Analysiertwerdens nicht seinesgleichen hat. Weniger intensive Übertragungsreaktionen können zu Verleugnung, Isolierung, Intellektualisierung und anderen defensiven Widerständen führen. Größere Intensität kann zu traumatischen Zuständen, Panikreaktionen und darauffolgenden Regressionen und Vermeidungen führen. Die optimale Intensität bringt den Patienten zu der Erkenntnis, daß seine Übertragungsreaktionen real und bedeutungsvoll sind. Wenn er dies erkannt hat, ist der Patient bereit, analytisch mit der Übertragungsreaktion als Erlebnis zu arbeiten.

Das Folgende ist ein Beispiel für diese Situation. Sehr früh in ihrer Analyse wirft eine Patientin spielerisch die Frage auf: »Wann soll ich mich denn nun in Sie verlieben?« Der Umstand, daß sie diese Frage stellt, zeigt an, daß eine gewisse leichte positive Übertragung schon vorhanden ist, aber zu diesem Zeitpunkt ist sie für die Patientin gewiß noch keine lebendige Realität. Wenn ich sie darauf hinweisen würde, daß gerade diese Frage anzeigt, daß solche Gefühle schon vorhanden sind, würde diese Patientin sie höchstwahrscheinlich leugnen oder sie halb im Ernst zugeben und dann spielerisch weiter assoziieren. Dies geschieht gewöhnlich, wenn Ausbildungskandidaten die positive Übertragung vorzeitig deuten. In dem beschriebenen Fall habe ich keine derartige Deutung gegeben. Ich fragte die Patientin nur, wie sie auf diese Idee gekommen sei. Nachdem sie mir erzählt hatte, daß sie von einer Freundin gehört habe, es sei ihr passiert, als sie in Analyse war, sagte ich zu der Patientin, es gebe keine festen Regeln, daß sich dem Analytiker gegenüber bestimmte Gefühle entwickeln müßten; sie solle nur ihren Gefühlen erlauben aufzusteigen, wie sie gerade kämen, und wir würden dann versuchen, ihre einzigartigen und individuellen Gefühle zu verstehen. Kurz nach dieser Stunde konnte ich feststellen, daß die Patientin eine Zunahme ihrer positiven Gefühle mir gegenüber zu erleben schien. Sie schien sich ihres Aussehens mehr bewußt zu sein. Sie schaute mich etwas kokett an, wenn sie kam und wenn sie ging, und einige ihrer Bemerkungen hatten etwas leicht Flirtendes an sich. Da die Patientin aber einige analytische Arbeit leistete, und da ich das sichere Gefühl hatte, diese Gefühle würden intensiver werden, versuchte ich zu diesem Zeitpunkt noch nicht, die Übertragung zu analysieren.

Nach ein paar Tagen erwähnte die Patientin, sie scheine sich weniger für ihre Arbeit, ihre Wohnung und ihren Mann zu interessieren. Sie denke anscheinend fast immer an ihre »Analyse«; sogar beim Geschlechtsverkehr denke sie an ihre »Analyse«. Jetzt hatte ich das Gefühl, die Intensität der Übertragungsgefühle der Patientin sei so groß, daß sie für sie real und lebendig seien und daß ihre Bearbeitung jetzt ein bedeutungsvolles Erlebnis wäre und die Analyse fördern würde. Darum griff ich nun ein und sagte zu der Patientin, mir komme es so vor, als hätten sich ihre Gefühle für *mich* in ihr Leben gedrängt; ich schiene ihr übriges Leben zu beherrschen, selbst ihr Sexualleben, und ich ermutigte sie, mit mir darüber zu sprechen, denn es sei wichtig. Nun begann die Patientin ernsthaft zu arbeiten und wunderte sich selbst, wie stark ihre Liebesgefühle mir gegenüber geworden waren. Vorbei war es mit der Schnippischkeit und dem Spielerischen. Jetzt war sie bereit, ernsthaft zu arbeiten.

Es ist wichtig, sich klarzumachen, daß die Fähigkeit des Patienten, starke Übertragungsgefühle auszuhalten, im Lauf der Analyse je nach der Qualität des betreffenden Übertragungsgefühls und gemäß der Stärke des Arbeitsbündnisses schwankt. Ganz am Anfang der Analyse kann der Patient noch nicht so große Intensitäten ertragen wie später in der Analyse. Im allgemeinen kann der Patient, wenn ein bestimmtes Gefühl in der Übertragung zum erstenmal aufgetreten ist, nur eine relativ kleine Menge von diesem Gefühl ertragen, bevor sich Widerstand entwickelt oder der Patient regrediert. Am Anfang der Analyse muß man sorgfältig abschätzen, wieviel von diesem Gefühl der Patient empfinden kann, damit es für ihn ein bedeutsames Erlebnis ist. Eine vorzeitige Intervention kann den Patienten jeder emotionalen Wirkung berauben; in diesem Fall hätte die Übertragung dem Patienten nur dazu verholfen, aus der Intervention ein intellektuelles Spiel zu machen. Andererseits kann eine aufgeschobene Intervention den Patienten veranlassen, ein so intensives Gefühl zu empfinden, daß er sich überwältigt fühlt und regrediert. Es ist notwendig, daß der Analytiker sich in den Patienten einfühlt, damit er beurteilen kann, wie groß dessen Ichstärke in einem bestimmten Augenblick ist, und damit er weiß, wann er eingreifen soll. Wenn bestimmte Übertragungsreaktionen in der Analyse zum erstenmal auftreten, intervenieren wir früher; je häufiger eine bestimmte emotionale Konstellation in der Übertragung vorgekommen ist, desto wahrscheinlicher werden wir es zulassen, daß sich größere Intensität entwickelt. Natürlich zeigt das Auftreten von Widerstand, daß man intervenieren muß. Man darf jedoch diese allgemeinen Überlegungen nicht außer acht lassen, wenn kein Widerstand auftritt.

Die Qualität der Übertragungsreaktion kann auch ein Zeichen dafür sein, welche Gefühlsintensität der Patient ertragen kann. Im allgemeinen sollte man die Übertragungsreaktion, wenn sie infantil ist, früh interpretieren. Manche haßerfüllten und homosexuellen Übertragungsreaktionen können Interventionen früher notwendig machen als andere.

Auch der Zustand der Ichfunktionen des Patienten und besonders der

Zustand der Abwehrmechanismen spielt eine Rolle bei der Entscheidung, welche Intensität der Übertragungsreaktionen der Patient ertragen kann. Plötzlich auftauchende neue Übertragungsgefühle, die für den Patienten verwirrend sind und Angst und Scham erregen, erfordern ein früheres Eingreifen als früher schon einmal erlebte Übertragungsgefühle. Ein Patient neigt eher dazu, sich von seinen intensiven Übertragungsgefühlen überwältigen zu lassen, wenn sein Ich durch irgendein äußeres Ereignis relativ erschöpft ist. Ein Beispiel ist die Erkrankung eines Kindes, die Schuldgefühle und unbewußte Feindseligkeit mobilisiert.

Eine weitere Überlegung in bezug auf die optimale Intensität von Übertragungsreaktionen ist die Frage: Wie lange muß der Patient bis zur nächsten Analysestunde mit diesen Übertragungsgefühlen kämpfen? Mit anderen Worten, die optimale Intensität hängt auch von der Frequenz der Stunden und davon ab, wie nah die nächste Sitzung für den Patienten bevorsteht. Vor einem Urlaub oder einem Wochenende greift man früher ein und kommt einer zu starken Übertragungsreaktion zuvor, als wenn der Patient seine nächste Analysestunde gleich am nächsten Tag hat. Dies ist ein wichtiger Punkt, der für fünf Analysestunden in der Woche spricht. Wenn wir unsere Patienten täglich sehen, können wir zulassen, daß starke Übertragungsreaktionen auftreten, die uns zu den wichtigeren Ereignissen der infantilen Neurose zurückführen. Wenn die Patienten aber mit einer Frequenz kommen, bei der nach jeder Stunde eine Lücke eintritt, sagen wir, dreimal in der Woche, dann lernen solche Patienten schließlich aus bitterer Erfahrung, daß starke Übertragungsreaktionen traumatisch sein können, und sie werden es vermeiden, so intensive Gefühle sich entwickeln zu lassen. Infolgedessen erreicht ihre Übertragungsneurose niemals die erwünschte Intensität, und bestimmte Aspekte der infantilen Neurose werden nie erreicht oder gelöst.

3.933 Abwandlungen und Erweiterungen

Manchmal kann es für den Patienten ein bedeutsames Erlebnis sein, wenn man ihn schon auf die kleinste Andeutung eines Übertragungsgefühls hinweist. Das ist dann der Fall, wenn man neben einer mäßig starken Übertragungsreaktion eine Spur einer anderen Übertragungsreaktion von entgegengesetzter Tönung entdecken kann. Zum Beispiel: ein Patient zeigt Anzeichen einer ziemlich starken positiven Übertragung, und doch kann man Untertöne von Feindseligkeit hören. Wenn die liebende Übertragung als Widerstand gegen das Erkennen der tieferliegenden Feindseligkeit benützt wird, kann man die Widerstandsfunktion der positiven Übertragung deuten. Es kann aber auch sein, daß es sich nicht um eine

Widerstandssituation handelt, sondern um die ersten Zeichen einer bisher unbekannten Ambivalenz. In einer solchen Lage kann es richtig sein, den Patienten auf die Spur von Feindseligkeit hinzuweisen. Das hängt ab vom Stand des Arbeitsbündnisses, vom guten Willen des Patienten, eine kleine Menge von Übertragungsgefühl zu erkennen, und von seiner Bereitschaft, es zu erforschen. Wenn das Arbeitsbündnis in so einem Zustand ist, daß eine Konfrontation nur zu Verleugnung und Ablehnung führen würde, ist es besser, auf eine größere Intensität der Übertragungsreaktion zu warten, oder darauf, daß die Widerstände demonstrierbar werden.

Bei manchen Gelegenheiten weist man den Patienten auf das lange andauernde Fehlen von bestimmten Übertragungsreaktionen hin. Auch dies kann ein emotionell bedeutsames Erlebnis sein, wenn das Fehlen des Gefühls für den Patienten auffallend und eindrucksvoll ist. Dann ist klar, daß ein Übertragungswiderstand wirksam ist, der, wie bereits beschrieben, analysiert werden muß. Es ist wichtig, die Intervention lange genug aufzuschieben, so daß die Konfrontation Eindruck macht und vom Patienten als überzeugend empfunden wird. Vorzeitige Deutung führt immer zu einem Anwachsen des Widerstands und zu der Tendenz, aus der analytischen Arbeit ein Spiel zu machen.

Manchmal ist die optimale Intensität nicht eine mäßig große Menge von Übertragungsgefühl, sondern eine extrem große. Dies ist gegen Ende der Analyse wahrscheinlich, wenn der Patient schon wiederholt Übertragungsreaktionen von mäßiger Intensität erlebt hat, die extreme Intensität jedoch noch nicht erfahren hat, die vom Höhepunkt der infantilen Neurose stammt. Der Analytiker muß erkennen, wann es notwendig ist, mäßig intensive Übertragungsreaktionen in ihrer Intensität so ansteigen zu lassen, daß sie sogar überwältigend erscheinen, damit der Patient die große Stärke der Kindheitsgefühle erleben kann. Man sollte den Patienten ermutigen, dies geschehen zu lassen, damit diese frühkindlichen Gefühle in die Arena der Analyse hereinkommen können. Damit dies geschehen kann, ist die Fähigkeit zur Regression nötig, und Regression tritt ein als Folge der überwältigenden Gefühle. Aber bei Patienten mit einem guten Arbeitsbündnis ist es nur eine vorübergehende Regression und ein wertvolles therapeutisches Erlebnis.

Lassen Sie mich ein Beispiel bringen: Eine Frau im fünften Jahr ihrer Analyse begann ihre Stunde mit der Beschreibung, wie aufgewühlt sie sich nach dem Schluß der vorigen Analysestunde gefühlt habe, die mit meiner Deutung geendet hatte, sie bemühe sich, ihren Penisneid zu verbergen, und sie fürchte sich, mir gegenüber zuzugeben, daß dieses Thema sie aus der Fassung bringe. Beim Nachhausekommen sei sie wütend und erregt gewesen. Sie habe eine unruhige Nacht verbracht und sei mit einer eigenartigen Mischung aus Furcht und Begierde zur Stunde gekommen. Sie habe wirklich Angst, in der Stunde frei zu assoziieren; sie habe das Gefühl, sie würde die Selbstbeherrschung verlieren. Sie habe Angst, sie werde vielleicht schreien oder sogar von der Couch aufstehen und mir etwas antun.

Mein Schweigen, das gewöhnlich beruhigend auf sie wirkte, beruhigte sie nicht. Als ihre Erregung zunahm, fand ich es notwendig, ihr zu sagen, sie könne sich gehen lassen. Ich würde nicht zulassen, daß ihr irgendetwas Schreckliches geschehe. Die Patientin wand sich, rang die Hände und schwitzte. Sie begann mich anzuschreien: »Ich hasse Sie, ich hasse Sie. Sie sind an allem schuld. Ich will Ihren Penis, für mich, er ist meiner.« Dann hielt sie inne. Sie legte ihre Hände auf die Schamgegend und sagte: »Ich hab' einen schrecklichen Drang, alles naßzumachen, nur um Ihnen zu zeigen, daß ich es kann.... Nur um Ihnen zu zeigen, wie ich Sie hasse und verachte... Sie sind an allem schuld... ich will Ihren, er gehört in Wirklichkeit mir, er ist meiner, ich werd' ihn mir holen, ihn wegnehmen... bitte geben Sie ihn mir, bitte, bitte, ich bitte Sie...« Dann fing die Patientin an, hysterisch zu schluchzen. Nach ein paar Minuten der Ruhe konnte ich ihr deuten, daß sie mit mir ein bisher verdrängtes Bruchstück ihrer infantilen Neurose, eine tief verdrängte Komponente ihres infantilen Penisneids, wieder durchlebt hatte.

3.934 Wenn unsere Intervention neue Einsicht zur Folge hat

Bisher haben wir zwei Indikationen betrachtet, die bestimmen, *wann* wir in der Übertragungssituation intervenieren: 1. wenn ein Übertragungswiderstand wirksam ist; 2. wenn die Übertragungsgefühle ein optimales Intensitätsniveau erreicht haben. Diese beiden Indikationen überschneiden sich manchmal, aber sie können auch einzeln auftreten. Das gleiche gilt für die dritte, die besagt, daß wir intervenieren, um dem Patienten zu einer neuen Einsicht in bezug auf die Übertragungssituation zu verhelfen. Eine neue Einsicht kann zutage treten, während wir versuchen, einen Übertragungswiderstand zu analysieren, oder erst dann, wenn eine optimale Intensität erreicht ist. Es gibt jedoch Übertragungssituationen, die nach einer Intervention verlangen, wenn die Fragen des Widerstands oder der Intensität von Übertragungsreaktionen nicht entscheidend sind. Ich spreche hier im besonderen von Übertragungssituationen, die zwar für den Analytiker in ihrer Bedeutung durchschaubar, für den Patienten jedoch unklar sind, deren Bedeutung aber dem Patienten zugänglich wäre, wenn man ihm die neue Einsicht vermitteln würde.

Die Probleme der Klärung und Deutung von Übertragungsphänomenen sind nicht wesentlich anders als die der Klärung und Deutung irgendeiner anderen Produktion des Patienten. Wir wollen dies im Abschnitt 3.943 über die Deutung der Übertragung systematisch besprechen. Für unsere Zwecke an dieser Stelle will ich die Erörterung auf die Frage beschränken: Wann glauben wir, neue und bedeutungsvolle Einsichten in die Übertragungssituation einführen zu können? Es gibt dabei zwei wesentliche Überlegungen: In welchem Zustand ist das Arbeitsbündnis des Patienten? und: Wie klar ist das Material, auf Grund dessen die Deutung oder Klärung geschehen soll? Der Zustand des vernünftigen Ichs des Patienten wird bestimmt durch Art und Menge der Widerstände — dieses Problem haben wir schon besprochen. Die Klarheit des Übertragungsmaterials, das analysiert werden soll, ist abhängig von vielerlei Faktoren. Eins der wichtigsten Elemente ist die Intensität und Komplexität der auf den Analytiker gerichteten Affekte oder Impulse. Auch dies haben wir schon besprochen.

An der Patientin, Frau K., von der ich schon an verschiedenen Stellen gesprochen habe[9], lassen sich diese Probleme sehr gut veranschaulichen. Sie hatte ein vernünftiges Ich und enwickelte schon früh in der Analyse ein Arbeitsbündnis. Sie bearbeitete ihre sexuellen und romantischen Übertragungsgefühle für mich gut und wirksam. Sie hatte zwar starke Widerstände und agierte auch einige ihrer Gefühle, aber nie in einem Maß, das ihr Leben oder ihre Analyse gefährdet hätte. An ihre primitive Feindseligkeit gegen mich war viel schwerer heranzukommen; sie bedeutete auch eine viel größere Bedrohung für sie und für die Analyse. Einmal während dieser Phase begann sie, zu Unfällen zu neigen, und kam Autounfällen gefährlich nahe. Sie hatte nie ernsthaft einen Abbruch der Analyse erwogen, bis im fünften Jahr ihrer Analyse die oralsadistische Feindseligkeit gegen mich zum Vorschein kam. Einer der Faktoren, die in dieser Phase die Analyse komplizierten und das Arbeitsbündnis untergruben, war der Umstand, daß zur gleichen Zeit ihre tiefsitzende Feindseligkeit gegen mich und gegen alle Männer herauskam; außerdem kämpfte sie noch mit starken oralsadistischen und homosexuellen Impulsen gegenüber ihrer Mutter.

Glücklicherweise hatte unsere bisherige Arbeit es ihr ermöglicht, eine relativ beständige und befriedigende heterosexuelle Beziehung herzustellen und aufrechtzuerhalten. Außerdem hatte sie eine erfreuliche und lohnende Beziehung zu ihrer kleinen Tochter. Diese beiden Errungenschaften und die Erinnerung an unser bisheriges Arbeitsbündnis unterstützten ihre schwankende Arbeitsbeziehung zu mir und befähigten sie, die negative Übertragung durchzuarbeiten.

An dieser Stelle möchte ich kurz weitere Merkmale des Übertragungsmaterials des Patienten nennen, die Indikationen sind, neue Einsichten zur Sprache zu bringen. Ich spreche hier von der Entdeckung anderer starker Affekte, Widersprüche, Wiederholungen, Ähnlichkeiten, Symbolismen und Schlüsselassoziationen in den Produktionen des Patienten, die alle wichtige Hinweise auf neue Bedeutungen der Übertragung geben können. Die folgenden einfachen klinischen Beispiele werden dies anschaulich machen.

---

[9] Siehe Abschnitt 1.24, 2.651, 2.71, 3.25, 3.42, 3.81, 3.84 und 3.931.

3.9341 Starke Affekte

Die Zeit, um die Übertragung zum Gegenstand der Deutung zu machen, ist dann gekommen, wenn die Übertragungsreaktion im Vergleich zum übrigen Material die stärksten Affekte aufweist. Wenn wir uns die Produktionen eines Patienten anhören, müssen wir entscheiden, welches Objekt oder welche Situation den stärksten Affekt auslöst. Wir deuten immer den Übertragungsaspekt, wenn er eine große Affektmenge zu enthalten scheint. Affekte in der Analysestunde sind zuverlässigere Anzeiger als Affekte in Träumen. Auch das Fehlen von Affekten dort, wo man sie erwarten würde, weist darauf hin, daß analytische Arbeit zu tun ist. Das gleiche gilt für unangemessene Affekte.

Zum Beispiel verbrachte ein Patient den größten Teil der Stunde mit Äußerungen über seine Arbeit und über seine Angst, seine Stellung zu verlieren; obwohl er gut arbeitete, schien ihm sein Chef kühl zu begegnen. Er weiß den Grund dafür nicht; er tut sein Bestes. Er macht sich sogar Sorgen um seine Ehe: Ist er ein guter Ehemann, ein guter Vater, denkt seine Frau an andere Männer? Dann sagt er, wie großes Glück er habe, in psychoanalytischer Behandlung zu sein; er werde seine Hemmungen und Unsicherheiten loswerden und er werde sich nicht mehr ständig unnötige Sorgen machen. Gegen Ende der Stunde erwähnt er, daß er beim Mittagessen am Tag vorher zufällig einem alten Freund in die Arme gelaufen ist. Sie sprachen über viele Dinge. Er sagte seinem Freund, er sei bei Greenson in der Analyse, und der Freund sagte darauf, er habe gehört, Greenson schicke oft Leute aus der Analyse fort, wenn sie nicht mitarbeiteten. Aber er, der Patient, wisse, daß dies nicht wahr sein könne; wenn man an der Analyse nicht hart arbeiten könne, sei das schließlich auf Widerstände zurückzuführen; die müßten eben analysiert werden. Man bestrafe ja Patienten nicht und werfe sie auch nicht hinaus. [Schweigen].

Ich hatte während der Stunde eine Veränderung im Ton des Patienten wahrgenommen. Zuerst klang er etwas deprimiert und klagend — aber nur ein wenig. Als er von seinem Freund und Greenson sprach, wurde seine Stimme lauter, fast scherzhaft, aber gezwungen. Ich konnte auf seiner Stirn einen leichten Schweiß sehen. Als er in Schweigen verfiel, wischte er sich die Hände an der Hose ab, als seien sie feucht. Es war mir klar, daß er in diesem Augenblick nicht am meisten fürchtete, seine Stellung oder seine Frau zu verlieren, sondern mich, seinen Analytiker, und ich sagte ihm dies. Er erinnerte sich nun, daß er schockiert war zu hören, daß ein Analytiker einen Patienten fortschicken könne. Das war ihm niemals eingefallen. Dann versuchte er, es als absurd aus seinem Bewußtsein zu verdrängen. Er hielt inne und fragte dann voller Angst: »Ist es wahr, daß Analytiker Patienten fortschicken?«

Ich bat ihn, mir zu sagen, was er sich dabei vorstelle. Er schwieg eine Weile, dann führten seine Assoziationen zu einer Hirtenszene mit endlosen Wiesen, ruhig und friedlich, aber in der Ferne sah man Wolken, dunkle, wirbelnde Wolken. Dabei fiel ihm der englische Maler Turner ein, dessen Gemälde auf den ersten Blick so friedevoll wirken, aber so bedrohlich, wenn man sie sorgfältig betrachtet. An dieser Stelle griff ich ein und sagte: »Es schien Ihnen zunächst absurd, daß Greenson einen Patienten ›fortschicken‹ könnte, aber nachdem Sie ihn eine Weile erwogen haben, ist der Gedanke erschreckend.«

3.9342 Widersprüche

Eine Patientin hatte über ein Jahre lang eine stark positive Vaterübertragung auf mich, mit ödipalen und phallischen Zügen. Während dieser Zeit gab es Beweise für große Feindseligkeit, Eifersucht und Abscheu gegen die Mutter. In einer Reihe von Stunden begann sie, ihren Ehemann mit mir zu vergleichen, wobei er ungünstig dastand. Er schien der Patientin zu dieser Zeit roh, unsensibel, sogar brutal. Ich erschien ihr sanft, sensibel und aufmerksam. Aber trotzdem hatte sie das Gefühl, ich sei auch stark und kühn und phantasievoll. Sie bewunderte und begehrte einen maskulinen Mann, der auch zart sein sollte. Liebe sei mehr als nur Sexualität; das Leben sei mehr als nur das Erleben von Orgasmen. Sie wollte als ganzes geliebt werden, ganz und gar, völlig eingehüllt. Sie wünschte sich einen Mann, der sie nur liebevoll an sich drücken wolle, Mund an Mund und Brust an Brust. Er sollte sie in den Armen halten und sie streicheln, und sie wollte seine Wärme in sich aufsaugen. An dieser Stelle deutete ich der Patientin, sie scheine zwar einen männlichen Mann vorzuziehen, aber es scheine in ihr auch eine Sehnsucht nach Eigenschaften in mir zu bestehen, die sie als weiblich und warm empfinde. Diese Intervention war der Beginn ihrer Erkenntnis prägenitaler Strebungen in bezug auf mich als ihre Mutter.

3.9343 Wiederholungen

In einer Analysestunde beginnt ein Patient davon zu sprechen, daß sein Hausarzt in letzter Zeit so schwer zu erreichen sei; er scheine so beschäftigt zu sein, er habe nicht mehr das gleiche Interesse am Patienten. Dann spricht er weiter über den traurigen Zustand der Schulbildung in den USA; so wenige Leute wollten Lehrer werden; sie seien mehr am Geldverdienen interessiert, usw. Von da aus kommt der Patient auf seinen Vater zu sprechen, der, obwohl er sich nicht von der Mutter scheiden ließ, ihr ganz offensichtlich untreu war, aber heuchlerisch als eine Säule der Gesellschaft posierte. Dann verfällt der Patient in Schweigen. Ich greife ein und frage ihn: »Und was fürchten Sie, über mich herauszubekommen?« Nach einigen schwachen Protestäußerungen beschreibt der Patient, wie er immer gefürchtet hatte, meinen Namen außerhalb der Stunde erwähnt zu hören, aus Angst, er könnte etwas Desillusionierendes zu hören bekommen.

3.9344 Ähnlichkeiten

Ein gefügiger und gelehriger Patient beschreibt in einer Analysestunde, wie er mit einem seiner Freunde eine heftige Auseinandersetzung hatte. Sie fuhren fast eine Stunde lang zusammen im Auto, und der Patient versuchte seinen Freund zu bewegen, etwas zur Unterhaltung beizusteuern, aber der Freund schwieg, knurrte nur und weigerte sich, etwas von sich zu geben. Wie selbstsüchtig, wie kalt, wie rücksichtlos! Immer weiter macht er seinem Zorn Luft. Als er sich beruhigt, weise ich ihn darauf hin, daß auch ich fast eine Stunde mit ihm verbringe und selten zur »Unterhaltung« beitrage, abgesehen von einem gelegentlichen Grunzen. Der Patient reagiert darauf mit einem kurzen Lachen und schweigt dann. Nach einer längeren Pause lächelt er und sagt resignierend: »Na, da haben Sie mich erwischt.« Er fügt mit einem Kichern hinzu: »Fast eine Stunde zusammen, keine Unterhaltung, nur Grunzen, die Weigerung, etwas von sich zu geben — ja, da scheint wirklich etwas dran zu sein.« Nun antwortete ich: »Sie konnten wirkliche Wut auf Ihren Freund zum Ausdruck bringen, aber sie können anscheinend wegen der gleichen Dinge nicht auf mich wütend sein.« Jetzt hörte der Patient auf zu lächeln und fing an zu arbeiten.

3.9345 Symbolismus

Ein Patient träumt, er sei in einer Buchhandlung und sehe sich alte Bücher an. Er sucht sich eins aus, das in braunes Leder gebunden ist, kann aber nicht unterscheiden, was vorn und hinten ist. Schließlich schlägt er das Buch auf, und ein grüner Käfer springt heraus. Er versucht, ihn mit einer Zeitung zu erschlagen, aber er flattert weiter umher. Der Käfer macht ihm Angst, und er wacht auf. Die Assoziationen des Patienten wandern zu Kafkas *Verwandlung;* er, der Patient, könnte der Käfer sein, der sich auf Grund der Analyse in eine abscheuliche Kreatur verwandelt. Das Leben vor der Behandlung schien ihm einfacher; er hat so viele neue Ängste. Als er in die Analyse kam, wußte er nur, daß er sich nicht in ein Mädchen verlieben konnte. Also fand er heraus, daß er auf seine Mutter fixiert war und auf seinen Vater auch. In jüngster Zeit hat er wenig sexuelle Bedürfnisse verspürt, ist das eine Angst, die Sexualität in die Stunde zu bringen? Der Ledereinband war wie die lederne Schreibunterlage auf meinem Schreibtisch. Und die Farbe war so, wie die von meinem Terminkalender. Er hat keine Angst vor Käfern, außer nachts, wenn er sie nicht sehen und sie nur fühlen kann. Manchmal, wenn er abends im Bett liest, fühlt er das Flattern der Flügel einer Motte an seinem Gesicht. Es ist unheimlich und zugleich angenehm. Es gibt ihm das Gefühl, etwas klopfe plötzlich an ihm — ein Gefühl der Überraschung, fast wie ein erregender Schauer. Aber es sei auch angsterregend, denn er sei nicht sicher, woher es komme. Das Flattern ist wie der Augenblick der Ejakulation und des Orgasmus. Daß er nicht weiß, ob das Buch von vorn oder von hinten anfängt, erinnert ihn daran, daß die Juden ihre Bücher von hinten her lesen und daß ich auch ein jüdischer Analytiker bin, im Gegensatz zu seinem ersten Analytiker, der ein Nichtjude war.

Ich glaube, dieses Bruchstück der Stunde zeigt auf dem Weg über die Symbole und Assoziationen die Strebungen von der homosexuellen Übertragung weg und zu ihr hin. Es hatte sich gezeigt, daß in vielen vorherigen Träumen »Grün« für Greenson stand. Ich weise den Patienten darauf hin, daß er zu versuchen scheine, seine »flatternden« sexuellen Gefühle für Greenson totzuschlagen, weil diese ein erschreckendes Element in seinem Leben seien; es komme von hinten. Er erwidert, er fühle oft eine »flatternde« Erregung, wenn ich von meiner Position hinter der Couch aus zu sprechen beginne.

3.9346 Schlüsselassoziationen

Manchmal gibt uns eine einzelne Assoziation den wichtigsten Hinweis darauf, ob wir die Übertragung deuten sollen und welchen ihrer Aspekte wir verfolgen sollten. Bestimmte Assoziationen haben den Vorrang vor anderen, selbst vor einer Menge anderer, weil sie zu neuen und wichtigen

Untersuchungsbereichen führen und sie eröffnen. Solche Schlüsselassoziationen sind dadurch gekennzeichnet, daß sie spontaner, improvisierter und überraschender wirken als andere. Manchmal knüpfen sie ganz erstaunlich an die Assoziationen des Analytikers an; dies zeigt, daß eine derartige Assoziation potentiell bedeutungsvoll ist.

Eine Patientin kann sich nur an ein Bruchstück eines Traumes erinnern, in dem es darum ging, daß sie einen Tumor in der Brust hatte. In ihren Assoziationen spricht sie von mehreren Freundinnen, die Tumoren gehabt haben, über ihre Krebsfurcht und von dem Gefühl, den Keim der eigenen Zerstörung in sich zu tragen, usw. Dies führt zu Erinnerungen an die schlechte Behandlung, die sie von ihren Eltern erfahren hat, Haß, Sehnsucht nach einem guten Vater oder einer guten Mutter, Angst vor unzuverlässigen Menschen usw. Während ich zuhöre, kreisen meine Gedanken um die Frage: Wer ist der Tumor in ihrer Brust, die gehaßte und hassende Mutter, der Vater oder ich? Dann beginnt die Patientin darüber zu sprechen, daß ihre Brüste während der Menses voller und weicher werden. Meine Assoziationen springen über auf ihre ambivalenten Reaktionen auf den Gedanken an Schwangerschaft. An dieser Stelle fängt die Patientin plötzlich an, davon zu reden, daß sie hungrig sei und den Wunsch nach etwas Süßem habe. Sie sagt im Scherz, sie nehme nicht an, daß ich etwas Schokolade zur Hand habe.

Diese letzten Assoziationen an das plötzliche Hungergefühl und den Wunsch, von mir etwas Süßes zu bekommen, in Verbindung mit dem Traum von einem Tumor in ihrer Brust, und meine Assoziationen in bezug auf Schwangerschaft veranlassen mich, sie zu fragen: »Haben Sie in letzter Zeit daran gedacht, daß Sie schwanger werden könnten?« Sie erwidert, ihre dreijährige Tochter habe gefragt, ob es wahr sei, daß Frauen ihre Babies nahe der Brust tragen, und sie habe dann die Patientin gefragt, warum bekommst du nicht noch ein Baby? Das hat die Patientin deprimiert, denn ihre Ehe ist in letzter Zeit schlechter geworden, und sie zweifelt, ob sie jemals wieder schwanger werden wird. Das erinnert sie an die Fehlgeburt, die sie am Anfang ihrer Ehe gehabt hat, und wie schade das ist, denn sonst wäre ihre Tochter kein Einzelkind. Dann sagt sie halb scherzend: »Ich würde noch ein Kind bekommen, wenn ich es mit Ihnen haben könnte. Aber ich weiß, daß ich von Ihnen immer nur Worte bekommen werde — und den alljährlichen Händedruck, wenn Sie in Urlaub gehen. Es ist traurig, wenn ich mir klarmache, daß Sie mich niemals anrühren werden. Das erinnert mich: Als ich das letztemal zu einer Kontrolluntersuchung bei meinem Arzt war, untersuchte er meine Brüste nach Tumoren, und während er das tat, hab' ich an Sie gedacht.«

Ich antworte, daß ich glaube, der Klumpen in ihrer Brust sei ihr ungelöstes Verlangen nach mir und ihr Groll gegen mich. Sie lacht und sagt: »Ich hoffe, das ist heilbar. Sie haben wahrscheinlich recht. Ich hab' vergessen zu sagen, daß der Tumor in meiner linken Brust war, genau über dem Herzen.« Die Schlüsselassoziation war das plötzliche Verlangen der Patientin nach etwas Süßem.

Die vorhergehenden Beispiele von klinischem Material zeigen Situationen, in denen eine Intervention des Analytikers notwendig ist. In allen beschriebenen Übertragungssituationen war das Material für den Analytiker relativ durchsichtig, und das vernünftige Ich des Patienten und das

Arbeitsbündnis schienen die Einsicht bewältigen zu können. Wenn diese beiden Faktoren günstig sind, muß der Analytiker intervenieren, um neue Einsicht zu ermöglichen.

3.94 Technische Schritte beim Analysieren der Übertragung

Bisher haben wir in unserer Erörterung der Handhabung von Übertragungsphänomenen zwei wichtige Fragen erwogen: *Warum* und *wann* wir die Übertragung analysieren. Nun kommen wir zum Kern des technischen Problems: *Wie* analysieren wir die Übertragung? Dieser Abschnitt ist den verschiedenen technischen Maßnahmen und Verfahrensschritten gewidmet, die nötig sind, um die Übertragungsreaktionen des Patienten zu analysieren. Alle Schritte, die ich beschreiben werde, sind notwendig, aber einige davon macht der Patient spontan, also muß der Analytiker sie nicht wiederholen.

Ich werde das, was ich für eine ideale und vereinfachte Verfahrensordnung halte, ziemlich schematisch skizzieren. Jeder Schritt kann jedoch neue Widerstände wecken, die behandelt werden müssen und die daher den idealen Ablauf der Ereignisse unterbrechen. Es kann aber auch vorkommen, daß die durch jede neue technische Maßnahme in Gang gesetzten Explorationen so viele neue Bereiche erschließen und so viele Stunden beanspruchen, daß der Übertragungsfaktor nicht mehr das vorherrschende Element ist, dem man nachgehen muß. Trotzdem sollte dieses Schema technischer Schritte als Modell und Anleitung dienen, wenn auch die Ereignisse in der klinischen Praxis niemals so geordnet und gut organisiert ablaufen.

Um Übertragungsphänomene zu analysieren, müssen wir die gleichen technischen Grundmaßnahmen durchführen, die beim Analysieren jedes beliebigen psychischen Phänomens wesentlich sind; das Material muß demonstriert, geklärt, gedeutet und durchgearbeitet werden. Neben diesen grundlegenden Verfahren sind wegen der spezifischen Eigenarten der Übertragungsphänomene noch bestimmte zusätzliche technische Schritte erforderlich. Das Folgende ist ein allgemeines Schema des Verfahrens zum Analysieren der Übertragung.

3.941 Die Übertragung wird demonstriert

Bevor man zur Exploration der Übertragungsgefühle schreitet, muß der Patient begriffen haben, daß seine Reaktion auf den Analytiker der Gegenstand der Erörterung ist. Dies kann dem Patienten klar sein; ja, er kann selbst erkennen, daß dies so ist, ohne daß der Analytiker ihm im geringsten hilft. Andererseits entstehen manchmal Situationen, in denen es für den Patienten recht schwierig ist, seine Übertragungsgefühle zu entdecken. Als erster Schritt bei der Analyse der Übertragung ist es unerläßlich, daß der Patient mit seinen Übertragungsreaktionen konfrontiert wird und daß sie ihm bewußtgemacht werden. Wenn dem Patienten die Übertragungsreaktionen, die wir untersuchen wollen, in irgendeiner Weise nicht deutlich sind, müssen sie ihm demonstriert werden. Mehrere technische Maßnahmen können dabei von Nutzen sein.

3.9411 Schweigen und Geduld

Sehr oft erkennt der Patient eine Übertragungsreaktion spontan, wenn man abwartet, bis die Übertragungsgefühle an Intensität zunehmen. Das geschieht oft allein schon dadurch, daß man dem Patienten gestattet, mit seinen Produktionen fortzufahren, ohne daß der Analytiker eingreift. In jeder Analyse muß der Patient sich gelegentlich selber seiner Übertragungsreaktionen bewußt werden; dann wäre es inkorrekt, wenn der Analytiker sie ihm demonstrieren würde. Das gilt besonders, wenn die Intensität der Gefühle genügend ausgeprägt ist, wenn der Patient kein Anfänger mehr ist und wenn die Gefahr besteht, daß der Patient passive Befriedigung daraus bezieht, daß er darauf verzichtet, irgendeinen Teil der analytischen Arbeit selber zu tun. Außerdem fördern Schweigen und Geduld des Analytikers jeden Widerstand von einiger Bedeutung zutage, der durch allzu energische Interventionen des Analytikers verschleiert werden könnte.

Die Analytiker unterscheiden sich erheblich in dem Stil, wie sie die Analyse durchführen. Das gilt besonders für die Art, wie sie ihr Schweigen und andere, aktivere, Maßnahmen einsetzen. Im Rahmen der klassischen Psychoanalyse besteht Spielraum für viele Variationen. Aber jeder Analytiker muß fähig sein, Schweigen einzusetzen, ebenso aktive Interventionen. Zu manchen Zeiten ist nur eins dieser Verfahren richtig. Man muß wissen, wann jede dieser Maßnahmen zulässig und wann sie obligatorisch ist. Analytiker, die das Schweigen übertreiben oder die nur aktive Maßnahmen ergreifen können, sind nicht fähig, effektiv klassische Psychoanalyse zu betreiben. Die klassische Psychoanalyse erfordert Geschicklichkeit im Umgang mit dem Schweigen und im Umgang mit den Worten. Dosierung, Wahl des Zeitpunkts und Takt der Deutung werden im zweiten Band besprochen.

3.9412 Konfrontation

Wenn wir lange genug gewartet haben und die Übertragungsreaktion dem Patienten zugänglich geworden ist, das heißt, wenn sie ihm lebendig genug erscheint und er keinen merklichen Widerstand gegen sie zu haben scheint, dann sollte der Analytiker versuchen, den Patienten mit der betreffenden Übertragungsreaktion zu konfrontieren. Er sagt dann etwa: Sie scheinen Wut oder Groll gegen mich zu empfinden, Sie scheinen Liebe oder Zärtlichkeit für mich zu fühlen, Sie scheinen mir gegenüber sexuelle Gefühle zu empfinden usw. Die Redeweise sollte einfach, direkt und offen sein — diesen Punkt habe ich schon mehrmals betont.

Ich ziehe es vor, den lebendigsten gewöhnlichen Ausdruck zu verwenden. Ich vermeide ausweichende oder unbestimmte Ausdrücke. Ich spreche von »Wut«, »Haß«, »Zärtlichkeit« oder »Liebe« oder »Sex«. Ich versuche, genau zu sein, ohne einzuengen; an dieser Stelle geht es nur um eine Konfrontation. Ich drücke mich direkt aus, aber ich versuche Grobheit oder Plumpheit zu vermeiden. Ich schicke meiner Konfrontation den Satz »Sie scheinen« voraus, weil ich nicht immer ganz sicher bin und weil ich möchte, daß der Patient an diesem Punkt weglaufen oder mir widersprechen kann. Ich will ihn nicht einschüchtern oder dogmatisch sein. Später sage ich vielleicht: »Ich bin ganz sicher, daß Sie ... empfinden« — aber nur, wenn ich wirklich ganz sicher bin und wenn der Patient zu diesem Zeitpunkt mit meiner entschiedenen Meinung konfrontiert werden soll.

Manchmal kann allein schon der Umstand, daß der Patient mit seinen Schwierigkeiten, seine Übertragungsgefühle auszudrücken, konfrontiert wird, zu einer vorübergehenden Überwindung des Widerstands führen. Unsere tolerante Haltung und die Verbalisierung helfen dem Patienten zu empfinden, daß sein Kampf unangemessen und unnötig ist. Zu anderen Zeiten dient die Konfrontation nur als ein erster Schritt beim Analysieren des Widerstands. Dann müssen wir die Stadien der Klärung und Deutung durchlaufen, wie wir sie im Abschnitt 2.6 in bezug auf die Technik der Widerstandsanalyse beschrieben haben. Die entscheidende Frage ist, ob es an einer bestimmten Stelle im Ablauf der Ereignisse angezeigt ist, einen Widerstand zu überwinden oder zu analysieren.

Wenn die besondere Übertragungsreaktion, die ich dem Patienten demonstrieren möchte, ein Übertragungswiderstand ist, dann konfrontiere ich ihn mit dieser Tatsache. Ich weise ihn entweder darauf hin, daß er einem Gefühl oder einer Haltung mir gegenüber auszuweichen scheine, oder wenn ich genauer weiß, welchen spezifischen Gefühlen er auszuweichen versucht, weise ich ihn auf sie hin. Mit anderen Worten: ich konfrontiere den Patienten sowohl mit dem Widerstand als auch mit den Gefühlen, die den Widerstand hervorrufen, wobei ich immer mit dem Widerstandsaspekt anfange. So sage ich vielleicht zu dem Patienten: »Sie scheinen mit Gefühlen der Liebe (oder des Hasses oder der Sexualität) zu mir zu kämpfen«, oder vielleicht »Sie scheinen Schwierigkeiten zu haben, Ihre Liebe zu mir (oder Haß oder Sexualität) auszudrücken«, usw. Man beachte wieder die Ausdrucksweise und den Ton. Außerdem füge ich immer hinzu »für mich« oder »mir gegenüber«. Ich tue dies, weil ich nicht will, daß der Patient dem Umstand ausweicht, daß die fraglichen Gefühle auf mich, die Person, gerichtet sind, nicht auf »die Analyse« oder ein anderes unpersönliches Konzept.

Wenn ich mir über die Natur der Übertragungsgefühle im Ungewissen bin, aber dennoch den Eindruck habe, der Gegenstand der Stunde sei die Übertragung, und wenn kein Schweigen indiziert ist, werde ich vielleicht den Patienten konfrontieren, indem ich lediglich frage: »Ich frage mich, ob Sie nicht irgendwelche Gefühle oder Reaktionen mir gegenüber haben, die nicht ans Licht kommen« oder: »Ich habe den Eindruck, daß ich an Ihren Gedanken und Gefühlen beteiligt bin« oder einfach: »Was empfinden Sie in bezug auf mich?« oder: »Was ist im Augenblick in bezug auf mich los?«

3.9413 Die Verwendung von Beweisen

Ich lege nur dann Wert darauf, einem Patienten die Ursache meiner Hypothese zu zeigen, wenn ich es für wünschenswert halte, seinen Intellekt einzuschalten, um ihn davon zu überzeugen, daß er im Widerstand ist. Dann müßte ich zur Analyse seines Widerstands übergehen. Um einen Patienten zu überzeugen, daß er eine Übertragungsreaktion hat, benütze ich Beweise nur dann, wenn der Patient sonst das Gefühl hätte, der Analytiker verfüge über geheimnisvolle Kräfte. Ich merke, daß ich diese Methode meistens am Anfang einer Analyse verwende, als ein Mittel, um dem Patienten zu zeigen, wie ein Analytiker arbeitet, um seine magischen Vorstellungen vom Analytiker zu überwinden und um ihm beim Aufbau eines Arbeitsbündnisses zu helfen. Ich sage also vielleicht zu einer Patientin: Das Fehlen sexueller Gefühle für Ihren Mann und Ihre romantischen Träume und Phantasien von mir scheinen zu zeigen, daß Sie sexuell und romantisch mit mir beschäftigt sind.

Die Verwendung von Beweisen ist ein Appell an den Verstand des Patienten. Dies kann als Schritt zur Kultivierung des Arbeitsbündnisses beim Patienten eine wertvolle Hilfe sein. Es besteht jedoch die Gefahr, daß der Patient veranlaßt wird, das intellektuelle Wissen von Übertragungsphänomenen zu überschätzen und dem emotionalen Wissen auszuweichen. Man muß wachsam darauf achten, wie der Patient auf diese Form der Konfrontation reagiert.

In jedem Stadium des Versuchs, dem Patienten zu demonstrieren, daß er in einer Übertragungsreaktion befangen ist, kann der Patient Widerstand entwickeln, oder ein bisher unerkannter Widerstand kann sichtbar werden. Wenn dies geschieht, sollte die Widerstandsanalyse den Vorrang vor allem anderen haben. Dies geschieht besonders leicht, wenn der Analytiker in den Anfangsstadien der Analyse den Patienten auf seinen Haß oder seine Wut auf den Analytiker hinweist. Der Patient leistet dann möglicherweise Widerstand und weigert sich, diese Übertragungsreaktion zu erkennen; statt dessen hat er das Gefühl, er werde kritisiert. Dann muß man dieses Übertragungsgefühl des Kritisiertwerdens verfolgen, ehe man zur Demonstration der negativen Übertragung zurückkehren kann. Ein Beispiel:

Ein junger Mann im ersten Jahr seiner Analyse beginnt die Stunde damit, daß er mit starken Wutgefühlen über einen Professor in einer seiner Vorlesungen für Akademiker mit abgeschlossenem Studium spricht. Seine Produktionen haben etwa folgenden Tenor: »Er redet einfach, ohne daran zu denken, ob die Studenten folgen können. Er sprudelt nur so in die Luft hinaus, er wendet sich gar nicht an uns. Was für ein lausiger Lehrer. Ich würde ihn sehr ungern im nächsten Semester wieder haben. Es wäre mir äußerst unangenehm, von ihm behandelt — ich meine, belehrt zu werden.« Pause. »Ich nehme an, daraus werden Sie etwas machen.«

Der Patient fährt dann fort, aber ich bringe ihn auf seinen Versprecher zurück und frage: »Versuchen Sie nicht, vor Ihrer Wut auf mich davonzulaufen? Ihr Versprecher zeigt die Wut — und dann versuchen Sie, davor wegzulaufen.« Der Patient denkt einen Augenblick nach und erwidert: »Schätze, Sie haben recht. Schätze, Sie haben recht. Aber ich weiß, daß Sie Ihr Bestes zu tun versuchen, aber dieser Professor ist der dümmste Halunke. Man sollte ihm nicht erlauben zu lehren. Ich wäre am liebsten mitten in der Vorlesung hinausgegangen, aber er tat mir leid. Ich hab' gehört, seine Frau soll Selbstmord begangen haben. Ihm ist wahrscheinlich nichts als das Lehren geblieben. Aber warum sollte ich Mitleid mit ihm haben? Er ist ganz oben, ein ordentlicher Professor, und er gibt keinen Pfifferling für mich oder irgendeinen seiner Studenten.« In dieser Art fährt der Patient fort.

Ich greife noch einmal ein und bringe folgendes ins Gespräch: »Sind Sie nicht wütend auf mich, weil ich nächste Woche in Urlaub gehe?« Der Patient stößt wütend hervor: »Nein, ich bin nicht wütend. Sie beschuldigen mich immer, ich sei wütend. Ihnen steht Ihr Urlaub zu. Sie arbeiten hart, warum sollten Sie also nicht weggehen. Warum sollte ich also wütend sein? Sie klingen so, als hätten Sie das in einem Buch nachgesehen. Immer, wenn ein Analytiker in Urlaub geht, sagt er seinem Patienten, dieser sei wütend.« Dies letzte sagt er voller Spott. »Das macht mich verrückt.« Pause. Schweigen. Ich erwidere: »Sie werden sogar wütend, wenn ich Sie darauf hinweise, daß Sie wütend sind, aber ich habe das Gefühl, in Wirklichkeit sind Sie wütend, weil ich Sie verlasse.«

Der Patient antwortet: »Vielleicht. Ich weiß, ich denke immerzu, wenn Sie fort sind, werd' ich in ein feines Restaurant gehen und mir ein Mädchen auflesen. Und zur Hölle mit euch allen.« Ich antworte: »Ja, zur Hölle mit uns allen, die wir Sie verlassen. Sie brauchen uns nicht. Sie besorgen sich jemand anders, dem Sie nah sein können.« Der Patient schweigt einen Augenblick und sagt dann: »Ja, ich brauche Sie nicht. Gehen Sie nur in Ihren verdammten Urlaub. Ich komme schon zurecht.«

Dies ist ein relativ einfaches Beispiel dafür, wie man versucht, die Demonstration und Klärung einer Übertragungsreaktion zu verfolgen. Man muß jedoch die Abfolge unterbrechen und den Widerständen nachgehen, die sich erheben. Der Versprecher des Patienten war ein deutliches Zeichen seiner Wut, aber er weigert sich, dies bewußt anzunehmen. Dann geht er dazu über, den Professor zu bemitleiden. Dann wieder zurück zu seiner Wut darüber, daß er abgelehnt wird. Ich versuche, dies mit meinem Urlaub in Verbindung zu bringen, aber er leugnet den Zusammenhang wütend. Ich weise auf diese Form von Widerstand und Bestätigung hin, und schließlich gesteht er Phantasien in bezug auf meinen Urlaub und seine Wut über das Verlassenwerden ein. Ich glaube, man muß den Widerständen nachgehen, bis man ein vernünftiges Ich im Patienten mobilisiert hat.

Es ist auch wichtig, dem Patienten genug Zeit zu geben, auf die Intervention zu reagieren. Ich versuche immer, wenn möglich, sicherzustellen, daß noch genug von der Stunde übrig ist, so daß der Patient auf meine Übertragungsintervention reagieren kann. Das gilt für Interventionen aller Art, aber vor allem für Deutungen und Interventionen in bezug auf die Übertragung. Ich reagiere nicht sofort auf die erste Reaktion des Patienten, denn Patienten antworten oft mit einem impulsiven Ja oder Nein, und dann, während man zuhört, erkennt man allmählich, daß die erste Reaktion weder überlegt noch richtig war. Sie spiegelt gewöhnlich entweder Unterwürfigkeit oder Trotz wider.

Oft widersprechen sich Patienten in ihrer Reaktion auf die Konfrontation mit der Übertragung selber. Alle diese Reaktionen müssen ebenfalls zum Gegenstand der Analyse werden. Es ist jedoch wichtig, dem Patienten Zeit zu geben, um über das nachzudenken, was man gesagt hat, und dann darauf zu reagieren. Ich möchte hier betonen, daß der Patient sogar Zeit haben sollte, in Reaktion auf die Konfrontation zu schweigen. Man muß nicht nur darauf achten, was der Patient sagt, sondern auch darauf, wie er es sagt. Wenn meine Deutung richtig ist, wird er mir zustimmen und es nicht nur verbal, sondern auch emotional annehmen, und er wird meiner Konfrontation gewisse Einzelheiten oder Erinnerungen oder Ausschmückungen hinzufügen. Wenn meine Konfrontation richtig und dem Patienten zugänglich ist, kann ich beim Analysieren der Übertragung zum nächsten technischen Verfahren übergehen.

Oft braucht der Patient jedoch Zeit zur Betrachtung, er braucht Zeit, um die Richtigkeit meiner Konfrontation zu untersuchen und um zu ihr zu assoziieren. Wenn meine Intervention falsch ist, enthüllt der Patient ihre Unrichtigkeit nicht nur, indem er sie verbal zurückweist, sondern auch durch irgendeine Form des Widerstands und des Vermeidungsverhaltens. Es kann jedoch sein, daß die Konfrontation ihrem Inhalt nach richtig war, aber nicht zum richtigen Zeitpunkt erfolgt ist. Dann muß man dem Widerstand nachgehen. Außerdem muß auch der Analytiker Zeit haben, die Reaktion des Patienten richtig zu beurteilen. Es ist nicht immer leicht zu entscheiden, ob die Reaktion des Patienten Annahme oder Ablehnung, Nachdenklichkeit oder einen Fluchtversuch, oder eine Kombination all dieser Elemente anzeigt.

3.942 Klärung der Übertragung

Wenn der Patient erkannt hat, daß er in einer Übertragungsreaktion begriffen ist, sind wir für das nächste technische Verfahren bereit: die Klärung der Übertragung. Jetzt wollen wir, daß der Patient das Bild der Übertragung schärfer umreißt, beleuchtet, vertieft und ausfüllt. Es gibt zwei Hauptmöglichkeiten des Vorgehens.

3.9421 Die Beschäftigung mit den intimen Einzelheiten

Wenn wir die Übertragungsreaktion des Patienten analysieren, ist unser Endziel, fähig zu werden, die historischen Ursprünge dieses Phänomens zu deuten. Eins der ergiebigsten Gebiete, um Hinweise zu sammeln, die uns zur unbewußten Quelle zurückführen können, sind die intimen Details der Übertragungsreaktion. Details führen beim Patienten zu Affekten, Impulsen und Phantasien. Wir bitten den Patienten, so gut er kann, seine Gefühle uns gegenüber verfeinert, ausgeschmückt und ausgestaltet darzustellen. Wir fordern ihn auch auf, die Assoziationen mitzuliefern, die auftreten, während er dies versucht. Ich möchte dies veranschaulichen.

Meine Patientin, Frau K.[10] erzählt mir im dritten Monat ihrer Analyse, daß sie sich dabei ertappt, sexuelle Gedanken über mich zu haben. Das bringt sie in Verlegenheit; schließlich ist sie eine verheiratete Frau. Sie weiß, daß ich auch verheiratet bin, und außerdem würde ich mich, nach allem, was ich von ihr weiß, nicht für sie interessieren. Schweigen. Sie nimmt an, dies alles sei nur eine Rationalisierung; sie ist einfach zu verlegen, um über ihre sexuellen Gefühle zu sprechen, es ist demütigend und erniedrigend. Pause, Schweigen, Seufzen.

---

[10] Siehe Abschnitt 1.24, 2.651, 2.71, 3.25, 3.42, 3.81, 3.84, 3.931 und 3.934.

Wenn sie in ihrem Auto fährt, hat sie plötzlich eine bildhafte, blitzschnell wieder verschwindende Vorstellung, wie ich sie in den Armen halte. Wenn sie ein Buch liest oder sich einen Film ansieht, sicht sie mich als den Helden und Liebhaber und sich selbst fühlt und sieht sie als meine Geliebte. Nachts im Bett denkt sie an mich und möchte nach mir rufen. Die Patientin fährt in dieser Weise fort und beschreibt die verschiedenen Orte und Gelegenheiten, wo sie sexuelles Verlangen nach mir gespürt hat, aber ich erkenne, daß das Bild sich zwar erweitert, aber nicht tiefer oder schärfer wird. Ich spüre auch, daß ein gutes Arbeitsbündnis vorhanden ist, trotz der Verlegenheit und des Widerstrebens. Ich sage deshalb an dieser Stelle zu ihr: »Sie scheinen von sexuellem Verlangen nach mir erfüllt zu sein, es steigt immer wieder auf, aber es scheint Ihnen schwerzufallen, genau zu beschreiben, was Sie sexuell gern mit mir täten; bitte versuchen Sie es.«

Die Patientin antwortet: »Ich möchte, daß Sie mich in die Arme nehmen und mich festhalten, so fest, daß ich kaum mehr atmen kann, daß Sie mich aufheben und mich zum Bett tragen. Dann würden wir uns lieben.« Lange Pause. Ich frage: »Wie meinen Sie ›uns lieben‹?« Die Patientin erwidert: »Ich meine, daß Sie mein Nachthemd herunterreißen, mich hart auf den Mund küssen, so hart, daß es wehtut und ich kaum Luft kriege. Dann drücken Sie mit Gewalt meine Beine auseinander und rammen Ihren Penis in mich hinein. Er wird riesig sein, und es wird wehtun, und ich werde es genießen. [Pause] Ein komisches Detail ist mir eingefallen, als ich dies alles beschrieb. Ihr Gesicht war unrasiert und Ihr Bart hat mich im Gesicht gekratzt. Das ist seltsam, Sie scheinen immer glatt rasiert zu sein.«

Beim Nachdenken über die sexuelle Phantasie, die die Patientin beschrieben hat, bemerkte ich: Es war einmal die Rede davon, daß sie kaum atmen konnte, dann die masochistischen Wünsche, dann wollte sie aufgehoben werden, getragen werden, und ich bin riesig. Ich erinnere mich, daß sie etwa im Alter von sechs Jahren mehrere Asthma-Anfälle gehabt hat, zu einer Zeit, in der ihre Mutter mit einem etwas sadistischen Stiefvater verheiratet war. Die Deutung der Übertragungsphantasie scheint klar: Ich bin der sadistische Stiefvater, der ihre masochistischen, mit Schuldgefühlen beladenen, ödipalen Wünsche befriedigt. Ich könnte die Deutung selber geben, aber ich möchte, daß sie sie selbst entdeckt, also frage ich sie: »Wer hat Sie immer mit seinem Bart gekratzt, als Sie ein kleines Mädchen waren?« Die Patientin schreit fast: »Mein Stiefvater, mein Stiefvater, er pflegte mich mit Genuß zu quälen, indem er sein Gesicht an meinem rieb — und er hob mich auf und drückte mich und warf mich in die Luft — ich konnte kaum wieder Luft bekommen. Aber ich dachte, das sei mir verhaßt.«

Kehren wir zur Technik der Klärung zurück. Ich habe das Gefühl, die Patientin fügt dem Bild der Übertragung nichts hinzu, und doch meine ich, daß sie es kann. Also konfrontiere ich sie mit diesem Sachverhalt. Ich sage ihr, daß ich weiß, wie schwer es ihr fällt, aber könnte sie mir nicht bitte genauer sagen, wie ihre sexuelle Phantasie aussieht. Ich verhalte mich direkt, offen, nicht fordernd, aber fest. Als sie sagt: wir liebten uns, bitte ich sie in der gleichen Weise: bitte erklären Sie mir, was Sie darunter verstehen »wir liebten uns«. Meine Worte und mein Ton sind weder roh noch schüchtern.

Eine Patientin erzählt mir, sie habe daran gedacht, mein »Genitalorgan« zu »küssen«. Im geeigneten Augenblick bat ich sie zu erklären, was sie damit meine, meinen Penis zu küssen, ich fände ihre Aussage vage und etwas ausweichend. Ich zeige durch meine Frage, daß ich die intimen Details wissen will und daß es zulässig ist, realistisch darüber zu sprechen. Ich demonstriere dies durch die Art, wie ich rede. Ich bin weder vulgär noch ausweichend. Ich helfe ihr auf den Weg, indem ich »Genitalorgan« in »Penis« übersetze. Das »Küssen« muß sie selber übersetzen.

Ein Patient erzählt mir, er habe eine »Fellatio«-Phantasie in bezug auf mich gehabt. Als ich das Gefühl habe, es sei angezeigt, sage ich ihm, ich verstünde nicht, was er mit »Fellatio« meine, ob er mir das bitte erklären würde. Als er zögert und stottert, sage ich, er scheine Schwierigkeiten zu haben, darüber zu sprechen, daß er mit seinem Mund etwas Sexuelles mit meinem Penis tue. Indem ich dies sage, weise ich nicht nur auf seinen Übertragungswiderstand hin, sondern zeige ihm auch, daß ich wünschte, er könnte von solchen Dingen in konkreter, lebendiger Alltagssprache sprechen.

Die gleiche Art des Vorgehens ist auch im Umgang mit den aggressiven Trieben und Gefühlen angebracht. Ein Patient sagt mir, er empfinde mir gegenüber feindselig. Meine Antwort ist, ich verstünde den Ausdruck feindselig nicht, er sei steril, zweideutig und unklar. Was er denn wirklich meine? Wenn ich den Impuls oder Affekt spüre, benütze ich den genauesten Ausdruck für ihn. Ich sage meinen Patienten, daß sie mich heute zu hassen oder zu verabscheuen scheinen, und sie möchten mir bitte etwas darüber sagen und bei der Beschreibung gleich die Gefühle mit herauskommen lassen. Ich helfe ihnen, zwischen Wut, Zorn, Haß, Groll und Ärger zu unterscheiden, weil jedes dieser Gefühle eine andere Geschichte hat und aus verschiedenen Bereichen der Lebensgeschichte des Patienten kommt. Ich ermutige meine Patienten, ihre aggressiven Phantasien, die Ziele ihrer feindseligen, destruktiven Impulse zu beschreiben, denn auch diese geben Hinweise auf verschiedene historische Abschnitte ihres Lebens. Ich möchte ein Beispiel anführen:

Ein junger Mann, Herr Z.[11], berichtet, daß er sich über mich ärgert, weil ich ihm eine ausgefallene Stunde in Rechnung gestellt hatte. Ich gehe diesem »Ärger« nach, indem ich ihn frage, ob er wirklich »geärgert« meine. Er »meint«, er sei mehr als ärgerlich gewesen. Mein Schweigen stachelt ihn an, ziemlich hitzig auszudrücken, daß er dachte, ich sei ein Heuchler, weil ich so täte, als sei ich ein Wissenschaftler. Ich sei ebensogut ein Geschäftsmann wie sein »den Hintern zusammenkneifender« alter Herr. Er hoffe, eines Tages werde er den Mut haben, mich mit der Nase in all diesen »psychoanalytischen Stuß« zu stoßen. Das wäre eine feine Rache; er würde mir antun, was ich ihm antue. Auf meine Frage: »Und was tue ich Ihnen an?« antwortet er: »Sie lassen mich durch all diese Scheiße krabbeln, Sie lassen nie locker, mehr, mehr, mehr. Sie sind nie zufrieden,

[11] Siehe Abschnitt 2.52, 2.54, 2.71, 3.531, 3.7111 und 3.922.

Sie scheinen zu sagen, produzier etwas oder raus mit dir, und es ist nie genug.« Man kann hinter dem unschuldigen Ärger, von dem er »annimmt«, er habe ihn empfunden, die anal-sadistische Wut und Demütigung der Kindheit sehen.

Dieser gleiche Patient beginnt einmal, später in der Analyse, seine Stunde mit der Feststellung, es sei ihm verhaßt gewesen zu kommen, er hasse die Analyse und mich dazu. Als ich ihn frage: »Und wie hassen Sie mich heute?« anwortet er: Heute haßt er mich leidenschaftlich, mit kalter Wut. Er würde mich gern zu Brei zerschlagen, mich buchstäblich zermahlen und mich zu Gelee zerquetschen, wie eine Masse von blutigem, schleimigem Sirup. Dann würde er mich aufessen, in einem großen Schlürfen, wie den gottverdammten Haferbrei, den seine Mutter ihm als Kind zu essen gegeben habe. Dann würde er mich als verfault riechende, giftige Scheiße wieder ausscheißen. Und als ich ihn frage: »Und was würden Sie mit dieser verfault riechenden, giftigen Scheiße machen?« antwortet er: »Ich würde Sie in den Dreck stampfen, so daß Sie sich mit meiner lieben toten Mutter verbinden könnten!«

Ich glaube, es ist nun klar, wie das Aufspüren der intimen Einzelheiten der aggressiven, destruktiven Impulse zu den Anhaltspunkten führt, die eine Deutung ermöglichen. Immer, wenn in der Analyse Übertragungsimpulse aufsteigen, ist es unsere Aufgabe, dem Patienten zu helfen, sie in bezug auf die genaue Art des Triebimpulses, sein Ziel, die betroffene Zone und das Objekt zu klären.

Mit anderen Affekten wie Angst, Depression, Ekel, Neid usw. arbeiten wir ähnlich. Wir gehen der genauen Art der Gefühle nach und versuchen zu schärfen, zu vertiefen und zu beleuchten, welche besondere Eigenschaft und Menge von Emotionen beteiligt sind. Es herrscht immer die gleiche unnachgiebige Suche nach Klarheit: Was empfindet der Patient ganz genau, was stellt er sich in seiner Phantasie vor? Die Haltung ist offen, direkt, furchtlos und unerschrocken, weder roh noch zaghaft. Wir sind Forscher, aber wir müssen dem Patienten als Vorbild dienen, so daß er eines Tages fähig wird, sich selber die gleiche Art von Fragen zu stellen.

Ich muß wiederholen: In jeder beliebigen Phase unseres Klärungsversuchs können sich Widerstände erheben. Wenn der Widerstand signifikant ist und sich als Hindernis erweist, muß die Klärungsarbeit unterbrochen werden, und der Widerstand muß analysiert werden. Gleichgültig, wie verlockend der Inhalt des Materials ist, signifikante Widerstände müssen zuerst analysiert werden. Sonst bleiben die Einsichten bedeutungslos für den Patienten, und er ist unsere erste Sorge. Unsere vordringlichste Aufgabe ist die Durchführung einer wirksamen Therapie und nicht das Sammeln von interessanten Daten.

3.9422 Das Aufspüren des Übertragungsauslösers

Eine weitere wertvolle Methode zur Klärung einer bestimmten Übertragungsreaktion besteht darin, aufzudecken, welches Merkmal oder welche Verhaltensweise des Analytikers als auslösender Reiz gewirkt hat. Sehr oft erkennt der Patient spontan, daß ein bestimmter Zug oder eine bestimmte Handlung des Analytikers eine besondere Reaktion ausgelöst hat. Ein andermal bleibt dieser Übertragungsauslöser dem Patienten nicht nur verborgen, sondern er hat starke Widerstände dagegen, ihn zu erkennen. Manchmal ruft das Verhalten des Analytikers beim Patienten eine Reaktion hervor, die *kein* Übertragungsphänomen ist, denn sie kann auch eine angemessene Reaktion sein. Schließlich sollte man sich klarmachen, daß wir Analytiker vielleicht manchmal zu gehemmt sind, so daß wir nicht mit dem Patienten zusammen untersuchen können, welche unserer persönlichen Idiosynkrasien als Übertragungsreiz gedient haben könnte.

Ich habe von Analytikern gehört, die darauf bestehen, *jede* Übertragungsreaktion auf irgendeinen Zug im Verhalten des Analytikers zurückzuverfolgen. Das klingt nach einem narzißtischen Bedürfnis beim Analytiker oder nach einer Überschätzung eines technischen Verfahrens. Unser Ziel ist es, Klarheit zu schaffen, um die unbewußte historische Ursache in der Vergangenheit des Patienten deuten zu können. Der Übertragungsauslöser kann eine wertvolle Hilfe sein, aber er ist nur ein Mittel zum Zweck und kein Selbstzweck. Es gibt viele klinische Situationen, in denen die Suche nach dem Übertragungsauslöser unnötig, irrelevant oder nicht die produktivste Art des Vorgehens ist.

Einige klinische Beispiele sollen ein paar der oben erwähnten Punkte verdeutlichen. Eine Patientin beginnt die Stunde, indem sie schweigend und ruhig auf der Couch liegt, mit geschlossenen Augen, anscheinend friedlich und zufrieden. Nach mehreren Minuten des Schweigens sage ich: »Ja?« Sie lächelt leise, seufzt und schweigt weiter. Nun vergehen viele Minuten, und ich bin beeindruckt von dem heiteren, seligen Bild, das sie zu bieten scheint. Gewöhnlich ist sie recht wortreich und produktiv und wird gespannt und beunruhigt, wenn sie in Schweigen verfällt. Ich lasse vor meinem inneren Auge noch einmal die letzten Stunden vorüberziehen und frage mich, ob ich irgendeine Erklärung für diese ungewöhnliche Reaktion entdecken könnte. Sie hat an diesem Tag wegen einer Umstellung in meiner Zeiteinteilung ihre Stunde spät am Nachmittag; gewöhnlich kommt sie am Vormittag. Draußen ist es dunkel, und im Behandlungsraum brennt das Licht.

Die Patientin bleibt still, und ich bin immer mehr betroffen von dem Widerschein des Vergnügens, der still von ihr auszugehen scheint. Nach etwa zwanzig Minuten sage ich zu ihr: »Diese Stunde scheint anders zu sein als sonst. Was genießen Sie denn so schweigend und ganz für sich allein?« Sie antwortet mit leiser und träumerischer Stimme: »Ich liege hier und sauge das friedliche Gefühl dieses Behandlungszimmers ein. Es ist eine Zuflucht. Ich atme den Duft Ihrer Zigarre ein, ich stelle mir vor, wie Sie in Ihrem großen Stuhl sitzen und gemütlich und nachdenklich an Ihrer Zigarre ziehen. Ihre Stimme klingt wie Kaffee und Zigarrenrauch, warm und erfreulich. Ich fühle mich beschützt, sicher, gut versorgt. Es kommt mir vor, als sei es nach Mitternacht und zu Hause schliefe alles, außer meinem Vater und mir. Er arbeitet in seinem Studio, und ich kann seine Zigarre riechen und hören, wie er sich Kaffee macht. Ich hab' mir immer gewünscht, ich könnte in sein Zimmer schleichen und mich neben ihm zusammenrollen. Ich hab' es auch immer wieder versucht und hab' versprochen, mäuschenstill zu sein, aber er hat mich immer wieder ins Bett zurückgebracht.«

Die Patientin erkannte selber, daß die späte Stunde, das Licht im Behandlungszimmer, der Duft meiner Zigarre, mein Schweigen und meine Stimme eine Kindheitserinnerung geweckt hatten, eine Sehnsucht, mit ihrem beschützenden, liebevollen Vater allein zu sein. Sie erlaubt sich, auf der Couch das Vergnügen zu erleben, das ihr in der Kindheit verwehrt wurde, das sie sich aber in der Phantasie vorstellte.

Mein Patient, Herr Z.[12], tritt in eine Phase seiner Analyse, in der er es sehr schwierig findet, mir von seinen sexuellen Phantasien zu erzählen. Er ist schon seit mehreren Jahren in Analyse, und wir haben viele verschiedene Aspekte seiner Übertragungswiderstände durchgearbeitet. Dieser Widerstand fühlt sich irgendwie anders an. Es gibt viele Stunden mit oberflächlichem Gerede, Träume fehlen, und es wird viel geschwiegen. Das einzige, was sich heraushebt, scheint die Feststellung des Patienten zu sein, daß ich ihm in letzter Zeit anders vorkomme. Ich dränge ihn, er solle versuchen zu klären, in welcher Hinsicht ich anders bin. Er weiß es nicht; er kann es nicht beschreiben; aber schließlich bringt er zögernd heraus, daß ich ihm abstoßend erscheine. Nun sage ich direkt und offen zu ihm: »Nun gut, ich erscheine Ihnen abstoßend. Nun versuchen Sie, sich vorzustellen, wie ich aussehe, und beschreiben Sie mir, was an mir abstoßend ist.« Der Patient beginnt langsam zu sprechen: »Ich sehe Ihren Mund, Ihre Lippen, sie sind dick und feucht. Im Mundwinkel ist ein wenig Speichel. Es ist mir zuwider, Ihnen dies zu sagen, Dr. Greenson, ich weiß nicht, ob es stimmt.« Ich sage einfach: »Bitte sprechen Sie weiter.« »Ihr Mund ist offen und ich stelle mir vor, daß er übel riecht. Ich kann sehen, wie Sie sich mit der Zunge die Lippen anfeuchten. Immer, wenn ich in der letzten Zeit versuche, mit Ihnen über Sex zu sprechen, sehe ich das, und das läßt mich innehalten und erstarren. Jetzt hab' ich Angst vor Ihrer Reaktion [Pause]. Ich sehe Sie anscheinend als einen liederlichen, geilen alten Mann [Pause].«

Ich sage: »Und nun lassen Sie sich mit dem Bild eines liederlichen, geilen alten Mannes mit dicken, feuchten Lippen treiben.« Der Patient spricht eine Zeitlang weiter und erinnert sich dann plötzlich an ein Erlebnis aus der frühen Adoleszenz, als er sich erregt in den Straßen herumtrieb, auf der Suche nach einer Prostituierten, wobei er aber Angst hatte und sich unbeholfen vorkam. In einer dunklen Gasse näherte sich ihm jemand, offensichtlich mit sexuellen Absichten. Er begriff, daß die Person seinen Penis streicheln und dann daran saugen wollte. Der Junge fühlte sich in dieser Situation machtlos und konnte sie nicht bewältigen. Von Erregung und Angst zerrissen, blieb er passiv und ließ es zu, daß dieser

[12] Siehe Abschnitt 2.52, 2.54, 2.71, 3.531, 3.711, 3.922 und 3.9421.

sexuelle Akt an ihm vollzogen wurde. Er war sich zuerst nicht sicher, ob es ein Mann oder eine Frau war, es ging alles so rasch, es war dunkel in der Gasse; er war so sehr von den verschiedenen Gefühlen überschwemmt. Aber er erinnert sich an den Mund der Person, die Lippen waren dick und naß und geöffnet. Je mehr er über das Erlebnis spricht, desto klarer wird ihm, daß die Person ein Mann war, ein homosexueller Prostituierter. (Vor einem Jahr hatte der Patient dies ohne alle Einzelheiten als eine flüchtige Erinnerung berichtet.)

Es war klar, daß der Patient in seiner Übertragungsbeziehung zu mir das homosexuelle Erlebnis aus seiner Adoleszenz noch einmal durchlebte. Der Auslöser, der zur Rückkehr dieses Erlebnisses führte, war der Umstand, daß er meine dicken, feuchten Lippen bemerkt hatte. Ich half ihm, dieses Material zu bearbeiten, indem ich ihm durch mein Verhalten zeigte, daß ich von mir selbst als von einem liederlichen und geilen, abstoßenden alten Mann mit dicken, feuchten Lippen sprechen konnte. Zaghaftigkeit meinerseits hätte seine eigene Angst gesteigert. Ressentiment oder auch nur Schweigen meinerseits hätte der Patient als Vorwurf empfunden.

Der Analytiker geht mit diesem Material nicht anders um als mit irgendetwas anderem. Wenn eine Patientin mir sagt, sie finde mich sexuell anziehend, frage ich sie, was sie an mir sexuell anziehend finde. Wenn eine Patientin mir sagt, sie habe das Gefühl, sie liebe mich, frage ich sie, was sie an mir liebenswert finde. Wenn ein Patient mir sagt, ich sei widerlich, frage ich, was an mir widerlich sei. Ich achte sorgfältig darauf, weder zu schweigsam noch zu aktiv zu sein, denn jede Veränderung in meiner Technik würde meinen Patienten zeigen, daß ich in irgendeiner Weise beunruhigt bin. Beim Ausgraben der intimen Details der Reaktionen der Patienten auf mich bin ich ebenso geduldig und beharrlich, wie ich es in bezug auf jede andere Person bin. Ich versuche, mit ihren Übertragungsreaktionen der Liebe und der Sexualität nicht anders umzugehen als mit ihrem Haß und Abscheu. Das ist nicht immer eine leichte Aufgabe, und ich behaupte nicht, daß sie mir immer gelingt.

Das oben geschilderte klinische Material weist darauf hin, daß die persönlichen Eigenschaften und Züge des Analytikers und auch bestimmte Merkmale der Atmosphäre in seinem Behandlungszimmer als Auslösereize für Übertragungsreaktionen dienen können. Man sollte hinzufügen, daß Patienten in ähnlicher Weise auf den Stimmklang und die Gefühlsqualität, die sie in den Äußerungen des Analytikers wahrnehmen, reagieren können. Es ist vorgekommen, daß Patienten mit einer schweren wütend-depressiven Reaktion geantwortet haben, als sie das Gefühl hatten, ich hätte sie durch meine Sprechweise herabgesetzt. Patienten haben einen vorwurfsvollen, sarkastischen, verführerischen, sadistischen, rohen, leichtfertigen Klang an mir wahrgenommen und entsprechend reagiert. In jedem Fall ist es notwendig, herauszubekommen und zu klären, welche besondere Handlung oder welcher besondere Zug von mir die Reaktion ausgelöst hat. Wenn an den Beschuldigungen des Patienten etwas Wahres ist, muß dies zugegeben werden; aber auf jeden Fall muß die Reaktion des Patienten analysiert, d. h. geklärt und gedeutet werden.

In gewissem Sinn werden alle Übertragungsreaktionen durch irgendeinen Aspekt der analytischen Situation ausgelöst. Die analytische Situation ist geschaffen, um regressive falsche Wahrnehmungen zu erleichtern und um die vergessenen Reaktionen des Patienten auf Objekte in der Vergangenheit hervorzulocken. Zu manchen Zeiten ist es weder notwendig noch fruchtbar, herauszuschälen und zu klären, was die Übertragungsreaktion geweckt hat. Es genügt, lediglich das fragliche Übertragungsphänomen zu analysieren. Bei anderen Gelegenheiten können sich Aufdeckung und Analyse des auslösenden Merkmals des Analytikers oder der analytischen Situation als recht wertvoll erweisen. Ich habe diese Art des Vorgehens betont, weil ich bei meiner Arbeit als Kontrollanalytiker gefunden habe, daß viele Analytiker dazu neigen, dieses technische Verfahren zu vernachlässigen.

3.943 Die Deutung der Übertragung

Nun kommen wir zu dem technischen Verfahren, das die psychoanalytische Methode von allen anderen Formen der Psychotherapie unterscheidet. Deutung ist das letzte und entscheidende Werkzeug der psychoanalytischen Technik. Alle anderen in der Psychoanalyse verwendeten technischen Verfahren sind Vorarbeiten, um die Deutung möglich zu machen. Mehr als das: jedes andere technische Hilfsmittel muß am Ende zum Gegenstand der Analyse werden, und seine Wirkungen auf den Patienten müssen gedeutet werden.

Im Rahmen der Psychoanalyse heißt deuten: ein unbewußtes psychisches Phänomen bewußtmachen. Das Endziel aller Deutungen besteht darin, den Patienten fähig zu machen, die Bedeutung eines gegebenen psychischen Phänomens zu verstehen. Wir deuten die Übertragung, indem wir die unbewußte Geschichte, die Vorläufer, Ursprünge, Zwecke und Zusammenhänge einer gegebenen Übertragungsreaktion aufdecken. Das kann man nicht in einem Schritt vollziehen, es ist ein langer Prozeß. Wir versuchen mit Hilfe von Demonstration und Klärung das Ich des Patienten zu veranlassen, eine psychische Situation zu beobachten, die vorbewußt und leicht zugänglich ist. Man fordert den Patienten auf, sein Ich zu spalten, so daß der eine Teil beobachten kann, was der andere Teil erlebt. Bei der Deutung fordern wir den Patienten auf, über das leicht Beobachtbare hinauszugehen und einem psychischen Phänomen Bedeutung und Kausalität zuzuschreiben (E. Bibring, 1954).

Demonstration und Klärung bereiten den Patienten auf unsere Deutung vor. Um wirksam werden zu können, dürfen Deutungen über die Grenzen des Patienten, innerhalb deren ihm Begreifen, emotionales Verstehen, möglich ist, nicht hinausgehen. Eine Deutung ist eine Hypothese, die zu ihrer Verifizierung der Reaktionen des Patienten bedarf (Waelder, 1960, S. 3—27). Klärungen führen zu Deutungen, und Deutungen führen auch wieder zurück zu weiteren Klärungen. Oft, wenn der Analytiker versucht, den Patienten zur Klärung eines bestimmten Phänomens zu bewegen, stolpert der Patient über dessen Deutung, den unbewußten Sinn. Analog wird die Richtigkeit einer Deutung oft dadurch verifiziert, daß der Patient neues, ausschmückendes Material hinzufügt. Lassen Sie mich ein einfaches Beispiel zur Veranschaulichung bringen.

Eine Patientin im dritten Jahr der Analyse entwickelt einen Widerstand dagegen, zur Analysestunde zu kommen, weil sie das Gefühl hat, an mir sei etwas Unheimliches, das ihr Angst macht. Ich überrede die Patientin zu versuchen, diese unheildrohende Eigenschaft zu klären, die sie an mir wahrnimmt. Zögernd beginnt sie, ein Bild von mir zu entwerfen als von einem Mann, der an der Oberfläche gütig erscheint, insgeheim aber Frauen feindselig gesonnen ist. Sie beschreibt weiter einen Mann, der männlich und aktiv zu sein scheint, der in Wirklichkeit aber weiblich und passiv ist. Er ist so passiv, daß er seine Patientinnen langsam sich verbluten und sterben lassen würde, ohne einen Finger zu rühren. In dem Augenblick, in dem sie »verbluten und sterben« sagt, keucht sie: »Oh mein Gott! Ich weiß, was das ist — das ist mein Vater. Ich verwechsle Sie mit meinem Vater.« Die Patientin bezieht sich auf einen Vorfall aus ihrer Kindheit, als sie im Alter von vier Jahren entdeckte, daß sie aus der Vagina blutete und in panischer Angst zu ihrem Vater lief. Er versuchte sie zu trösten, indem er sagte: »Er ist nichts, es wird wieder aufhören, vergiß es.« Aus vielen komplizierten Gründen war dies für meine Patientin äußerst beunruhigend.

Dieser Vorfall war während ihrer Analyse viele Male aufgetaucht, aber niemals mit der Qualität der finsteren Absicht auf seiten ihres Vaters. Erst als sie begann, ihre Gefühle mir gegenüber zu klären, stieß sie auf das Gefühl des Unheimlichen, das sie zu der Blutung führte, was sie dann spontan veranlaßte, dies als von ihrem Vater abgeleitet zu deuten. Dann ging die Patientin dazu über, ihr Gewahrsein von den verborgenen sadistischen Eigenschaften ihres vermeintlich so gütigen, passiven Vaters zu vertiefen.

Wenn Demonstration und Klärung der Übertragungsreaktion nicht direkt zur Deutung führen, muß der Analytiker bestimmte technische Schritte tun. Im großen ganzen sind diese Schritte darauf gerichtet, die Geschichte der betreffenden Übertragungsreaktion aufzudecken.

Die Untersuchung der Geschichte einer Übertragungsreaktion läßt sich am besten erleichtern, indem man alle Bestandteile verfolgt, die zur Bildung dieser Objektbeziehung beigetragen haben. Gewöhnlich wählen wir für die Untersuchung jenen Aspekt der Übertragung, der dem vernünftigen und bewußten Ich des Patienten am leichtesten zugänglich zu sein scheint. Darum beginnen wir üblicherweise mit den Widerständen, wenn sie in signifikantem Grad vorhanden sind. (Siehe Abschnitt 2.71 über das Analysieren des Widerstands vor dem Inhalt.) Wenn keine bedeutsamen Widerstände wirksam sind, können wir dazu übergehen, den Aspekt der Übertragung zu untersuchen, der für den Patienten am dringlichsten und eiligsten zu sein scheint.

Es sind zwar zahllose Arten des Vorgehens möglich, aber drei Methoden sind besonders wertvoll bei dem Versuch, die Geschichte einer Übertragungsreaktion aufzudecken: 1. Verfolgen der beteiligten Affekte und Impulse, 2. Aufspüren der Vorläufer der Übertragungsfiguren und 3. Untersuchung der Übertragungsphantasien. Diese drei Techniken verschmelzen oft miteinander, und eine Methode geht in die andere über. Um der Klarheit willen werde ich jede einzeln beschreiben.

3.9431 Das Verfolgen der Affekte, Impulse und Haltungen

Im großen und ganzen lohnt es sich, bei dem Versuch, die unbewußte Quelle einer Übertragungsreaktion aufzudecken, den Weg der Untersuchung der beteiligten Affekte und Impulse einzuschlagen. Die Frage, die wir unseren Patienten stellen, kann lauten: »Wo haben Sie dieses Gefühl oder diesen Impuls schon einmal gehabt?« Eine ähnliche Frage wäre: »Was fällt Ihnen ein, wenn Sie Ihre Gedanken mit diesen Gefühlen oder Impulsen treiben lassen?« Manchmal brauchen wir dem Patienten solche Fragen nicht ausdrücklich zu stellen; wir stellen die Frage nur im Geist, und die spontanen Assoziationen des Patienten liefern uns die Antwort. Am Beginn der Analyse müssen wir solche Fragen gewöhnlich stellen; später scheint der Patient sie sich selber zu stellen, wenn auch im Geist.

Ich möchte diese Punkte mit ein paar einfachen Beispielen veranschaulichen. Am Anfang seiner Analyse gibt Professor X.[13] zu, daß er über bestimmte Assoziationen hinweggeht, weil er fürchtet, ich würde ihn kritisieren. Ja, er kann sich sogar vorstellen, wie ich ihn verspotte. Er kann diesen Gedanken nicht ertragen; er haßt es, gedemütigt zu werden. Nachdem er eine Weile geschwiegen hat, frage ich ihn: »Wo ist Ihnen das vorher schon einmal passiert?« Der Patient erwidert: »Als ich jung war, hat meine Mutter das getan. Sie neckte einen schrecklich gern und machte sich ein Vergnügen daraus, mich zu quälen, indem sie über meine Schwächen lachte.« Er redet immer weiter. Vor dem Ende der Stunde deute ich: »Sie überspringen also gewisse Gedanken, die Ihnen hier bei mir einfallen, weil Sie fürchten, ich könnte Sie quälen, wie es Ihre Mutter getan hat.« Der Patient antwortet nach einer Pause: »Ja, ich glaube, ich hab' das gefürchtet, wenn es mir jetzt auch dumm vorkommt.«

---

[13] Siehe Abschnitt 2.64, 2.652, 3.412.

Dieser gleiche Patient hat ein Jahr später eine Stunde, die sich folgendermaßen zusammenfassen läßt: Er kommt ein paar Minuten zu spät zur Stunde und fragt sich, ob das etwas zu bedeuten hat. Als er auf der Couch liegt, seufzt er und sagt, die Analyse erscheine ihm in letzter Zeit als eine Last. Er sei heute pflichtgemäß gekommen, aber ohne irgendein Gefühl oder eine Erwartung des Vergnügens. Als ich im Urlaub gewesen sei, habe er es genossen; er habe anscheinend ein viel freieres Sexualleben mit seiner Frau gehabt. Seit ich zurück sei, habe sein Afterjucken sich wieder eingestellt, ebenso ein Drang zu masturbieren. Er macht sich Sorgen wegen der Gesundheit seines Vaters, der geschrieben hat, er habe Haemorrhoiden-Beschwerden. Sein Vater macht sich immer Sorgen um seinen Darm. Er hat seinen Kindern immer gern rektal die Temperatur gemessen. Vor kurzem war der Patient in Versuchung, seiner Frau während des Vorspiels den Finger in den After zu stecken. Er hat es nicht getan, weil er mir nichts davon erzählen wollte, obwohl er den Verdacht hatte, ich würde derartiges Zeug vielleicht gern hören. Vielleicht würde ich aus derartigem Material sinnliches Vergnügen beziehen oder vielleicht projiziere er auch. Ich deute dem Patienten, er scheine das Gefühl zu haben, ich könnte vielleicht seine analen Betätigungen so genießen, wie sein Vater es getan habe. Der Patient antwortet, er denke oft an mich, wenn er etwas tue, was ihm anale Lust bereite. Er habe sogar den Verdacht, daß er widerstrebend zur Stunde komme, weil er seit meiner Rückkehr viel mehr Ideen und Impulse zu haben scheine, Dinge mit seinem After vorzunehmen, und er habe den Eindruck, in ihm rege sich etwas Homosexuelles.

Man beachte, daß ich im ersten Beispiel dem Affekt nachgehen und dem Patienten eine direkte Frage stellen mußte. Im zweiten Beispiel brachte der Patient spontan die Rückkehr seines Afterjuckens und die Rückkehr seines Analytikers in Zusammenhang mit den analen Interessen seines Vaters. Es war, als habe er sich selber stillschweigend die Art von Fragen gestellt, die ich früher an ihn gerichtet hatte.

Das Aufdecken der Übertragungshaltung kann auf eine Weise betrieben werden, die derjenigen analog ist, die ich für Affekte und Impulse beschrieben habe. Wir könnten also versuchen, die verborgene Geschichte aufzudecken, wann und wie Haltungen wie Passivität, Unterwürfigkeit, Verachtung usw. im Leben des Patienten entstanden sind. Im allgemeinen ist es aber schwierig, Material über Haltungen aufzudecken, weil sie zu oft ichsynton sind. Man muß gewöhnlich zunächst die Haltung ichfremd machen, bevor man erwarten kann, daß der Patient fähig ist, in seinen Assoziationen signifikante Informationen zu liefern.

3.9432 Aufspüren der Vorläufer der Übertragungsfigur

Eine ebenso wichtige Informationsquelle über das Zustandekommen einer gegebenen Übertragungsreaktion kann darin bestehen, daß man die verschiedenen Personen bestimmt, die eine bestimmte Übertragungsreaktion hervorgerufen haben. Mit anderen Worten, wir versuchen die Frage zu beantworten: Wem gegenüber haben Sie in der Vergangenheit so empfunden? Das ist nur eine Verlagerung der Betonung gegenüber unserer ersten Frage: Wann haben Sie in der Vergangenheit so empfunden? Häufig gehen diese beiden Fragen ineinander über und sind nicht zu trennen. Es kann jedoch auch jede der Fragen in eine andere Richtung führen und jede kann zu verschiedenen Zeiten von verschiedener Bedeutung sein. Wenn es gelingt, eine Übertragungsreaktion zu deuten, hoffen wir, am Ende feststellen zu können, in bezug auf welche Objekte der Vergangenheit und unter welchen Umständen die gegenwärtige Reaktion angemessen war.

Die Übertragungsreaktion ist dem Analytiker nicht angemessen, aber sie paßt zu jemand in der Vergangenheit. Wir erwarten nicht immer, unmittelbar auf die ursprünglichen Objekte zu stoßen, aber wir erwarten, irgendein Zwischenobjekt zu finden, das uns schließlich an die Quelle führen wird. Die Ahnen der aktuellen Übertragungsfigur erscheinen nicht in festgelegter chronologischer Ordnung. In dieser Hinsicht stimmen meine Feststellungen mit denen Fenichels (1941, S. 48) überein, der von »Verwerfungen« (faulting, geol.) gesprochen hat. Sie stimmen nicht mit denen W. Reichs überein (1928, 1929), der die umgekehrte zeitliche Reihenfolge betonte. Der Patient kann in einer Stunde mehrmals von der nahen auf die ferne Vergangenheit überspringen. Oder die Gefühle eines Patienten bleiben über lange Zeit an ein Zwischenobjekt fixiert, bevor sie sich auf ein anderes Objekt verlagern. Eine bestimmte Übertragungsreaktion hat gewöhnlich vielfältige Vorläufer, und alle müssen analysiert werden, um die volle Intensität und Komplexität der Übertragungsreaktion aufzudecken. Eins der technischen Probleme beim Analysieren von Übertragungsreaktionen liegt darin, zu bestimmen, wann die Reaktion von einer anderen Quelle ausgeht. Manchmal deuten nur sehr subtile Veränderungen in irgendeiner Einzelheit der Übertragungsreaktion an, daß ein Wechsel des Übertragung hervorrufenden Objekts stattgefunden hat.

So brachte im Fall des Professors X.[14] — der bestimmte Assoziationen überging, weil er fürchtete, ich würde ihn demütigen — meine Deutung zunächst zutage, daß er auf mich reagierte wie auf seine neckende Mutter. Ihr Necken bestand hauptsächlich in Wortspielereien und Gelächter ihrerseits. Dann betraf seine Furcht, geneckt zu werden, seine Angst, jemand zeige voll Verachtung mit dem Finger auf ihn, was er mit seinen älteren Schwestern in Verbindung bringen konnte. Ein andermal enthielt seine Angst, gedemütigt zu werden, auch ein Element der physischen Angst. Wieder bei anderen Gelegenheiten hatte er Schamreaktionen mir gegenüber, die von seinen Lehrern, seinen Onkeln, seinen Tanten und seinen Schulfreunden herstammten.

Kurzum, die Analyse seiner Furcht, von mir gedemütigt zu werden, führte zu

---

[14] Siehe Abschnitt 2.64, 2.652, 3.412 und 3.9431

einer langen Reihe von Demütigern, die die Vorläufer und Erzeuger seines Analytikers als Demütiger waren. Jeder dieser Ahnen betonte oder änderte einen Aspekt seiner Demütigungsphantasien oder fügte einen neuen hinzu. Wir deckten nicht nur die Objekte auf, die ihn Demütigung empfinden ließen, sondern spürten auch die Abkömmlinge und Vorläufer jedes Objekts auf. Die Mutter, die ihn, als er drei Jahre alt war, wegen Bettnässens neckte, war eine Figur; die, die den kleinen Penis des Fünfjährigen verächtlich machte, eine weitere, und die, die die wenigen Schamhaare des Vierzehnjährigen belachte, war noch eine. Eine ältere Schwester machte da weiter, wo die Mutter aufgehört hatte, verspottete ihn bis zu seinem siebzehnten Lebensjahr wegen seiner inadäquaten sexuellen Entwicklung. Andererseits beschämte ihn sein Vater, weil er mit fünf Jahren zu neugierig in sexuellen Dingen war, ebenso später in der Adoleszenz.

Die Frage: „Wem gegenüber haben Sie in der Vergangenheit schon einmal so empfunden?« ist eine der Fragen, die bei der Analyse von Übertragungsreaktionen am häufigsten vorkommen. Man kann sie ausdrücklich oder stillschweigend stellen, aber man darf nie aufhören, diese Frage zu stellen, solange irgendeine signifikante Übertragungsreaktion stattfindet. Das ist nicht überraschend, denn alle Übertragungsphänomene stammen von Erlebnissen mit den Schlüsselfiguren der frühen Lebensperiode her, sowie von ihren späteren Gegenstücken und Abkömmlingen.

3.9433 Untersuchung der Übertragungsphantasien

Wenn man die verschiedenen Beispiele noch einmal überblickt, die angeführt wurden, um anschaulich zu machen, wie man bei der Deutung von Übertragungsphänomenen vorgehen kann, sieht man, daß wir die Phantasien des Patienten untersuchen, die den Analytiker betreffen. Diese Exploration geht nicht immer explizit vor sich; oft ist sie implizit. Man fragt z. B. den Patienten, warum er über gewisse Assoziationen hinweggeht, und er antwortet, er fürchte, ich, der Analytiker, werde ihn demütigen. In Wirklichkeit meint er, er habe ein Gefühl der Scham, das von einer Phantasie, von mir gedemütigt zu werden, herrührt. Der Patient bringt diese Phantasie spontan damit in Zusammenhang, daß seine Mutter ihn wegen seines Bettnässens geneckt hat, und auf diese Weise offenbart mir der Patient den Inhalt seiner Phantasie, ohne daß ich ihn ausdrücklich darum gebeten hätte.

Manchmal ist es jedoch notwendig, den Patienten zu veranlassen, sich unmittelbar auf seine Phantasien zu konzentrieren, besonders wenn die Übertragungsaffekte, -impulse oder -objekte ungenau, unzugänglich oder unproduktiv zu sein scheinen.

Zum Beispiel: der junge Mann, Herr Z.[15], der seit drei Jahren in Analyse ist, ist nicht fähig oder nicht bereit, die Einsicht nutzbar zu machen, die er über seine Ängste in sozialen Situationen gewonnen hat. Es wird klar, daß er sowohl bewußt als auch unbewußt Angst hat, sich mit mir zu identifizieren. Er stimmt dieser Deutung zu, aber sie führt keine Veränderung herbei. Ich fordere ihn nun auf, er solle sich vorstellen, »wie ich zu werden«, und die Phantasie zu beschreiben, die in ihm durch diese Vorstellung ausgelöst werde. Der Patient antwortet: »Ich will nicht wie Sie werden, ich will nicht ›psychologisch gesonnen‹ werden, introspektiv, wie Sie es nennen; ich will keinen Teil von Ihnen in mich aufnehmen. Das wäre, als müßte ich einen Teil von Ihnen herunterschlucken, einen Teil von Ihnen aufsaugen, Ihre Worte einatmen oder einen Teil von Ihrem Geist oder Ihrem Körper in mir haben. Das fühlt sich irgendwie sexuell an, als wenn ich Ihren Penis in den Mund nehmen oder Ihr Sperma schlucken würde. Ich will es nicht, ich will Ihnen einfach nicht nachgeben.« Dies alles sagt er mit fest übereinandergeschlagenen Fußknöcheln, die Arme fest an die Seiten gepreßt, mit geballten Fäusten, und er spuckt die Worte gleichsam durch die Zähne aus.

Durch die Beschreibung dieser Phantasie enthüllte mir der Patient die homosexuelle Angst, die hinter seiner Weigerung lag, sich mit mir zu identifizieren. Ich konnte nun dazu übergehen, mit ihm die Frage zu bearbeiten, wie und warum sich Homosexualität und Identifikation miteinander verwoben hatten. Der Zugang zu dieser Einsicht kam von der Beschreibung, die der Patient von seinen Phantasien in bezug auf mich gegeben hatte.

Sehr oft, wenn man längere Zeit an der Analyse eines bestimmten Widerstands gearbeitet hat, kann man sich dem betreffenden Widerstand nähern, indem man fragt: „Wie erschrecke ich Sie heute?“ — was in Wirklichkeit heißt, was für Phantasien haben Sie heute in bezug auf mich?

Ich habe drei wichtige Methoden beschrieben, wie man die Geschichte der Übertragungsreaktionen eines Patienten erforschen kann: das Verfolgen der Affekte, Impulse und Haltungen, das Aufspüren der Vorläufer der Übertragungsfiguren und die Untersuchung der Übertragungsphantasien. Es gibt noch viele andere mögliche Wege zur Aufdeckung der Geschichte von Übertragungsreaktionen, aber nach meiner Erfahrung haben sich diese drei Arten des Vorgehens als die produktivsten erwiesen.

Die klinischen Beispiele, die ich benützt habe, um das Analysieren von Übertragungsphänomenen anschaulich zu machen, können den falschen Eindruck hervorrufen, jede Intervention habe Erfolg und bringe den Patienten oder den Analytiker dazu, spezifische Affekte, Impulse, Haltungen, Objekte oder Phantasien aufzudecken. Häufig kann man dem Patienten nur sagen, man habe den Eindruck, daß er mit bestimmten Gefühlen gegenüber dem Analytiker kämpfe. Er mag dem zustimmen oder widersprechen, und die assoziativen Produktionen führen vielleicht nicht so-

[15] Siehe Abschnitt 2.52, 2.54, 2.71, 3.531, 3.711, 3.922, 3.9421 und 3.9422.

fort zu klar umrissenem unbewußtem Material. Es kann mehrere Stunden dauern, bis ein bestimmter, spezifischer Aspekt der Übertragung deutbar wird.

3.944 Das Durcharbeiten von Übertragungsdeutungen

Die klinische Erfahrung lehrt uns, daß keine einzelne Übertragungsdeutung, selbst wenn sie absolut richtig ist, lange Zeit wirksam bleibt. Sie muß viele Male wiederholt werden, um Wirksamkeit zu erlangen. Außerdem kann keine einzelne Deutung die Übertragungsreaktion eines Patienten völlig erklären. Eine einzelne Übertragungsdeutung ist bestenfalls eine Teilerklärung. Um volles Verständnis und eine bleibende Veränderung im Verhalten des Patienten zu erreichen, müssen die einzelnen Deutungen durchgearbeitet werden. Wenn auch das allgemeine Thema des Durcharbeitens im zweiten Band ausführlicher behandelt werden wird, möchte ich doch an dieser Stelle das Durcharbeiten der Übertragungsdeutungen kurz beschreiben. Ich verweise den Lernenden auf die psychoanalytischen Standardschriften über dieses Thema (Freud, 1914 c, 1916—17, 1917 b, 1926 a, 1937 a; Fenichel, 1941; Lewin, 1950; Greenacre, 1956, und die Liste zusätzlicher Literatur).

3.9441 Theoretische Überlegungen

Der Prozeß des Durcharbeitens besteht im Grunde darin, daß durch Deutung gewonnene Einsichten wiederholt und ausgearbeitet werden. Die Wiederholung ist besonders bei dem Versuch notwendig, Übertragungswiderstände zu analysieren und zu überwinden. Das liegt daran, daß das Ich alte Abwehrformen nur widerstrebend aufgibt und ungern neue Verhaltensweisen riskiert; das Ich braucht Zeit, um die alten Ängste zu meistern und um seinen neuen Anpassungsfähigkeiten trauen zu können. Es ist eine weit verbreitete klinische Erfahrung, daß man bei der ersten Deutung eines bestimmten Übertragungswiderstands wenig oder gar keine Veränderung erreicht. Später kann die gleiche Deutung im Patienten eine starke Veränderung bewirken, aber das alte Widerstandsverhalten kann zurückkehren, wenn irgendeine „Unwägbarkeit“ des Alltagslebens die Machtverhältnisse zwischen Ich, Es und Über-Ich verändert. Widerstände sind zäh, und das Ich braucht Zeit, um neue Erfahrungen zu absorbieren und sich zu verändern.

Um die Bedeutung einer Übertragungsreaktion in ihrer Tiefe zu verstehen, muß man ihre vielen Verwandlungen und Verzweigungen aufdecken und aufspüren. Das liegt an der Überdeterminiertheit und an den vielfältigen Funktionen der Übertragungsphänomene. So müssen wir z. B. die Bedeutung des Verhaltens des Patienten in der aktuellen Übertragungssituation deuten; dann müssen wir dieser gleichen Reaktion in bezug auf die ursprüngliche Reaktion und alle dazwischenliegenden Übertragungsfiguren nachgehen. Außerdem müssen wir auch herausbekommen, wie ein bestimmtes Übertragungsverhalten in einer Situation als Möglichkeit der Triebabfuhr, in einer anderen als Widerstand und Abwehr dienen kann. Oder wir müssen ein bestimmtes Übertragungsphänomen durch die verschiedenen Phasen der Libidoentwicklung verfolgen und auch feststellen, wie es vom Standpunkt des Ichs, des Es und des Über-Ichs aus zu verstehen ist. Die gesamte Arbeit, die auf die neue Einsicht folgt und die zu einer Veränderung in der Haltung oder im Verhalten führt, kann als Prozeß des Durcharbeitens angesehen werden (Greenson, 1965 b).

3.9442 Klinisches Material

Ich möchte nun einige klinische Daten vorlegen, die die Deutung und das partielle Durcharbeiten einer Übertragungsreaktion veranschaulichen. Dieses Material ist ein Auszug aus drei Wochen psychoanalytischer Therapie.

Herr Z.[16], ein junger Mann, ist im dritten Jahr seiner Analyse. Bis zu diesem Zeitpunkt lassen sich seine Übertragungsreaktionen dahingehend zusammenfassen, daß ich in erster Linie der puritanische und gütige Vater bin, der den Patienten gernhat, aber kritisch ist gegen seine sexuellen und aggressiven Impulse. Der Patient fühlt sich in moralischer und sexueller Hinsicht unterlegen. Er ist klein und inadäquat, und seine Sexualität ist schmutzig. Ich bin der große, potente und saubere Vater, den er früher beneidet hat und dem er es gleichzutun hoffte. In den letzten paar Stunden ist eine Reihe hartnäckiger Widerstände aufgetaucht. Herr Z. hat entweder seine Träume vergessen oder er hat kaum Assoziationen. Das Material, über das er spricht, ist schal, mit wenig Phantasien ausgeschmückt; es kommen keine neuen Erinnerungen oder Einsichten zum Vorschein. Dann kommt eine Stunde, in der er folgenden Traum berichtet: Er ist in einem großen Haus und geht von Zimmer zu Zimmer. Ihm folgt ein Kellner, der ihm ständig Nahrungsmittel anbietet, von denen er ißt. Schließlich trifft er die Gastgeberin, die zu ihm sagt, sie sei froh, daß er habe kommen können, denn sie wisse, er betreibe ein gutes, sauberes Geschäft, und man könne ihm vertrauen. Sie fragt ihn, wie ihm die Möbel in ihrem Haus gefallen. Der Patient murmelt eine Antwort, denn er will kein negatives Urteil abgeben.

Die Assoziationen zu dem Traum sind im wesentlichen folgende: Er haßt große Parties; er fühlt sich so unbehaglich. Seine Eltern pflegten große Parties zu geben, und er hat immer versucht, ihnen zu entgehen. Sein Vater war ein liebenswürdiger

---

[16] Siehe Abschnitt 2.52, 2.54, 2.71, 3.711, 3.531, 3.922, 3.9421, 3.9422 und 3.9433.

Gastgeber und pflegte den Gästen etwas zu essen und zu trinken anzubieten; in Wirklichkeit übertrieb er es; er pflegte den Leuten etwas zu essen aufzuzwingen, und das brachte den Patienten in Verlegenheit. Der Kellner in dem Traum war so beharrlich. Er folgte dem Patienten, der ihn nicht loswerden konnte. Seltsam, im Traum aß er immerzu etwas, während er in Wirklichkeit auf Parties sehr wenig ißt. In letzter Zeit hat er wenig Appetit, was er auf seine Schwierigkeiten mit der Analyse zurückführt. Er hat in letzter Zeit das Gefühl, er komme gar nicht weiter. An dieser Stelle deute ich: »Die Deutungen, die ich Ihnen in jüngster Zeit angeboten habe, wollen Sie nicht hinunterschlucken. Ich folge Ihnen überall hin, aber Sie wollen nicht annehmen, was ich Ihnen anbiete.«

Der Patient stimmt zu und sagt, er habe das Gefühl, er habe Angst, in etwas hineinzugeraten. Er scheine sich festgefahren zu haben. Er ist enttäuscht über sich, denn als er seine Analyse bei mir begann, hatte er das Gefühl, mit mir werde es besser gehen als mit seinem ersten Analytiker, der kalt und distanziert war. Ich frage ihn nach den Möbeln im Traum. Er antwortet, Möbel bemerke er immer, und er sei in dieser Hinsicht empfindlich. Er achte sehr auf Innenarchitektur. Lange Pause. Er fürchtet, ich werde denken, das sei feminin. Er hat gehört, Innenarchitekten seien gewöhnlich homosexuell. [Pause]. Belangloses Gerede. Ich deute dem Patienten. »Sie scheinen Angst zu haben, mit mir über Ihre homosexuellen Gefühle zu sprechen; Sie möchten sich lieber nur ausweichend verhalten. Warum können Sie es bei mir nicht riskieren?«

Die Reaktionen des Patienten führen nun zu seiner Angst vor mir, die er hat, weil ich menschlich warm und nicht distanziert bin. Er würde sich sicherer fühlen, wenn ich kalt und fern wäre. In gewisser Hinsicht bin ich wie sein Vater, ich gebe zuviel. Er kann sich nicht erinnern, seinem Vater gegenüber warme und zärtliche Gefühle zum Ausdruck gebracht zu haben. Er hatte ihn gern, aber immer aus der Ferne. Später, in der Adoleszenz, hat der Patient den Vater anscheinend als grob und vulgär angesehen. »Sie sind warmherzig, aber Sie sind nicht grob oder vulgär.« Ich deute: »Aber vielleicht haben Sie Angst, wenn Sie Ihre Gedanken in Richtung auf die Homosexualität gehen ließen, könnte es sich herausstellen, daß ich anders bin. Schließlich bin ich in dem Traum auch die Gastgeberin.«

Der Patient antwortet, männliche Freunde lasse er nie intime Freunde werden, gleichgültig, wie gern er sie habe; er lasse sie nie zu nahe kommen oder zu Kumpeln werden. Er ist sich jedoch nicht sicher, was es genau ist, wovor er Angst hat.

In der nächsten Stunde berichtet der Patient, er sei um vier Uhr morgens aufgewacht und habe nicht schlafen können. Er versuchte zu masturbieren mit seiner gewöhnlichen Phantasie von einer großen Frau, die seinen Penis streichelt, aber er wurde nicht davon erregt. Dann schlich sich die Vorstellung ein, er sei mit einem Mann und einer Frau zusammen im Bett. Er fand das abstoßend. Die Vorstellung, neben einem riesigen, dicken, grauhaarigen, dickbäuchigen Mann im Bett zu liegen, war ekelerregend. Er hatte das Gefühl, ich dränge ihm solche Vorstellungen auf. Schweigen. Ich sage: »Und Sie wollen sie nicht schlucken.« Während des Rests dieser Stunde ist der Patient im Widerstand.

In den nächsten Stunden ist er weiterhin stark im Widerstand. Schließlich sagt er in einer Stunde nach langem Schweigen, nach der letzten Sitzung habe er das dringende Bedürfnis verspürt zu urinieren. Er sei in die Toilette in dem Gebäude gegangen, in dem sich mein Behandlungszimmer befinde. Er habe große Schwierigkeiten gehabt, mit dem Wasserlassen zu beginnen. Als er eine Pause macht, sage ich: »Vielleicht hatten Sie Angst, ich könnte hereinkommen«. Zuerst ist der Patient wütend über meine Bemerkung; dann beruhigt er sich und gibt zu, daß es so war; er habe einen solchen Gedanken gehabt. Schweigen. Nun frage ich ihn: »Und wie war es im Bad mit Ihrem Vater, als Sie ein kleiner Junge waren?« Nun geht der Patient dazu über, zu beschreiben, wie sein Vater im Bad nackt vor ihm paradierte und alle seine exkretorischen Akte ohne jede Hemmung vollzog. Er kann sich jedoch nicht erinnern, was er dabei empfand.

Die nächsten Stunden werden davon in Anspruch genommen, daß mir der Patient erzählt, er habe die sexuellen Beziehungen zu einer früheren Freundin wieder aufgenommen, aber sie seien nicht befriedigend. Ich weise ihn darauf hin, daß ich glaube, er habe sich in die heterosexuelle Affäre gestürzt, um den homosexuellen Gefühlen aus dem Weg zu gehen, die in der Analyse aufzutauchen begonnen hätten. Der Patient reagiert darauf, indem er mir verbal zustimmt. In den nächsten Stunden verfällt er aber wieder in Widerstand, nur ist es diesmal ein anderer. Schließlich gibt er zu, daß ich ihm nun wie ein grober und abstoßender alter Mann vorkomme, und es läuft die Stunde ab, die ich bereits (Abschnitt 3.9422) als Beispiel dafür beschrieben habe, wie der Analytiker als Auslöser dienen kann.

Die Aufdeckung der homosexuellen Erinnerung aus der Adoleszenz ließ den Patienten deprimiert zurück, aber er hatte einen Teil seines Übertragungswiderstands überwunden und war produktiver geworden.

Dann kommt eine Stunde, in der er ein Bruchstück von zwei Träumen berichtet: 1. Er fuhr auf einem Motorrad, 2. Er war in einem uralten Gebäude. Er sieht einen jungen Mann, der versucht, einen Schlüssel in das Schlüsselloch zu seinem Zimmer zu stecken. Der Patient ist ärgerlich, sagt aber, lassen Sie mich helfen. Seine Assoziationen gehen zu einem alten Hotel in Jamaika zurück, wo seine Mutter einmal lange allein Ferien gemacht hatte, als er fünf Jahre alt war. Er suchte es später auf, als er bei der Marine war. Er mag das Gebäude nicht, in dem ich mein Behandlungszimmer habe, es ist zu modern. In letzter Zeit sitze ich einfach nur hinter ihm und scheine gar nichts zu tun. Ob ich von ihm erwarte, er solle die ganze Arbeit allein tun? Er ist nie Motorrad gefahren, aber er hat gehört, daß mein Sohn es tut. Wie ist es, wenn man einen Psychoanalytiker zum Vater hat? Laufen Analytiker vor ihren Kindern nackt herum? Ich rekonstruiere für den Patienten, daß seine Mutter ihn, als er fünf Jahre alt war, mit seinem Vater allein gelassen hat, als sie auf Urlaub ging. Vielleicht habe zu dieser Zeit der Anblick seines nackten Vaters im Bad gewisse sexuelle Gefühle in ihm erregt.

Der Patient antwortet, er könne sich nicht erinnern. Aber er erinnert sich, daß er von dem Anblick der Penisse kleiner Jungen im Ferienlager fasziniert war. Er erinnert sich an einen Vorfall, als er mit neun oder zehn Jahren den Penis eines jüngeren Jungen streichelte. Es war eine plötzliche und impulsive Handlung. Er und der Junge waren allein im Krankenzimmer des Lagers, denn sie waren krank und die anderen waren zum Spielen hinausgegangen. Der kleine Junge fühlte sich einsam und weinte, und der Patient kletterte in sein Bett, um ihn zu trösten und hatte dann plötzlich den Drang, seinen Penis zu streicheln. Er war schockiert über sich selbst und hatte schreckliche Angst, der Junge könne etwas ausplaudern. Er erinnerte sich an spätere ähnliche Impulse beim Ausziehen zum Schwimmen in der Schule, aber immer nur gegenüber kleineren Jungen. Ich deute, mir scheine es, als habe er mit dem jüngeren Knaben das gemacht, was er sich *gewünscht* habe, daß sein Vater es mit ihm tue.

Der Patient ist bestürzt. Er antwortet, ob ich sagen wolle, das Bild seines

Vaters als riesiger, dickbäuchiger, ekelerregender Mann sei nur ein Deckmantel gewesen? Ich sage: »Ja, es scheint so. Sie haben dieses Bild benützt, um ein früheres und attraktiveres zu verbergen. Er wurde für Sie grob und vulgär, und Sie rückten ihm fern — als Schutzreaktion.« Der Patient denkt eine Weile nach und sagt: »Vielleicht ist das der Grund, warum ich mich nie zu sehr mit warmherzigen und intensiven Männern befreunde, obwohl ich sie mag. Ich muß wohl Angst haben, ihnen zu nahe zu kommen. [Pause] Das ist wahrscheinlich auch in dieser Analyse mit mir und Ihnen geschehen.«

3.9443 Technische Verfahren: das Verfolgen und die Rekonstruktion

Ich glaube, das vorangehende Material ist ein typisches Beispiel dafür, wie man die Übertragungsreaktionen eines Patienten deutet und (partiell) durcharbeitet. Ich wiederhole: Eine wirksame und vollständige Deutung ist nicht durch eine einzelne Intervention zustande zu bringen; sie erfordert Wiederholung und Ausarbeitung, d. h. Durcharbeiten. Das vorgelegte Material erstreckt sich über einen Zeitraum von drei Wochen. Lassen Sie uns die Abfolge der Ereignisse noch einmal betrachten und uns dabei auf die technischen Verfahren konzentrieren.

Meine erste Deutung besagt, er weigere sich, meine Deutung zu schlucken, weil er Angst hat, in seine homosexuellen Gefühle hineinzugeraten. Der Patient stimmt teilweise zu, indem er sagt, er lasse seine Freundschaften mit Männern nie zu eng werden, aber er behauptet, er wisse nicht genau, wovor er Angst habe. In der nächsten Stunde berichtet er eine Masturbationsphantasie, in die sich das Bild von einem dicken, grauhaarigen, dickbäuchigen Mann hineingedrängt hat. Er findet dies ekelerregend und hat das Gefühl, ich „zwänge solche Vorstellungen in ihn hinein“. Er ist mehrere Stunden hindurch im Widerstand; ich weise ihn darauf hin, aber es ändert oder entwickelt sich nichts.

Dann bringt der Patient neues Material, indem er berichtet, daß er in meiner Praxis Wasser lassen mußte. Ich deute seine Schwierigkeiten beim Wasserlassen als etwas, das mit einer Phantasie zusammenhängt, bei der ich mit ihm auf der Toilette bin, und führe dies zurück auf Kindheitserlebnisse mit seinem Vater. Wieder akzeptiert der Patient diesen Gedanken nur verstandesmäßig, bestätigt aber meine Annahme, indem er sich an viele Erlebnisse mit seinem Vater im Badezimmer erinnert. Aber er leistet Widerstand gegen die Erinnerung an irgendwelche Gefühle oder Impulse. Er bleibt im Widerstand und versucht, eine heterosexuelle Affäre zur Abwehr der homosexuellen Strebungen zu benützen. Ich deute ihm während mehrerer Stunden diese Form des Widerstands, bis eine neue Form des Übertragungswiderstands aufkommt.

Der Patient erlebt nun mit mir das Erlebnis, mit einem groben und vulgären alten Mann zusammen zu sein, der homosexuelle Impulse ihm gegenüber hatte, noch einmal. Der Patient wagt es, diese Empfindungen bei sich zuzulassen, und er beschreibt es in der Analysesitzung; das führt zur Aufdeckung eines homosexuellen Erlebnisses mit einem männlichen Prostituierten, das der Patient in der Adoleszenz gehabt hat. In der nächsten Stunde kann er sich an seine Träume erinnern, die über die Übertragung zu Assoziationen und Erinnerungen führen, die die Nacktheit von Vätern und Söhnen betreffen.

Ich nehme nun eine Rekonstruktion vor und sage dem Patienten, es erscheine plausibel, aus seinem Verhalten, seinen Träumen, Assoziationen und Erinnerungen folgendes zu konstruieren: Als er fünf Jahre alt und voll von ödipalen sexuellen Gefühlen war, habe ihn seine Mutter mit dem Vater allein gelassen, während sie einen langen Urlaub machte. Zu dieser Zeit müsse sein Vater, der vor ihm nackt im Bad paradierte, für den Patienten sexuell reizvoll und attraktiv geworden sein. Der Patient kann sich nicht an irgendwelche Gefühle gegenüber seinem Vater erinnern, bestätigt aber meine Rekonstruktion, indem er sich an einen Abkömmling dieses Ereignisses erinnert, nämlich an die Vorliebe für die Penisse der kleinen Jungen im Ferienlager. Dann erinnert er sich an sexuelle Handlungen mit den kleineren Jungen in der Phantasie und in der Realität, die ich als ein Agieren dessen mit den kleineren Jungen deute, was nach seinen Wünschen sein Vater mit ihm hätte tun sollen. Der Patient scheint diese Deutung dadurch zu bestätigen, daß er spontan erkennt, er habe das Bild seines Vaters als eines abstoßenden Mannes benützt, um sich selber vor seinen homosexuellen Gefühlen zu schützen. Nun erkennt er, daß er das gleiche auch mit mir in der Analyse gemacht hat.

Im Verlauf von drei Wochen hat sich das Übertragungsbild von mir von Grund auf verändert. Lange war ich als der puritanische Vater abgebildet worden, und der Patient hatte auch so auf mich reagiert. Diese Fassade erwies sich als eine reaktive Tarnung, hinter der ich als ein grober und vulgärer Mann erscheine. Dieses Bild von mir als einem groben und vulgären Mann widerstrebt der Analyse hartnäckig, bis auch es sich als eine weitere abwehrende Tarnung erweist, die das sehr angsterregende Bild von mir als einem homosexuell attraktiven Objekt verbirgt.

Beim Vorgang des Durcharbeitens können technische Maßnahmen aller Art verwendet werden, aber es gibt zwei technische Verfahren von besonderer Wichtigkeit. Es sind die „Verfolgung" der Übertragungsdeutung und die Rekonstruktion. Mit „Verfolgung" der Übertragung meine ich die klinische Notwendigkeit, daß der Analytiker in jeder Stunde, die auf eine neue Übertragungsdeutung folgt, herausfinden muß, was infolge der neuen Deutung mit der Übertragung geschehen ist. Eine frische Übertragungsdeutung muß Rückwirkungen haben, sie muß daher in der folgenden Stunde irgendwie erscheinen. Die Deutung kann richtig oder falsch sein, unzureichend oder übers Ziel hinausschießend; auf jeden Fall erscheint in der nächsten Stunde irgendein Abkömmling dieser Deutung. Die einzige Ausnahme von dieser Regel kann dann eintreten, wenn außerhalb der Analyse ein unvorhergesehenes, wichtiges Ereignis des Alltagslebens vorkommt und vorübergehend an Stelle der analytischen Situation den Vorrang einnimmt. Sonst bewirkt eine neue oder andersartige Übertragungsdeutung immer eine Veränderung in den Erinnerungen, Träumen, Assoziationen, Phantasien oder Widerständen des Patienten. Das oben angeführte klinische Material veranschaulicht dies.

Der Analytiker muß wachsam beobachten, was in der Übertragungssituation vor sich geht, nachdem er eine neue oder andersartige Übertragungsdeutung gegeben hat. Das bedeutet nicht notwendigerweise, daß er seine Deutung für den Patienten weiterführt. Das kann er tun, wenn er den Eindruck hat, der Patient arbeite mit dieser Deutung produktiv weiter. Er kann auch einer anderen Variante der Übertragung nachgehen, wenn das Material des Patienten in diese Richtung zu weisen scheint. Wenn er im Material des Patienten keine greifbaren Zusammenhänge oder Abkömmlinge sieht, kann er den Patienten fragen, was er bei der letzten Deutung empfunden hat. Oder er kann geduldig und schweigend abwarten, bis der Patient auf seine Weise und in seinem eigenen Tempo mit der neuen Deutung arbeitet. Auf jeden Fall muß der Analytiker besonders aufmerksam auf alle Veränderungen und Entwicklungen wie auch auf das Ausbleiben von Veränderungen achten, die auf jede neue oder andersartige Übertragungsdeutung folgen.

Die Rekonstruktion ist eine weitere wichtige technische Maßnahme beim Durcharbeiten von Übertragungsmaterial (Freud, 1937 b; Kris, 1956 a, 1956 b). Zwischen Deutung und Rekonstruktion besteht eine sehr enge Beziehung, und man kann sie oft nicht voneinander trennen. Die besonderen Abschnitte über Deutung und Durcharbeiten (im zweiten Band) werden sich ausführlicher mit diesem Gegenstand befassen. Hier möchte ich nur die spezielle Beziehung der Rekonstruktion zu Übertragungsreaktionen hervorheben. Übertragungsphänomene sind immer Wiederholungen der Vergangenheit; der Patient wiederholt bei seinem Analytiker Dinge, an die er sich nicht erinnern kann und will. Sein Verhalten in der Übertragung ist darum für die Rekonstruktion von Erlebnissen der Vergangenheit besonders geeignet, und tatsächlich gibt diese Eigenschaft der Übertragung ihre einzigartige Bedeutung (Freud, 1914 c, 1937 b).

Beim Prozeß des Durcharbeitens werden einzelne Deutungen erweitert, vertieft und miteinander verknüpft, um den einen oder anderen Aspekt im Verhalten des Patienten verständlicher zu machen. Wenn man versucht, einem Bruchstück vom Verhalten des Patienten einen Sinn zu geben, muß man oft aus den Übertragungsreaktionen, Träumen, Assoziationen usw. des Patienten irgendein Stück der vergessenen Vergangenheit des Patienten rekonstruieren. Die Rekonstruktion ist eine Vorarbeit, und wenn sie richtig ist, führt sie zu neuen Erinnerungen, neuem Verhalten und zu Veränderungen des Selbstbildes. Sie ist oft der Ausgangspunkt für die „zirkulären Prozesse" der Erinnerung, die zu Einsichten führen, die wiederum Veränderungen im Gefolge haben, die zu neuen Erinnerungen führen, usw. (Kris, 1956 a, 1956 b).

Wenn wir das von mir vorgelegte Material über das Durcharbeiten noch einmal ansehen, stellen wir fest, daß ich zwei Rekonstruktionen gemacht habe. Erste Rekonstruktion: Als der Patient fünf Jahre alt war, war er von sexuellen Gefühlen für seine Mutter erfüllt. Zu dieser Zeit ließ sie ihn mit seinem Vater allein und ging auf Urlaub. Infolge dieser Ablehnung richteten sich seine sexuellen Impulse auf seinen Vater, der im Bad nackt vor dem Jungen paradierte. Die Rekonstruktion war anscheinend korrekt, denn sie regte den Patienten an, sich an homosexuelle Impulse in bezug auf kleinere Jungen zu erinnern. Schließlich fiel ihm ein, daß er tatsächlich einmal den Penis eines kleinen Jungen gestreichelt hatte, und noch viele ähnliche, spätere Impulse und Phantasien. Dann unternahm ich die zweite Rekonstruktion: Der Patient habe damals mit einem kleineren Jungen das gemacht, was nach seinem Wunsch sein Vater mit ihm hätte machen sollen. Später wandte er sich von seinem Vater ab, indem er ihn als grob und vulgär erscheinen ließ, und noch später faßte er ihn als puritanisch und distanziert auf.

Der Patient bestätigte diese Rekonstruktion dadurch, daß er erkannte, er habe immer die Nähe männlicher Freunde gemieden, und daß er in seiner Beziehung zu mir vor dem gleichen Aspekt weglaufe. Dies führte ihn zu einem überzeugenderen Gewahrsein seiner Gefühle der Liebe und Zärtlichkeit mir gegenüber wie auch des Umstands, daß er mich brauchte. An dieser Stelle begann seine ungeheure primitive Feindseligkeit gegen seine Mutter in der Analyse zum Vorschein zu kommen, was die Richtigkeit der beiden Rekonstruktionen zu bestätigen schien.

Das Ziel der Deutung besteht darin, irgendeinen unbewußten psychischen Vorgang bewußtzumachen, so daß wir die Bedeutung einer bestimmten Verhaltensweise besser verstehen können. Deutungen sind jedoch gewöhnlich auf ein einzelnes Element, einen einzelnen Aspekt, eine einzelne Konstellation begrenzt. Wenn wir eine bestimmte Deutung eines einzelnen Elements durcharbeiten, wenn wir versuchen, die Geschichte und die wechselnden Schicksale dieses Elements nachzuschaffen, müssen wir mehr tun als nur deuten. Wir müssen das Stück Leben rekonstruieren, das in und um den Patienten vor sich gegangen ist und das das Schicksal dieses in Frage stehenden Elements erklären könnte (Freud, 1937 b). Wir müssen sogar versuchen zu rekonstruieren, was z. B. in Vater und Mutter vor sich gegangen ist, wenn das erklären helfen könnte, was zu jener Zeit mit jenem Element im Patienten geschehen ist.

Richtige Rekonstruktionen sind eine wertvolle Hilfe zur Beschleunigung des Fortschritts im Durcharbeiten. Eine korrekte Rekonstruktion führt zu neuen Erinnerungen oder neuem Material in Form von Träumen, Assoziationen, Bildung von Deckerinnerungen oder neuen Widerstandsformen und Veränderungen des Selbstbildes (Reider, 1953 b). Rekonstruktionen müssen taktvoll vorgenommen werden. Sie dürfen nicht zu starr oder zu spröde sein, sonst passen sie nicht in die unbekannten Lücken in der vergessenen Lebensgeschichte des Patienten. Andererseits dürfen sie nicht zu vage sein, denn dann könnten sie nicht als eine genügend starke Brücke dienen, um den Patienten über die unbekannten leeren Räume zu geleiten. Schließlich muß der Analytiker immer bereit sein, gemäß den klinischen Reaktionen des Patienten jeden Teil der Rekonstruktion zu verbessern, abzuwandeln oder aufzugeben.

3.945 *Nachtrag*

Bevor ich das Kapitel über die gängige Technik der Analyse von Übertragungsreaktionen beende, möchte ich einige kleine Einzelheiten nachtragen, die nach meiner Erfahrung von klinischem und technischem Wert sind. Von dem Augenblick an, in dem der Patient den Analytiker kennenlernt, ist der Analytiker für den Patienten eine wichtige Person. Eigentlich müßte man sagen: Von dem Augenblick an, in dem der Patient ernsthaft erwägt, den Analytiker kennenzulernen, schon vor der tatsächlichen Begegnung, ist der Analytiker im Leben dieses Patienten eine wichtige Person. Darum ist jede Analysestunde, ebenso die ganze Analysestunde, in dieser Hinsicht relevant. Ich will damit nicht sagen, daß wir in jeder Stunde und die ganze Stunde lang ausdrückliches Material über den Analytiker finden. Ich meine damit, daß es dem Analytiker möglich ist, wenn er alles klinische Material analysiert, auszuloten, was der Patient in bezug auf ihn empfindet, selbst wenn der manifeste Inhalt weder buchstäblich oder symbolisch etwas mit dem Analytiker zu tun zu haben scheint. Ich will nicht sagen, daß auf diese Weise gewonnene Deutungen immer für den Patienten verwendbar seien. Sie können auch lediglich Hinweise sein, die für zukünftigen Gebrauch aufgehoben werden. Manchmal kann dieses Vorgehen eine sonst undurchsichtige Stunde klären.

In einer Stunde plaudert z. B. eine Patientin fröhlich über viele verschiedene Themen; sie geht dabei von der Vergangenheit zur Gegenwart über und wieder zurück und bleibt bei keinem einzelnen Thema sehr lange. Ich kann in dem ganzen Material keinen gemeinsamen Nenner oder herausragenden Affekt finden. Nun nehme ich den ganzen Inhalt als eine Anspielung auf mich und sehe ihre Produktionen als ein glückliches Zu-mir-hin und Von-mir-fort an. Da ich das Gefühl habe, die Patientin sei nicht unzugänglich, sage ich ihr dies. Sie lacht und erwidert: »Während der ganzen Stunde hatte ich das Gefühl, ich sei draußen in der Sonne und schwebte über einer friedlichen Landschaft. Das war aber alles im Hintergrund, und ich habe Ihnen nur erzählt, was im Vordergrund war. Als ich heute morgen hereinkam, sahen Sie so sommerlich aus, und das hat mir wahrscheinlich den Anstoß gegeben. Als ich ein kleines Mädchen war, hat meine Mutter mich manchmal damit überrascht, daß sie plötzlich ein Picknick im Park veranstaltete, nur für uns beide. Das waren so glückliche Zeiten, nur wir beide allein im warmen Sonnenschein.«

Ich glaube, dies ist ein gutes Beispiel dafür, wie man den allgemeinen Inhalt einer Stunde von der Frage aus untersuchen kann: Was sagt dies alles über mich?

Ein weiteres technisches Detail ist Fenichels (1941) Konzept von der umgekehrten Übertragungsdeutung. Wenn der Patient über den Analytiker spricht, versuchen wir gewöhnlich abzuleiten, über welche Person aus seiner Vergangenheit der Patient in Wirklichkeit spricht. Manchmal spricht der Patient über Figuren der Vergangenheit aus Widerstand dagegen, über den Analytiker zu sprechen; er verwendet es als ein Mittel, um eine Distanz zum Analytiker herzustellen. Dieser letztgenannte Widerstand muß zunächst gedeutet werden, erst dann kann man dazu übergehen, seinen Ursprung in der Vergangenheit aufzuspüren.

Schließlich ist noch die Vorstellung Bornsteins (1949) und Loewensteins (1951) von der »Rekonstruktion aufwärts« ein brauchbares technisches Detail. Wenn die Produktionen oder Träume eines Patienten deutlich Bezug auf sehr frühe und primitive Triebimpulse zu nehmen scheinen, und wenn berechtigter Zweifel an der Fähigkeit des Patienten besteht, mit diesem Material umzugehen, dann rekonstruiert der Analytiker das Material »aufwärts«. Das heißt, er benützt das Material des Patienten; er übergeht es nicht vollständig, denn das könnte Angst hervorrufen, aber er deutet es auf einer weniger primitiven Stufe. Frau K., die ihre erste Stunde mit einem Traum begann, in der der Analytiker einen Cunnilingus an ihr vollzog, ist ein Beispiel. Der Leser erinnert sich vielleicht, daß ich dies als ihre Art deutete, mich dazu zu bewegen, zu beweisen, daß ich sie wirklich akzeptiert hatte (Abschnitt 3.81).

3.10 Besondere Probleme beim Analysieren vom Übertragungsreaktionen

Bisher habe ich die technischen Verfahren beschrieben, die man bei der Analyse der alltäglichen Varianten von Übertragungsreaktionen anwenden sollte. Gelegentlich kommen jedoch in der Analyse von Patienten jeder diagnostischen Kategorie Übertragungssituationen vor, die nach besonderer Handhabung verlangen. Zum Beispiel kann ein akuter Gefühlssturm den Patienten veranlassen, sich auf ein gefährliches Agieren seiner Übertragungsgefühle einzulassen. In einer solchen Situation erfordert der vorübergehende Ausfall des vernünftigen Ichs beim Patienten eine andere Technik als die Analyse. Im allgemeinen ist jedoch in den letzten zwanzig oder mehr Jahren anscheinend die Anzahl der besonderen Probleme gewachsen, die aus anderen Quellen stammen.

Erstens scheint sich seit dem Zweiten Weltkrieg der Typus des Patienten geändert zu haben, der nach psychoanalytischer Therapie verlangt. Das kann zum Teil daran liegen, daß die Psychoanalyse populärer geworden ist. Andererseits versuchen wir heute, Patienten psychoanalytisch zu behandeln, die man früher nicht als geeignet für eine solche Behandlung angesehen hätte (Stone, 1954 b; A. Freud, 1954 a). Diese Ausdehnung der Reichweite der psychoanalytischen Therapie kann als ein Versuch betrachtet werden, unsere vermehrten Kenntnisse und Erfahrungen in der Ichpsychologie und in bezug auf die Entwicklung in der frühen Kindheit therapeutisch anzuwenden. Manche der speziellen Schwierigkeiten, denen wir begegnen, können jedoch auch auf unerkannte Abweichungen in der Technik und auf Irrtümer in der Beurteilung des Patienten zurückgehen.

Ich werde diese Erörterung der speziellen Probleme bei der Übertragungsanalyse auf jene Patienten beschränken, die anfänglich für eine Behandlung mit klassischer Psychoanalyse geeignet erscheinen. Bevor ich auf eine detaillierte Diskussion des Problems der Analysierbarkeit eingehe, möchte ich an dieser Stelle auf einige der frühen und grundlegenden Gedanken Freuds über dieses Thema verweisen. Ich werde sie als allgemeine Leitlinie benützen, bevor wir im zweiten Band diese Gedanken ausführlicher bearbeiten können.

Als Freud (1916—17) die Übertragungsneurosen von den narzißtischen Neurosen unterschied, betonte er den klinischen Umstand, daß Patienten, die eine Übertragungsneurose entwickelten, fähig waren, ein zusammenhängendes, aber vielfältiges und beeinflußbares System von Übertragungsreaktionen zu bilden und aufrechtzuerhalten. Diese Patienten hielt er für eine psychoanalytische Therapie für geeignet. Andererseits hatten die an narzißtischen Neurosen leidenden Patienten nur fragmentarische und flüchtige Übertragungsreaktionen; sie waren deshalb für die psychoanalytische Therapie relativ unzugänglich und ungeeignet. Obwohl sich die Ansichten über die Übertragungsbildung bei Borderline-Patienten und Psychotikern etwas geändert haben, glaube ich, es ist immer noch eine allgemein anerkannte klinische Feststellung, daß die Übertragungsphänomene bei solchen Patienten mit vorherrschend analytischen Mitteln nicht adäquat behandelt werden können (Fenichel, 1945 a, 18. Kap.; Glover, 1955, 13. u. 14. Kap.; Zetzel, 1956; Greenacre, 1959).

Ausschließen werde ich bei dieser Darstellung die Behandlung von Problemen, die bei offensichtlichen Borderline-Patienten und Psychotikern auftreten, ebenso Fälle, die mit Methoden behandelt werden, die sich deutlich und absichtlich von der klassischen psychoanalytischen Methode unterscheiden. Derartige Probleme würden den Rahmen des vorliegenden Werkes überschreiten (A. Stern, 1948; Knight, 1953 b; Bychowski, 1953; Jacobson, 1954; Orr, 1954).

3.10.1 Akute Gefühlsstürme und gefährliches Wiederdurchspielen

Die Übertragungsgefühle des Patienten können so intensiv werden, daß sie ihn eine Zeitlang hindern, seine Fähigkeit zu benützen, sein vernünftiges Ich von seinem erlebenden Ich zu trennen. Dies geschieht oft, während die infantile Neurose noch einmal erlebt wird. Dann ist es unsere therapeutische Aufgabe, dabei zu helfen, ein vernünftiges Ich wiederherzustellen. Sehr oft besteht die beste Technik darin, zu warten und dem Patienten so eine Gelegenheit zu geben, seine Gefühle so vollständig zu entladen wie möglich. So bekommt das Ich eine Möglichkeit, die Herrschaft über die Situation wieder zu erlangen. Manchmal kann es sogar notwendig oder hilfreich sein, wenn man dem Patienten erlaubt, die Zeitgrenze der Sitzung zu überschreiten. Ein andermal kann es klug sein, das nahende Ende der Stunde anzukündigen, so daß der Patient sich in Vorbereitung auf das Fortgehen zusammennehmen kann. Es kann zwar in bezug auf Übertragungsbefriedigung gefährlich sein, dem Patienten zusätzliche Zeit zu geben, es kann aber gefährlicher sein, den Patienten in der Gewalt intensiver Gefühle ohne Steuerung aus der Stunde gehen zu lassen. Bei der Entscheidung, welchen Weg man am besten einschlägt, muß man sich auf sein klinisches Urteilsvermögen verlassen.

Gewöhnlich kann man mit Hilfe dieser Maßnahmen derartige Gefühlsstürme angemessen handhaben. Wichtig ist, daß Haltung und Ton des Analytikers gegenüber dem Patienten geduldig, mitfühlend und fest sind, weder kritisch noch zuckersüß. Ich sage dem Patienten am Ende einer solchen Stunde gewöhnlich, es tue mir leid, daß ich unterbrechen müsse, aber die Zeit sei um. Meistens füge ich noch etwas hinzu, etwa in dem Sinn, ich hoffe, wir würden in der nächsten Stunde weiter an diesem Problem arbeiten können.

Ich mache so lange keinen Deutungsversuch, wie kein vernünftiges Ich vorhanden oder zugänglich zu sein scheint. Nur wenn ich spüre, daß ich ein vernünftiges Ich auf den Plan rufen und zum Handeln bewegen kann, und wenn ich meiner Sache sicher bin, mache ich einen Deutungsversuch. Dies kann geschehen, wenn die Stärke der Emotion im Abklingen ist, aber es kann auch geschehen, wenn das vernünftige Ich nicht zu tief in den turbulenten Gefühlen untergetaucht ist und wenn die Deutung präzise ist. Unter solchen Bedingungen kann die richtige Deutung als ein Ruf zur Vernunft dienen, als ein Sammelpunkt für die Rückkehr des vernünftigen Ichs. Der Schlüssel zur richtigen Deutung ist die Erkenntnis, daß der akute Gefühlssturm das Wieder-Durchspielen einer Situation der Vergangenheit ist: entweder eine genaue Entsprechung oder eine wunscherfüllende Verzerrung. Lassen Sie mich veranschaulichen:

Eine Patientin reagiert im Verlauf einer Analysestunde auf meine Aufforderung, sie möge mir mehr über ein noch nicht lange zurückliegendes sexuelles Erlebnis erzählen, indem sie Angst bekommt. Zunächst kann sie über ihre Angstgefühle berichten; sie hat das Gefühl, als fordere ich sie auf, sich auszuziehen. Dann wird sie von der Situation mitgerissen und wird von Entsetzen erfüllt. Sie berichtet nicht mehr über ihre panische Angst, sondern erlebt sie, als geschähe sie in der Stunde. Sie fängt an, mich wie rasend anzuschreien: »Nein, nein, ich mache das nicht! Lassen Sie mich in Ruhe, oder ich schreie! Gehen Sie weg, gehen Sie weg! Hilfe, o Gott, Hilfe! Hören Sie auf, hören Sie auf, hören Sie auf! Bitte hören Sie auf, hilft mir denn keiner . . !« Das geht viele Minuten lang immer so weiter. Da die Intensität anscheinend nicht abnimmt, und da die Stunde zu Ende geht, sage ich einfach: »Frau Smith, hören Sie, Frau Smith, das war der Gärtner, der Sie erschreckt hat, Frau Smith, der Gärtner, und jetzt sind Sie hier bei mir, bei Dr. Greenson.« Als ich die Patientin Frau Smith nenne, scheint sie mich wirklich zu hören, darum wiederhole ich es mehrmals. Als ich die Worte »der Gärtner« sage, scheint sie wieder zu sich zu kommen; sie hat mich gehört, sie scheint nach Verständnis zu ringen, sie scheint zu versuchen, sich wieder zu orientieren. Als ich sage »und jetzt sind Sie hier bei mir, bei Dr. Greenson«, kann sie schon ein wenig lächeln, als ob sie nun verstünde, was geschehen ist. Sie braucht ein paar Minuten, um sich zusammenzunehmen, um ihre Fassung wiederzugewinnen. Sie kann nun ihre Gefühle beherrschen und aus der Stunde gehen und über die Rückkehr des traumatischen Kindheitserlebnisses nachdenken.

Es gelang mir, die Bedeutung des Übertragungserlebnisses aufzuzeigen, weil ich spüren konnte, daß das Arbeits-Ich der Patientin zugänglich war, und weil ich aus früher zutage getretenem Material wußte, daß dieses Erlebnis von einer Kindheitsverführung durch den Gärtner herrührte. Ich wußte, daß ich sie mit den Worten »der Gärtner« erreichen würde, und daß ich sie in die Wirklichkeit würde zurückbringen können, indem ich sie erinnerte, wo und bei wem sie war.

Ein Patient kämpfte viele Jahre lang gegen seine Angst, seine Wut und seinen Zorn mir gegenüber direkt auszudrücken. Gegen Ende der Stunde beginnt er zu beschreiben, was er zu mir sagen würde, wenn er betrunken wäre. Er wird in seinen Worten immer schmähender, beginnt, mit der Faust an die Wand zu schlagen, trampelt mit den Füßen auf der Couch herum und springt schließlich von der Couch auf. Er kommt zu meinem Stuhl herüber und beugt sich über mich, droht mir mit erhobenem Finger und sagt: »Wer, zur Hölle, bilden Sie sich eigentlich ein, daß Sie sind?« Ich sage nichts, aber als er sich anschickt, aus dem Behandlungspimmer hinauszustampfen, rufe ich ihm nach: »Wie fühlt man sich, wenn man Papa endlich sagt, daß er doch gar nicht so großartig ist?« Bei dem Wort »Papa« bleibt der Patient wie angewurzelt stehen. Er dreht sich um und sieht mich an. Langsam entspannen sich seine wütenden Gesichtszüge; er schüttelt den Kopf; er geht langsam zur Couch zurück und setzt sich. Dann sagt er langsam: »Na, nun hab' ich es endlich getan, endlich, endlich, endlich, nach all diesen Jahren; nun hab' ich's euch allen gegeben, Ihnen und meinem alten Herrn und meinem großen Bruder, euch allen. Ich hab' endlich das Gefühl, ein erwachsener Mann zu sein und nicht nur ein kleiner Junge, der sich als Mann verkleidet hat.« Dann strömten ihm die Tränen übers Gesicht.

Parallel zu den Gefühlsstürmen und oft als Bestandteil oder Folge solcher Stürme, erleben Patienten gewisse Situationen der Vergangenheit nicht nur in Worten und Gefühlen noch einmal, sondern auch in Taten. Ich spreche jetzt von Handlungen, die gefährlich sein können, wenn man ihnen nicht Einhalt gebietet. Dieses Verhalten kann ein einfaches Wiedererleben sein, ein leicht entstelltes, für das Ich annehmbares Agieren oder eine stark entstellte, ichfremde Handlung. Das oben angeführte erste Beispiel von der Frau und dem Gärtner ist eine Veranschaulichung des einfachen Wiedererlebens in der Übertragung. Der Fall des wütenden Mannes ist ein Beispiel für die Kombination von symptomatischer Handlung und Agieren. Das technische Problem ist in jedem Fall das gleiche: Wir müssen dem Patienten helfen, wenn irgend möglich, ein vernünftiges Ich zu etablieren oder ein Arbeitsbündnis zustande zu bringen, bevor er die Stunde verläßt.

Das Verfahren ist ähnlich dem, wie ich es bei Gefühlsstürmen beschrieben habe: Man warte, bis die Tätigkeit sich erschöpft, sich beruhigt. Wenn wir die Bedeutung des Verhaltens verstehen und ein vernünftiges Ich mobilisieren können, dann machen wir die Deutung so genau und kompakt wie möglich. Wenn beide Methoden versagen oder nicht anwendbar sind, müssen wir das Verhalten unterbrechen, indem wir den Patienten mit der Realität und den Gefahren seines Verhaltens konfrontieren.

Was wäre z. B. im Fall des oben angeführten wütenden Mannes geschehen, hätte er nicht innegehalten, als ich sagte: »Wie fühlt man sich, wenn man Papa endlich sagt, daß er doch gar nicht so großartig ist?« Dann hätte ich ihm etwa zugerufen: »Herr Jones, bitte warten Sie einen Augenblick. Sie können jederzeit gehen, wenn Sie wollen, aber ich glaube, im Augenblick wäre es nicht gut. Sie sind zu wütend und außer sich über mich; wir sollten das ein wenig bearbeiten. Es ist zu gefährlich, Sie in diesem Zustand von hier weggehen zu lassen.«

In ähnlichen Situationen habe ich Dinge gesagt wie: »Es tut mir leid, daß Sie sich so schlecht fühlen, und ich wünschte, ich könnte Ihnen helfen, aber ich kann anscheinend nicht verstehen, was los ist. Lassen Sie uns dies ein wenig bearbeiten, bevor Sie gehen.«

Einmal stand eine Patientin, eine Borderline-Psychotikerin, von der Couch auf, fiel mir um den Hals und sagte: »Wir wollen unsere Zeit nicht mehr verschwenden, laß uns Sex haben.« Ich packte sie fest an den Armen, sah ihr gerade in die Augen und sagte: »Frau Jones, ich will Ihnen helfen, und ich kann das durch Arbeiten tun. Also lassen Sie uns zusammen arbeiten und keine Zeit mehr verschwenden.«

All diese Situationen sind potentiell gefährlich für den Patienten und sollten irgendwie in der Stunde bewältigt werden. Am wenigsten befriedigend ist die Methode, Gewalt in irgendeiner Form anzuwenden, um den Patienten zu hindern, auf diese oder jene Weise zu handeln. Aber manchmal ist es die einzig mögliche Art, etwas Schlimmeres zu verhüten. Dann ist der feste, aber mitfühlende Ton, die Bitte, »lassen Sie uns arbeiten«, während man den Patienten an den Armen packt, das letzte Mittel. Kurz gesagt, man verhält sich wie ein starker und anteilnehmender Vater (Mutter) einem Kind gegenüber, das aus der Fassung geraten ist. Verwandte Probleme des Agierens wollen wir im zweiten Band behandeln.

3.10.2 Die Montagsstunde

Eigentlich sollte in der Überschrift dieses Abschnitts die Freitags- und die Montagsstunde stehen, oder noch besser: die Reaktionen des Analysepatienten auf die Wochenend-Trennung vom Analytiker. Um der Kürze willen und auch weil Freud schon 1913 von der »Montagskruste« gesprochen hat, habe ich die Überschrift zur Montagsstunde verdichtet. Wir wissen, daß unsere Patienten gefühlsmäßig auf jede Trennung vom Analytiker reagieren. Manche reagieren, als sei das Wochenende ein Feiertag, ein Karneval, andere, als sei es ein Im-Stich-Lassen, ein Verrat. Ferenczi (1919 c) hat die »Sonntagsneurosen« beschrieben, die auftraten, wenn seinen Patienten die Ablenkung und Zerstreuung ihrer Alltagsarbeit fehlte. Freud hat in *Totem und Tabu* (1913 a) und später in »Trauer und Melancholie« (1917 b) einen Teil der Dynamik und der Strukturveränderungen beschrieben, die bei Festen eintraten. Er hat einige dieser Gedanken in verschiedenen Schriften weitergeführt. Eine gute Zusammenfassung hat

Grinstein 1955 veröffentlicht. Jedoch hat keiner der Autoren die zentrale Bedeutung der Übertragungssituation als der Determinante der Reaktion des Patienten auf das Wochenende unterstrichen. Ich möchte einige der typischen Arten untersuchen, wie Analysepatienten auf die Unterbrechung der analytischen Arbeit durch das Wochenende reagieren.

3.10.21 Das Wochenende ist Freizeit

Für manche Patienten ist die Wochenendtrennung eine Gelegenheit zum Feiern, eine Pause, ein Aufschub, ein Ruhepunkt; sie bietet die Möglichkeit, sich von den Mühen und Anforderungen der psychoanalytischen Behandlung zu erholen. Wenn dies eintritt, ist es offensichtlich ein Zeichen dafür, daß die tägliche psychoanalytische Arbeit unter ständigem Widerstand getan wird. Es ist auffallend, wie oft es vorkommen kann, daß der Patient das Vorhandensein dieses Widerstands erst in der Freitagsstunde oder in der Stunde vor dem Urlaub offen zeigt. Dann reagiert der Patient zur Überraschung des Analytikers wie auf eine bevorstehende Feier, auf ein Fest; in diesem Fall muß man auf das Vorhandensein eines latenten Ressentiments gegen die psychoanalytische Behandlung schließen, das während der ganzen Arbeitsperiode stillschweigend bestanden hat. Dies deutet darauf hin, daß der Analytiker für den Patienten eine Art kritischer Über-Ich-Instanz sein muß. Der Patient hat in der Analyse unter dem Druck gearbeitet, sich verpflichtet zu fühlen, unter Zwang stehen zu sollen, und hat sich der Situation untergeordnet, ohne dieser Unterordnung Ausdruck zu verleihen. Der Patient kann sich dessen bewußt sein oder auch nicht, aber seine Reaktion auf die bevorstehende freie Zeit weist klar darauf hin. Patienten, die in Freitagsstunden vor dem Wochenende so empfinden, und Patienten, die am Ende jeder Psychoanalysestunde ein Gefühl der Befreiung und der Lust haben, gehören in diese Kategorie.

Wenn der Analytiker für den Patienten eine kritische Über-Ich-Figur darstellt, pflegt das Verhalten des Patienten am Wochenende alle Arten von Triebfreiheiten mit sich zu bringen. Gewöhnlich gibt es eine Fülle libidinöser und aggressiver Betätigungen, meist mit einer regressiven, infantilen Tönung. Es fällt auf, daß Patienten dieser Art die Woche über in bezug auf ihr Sexualleben mit einer gewissen Zurückhaltung verfahren und sich dann am Wochenende eine Vielfalt prägenitaler Betätigungen erlauben. Oft nehmen am Wochenende die Vorlust-Betätigungen, Masturbation und Promiskuität stark zu. Parallel verläuft eine Zunahme aggressiver Handlungen. Manche Patienten benehmen sich, als sei der Analytiker der Träger ihres Über-Ichs. Die Montagsstunde wird dann zu einer

Stunde der Geständnisse und der Buße. Für sie ist die Montagsstunde zum sonntäglichen Beichtstuhl geworden. Am Montag beginnen sie sehr oft die Stunde mit einem Bekenntnis all ihrer Sünden, mit viel Schuld- und Schamgefühl, Strafangst und viel Selbsterniedrigung. Es fällt auf, daß solche Patienten, wenn sie am Wochenende zufällig ihrem Analytiker begegnen, schockiert sind, weil sie die Phantasievorstellung hatten, der Analytiker existiere nicht in der Außenwelt. Oder sie bilden sich ein, er sei im Behandlungszimmer eingesperrt und habe außerhalb kein Leben. Es gibt Patienten, die verblüfft sind, wenn sie ihren Analytiker im Konzert oder im Theater treffen. Manche erkennen ihn gar nicht, manche werden von hysterischer Blindheit erfaßt und skotomisieren ihn. Es ist wichtig, diese Es- und Über-Ich-Projektion zu erkennen, sowie auch die subtilen Widerstände, die während der Sitzungen an den Wochentagen insgeheim wirksam sein müssen.

3.10.22 Das Wochenende ist ein Im-Stich-Lassen

Für viele Patienten sind die Wochenenden oder die Pausen zwischen den Analysestunden dem Verlust eines Liebesobjekts gleichzusetzen. Für sie bedeutet die Zwischenzeit Trennung, Distanzierung, Ablösung, Abbrechen oder Beendigung einer Verbindung. In der einen oder anderen Weise benimmt sich der Patient so, als habe er das Gefühl, ein Liebesobjekt zu verlieren. Er reagiert oft so auf das Wochenende, als bedeute es eine Ablehnung durch den Analytiker. Die Freitagsstunde wird oft in unproduktiver Wut zugebracht, denn das Wochenende bedeutet, daß der Analytiker Urlaub nimmt und den Patienten im Stich läßt und verrät. Für einen solchen Patienten bedeutet die Montagsstunde eine Konfrontation zwischen ihm, dem Ausgeschlossenen, dem Unrecht geschehen ist, und dem Analytiker, dem Ablehnenden und Aggressor. Für neurotisch depressive Patienten kann die Montagsstunde auch eine Wiedervereinigung mit einem verlorenen Liebesobjekt darstellen und als Wonne empfunden werden. Manche Patienten sind erleichtert, wenn sie entdecken, daß der Analytiker ihre Todeswünsche überlebt hat. Es ist wichtig zu erkennen, auf welcher Ebene dies erlebt wird oder zumindest auf welcher Ebene die vorherrschenden Reaktionen stattfinden. Außerdem: Sehen wir Triebe oder Abwehr im Vordergrund? Sehen wir aggressives Verhalten oder Versuche der Genugtuung und Wiederherstellung?

Für viele Patienten belebt das Wochenende die ödipale Situation aufs neue. Für so einen Patienten ist das Wochenende eine Urszene, von der er ausgeschlossen worden ist. Er kämpft mit seinen inzestuösen Gefühlen oder entwickelt Schuldgefühle, Angst oder Depressionen, oder er agiert in der einen oder anderen Form irgendeinen Aspekt der ödipalen Situation. Manche Patienten schlagen sich mit unbewußten Todeswünschen herum und sind jeden Montag, wenn sie ihren Analytiker wiedersehen, ängstlich und mit Schuldgefühlen beladen. Manche sind über die Ausschließung traurig und deprimiert. Andere sind feindselig vor eifersüchtigem Neid. Manche Patienten empfinden dies auch so und kommen deprimiert oder feindselig in die Stunde. Andere leugnen solche Gefühle durch ihr Verhalten oder indem sie durchblicken lassen: »Das macht mir gar nichts aus« oder »Ich brauche Sie ja gar nicht«. Manche Patienten arbeiten in der Montagsstunde sehr hart, um ihre Schuldgefühl erzeugenden Wünsche oder Verhaltensweisen zu büßen, und versuchen auf diese Weise eine Wiedergutmachung beim Analytiker. Manche sind am Montag aus ihrer Feindseligkeit und ihrem Ressentiment wegen der Ablehnung durch den Analytiker stumm. Manche Patienten erleben an Wochenenden somatische Reaktionen, die ein Versuch sind, sonst unzugängliche Gefühle oder Triebe zu entladen. Es ist typisch, daß viele Patienten an Montagen gewohnheitsmäßig zu früh oder zu spät kommen. Ich hatte einen Patienten, der vor jeder Montagsstunde im Wartezimmer sang und fröhlich pfiff; dies war sein Versuch, die Feindseligkeit und die Schuldgefühle zu leugnen, die er bei der Rückkehr in die analytische Situation empfand.

Der Verlust eines Liebesobjekts am Wochenende kann auch auf oraler oder analer Ebene erlebt werden. Ich habe Patienten gehabt, die das Gefühl hatten, montags hätten sie nichts zu produzieren, und andere, die mit einer großen Menge von Material kamen, das sie aufgehoben und zurückgehalten hatten, um mir eine riesige Masse zur Billigung vorzulegen. Für manche Patienten war das Wochenende eine orale Entbehrung, und sie kamen am Montag zurück, um sich von mir füttern zu lassen, und mehr, um meine Stimme in sich aufzunehmen, als um zu hören, was ich zu sagen hatte. Eine solche Patientin, Frau K., verbrachte oft das ganze Wochenende mit Sonnenbaden, in dem Versuch, den warmen, liebenden Sonnenvater zu ersetzen, wie Ferenczi (1914 d) ihn beschrieben hat.

Unter einem technischen Gesichtspunkt besteht die Aufgabe darin, zu erkennen, in welchem Zusammenhang die Wochenendreaktionen zur Übertragungssituation stehen, und dem Patienten dies bewußtzumachen. Es ist erstaunlich, wie sehr Patienten sich sträuben können, die Übertragungsbedeutung ihres Wochenendverhaltens zu akzeptieren. Die Freitags- und die Montagsstunde sind besonders bedeutsam für die Offenbarung und Demonstration von wichtigen Übertragungsreaktionen. Eine depressive Patientin bekam jeden Freitag Verstopfung; sie bewahrte ihre Faeces auf, gleichsam als Ersatz für mich, und konnte erst wieder defäzieren, wenn sie am Montag ihre Analyse wieder aufgenommen hatte. Dies war der erste Durchbruch in unserem Verständnis ihrer oral-analen Beziehung zu mir.

3.10.23 *Das Wochenende und die Ichfunktionen*

Manche Patienten, die in einem relativ stark regredierten Zustand sind, können die Abwesenheit des Analytikers als einen Verlust von Ichfunktionen wahrnehmen. Das geschieht meist bei Patienten, die in den Klauen einer starken infantilen Übertragungsneurose stecken; es kann aber auch jederzeit bei Borderline-Patienten vorkommen. Dann hat der Analytiker als Hilfs-Ich gedient, und die Trennung von ihm kann einen Verlust der Realitätsprüfung, Desorientierung, Depersonalisation, Identitätsverlust usw. nach sich ziehen. Es kann nötig sein, solche Patienten auch an einem Wochenende zu empfangen oder mit ihnen in telefonischem Kontakt zu bleiben. Manchmal genügt es, daß der Patient weiß, wo sich der Analytiker befindet, so daß man nicht nach einem Ersatz für ihn suchen muß.

Der Patient kann auch noch auf andere Weise den Analytiker in der Übertragung als Träger einer Ichfunktion benützen, was während einer Trennung zum Vorschein kommen kann. Der Patient kann den Analytiker auch benützen, um die kritischen Forderungen seines Über-Ichs zu mildern. Dann kehren solche Patienten am Wochenende möglicherweise zu ihrem überkritischen, triebfeindlichen Zustand zurück. Sie können es nicht ertragen, am Wochenende oder im Urlaub Zeit zu verschwenden, und müssen einer gewinnbringenden Sache nachgehen, entweder auf kulturellem oder auf gesundheitlichem Gebiet. Bei manchen dieser Patienten können die Es-Versuchungen der Wochenende schwere Schuldgefühl- und Beschämungsreaktionen in Gang bringen. Für sie bedeutet die Freitagsstunde den Beginn einer gefährlichen Reise, und die Montagsstunde ist eine Rückkehr zur Sicherheit.

3.10.24 *Andere klinische Feststellungen*

Es gibt Patienten, die am Freitag nach der Formel zu arbeiten aufhören: »Ich verlasse dich, bevor du mich verläßt«. Die Frage, wer wen verläßt, kann bei sehr kranken Patienten zu einem wichtigen technischen Detail werden. Ich habe es oft ratsam gefunden, um einem solchen Patienten das Gefühl des akuten Verlassenwerdens zu ersparen, ihm die Möglichkeit zu geben, bei einem kurzen Urlaub etwa einen Tag früher fortzufahren als ich. Nicht selten sagen solche Patienten die letzte Stunde vor dem Urlaub des Analytikers ab. Ich habe Patienten erlebt, die an

Freitagen schwiegen oder in anderer Weise unproduktiv waren, um die Haltung zu zeigen: »Wer braucht Sie denn?« Sie verschwenden die letzte Stunde, um ihre Verachtung für die analytische Arbeit zu demonstrieren.

Wenn der Analytiker vorwiegend als eine gehaßte Figur empfunden wird, kann die Freitagsstunde das Tor zur Befreiung von der Misere bedeuten, und man kann beim Patienten eine gewisse Euphorie entdecken. Unter solchen Umständen kann es jedoch vorkommen, daß der Patient am Wochenende durch die Wendung einer derartigen Feindseligkeit nach innen depressiv wird, oder es entsteht Angst aus der unbewußten Erwartung, dem Analytiker könne ein Unglück zustoßen.

Die Reaktionen auf die Montagsstunde hängen von dem ab, was am Wochenende geschehen ist, und vor allem davon, was für eine Übertragungsbedeutung der Analytiker zu dieser Zeit hat. Kehrt man zu einem kritischen Über-Ich zurück, zu einem verlorenen Liebesobjekt, einem ablehnenden Liebesobjekt, einem benötigten Ich oder einem in Versuchung führenden Es? Ist die Figur des Analytikers liebend oder hassend, wohlwollend oder streng, unterstützend oder kritisch?

Gleichgültig, was im übrigen in der Analyse vor sich gehen mag, die Freitagsstunde kündigt das Wochenende an, und die nahe bevorstehende Trennung vom Analytiker muß in Betracht gezogen werden. Ähnlich beeinflußt die Tatsache, daß ein Ereignis während einer Trennung vom Analytiker stattgefunden hat, die anderen Feststellungen, gleichgültig, was sonst noch am Wochenende geschieht. Nicht selten reagieren Patienten am Montag mit dem Gefühl: »Es geht mir schlechter, und Sie sind daran schuld, weil Sie mich am Wochenende im Stich gelassen haben.«

Die Reaktionen der Patienten auf die Freitags- und Montagsstunden pflegen sich im Lauf der Analyse zu verändern.

Mein Patient, Herr Z., der die Montagsstunden haßte, weil er nicht zugeben konnte, daß er mich vermißt hatte, denn das hätte Homosexualität bedeutet, pflegte an Montagen trotzig unproduktiv zu sein. Schließlich wurde er fähig, sein Bedauern auszudrücken, wenn sich die Freitagsstunde näherte, und wurde zum harten Arbeiter an Montagen.

Eine depressive Patientin, Frau K., hatte das Gefühl, sie höre auf zu leben, wenn der Freitag herankam, und wurde an den Wochenenden zum »lebenden Leichnam«, weil sie das Gefühl hatte, sie sei nicht mehr an mich »angeschlossen«. Nachdem sie sich außerhalb der Analyse hatte verlieben können, sehnte sie die Freitagsstunden ungeduldig herbei, ebenso ihre Freizeit am Wochenende.

Man sollte nicht vergessen, daß das Wochenende ein wertvolles Abbild im kleinen von dem bietet, was man am Ende der Analyse erwarten kann.

3.10.25 Die technischen Probleme

Eins der technischen Probleme besteht darin, ein Arbeitsbündnis wiederherzustellen, so daß man die Reaktion des Patienten auf die Trennung analysieren kann. Ich glaube, daß mit der »Montagskruste«, von der Freud sprach, die Tagesreste, die Erlebnisse der Trennung und die durch sie hervorgerufenen Widerstände gemeint sind, die die Wiederaufnahme des therapeutischen Bündnisses stören. Sobald diese Rückstände und Widerstände ausgedrückt und geklärt sind, kann man mit der analytischen Arbeit fortfahren.

Ein weiteres technisches Problem ist die Wahl des Zeitpunkts und die Dosierung einer Deutung. Man muß berücksichtigen, daß eine in der Freitagsstunde oder vor einem Urlaub gegebene Deutung eine Zeitlang vom Patienten allein bewältigt werden muß. Darum sollten neue und schmerzliche Einsichten geringer dosiert werden, als wenn die gleiche Deutung an einem gewöhnlichen Arbeitstag gegeben würde. Der Analytiker muß abwägen: Kann der Patient so und so lange diese Einsicht allein tragen? Ich erinnere mich an einen Fehler in dieser Hinsicht, der mir unterlief, als ich noch ein junger Analytiker war.

Eine junge Patientin brachte an einem Freitag einen Traum mit, der zum erstenmal deutlich homosexuelle Bilder aufwies. Auch ihre Assoziationen berührten dieses Thema. Ich gab eine, wie ich glaubte, vorsichtige Deutung ihrer homosexuellen Gefühle für eine ihr befreundete Lehrerin. Die Reaktion der Patientin in der Stunde schien angemessen. Als sie am Montag wiederkam, schwieg sie, und das tat sie dann mehr als zwei Wochen lang. Später entdeckte ich, daß sie am Wochenende eine Depersonalisation erlebt hatte, als sie über meine Deutung nachgrübelte. Die Frage der Dosierung wird im zweiten Band ausführlicher erörtert.

Ein weiteres technisches Problem ist der komplizierende Faktor dessen, was das Wochenende möglicherweise für den Analytiker bedeutet. Wenn dies auch hauptsächlich ein Problem der Gegenübertragung ist und im zweiten Band besprochen werden soll, dürfen wir ihm hier doch ein paar Zeilen widmen. Manche Analytiker reagieren auf die Freitagsstunde, als müßten sie ihre Kinder verlassen, mit einem schweren Herzen oder Besorgnis oder Kummer; für andere ist sie ein Erlebnis von Erleichterung und Freude. Manche Analytiker kehren in der Montagsstunde mit einem Gefühl der Erleichterung zu denen zurück, um die sie sich Sorgen gemacht haben. Andere Analytiker begegnen dem Montag mit müder Resignation als einer täglichen Plackerei. Es gibt Analytiker, die die Freitagsstunden, andere, die die Montagsstunden kaum erwarten können. Manche scheinen gezwungen zu sein, selbst am Sonntag zu arbeiten; andere sind schon am Dienstag erschöpft und ausgepumpt. Ich muß sagen, Analyse ist zwar

Arbeit, aber sie sollte doch erfreuliche Arbeit sein und nicht quälend und erschöpfend. Es ist erstaunlich, wie oft Analytiker über ihre Müdigkeit klagen. Ich vermute jedoch, daß diese Klage manchmal nicht richtig ist, daß sie zur Redensart geworden ist; es ist allgemein üblich geworden, von seiner Erschöpfung zu sprechen. Es ist gleichsam, als sei es manchen Analytikern peinlich zuzugeben, daß ihnen ihre Arbeit Freude macht, als weise Freude auf einen Mangel an Ernsthaftigkeit hin (Szasz, 1957).

Hier möchte ich hinzufügen, daß viele Psychoanalytiker unter Überarbeitung leiden; sie scheint eine Berufsgefahr zu sein. Manche arbeiten viel länger, als sie es effektiv können. Ich bin beeindruckt von der Zahl der Analytiker, die sich am Abend anstrengende Zusatztätigkeiten wie Ausschußsitzungen, wissenschaftliche Versammlungen, Vorträge, Seminare usw. zumuten, nachdem sie ein volles Tagewerk mit Patienten hinter sich haben. Ihnen bleiben wenig Zeit und Kraft für ihre Familien übrig, und sie sind schon ausgepumpt, wenn sie ihre Tagesarbeit mit den Patienten beginnen. Die psychoanalytische Therapie ist ein anstrengender Beruf, und Überarbeitung macht sie zu einem unmöglichen (Greenson, 1966).

Ich fasse zusammen: Die Montagsstunde bietet spezielle klinische und technische Probleme. Patienten können auf zahllose Weisen auf die Wochenendtrennung von ihrem Analytiker reagieren: wie, hängt davon ab, welche Kindheitsfigur der Analytiker darstellt. Aber die Patienten reagieren, und diese Reaktion muß entdeckt und gedeutet werden. Es ist notwendig, das Arbeitsbündnis wiederherzustellen, das durch die Trennung und die Anhäufung äußerer Erlebnisse gestört worden ist. Dies alles wird noch kompliziert durch die Gegenübertragungsbedeutung der Wochenendtrennung.

3.10.3 Unbehandelbare Übertragungsreaktionen

Ich habe schon festgestellt, daß die unbehandelbare Übertragungsreaktion die häufigste Ursache ist, wenn Psychoanalysen zum Stillstand kommen. Mit »unbehandelbare Übertragungsreaktion« bezeichne ich eine besondere Variante des Übertragungswiderstands, der dadurch gekennzeichnet ist, daß er fixiert ist, unnachgiebig und unbeeinflußbar, trotz einer anscheinend richtigen Handhabung. Seltsamerweise scheinen Patienten mit dieser Schwierigkeit bereit und sogar eifrig bestrebt zu sein, ihre unproduktive Analyse jahrelang fortzusetzen. Sie scheinen in der analytischen Situation irgendeine subtile Kombination von Befriedigung und Geborgenheit zu finden, die sie veranlaßt, sich eher an die Behandlung zu klammern, als daß sie eine andere Lösung für ihre Probleme suchen. Wenn auch unbehandelbare Übertragungsreaktionen bei sehr verschiedenen diagnostischen Kategorien von Patienten vorkommen können, möchte ich sie doch zum Zweck der überwiegenden Konzentration auf die technischen Probleme in zwei Gruppen einteilen. Man kann eine große Gruppe von Patienten herausstellen, deren klinische Erscheinung und Verhaltensweise bei oberflächlicher Betrachtung den Anschein erweckt, als seien sie für die klassische Psychoanalyse geeignet, und die sich erst nach einer gewissen Zeit der Analyse als ungeeignet erweisen. Die andere Gruppe unbehandelbarer Fälle sind jene, die durch subtile, aber bedeutsame Fehler in der Technik so geworden sind. In den meisten Fällen, wo die Analyse zum Stillstand gekommen ist, zeigt sich, daß eine Mischung beider Fehler vorliegt.

3.10.31 Fehler in der Einschätzung der Übertragungsfähigkeit

Gewöhnlich erwarten wir von Patienten, die an psychoneurotischen Symptomen leiden, und die keine Anzeichen von Psychose oder merklicher Verarmung ihrer Objektbeziehungen zeigen, und die einigermaßen gute Ichfunktionen zu haben scheinen, daß sie in der analytischen Situation effektiv arbeiten können. Die Erfahrung zeigt jedoch, daß es eine große Zahl von Patienten gibt, die in den Vorbesprechungen in der Lage zu sein scheinen, diesen Anforderungen zu genügen, und sich später doch als ungeeignet für die Psychoanalyse herausstellen— selbst wenn die Zahl der Besprechungen ausreichend war und die Besprechungen sorgfältig durchgeführt worden sind. Die spezielle Pathologie, die sich in der voranalytischen Untersuchung der Feststellung entzieht, kommt erst im analytischen Prozeß heraus und zeigt sich spezifisch in der Entwicklung der Übertragung. Erst dann erkennt man, daß die Pathologie des Patienten, was seine Fähigkeit zur Herstellung von Objektbeziehungen angeht, defektiv ist und eine klassische Psychoanalyse ausschließt. Das Wesen des Defekts liegt in der Unfähigkeit des Patienten, ein Arbeitsbündnis herzustellen und eine Übertragungsneurose zu entwickeln. Dieser Mangel überwiegt alle anderen Erwägungen, einschließlich der diagnostischen Kategorie. Ich habe gelegentlich schizophrene Patienten getroffen, die analysierbar waren, und psychoneurotische, die es nicht waren. Entscheidend für die Analysierbarkeit eines Patienten scheint seine Fähigkeit zu sein, diese beiden Arten der Beziehung zugleich mit dem Analytiker herzustellen (siehe Abschnitt 3.5).

Also kann nur eine Probeanalyse wirklich zeigen, ob ein Patient für die psychoanalytische Therapie geeignet ist oder nicht (Freud, 1913 b; Ekstein, 1950). Wenn man eine solche unternommen hat, kann es schwierig, wenn nicht unmöglich, werden, einen Patienten zum Abbrechen der

Therapie zu überreden. Manche Patienten muß man möglicherweise in einer scheinbaren psychoanalytischen Situation behalten, weil sie sie brauchen, um ihr gefährdetes Gleichgewicht aufrechtzuerhalten. Für sie ist nur die Fassade der Psychoanalyse therapeutisch wirksam, nicht der Kern des Verfahrens. Solche Patienten werden durch eine derartige Therapie oft auf einem gleichbleibenden und künstlichen nichtpsychotischen Niveau gehalten (Fenichel, 1945 a, S. 551). Bei anderen Patienten ist eine länger dauernde vorbereitende Therapie erforderlich, bevor sie für eine Psychoanalyse im eigentlichen Sinn bereit sind. Ich will versuchen, dies durch Beschreibung einiger unbehandelbarer Fälle von Patienten zu veranschaulichen, die wegen eines Fehlers in der Einschätzung ihrer Analysierbarkeit irrtümlich in die Analyse kamen.

3.10.311 Erotisierte Übertragung

Unter dieser Überschrift möchte ich den Patiententypus beschreiben, der an der Oberfläche vielleicht wie ein typischer Psychoneurotiker aussieht, der aber schon bald in der Analyse eine unbehandelbare erotische Übertragung entwickelt. Solche Patienten unterscheiden sich von anderen nicht nur durch die starke Intensität ihrer Gefühle, sondern auch durch einen qualitativen Faktor. Freud (1915 a) hat einen Typus der neurotischen Patientin beschrieben, die eine starke erotische Übertragung entwickelte, welche der analytischen Technik nicht weichen wollte. Er schrieb dies der elementaren Leidenschaftlichkeit dieses Typus zu, einer Unfähigkeit, Ersatzlösungen zu ertragen, und einem unbehandelbaren Bedürfnis nach Liebe. Seither haben Blitzsten (in einer persönlichen Mitteilung) und Rappaport (1956) ähnliche Übertragungsprobleme beschrieben, deren hervorstechendes Merkmal die unlösbaren erotischen Forderungen des Patienten sind.

Ich selbst habe zwei solche Patienten erlebt, beide waren Frauen. (Alle Fälle erotisierter Übertragung, von denen ich gehört habe, waren Patientinnen, die bei männlichen Analytikern in Behandlung waren.) In beiden Fällen hatte ich in den Vorbesprechungen den klinischen Eindruck, ich hätte es im wesentlichen mit einer Mischung von hysterischen und neurotisch-depressiven Elementen zu tun. Beide Patientinnen schienen sich in den Anfangsbesprechungen angemessen zu mir in Beziehung zu setzen. Ich konnte in ihren Ichfunktionen keine signifikanten Mängel entdecken; sie schienen für Psychologie aufgeschlossen, phantasievoll, hatten eine gute Vorgeschichte in bezug auf Erreichtes, ein adäquates soziale Leben usw. In beiden Fällen gehörten zu den Beschwerden, mit denen die Patientinnen kamen, sexuelle Schwierigkeiten und ein unbefriedigendes Liebesleben in der Ehe, Tendenzen zu zwanghaften Eifersuchtsphantasien, Promiskuität und Schlafstörungen.

Beide Patientinnen entwickelten in den ersten Stunden auf der Couch eine starke sexuelle Übertragung auf mich. Ihre Gefühle waren erstaunlich in ihrer Intensität und Primitivität. In beiden Fällen hatte ich große Schwierigkeiten, die Patientinnen dazu zu bewegen, dieses Material zu bearbeiten. Sie erkannten ihre Gefühle und konnten ihre Impulse und Wünsche beschreiben, die stark orale Tendenzen aufwiesen. Sie wünschten und forderten sogar physische Nähe und Körperkontakt, was für sie Einverleibung, Inbesitznahme und Verschmelzung bedeutete. Sie waren zum Handeln bereit und waren kaum in der Lage, sich zurückzuhalten, ihren Impulsen Folge zu leisten; Verbalisierung und Denken frustrierten sie und machten sie wütend. Sie schienen zwar meinen Interventionen und Deutungen zuzuhören, aber sie wurden von gewöhnlichen analytischen Maßnahmen nicht berührt oder beeinflußt. Wenn sie einer Deutung zustimmten, leisteten sie nur Lippendienste, und das war nur ein Mittel, um mich zum Schweigen zu bringen. Sie kamen eifrig zu ihren Stunden, aber nicht um der Einsichten willen, sondern nur, um die physische Nähe des Analytikers zu genießen. Meine Interventionen schienen für sie irrelevant zu sein.

Zunächst hatte ich den Eindruck, diese Patientinnen hätten eine akute, intensive und sehr regressive erotische Übertragungsneurose entwickelt. Aber ich konnte in ihnen kein Arbeitsbündnis wachrufen. Ihre Übertragungsreaktionen waren völlig ichsynton und nicht der Selbstbeobachtung unterworfen. Ich bemerkte eine Art Verzweiflung in ihren Liebesbeteuerungen mir gegenüber. Was wie eine Art sinnlicher Leidenschaft aussah, war mehr wie ein dringlicher, nagender Hunger. Ihre Gefühle für mich waren nicht nur neurotisch verzerrt, sondern mehr einem Wahn gleich. Solche Reaktionen sind als Übertragungspsychosen bezeichnet worden (Little, 1958; Reider, 1957). (Im Abschnitt 3.4 habe ich die Unterschiede zwischen neurotischen und psychotischen Übertragungsphänomenen besprochen.)

Die große Intensität und Unbeeinflußbarkeit kamen aus einer schrecklichen Angst. In beiden Fällen entdeckte ich, daß die Patientin nahe daran war, in den Abgrund der homosexuellen Liebe zur Mutter zu stürzen. Ihre erotischen Reaktionen auf mich stellten einen allerletzten Versuch dar, sich verzweifelt an ihre sexuelle Identität zu klammern. Bei einer der Patientinnen war noch ein weiteres Element vorhanden, das schließlich ans Licht kam. Ihre außergewöhnlichen Reaktionen waren auch noch eine massive Verleugnung ihrer wachsenden Erkenntnis, daß sie den Kontakt zu Menschen im allgemeinen zu verlieren drohte. Sie litt unter einem Verlust innerer Objektrepräsentanzen.

Ich erkannte innerhalb kurzer Zeit, daß meine anfängliche klinische Beurteilung dieser Patientinnen nicht richtig gewesen war. Der Verlust des visuellen Kontakts, die sensorische Entbehrung, die das Liegen auf der Couch mit sich brachte, mobilisierten einen intensiven libidinösen Übertragungshunger und intensive libidinöse Übertragungsabwehr. Diese Patientinnen waren ungeeignet für die Psychoanalyse, weil sie die Entbehrungen nicht ertragen konnten, die die *klassische* Psychoanalyse erfordert (M. Wexler, 1960). Ihre Kapazität für Objektbeziehungen war zu gering, als daß sie all die Wechselfälle der Übertragungsphänomene hätten ertragen können, die in der Analyse auftreten. Bei den gewöhnlichen Psychoneurosen besteht neben der Übertragungsneurose die realistischere Objektbeziehung zum Analytiker, die in Richtung auf die Bildung des Arbeitsbündnisses geht (A. Freud, 1954 a). Diese relativ realistische Objektbeziehung ermöglicht dem Patienten das Risiko, eine intensive Übertragungsneurose in sich entstehen zu lassen. Die von mir beschriebenen Patientinnen hatten nicht die Fähigkeit, eine derartige Beziehung in der komplexen Kombination von Intimität, Intensität und Distanz, wie sie in der analytischen Situation herrscht, herzustellen und aufrechtzuerhalten. Diagnostisch erkannte ich zu spät, daß diese Patientinnen eher triebbesessene Suchtcharaktere mit psychotischen Tendenzen waren.

Sobald ich erkannt hatte, wie schwerwiegend die Einschränkungen ihrer Fähigkeit zur Bildung von Objektbeziehungen, ihre Bereitschaft zu explosivem Agieren und die Nähe zur Psychose waren, war mir klar, daß man diese Patientinnen nicht den strengen Anforderungen der klassischen Psychoanalyse aussetzen sollte. Sie brauchten eine Psychotherapie, die ihr Gleichgewicht zwischen Abwehr und Trieben nicht gefährdete (Knight, 1953 b). Ich versuchte, diejenigen Abwehrfunktionen zu stärken, die relativ gesund erschienen, und ich versuchte, die anderen Ichfunktionen der Patientinnen zu stärken, indem ich mich als ein unverkennbares Hilfs-Ich und Über-Ich anbot. Die Sitzungen wurden in einer Position des Gegenüber durchgeführt, das freie Assoziieren wurde nicht betont. Meine Haltung war fest, direkt, freundlich, aber vor allem ausgesprochen therapeutisch. Ich wies den Patientinnen ihre Denk- und Urteilsfehler nach und bot ihnen bessere Alternativen an. Ich wurde zu ihrem Mentor und Führer. Ich hielt mich streng daran, niemals verführerisch oder strafend zu sein. Langsam verbesserten sich durch Identifikation ihre Ichfunktionen und gleichzeitig ihre Fähigkeit, reifere Objektbeziehungen herzustellen. Schließlich konnte die eine Patientin nach eineinhalb Jahren Psychotherapie bei einem anderen Analytiker eine »klassischere« Psychoanalyse beginnen. Die andere Patientin blieb fünf Jahre bei mir in Psychotherapie, aber diese wurde im späteren Teil analytischer. Die Gründe für diese Entscheidungen werden im Abschnitt 3.10.4 über »Die Frage des Analytikerwechsels« erörtert.

3.10.312 Verschleierte Perversionen und Psychosen

Unter dieser Überschrift will ich von einer anderen Gruppe von Patienten mit schwer behandelbaren Übertragungsreaktionen sprechen, die sich, außer in einer Hinsicht, sehr von den Fällen mit erotisierter Übertragung unterscheiden. Beiden ist das Merkmal gemeinsam, daß ihre Fähigkeit, die Entwicklung von Übertragungsreaktionen zuzulassen, äußerst eingeschränkt und verarmt ist. Während der erotisierte Patient seine akuten Übertragungsgefühle bald nach Beginn der Analyse manifestiert, sind die Übertragungsmanifestationen dieser Patienten subtil und chronisch. Oft erkennt man erst nach vielen Monaten oder sogar Jahren der Analyse, daß das widerstrebende, starre und unveränderliche Übertragungsverhalten des Patienten nicht nur auf die Abwehr der Wiederholung von Kindheitskonflikten zurückgeht, sondern daß man es mit der neurotischen Fassade einer dahinterliegenden Psychose oder Perversion, oder einer Kombination beider zu tun hat (Pious, 1950).

Vor einiger Zeit bat mich ein Kollege um ein Konsilium in bezug auf einen Patienten, den er mehr als zehn Jahre lang psychoanalytisch behandelt hatte. Der Patient hatte sich wegen einer Hemmung, sexuelle Beziehungen zu Frauen aufzunehmen, und wegen Schwierigkeiten, effektiv zu arbeiten, in Behandlung begeben. Die Analyse hatte sich ohne eine merkliche Veränderung in den Symptomen hingeschleppt, und weder der Patient noch der Analytiker hatte den Wunsch gezeigt, die Behandlung abzubrechen. Die Übertragungssituation hatte sich verfestigt zu einer ständigen und folgerichtigen Reihe von Klagen und Vorwürfen des Patienten, die in winselndem, seufzendem Ton vorgetragen wurden, gelegentlich unterbrochen von einem Wutausbruch oder Tränen. Der Analytiker pflegte geduldig zuzuhören und dieses Verhalten schließlich als Wiederholung irgendeines Kindheitserlebnisses zu deuten. Das beruhigte den Patienten gewöhnlich, und in der nächsten Stunde kam er dann wieder und wiederholte das gleiche Schema. Der Patient zeigte auch gegenüber anderen Personen in seinem Leben außerhalb der Analyse den gleichen Wechsel zwischen einem Verhalten der sadistischen Vorwürfe und der darauffolgenden masochistischen Unterwerfung unter das Elend seiner mißlichen Lage. Nach vielen Stunden der Beratung wurde mir klar, daß das ganze Gefühlsleben des Patienten auf derartige oberflächliche Objektbeziehungen sadomasochistischer Natur beschränkt war. Dies war nicht bloß ein Symptom; es war eine Lebensweise, unter der sich eine starke homosexuelle Perversion und paranoide Tendenzen verbargen.

Eine sorgfältige Rekonstruktion der Kindheitsgeschichte des Patienten ließ es plausibel erscheinen, daß er in der frühen Adoleszenz einen akuten Psychose-Durchbruch erlebt hatte, der unerkannt geblieben war. Seine sadomasochistische Art der Herstellung von Objektbeziehungen war ein Selbstheilungsversuch; es war für ihn die einzig mögliche Art, überhaupt Kontakt zu realen Menschen herzustellen. Die analytische Situation war für ihn eine Zuflucht, denn hier gab es genug Distanz, so daß er sich sicher fühlen konnte, und genug Gewährenlassen, so daß eine gewisse Triebabfuhr durch Verbalisierung möglich war. Die Behandlung war jedoch nur in ihrer Oberflächenstruktur analytisch. Der Patient war nicht in einer Einsicht-Therapie begriffen — in Wirklichkeit leistete er sich eine Art Spieltherapie (Glover, 1955, 14. Kap.; Fenichel, 1945 a).

Patienten des oben beschriebenen Typus sind offensichtlich für psychoanalytische Therapie nicht geeignet. Sie brauchen vielleicht ständige Psychotherapie, damit ihr Zustand gleichbleibt und sich nicht verschlechtert. Manche bessern sich vielleicht langsam durch irgendeine Form von Beziehungstherapie und auch mit Hilfe von Medikamenten. Gelegentlich wird vielleicht ein Patient so weit vorwärtskommen, daß man eine analytische Therapie unternehmen kann.

Ich möchte noch einige weitere klinische Typen der verschleierten Perversion und Psychose nennen, die fälschlich mit Psychoanalyse behandelt werden. Ich habe Patienten gesehen, deren Therapie in erster Linie als Gelegenheit zum Agieren skoptophiler und exhibitionistischer Impulse diente, und Fälle, in denen die Beziehung zum Therapeuten und zur Therapie eine Form der Sucht wurde. Alle diese Patienten waren im Grunde narzißtische Charaktere, die sich zäh an die Beziehung zum Therapeuten klammerten, weil sie nur wenige oder keine anderen bedeutsamen Beziehungen zu Objekten hatten. Diese Patienten hatten eine dünne Fassade von Sozialverhalten entwickelt, die in den Vorbesprechungen einen falschen Eindruck hervorrief. Bei ihnen bestand eine so starke Verarmung der Objektbeziehungen, daß sie unfähig waren, sich Regression zu erlauben. Hätten sie es getan, hätte es für sie bedeutet, in einen Zustand des Nichts, des Fehlens von Objekten, der Katatonie zu verfallen. Ihre Beziehung zum Therapeuten war befriedigend und ichsynton. Sie hatten keine Motivation, sie zu verändern; im Gegenteil, sie hatten allen Grund, sie zu erhalten, denn sie war die bedeutsamste Beziehung ihres Lebens.

Der Fehler lag in dem Umstand, daß sie zu einer Form der Therapie geführt wurden, die ihrer Natur nach drohte, das ins Wanken zu bringen, was sie am meisten brauchten, eine feste und konkrete Beziehung zu einem anderen Menschen. In gewissem Sinn hatten diese Patienten recht, wenn sie der Psychoanalyse Widerstand entgegensetzten; sie klammerten sich an ihren Analytiker, weil ihnen keine andere Wahl blieb. Der Analytiker mußte erkennen, daß er sich in seinem Urteil geirrt hatte; diese Patienten brauchten eine viel greifbarere und sichtbarere Beziehung zu einem reaktionsbereiten und stützenden Therapeuten. Solche Patienten verfallen oft in akute psychotische Zustände, wenn sie den strengen Anforderungen der analytischen Situation ausgesetzt werden.

Es ist mir klar, daß der von mir vertretene Standpunkt widersprüchlich ist. Manche Analytiker zögern nicht, solche Patienten auf die klassische psychoanalytische Weise zu analysieren (Rosenfeld, 1952, 1958). Andere würden zustimmen, daß solche Patienten ein anderes therapeutisches Vorgehen fordern, sind aber der Meinung, man solle ihnen erlauben zu regredieren und sie während ihrer Regression begleiten und für sie sorgen. Sobald sie sich wieder gesammelt hätten, könnten sie analysiert werden. Ich stimme vielmehr mit Winnicott (1955) überein. Weitere Standpunkte und Arten des Vorgehens finden sich bei M. Wexler (1960), Freeman (1959) und Searles (1965).

3.10.313 Andere Arten von schwer behandelbaren Übertragungsreaktionen

Die bisher wegen ihrer Neigung zu schwer behandelbaren Übertragungsreaktionen als ungeeignet für die Psychoanalyse bezeichneten Patienten kann man als Borderline-Fälle, Perversionen oder latente Psychosen klassifizieren. Sie kamen in die psychoanalytische Behandlung, weil die richtige Diagnose erst zu stellen war, nachdem sie sich auf die analytische Situation eingelassen hatten. Man begegnet jedoch auch Patienten, die im Grunde Psychoneurotiker sind und die dennoch unzugängliche Übertragungsreaktionen entwickeln. Diese Fälle sind nicht so fixiert und unbeeinflußbar wie die oben beschriebenen Arten; sie sind meistens Extrembeispiele der Arten von Übertragungswiderstand, die wir bereits beschrieben haben (siehe Abschnitt 3.8).

Ich spreche hier von den abwehrenden Übertragungswiderständen, die man als beständige vernünftige Übertragungsreaktionen bezeichnen könnte. Eine Variante dieses Typus ist die idealisierte Übertragungsreaktion. Es gibt Patienten, die jahrelang eine hartnäckige positive idealisierte Übertragung auf ihren Analytiker aufrechterhalten können. Diese Übertragungsreaktion ist ichsynton und weicht nur schwer der Analyse. Manchmal ist es schwierig, die darunterliegende Feindseligkeit nachzuweisen, weil diese Patienten geschickt darin sind, Hilfs-Übertragungsfiguren zu finden, auf die sie ihren Haß verschieben. Außerdem erscheint diese Idealisierung als eine Art Sublimierung, die ihrem Narzißmus entspricht. Außerdem macht die Spaltung der Übertragungsfigur es dem Patienten möglich, die Existenz des Analytikers zu erhalten, indem er ihn in diesem idealisierten Zustand wie in einem Grab gefangenhält. Wenn man darauf beharrt, die idealisierte Übertragung als Widerstand zu analysieren und keine neurotische Übertragungsbefriedigung gewährt, bricht die Idealisierung schließlich zusammen. Dann kann man die ungeheure Wut und den ungeheuren Haß im Patienten zu sehen bekommen, ebenso sein paranoides Mißtrauen (Klein, 1952). Das ist es, was die Idealisierung zudeckt und was jede Aufdeckung erschwert.

Zu den Arten von Übertragung, die dazu neigen, der analytischen Deutung unzugänglich zu werden, gehört die stark generalisierte ichsyntone Übertragungsreaktion. Es ist kennzeichnend für solche Patienten, daß sie gewohnheitsmäßig auf alle Menschen so reagieren wie auf ihren Analytiker; es ist zu einem Charakterzug geworden. Eine typische Variante ist der Zwangscharakter, der alle seine Gefühle durch Isolierung aus seinem Alltagsleben entfernt hat und der nun bloß noch von Gedanken und Vorstellungen lebt. Ein solcher Patient hat einen so tief sitzenden Widerstand gegen alle emotionalen Reaktionen, daß er dazu neigt, nur nach einem intellektuellen Plan mit anderen Menschen zu interagieren. Jedes spontane Gefühl wird als Gefahr empfunden, die man bekämpfen muß. Nur Beherrschung und Denken sind zuverlässig und tugendhaft.

In manchen Fällen hat diese Lebensweise solche Ausmaße angenommen, daß man den Eindruck hat, man habe es mit einer Denkmaschine zu tun und nicht mit einem menschlichen Wesen. Fenichel (1945 a, 14. Kap.) beschreibt einen Typus des Zwangscharakters, der so »eingefroren« ist, daß es Jahre dauern kann, bis er »aufgetaut« ist und für die Psychoanalyse zugänglich werden kann. Es scheint rigide und frigide Zwangscharaktere zu geben, deren Neurose eine Angst zudeckt, die in Qualität und Quantität so schreckenerregend ist, daß sie durch Psychoanalyse nicht beeinflußbar ist. Meine Erfahrungen lassen mich vermuten, daß hier oft ein verborgener paranoider Kern vorhanden ist, den die starren Zwänge in Schach halten. Ich habe auch den Eindruck, daß man solche Patienten nicht mit Psychoanalyse behandeln sollte, sondern mit irgendeiner anderen Form von Psychotherapie. Der Analytiker, der hinter der Couch sitzt und nur gelegentlich eingreift, spielt nur der Tendenz des Patienten in die Hände, Gefühle zu isolieren und den Intellekt zu mißbrauchen. Solche Patienten scheinen bei begrenzteren, im Gegenübersitzen betriebenen Psychotherapien besser zu gedeihen.

Auch der chronisch agierende Patient kann schwer behandelbare Übertragungsreaktionen entwickeln. Hier stoßen wir wieder auf die Gruppe von Patienten, die, von ihren Trieben besessen, zur Sucht neigen und dem oben beschriebenen Bereich der Perversionen und Psychosen nahestehen. Auch die Fälle von erotisierter Übertragung hätte man als eine spezielle Variante des chronischen Agierens bezeichnen können. Im zweiten Band werde ich in einem den Problemen des Agierens gewidmeten Abschnitt versuchen, tiefer in diese Kategorie einzudringen.

Dies alles erschöpft noch nicht alle verschiedenen Arten von Patienten mit unzugänglichen Übertragungsreaktionen, die erst entdeckt werden, wenn die Analyse schon in Gang ist. Ich erinnere mich an einen Patienten, dessen Angst vor Homosexualität so groß war, daß er sich nicht erlauben konnte, sich mit mir zu identifizieren, da er das Gefühl hatte, das wäre gleichbedeutend mit dem Zulassen eines homosexuellen Eindringens. Mehrere Jahre lang war sein Übertragungswiderstand unbeeinflußbar, bis ich seine tieferliegende Angst verstehen und ihm verständlich machen konnte.

Die schon genannten Beispiele veranschaulichen die klinischen und technischen Probleme, die ich hervorheben wollte, nämlich Fälle von schwer behandelbaren Übertragungsentwicklungen, die in erster Linie darauf zurückzuführen sind, daß der Analytiker die Übertragungsfähigkeit des Patienten falsch eingeschätzt hat. Diese Patienten sind nicht in der Lage, ein Arbeitsbündnis *und* eine Übertragungsneurose zu entwickeln. In manchen Fällen entsteht ein Arbeitsbündnis, aber die Übertragungsneurose dringt in das Bündnis ein, und es wird unwirksam. In anderen Fällen ist das, was wie ein Arbeitsbündnis aussieht, eine gut getarnte defensive Übertragungsneurose. In all diesen Fällen besteht ein Hauptdefekt in bezug auf die Fähigkeit, Objektbeziehungen herzustellen, und in den Ichfunktionen (siehe Abschnitt 3.4 und 3.5).

3.10.32 Fehler in der Technik

Es ist immer heikel, über Fehler in der Technik zu sprechen. Es besteht immer die Gefahr, arrogant zu klingen, wenn man die Fehler anderer erörtert, oder die Gefahr, bei der Beschreibung der eigenen Fehler inkompetent oder unaufrichtig zu wirken. Trotzdem ist es notwendig, über Fehler in der Technik zu sprechen, denn sie sind nicht selten. Außerdem habe ich die Erfahrung gemacht, daß man aus solchen Fehlern, besonders den eigenen, mehr lernt als aus jeder anderen Einzelheit.

3.10.321 Gelegentliche Fehler

Die Fehler in der Technik, die für schwer behandelbare Übertragungsreaktionen verantwortlich sind, gehören zu den subtilen, lange bestehenden, wiederholten und unerkannten Mängeln der Technik. Krasse technische Fehler, die gelegentlich vorkommen, können die Übertragungsentwicklung komplizieren, aber da sie vom Patienten und vom Analytiker leicht zu erkennen sind, richten sie gewöhnlich nur vorübergehenden und leicht behebbaren Schaden an. Wenn dies nicht der Fall ist, können solche Fehler zu der Entscheidung führen, den Analytiker oder die Art der Behandlung zu wechseln.

In bezug auf die letztere Art von Fehlern erinnere ich mich, daß ich am Anfang meiner Laufbahn einmal die feindseligen Übertragungsgefühle einer Patientin nicht erkannte, die ihren Mißgefühlen über ihren untüchtigen Internisten Luft machte, mir gegenüber jedoch von sexuellem Begehren erfüllt war. Ich deutete die Situation in dem Sinn, daß sie ihrer untüchtigen Mutter grollte, während sie ihren attraktiven Vater begehrte. Die Patientin schien diese Deutung zumindest intellektuell zu akzeptieren, aber in fast jeder folgenden Stunde während der nächsten Woche tauchte in ihren Assoziationen neben den sexuellen Empfindungen für mich irgendeine Anspielung auf einen untauglichen oder unsicheren Helfer, Lehrer, Arzt usw. auf. Damals erkannte ich nicht, daß das wiederholte Erscheinen des Materials in einer Stunde nach der anderen darauf hinwies, daß die Deutung ungenügend oder ungenau gewesen war. Schließlich wurde die Patientin unproduktiv, es kamen keine Träume mehr und nur noch wenig Verbalisierung. Als ich versuchte, die Patientin zur Bearbeitung ihres Widerstands zu bewegen, schien sie zu widerstreben, und als ich nicht nachließ, brachen plötzlich Zorn und Verachtung aus ihr hervor: »Sie nörgeln an mir herum, weil ich nicht arbeite; na, warum kommen Sie nicht von Ihrem Elfenbeinturm herunter und tun selber ein bißchen von der Arbeit, oder glauben Sie, Sie würden sich Ihre lilienweißen Hände schmutzig machen!«

Da erkannte ich, daß ich die Feindseligkeit der Patientin mir gegenüber völlig übersehen hatte, die neben ihren Gefühlen der Liebe zu mir bestanden hatte. Ich erkannte in diesem Augenblick auch, daß die Patientin selber dies bemerkt hatte, was ihre Wut vermehrte und ein Element der Verachtung mit hineinbrachte. Nach einer kurzen Pause sagte ich zu ihr: »Ich nehme an, Sie sind wütend auf den unbeholfenen Doktor, den unbeholfenen und unsicheren Helfer, der in der letzten Zeit in jeder Stunde aufgetaucht ist. Ich habe bis jetzt einfach sein Gesicht nicht erkannt; aber jetzt sehe ich, daß ich es bin.« Auf diese Intervention hin lachte die Patientin halb, halb schnaubte sie. Zunächst protestierte sie, weil sie das Gefühl hatte, ihre Wut und Verachtung seien nicht für mich bestimmt, aber dann gab sie zu, daß das, was sie bei mir als Vermeidung ihrer selbst empfunden hatte, sie sehr gestört habe. Sie hatte den Eindruck gehabt, ich müsse sie entweder fürchten oder mich von ihr abgestoßen fühlen, und ich verschmähte es, mich mit ihren Problemen ernsthaft zu befassen.

Später in der Stunde sagte ich der Patientin, wenn ich mir auch nicht darüber klar gewesen sei, daß sie wütend auf mich war, hoffte ich doch, sie werde bereit sein, diese Wut auf mich näher zu untersuchen. Ich regte sie zum freien Assoziieren an, indem ich sie fragte, was ihr einfalle, wenn sie an einen Menschen mit »lilienweißen Händen« denke. Meine Bemerkungen und meine Haltung schienen ihre Wirkung zu tun, und die Patientin konnte sich gestatten, frei zu assoziieren. In dieser und in späteren Stunden tauchte Material über einen bisher verborgen gebliebenen Aspekt ihres Vaters auf, des aristokratischen, hochmütigen Vaters, den sie bewunderte, beneidete und verachtete. Mein ziemlich rohes Übersehen und Mißverstehen dieses Materials verursachte zwar eine Verzögerung, aber sonst habe ich keine Nachwirkungen meines Fehlers bemerkt.

An dieser Stelle möchte ich ein paar Bemerkungen über die Prinzipien einfügen, die zugrundeliegen, wenn man versucht, einen technischen Fehler zu handhaben. Zuallererst muß der Patient die Möglichkeit bekommen, auf den Fehler zu reagieren. Es wäre ein weiterer Fehler, wollte man die Reaktion des Patienten durch eine zu rasche Entschuldigung unterdrücken oder so lange schweigen und reaktionslos bleiben, daß der Patient traumatisiert wird oder sich bedroht fühlt. Der Fehler muß offen zugegeben werden, aber dieses Eingeständnis sollte benützt werden, um weiteres Material vom Patienten zu bekommen, nicht um die Reaktion des Patienten zu besänftigen oder zu neutralisieren. Ich habe mich für meinen oben beschriebenen Fehler nicht formell entschuldigt, weil es kein Etikette-Fehler war und weil auch keine Verletzung des guten Benehmens damit verbunden war. Ich hatte in bezug auf etwas einen technischen Fehler begangen, aber mich nicht schuldig gemacht; es tat mir leid, unnötigen Schmerz verursacht zu haben, aber das sind Risiken der Behandlung, mit denen man rechnen muß.

Ich versuche nicht, die Gründe für meinen Fehler zu erklären; das ist mein Problem, nicht das des Patienten. Ich sehe keine Veranlassung, den Patienten mit meinem Bekenntnis zu belasten; der Patient sollte nicht mein Therapeut sein müssen. Ich versuche dem Patienten durch meine Worte, den Ton und die Haltung zu zeigen, daß ich seine Reaktionen auf meinen Fehler ebenso bearbeiten möchte wie alles andere, was sich im Leben des Patienten ereignet. Ich bin bei der Untersuchung dieser Sache genauso gründlich wie beim Untersuchen anderer Dinge, aber auch nicht übertrieben. Ich glaube, die Beschreibung meiner Bemerkungen und meines Verhaltens, die ich bei meiner Patientin benützt habe, machen die allgemeinen Prinzipien deutlich, die ich gerade umrissen habe.

3.10.322 Fehler, die auf eine Störung durch lange andauernde Gegenübertragung zurückgehen

Die schwerwiegendsten Fehler in der Handhabung von Übertragungsreaktionen sind die subtilen, chronischen, unerkannten, die jahrelang wirken können, ohne entdeckt zu werden. Sie können zwei Hauptursachen haben: a) Gegenübertragungsreaktionen und b) Mißverstehen des Patienten (aus anderen als Gegenübertragungsgründen).

Fehler auf Grund einer Gegenübertragung entstehen, wenn der Analytiker auf seinen Patienten so reagiert, als sei der Patient eine bedeutsame Person in der frühen Lebensgeschichte des Analytikers. Gegenübertragung ist eine Übertragungsreaktion des Analytikers auf einen Patienten, eine Parallele zur Übertragung, ein Gegenstück zur Übertragung. Das »gegen« in Gegenübertragung bedeutet »analog«, »doppelt« wie das »gegen« in »Gegenstück«. Es ist nicht wie das »gegen« in »Gegenangriff«, wo es »entgegengesetzt«, »gegenläufig« bedeutet. Gegenübertragungsreaktionen können zu beharrlichem unangemessenem Verhalten gegenüber dem Patienten führen, das die Form ständigen Mißverstehens oder gewisser unbewußter Belohnung, verführerischen oder gewährenlassenden Verhaltens auf seiten des Analytikers annehmen kann. Ich muß auch hier wieder sagen, daß eine ausführliche Erörterung dieses Themas bis zum zweiten Band warten muß. Ich möchte es jedoch durch ein kurz zusammengefaßtes klinisches Beispiel veranschaulichen.

Ich hatte die Arbeit eines fortgeschrittenen Ausbildungskandidaten schon viele Jahre lang überwacht. Er war ein Mann mit erheblichen Fähigkeiten und Talenten, die psychoanalytische Behandlung des Falles machte gute Fortschritte, und ich hatte den Eindruck, wir genössen beide die Kontrollstunden. Der Kandidat erzählte mir aber, er habe große Schwierigkeiten mit einer »nicht-kontrollierten« Patientin, die er schon seit mehreren Jahren in Behandlung habe. Sie hatte eine beharrliche, unnachgiebige feindselige Übertragung entwickelt. Wir verbrachten nun mehrere Stunden damit, die Behandlung dieser Patientin zu besprechen. Die Patientin war eine junge, attraktive Frau mit einer zwanghaften Charakterstörung, bei der eine ausgeprägte Tendenz zur Intellektualisierung bestand; es zeigten sich viele reaktive anale Charakterzüge und eine kompulsiv-impulsive pseudosexuelle Promiskuität. Mein erster Gesamteindruck ging dahin, der Kandidat verstehe die Patientin und scheine mit den technischen Hauptproblemen des Falles angemessen zurechtzukommen.

Dann merkte ich allmählich, wieviel öfter er in seinen Aufzeichnungen nachsehen mußte, wenn er mir von dieser Patientin erzählte, verglichen mit dem anderen Fall, den ich kontrollierte. Er vermutete, er habe größere Schwierigkeiten, sich das Material dieser Patientin zu merken, als bei allen anderen Fällen, die er behandelte. Dann bemerkte ich, daß er bei ihr eine Taktik benützte, die ich ihn nie zuvor hatte anwenden sehen. Wenn die Patientin geschwiegen hatte und wieder zu sprechen begonnen hatte, pflegte er sie zu unterbrechen und zu sagen: »Sind Sie sicher, daß Sie mir sagen, was Sie wirklich denken?« Ich wies ihn auf die unausgesprochene Anschuldigung in dieser Bemerkung hin; er schien ja anzudeuten, sie verzerre vielleicht bewußt das Material. Zweitens unterbrach er sie immer wieder und gestattete ihr nicht die Freiheit, in ihren Reden frei umherzuschweifen. Wenn er länger gewartet hätte, hätte er vielleicht leichter erfahren, ob sie bewußt etwas zurückhielt oder nicht. Der Kandidat reagierte auf dies, indem er rot wurde und sich dann verteidigte; er sagte, er wisse nicht, ob er dies tatsächlich zu der Patientin gesagt habe, vielleicht sei es eine Entstellung in seinem Bericht. Nun erkannte ich, daß meine Aufsicht über diesen Fall nicht die erfreuliche Situation war, wie sie es beim vorigen Fall gewesen war — für uns beide.

Als der Kandidat mir die Einzelheiten seiner Arbeit mit der Patientin beschrieb, entdeckte ich bei ihm eine Tendenz, auf ihr Schweigen mit einem Gegenschweigen zu reagieren, eine Tendenz, in seinen verbalen Interventionen kurz und außerordentlich sparsam zu sein, eine Tendenz, sie unnötig streng auf ihr geringstes Versäumnis beim Zahlen hinzuweisen oder mit unnötiger Strenge niemals auf eine Frage zu antworten. Kurzum, ich hatte das Gefühl, daß die Atmosphäre dieser Analyse eine Atmosphäre der Kargheit und Strenge sei, vielleicht sogar der Barschheit und der Düsternis. Ich hatte das Gefühl, ich hätte recht mit dieser Beurteilung, als ich erkannte, daß die feindseligen, mißtrauischen und trotzigen Reaktionen der Patientin auf ihren Analytiker der

Haltung des Kandidaten ähnlich und eine Reaktion auf sie zu sein schienen. Ich fragte mich, ob ich es wagen würde, einem Analytiker nachzugeben, weich zu werden, mich von einem Analytiker anrühren zu lassen, der mich so behandeln würde wie der Kandidat die Patientin. Dies war keine Behandlungssituation, nicht die Situation eines Arztes, der versucht, einem kranken Patienten zu helfen; dies war ein sehr dünn verhüllter Zermürbungskrieg zwischen zwei starrköpfigen, wütenden Menschen, die versuchten, einander eine Niederlage zu bereiten.

Ich sagte dem Kandidaten, so taktvoll ich konnte, ich hätte das Gefühl, er könne die Patientin nicht leiden und anstatt sie zu behandeln, bekämpfe er sie. Ich erwartete und wollte nicht, daß er seine Reaktionen und sein Verhalten erklärte; ich hatte gehofft, er werde die Sache bei seinem eigenen Analytiker zur Sprache bringen. Aber der Kandidat war nicht zurückhaltend; er wurde blaß, und nach einer kurzen Pause stieß er unter Tränen hervor, er habe in letzter Zeit selber schon vermutet, daß es so sei. Er merkte, daß er entzückt war, wenn sie eine Stunde absagte, und er neigte dazu, ihr ein bißchen weniger als 50 Minuten zu gewähren. Außerdem träumte er häufig von ihr; sie verschmolz dann mit seiner älteren Schwester, die ihm, als er noch klein war, das Leben schwer gemacht hatte, usw. usw.

Wichtig ist für unsere Erörterung, daß dieser sensible und begabte Mann, ohne es zu merken, eine Patientin mehrere Jahre lang falsch behandelt hatte, weil er unbewußt Rache an ihr nahm für das Unrecht, das er in seiner Kindheit erlitten hatte. Seine Übertragungsreaktionen auf diese Patientin hatten aus dem mitfühlenden Therapeuten einen strengen und strafenden Gegner gemacht. Infolgedessen entwickelte sie eine Art, auf ihn zu reagieren, die zum Teil eine Übertragungsreaktion und zum Teil eine realistische Reaktion auf eine potentiell schädliche Person war. Das Ergebnis war eine unzugängliche Übertragungsreaktion. Der Kandidat ließ diesen Fall nun von einem anderen Kontrollanalytiker regelmäßig überwachen, und nachdem er anscheinend in seiner Analyse seine Probleme durchgearbeitet hatte, leistete er mit der Patientin gute Arbeit. Wir erwogen, ob man die Patientin nicht veranlassen solle, den Analytiker zu wechseln, aber viele Faktoren schlossen dies aus. Im Abschnitt 3.10.4 werden wir dieser Frage noch tiefer nachgehen.

3.10.323 Andere über längere Zeit fortgesetzte technische Fehler

Gegenübertragung ist nicht nur die Ursache schwerer Fehler in der Technik, Übertragungsreaktionen zu handhaben, wenn sie auch meist die häufigste und am schwierigsten zu entdeckende ist. Mangel an klinischem Wissen, falsche theoretische Ansichten und kulturbedingte Unvertrautheit mit einem Menschentypus können die gleichen Folgen haben. Ich erinnere mich an einen Kollegen, der vor vielen Jahren einmal seine schon lange bestehenden Schwierigkeiten mit einer Patientin beschrieb. Mir wurde klar, daß seine Deutungen auf der ödipalen Stufe erfolgten und daß die prägenitale Beziehung zur Mutter, obwohl unverkennbares klinisches Material vorlag, nicht bemerkt und nicht erkannt wurde. Als ich den Kollegen darauf hinwies, sagte er, er habe noch nie etwas über diese »neuen Ideen« gelesen und auch in seiner eigenen Analyse sei so etwas nie aufgetaucht. Einige Jahre später erzählte er mir etwas beschämt, er habe sich einer weiteren Analyse unterzogen und auch sehr viel gelesen und es sei ihm jetzt klar, wie schlecht er für die Behandlung jener Patientin ausgerüstet gewesen sei.

Ich habe immer wieder Gelegenheit gehabt, Falldarstellungen von Leuten anzuhören, die meiner Meinung nach unter dem Einfluß eines fehlerhaften theoretischen Systems standen. Ich hörte von einer jungen Patientin, die von ihrem Therapeuten ständig manipuliert wurde; er behauptete, er sei entschlossen, sie zu hindern, in eine regressive Abhängigkeit von ihm zu geraten. Er glaubte, dies sei nicht nur notwendig, sondern es werde die Behandlungsdauer abkürzen, und es würden ebenso gute, wenn nicht bessere Ergebnisse dabei herauskommen als bei einer »orthodoxen« Psychoanalyse. Er betrachtete sich als einen »progressiven« Analytiker, als »Neofreudianer«. Bei dieser genannten Patientin zielte seine Technik darauf ab, lange Schweigepausen nicht eintreten zu lassen; er gab der Patientin viel Beruhigung und Ermutigung bei dem Versuch, ihre Widerstände zu überwinden, und er sorgte dafür, daß die Atmosphäre der Behandlungsstunde lebhaft und fröhlich blieb. Dies war seine bewußte Absicht, und darin schien er in den ersten Wochen der Therapie, zumindest oberflächlich gesehen, Erfolg zu haben. Als die Patientin jedoch begann, ihm gegenüber sexuelle Gefühle zu entwickeln, schien mir diese lebhafte und beruhigende Verhaltensweise einen provokanten und flirtenden Ton anzunehmen.

Als die Patientin sich in eine sexuelle Affäre mit einem wesentlich älteren Mann einließ und sie ihren konventionellen Eltern gegenüber offenkundig zur Schau stellte, gratulierte ihr der Therapeut und deutete weder den inzestuösen noch den destruktiven Aspekt dieses Verhaltens. Der Therapeut beharrte auf seiner Ansicht, sie mache eine korrigierende emotionale Erfahrung, was er für eine erhebliche Verbesserung im Vergleich zu ihrer früheren sexuellen Schüchternheit hielt. Er sah seine Manipulationen nicht als Ausdruck seiner eigenen Triebbedürfnisse und als Feindseligkeit gegen die Psychoanalyse an. Er erkannte auch nicht, daß die neue (?) Promiskuität seiner Patientin keine echte Unabhängigkeit war, sondern eine Form der Unterwerfung ihm gegenüber sowie ein Agieren ihrer sexuellen Übertragung. Nachdem ich diese Ansichten geäußert hatte, hatte ich keine Gelegenheit mehr, über die Patientin etwas zu erfahren, bis ich mehrere Jahre später in den Zeitungen etwas über ihre Eskapaden las.

Ich habe noch mehr Beispiele von Patienten gesehen, die jahrelang von sogenannten »Psychoanalytikern« behandelt worden waren, die nach theoretischen und technischen Systemen praktizierten, die weit von dem entfernt waren, was ich hier als klassische Psychoanalyse zu beschreiben versuche. Manchmal schien bei diesen Patienten eine »Übertragungsheilung« eingetreten zu sein; sie blieben relativ gesund, solange die positive Übertragung erhalten blieb, nur um wieder zusammenzubrechen, wenn diese sich änderte, wie sie es notwendigerweise mußte. Bei anderen habe ich die Art von künstlicher Zwangsneurose beobachtet, die Glover (1955, S. 353—366) in seinem Kapitel über ungenaue Deutungen beschreibt. Manchmal werden diese Patienten zu fanatischen Befürwortern einer bestimmten Art von Psychotherapie und bringen ihr Leben damit zu, andere zu ihrem neuen Glauben zu bekehren. Unzulänglich analysierte Patienten neigen dazu, ihre positive Übertragung auf die Therapie-Richtung, aus der ihr Analytiker oder Therapeut kommt, zu agieren. Ihre unerwiderte Liebe drückt sich darin aus, daß sie sich an den Jargon der Psychoanalyse klammern, daß sie ständig mit anderen verbale Intimitäten austauschen und daß sie verzweifelt nach neuen Proselyten suchen, die als Zeugen dafür dienen können, daß nur ihre Glaubensrichtung die einzig wahre ist. Der »rechtgläubige« Anhänger einer Form der Psychotherapie ist ebensosehr das Opfer einer ungelösten Übertragungsreaktion wie der Anhänger, der einer »Gehirnwäsche« unterzogen worden ist. Unabhängigkeit von Geist und Seele kann nur durch die gründliche Analyse von Übertragungsphänomenen zustandekommen.

Als letzten Punkt der Erörterung der Ursachen von schwer behandelbaren Übertragungsreaktionen auf Grund von technischen Fehlern möchte ich kurz die Situation erwähnen, die auf einem Mangel an Verständnis des Analytikers für eine bestimmte Kultur beruhen, der der Patient angehört. Ich erinnere mich an die vielen Übertragungsprobleme, die mir begegneten, als ich zum erstenmal versuchte, einen Neger aus dem Süden zu analysieren. Wie man sich vorstellen kann, wurden die Übertragungs- und Gegenübertragungsreaktionen noch vermehrt durch die großen Unterschiede unserer Herkunft. Zusätzlich zu den Übertragungsgefühlen, die von den Familienfiguren des Patienten herrührten, waren auch noch starke Gefühle vorhanden, die von seinen Gefühlen gegenüber Weißen im allgemeinen herstammten. Diese Situation wurde kompliziert durch meine eigenen Reaktionen auf Südstaatler und auf Neger. Ein letztes Hindernis war jedoch meine fehlende Vertrautheit mit der Kultur des Negers aus dem Süden. Ich hatte große Schwierigkeiten, die Angemessenheit gewisser Reaktionen des Patienten richtig zu beurteilen, weil ich oft nicht wußte, was in einer bestimmten Situation die Realität war.

Zum Beispiel hatte der Patient Phantasien, die sehr viel Mißtrauen und Argwohn mir gegenüber enthielten. Lange war ich mir nicht über die Tatsache im klaren, daß der Patient jedesmal, wenn er in seinem Auto zu meinen Praxisräumen fuhr, buchstäblich in feindliches Territorium eindrang. Die Lenker anderer Autos, die Polizisten in diesem Stadtviertel, selbst die anderen Menschen in den Fluren und Aufzügen meines Gebäudes wurden alle als potentiell gefährlich empfunden. Dieses Gefühl rief natürlich Phantasien hervor. Dies war nicht nur eine Übertragungsreaktion auf mich oder ein Abkömmling von frühen Gefühlen gegenüber seinen Eltern. Diese Gefühle bekamen ihre Intensität von tatsächlichen, noch nicht weit zurückliegenden Erfahrungen, die er und Menschen in seiner nächsten Umgebung gemacht hatten. Ich hatte zunächst große Schwierigkeiten, mich in diese Reaktion einzufühlen, denn ich kannte diesen besonderen Aspekt seines Lebens überhaupt nicht.

Ich machte oft Fehler in der Dosierung der Deutungen, die ich ihm gab, weil ich mir der speziellen Ängste und Feindseligkeiten nicht bewußt war, die mitspielten. Meine Einfühlungsfähigkeit war behindert, weil ich einige der besonderen Gefahren in der Lebensgeschichte eines Negers aus dem Süden nicht kannte. Als ich das erstemal ein verkleidetes Sexualobjekt in einem Traum des Patienten als meine Frau deutete, war mir nicht klar, welche intensive Angst ich mobilisiert hatte. Diese war nicht nur eine tabuierte Gestalt, weil sie die Frau eines Analytikers und eine Mutterfigur war, sondern sie war auch eine weiße Frau, und ich war nicht nur eine Vaterfigur, sondern auch ein mächtiger weißer Mann.

Infolge solcher und vieler weiterer Fehler behielt der Patient eine Reihe milder und unterwürfiger Übertragungsreaktionen mir gegenüber, die sich jahrelang nicht veränderten. Erst nachdem ich mit seiner kulturellen Herkunft vertraut genug war und nachdem sich mein Einfühlungsvermögen gebessert hatte, wagte er es, mir so weit zu vertrauen, daß er es sich erlauben konnte, echte und starke Übertragungsgefühle zu entwickeln.

Der angeführte Fall ist ein Extrembeispiel dafür, wie ein Mangel an Verständnis für die kulturelle Herkunft des Patienten die Handhabung der Übertragung stören kann. Ich hatte ähnliche, aber weniger schwerwiegende Probleme, als ich versuchte, einen englischen Adligen zu analysieren. Ich habe Patienten gesehen, die von jahrelanger Analyse relativ unberührt blieben, weil ihre amerikanische Herkunft völlig anders war als die ihrer europäischen Analytiker. Ich glaube, die meisten Analytiker wissen, daß diese Möglichkeit besteht, und wenn sie Überweisungen machen, versuchen sie, einen Analytiker auszusuchen, der dem Patienten nicht fremd ist. Manchmal ist das nicht möglich; dann muß man auf diese Komplikation achten und ihr sein besonderes Augenmerk zuwenden. Der größte Schaden wird angerichtet, wenn der Analytiker von dieser Ungleichheit nichts ahnt und es für selbstverständlich hält, daß er sich in die fremdartigsten Patienten einfühlen kann.

3.10.4 Die Frage des Analytikerwechsels

Die Besprechung von Problemen, wie schwer behandelbare Übertragungsreaktionen und Fehler in der Technik, scheint zu der Frage hinzuführen, wann es angezeigt ist, einen Analytikerwechsel zu erwägen. Dieses Thema ist sowohl kompliziert als auch heikel; in der Literatur wird es kaum erwähnt, aber privat wird es unter Analytikern oft besprochen. Da Schwierigkeiten in der Entwicklung und Handhabung von Übertragungsreaktionen die häufigste Ursache für einen Analytikerwechsel sind, ist an dieser Stelle zumindest ein kurzer Überblick über diese Angelegenheit angebracht. Eine gründlichere Untersuchung dieses Problems muß aufgeschoben werden, bis wir Themen wie Analysierbarkeit, Wahl des Analytikers und die Probleme der Gegenübertragung behandelt haben.

Es scheint vielen Analytikern zu widerstreben, den Umstand zu akzeptieren, sie könnten nicht fähig sein, alle analysierbaren Patienten erfolgreich zu analysieren. Das könnte zum Teil ein Überrest von Omnipotenzphantasien sein, es kann auch eine Folge der Vorstellung sein, Geschlecht und Temperament des Analytikers nähmen keinen Einfluß auf die Übertragungsreaktionen des Patienten. Gewiß betont die traditionelle Definition der Übertragung die Tatsache, daß Übertragungsphänomene im Patienten ihren Ursprung haben. Unser vermehrtes Wissen über die Ichpsychologie hat jedoch geklärt, wie wichtig die analytische Situation für die Erleichterung von Übertragungsentwicklungen ist. Anders ausgedrückt: es trifft zwar zu, daß Übertragungsphänomene im wesentlichen Verschiebungen aus der Vergangenheit des Patienten sind, trotzdem ist der Analytiker weder eine völlig leere Projektionsfläche, noch ein völlig passiver Teilnehmer am therapeutischen Prozeß. Persönlichkeit und Fähigkeiten des Analytikers beeinflussen immer Reihenfolge und Intensität der Übertragungsreaktionen des Patienten wie auch Leichtigkeit oder Schwierigkeit ihrer Bearbeitung.

Es fällt auf, daß zwar die meisten Analytiker zugeben würden, sie könnten mit einigen Fällen besser arbeiten als mit anderen, daß sie aber diese Unterschiede nicht mit der Frage in Verbindung bringen, wann ein Analytikerwechsel angebracht wäre. Glovers Fragebogen zu diesem Thema bestätigt die große Verschiedenheit der Meinungen über dieses Thema (1955, 2. Teil). In bezug auf die Ausbildung von Kandidaten ist die Lage anders. Gemäß den Statuten der American Psychoanalytic Association über die Ausbildung von Kandidaten ist es jedem Kandidaten gestattet, mit einem zweiten Lehranalytiker zu arbeiten, wenn seine erste Lehranalyse nicht gelingt. Vielleicht sind sich die älteren Analytiker mit längerer Erfahrung ihrer Grenzen stärker bewußt.

Es gibt mehrere Gründe, einen Wechsel des Analytikers zu erwägen. Erstens muß sicher sein, daß der Patient analysierbar ist, sonst kann es sehr wohl sein, daß ein Wechsel der Therapie, nicht ein Wechsel des Therapeuten, angezeigt ist. Wenn Übertragungsreaktionen während einer genügend langen Zeit nicht adäquat auf Deutungen reagieren, d. h., wenn wir unzugängliche Übertragungsreaktionen bekommen oder wenn wichtige Übertragungsreaktionen sich nicht entwickeln, dann sollten wir einen Analytikerwechsel ins Auge fassen. Welcher Zeitraum »lang genug« ist, ist nicht leicht zu entscheiden, wie auch Glovers Fragebogen gezeigt hat (S. 328—330). Von meinem rein subjektiven Standpunkt aus versuche ich auf der Hut davor zu sein, meiner Ungeduld nachzugeben, und doch möchte ich lange andauernde, unproduktive Kämpfe nicht unnötig fortsetzen, nur weil ich eigensinnig oder zu stolz bin.

Schließlich glaube ich, ein Analytikerwechsel ist erforderlich, wenn der Analytiker wiederholt Fehler macht oder wenn ein Fehler allein eine irreversible Lage geschaffen hat. Diese verschiedenen Gründe sind oft nicht voneinander zu trennen, d. h., technische Fehler führen zu unbehandelbaren Übertragungsreaktionen oder machen den Patienten für den betreffenden Analytiker unanalysierbar, usw.

Meine eigene klinische Erfahrung hat mich gelehrt, in bezug auf die Frage des Analytikerwechsels folgende Regeln zu beachten: Nach einem Behandlungszeitraum von vier Jahren überprüfe ich jeden meiner Fälle im Hinblick darauf, ob ein Analytikerwechsel ratsam wäre. Ich pflege einen Wechsel des Analytikers zu erwägen, wenn ich zu diesem Zeitpunkt nicht deutliche Zeichen für die Bereitschaft zur Beendigung der Analyse sehe. Patienten, die eine zweite Analyse beginnen wollen, tun besser daran, zu einem anderen Analytiker zu gehen, wenn möglich, zu einem Analytiker, der sich nach Geschlecht oder Persönlichkeit vom ersten unterscheidet.

Für Patienten, die in der frühen Kindheit einen Elternteil verloren haben, kann das Geschlecht des Analytikers ein entscheidender Faktor sein. Solche Patienten brauchen einen Analytiker des gleichen Geschlechts, wie es der fehlende Elternteil war. Sonst machen die Patienten übermäßigen Gebrauch von Hilfsfiguren außerhalb der Analyse als ergänzenden Übertragungsfiguren. Beharrliche Deutung dieses Phänomens kann diese Übertragungsreaktion so umlenken, daß sie mit dem Analytiker erlebt wird. Das ist jedoch nicht immer so, besonders wenn zwischen der Persönlichkeit des Analytikers und den ursprünglichen Objekten (den Quellen der Übertragungsgefühle) eine zu große Diskrepanz besteht. Z. B. haben viele meiner Patienten Schwierigkeiten, auf mich als auf eine verhaßte Mutterfigur zu reagieren, aber die meisten tun es schließlich doch. Ein

Patient aber, der keinen Vater hatte, konnte nie auf mich als verhaßte Mutter reagieren, sondern mußte dies mit anderen Gestalten seiner Umwelt wieder durchspielen. Die Kehrseite bezieht sich auf Situationen, die dann entstehen, wenn die Ähnlichkeit zwischen der Persönlichkeit des Analytikers und der ursprünglichen Quelle der Übertragung zu groß ist. Hier entstehen unzugängliche und unanalysierbare Übertragungsreaktionen, und hier muß man den Analytiker wechseln. Grete Bibring (1935) und Phyllis Greenacre (1959) haben diese Feststellung kommentiert.

3.10.5 Ausbildungskandidaten

Die Übertragungsentwicklung in der Analyse von Kandidaten, die sich in der psychoanalytischen Ausbildung befinden, verdient besondere Erwähnung, da sie durch mehrere Faktoren kompliziert wird. Erstens ist der Lehranalytiker eine Person von realistischer Bedeutung und Autorität für den Fortschritt der psychoanalytischen Ausbildung des Kandidaten. Seine Entscheidungen, seien sie stillschweigend oder nicht, über Angelegenheiten, die die Ausbildung des Lernenden betreffen, werden entweder als wichtige Belohnungen oder als Strafen empfunden und beeinträchtigen die Übertragungssituation. Außerdem dient der Lehranalytiker gewöhnlich auch als Dozent, Kontroll- oder Lehranalytiker für andere Kandidaten und wird so tatsächlich in reale Geschwistersituationen hineingezogen. Außerdem offenbart der Lehranalytiker, indem er unterrichtet oder Vorträge hält, dem Kandidaten seine Persönlichkeit; er verliert auf diese Weise die relativ anonyme Position, die das Entstehen von Übertragungsphänomenen erleichtert. Schließlich bekommt auch das Institut selbst eine zusätzliche Übertragungsbedeutung (Kairys, 1964).

Die ganze Situation wird noch mehr kompliziert durch den Umstand, daß das bewußte Hauptmotiv für die Behandlung der Wunsch des Kandidaten nach Ausbildung ist. Die meisten Kandidaten wollen entweder nicht zugeben, daß sie ein starkes Bedürfnis nach Therapie haben, oder sie sind sich dessen nicht bewußt. In beiden Fällen geben sie sich den Anschein der Normalität und neigen dazu, sich in Abwehrhaltung an diese Fassade zu klammern. In der Analyse kann das Fehlen eines bedrängenden Leidens lange die Entwicklung einer echten Übertragungsneurose verhindern (Reider, 1950; Gitelson, 1948, 1954). Ein zusätzlicher Widerstand ist die Tendenz eines Kandidaten, die Identifizierung mit dem Lehranalytiker als unbewußtes Mittel einzusetzen, um sich beliebt zu machen. Vor allem bleiben meist die negativen Übertragungsreaktionen aus, oder sie werden nur sanft oder unterwürfig geäußert, und auch dann nur über Hilfsfiguren der Übertragung. Da bei all diesen Reaktionen die Tendenz besteht, im Analytiker selbst Übertragungsreaktionen hervorzurufen, besteht die ernste Gefahr, daß sich die Übertragungsphänomene in Lehranalysen nicht maximal entwickeln und daß die Lehranalysen nicht so gut gehandhabt werden können wie Analysen außerhalb der Ausbildung. Dies hat viele Lehranalytiker veranlaßt, eine zweite Analyse nach der Ausbildung vorzuschlagen, die bei einem anderen Analytiker durchgeführt wird (Freud, 1937 a; A. Freud, 1950 a; Windholz, 1955; Greenacre, 1966 a; s. a. Literaturverzeichnis).

Zusätzliche Literatur

Die historische Entwicklung des Übertragungsbegriffs: Hoffer (1956), Krapf (1956), Orr (1954), Servadio (1956), Waelder (1956).

Art und Ursprung der Übertragungsreaktionen: Fairbairn (1958), Greenacre (1966 b), Guntrip (1961, Kap. 18), Hartmann, Kris und Loewenstein (1946), Klein (1952), Nunberg (1932, 1951), Segal (1964, Kap. 1).

Frühe Objektbeziehungen: A. Freud (1965), Greenacre (1958, 1960), Hoffer (1949, 1952), Mahler (1963), Spitz (1965), Winnicott (1957).

Die reale Beziehung zwischen Patient und Analytiker: Alexander, French et al. (1946), de Forest (1954), Ferenczi (1930), Weigert (1952, 1954 a, 1954 b).

Das Agieren von Übertragungsreaktionen: Altman (1957), Ekstein und Friedman (1957), Kanzer (1957), Rexford (1966), Zeligs (1957).

Das Durcharbeiten von Übertragungsdeutungen: Greenson (1965 b), Kris (1956 a, 1956 b), Novey (1962), Stewart (1963).

Probleme der Lehranalyse: Balint (1948, 1954), Bernfeld (1962), G. Bibring (1954), Ekstein (1955, 1960 a, 1960 b), A. Freud (1950 a), Gitelson (1954), Glover (1955), Greenacre (1966 a), Grotjahn (1954), Heimann (1954), Kairys (1964), Lampl-de Groot (1954), Nacht (1954), Nacht, Lebovici und Diatkine (1961), Nielsen (1954), Weigert (1955).

4

Die psychoanalytische Situation

Nachdem wir die Analyse von Widerstand und Übertragung besprochen haben, scheint es angebracht, die psychoanalytische Situation in den Mittelpunkt unserer Betrachtung zu stellen. Die Analyse der psychoanalytischen Situation bietet uns eine Gelegenheit, viele der Verfahren und Prozesse, die wir schon beschrieben haben, von einem anderen Gesichtspunkt aus nocheinmal zu überprüfen. Indem wir die Wechselbeziehung zwischen Patient, Analytiker und »Rahmen« ins Zentrum stellen, können wir mehr Einblick in die einzigartige Macht der psychoanalytischen Situation als Werkzeug der Therapie gewinnen. Außerdem kann dies eine weitere Gelegenheit sein, die komplizierten Interaktionen unter den drei wesentlichen Elementen: Patient, Analytiker und Rahmen, klarer zu sehen. Obwohl die Beziehungen zwischen den drei Komponenten, die die analytische Situation ausmachen, untereinander verbunden und wechselseitig voneinander abhängig sind, ist es ratsam, jede einzeln zu untersuchen. Wir fragen uns also: Was trägt jede bei und wie beeinflußt jede die psychoanalytische Situation? (Stones [1961] Buch über dieses Thema wird als das umfassendste Nachschlagewerk empfohlen.)

4.1 Was die Psychoanalyse vom Patienten fordert

4.11 Motivation

Nur ein stark motivierter Patient wird in der Lage sein, mit ganzem Herzen und mit Ausdauer in der psychoanalytischen Situation zu arbeiten. Die neurotischen Symptome oder die unverträglichen Charakterzüge müssen genug Leiden verursachen, um den Patienten dazu zu bringen, die Härten der psychoanalytischen Behandlung auszuhalten. Wißbegierde und der Wunsch zu verstehen müssen durch neurotisches Leiden ergänzt werden, wenn der Patient mehr haben soll als ein oberflächliches psychoanalytisches Erlebnis. Er muß bereit sein, die Qual zu ertragen, seine mit Angst und Schuldgefühlen beladenen intimen Erlebnisse zu enthüllen; er muß bereit sein, sehr viel Geld und Zeit aufzuwenden; die sekundären Krankheitsgewinne aufzugeben; er muß auch auf rasche und vorübergehende Ergebnisse verzichten.

In den letzten Jahren hat die Suche nach rascheren Ergebnissen viele Patienten veranlaßt, sich in eine Kurz-Psychotherapie zu begeben, einschließlich abgekürzter Formen der Psychoanalyse. Diese Tendenz ist durch eine wachsende Zahl von Psychoanalytikern gefördert worden, die eine Verquickung von Psychoanalyse und Psychotherapie anwenden. Diese Entwicklung hat nach dem Zweiten Weltkrieg viel Verwirrung und viele Konflikte in Psychoanalytiker- und Psychiaterkreisen hervorgerufen, als die Zahl der Psychiater stark zunahm, die sich in Psychoanalyse ausbilden wollten, und als es viel zu wenige Lehranalytiker gab. Bücher wie das von Franz Alexander und seinen Anhängern über Psychoanalytische Therapie (1946) und von Frieda Fromm-Reichmann (1950) empfahlen eine Vielfalt von kurzzeitigen, manipulativen, therapeutischen Maßnahmen und gaben dennoch vor, es handle sich um Psychoanalyse. (Eine Kritik dieser Versuche findet sich bei Eissler, 1950 b, 1956.)

Nach meiner Meinung können alle Formen von Psychotherapie wertvoll sein, vorausgesetzt, daß man ihre Vorteile, Grenzen und ihre therapeutischen Wirkungen sorgfältig untersucht. In vielen Fällen können Modifikationen und Abweichungen von der Psychoanalyse sehr wohl notwendig sein, um den Bedürfnissen des Patienten gerecht zu werden (Gill, 1954). Freud (1919 a) hat selbst vorausgesagt, daß wir eines Tages das »reine Gold« der Psychoanalyse würden legieren müssen, um eine größere Zahl von Patienten behandeln zu können (G.W. Bd. 12, S. 193). Wenn jedoch die Psychoanalyse abgewandelt wird, um die analysierbaren Widerstände des Patienten zu mildern oder um die unbewußten materialistischen Ziele des Therapeuten zu erreichen, dann werden wahrscheinlich sowohl der Patient als auch der Therapeut leiden.

Es ist etwas ganz anderes, wenn ein Patient psychoanalytische Therapie braucht, aber seelisch noch nicht dazu bereit ist. Zum Beispiel wissen manche Patienten vielleicht nicht bewußt, wie eingeschränkt ihr Leben infolge ihrer Krankheit geworden ist. Dann kann es notwendig sein, vorbereitende Psychotherapie zu betreiben, um den Patienten zu der Erkenntnis zu führen, daß er eine tiefergehende Therapie braucht. Anna Freud (1928) hat dieses Problem in bezug auf Kinder sehr ausführlich beschrieben, und ich glaube, eine zunehmende Zahl von Erwachsenen wird auch davon betroffen (Rappaport, 1956).

Wir wollen zu der Frage zurückkehren, wozu die Motivation des Patienten ihn befähigen sollte. Sein Leiden sollte ausreichen, um ihn zu veranlassen, als *Patient* in die psychoanalytische Situation einzutreten. Menschen, die die Psychoanalyse zu Forschungszwecken, zum Zweck des beruflichen Weiterkommens, der Ausbildung oder aus Neugier aufsuchen, sollte man als im Widerstand Befindliche ansehen, die eine vorbereitende

Psychotherapie brauchen. Ich behaupte, nur ein Mensch, der sich als Patient fühlt, kann tiefer als nur oberflächlich analysiert werden. Nur ein solcher Mensch wird bereit sein *zu versuchen*, in die analytische Situation einzutreten und in ihr zu arbeiten.

Dabei bleibt die Frage offen, ob sein Antrieb stark genug ist, um ihn zu befähigen, die Entbehrungen und regressiven Zustände auszuhalten, die im Lauf der analytischen Behandlung eintreten. Hat der Patient genug Motivation, um die Ungleichheit der Beziehung zwischen Patient und Analytiker zu ertragen, die die analytische Situation verlangt? Man darf nicht vergessen, daß wir, wenn wir von der Fähigkeit des Patienten sprechen, die zum Verlauf einer Psychoanalyse gehörenden Schmerzen und Frustrationen auszuhalten, nicht meinen, er solle mit Gleichmut oder Zurückhaltung oder guter Laune auf die vorher erwähnten schmerzlichen Situationen reagieren. Ganz im Gegenteil, wir erwarten — ja, wir hoffen — daß er intensiv mit Zorn, Wut, Trotz usw. reagiert, so daß diese Gefühle und ihre Abwehr in die Analyse einbezogen werden.

Wir hoffen nur, daß er solche Reaktionen erleben kann, ohne sich selbst oder die analytische Situation zu zerstören. Triebbesessene orale Charaktere mit ihrer schlechten Triebsteuerung und ihrem Bedürfnis nach rascher Befriedigung finden es äußerst schwierig, die analytische Situation zu ertragen. Sie neigen dazu, die Behandlung durch irgendeine Form des explosiven Agierens abzubrechen. Ebenso schwierig, aber weniger offensichtlich ist die pathologische Unterwürfigkeit von Patienten mit masochistischen Charakterstörungen, die den Schmerz der analytischen Situation schweigend zu genießen pflegen. Diese Patienten können viele Jahre ohne Veränderung und ohne Klage in einer Schein-Analyse zubringen. Narzißtische Charaktere sind nicht fähig, die relative Kargheit der Beziehung zum Therapeuten zu ertragen, und äußerst in sich gekehrte Patienten können vielleicht das Gefühl der Distanz zwischen Patient und Analytiker nicht ertragen. Dieses Thema wird im zweiten Band ausführlicher besprochen.

4.12 Kapazität

Von allen heute praktizierten Psychotherapien stellt die Psychoanalyse höhere und vielfältigere Anforderungen an den Patienten als irgendeine andere. Nicht nur erlegt die Psychoanalyse dem Patienten große Mühen auf, weil er in der analytischen Situation Entbehrung, Frustration, Angst und Depression auf sich nehmen muß. Die psychoanalytische Therapie ist für den Patienten so ungewöhnlich beanspruchend, weil die Verfahren und Prozesse der Psychoanalyse von ihm die Fähigkeit verlangen, mehr oder weniger stetig und wiederholt mehrere Paare antithetischer Ichfunktionen zu vollziehen, zwischen ihnen hin und her zu pendeln und sie auch miteinander verschmelzen zu lassen.

Vom Patienten wird gefordert: a) zu regredieren und sich weiterzuentwickeln, b) passiv und aktiv zu sein, c) die Steuerung aufzugeben und aufrechtzuerhalten, und d) auf die Realitätsprüfung zu verzichten und an ihr festzuhalten. Um dies leisten zu können, muß der Analyse-Patient elastische und flexible Ichfunktionen haben. Dies scheint im Widerspruch zu unserer früheren Beschreibung der Neurose als Folge einer Insuffizienz der Ichfunktionen zu stehen. Aber für den analysierbaren Neurotiker ist charakteristisch, daß die Mängel seiner Ichfunktionen auf die Gebiete beschränkt sind, die mehr oder weniger direkt mit seinen Symptomen und pathologischen Charakterzügen zusammenhängen. Trotz seiner Neurose behält der behandelbare Patient die Fähigkeit, in den relativ konfliktfreien Bereichen effektiv zu funktionieren (Hartmann, 1951).

Der analysierbare Patient ist also fähig, die antithetischen Ichfunktionen, die wir oben beschrieben haben, auszuführen, solange sie seinen neurotischen Konflikten nicht zu nahe kommen. Da die Abkömmlinge des neurotischen Konflikts immer Abfuhr suchen, wird die eine oder andere dieser gegenläufigen Ichfunktionen schließlich doch in den neurotischen Konflikt hineingezogen; sie wird beeinträchtigt und manifestiert sich als Widerstand gegen den analytischen Prozeß. Die auffallendsten klinischen Folgen sind dann, daß irgendeine Ichfunktion ihre Elastizität und Flexibilität verliert, eine Form von Starrheit manifestiert sich oder irgendeine Ichfunktion geht vorübergehend verloren.

Zum Beispiel wird ein Patient nicht in der Lage sein, beim freien Assoziieren in Richtung auf das Denken des Primärvorgangs zu regredieren, und bleibt in allen seinen Produktionen logisch und geordnet. Oder der Patient kann nicht mit dem freien Assoziieren aufhören, wenn ich ihn nach konkreten Daten aus seiner Lebensgeschichte frage, und er bemerkt dieses Mißverständnis nicht einmal.

Die psychoanalytische Therapie ist nur möglich, wenn der neurotische Patient ein genügend elastisches Ich hat, das zwischen seinen einander entgegengesetzten Ichfunktionen wechseln und sie miteinander vermischen kann, wobei man die Einschränkung berücksichtigen muß, die ihm seine neurotischen Konflikte auferlegen. Mit fortschreitender Behandlung erwartet man eine parallele Zunahme im Bereich der flexiblen Ichfunktionen. Wir wollen die verschiedenen Prozeduren zerlegen, die der Patient vollzieht, ebenso die Prozesse, denen er unterworfen ist, um zu sehen, welche spezifischen Fähigkeiten die analytische Situation von ihm fordert.

Um einigermaßen frei zu assoziieren, muß der Patient teilweise und zeitweilig seinen Kontakt mit der Realität aufgeben können. Und doch muß er fähig sein, richtige Auskünfte zu geben, sich zu erinnern und sich verständlich auszudrücken. Er muß in der Lage sein, zwischen dem Denken nach Art des Primärvorgangs und dem Denken nach Art des Sekundärvorgangs hin und her zu pendeln. Wir erwarten von ihm, daß er sich in seinen Phantasien dahintreiben läßt, daß er diese, so gut er kann, in Worten und Gefühlen mitteilt, die für den Analytiker verständlich sind. Er muß genügend psychologisch eingestellt sein, so daß er sich in gewissem Maß in die Reichweite der Fähigkeit des Analytikers einfühlen kann, ihm zu folgen. Wir fordern vom Patienten, er müsse fähig sein, zuzuhören und zu versuchen, unsere Interventionen zu verstehen, darüberhinaus frei zu dem zu assoziieren, was wir gesagt haben. Der Patient muß genug Ich-Elastizität haben, so daß er die Beweglichkeit hat zu regredieren und die Fähigkeit, aus der Regression wieder zurückzuspringen (A. Freud, 1936; Zilboorg, 1952 b; Loewenstein, 1956, 1963; Bellak, 1961; Kanzer, 1961; Altman, 1964). Er muß in gewissem Maß mit dem Analytiker zusammenarbeiten können, sich aber auch erlauben können, zu regredieren und verschiedene Varianten und Stärkegrade von Liebe und Haß zum Analytiker zu entwickeln. Kurz gesagt, er muß die Fähigkeit entwickeln, zwischen dem Arbeitsbündnis und der Übertragungsneurose zu wechseln. Dies bedeutet, daß der Patient auch im Bereich der Objektbeziehungen die Flexibilität besitzen muß, die ihm erlaubt, zwischen Regression und Progression hin und her zu pendeln und verschiedene Mischungen zwischen beiden herzustellen.

Der Patient muß in gewissem Maß fähig sein, die Ungewißheit, Angst und Depression, die Frustrationen und Demütigungen zu ertragen, die im Verlauf der Psychoanalyse auftreten, ohne daß er zu destruktiven Handlungen seine Zuflucht nimmt. Wir fordern den Patienten auf, sich in der Analysestunde von seinen Gefühlen mitreißen zu lassen, so daß er das Erlebnis als echt empfinden kann. Aber wir wollen nicht, daß er unverständlich oder desorientiert wird. Wir erwarten von ihm, daß er nach dem Ende der Stunde nach Hause fährt, ohne jemand zu töten, gleichgültig, wie regrediert er in der Stunde war. Außerdem hoffen wir, daß der Patient außerhalb der Stunde über die Einsichten, die er in den Analysesitzungen gewonnen hat, nachdenkt und meditiert und daß er neue bedeutsame Einsichten, Zusammenhänge, Erinnerungen und Träume mitbringt. Aber wir wollen nicht, daß er sein ganzes Leben so lebt, als sei es eine einzige, riesige Analysesitzung.

Wir bitten den Patienten, in seiner realen Situation keine radikale Veränderung vorzunehmen, bevor sie gründlich analysiert ist. Dazu muß er geduldig sein, das Handeln aufschieben können und doch nicht Resignation und Verzweiflung überhandnehmen lassen. (Dies ist besonders bei der Analyse von Ausbildungskandidaten ein wichtiges Problem.) Die Psychoanalyse erfordert, daß er zu den wichtigen Menschen in seiner Umgebung so echt und spontan wie möglich in Beziehung tritt, und doch hoffen wir, daß er seine Erlebnisse mit in die Analysesitzung bringt. Immer wieder sehen wir die zwei einander entgegengesetzten Gruppen von Ichfunktionen, die vom Patienten gefordert werden; er muß der Erlebende sein können, aber auch der Selbstbeobachter, der Passive und der Aktive, der relativ Unbeherrschte und der Beherrschte.

Um das Analysematerial zu produzieren, muß der Patient fähig sein, zu regredieren und zu progredieren. Im regredierten Zustand begegnet er dem Material und sammelt es; im progredierten Zustand teilt er es mit. Bevor er sich die Einsichten zu eigen machen kann, die ihm der Analytiker vermittelt, muß der Patient erst ihre Gültigkeit überprüfen, nach innen schauen, nachdenken, über sie meditieren und sie dann verdauen. Seine Ichfunktionen der Synthese und der Integration machen in Verbindung mit dem Arbeitsbündnis das Durcharbeiten möglich. Im Lauf der Zeit führen die neuen Einsichten zu Umorientierung und Wandel der Anpassung (E. Bibring, 1954).

4.13 Persönlichkeits- und Charakterzüge

Die Motivationen und Fähigkeiten des Patienten, die es ihm ermöglichen, in der Analyse zu arbeiten, sind eng verbunden mit und abhängig von seiner Persönlichkeit und seinen Charakterzügen. Wenn man entscheiden will, ob ein Patient in der Lage sein wird, die Forderungen der psychoanalytischen Situation zu erfüllen, ist es leichter, Genaues über die negativen Kriterien zu sagen als über die positiven. Kontraindikationen für die Psychoanahyse sind viel schärfer umrissen als Indikationen (Freud, 1904; Fenichel, 1945 a; Knight, 1952, und die Liste zusätzlicher Literatur).

Eine Durchsicht der angeführten Arbeiten zeigt, daß die meisten Autoren glauben, außer bei schon lange bestehenden offenkundigen Psychosen sei die diagnostische Kategorie kein zuverlässiger Anhaltspunkt. In die Beurteilung der Eignung des Patienten für die Analyse müssen sowohl seine gesunden Persönlichkeits- und Charakterzüge eingehen als auch die pathologischen. Hier berühren wir das Thema der Analysierbarkeit, das wir im zweiten Band ausführlich behandeln werden. Außerdem sind nach meiner Meinung die von einem geeigneten Patienten verlangten Züge denen qualitativ sehr ähnlich, die vom Psychoanalytiker zu fordern sind, und ich möchte sie lieber zunächst vom Standpunkt des Analytikers besprechen.

4.2 Was die Psychoanalyse vom Psychoanalytiker fordert

Um therapeutische Psychoanalyse praktizieren zu können, muß der Psychoanalytiker fähig sein, bestimmte technische Verfahren beim Patienten und bei sich selbst anzuwenden. Um diese Verfahren richtig durchzuführen, muß der Psychoanalytiker sich bestimmte psychische Prozesse zunutze machen, die in ihm stattfinden. Denn die Vorgänge in seiner eigenen Seele sind das wertvollste Mittel des Psychoanalytikers, um Einsicht in die Seele eines anderen Menschen zu bekommen. Infolgedessen ist die Geschicklichkeit eines Psychoanalytikers untrennbar verbunden mit seinem eigenen Unbewußten und mit dem Grad, in dem es seinem bewußten Ich zum Gebrauch zugänglich ist.

Natürlich werden vom Analytiker hohe Intelligenz und ein hohes kulturelles Niveau gefordert, aber noch wichtiger ist ein verfügbares und verständliches Unbewußtes. Die Forderung, jeder Psychoanalytiker müsse psychoanalytische Therapie erlebt haben, bevor man ihm erlaubt, einen Patienten psychoanalytisch zu behandeln, zielt nicht nur darauf ab, den Analytiker persönlich von der Wirksamkeit unbewußter Faktoren zu überzeugen und ihn in Bereichen unempfindlich zu machen, wo seine eigenen Probleme sein Urteil verzerren könnten: Die eigene Analyse des Analytikers hat letzten Endes den Zweck, seinem bewußten Ich die wichtigen unbewußten Antriebe, Abwehrmechanismen, Phantasien und Konflikte seines eigenen Kinderlebens und ihre späteren Abkömmlinge verfügbar zu machen. Einige dieser Konflikte werden gelöst, einige werden in angepaßtere Formen umgewandelt, manche bleiben unverändert, aber zugänglich. Für den praktizierenden Psychoanalytiker ist entscheidend, daß seine unbewußten Konflikte lenkbar und für den Gebrauch bei der Arbeit mit seinen Patienten zugänglich sind. Der Grad der Konfliktlösung beeinflußt die Geschicklichkeit, die der Psychoanalytiker einsetzen kann. Seine Fähigkeit, ohne Konflikte Triebbefriedigung zu erlangen, steigert die Fähigkeit seines Ichs, bestimmte Funktionen zu neutralisieren und die autonomen Ichfunktionen und die Anpassungsfähigkeit zu erhöhen. Das gleiche gilt für die »intersystemischen Konflikte« (Hartmann, 1951, deutsche Ausgabe: S. 148).

Die Kunstfertigkeit des Psychoanalytikers stammt von psychischen Prozessen her, die auch seine Persönlichkeit und seinen Charakter formen. Selbst sein Wissen und seine Intelligenz werden vom Grad der Lösung seiner neurotischen Konflikte beeinflußt. Ich würde sogar noch weitergehen und sagen, daß auch die Motivationen, die ihn zur Psychoanalyse geführt haben, eine Rolle dabei spielen, wie er mit seinen Patienten arbeitet. Geschicklichkeit, Wissen, Charakter und Motivation sind die wesentlichen Erfordernisse. Sie hängen alle wechselseitig zusammen mit den bewußten und unbewußten Gefühlen, Trieben, Phantasien, Einstellungen und Wertvorstellungen des Psychoanalytikers. Trotzdem will ich, damit alles ganz klar wird, diese Faktoren künstlich in drei Gruppen — Befähigungen, Eigenschaften und Motivationen — aufteilen, wenn ich der Frage nachgehe: Was erfordert die Psychoanalyse vom Psychoanalytiker? Dem Leser wird dringend nahegelegt, die beiden schönen Essays von Ella Sharpe (1930, 1947) über dieses Thema zu lesen, ebenso Stone (1961) und Greenson (1966).

4.21 Die vom Psychoanalytiker geforderten Befähigungen

4.211 Das Unbewußte verstehen

Die wichtigste Fertigkeit, die der Psychoanalytiker besitzen muß, ist seine Fähigkeit, die bewußten Gedanken, Gefühle, Phantasien, Impulse und Verhaltensweisen des Patienten in ihre unbewußten Vorläufer zu übersetzen. Er muß spüren können, was hinter den verschiedenen Themen steckt, über die sein Patient in der Analysestunde spricht. Er muß auf die offenkundige Melodie lauschen, aber auch die verborgenen (unbewußten) Themen der »linken Hand«, den Kontrapunkt, hören. Er muß sich die bruchstückhaften Bilder ansehen, die der Patient malt, und fähig sein, sie in ihre ursprüngliche und unbewußte Form zurückzuübersetzen. Ich möchte ein typisches und einfaches Beispiel anführen:

Ein junger Mann spricht in seiner Stunde über seine Wut und seinen Ekel angesichts der Toilettengewohnheiten seiner älteren Schwester. Sie läßt die Tür einen Spalt offen, so daß er zufällig ihre häßlichen nackten Brüste sehen kann. Er kann sogar die verschiedenen Toilettengeräusche hören, und sie sind ekelerregend. Wenn er nach ihr ins Bad geht, versucht er, nicht zu atmen, aber er kann noch ihre Körpergerüche und ihren Puder riechen. Der Anblick von ein paar Haaren von ihr in der Badewanne gibt ihm das Gefühl, er müsse gleich erbrechen. Dem lauten, bewußten Zorn und Ekel zum Trotz kann man ganz leicht im Hintergrund das sexuelle Interesse des jungen Mannes an den körperlichen Betätigungen seiner Schwester hören. Was ihm Ekel und Brechreiz verursacht, sind seine unbewußten Phantasien, er nehme die verschiedenen Teile von ihr in den Mund. Er ist nicht wütend auf sie, weil sie häßlich ist; ganz im Gegenteil, er ist wütend auf sie, weil sie erregend ist.

Wie kommt man zu einer solchen Deutung? Ein Mensch, der die Kindheitsamnesie überwunden hat, kann sich erinnern oder sich leicht vorstellen, daß die Toilette der Ort der sinnlichen Lüste der Kindheit war und daß das heimliche Zuschauen eine der Freuden des Knabenalters war. Schwestern oder Mütter waren früher einmal sexuell anziehend, bevor die Schranke der Abneigung als Abwehr errichtet wurde. Man schaut nicht »zufällig« hinter eine spaltbreit geöffnete Tür, wenn man nicht will, daß solche »Zufälle« eintreten. Das Verbotene oder Unerreichbare kann als äußerst anziehend oder als häßlich wahrgenommen werden; die Gegensätze liegen sehr nah beieinander. Man braucht nicht dazubleiben und auf Toilettengeräusche zu horchen, wenn man es nicht genießt, was Kinder gewöhnlich bewußt tun und Erwachsene unbewußt. Der Anblick von Haaren erweckt vermutlich Phantasien von anderen haarigen Teilen des Körpers, und man meint nur dann, man müsse erbrechen, wenn man das Gefühl hat, man habe etwas Abstoßendes im Mund.

Im allgemeinen ist Ekel die Reaktion darauf, daß man das Gefühl oder die Vorstellung hat, etwas Abstoßendes komme in Berührung mit dem eigenen Körper. Kinder und Erwachsene haben starke Impulse, ergötzliche, liebenswerte oder erregende Objekte in den Mund zu nehmen. Alle Kinder tun dies offen und bewußt, Erwachsene tun es heimlicher oder unbewußt. Unangemessener Ekel deutet auf einen verdrängten Wunsch hin, etwas, das bewußt als »schmutzig« betrachtet wird, in den Mund zu nehmen.

Wenn man solche Probleme bei sich gelöst hat, ist es nicht schwierig, dem jungen Mann zuzuhören, zu seinem Material zu assoziieren und sich zu den eigenen verwandten latenten Erinnerungen oder Phantasien zurücktreiben zu lassen. Man braucht in diesem Fall nicht viel intellektuelle Arbeit zu leisten. Die eigenen Assoziationen zu Schwestern, Toilettenszenen und Toilettengeräuschen, die eigenen früheren Ekelreaktionen auf solche Situationen führen einen nun sehr rasch zu den verborgenen Impulsen und Phantasien. Um zu entscheiden, ob die eigenen Assoziationen zur Situation des Patienten passen, muß man von der Einstellung des Teilnehmenden zu der des Beobachters überwechseln, von der Einfühlung zur Introspektion, vom Problemlösungsdenken zur Intuition, von einer beteiligteren zu einer distanzierteren Position.

Um solche Übergänge und solches Hin und Her zu erleichtern, sollte der Analytiker dem Patienten mit freischwebender Aufmerksamkeit zuhören (Freud, 1912 b). Aus dieser Position heraus kann man sowohl einen distanzierten als auch einen beteiligten Standpunkt einnehmen, und man ist bereit, hin und her zu wechseln, wie es die Situation erfordert. Diese Fähigkeit, zwischen Beobachter- und Beteiligtenposition hin und her zu wechseln, haben Ferenczi (1928 b), Sterba (1929), Sharpe (1930), Reik (1948) und Fliess (1953) beschrieben.

Bei dem oben angeführten Fall habe ich den Äußerungen des Patienten zugehört und bin meinen eigenen Assoziationen gefolgt, bis ich das Gefühl hatte, ich hätte begriffen, was dieses Material unbewußt für den Patienten bedeutete. Ich möchte nun eine Situation beschreiben, in der eine Reihe komplizierterer psychischer Prozesse verwendet werden mußte.

Eine Patientin erzählt in ihrer Stunde von einem unbefriedigenden sexuellen Erlebnis, das sie am Abend vorher mit ihrem Mann hatte. Sie hatte sexuelle Wünsche gehabt, aber irgendetwas im Verlauf blockierte ihre Fähigkeit, einen Orgasmus zu erleben. Sie war sich nicht sicher, was das störende Ereignis gewesen war; im Vorspiel war nichts Ungewöhnliches gewesen, und doch hatten dort die Schwierigkeiten ihren Ursprung. Ihr Mann hatte sie verliebt geküßt, mit den Händen und mit dem Mund ihre Haut liebkost, ihre Brüste gestreichelt usw., aber ihre Erregung flaute ab. Die Patientin klingt etwas ärgerlich, aber auch traurig, als sie ihr Mißgeschick beschreibt. Ihre Assoziationen schweifen ab zu einer Dinnerparty, die kürzlich stattgefunden hat, aber die Traurigkeit scheint zuzunehmen, die Assoziationen laufen aus, die Patientin schweigt.

Ich verstehe weder ihr Schweigen noch ihre Traurigkeit, darum fordere ich die Patientin auf, auf das sexuelle Erlebnis zurückzukommen und ihre Gedanken wandern zu lassen. Sie sagt traurig, es sei nichts Neues dagewesen, es sei nicht die Schuld ihres Mannes, er sei rücksichtsvoll und leidenschaftlich und zart gewesen, habe all die Qualitäten gezeigt, die sie gewöhnlich genieße. »Er war sogar glatt rasiert«, sagt sie mit einem Lächeln, und dann weint sie, so daß ihr die Tränen übers Gesicht laufen. Ich bin ratlos. Ich überdenke rasch, was sie mir gesagt hat, aber meine Assoziationen bringen mir keine handfesten Hinweise. Ich denke zurück an die letzte Stunde, aber auch das hilft mir nicht weiter. Ich glaubte, ich sei in dieser Stunde in gutem Kontakt mit ihr gewesen, aber jetzt habe ich das Gefühl, als hätte ich sie verloren.

In dieser Lage verändere ich meine Art, ihr zuzuhören. Ich wechsle vom Zuhören von außen über zum Zuhören von innen. Ich muß einen Teil von mir die Patientin werden lassen, und ich muß ihre Erlebnisse durchmachen, als wäre ich die Patientin, und nach innen schauen, was in mir vorgeht, während sie ablaufen. Was ich zu beschreiben versuche, sind die Prozesse, die stattfinden, wenn man sich in einen Patienten einfühlt (siehe Fliess, 1953; Schafer, 1959; Greenson, 1960). Ich lasse mich die verschiedenen Ereignisse erleben, die die Patientin beschrieben hat, und ich lasse mich auch die Analysestunde, ihre Assoziationen und ihre Affekte erleben, wie sie sie in der Stunde erlebt zu haben scheint. Ich wiederhole mir noch einmal alle Äußerungen der Patientin und verwandle ihre Worte in Bilder und Gefühle, die ihrer Persönlichkeit gemäß sind. Ich lasse mich zu diesen Bildern assoziieren, auf Grund *ihrer* Erlebnisse, *ihrer* Erinnerungen, *ihrer* Phantasien. Während der Arbeit mit dieser Patientin habe ich mir im Lauf der Jahre ein Arbeitsmodell der Patientin aufgebaut, bestehend aus ihrer körperlichen Erscheinung, ihrem Verhalten, ihrer Art, sich zu bewegen, ihren Wünschen, Gefühlen, Abwehrmechanismen, Wertvorstellungen, Haltungen usw. Dieses Arbeitsmodell der Patientin schiebe ich nun in den Vordergrund, während ich versuche zu erfassen, was sie erlebt hat. Was von mir übrig ist, ist unbetont und vorübergehend isoliert.

Während ich die Ereignisse noch einmal überblicke, die die Patientin beschrieben hat (aber diesmal bin gleichsam ich die Patientin), kommen mehrere neue Vorstellungen an die Oberfläche. Die Patientin hat gesagt, ihr Mann habe sie mit Küssen »überschüttet« *(showered)*. Das hatte für mich als Beobachter keine besonderen Bilder erbracht. Als ich jedoch die Patientin »wurde«, fiel mir eine

Szene aus der Kindheit ein — mit dem Vater zusammen zu duschen (taking a *shower*). Dies ist eine der wenigen freudigen Erinnerungen, die die Patientin an ihren gewöhnlich mürrischen Vater hatte. Ein Element dieser Erinnerung hatte sich für die Patientin herausgehoben: Ihr Vater war so haarig. Das ließ ihn sinnlich, aber auch erschreckend erscheinen. Sie erinnerte sich, wenn er sie geküßt hatte, besonders lebhaft daran, seinen borstigen Bart gespürt zu haben. Nun fällt mir als Analytiker die letzte Bemerkung der Patientin wieder ein: »Er war sogar glatt rasiert«. Zuerst hatte ich geglaubt, dies sei eine Anspielung auf ihre Mutter. Nun wird mir klar, daß der glatt rasierte, liebende und rücksichtsvolle Ehemann das kontrastierende Bild ihres verdrängten sexuellen Verlangens nach ihrem sinnlichen und sadistischen Vater aufgeweckt hat. Als mir diese Gedanken durch den Kopf gehen, hat die Patientin wieder angefangen, von der Dinnerparty zu sprechen, und sie erzählt, ihr Tischherr habe sein Essen mit geöffneten Lippen gekaut — eine Eigenheit, die sie an ihrem Vater verabscheut hatte. Ich bin nun überzeugt, daß meine Empathie mich befähigt hat, die unbewußte Störung in dem sexuellen Erlebnis der Patientin zu entdecken. Ihr Mann hatte Erinnerungen an ihren unbewußt geliebten Vater geweckt, darum konnte sie keinen Orgasmus erreichen, und darum weinte sie voller Traurigkeit über sein glatt rasiertes Gesicht.

Diese klinische Kurzdarstellung veranschaulicht eine wertvolle Methode zur Erfassung der subtilen und komplizierten verborgenen Gefühle in einem anderen Menschen. Einfühlung bedeutet, daß man die Gefühle eines anderen Menschen teilt und erlebt. Man hat Anteil an der Qualität der Gefühle und nicht an der Quantität. Das Motiv der Empathie ist in der Psychoanalyse, Verständnis zu gewinnen; sie wird nicht zum Ersatzvergnügen benützt. Sie ist im wesentlichen ein vorbewußtes Phänomen; man kann sie bewußt in Gang setzen oder abbrechen, und sie kann stillschweigend und automatisch einsetzen, wobei sie mit anderen Formen, zu Menschen in Beziehung zu treten, abwechselt. Der wesentliche Mechanismus ist eine partielle und vorübergehende Identifikation mit dem Patienten aufgrund eines Arbeitsmodells des Patienten, das im Analytiker besteht, das er sich aus der Summe seiner Erfahrungen mit dem Patienten aufgebaut hat.

Indem ich das Arbeitsmodell der Patientin in den Vordergrund und all das, was meine Eigenart oder Einzigartigkeit ist, in den Hintergrund schob, ließ ich die Worte und Gefühle der Patientin in diesen Teil von mir ein. Das Modell reagiert mit Gedanken, Gefühlen, Erinnerungen oder Phantasien usw. In dem oben angeführten Beispiel weckte das Wort »überschüttet« *(showered)* in dem Modell die Schlüsselassoziationen — die Erinnerungen an das Duschbad *(shower)* mit dem Vater, was zu Assoziationen mit seiner Haarigkeit und seinem Bart führte — zu einem »Aha-Erlebnis«. Das »Aha« zeigt an, daß das Arbeitsmodell meines teilnehmenden Ichs mein analysierendes Ich, den Beobachter, aufmerksam gemacht hatte. Nun muß mein analysierendes Ich entscheiden, welche Bedeutung das unbewußte Material hat.

Das bringt uns zur Verwendung der Intuition, die mit der Einfühlung eng verwandt ist. Sowohl Empathie als auch Intuition sind Mittel, um rasches und tiefes Verständnis zu gewinnen. Empathie ist eine Methode, um in bezug auf Emotionen und Impulse engen Kontakt herzustellen. Intuition bewirkt das gleiche auf dem Gebiet der Vorstellungen. Empathie führt zu Gefühlen und Bildern; Intuition führt zu der »Aha-Reaktion«, die anzeigt, daß man es getroffen hat, oder zu der »O-weh-Reaktion«, die anzeigt, daß man das Ziel verfehlt hat.

In dem letzten klinischen Beispiel ließ mich die Empathie spüren, daß ich den Kontakt verloren hatte; die Empathie führte vom Überschüttet-Werden mit Küssen zum Duschbad mit dem Vater. Die Intuition sagte mir, ich sei auf dem rechten Weg und brachte rasch die Haarigkeit in Zusammenhang mit dem borstigen Bart und dem Glattrasiertsein und dem Weinen der Patientin, das darauf folgte. Meine Empathie mit der Patientin gab mir das Gefühl, dies sei richtig.

Empathie ist eine Funktion des erlebenden Ichs, während Intuition eine Funktion des beobachtenden Ichs zu sein scheint. Diese beiden Phänomene können ineinander übergehen und sich auf verschiedenste Weise miteinander vermischen. Aber Empathie stellt emotionell höhere Ansprüche; sie besteht aus emotionaler Beteiligung und erfordert die Fähigkeit zu gesteuerter und umkehrbarer Regression, nicht nur in bezug auf die Ichfunktionen, sondern auch auf Objektbeziehungen. Sie ähnelt dem schöpferischen Erlebnis des Künstlers, das Kris (1950) beschrieben hat. Intuition ist emotionell weniger anstregend; sie ist im Grunde ein Denkprozeß, wenn auch ein regressiver.

Empathie und Intuition sind die Grundlagen der *Begabung* zum Erfassen der unbewußten Bedeutung, die hinter dem bewußten Material verborgen ist; die besten Therapeuten haben einen reichlichen Vorrat von beiden. Die Fähigkeit zur Einfühlung ist eine Grundvoraussetzung, denn ohne sie ist es kaum möglich, irgendeine wirksame aufdeckende Therapie zu betreiben. Die Fähigkeit zur Intuition macht gewandt, aber ohne Empathie kann die Intuition irreführend und unzuverlässig sein.

Die Fertigkeiten des Psychoanalytikers, die ich bis jetzt beschrieben habe, hängen alle mit dem Gebrauch vorbewußter und unbewußter Prozesse zusammen. Jetzt erhebt sich die Frage, welche Rolle das intellektuelle Wissen von psychoanalytischer Theorie und Praxis in der psychoanalytischen Situation spielt. Wenn auch der Umstand, daß man mit seinem Unbewußten vertraut ist und Zugang zu ihm hat, die wichtigste Voraussetzung zur Anwendung der Psychoanalyse ist, braucht man doch ganz sicher auch intellektuelle Kenntnisse der Psychoanalyse. Es ist ein Klischee, daß niemand vollständig oder vollkommen analysiert ist, was bedeutet, daß es bei jedem Bereiche gibt, in die sein Ich nicht eindringen kann. Außerdem gibt es Fluktuation und Veränderungen im Gleichgewicht zwischen Trieb und Abwehr, in den eigenen Ichfunktionen und in der Ausgewogenheit zwischen Gegenübertragung und Arbeitsbündnis; dies alles kann vorübergehend die Zugänglichkeit oder Zuverlässigkeit des eigenen Unbewußten vermindern.

In solchen Zeiten ist es besonders wichtig, seine theoretischen Kenntnisse der Psychoanalyse zur Hand zu haben. Selbst unter idealen Bedigungen muß man oft sein klinisches und theoretisches Wissen benützen, um sich selber die Bedeutung einer bestimmten Feststellung zu erklären, zu der man durch Empathie gelangt ist. Kehren wir z. B. zu dem letzten klinischen Beispiel von der Frau mit der sexuellen Frustration und dem Tränenausbruch zurück. Empathie und Intuition brachten mich zu der Annahme, sie sei in ihrer sexuellen Erregung blockiert worden, weil Vorstellungen von ihrem Vater bewußt zu werden drohten. Man braucht außerdem noch klinische Kenntnisse, um zu erkennen, daß inzestuöse Impulse gewöhnlich starke Schuldgefühle wecken, die die sexuelle Erregung stören. Ein theoretisches Verständnis der Symptombildung hilft einem verstehen, daß die Tränen der Patientin, nachdem sie gesagt hatte, ihr Mann sei glattrasiert gewesen, ihre Traurigkeit über den Verlust eines früheren Liebesobjekts anzeigten — des Mannes mit dem borstigen Bart, ihres Vaters.

Im ersten Beispielfall, bei dem jungen Mann, den die Toilettengewohnheiten seiner Schwester anekelten, sagen einem Theorie und klinisches Wissen von den Reaktionsbildungen, daß unangemessene Intensität von Affekten darauf hinweist, daß der bewußte Affekt einen entgegengesetzten in der Verdrängung hält. Mit diesem Wissen im Sinn kann man dann aufmerksam auf jeden bestätigenden Beweis achten. Die Kenntnis des normalen und neurotischen Trieblebens der Kindheit sagt einem, daß das, was in der Kindheit so begehrt ist, sich im Lauf der Entwicklung in etwas Verabscheutes verwandeln kann, damit man den Forderungen der Außenwelt und des Über-Ichs nachkommen kann.

Bei diesen Beispielen ergänzen sich Empathie und Wissen. Manchmal kann eins das andere ersetzen. Die günstigste Situation besteht, wenn beide zur Verfügung stehen und benützt werden können, um einander zu bestätigen. Empathie und Intuition können mir sagen, der junge Mann hege seiner Schwester gegenüber verdrängte sexuelle Wünsche. Klinisches und theoretisches Wissen bestätigen dies, indem sie seine Produktionen mit der Theorie der Reaktionsbildung vergleichen. Mein Gedächtnis kann mir dabei helfen, wenn ich mich an frühere Informationen erinnern kann, die mir der Patient in dieser Hinsicht gegeben hat, oder wenn ich mich an dieses Material später erinnern kann, wenn verwandte Dinge zur Sprache kommen.

Eine praktisch brauchbare Kenntnis der Neurosentheorie steht zur psychoanalytischen Technik im gleichen Verhältnis wie das Studium der Pathologie zur Praxis der inneren Medizin (Fenichel, 1945 a). Es liefert die Grundlagen für die praktische Arbeit, indem es die regelmäßig auftretenden Merkmale verschiedener pathologischer Syndrome festlegt. Eine gründliche Kenntnis des Typischen ist die beste Vorbereitung für das Verstehen des Einzigartigen. Die Arbeit mit Patienten, klinische Fallseminare und die Lektüre von Fallgeschichten liefern das Rohmaterial, aus dem man sein theoretisches Gerüst gewinnen kann.

Dieses theoretische Wissen ist in Wirklichkeit ein Niederschlag und ein Destillat aus Tausenden von klinischen Fakten und muß für die klinische Arbeit verwendet werden, wenn man der Gefahr entgehen will, wilde Psychoanalyse zu betreiben. Empathie und Intuition kann man nicht lehren, aber ein Wissenschaftler muß lernen, was lehrbar ist. Theoretisches Wissen ist keine Barriere für intuitive Psychotherapie; im Gegenteil, es ist eine unentbehrliche Voraussetzung (Sharpe, 1930; Fenichel, 1945 a).

Ich glaube, daß der Gang der Ausbildung in den meisten psychoanalytischen Instituten diese Ansicht bestätigt. Bevor ein Kandidat einen Patienten in psychoanalytische Behandlung nehmen darf, muß er selber wirksame persönliche Analyse durchgemacht haben und er muß die Seminare hinter sich haben, in denen die seelische Entwicklung, Struktur und Bedeutung des Traums, die psychoanalytische Neurosentheorie, die grundlegende Metapsychologie und Grundlagen der psychoanalytischen Technik behandelt worden sind. Wir glauben, daß ein Kandidat erst dann imstande ist, psychoanalytische Technik anzuwenden, wenn er mehrere Jahre eigener Analyse erlebt und brauchbare Kenntnisse der psychoanalytischen Theorie erworben hat (Lewin und Ross, 1960).

4.212 Wie man dem Patienten etwas mitteilt

Nehmen wir an, der Analytiker habe mit Hilfe von Empathie, Intuition und theoretischem Wissen verstanden, was das Material des Patienten bedeutet. Seine nächste Aufgabe besteht darin, es dem Patienten mitzuteilen. In Wirklichkeit muß er entscheiden, *was* er dem Patienten sagen soll, *wann* er es sagen soll und *wie* er es sagen soll.

Gehen wir zurück zu dem Augenblick in der Analysestunde, in dem der Analytiker meint, er habe die unbewußte Bedeutung begriffen, die das Material des Patienten hat. Es mag sein, daß er es nur impressionistisch und vage erfaßt hat; es muß in Worten und Gedanken formuliert werden, bevor man weitere Schritte tun kann. Es kommen auch Situationen in der Analyse vor, in denen man einem Patienten vage Vorstellungen oder Ahnungen mitteilt, aber das tut man gewöhnlich nur, wenn das Material relativ harmlos ist.

Gewöhnlich ist es nötig, das Material in Worte zu fassen, um so klar und genau wie möglich zu sein. Der Analytiker will einen Kontakt herstellen und beim Patienten eine Wirkung erzielen. Er möchte daher vermeiden, mißverstanden zu werden, besonders, da die Widerstände des Patienten immer bereit sind, eine solche Gelegenheit zu ergreifen. Die Wahl der Worte, Ausdrucksweise und Stimmklang spielen eine besondere und grundlegende Rolle als Brücke zur Überwindung der Kluft zwischen dem Patienten und dem Analytiker, genau wie sie es früher zwischen Mutter und Kind taten, nachdem die körperliche Trennung erfolgt war (Sharpe, 1940; Greenson, 1950; Loewenstein, 1956; Rycroft, 1956; Stone, 1961). Ausdrucks- und Sprechweise sind relativ autonome Ichfunktionen, aber sie sind der Regression, der erneuten Triebbesetzung und der erneuten Überschwemmung durch neurotische Konflikte ausgesetzt. Dies kommt leicht bei Patienten vor, die Schwierigkeiten gehabt haben, ihre getrennte Identität aufrechtzuerhalten, oder bei Patienten, die in einer tief regressiven Übertragungsneurose stecken (Loewald, 1960).

Der Analytiker muß in Worten formulieren, was er dem Patienten sagen könnte. Er muß sein eigenes Denken nach Art des Primärvorgangs in ein Denken nach Art des Sekundärvorgangs übersetzen. Dann muß er entscheiden, ob er dies zu diesem Zeitpunkt dem Patienten sagen kann. Hier muß er sein klinisches Urteil und seine Empathie einsetzen, denn nur durch diese Fähigkeiten kann er entscheiden, erstens, ob die Information brauchbar ist, und zweitens, ob der Patient diese Einsicht ertragen kann, ohne daß sie ihn traumatisiert. Intellektuelles Wissen kann ihm helfen, wenn er sich an ähnliche, frühere Deutungen erinnert oder wenn ihm einfällt, daß eine Trennung durch Ferien kurz bevorsteht, usw. Er muß entscheiden, ob es nicht besser wäre, auf weitere Daten zu warten, oder ob er vielleicht warten sollte, bis der Patient selber auf die Deutung kommt.

Wenn der Analytiker beschlossen hat, dem Patienten die Deutung mitzuteilen, muß er sich überlegen, *wie* er sie formulieren soll. Ich muß hier einschieben, daß diese ausführliche Beschreibung nicht bedeutet, daß jeder dieser Vorgänge normalerweise einzeln, langsam und in fester Reihenfolge abläuft. Gelegentlich kommt das vor, aber gewöhnlich finden sie rasch, automatisch und weitgehend gleichzeitig statt. Die Methode der Entscheidung, wie man einem Patienten eine Einsicht vermittelt, ist schon in den Abschnitten 2.6, 3.543 und 3.94 besprochen worden. An dieser Stelle genüge es, noch einmal zu sagen, daß die Einfühlungsfähigkeit das wertvollste Instrument zur Beurteilung solcher Fragen ist. Die Wortwahl und der Ton können sehr wohl darüber entscheiden, ob optimaler Kontakt und optimale Wirkung zustandekommen, ob man den Widerständen Vorschub geleistet oder traumatisierend gewirkt hat.

Das Vokabular des Analytikers muß sich an das vernünftige Ich des Patienten richten. Der Analytiker muß sich fragen, wie nah die Einsicht, die er dem Patienten vermitteln will, dem vernünftigen Ich des Patienten steht. Je unzugänglicher das Material ist, desto vorsichtiger muß der Analytiker mit seinen Formulierungen und seiner Wortwahl sein. Außerdem sollte das Vokabular des Analytikers nicht zu weit von dem des Patienten entfernt sein, denn sonst würde es der Intervention eine irreale Qualität verleihen. Es muß wirksam sein und darf doch nicht schockieren — diese Werte können nur durch die empathische Identifizierung des Analytikers mit jedem Patienten in der jeweiligen Situation bestimmt werden. Lautstärke und Betonung sind oft wichtiger als die Wortwahl. Klang und Betonung vermitteln die präverbalen und nonverbalen Gefühle, oft auch die unbewußten Haltungen des Analytikers. Außerdem stammt die Empfindlichkeit für Klang und Betonung aus den frühesten Objektbeziehungen, aus einer Zeit, in der die Trennungsangst ein wichtiger Faktor ist. Der Stimmklang führt hin zum Kontakt oder von ihm weg; er ist daher sehr wichtig für das Gleichgewicht zwischen Vertrauen und Mißtrauen in der Beziehung von Patient und Analytiker (Loewald, 1960; Greenson, 1961).

Ein wichtiger Aspekt der Kunst der Kommunikation mit dem Patienten in der analytischen Situation ist die Geschicklichkeit, mit der der Analytiker das Schweigen benützt. Das Schweigen des Analytikers hat für den Patienten viele Bedeutungen, je nach der Übertragungssituation des Patienten und je nach der Gegenübertragung des Analytikers. Außerdem ist das Schweigen eine der schwersten Belastungen, die unsere Patienten in der analytischen Situation zu ertragen haben; man sollte es daher in Qualität und Quantität sorgfältig dosieren (Stone, 1961, S. 45—55). Schweigen ist von seiten des Analytikers sowohl eine passive als auch eine aktive Intervention. Der Patient braucht unser Schweigen, denn er braucht vielleicht Zeit, um Gedanken, Gefühle und Phantasien aus seinem Inneren aufsteigen zu lassen. Unser Schweigen übt auch Druck auf ihn aus, sich mitzuteilen und sich seinen Äußerungen und Emotionen ohne Ablenkung zu stellen. Er kann unser Schweigen als unterstützend und warm oder als kritisch und kalt empfinden (Nacht, 1964). Das kann an seinen Übertragungsprojektionen liegen, aber auch an seinem unterschwelligen Gewahrsein unserer Gegenübertragungsreaktionen (Greenson, 1961).

Der Analytiker stellt nicht nur durch Deutungen und durch Schweigen eine Kommunikation zum Patienten her, sondern auch noch durch andere Mittel und aus den verschiedensten anderen Gründen. Bevor man deuten kann, muß man das zur Bearbeitung vorliegende Material demonstrieren und klären. Zum Beispiel, bevor ich die unbewußte Bedeutung eines Widerstands aufdecken kann, muß vielleicht dem Patienten erst die Realität des Widerstands demonstriert und geklärt werden.

Ein Beispiel: Ein junger Mann, ein nach dem Examen weiterstudierender Sozialwissenschaftler, beginnt seine Stunde, indem er sagt, er sei enttäuscht; er habe gehofft, einen sehr »tiefen« Traum zu haben, der ihm Zugang zu seinen frühen Kindheitserlebnissen gewähren würde; statt dessen erscheine ihm sein Traum oberflächlich. Er erinnert sich nur noch, daß er in dem Traum in einem Raum voll Bücher war, und es machte ihm Freude, daß all diese Bücher ihm gehörten. Ein Buch fiel besonders auf; es hatte mit seiner Hinrichtung zu tun. Der Patient spricht dann von seinem Entsetzen, wenn er sich vorstellt, wie es sich anfühlen müsse, zum Tode verurteilt zu sein. Dann spricht er von seinen Geldproblemen, von seinen wachsenden Ausgaben und seinem zusammenschrumpfenden Bankkonto. Von da aus geht er dazu über, sich zu fragen, wie lange seine Analyse wohl weitergehen werde, und er äußert seine Frustrationsgefühle über seine langsamen Fortschritte. In der gestrigen Stunde habe er das Gefühl gehabt, er erreiche etwas, aber heute scheine ihm alles so schwierig. Wie er die Leute beneide, die soviel Zeit hätten, um Romane zu lesen, während er jede freie Minute mit Studieren zubringen müsse! Wenn er doch erst fertig und frei wäre!

Dies letzte sagte er traurig, und ich bemerke die steife Haltung des Patienten auf der Couch und wie sein Kopf auf seiner Faust ruht, die auf dem Kissen liegt. An dieser Stelle greife ich ein und frage ihn, wie er sich in diesem Augenblick körperlich fühlt. Er antwortet, er fühle sich angespannt und müde. Er fühle eine Spannung um den After, nicht, als sei der Darm voll und wolle explodieren, sondern eng. Ich frage, ob es sich so anfühle, als halte er etwas zurück, und er antwortet mit ja. Er hat den Eindruck, er lasse nicht locker, als fürchte er sich vor etwas. Er fährt fort und fragt sich, was er wohl zurückhalte und warum, aber er scheint nicht damit voranzukommen.

Ich weise ihn darauf hin, der Raum voll Bücher im Traum könne sehr wohl mein Zimmer sein, eben der Raum, in dem wir arbeiteten. Wie würde es ihm gefallen, ein solches Studierzimmer für sich zu haben? Zunächst reagiert er mit Vergnügen auf eine solche Vorstellung, aber bald spricht er davon, wie unmöglich es ihm sein werde, jemals soviel Geld zu verdienen. Nun fällt ihm etwas ein: Als er gestern auf dem Heimweg von der Stunde war, hat er daran gedacht, mich zu fragen, ob er den Tag nach dem Erntedankfeiertag überschlagen könne, ohne die Stunde bezahlen zu müssen. Er stellte sich vor, mich darum zu bitten, und wie ich »nein« antwortete, er habe zu zahlen. Dann stellte er sich vor, er würde eigensinnig und trotzig sagen, er werde es nicht tun.

Er habe diese Fragen gestern beiseitegeschoben, indem er gedacht habe, Greenson werde nicht so furchtbar hart sein, und schließlich müsse er eigentlich doch zahlen — es sei nur vernünftig, und so weiter. An dieser Stelle — in der Stunde — macht er eine Pause und sagt nachdenklich: »Was würde passieren, wenn eine unwiderstehliche Kraft auf einen unbewegbaren Körper stieße?« Sein Vater hatte, als der Patient ein Junge war, oft mit ihm über Physik gesprochen. »Sie sind die unwiderstehliche Kraft und ich bin der unbewegbare Körper«, sagt er. Schweigen. Nun sage ich: »Und Sie halten etwas zurück, weil Sie sich vor dieser Auseinandersetzung zwischen uns fürchten — wir würden beide zerstört, wenn Sie losließen.« Der Patient seufzt. »Ich kann mit meiner Frau streiten, und ich kann mit meinen Professoren streiten, aber Sie sind der Mörder.« »Ja«, füge ich hinzu, »ich bin der Henker.«

Kehren wir zum Anfang der Stunde zurück. Ich spüre, daß der Patient im Widerstand ist, aber weil ich nicht weiß, ob ich es ihm überzeugend nachweisen kann, warte ich, bis ich lebendiges Material finde — in diesem Fall, seine Körperhaltung. Ich konfrontiere ihn, indem ich ihn einfach und direkt frage, wie er sich im Augenblick körperlich fühle. Das führt dazu, daß er eine Spannung im After fühlt, die ich als Zurückhalten bezeichne. Er bestätigt dies, indem er in seinen Assoziationen immer enger wird und nicht weiterkommt. Dann nehme ich das Detail des Traums auf, das darauf hinweist, daß es im Traum darum geht, er wolle besitzen, was ich besitze, und ich frage ihn, was ihm zu dieser Vorstellung einfällt. Seine Assoziationen führen zu den Phantasien nach der letzten Stunde, die bis dahin unzugänglich gewesen waren. Der Kampf zwischen der unwiderstehlichen Kraft und dem unbewegbaren Objekt ist der Kampf zwischen uns. Darum hält er zurück — er hat Angst vor seinen aggressiven Impulsen, die uns beide zerstören könnten. Dies ist die Deutung, aber man hätte diese Deutung nicht überzeugend machen können, sie hätte keine echte emotionale Wirkung gehabt, wenn ich nicht in der Stunde zuerst die Körpersprache erkannt hätte (F. Deutsch, 1947, 1953).

Die erleichternden Interventionen, die zur Klärung und weiteren Bearbeitung führen, sind ein in der psychoanalytischen Technik notwendiges und wichtiges Verfahren. Wir helfen auf diese Weise dem Patienten, das klinische Material zu produzieren, das wir für die Deutung brauchen. Diese Interventionen müssen zum richtigen Zeitpunkt erfolgen, so daß sie den Fluß bedeutsamen Materials nicht stören. Sie müssen einfach, direkt und klar sein, damit sie zu weiterer Aufklärung oder weiterer Ausarbeitung führen. Man darf nicht selber alle Arbeit tun und auch nicht erwarten, daß der Patient sie allein tut. Man muß wissen, wann man den Patienten führen muß und wie weit, ohne ihn völlig passiv und abhängig zu machen. Es gibt Situationen, in denen es besser ist, wenn der Patient die meiste Arbeit tut. Alle diese Möglichkeiten muß man sich vor Augen halten, wenn man sich überlegt, wann und wie man dem Patienten etwas mitteilt.

4.213 Wie man die Entwicklung der Übertragungsneurose und des Arbeitsbündnisses erleichtert

Die psychoanalytische Situation fordert vom Psychoanalytiker die Fähigkeit, sich so zu seinem Patienten in Beziehung zu setzen, daß der Patient eine Übertragungsneurose und ein Arbeitsbündnis entwickelt. Dies ist wieder eine Lage, in der der Analytiker die Fähigkeit haben muß, zwei antithetische Positionen gleichzeitig einzunehmen, denn die Haltungen und Techniken, die die Entwicklung der Übertragungsneurose fördern, sind denen entgegengesetzt, die das Arbeitsbündnis fördern (Stone, 1961; Greenson, 1965 a). Über dieses Thema haben wir in Abschnitt 3.5 sehr ausführlich gesprochen; an dieser Stelle will ich nur einige der Hauptüberlegungen wiederholen.

Der Analytiker muß zwei Grundvoraussetzungen erfüllen, um das Entstehen der Übertragungsneurose im Patienten zu fördern. Er muß beständig die Suche des Patienten nach neurotischer Befriedigung und Beruhigung frustrieren, und er muß auch relativ anonym bleiben (siehe Abschnitt 3.921 und 3.922). Wenn der Analytiker aber inkognito bleibt und dem Patienten ständig Entbehrungen auferlegt, wie soll er den Patienten veranlassen, im Arbeitsbündnis mit ihm zusammenzuarbeiten? Ein Teil der Antwort liegt in dem Umstand, daß es ein optimales Maß an Entbehrung und Inkognito gibt. Übermäßige Versagung und Anonymität führen zu unendlichen oder abgebrochenen Analysen. Das scheinen die Feststellungen anderer Psychoanalytiker zu bestätigen. Der freimütigste von ihnen ist Leo Stone (1961, S. 53), aber auch Ferenczi (1930), Glover (1955), Fenichel (1941), Grete Bibring (1935) und Menninger (1958) weisen auf die Gefahren überflüssiger Versagungen und Kargheit hin. Der Analytiker darf die Entbehrungen und Frustrationen der analytischen Situation nicht über die Fähigkeit des Patienten hinausgehen lassen, solche Belastungen zu ertragen. Wenn der Patient durch die analytische Entbehrung und das analytische Inkognito traumatisiert wird, bricht er vielleicht die Behandlung ab, agiert destruktiv oder bleibt an einen unbehandelbaren regressiven Übertragungswiderstand fixiert. Der Analytiker kann die Vorstellung vom analytischen Inkognito mißbrauchen, wenn sich bei ihm hinter dieser Regel der psychoanalytischen Technik eine unbewußte Angst vor Entblößung und Engagement verbirgt. Ebenso können auch unbewußte sadistische Impulse den Analytiker veranlassen, dem Patienten unwissentlich überflüssige und harte Entbehrungen aufzuerlegen, wobei er fälschlich glauben mag, er folge hier der »Abstinenzregel«.

Derartige technische Fehler, die von der unerkannten Gegenübertragung herrühren, schaffen unanalysierbare Situationen. Der Analytiker benimmt sich dann in seinen geheimnisvollen und versagenden Verhaltensweisen wirklich wie eine Elternfigur, der Patient kann ihn daher nicht von seiner Vergangenheit unterscheiden (G. Bibring, 1935). Um die Entwicklung einer Übertragungsneurose im Patienten zu erleichtern, muß der Analytiker die Fähigkeit des Patienten, die spezifische Belastung durch das Inkognito und die versagende Haltung des Analytikers zu ertragen, richtig einschätzen. Der Analytiker muß erkennen können, welche Frustration und Angst sein analytisches Verhalten dem Patienten auferlegt, und es entsprechend steuern können. Der Unterschied zwischen erträglicher und unerträglicher Spannung kann in einer Nuance im Verhalten des Analytikers bestehen (Stone, 1961).

Wenden wir uns nun der anderen Komponente in der Beziehung des Psychoanalytikers zum Patienten zu. Der Analytiker muß nicht nur die Entwicklung der Übertragungsneurose fördern, sondern er muß sich auch so verhalten, daß der Bestand eines Arbeitsbündnisses gesichert ist. Ich habe den Beitrag des Analytikers zum Arbeitsbündnis im Abschnitt 3.543 schon etwas ausführlicher beschrieben. Hier will ich nur das Wesentliche noch einmal umreißen.

1. Der Analytiker muß in seiner täglichen Arbeit mit dem Patienten zeigen, daß er jede Äußerung und die Manifestation jeder Verhaltensweise des Patienten für wertvoll genug hält, um sie ernsthaft zu bearbeiten und so Einsicht und Verständnis zu gewinnen. Nichts ist zu trivial, zu weit hergeholt oder zu abstoßend. Die große Häufigkeit der Sitzungen, die lange Behandlungsdauer, die Bereitschaft, nach den Fernzielen zu streben, das Widerstreben, Stunden ausfallen zu lassen — alles spricht für die Überzeugung des Analytikers, es sei wichtig, den Patienten gründlich verstehen zu lernen.

2. Hinter der Suche nach Einsicht liegt die therapeutische Verpflichtung des Analytikers gegenüber dem Patienten und begleitet jeden Schritt dieser Suche. Die ärztliche Zuwendung des Analytikers zum Patienten sollte zutage treten in seiner sorgfältigen Abwägung, wieviel Schmerz der Patient ertragen kann, in dem Takt, den er aufwendet, wenn es notwendig ist, schmerzhafte Einsichten zu vermitteln, und in der Sorgfalt, mit der er darauf achtet, die persönliche Beziehung nicht unnötig zu beeinträchtigen.

3. Der Analytiker muß auch als Führer dienen, der den Patienten in die seltsame neue Welt der psychoanalytischen Behandlung geleitet. Zur richtigen Zeit muß er die vielen sonderbaren und künstlichen Maßnahmen und Regeln erklären, die notwendig sind, um eine Psychoanalyse durchzuführen. In gewissem Sinn muß er den Patienten lehren, wie man ein Psychoanalyse-Patient wird. Das geschieht nicht auf einmal, sondern in

einem längeren Zeitraum. Wieviel davon notwendig ist, ist von einem Patienten zum anderen ungeheuer verschieden; bei den regredierten Patienten ist meist mehr erforderlich. Man sollte dem Patienten die Möglichkeit geben, die erstaunliche Seltsamkeit einer bestimmten Maßnahme zu erleben, bevor der Analytiker ihren Zweck erklärt. Zuerst sollte man die Reaktionen des Patienten untersuchen; die Belehrung sollte erst erfolgen, nachdem der Patient spontan reagiert hat und diese Reaktionen analysiert worden sind.

4. Der Analytiker muß die Selbstachtung und die Würde des Patienten bewahren. Er muß die Ungleichheit der Beziehung in bestimmten Bereichen erkennen, und wenn er sie auch nicht ändern kann, sollte er sie doch dem Patienten gegenüber anerkennen. Der Analytiker darf keine Haltung der Überlegenheit, keine autoritäre oder geheimnisvolle Haltung einnehmen. Die Methode der Psychoanalyse gründet sich auf eine komplexe und einzigartige interpersonale Beziehung, die nicht willkürlich ist, sondern einer Reihe logischer und zweckmäßiger Regeln folgt. Die Behandlung erlegt dem Patienten besondere Mühsal auf, die der Analytiker berücksichtigen muß. Der Patient muß nach strengen wissenschaftlichen Richtlinien, aber mit Respekt und normaler Höflichkeit behandelt werden.

5. Die analytische Beziehung ist für beide Parteien ein kompliziertes und zerbrechliches menschliches Verhältnis. Der mit der Situation vertraute Fachmann darf nicht zulassen, daß sich seine Reaktionen dem Patienten aufdrängen und so die individuellen und einzigartigen Reaktionen des Patienten verwischen. Die Reaktionen des Analytikers müssen zurückgehalten und gedämpft werden und im Dienst der therapeutischen Verpflichtung stehen, die Einsicht und Verstehen als ihr mächtigstes Werkzeug ansieht. Das katalytische Agens in diesem Rahmen, das Agens, das alle anderen Elemente zum Erfolg oder zum Scheitern bringt, ist die analytische Atmosphäre. Diese sollte eine Atmosphäre der Annahme, der Toleranz und der Menschlichkeit sein.

Ich glaube, diese kurze Darstellung zeigt, wie der Analytiker den Konflikt zwischen der kargen Inkognitohaltung, die für die Übertragungsentwicklung erforderlich ist, und der Haltung des menschlichen Krankenbehandlers, die für das Arbeitsbündnis nötig ist, lösen kann. Wenden wir uns nun den Ansichten über diese Frage zu, die andere Fachleute auf diesem Gebiet entwickelt haben.

Leo Stone (1961) beschreibt sehr freimütig, was er die legitimen Befriedigungen des Patienten nennt, und ich glaube, ich stimme im wesentlichen mit ihm überein. Ich bezeichne das, was wir tun, jedoch meistens lieber als ein Wahren der Rechte des Patienten, denn ich meine, wir haben es mit wesentlichen Bedürfnissen zu tun, die respektiert werden *müssen*, und nicht mit Wünschen, bei denen man eine Wahl hat. Die therapeutische Verpflichtung des Analytikers gegenüber dem Patienten ist nach meiner Meinung absolut erforderlich und nicht wahlfrei. Das gleiche gilt für die allgemeine Anteilnahme für die mißliche Lage des Patienten. Mitgefühl, Interesse, Wärme, alle in Grenzen, sind unentbehrlich für das Arbeitsbündnis.

Ich glaube, daß viele Autoren, die über psychoanalytische Technik geschrieben haben, die beiden einander entgegengesetzten Beziehungen zwischen Analytiker und Patient erkannt haben, aber unfähig waren, das Arbeitsbündnis als notwendiges Gegenstück zur Übertragungsneurose aufzufassen. Zum Beispiel spricht Freud von den freundlichen Aspekten der Übertragung, die »in der Psychoanalyse ... die Träger des Erfolges« sind (1912 a, G.W. Bd. 8, S. 371). In seiner Abhandlung »Zur Einleitung der Behandlung« stellt er fest: »Man kann sich diesen ersten Erfolg allerdings verscherzen, wenn man von Anfang an einen anderen Standpunkt einnimmt als den der Einfühlung ...« (1913 b, G.W. Bd. 8, S. 474). Ferenczis (1928 b) Erörterung des gebotenen Takts befaßt sich damit, daß der Analytiker dem Patienten »guten Willen«, »Güte« zeigen müsse (S. 384). In seiner Abhandlung über die Prinzipien der Entspannung und Neokatharsis beschreibt Ferenczi (1930) das Prinzip der Gewährung, das man oft Seite an Seite mit dem Prinzip der Versagung wirken lassen muß (S. 476). Glovers Fragebogen an die britischen Psychoanalytiker (1955, S. 308) offenbart, daß ein Drittel von ihnen es für richtig hielt, ihre Patienten eine positive, freundliche Einstellung merken zu lassen, die sich vom »professionellen Interesse« unterschied. Ähnliche Gedanken finden sich in den Schriften über technische Fragen bei vielen anderen (Sharpe, 1930; Fenichel, 1941; Lorand, 1946; A. Freud, 1954 a; und die Liste zusätzlicher Literatur).

4.22 Persönlichkeits- und Charakterzüge des Psychoanalytikers

Die Befähigungen, die die psychoanalytische Situation vom Psychoanalytiker fordert, leiten sich nicht nur von seiner Ausbildung und Erfahrung her, sondern auch von seiner Persönlichkeit und seinem Charakter, d. h. Temperament, Sensibilität, Einstellungen, Gewohnheiten, Wertvorstellungen und Intelligenz. Niemand wird als Psychoanalytiker geboren, und niemand kann plötzlich Psychoanalytiker werden, gleichgültig, wie glücklich begabt er sein mag. Die persönliche Erfahrung, eine therapeutische Psychoanalyse gemacht zu haben (selbst wenn sie mit einem didaktischen Zweck verknüpft war), ist eine absolut erforderliche Voraussetzung. Natürliche Begabung und reiche Lebenserfahrung können noch besondere Talente für den Psychoanalytikerberuf hinzufügen. Aber, so wertvoll es sein mag, Talent ist nicht genug. Die analytische Situation stellt so hohe emotionale Forderungen an den Analytiker, daß die Begabung, wenn sie nicht durch eine analysierbare Charakterstruktur unterstützt wird, sich nicht als ausdauernd erweisen wird. Das Aufflammen von Brillanz und Virtuosität kann den langen Weg der psychoanalytischen Therapie nicht genügend erhellen.

Die Beziehung zwischen analytischen Fähigkeiten und Persönlichkeitszügen ist komplex, und der Ursprung von Fähigkeiten und Merkmalen ist von einem Menschen zum anderen verschieden. Im nächsten Abschnitt werde ich mich auf die Motivationen des Psychoanalytikers konzentrieren, die mit seinen Fähigkeiten und Eigenschaften unlösbar verwoben sind. Hier kann ich nur versuchen aufzuzählen, welche Fähigkeiten ich für die wichtigsten halte, und die typischsten Voraussetzungen umreißen. Viele Züge und Fähigkeiten können aus einer gemeinsamen Quelle hervorgehen und trotzdem verschieden stark ausgeprägt sein. Andererseits kann eine einzelne Eigenschaft oder Fähigkeit vielfältige Wurzeln haben. Dem Leser wird dringend empfohlen, bei Ernest Jones das Kapitel über Freuds Charakter und Persönlichkeit (1955, S. 403—434) als Beispiel für eine solche Untersuchung zu lesen.

4.221 Züge, die zum Verstehen des Unbewußten in Beziehung stehen

Die hartnäckige und fortgesetzte Suche nach Einsicht und Verständnis, die in der psychoanalytischen Therapie so sehr im Mittelpunkt steht, leitet sich von verschiedenen Facetten der Persönlichkeit des Analytikers her. Erstens muß er sich lebhaft für Menschen interessieren, für ihre Lebensweise, ihre Gefühle, Phantasien und Gedanken. Er sollte einen fragenden Verstand haben und nach Erkenntnis, Ursachen und Gründen forschen (Jones, 1955, S. 426, 433). Die Energie, die einen Menschen in diese Richtung treibt, stammt aus seiner Wißbegierde, die der Menge nach reichlich und der Qualität nach wohlwollend sein sollte. Zu wenig Wißbegierde macht den Analytiker zu einem Opfer der Langeweile; eine zu unsanfte Neugier verursacht dem Patienten unnötigen Schmerz. Der Analytiker sucht Einsicht zu gewinnen, um seinen Patienten Verständnis zu ermöglichen, nicht um seines eigenen skoptophilen oder sadistischen Vergnügens willen (Sharpe, 1930, 1947). Diese Haltung ist nur möglich, wenn die Neugier nicht mehr von den Trieben beherrscht wird.

Damit der Analytiker seinen Tag mit Zuhören verbringen kann, ohne sich zu langweilen, sollte seine Neugier auch ein Vergnügen am Zuhören umfassen (Sharpe, 1947, S. 120). Die besondere Sensibilität, die den Psychoanalytiker befähigt, in den Veränderungen von Sprechklang und -rhythmus beim Patienten die subtile Kombination von Affekten zu unterscheiden, hängt mit seiner Wertschätzung der Musik zusammen. Menschen ohne musikalisches Gehör sind nach meiner Erfahrung nicht die besten Therapeuten. Ein Analytiker sollte dem Unbekannten, dem Seltsamen und dem Bizarren in seinem Patienten aufgeschlossen und nicht mit Angst oder Abneigung begegnen.

Es ist nützlich, wenn man von den Einschränkungen der konventionellen Gesellschaft frei und relativ gleichgültig gegen die Oberflächlichkeiten des Alltagslebens ist. Das Privatleben Freuds zeigte diese Eigenschaften in hohem Maß (Jones, 1955, 1957). Der Analytiker sollte genügend vertraut sein mit seinen eigenen unbewußten Prozessen, um mit Demut die Vorstellung akzeptieren zu können, daß er selber wahrscheinlich die gleichen Seltsamkeiten aufweist wie der Patient; das Seltsame erweist sich so oft als etwas, das früher einmal vertraut war und später verdrängt worden ist.

Am Anfang sollte der Analytiker auf die Produktionen des Patienten rezeptiv reagieren, selbst wenn dies einer gewissen Leichtgläubigkeit bedarf. Nur so kann man dem Material des Patienten ganz gerecht werden. Es ist besser, sich täuschen zu lassen, während man mit den Produktionen des Patienten mitgeht, als sie verfrüht als falsch zurückzuweisen. Die Fähigkeit, selbst bis zur Leichtgläubigkeit die Beurteilung auszusetzen, macht es möglich, sich in den Patienten einzufühlen, was schließlich zum Verstehen der zugrundeliegenden Motive führen kann. In dieser Hinsicht ist interessant, daß Freud ein bekannt schlechter Menschenkenner war (Jones, 1955, S. 412, 420). Eine Detektivhaltung, eine Haltung des Argwohns, ruft eine Entfremdung vom Patienten hervor, stört die Empathie und das Arbeitsbündnis. (Es gibt jedoch einige Ausnahmen. Bei Delinquenten kann es z. B. nützlich sein, rasch zu zeigen, daß man ihre Tricks bemerkt; siehe Aichhorn, 1925; Eissler, 1950 a; Redl und Wineman, 1951; Geleerd, 1957.) Der Analytiker muß eine gewisse Skepsis besitzen, aber diese muß wohlwollend sein. Er sollte unterscheiden können zwischen einer wahrscheinlichen und plausiblen Realität, einer möglichen, aber phantastischen Realität, einem Wahn und einer bewußten Täuschung, ohne die unbewußten Bedeutungen der Entstellung aus dem Auge zu verlieren.

Die Fähigkeit und Bereitwilligkeit, der Einsicht nachzugehen, auch wenn sie schmerzlich ist, also Wahrheitsliebe, hat ihren Ursprung in frühen oral-introjektiven und eindringenden, wie auch phallischen Antrieben. Menschen mit dieser Eigenschaft zeigen geistige Unabhängigkeit und intellektuellen Mut angesichts des Neuen, des Unkonventionellen und des Unbekannten. Bei solchen Menschen ist der Wunsch, zu verstehen, zu einer neutralisierten, autonomen Funktion geworden (Hartmann, 1951, 1955). Wenn der Psychoanalytiker diese Eigenschaft nicht erlangt hat, neigt er entweder zu beschränkter Einsicht oder zum Mißbrauch von Einsichten, der Fehler in der Wahl des Zeitpunkts, in Takt und Dosierung der Deutungen zur Folge hat, woraus dem Patienten unnötiger Schmerz und unnötige Demütigung entstehen.

Die Fähigkeit, das Unbewußte eines anderen Menschen zu verstehen, rührt von einer Vielfalt verschiedener Eigenschaften her. Die bei weitem wichtigste ist, wie schon gesagt, die Einfühlungsfähigkeit, die im wesentlichen ein vorbewußtes Phänomen ist. Manche der klinischen, dynamischen und strukturellen Eigenschaften habe ich schon im Abschnitt 4.211 als Teil der Befähigungen des Analytikers beschrieben. An dieser Stelle möchte ich Mutmaßungen über die Persönlichkeitseigenschaften anstellen, die zum Entstehen von Einfühlungsvermögen führen.

Einfühlung ist eine Art und Weise, einen anderen Menschen mit Hilfe zeitweiliger und partieller Identifizierung zu verstehen. Um dies fertigzubringen, muß der Analytiker für einige Zeit auf einen Teil seiner eigenen Identität verzichten, und dazu muß er ein lockeres oder flexibles Selbstbild haben. Das darf man nicht mit Rollenspiel verwechseln; dies ist ein bewußteres Phänomen. Die Empathie ähnelt mehr dem Vorgang der »ernsthaften Täuschung«, die man erlebt, wenn einem ein Kunstwerk, eine Aufführung oder ein Werk der Dichtkunst bewegt (Beres, 1960; Rosen, 1960). Sie ist eine intime, nonverbale Form, Kontakt herzustellen (Greenson, 1960). Empathie ist ein regressives Phänomen und scheint verwandt zu sein mit den mehr oder minder gelenkten Regressionen, die man bei schöpferischen Menschen beobachtet (Kris, 1952). Um sich einzufühlen, muß der Analytiker fähig sein, diese regressiven Mechanismen mit Leichtigkeit einzusetzen, um ein Gefühl der emotionalen Nähe zu seinem Patienten zu gewinnen.

Damit die Empathie sich lohnt, sollte der Analytiker einen reichen Schatz persönlicher Lebenserfahrung haben, auf den er zurückgreifen kann, um den Patienten leichter zu verstehen. Dazu sollten gute Kenntnisse in Literatur, Dichtung, Theater, Märchen, Volksbräuchen und Spielen kommen (Sharpe, 1947). All diese Ingredienzien tragen zu einer lebhaften Vorstellungskraft und einem lebendigen Phantasieleben bei, die für die analytische Arbeit von unschätzbarem Wert sind. Die Welt der Illusionen des Menschen, seien es Theater, Musik, Kunst, Märchen oder Tagträume, hat es mit universellen Erlebnissen zu tun und verbindet die Menschheit. In diesen Medien sind wir einander näher als in unseren bewußten Tätigkeiten oder sozialen Institutionen.

Diese Art der emotionalen Nähe, die die Empathie sowohl erfordert als auch mit sich bringt, entwickelt sich im Kind in den ersten Lebensmonaten. Sie wird mobilisiert durch die nonverbalen Handlungen der Mutter, durch ihren Tonfall, die Hautkontakte, die Liebesäußerungen und die Tätigkeiten des Versorgens (Olden, 1953, 1958; Schafer, 1959). Da die Empathie ihren Ursprung in der frühesten Mutter-Kind-Beziehung hat, scheint sie eine weibliche Tönung zu haben (A. Katan, zitiert bei Greenson, 1960; Loewald, 1960). Wenn ein Analytiker ohne Konflikte empathisch sein soll, muß er mit seiner mütterlichen Komponente Frieden geschlossen haben. Jones (1955) nennt dies die seelische Bisexualität des Analytikers.

In gewissem Sinn ist die Einfühlung ein Mittel, mit einem verlorenen Liebesobjekt, dem unverstandenen Patienten, Kontakt herzustellen. Sie kann teilweise ein Versuch sein, den Kontaktverlust wiedergutzumachen. Meine Erfahrung, daß diejenigen Analytiker, die eine Neigung zu Depressionen überwunden haben, sich am besten einfühlen können, scheint dies zu bestätigen. (Eine andere Ansicht findet sich bei Sharpe, 1930, S. 17—18.) Empathie stellt emotionale Anforderungen an den Analytiker und erfordert auch ständige Selbstprüfung. Man muß regredieren können, um sich einzufühlen, dann muß man wieder aus der Regression auftauchen, um die so gewonnenen Daten zu sortieren und ihre Gültigkeit zu überprüfen. Dieser Wechsel zwischen der Intimität der Empathie und der Distanz der Bewertung ist charakteristisch für einen Großteil der Arbeit des Psychoanalytikers. Starr zwanghafte Charaktere werden sich nicht erlauben können, sich einzufühlen, und die triebbesessenen werden dazu neigen, von der Einfühlung in die Identifizierung zu gleiten, was zum Agieren mit dem Patienten führt. In der Regel sind solche Leute keine geeigneten Kandidaten für die psychoanalytische Ausbildung (Eisendorfer, 1959; Greenacre, 1961; Langer, 1962; van der Leeuw, 1962).

4.222 Züge, die zur Kommunikation mit dem Patienten in Beziehung stehen

Wenn es dem Analytiker gelungen ist, den Patienten zu verstehen, steht er vor dem Problem, ihm die Einsicht wirkungsvoll mitzuteilen. Die Fähigkeit, die Dosierung, die Wahl des Zeitpunkts, den Takt, mit dem eine Deutung gemacht wird, richtig zu bemessen, hängt von einer Reihe von Eigenschaften ab, von denen wir einige schon besprochen haben. Empathie mit dem Patienten in dem betreffenden Fall, klinisches Urteilsvermögen wie auch Lebenserfahrung aus analogen Situationen und intellektuelle Kenntnis der psychoanalytischen Theorie tragen alle dazu bei, daß der Analytiker dem Patienten geschickt ein Verständnis vermitteln kann. Hier möchte ich jedoch die Erörterung auf die speziellen Züge beschränken, die für die Kommunikation wichtig sind und die wir noch nicht berührt haben.

Die Kunst, zu einem Patienten zu sprechen, ist sehr verschieden von der gesellschaftlichen Konversation, vom Kreuzverhör und vom Vorträgehalten. Beredsamkeit, Gelehrsamkeit und Logik sind nicht in erster Linie wichtig. Das wesentliche Element ist eine zugrundeliegende therapeutische Absicht. Diese Verpflichtung, dem Patienten zu helfen, sollte in allen Interaktionen mit dem Patienten manifest oder latent vorhanden sein, von der ersten Besprechung bis zur letzten Stunde. Es ist mir klar, daß dies eine umstrittene Frage ist, aber ich möchte meinen Standpunkt unmißverständlich deutlich machen: Ich glaube, daß nur kranke Menschen, Patienten, die unter neurotischen Qualen leiden, erfolgreich mit Psychoanalyse behandelt werden können, Ausbildungskandidaten und Forscher können kein tiefes analytisches Erlebnis durchmachen, falls sie nicht fähig und bereit sind, Patienten zu werden.

Parallel zu dieser Feststellung über Patienten glaube ich, daß tiefe Psychoanalyse zuerst und vor allem eine Behandlungsmethode ist und darum nur von Therapeuten ausgeübt werden kann, Menschen, die ausgebildet und entschlossen sind, neurotisch Kranken zu helfen oder sie zu heilen. Ich glaube nicht, daß ein medizinischer Doktorgrad einen automatisch zum Therapeuten macht; ich glaube auch nicht, daß das Fehlen eines Dr. med. auf eine nicht-therapeutische Haltung hinweist. Ich bin der Überzeugung, daß der Wunsch des Analytikers, dem Patienten zu helfen, ständig gegenwärtig, aber lenkbar, ein wesentlicher Faktor ist, der es dem Analytiker erlaubt, die subtilen und komplexen Fertigkeiten in der Kommunikation zu entwickeln, die für die psychoanalytische Arbeit nötig sind. Ich verweise den Leser auf die sorgfältige Erörterung dieses Problems von Leo Stone (1951), die sich auf ähnlichen Bahnen bewegt, ebenso auf Gill, Newman und Redlich (1954). Ein anderer Standpunkt findet sich bei Jones (1955), der Joan Rivieres Beschreibung der Arbeitsweise Freuds zitiert, ebenso bei Ella Sharpe (1930). Dieses Thema werden wir im Abschnitt 4.23 über die Motivation des Analytikers weiterbehandeln.

Die Geschicklichkeit, mit der man einem Patienten eine Einsicht vermittelt, hängt von der Fähigkeit ab, die Gedanken, Phantasien und Gefühle, deren sich der Patient nicht ganz bewußt ist, in Worte zu fassen und sie ihm so nahezubringen, daß er sie als seine eigenen akzeptieren kann. Man muß aus seinem eigenen Vokabular in die lebendige Sprache des Patienten im jeweiligen Augenblick übersetzen. Oder genauer: Man muß den Ausschnitt aus der Sprache des Patienten benützen, den man ihn im Augenblick der Deutung erleben lassen möchte.

Ein Beispiel: ich habe Professor X. schon erwähnt, der an einer Form von Lampenfieber leidet[1]. Das Alltagsvokabular dieses Mannes war gewöhnlich auf einem hohen Bildungs- und Kulturniveau. In einer bestimmten Stunde zeigten mir seine Traumassoziationen, daß er mit Gefühlen der Demütigung kämpfte, die ihn gequält hatten, als er ein Junge von vier bis sieben Jahren war. In der Analysestunde drehten sich seine Gedanken hauptsächlich um ein Gefühl der Scham und Verlegenheit, die er empfunden hatte, als er bei einer Party vor kurzem vorgestellt wurde, als er eine kurze Ansprache halten sollte und als seine Frau ihn ansah, als er nackt im Badezimmer stand. Ich wollte ihm eine spezifische Art von Scham bewußtmachen, die ihn in allen drei Situationen überfallen hatte. Ich sagte zu ihm: »Als Sie bei der Party vorgestellt wurden, als sie die Rede hielten und als Sie nackt vor Ihrer Frau im Badezimmer standen, waren Sie nicht mehr Professor X., nicht einmal John X., sondern Sie wurden ein *Pischer.*« Ich gebrauchte das jiddische Wort, das seine Mutter gewohnheitsmäßig verwendet hatte, wenn sie ihre Verachtung zum Ausdruck brachte, weil er als kleiner Junge die Hosen naßgemacht hatte.

Diese Einsicht traf ins Schwarze; er war zunächst etwas bestürzt, erinnerte sich dann lebhaft an mehrere Fälle, in denen man ihm das Gefühl gegeben hatte, er sei ein *Pischer.* Das war keine intellektuelle Übung oder oberflächliche Gefügigkeit. Der Patient erlebte noch einmal die schreckliche Beschämung, ein *Pischer* zu sein, ebenso seine Wut auf seine Mutter, weil sie ihm diese Demütigung antat. In jener Stunde empfand der Patient mir gegenüber keinerlei Feindseligkeit, zum Teil auf Grund der Tatsache, daß mein Stimmklang, als ich die Deutung machte, besonders sanft war. Dieser war so, weil ich spürte, daß das Wort *Pischer* für ihn äußerst schmerzlich war. In späteren Stunden, wenn er sich an meine Deutung erinnerte, löschte er meinen vorsichtigen Tonfall aus und wurde wütend auf mich.

Wenn wir die Ereignisse der Stunde noch einmal überblicken, können wir sehen, daß ich mehrere Möglichkeiten hatte, die Deutung zu machen. Ich wählte das Wort *Pischer*, weil es das Wort zu sein schien, das für ihn im Augenblick die am stärksten geladenen Phantasien mit sich brachte, es war am erhellendsten, und er schien bereit, sich ihm zu stellen. Es war sein Wort, von seiner Mutter ererbt, aber nun Teil seiner eigenen Privatsprache geworden, es war lebendig und real (siehe Ferenczi, 1911; Stone, 1954 a). Mein sanfter Ton war ein Versuch, den Schmerz zu mildern, den ich ihm, wie ich wußte, zufügen würde. Ich war sicher, daß es eine recht starke Wirkung haben würde, aber ich wollte nicht, daß sie überwältigend schmerzhaft würde.

Die Fähigkeit, leicht das richtige Wort oder die richtige Ausdrucksweise zu wählen, ist dem ähnlich, was man bei Geschichtenerzählern, Humoristen und Satirikern beobachtet. Ich lege die Betonung hier eher auf verbale Geschicklichkeit als auf literarische Fähigkeiten. Solches Können muß

---

[1] Siehe Abschnitt 2.64, 2.652, 3.412, 3.9431 und 3.9432.

jedoch im Dienst der Absicht, zu helfen, stehen; es darf nicht in der analytischen Situation zu exhibitionistischem Vergnügen oder verkleidetem Sadismus benützt werden. Meine persönlichen Beobachtungen deuten darauf hin, daß die besten Therapeuten unter den Psychoanalytikern eine Menge Sinn für Humor haben, schlagfertig sind und die Kunst des Geschichtenerzählens genießen. Die Fähigkeit, die gesprochene Sprache lebendig und sparsam zu gebrauchen, ist für den Analytiker ein wertvoller Vorteil, ähnlich wie die Bedeutung der Handgeschicklichkeit für den Chirurgen. Die Handgeschicklichkeit kann klinisches Urteilsvermögen oder die Kenntnisse der Anatomie und Pathologie nicht ersetzen, aber sie befähigt einen vernünftigen Kliniker, technisch sicher und elegant und nicht unbeholfen seine Arbeit zu tun. Tiefe Psychoanalyse ist immer schmerzhaft, aber Unbeholfenheit verursacht unnötigen und länger andauernden Schmerz. In manchen Fällen kann sie über Erfolg oder Mißerfolg entscheiden.

Die Geschicklichkeit des Psychoanalytikers in der verbalen Kommunikation ist auch abhängig von seiner Fähigkeit, vom Schweigen Gebrauch zu machen. Darum ist es unerläßlich, daß der Analytiker geduldig sein kann. Man braucht Zeit, um das Material des Patienten zu verstehen, und sehr oft zeigt sich die wichtige Bedeutung erst, nachdem man dem Patienten während eines Großteils der Stunde erlaubt hat, seine Wortbilder zu malen. Was in den ersten fünfzehn Minuten wirklich von Bedeutung zu sein schien, kann sich nach einer halben Stunde als Ablenkungsmanöver oder als sekundäres Element erweisen.

Lassen Sie mich ein Beispiel anführen. Professor X. mit dem Lampenfieber, den ich schon früher beschrieben habe[2], war auch manchmal von der Vorstellung besessen, er müsse eine homosexuelle Handlung begehen. Dies erwies sich zum Teil als Ausdruck exhibitionistischer und skoptophiler Bestrebungen. Außerdem waren seine homosexuellen Tendenzen eine Folge seiner ungeheuren Angst vor und Feindseligkeiten gegen Frauen. In einer Stunde begann er wieder von seiner Phantasie zu sprechen, etwas Homosexuelles zu tun, vorzugsweise mit einem Jungen kurz vor der Pubertät. Während der ersten halben Stunde schien mir klar zu sein, daß er seinen Wunsch andeutete, mit einem präpubertären Jungen das zu tun, was er sich in der Vorpubertät gewünscht hatte, sein Vater solle es mit ihm tun. Er schien mit passiven und aktiven analen Impulsen zu tun zu haben. Dies war schon einmal zur Sprache gekommen, war aber nicht ganz durchgearbeitet worden.

Ich dachte gerade darüber nach, wie ich bei diesem Material vorgehen sollte, als ich eine leichte Verschiebung im Material bemerkte. Der Patient sprach nun über Gefühle schrecklicher Scham, die er empfunden hatte, als seine Freunde in die Pubertät gekommen waren, Schambehaarung, große Penisse und tiefe

---

[2] Siehe Abschnitt 2.64, 2.652, 3.412, 3.9431, 3.9432 und 4.222.

Stimmen hatten und er allein nach haarlos war, mit einem kleinen Penis und einer hohen Stimme. Damals schämte er sich, sich im gleichen Raum wie sie auszuziehen; sie lachten über ihn wie über eine Mißgeburt. Ich erkannte nun, daß eine der wichtigen Funktionen seiner homosexuellen Phantasien darin bestand, den Schmerz auszulöschen, der Kleine zu sein, sich für die früheren Demütigungen zu rächen und auch, zu beweisen, daß er keine Mißgeburt war. Diesen letzten Punkt nahm der Patient auf und bearbeitete ihn in der folgenden Woche während mehrerer produktiver Stunden. Aber dies war erst gegen Ende der Stunde herausgekommen.

Es muß noch einmal betont werden, daß das, was scheinbar ein Vorzug des Analytikers ist, sich in Wirklichkeit als etwas ganz anderes erweisen kann. Geduld kann sich als eine versteckte passiv-sadistische Haltung gegenüber dem Patienten erweisen, oder als eine Tarnung für zwanghafte Unentschlossenheit. Sie kann auch Langeweile und geistige Trägheit beim Analytiker verdecken. Man muß geduldig sein, wenn Warten das Material klären kann oder wenn man ein Fernziel im Auge hat. Aber wir müssen uns daran erinnern, daß unser Schweigen vom Patienten gewöhnlich als eine Art Belastung erlebt wird. Es ist eine Tätigkeit des Analytikers und hat für den Patienten viele verschiedene Bedeutungen, je nach der analytischen Situation und dem Übertragungs-Gegenübertragungs-Verhältnis (Lewin, 1954, 1955; Loewenstein, 1956; Stone, 1961, S. 45—55, 95—105).

Der Patient braucht unser Schweigen, um seinen eigenen Gedanken, Phantasien und Gefühlen in allen Einzelheiten nachgehen zu können. Er braucht Zeit, um unsere Gegenwart teilweise zu vergessen oder, genauer, um unsere reale Gegenwart in den Hintergrund treten zu lassen, so daß er sich in seine Übertragungsphantasien und -gefühle hineinziehen lassen kann. Der Patient kann unser Schweigen als feindselig oder tröstend, fordernd oder beruhigend empfinden, je nach seinen Übertragungsreaktionen. Außerdem kann der Patient Spuren von Gefühlen und Haltungen in uns entdecken, deren wir uns nicht bewußt sind. Der Analytiker sollte fähig sein, das Schweigen seiner Patienten ohne Feindseligkeit oder Langeweile zu ertragen. Ich war mehrmals recht überrascht, wenn ein Patient richtig »erriet«, daß ich ungeduldig war, obwohl ich schweigend außerhalb seines Blickfelds war. Ich vermute, manche Patienten erschließen unsere Haltungen intuitiv aus winzigen Veränderungen in der Zahl und Stärke unserer Atemzüge und aus kleinen Körperbewegungen.

Die Kunst der verbalen Mitteilungen an den Patienten erfordert ebenfalls ein Gefühl für die Wahl des richtigen Zeitpunkts einer Deutung. Das wird im zweiten Band ausführlich besprochen werden. Hier möchte ich nur sagen, daß die Wahl des Zeitpunkts mehrere verschiedene Probleme betrifft. Erstens ist die Frage, wann man in einer bestimmten Stunde seine Intervention macht. Die Entscheidung ist von mehreren verschiedenen Variablen abhängig. Man wartet, bis ein bestimmtes psychisches Ereignis dem vernünftigen Ich des Patienten demonstrierbar ist. Man wartet, bis ein Affekt oder Impuls die Intensität erreicht hat, die man zu diesem Zeitpunkt für optimal hält. Schließlich wartet man, bis klar ist, was in der Stunde vor sich geht, selbst wenn das bedeutet zu warten, bis klar ist, daß man keinen Weg mehr findet.

Die Wahl des Zeitpunkts bezieht sich auch darauf, wann und wie man in verschiedenen Phasen der Analyse interveniert. Am Anfang der Analyse oder wenn zum erstenmal eine neue Variante von schmerzlichem Material auftaucht, kann man früher eingreifen, wenn die Affekte nicht sehr stark sind. Später kann es besser sein, schweigend die Gefühle des Patienten stärker werden zu lassen, so daß er die wirkliche primitive Stärke seiner Emotionen und Impulse erleben kann. Die Wahl des richtigen Zeitpunkts bedeutet auch, daß der Analytiker die verschiedene Dosierung von Deutungen beachtet, die vor Wochenenden, Ferien und Feiertagen usw. erforderlich ist.

4.223 Züge, die mit der Erleichterung der Entwicklung von Übertragungsneurose und Arbeitsbündnis zu tun haben

Die Haltungen und Charakterzüge, die die Entwicklung der Übertragungsneurose fördern, sind, wie gesagt, denen grundsätzlich antithetisch, die das Arbeitsbündnis fördern (Stone, 1961, S. 33, 106; Greenson, 1965 a). Um die Entwicklung der Übertragungsneurose zu erleichtern, muß der Analytiker ständig den Wunsch des Patienten nach neurotischer Befriedigung und Beruhigung frustrieren, und er muß auch relativ anonym bleiben. Der Grund dafür wurde im Abschnitt 4.213 genannt. Um diese Aufgabe einigermaßen beständig erfüllen zu können, muß der Analytiker seine wesentlichen Konflikte in bezug auf das Zufügen von Schmerz und das Abstandhalten vom leidenden Patienten gelöst haben. Das bedeutet, daß der Analytiker fähig sein muß, seine therapeutischen Absichten zurückzustellen, seinen Drang nach Nähe beherrschen und seine Normalpersönlichkeit »verdecken« muß (Stone, 1961, S. 20).

Freud ging einmal so weit, vorzuschlagen, der Analytiker solle sich den Chirurgen zum Vorbild nehmen, der alle seine Affekte und selbst sein menschliches Mitleid beiseite drängt, und eine Haltung der Gefühlskälte einnehmen (1912 b, G.W. Bd. 8, S. 380). In der gleichen Abhandlung empfahl Freud, der Analytiker solle sich hüten, seine Persönlichkeit in die Behandlung eindringen zu lassen, und er führte das Gleichnis von der »Spiegelplatte« ein (S. 384). Einige Jahre später empfahl er, die Behandlung in der Abstinenz durchzuführen, und er fügte hinzu: »... ich meine dabei nicht allein die körperliche Entbehrung ...« (1915 a, G.W. Bd. 10, S. 313).

Ich habe diese Zitate absichtlich ausgewählt, um ein Schlaglicht darauf zu werfen, wie man den Eindruck bekommen kann, daß Freud eine karge und strenge analytische Atmosphäre zur Förderung der Übertragungsneurose befürwortete. Ich glaube jedoch nicht, daß dies ein richtiges Bild von dem vermittelt, was Freud im Sinn hatte. Nach meiner Meinung betonte er einige der »unnatürlichen« Aspekte der psychoanalytischen Technik, weil sie gegenüber der üblichen Arzt-Patient-Beziehung und der gebräuchlichen Psychotherapie seiner Zeit so fremd und künstlich anmuteten.

Zum Beispiel sagt Freud in einer Abhandlung, die im gleichen Jahr geschrieben ist wie die, wo er die Gefühlskälte und die »Spiegel-Haltung« empfiehlt: »Die Lösung des Rätsels ist also, daß die Übertragung auf den Arzt sich nur insofern zum Widerstande in der Kur eignet, als sie negative Übertragung oder positive von verdrängten erotischen Regungen ist. Wenn wir durch Bewußtmachen die Übertragung ›aufheben‹, so lösen wir nur diese beiden Komponenten des Gefühlsaktes von der Person des Arztes ab; *die andere bewußtseinsfähige und unanstößige Komponente bleibt bestehen und ist in der Psychoanalyse genau ebenso die Trägerin des Erfolges wie bei anderen Behandlungsmethoden«* (Freud, 1912 a, G.W. Bd. 8, S. 371; Hervorhebungen von mir).

In einer technischen Abhandlung aus dem Jahr nach den Empfehlungen der »Gefühlskälte« und des »Spiegels« schrieb Freud: »Das erste Ziel der Behandlung bleibt, ihn [den Patienten] an die Kur und an die Person des Arztes zu attachieren. Man braucht nichts anderes dazu zu tun, als ihm Zeit zu lassen. Wenn man ihm ernstes Interesse bezeugt, die anfangs auftauchenden Widerstände sorgfältig beseitigt und gewisse Mißgriffe vermeidet, stellt der Patient ein solches Attachement von selbst her und reiht den Arzt an eine der Imagines jener Personen an, von denen er Liebes zu empfangen gewohnt war. *Man kann sich diesen ersten Erfolg allerdings verscherzen, wenn man von Anfang an einen anderen Standpunkt einnimmt als den der Einfühlung*, etwa einen moralisierenden, oder wenn man sich als Vertreter oder Mandatar einer Partei gebärdet, des anderen Eheteiles etwa usw.« (1913 b, G.W. Bd. 8, S. 473—474, Hervorhebungen von mir.)

Die vielleicht persönlich aufschlußreichste Abhandlung Freuds über Technik sind seine »Bemerkungen über die Übertragungsliebe« (1915 a). Ich will nur ausgewählte Abschnitte zitieren, die etwas über seine Sorge um den Patienten und seine Anteilnahme an seinem Wohl und Wehe aussagen. »Wer sich in die analytische Technik eingelebt hat, trifft das dem Arzte sonst unentbehrliche Lügen und Vorspiegeln überhaupt nicht mehr und pflegt sich zu verraten, wenn er es in bester Absicht einmal versucht ... Außerdem ist der Versuch, sich in zärtliche Gefühle gegen die Patientin gleiten zu lassen, nicht ganz ungefährlich. Man beherrscht sich nicht so gut, daß man nicht plötzlich einmal weiter gekommen wäre, als man beabsichtigt hatte« (G.W. Bd. 10, S. 312—313). »Der Weg des Analytikers ist ein anderer, ein solcher, für den das reale Leben kein Vorbild liefert. Man hütet sich, von der Liebesübertragung abzulenken, sie zu verscheuchen oder der Patientin zu verleiden; man enthält sich ebenso standhaft jeder Erwiderung derselben. Man hält die Liebesübertragung fest, behandelt sie aber als etwas Unreales, als eine Situation, die in der Kur durchgemacht, auf ihre unbewußten Ursprünge zurückgeleitet werden soll ...« (S. 314—315).

»Anderseits ist es eine peinliche Rolle für den Mann, den Abweisenden und Versagenden zu spielen, wenn das Weib um Liebe wirbt, und von einer edlen Frau, die sich zu ihrer Leidenschaft bekennt, geht trotz Neurose und Widerstand ein unvergleichbarer Zauber aus ... Und doch bleibt für den Analytiker das Nachgeben ausgeschlossen. So hoch er die Liebe schätzen mag, er muß es höher stellen, daß er die Gelegenheit hat, seine Patientin über eine entscheidende Stufe ihres Lebens zu heben. Sie hat von ihm die Überwindung des Lustprinzips zu lernen, den Verzicht auf eine naheliegende, aber sozial nicht eingeordnete Befriedigung zugunsten einer entfernteren, vielleicht überhaupt unsicheren, aber psychologisch wie sozial untadeligen« (S. 319).

Ich glaube, diese Zitate aus Freuds Schriften zeigen deutlich, daß er zwar glaubte, Entbehrung und Inkognito seien für Wachstum und Entwicklung der Übertragungsneurose notwendig, daß er aber auch spürte, der Analytiker habe fähig zu sein, Haltungen ganz anderer Art an den Tag zu legen, wenn die psychoanalytische Therapie wirksam sein sollte. Wenn man die Schriften von Analytikern liest, die sich intensiv mit Problemen der Technik befaßt haben, wird man beeindruckt von der Tatsache, daß sie sich fast alle mit eben dieser Frage auseinandersetzen. Entbehrung und Inkognito sind notwendig, aber nicht ausreichend. Nach meiner Meinung gehen manche Autoren, z. B. Ferenczi (1928 b), de Forest (1954), Lorand (1946) und Nacht (1962) zu weit in die entgegengesetzte Richtung, indem sie die Bedeutung der Befriedigung übertreiben, während sie den Wert der Entbehrung herabsetzen. Freud (1913 b) sprach von der Notwendigkeit der Flexibilität in bezug auf alle Regeln; Fenichel (1941) beschrieb das Hin- und Herpendeln des Analytikers und die Notwendigkeit, daß er frei und natürlich sein könne, so auch Sterba (1934), Loewald (1960) und Menninger (1958) und viele andere. Nach meiner Ansicht werden in den Werken von Elizabeth Zetzel (1956) und Stone (1961) die Entbehrungs- und die Befriedigungsaspekte der Technik in der richtigen Weise betont und voneinander getrennt.

Um einen Patienten wirklich zu verstehen, muß man mehr als intellektuelle oder theoretische Erwägungen aufwenden. Für die Art von Einsicht, die die Psychoanalyse erfordert, muß der Analytiker fähig sein, gefühlsmäßig an seinem Patienten Anteil zu nehmen und sich ihm verpflichtet zu fühlen. Er muß den Patienten gernhaben; länger andauernde Abneigung oder Uninteressiertheit stören die Therapie ebenso wie zu starke Liebe (Greenacre, 1959; Stone, 1961, S. 29, 44, 61). Er muß den Wunsch haben, dem Patienten zu helfen und ihn zu heilen, und er muß sich um das Wohlergehen des Patienten kümmern, ohne seine Fernziele aus den Augen zu verlieren.

Ein gewisses Maß an Mitgefühl, Freundlichkeit, Wärme und Achtung für die Rechte des Patienten ist unentbehrlich. Das Sprechzimmer des Analytikers ist kein Forschungslaboratorium. Wir können für unsere Patienten eine zuverlässige Art von Liebe empfinden, weil sie alle in gewissem Sinn kranke, hilflose Kinder sind, gleichgültig, was für eine Fassade sie verwenden mögen. Sie werden niemals reif, wenn wir nicht ihre Möglichkeiten fördern, ihre Selbstachtung und Würde sichern und es vermeiden, ihnen unnötige Entbehrungen und Demütigungen aufzuerlegen.

Dies bringt uns zum Kern der Sache. Wie kann der Analytiker ständig die Versagungs- und Inkognitohaltung aufrechterhalten und dennoch ebenso konsequent sein Mitgefühl und seine Anteilnahme zum Ausdruck bringen? Im vorigen Abschnitt über die Kommunikation mit dem Patienten habe ich schon einige Beispiele angeführt, wie man dies zustandebringen kann. Weitere Beispiele folgen im zweiten Band. Hier möchte ich noch einmal betonen, daß ich dem Patienten jedes Verfahren, das ihm seltsam oder künstlich vorkommt, zur gegebenen Zeit sorgfältig erkläre. Wenn er z. B. in der Analyse zum erstenmal eine Frage stellt, versuche ich ihn zu bewegen, den Grund für die Frage zu untersuchen. Dann erkläre ich ihm, daß das Nichtbeantworten von Fragen einen Zweck hat; es wirft ein Licht auf seine Neugier, und ich füge hinzu, daß ich in Zukunft gewöhnlich nicht auf Fragen antworten werde. Ich beantworte jedoch manchmal eine Frage, wenn ich meine, sie sei realistisch und die Antwort werde mir eine Menge irrelevanter Erklärungen ersparen.

Ein Patient erzählte mir einmal von einer besonders frustrierenden Stunde bei einem früheren Analytiker. Der Patient hatte geträumt, er spiele Quarterback in einem Football-Team; man spielte in einer T-Aufstellung, und zu seiner Verblüffung war der mittlere Spieler *(center)* Adolf Hitler. (Bei der T-Aufstellung steht der Quarterback direkt hinter dem mittleren Spieler, der vornübergebeugt den Football festhält, der auf dem Boden zwischen seinen Füßen liegt. Der mittlere Spieler hat die Aufgabe, den Ball zwischen seinen Beinen hindurch an den Quarterback weiterzugeben, der ihn dann an einen anderen Spieler weitergeben oder weiterspielen kann usw.) Dies ist eine beim Football allgemein übliche Aufstellung, und jeder, der vom amerikanischen Football irgendetwas versteht, weiß das recht gut.

Der betreffende Analytiker war ein einundvierzigjähriger Amerikaner, der dies gewußt hätte, wenn er in seiner Jugend ein durchschnittlicher Football-Fan gewesen wäre, der es aber vielleicht nicht gewußt hätte, wenn er sich nie für Football interessiert hätte. Die Ungewißheit des Patienten war daher gerechtfertigt. Der Patient wollte zu seinen Assoziationen zu Adolf Hitler kommen und zu der eigenartigen Position, die er im Traum im Verhältnis zu ihm hatte. Aber er fragte zunächst den Analytiker, ob er wisse, was die T-Aufstellung sei, da ihm dies für das Verständnis des Traums entscheidend erschien. Der Analytiker schwieg. Der Patient erklärte und beschrieb nun widerwillig, was eine T-Aufstellung ist, was ein Quarterback ist, was der mittlere Spieler *(center)* ist usw. Der größte Teil der Stunde ging auf diese Weise verloren. Was für eine Verschwendung, die Zeit mit diesen Belanglosigkeiten zuzubringen, wo doch der Analytiker dem Patienten am Anfang der Stunde hätte sagen können, daß er dies alles wußte (wie sich später herausstellte). Aber noch wichtiger, das Verhalten des Analytikers zeigte, daß er eine »Regel« befolgte, deren wahren Sinn er nicht verstand, und daß er bereit war zuzulassen, daß er und der Patient ein unnötiges Maß an Frustration zu erdulden hatten, und daß eine Gelegenheit versäumt wurde.

Es ist oft notwendig, sich über die intimen Einzelheiten im Sexualleben oder in den Toilettengewohnheiten des Patienten Aufschluß zu verschaffen, und viele Patienten empfinden dies als sehr peinlich. Wenn ich es für nötig halte, den Patienten über solche Dinge gründlich zu befragen, und wenn ich diese Demütigung spüre, dann nehme ich sein Gefühl der Erniedrigung zur Kenntnis und untersuche entweder die Verlegenheit mit dem Patienten zusammen oder zeige zumindest, daß mir klar ist, die Aufdeckung dieser Dinge sei peinlich, aber notwendig. Ich weise offen auf die sexuellen oder feindseligen Gefühle des Patienten mir gegenüber hin; wenn er durch meine Intervention ungebührlich aus dem Gleichgewicht gebracht wird, versuche ich jedoch, durch meinen Stimmklang oder mit Worten etwas später zu zeigen, daß ich seine mißliche Lage bemerke und mitempfinde. Ich schone den Patienten nicht übermäßig, aber ich versuche herauszubekommen, wieviel Schmerz er ertragen und doch noch produktiv arbeiten kann.

Ich versuche, die Selbstachtung des Patienten zu schützen, aber wenn ich es für notwendig halte, etwas zu sagen, wovon ich weiß, daß er es als erniedrigend empfinden wird, werde ich es wissentlich tun, wenn ich auch vielleicht auf irgendeine Weise mein Bedauern zum Ausdruck bringe. Ich habe z. B. vor kurzem am Ende einer Stunde zu einem Patienten gesagt: »Ich weiß, das war eine unangenehme Situation für Sie. Sie haben mir endlich etwas erzählen können, was Ihnen schrecklich Angst gemacht hat — daß Sie mich lieben und wollen, ich solle Sie auch lieben, und ich habe darauf nur geantwortet, wir müßten dies noch ein wenig weiter untersuchen.«

Wenn der Patient in irgendeine frühere neurotische Verhaltensweise zurückfällt, versuche ich, meine Traurigkeit oder Enttäuschung zu beherrschen, genauso, wie ich mein Vergnügen und meinen Stolz unterdrücke, wenn er einen Riesenschritt vorwärts macht. Aber ich lasse doch ein gewisses Maß an Gefühl manifest werden, denn Affektlosigkeit würde kalt und unmenschlich wirken. Ich versuche, die Mißerfolgs- oder Triumphgefühle des Patienten dadurch zu mäßigen, daß ich ihn (und mich selber) an unsere Fernziele erinnere.

Um diese Fähigkeit des Hin- und Herpendelns zwischen den einander entgegengesetzten Positionen des Frustrators und des Befriedigers, der Distanz und der Nähe zum Patienten behalten zu können, muß der Analytiker ein hohes Maß an emotionaler Beweglichkeit und Flexibilität haben. Ich meine nicht Launenhaftigkeit oder Unbeständigkeit. Die analytische Situation erfordert, daß der Analytiker in menschlichem Maß zuverlässig und vertrauenswürdig und nicht unmenschlich starr sei. Der Analytiker muß an seinen Patienten emotional Anteil nehmen können, aber er muß im gleichen Grad die Fähigkeit besitzen, sich zu distanzieren. Anteilnahme schafft die Möglichkeit des einfühlenden Verstehens, Distanzierung gibt die Möglichkeit, zu denken, zu beurteilen, sich zu erinnern, vorauszuahnen usw. Der Analytiker sollte leicht mitfühlend, besorgt und warmherzig sein können, aber er sollte auch fähig sein, wenn nötig, in die kühle, distanzierte Position des Beobachters überzuwechseln. Es gibt auch Situationen, wo eine Vermischung beider Haltungen notwendig ist; die schmerzliche Einsicht wird mit der Präzision eines chirurgischen Schnitts vermittelt, und doch mag der Ton Anteilnahme zeigen.

Wenn ich das Mitgefühl und die Beteiligtheit des Analytikers beschreibe, meine ich nicht, man solle diese Gefühle beim ersten Zeichen von Unbehagen beim Patienten offen und deutlich zur Schau stellen. Ich möchte andeuten, daß ihr Vorhandensein in der Art zu spüren sein sollte, wie der Analytiker arbeitet, in der Atmosphäre der analytischen Situation. Analyse kann man nicht mit Erfolg betreiben, wenn man »frisch und munter« ist; auch mit »frohem Mut« oder »leichtem Herzen« ist es nicht getan. Die Analyse kann aber auch nicht fruchtbar werden, wenn der Grundton grimmig, trübe oder quälend ist. Die Haltung des Analytikers, die echte Annahme und Toleranz für alles Material des Patienten spüren läßt, seine sorgfältige Aufmerksamkeit für alle Einzelheiten, gleichgültig, wie häßlich oder primitiv sie erscheinen mögen, seine offene Art, selbst die heikelsten Themen anzugehen, ohne Grausamkeit oder falsche Ritterlichkeit — alle diese Elemente tragen zur analytischen Atmosphäre bei.

Der Wunsch zu heilen darf nicht mit pathologischem therapeutischem Eifer verwechselt werden. Er sollte sich in der Ernsthaftigkeit der Absichten des Analytikers, in seiner strengen Verfolgung der Einsicht, in seinem Respekt vor den verschiedenen Mitteln seines Berufes ohne Beweihräucherung oder Ritual und in seiner Bereitschaft zeigen, sich jahrelang um die Fernziele zu bemühen. Die Fähigkeit des Analytikers, schmerzliche Einsichten zu vermitteln, ist ebensosehr ein Zeichen für seine therapeutischen Absichten wie seine Rücksicht auf die Würde des Patienten. Es ist ebenso wichtig, die feindseligen und demütigenden Ausbrüche seiner Patienten ohne Vergeltungsmaßnahmen zu ertragen, wie es wichtig ist, von ihren sexuellen Provokationen unberührt zu bleiben. Das bedeutet nicht, daß der Analytiker nicht mit Gefühlen und Phantasien auf seine Patienten reagieren sollte, aber ihr Maß sollte in solchen Grenzen bleiben, daß der Analytiker seine Reaktionen steuern kann und daß nur so viel ans Licht kommt, wie der Patient braucht.

Der Analytiker muß den Übertragungsgefühlen des Patienten erlauben, sich zu ihrer optimalen Stärke zu entwickeln, ohne daß er eingreift. Das fordert von ihm die Fähigkeit, Streß, Angst oder Depression ruhig und geduldig zu ertragen. Dies alles ist nur möglich, wenn man eine tiefe psychoanalytische Erfahrung gemacht und weiterhin Selbstanalyse betrieben hat. Trotzdem ist das Berufsrisiko enorm, und noch die besten therapeutischen Ergebnisse beim Analytiker lassen eine Menge zu wünschen übrig (Freud, 1937 a, G.W. Bd. 16, S. 94—96; Wheelis, 1956 b; Greenson, 1966). An dieser Stelle möchte ich Freud selber zu diesem Thema zitieren:

»Machen wir einen Moment halt, um den Analytiker unserer aufrichtigen Anteilnahme zu versichern, daß er bei Ausübung seiner Tätigkeit so schwere Anforderungen erfüllen soll. Es hat doch beinahe den Anschein, als wäre das Analysieren der dritte jener *›unmöglichen‹* Berufe, in denen man des ungenügenden Erfolgs von vornherein sicher sein kann. Die beiden anderen, weit länger bekannten, sind das Erziehen und das Regieren. Daß der zukünftige Analytiker ein vollkommener Mensch sei, ehe er sich mit der Analyse beschäftigt hat, also daß nur Personen von so hoher und so seltener Vollendung sich diesem Beruf zuwenden, kann man offenbar nicht verlangen. Wo und wie soll aber der Ärmste sich jene *ideale Eignung* erwerben, die er in seinem Beruf brauchen wird? Die Antwort wird lauten: in der Eigenanalyse, mit der seine Vorbereitung für seine zukünftige Tätigkeit beginnt. Aus praktischen Gründen kann diese nur kurz und unvollständig sein ...«

»Es wäre nicht zu verwundern, wenn durch die unausgesetzte Beschäftigung mit all dem Verdrängten, was in der menschlichen Seele nach Befreiung ringt, auch beim Analytiker alle jene Triebansprüche wachgerüttelt würden, die er sonst in der Unterdrückung erhalten kann. Auch dies sind ›Gefahren der Analyse‹, die zwar nicht dem passiven, sondern dem aktiven Partner der Analyse drohen, und man sollte es nicht unterlassen, ihnen zu begegnen. Es kann nicht zweifelhaft sein, auf welche Weise. Jeder Analytiker sollte periodisch, etwa nach Verlauf von fünf Jahren, sich wieder zum Objekt der Analyse machen, ohne sich dieses Schrittes zu schämen ...«

»Man wird sich nicht zum Ziel setzen, alle menschlichen Eigenarten zugunsten einer schematischen Normalität abzuschleifen oder gar zu fordern, daß der ›gründlich Analysierte‹ keine Leidenschaften verspüren und keine inneren Konflikte entwickeln dürfe. Die Analyse soll die für die Ichfunktionen günstigsten psychologischen Bedingungen herstellen; damit wäre ihre Aufgabe erledigt.« (Freud, 1937 a, G.W. Bd. 16, S. 94—96; Hervorhebungen von mir.)

Aus dem Obenstehenden kann man entnehmen, daß Demut ein weiteres Grunderfordernis der analytischen Situation ist, dem der Analytiker entsprechen muß (Sharpe, 1947, S. 110—112).

Der Analytiker ist der Träger der Einsicht, die gewöhnlich schmerzlich ist; sie wird in einer Atmosphäre der Offenheit, des Mitgefühls und der Zurückhaltung übermittelt. Was ich beschrieben habe, ist meine persönliche Ansicht von der Art, den Konflikt zu lösen, der entsteht, wenn ich versuche, eine Atmosphäre von Entbehrung und Anteilnahme zu schaffen, dabei aber zugleich versuche, dem Patienten nahe zu bleiben und Distanz zu ihm zu wahren. Es ist mir klar, daß dies eine höchst persönliche Angelegenheit ist, und ich biete sie nicht als eine exakte Vorschrift für alle Analytiker an. Ich behaupte jedoch, daß diese beiden Gruppen von Antithesen, trotz individueller Varianten unter den Psychoanalytikern, angemessen berücksichtigt werden müssen. Der Analytiker muß Eigenschaften besitzen, die ihn befähigen, sowohl die Entwicklung der Übertragungsneurose zu erleichtern als auch die des Arbeitsbündnisses, weil beide gleich wichtig sind für die Entstehung der optimalen analytischen Situation (Greenson, 1965 a).

4.23 Motivationen des Psychoanalytikers, die die analytische Situation erfordert

Es muß im Verlauf dieser Erörterung immer deutlicher werden, daß sich die Fähigkeiten des Analytikers nicht wirklich von seinen Persönlichkeits- und Charakterzügen trennen lassen und daß beide mit seinen Motivationen zu tun haben. Es war ja eine der großen Entdeckungen Freuds, daß Denken und Verhalten des Menschen das Ergebnis der Interaktion von Trieben, Veranlagung und Erfahrung sind. Ich habe versucht, die Fähigkeiten, Züge und Motivationen voneinander zu trennen, um bestimmte Voraussetzungen herauszustellen, die für die analytische Situation notwendig sind.

Ich habe mit den Fähigkeiten und Zügen begonnen, weil sie der klinischen Alltagsprüfung leichter zugänglich sind. Die Motivationen sind schwieriger zu sezieren, weil sie ihren Ursprung in den primitiven unbewußten Trieben und den frühen Objektbeziehungen haben. Diese sind nur schwer mit einiger Genauigkeit in Worte zu fassen und fast unmöglich nachzuprüfen. Außerdem scheinen spätere Reifungsvorgänge im Ich und im Es wie auch Erfahrungsfaktoren eine vorherrschende Bedeutung zu haben. Schließlich bestehen so viele komplexe Hierarchien von Trieb und Abwehr, die an der Oberfläche ein ähnliches Bild bieten, daß nur eine sorgfältige Untersuchung des Individuums die spezifischen Trieb- und Abwehrqualitäten ans Licht bringen kann, die an einer bestimmten Motivation beteiligt sind. Trotzdem lohnt es sich, einige allgemeine Überlegungen hervorzuheben, obwohl wir nur impressionistische und vereinfachte Aussagen machen können.

Die Triebe treiben den Menschen, Abfuhr und Befriedigung zu suchen. Mit zunehmender Ich-Entwicklung wird das Streben nach Sicherheit ein weiteres Grundziel. Alle späteren Motivationen sind dem Streben nach Befriedigung oder nach Sicherheit, oder Kombinationen von beiden zuzuschreiben. Ich begrenze diese Besprechung der Motive auf das, was ich für die drei Hauptkomponenten der Arbeit des Psychoanalytikers halte: 1. der Analytiker als Sammler und Übermittler von Einsicht und Verständnis; 2. der Analytiker als Zielscheibe der Übertragungsneurose und 3. der Analytiker als Behandler der Kranken und Leidenden (Fleming, 1961).

Eins der einzigartigen Merkmale der psychoanalytischen Behandlung ist die entscheidende Rolle, die Deutung, Einsicht und Verstehen im therapeutischen Prozeß spielen (E. Bibring, 1954; Gill, 1954; Eissler, 1958). Der Analytiker muß seinen Patienten verstehen, um Einsicht in sein Verhalten, seine Phantasien und Gedanken zu gewinnen. Dann hat er die Aufgabe, die verborgene Bedeutung mitzuteilen, dem Patienten dies zu interpretieren. Der Wunsch, einen anderen Menschen auf so intime Weise zu verstehen, der Wunsch, Einsicht zu gewinnen, weist auf eine Neigung hin, in andere Menschen einzudringen (Sharpe, 1930, S. 17). Sie geht zurück auf libidinöse und aggressive Impulse. Man kann sie auf das Streben nach symbiotischer Verschmelzung mit der Mutter oder auf feindselige, destruktive Impulse gegen das Innere der Mutter zurückführen.

Der Wunsch nach Einsicht kann ein Rest des Strebens nach Omnipotenz sein oder ein Mittel zur Überwindung der Angst vor dem Fremden. Spätere libidinöse und aggressive Komponenten tragen auch noch zu dem Drang bei, Einsicht zu gewinnen. Die anale Nebenbedeutung von Begriffen wie Einsicht *erwerben, gewinnen, sammeln* oder *zusammentragen* scheint ganz durchsichtig. Die Sexualneugier der ödipalen Phase kann ihren Impetus beisteuern, so daß das Erwerben von Einsicht ein Ersatz für die frustrierte Schaulust der Kindheit werden kann, oder ein verspäteter Ausgleich dafür, daß man vom Sexualleben der Eltern ausgeschlossen wurde (Sharpe, 1947, S. 121).

Ich habe schon darauf hingewiesen, welche besondere Bedeutung dem Einfühlungsvermögen als einem Mittel zukommt, zu den subtilen und komplexen Vorgängen in einem anderen Menschen Zugang zu bekommen (siehe Abschnitt 4.211 und 4.221). Der Erwerb von Einsicht mit Hilfe von Empathie hängt ab von der Fähigkeit, sich mit dem Patienten zu identifizieren, ihn zu introjizieren, mit ihm in intimem, »hautnahem«, präverbalem Kontakt zu sein, was alles sich aus der frühen liebevollen und versorgenden Bemutterung entwickelt.

Der Wunsch, Einsicht zu vermitteln, der Träger des Verständnisses zu sein, kann an libidinöse oder feindselige Impulse gebunden sein, je nachdem, ob der Akt der Deutung unbewußt als hilfreich oder verletzend, lustvoll oder schmerzlich empfunden wird. Einem Patienten zum Verstehen zu verhelfen, kann unbewußt dem Kind-Patienten gegenüber ein Bemuttern sein, eine Form des Fütterns, des Nährens, des Beschützens oder Belehrens. Es kann auch einen Akt der Befruchtung oder Schwängerung symbolisieren. Aus dem Samen kleiner Einsichten können sich große Veränderungen entwickeln. Das Vermitteln von Einsicht kann auch unbewußt als ein Mittel benützt werden, Kontakt und Kommunikation mit einem bisher nichtverstehenden, d. h. verlorenen Liebesobjekt wiederherzustellen. Auf diese Weise kann es als ein Versuch dienen, eine depressive Haltung zu überwinden (Greenson, 1960).

Der Drang, einem anderen Menschen zu Einsicht zu verhelfen, kann ein Mittel zum Ausgleich von Schuldgefühlen werden, die mit der Phantasie zusammenhängen, man habe Kleineren, Kranken, d. h. Geschwistern, Rivalen usw., Schaden zugefügt. Analog können Suche nach Übermittlung von Einsicht sowohl eine kontraphobische als auch eine antidepressive Funktion haben. Der Analytiker erforscht vielleicht das Unbekannte in seinem Patienten, um seine eigenen Ängste zu überwinden, in gewissem Sinn, um seine eigene Analyse fortzusetzen (Freud, 1937 a, G.W. Bd. 16, S. 95).

Wenn auch diese Untersuchung noch keineswegs vollständig ist, glaube ich doch, daß sie einige der wichtigeren unbewußten Kräfte berührt, die darauf Einfluß nehmen, daß ein Mensch motiviert wird, einen Beruf zu wählen, in dem eine seiner wichtigsten Funktionen die des Sammlers und Trägers von Verständnis ist. Nach meiner Ansicht ist der Ursprung einer bestimmten Motivation nicht der Faktor, der über ihren Wert oder Unwert entscheidet. Wichtig ist vielmehr, in welchem Maß Befreiung vom Trieb und Neutralisierung stattgefunden haben (Hartmann, 1955, deutsche Ausgabe: S. 234—235).

Die Stufen der Neutralisierung entscheiden, in welchem Maß die Funktion des Verständnisträgers zu einer relativ konfliktfreien, autonomen und zuverlässigen Ichfunktion werden kann. Zum Beispiel glaube ich, daß es nichts ausmacht, ob das Vermitteln einer Einsicht für den Analytiker bedeutet, daß er den Patienten füttert, nährt, beschützt oder belehrt. Wichtig ist, daß das Füttern, Nähren, Beschützen oder Belehren frei ist von sexuellen oder aggressiven Untertönen und daher weder unangemessen erregend noch schuldgefühlerzeugend ist.

Ähnlich hat das Eindringen in den Patienten, um Einsicht zu gewinnen, natürlich seine libidinösen und aggressiven Vorläufer, aber das wirkliche Problem liegt darin, ob diese Tätigkeit noch eng mit Angst oder Schuldgefühle erregenden Phantasien verbunden ist. Man muß sich aber vor Augen halten, daß solche Sublimierungen nie ein für allemal etabliert sind, da Druck vom Es, vom Über-Ich und von der Außenwelt Regressionen und Progressionen bewirken. Darum ist eine weitere, wichtige Überlegung die, wie leicht diese aggressiven und libidinösen Motive dem bewußten, vernünftigen Ich des Analytikers zugänglich sind. Bewußtes Bemerken der Gegenübertragung kann im Psychoanalytiker andere Anpassungsmaßnahmen auslösen, die die Sicherungsfunktion ergänzen können, welche die Neutralisierung nicht ganz bewältigt hat. (Verschiedene Ansichten über dieses Thema finden sich bei Winnicott, 1956 a; Spitz, 1956 a; Balint, 1950 a, und Khan, 1963 b, 1964.)

Man wird den harten Anforderungen des Analytikerberufs nicht gerecht, wenn man hofft, das Erlangen und Vermitteln von Einsicht werde frei von Konflikten, Schuldgefühlen und Angst sein. Diese Tätigkeiten sollten für den Analytiker lustvoll sein. Die tägliche Arbeit der therapeutischen Psychoanalyse ist schwierig und oft schmerzlich für den Analytiker. Das Erfüllen seiner Pflichten muß ihm ein gewisses Maß an positivem Vergnügen bereiten, damit er ein lebhaftes Interesse und lebhafte Anteilnahme an den Vorgängen in seinen Patienten behalten kann. Die Lust am Zuhören, Zusehen, Erforschen, Sich-Vorstellen und Begreifen ist nicht nur zulässig, sondern für die optimale Wirkungsfähigkeit des Analytikers notwendig (Sharpe, 1947, S. 120—121; Szasz, 1957, S. 204—210).

Ein weiteres Merkmal der Psychoanalyse, das sie von allen anderen Psychotherapien unterscheidet, ist die besondere Betonung der Strukturierung der Beziehung zwischen Patient und Therapeut in einer Weise, die die Entwicklung der Übertragungsneurose fördert. Um die Entstehung der neurotischen Übertragungsreaktionen zu erleichtern, muß der Analytiker sich in einer Weise verhalten, die sich von allen anderen Beziehungen zwischen Patient und Therapeut unterscheidet. Ich meine hier das, was man abgekürzt als das Versagungs-Inkognito-Verhalten des Psychoanalytikers bezeichnen kann. Das führt uns zu der Frage: Welche Motivationen könnten einen Menschen veranlassen, seinen Beruf in einem Gebiet zu wählen, wo eine seiner Hauptaufgaben darin besteht, sich dem Patienten gegenüber zu verhalten wie eine relativ reaktionsunwillige leere Projektionsleinwand, so daß der Patient auf diese Leinwand die ungelösten und abgewehrten Bilder der Vergangenheit projizieren und verschieben kann?

Dieser Aspekt der psychoanalytischen Technik scheint manchen Analytikern wenig Schwierigkeiten zu machen, die eine Neigung zur Isolierung, zum Sich-in-sich-Zurückziehen und zur Unbeteiligtheit zeigen. Schwierigkeiten entstehen, wenn diese Analytiker ihre Haltung und Technik nicht ändern können, sobald die analytische Situation es erfordert. Es hat mir großen Eindruck gemacht, als ich feststellte, daß viele Analytiker in den Vorbesprechungen schüchtern sind und sich unbehaglich fühlen, weil sie dem Patienten gegenübersitzen müssen. Sie neigen dazu, die Zahl der Vorbesprechungen herabzusetzen, um die Sicherheit und Geborgenheit ihrer Position hinter der Couch so rasch wie möglich zu erreichen. Die Analyse von Ausbildungskandidaten mit ähnlichen Problemen zeigt, daß sie an einer Art Lampenfieber leiden, das verdrängte exhibitionistische Impulse und eine generalisierte Aggressivierung und Sexualisierung des Schauens und Gesehenwerdens verdeckt. Die Position hinter der Couch bietet ihnen die Gelegenheit zu schauen, ohne gesehen zu werden.

Ich bin betroffen über den hohen Prozentsatz von Psychoanalytikern, die spürbar an Lampenfieber leiden. Es ist so auffallend, daß ich mich gezwungen sehe anzunehmen, eins der Motive, das die Psychoanalyse als Beruf anziehend macht, sei die versteckte Position des Analytikers hinter der Couch. Das wichtige Mittel der Psychoanalyse, die Entstehung der Übertragungsneurose zu erleichtern, indem man seine emotionalen Reaktionen zurückhält und selbst relativ anonym bleibt, kann sehr wohl mit dieser pathologischen Wurzel zu tun haben. Bescheidenheit und ein Gefühl für Diskretion sind die analogen gesunden Charakterzüge, die jemand veranlassen könnten, diesen Aspekt der psychoanalytischen Technik anziehend zu finden (Jones, 1955, S. 408).

Entscheidend ist, wie fixiert, wie starr und wie stark die Schüchternheit des Analytikers ist. Solange er eine gewisse Flexibilität hat und seine Scheu überwinden kann, wenn es nötig ist, wird sie ihm vielleicht nicht zu einem ernsthaften Hindernis. Andererseits können starke, nicht ausgedrückte exhibitionistische Impulse einem Analytiker in der anderen Richtung Schwierigkeiten machen. Für ihn können die Position hinter der Couch und das Verdecken der emotionalen Impulse zu einer chronischen Frustration werden. Diese kann zu Ausbrüchen von unbeständigem Verhalten führen oder auch dazu, daß der Analytiker unbewußt den Patienten zum Agieren provoziert.

Ein allumfassendes emotionales Sich-Zurückziehen und fehlende Anteilnahme für den Patienten sind viel bedrohlichere Zeichen und bewirken, daß Psychoanalyse nur als eine Karikatur des wirklichen Verfahrens durchgeführt werden kann. Meine Erfahrung mit Kandidaten, die an solchen Problemen leiden, deutet darauf hin, daß sie Menschen sind, die gegen starke Feindseligkeit, Wut und Angst zu kämpfen haben. Sie müssen distanziert bleiben, um nicht vor Wut oder Angst zu explodieren. Diese Leute sind nicht für die psychoanalytische Arbeit geeignet, aber sie haben sie sich ausgesucht, weil sie ihnen, oberflächlich gesehen, einen Schutz vor dem gefürchteten direkten Kontakt mit Menschen zu bieten schien. Reserviertheit ist die normale Variante dieses pathologischen Verhaltens. Die Fähigkeit, sich zeitweilig und teilweise zu distanzieren und reserviert zu verhalten, ist eine Voraussetzung für die psychoanalytische Arbeit, besonders im Hinblick auf die Förderung der Entwicklung einer Übertragungsneurose. Der Schlüssel liegt in den Worten »zeitweilig« und »teilweise«. Wenn die Reserviertheit lenkbar ist, ist sie wertvoll; wenn sie zwanghaft und fixiert ist, ist sie eine Kontraindikation gegen die Durchführung analytischer Arbeit.

Die Fähigkeit, dem Patienten folgerichtig Entbehrungen und Versagungen aufzuerlegen, hängt ab von der Fähigkeit, Schmerz zuzufügen. Ungelöste Konflikte in bezug auf Sadismus, Masochismus und Haß führen zu Extremen oder Inkonsequenz. Der übermäßig schweigsame Analytiker z. B. verbirgt vielleicht eine chronische passiv-aggressive Haltung (Stone, 1961). Analytiker, die in einer Atmosphäre großer Kargheit und Strenge praktizieren, lassen vielleicht stillschweigend ihre Feindseligkeit an den Patienten aus und provozieren unbewußt einen Angriff, eine versteckte Form der masochistischen Befriedigung. Die Fähigkeit, das Streben des Patienten nach symptomatischer Befriedigung beständig zu frustrieren, ist entscheidend für die Entwicklung der Übertragungsneurose. Um dies tun zu können, ohne von unbewußten sadistischen oder masochistischen Impulsen irregeführt zu werden, muß der Analytiker fähig sein, seine Aggressivität und seinen Haß zu mäßigen. Genau wie der Analytiker fähig sein muß, seinen Patienten in gewissen Grenzen zu lieben, so muß er ihn auch in gewissen Grenzen hassen können. Das Zufügen von Schmerz, sei es in der Form von Reserviertheit, Schweigen, Deutungen oder Forderungen von Honorar, geht letzten Endes auf Haß zurück. Es ist wichtig, daß der Analytiker dies ohne unbewußte Angst oder Schuldgefühle und zum therapeutischen Nutzen des Patienten tun kann (Winnicott, 1949).

Der Patient wird oft zum Träger der Phantasien des Analytikers; er kann den Analytiker selbst in früheren Zeiten, ein Geschwister-, einen Elternteil usw. darstellen. So bietet die analytische Situation dem Analytiker eine Möglichkeit, seine mehr oder weniger unbewußten Phantasien stellvertretend durch seinen Patienten auszuleben. Daher kann es vorkommen, daß der Analytiker, ohne es zu merken, den Patienten als Komplizen benützt, der die verdrängten Wünsche des Analytikers durchspielen soll. Es ist nicht überraschend, daß Analytiker mit einer Tendenz zum Agieren Patienten haben, die agieren. Es ist erstaunlicher, aber nicht selten, daß Analytiker, die ein ganz eingeschränktes und gehemmtes Leben führen, oft Patienten haben, die häufig und offenkundig agieren. Unbewußt billigen die betreffenden Analytiker dieses Verhalten und nehmen selber daran teil (Greenacre, 1950, S. 236).

Genau wie der Rahmen der analytischen Situation die Ausbildung von Phantasien beim Patienten fördert, so tut er es auch beim Analytiker. Der Umstand, daß der Analytiker ungesehen hinter der Couch sitzt, daß er sehr viel schweigt, daß ihm physische Einschränkungen und emotionale Zurückhaltung auferlegt sind, hat die Tendenz, die Einbildungskraft des Analytikers in Gang zu setzen. Am wichtigsten ist jedoch die Tatsache, daß die neurotischen Übertragungsreaktionen des Patienten dem Analytiker die verschiedensten Rollen übertragen. Er kann in der Vorstellung des Patienten der Heißgeliebte oder der verhaßte Feind, der furchterregende Vater oder die verführerische Mutter werden. Die Aufgabe des Analytikers ist es, all diese Entwicklungen zuzulassen und nur dann einzugreifen, wenn es dem Patienten hilft. Mehr als das, er soll den Typus, den der Patient auf ihn verschoben hat, ausschmücken und verfeinern, um besser zu verstehen, was er für den Patienten bedeutet.

Auf seltsame Weise wird der Analytiker zum stummen Schauspieler in einem Stück, das der Patient schafft. Der Analytiker spielt nicht in diesem Drama; er versucht, die schattenhafte Gestalt zu bleiben, die der Patient für seine Phantasien braucht. Aber der Analytiker hilft mit bei der Schaffung der Gestalt, indem er die Einzelheiten durch seine Einsicht, seine Einfühlung und Intuition ausgestaltet. In gewissem Sinn wird er zu einer Art Regisseur in dieser Situation — zu einem wesentlichen Bestandteil der Aufführung, aber nicht zum Akteur. Oder er gleicht dem Dirigenten eines Symphonieorchesters. Er schreibt nicht die Musik, aber er verdeutlicht und interpretiert sie. Mit Hilfe seiner schöpferischen Einbildungskraft nimmt der Analytiker als Klärender und Deutender an den Phantasien des Patienten teil, nicht als Komplize oder Provokateur (Kris, 1950; Beres, 1960; Rosen, 1960; Stone, 1961).

Bevor wir uns den Motivationen des Psychoanalytikers als Behandler der Kranken und Leidenden zuwenden können, ist eine vorbereitende Erörterung angebracht, denn dies ist eine umstrittene Frage. Die meisten Analytiker würden wahrscheinlich der Wahl der beiden ersten Grundkomponenten der Arbeit eines Analytikers zustimmen: 1. Er muß als Sammler und Vermittler von Einsicht dienen und 2. er muß sich so verhalten, daß er die relativ leere Projektionsleinwand für die Übertragungsneurose des Patienten wird. Über Gültigkeit und Wichtigkeit des dritten Punktes, den Analytiker als einen Menschen, der die Verpflichtung übernommen hat, das neurotische Leiden seines Patienten zu lindern, gibt es erhebliche Meinungsverschiedenheiten (Stone, 1961, S. 12—17, 117—120). Um den Standpunkt, die therapeutische Absicht des Analytikers sei in der Praxis der Psychoanalyse ein wesentlicher Faktor, angemessen darzustellen, möchte ich kurz den historischen und wissenschaftlichen Hintergrund dieses Streits skizzieren. Ich empfehle die Werke von Freud (1926 b) und Jones (1953; 1955, 4. Kap.; 1957, 9. Kap.) als Grundlagen für ein umfassendes Bild.

Seit den frühesten analytischen Schriften Freuds ist der ärztliche Stand, sind insbesondere aber die Neurologen und Psychiater der Psychoanalyse feindselig und kampflustig gegenübergetreten. Die Ärzte, die sich der psychoanalytischen Bewegung anschlossen, gehörten nicht zur konventionellen konservativen Mehrheit der Mediziner. Ich glaube, das gilt auch noch heute. Seit dem Zweiten Weltkrieg scheint die Psychoanalyse für Psychiater akzeptabler geworden zu sein, aber nicht spürbar für die anderen Zweige der Medizin.

Die wenigen Ärzte, die sich in der Isolierung mit Freud zusammentaten, um 1902 in Wien die Psychoanalytische Gesellschaft und 1910 die Internationale Psycho-Analytische Vereinigung zu gründen, standen mehr oder weniger außerhalb der allgemeinen Strömung der medizinischen Gesellschaften. Zugleich waren einige der brillantesten ersten Mitarbeiter an der Psychoanalyse Nichtmediziner: Hanns Sachs, Hermine Hug-Hellmuth, Oskar Pfister, Otto Rank, Melanie Klein, Siegfried Bernfeld, Theodor Reik und Anna Freud. Zwei der fünf Mitglieder von Freuds »Geheimbund« waren Laienanalytiker: Hanns Sachs und Otto Rank (Jones, 1955, 6. Kap.). Freuds eigene akademische Bildung war viel breiter als die des gewöhnlichen Arztes. Im Frühling 1926 wurde Theodor Reik nach österreichischem Gesetz als Kurpfuscher angeklagt, und später im gleichen Jahr schrieb Freud ein kleines Buch zur Verteidigung der Laienanalyse. Darin schreibt er: »Nach 41jähriger ärztlicher Tätigkeit sagt mir meine Selbsterkenntnis, ich sei eigentlich kein richtiger Arzt gewesen ... Aus frühen Jahren ist mir nichts von einem Bedürfnis, leidenden Menschen zu helfen, bekannt ... Ich meine aber, mein Mangel an der richtigen ärztlichen Disposition hat meinen Patienten nicht sehr geschadet. Denn der Kranke hat nicht viel davon, wenn das therapeutische Interesse beim Arzt affektiv überbetont ist. Für ihn ist es am besten, wenn der Arzt kühl und möglichst korrekt arbeitet« (1926 b, G.W. Bd. 14, S. 290—291). Nach meiner Meinung ist Freuds Selbstbeurteilung nicht richtig; sie mag von der Feindseligkeit beeinflußt worden sein, die er zu dieser Zeit dem ärztlichen Berufsstand gegenüber empfand. Ich habe versucht, in den Zitaten im Abschnitt 4.223 zu zeigen, mit welcher klaren therapeutischen Haltung Freud mit seinen Patienten arbeitete. Ich stimme mit Freud und anderen in der Ansicht überein, daß die Medizinerausbildung nicht die ideale Vorbereitung für einen Psychoanalytiker ist und daß eine besondere Kombination von partieller medizinischer Ausbildung, bereichert um eine Beschäftigung mit Sozial- und Humanwissenschaften und Literatur, vorzuziehen wäre (Freud, 1926 b, G.W. Bd. 14, S. 279—281; Lewin, 1946; Fliess, 1954). Freud gab jedoch zu, und auch hierin bin ich mit ihm ganz einig: »Ich gestehe es zu, solange die Schulen nicht bestehen, die wir uns für die Heranbildung von Analytikern wünschen, sind die ärztlich vorgebildeten Personen das beste Material für den künftigen Analytiker« (1926 b, G.W. Bd. 14, S. 294).

Ungeachtet der Einstellung Freuds behaupte ich, daß die therapeutische Absicht des Analytikers ein wesentlicher Zug in seiner Einstellung ist, wenn er Psychoanalyse als Behandlungsmethode praktizieren will. Ich behaupte nicht, daß dieser Drang, ein Heiler der Kranken zu sein, nur durch ein Medizinstudium erworben werden kann, aber er ist, gleichgültig, wo sein Ursprung liegt, ein wesentlicher Bestandteil, wenn man Psychoanalyse als Therapie betreiben will. In meiner persönlichen Erfahrung ist mir niemals ein tüchtiger psychoanalytischer Therapeut begegnet, der nicht den starken Wunsch verspürt hätte, die Leiden seiner Patienten zu mildern. Ich habe ärztliche Psychoanalytiker kennengelernt, die im Grunde am falschen Platz stehende Forscher oder Datensammler waren, und ihre therapeutischen Erfolge entsprachen nicht den Erwartungen. Ich habe Laienanalytiker gekannt, die in ihrer Arbeitsweise ärztlich waren, und ihre Patienten schienen nicht darunter zu leiden, daß ihre Analytiker keinen medizinischen Doktorgrad hatten. Ich möchte klarstellen, daß ich mit dem Drang, den Kranken und Leidenden zu helfen, das meine, was Stone die offenherzige und sichtbare therapeutische, ärztliche Verpflichtung nennt, den tiefen und aufmerksamen Wunsch, zu helfen oder zu heilen (1961, S. 119—120). Ich meine nicht den rasenden therapeutischen Eifer.

Psychoanalyse ist nicht die geeignete Behandlungsweise für Notsituationen, und sie ist auch nicht geeignet als psychiatrische erste Hilfe. Wenn solche Situationen im Lauf einer Analyse auftreten, muß man gewöhnlich unanalytische Psychotherapie betreiben. Der gut ausgebildete Psychoanalytiker sollte vorbereitet sein, dies zu tun, und dabei die Frage im Auge behalten, wie es möglich sein könnte, die analytische Situation aufrechtzuerhalten. Psychoanalyse ist eine auf lange Dauer angelegte Behandlungsmethode; die therapeutische Absicht des Analytikers muß von geringer Intensität sein, muß aber durch die Jahre der Behandlung anhalten.

Von Zeit zu Zeit bekommt man in der psychoanalytischen Literatur den Eindruck, der Wunsch, die Not eines Patienten zu lindern, sei dem Analysieren und Verstehen seiner Probleme fundamental entgegengesetzt (Sharpe, 1947, S. 216). Ein andermal scheint es, als liege den Analytikern mehr daran, die Reinheit der Psychoanalyse zu bewahren, als an der Verbesserung ihrer Therapieergebnisse (Waelder, 1960, S. 116; Ramzy, 1961; Eissler, 1958). Wieder andere neigen dazu, die passive Rolle des Psychoanalytikers als Katalysator zu betonen, und unterschätzen die Bedeutung des technischen Könnens (Menninger, 1958, S. 11, 128). Wenn man die Beziehung zwischen Patient und Analytiker als eine »Transaktion zwischen zwei Parteien«, zwischen »einer Partei der ersten Rolle« und »einer Partei der zweiten Rolle«, beschreibt, verkleinert und verschleiert man die besondere Bedeutung der ärztlichen Haltung des Psychoanalytikers (Menninger, 1958).

Ich bin überzeugt, daß der therapeutische Aspekt des Analytikers in der analytischen Situation sowohl für den Patienen als auch für den Analytiker von besonderer Bedeutung ist. Für den Patienten ist der Analytiker mit ärztlicher Einstellung ein wichtiger Antreiber der Übertragungsneurose und des Arbeitsbündnisses (Stone, 1961, S. 84—87). Das Bild des Doktors weckt im Patienten Erinnerungen, Phantasien und Gefühle aus der Kindheit, bezogen auf eine gebieterische, willkürliche, unverständliche und magische Gestalt, die die Macht der allwissenden, allmächtigen Eltern besaß. Der Arzt ist derjenige, der kommt und die Herrschaft übernimmt, wenn die Eltern krank sind und Angst haben. Der Arzt ist derjenige, der das Recht hat, den nackten Körper zu untersuchen, und der keine Angst und keinen Ekel vor Blut, Schleim, Erbrochenem,

Urin oder Faeces kennt (Freud, 1926 b, G.W. Bd. 14, S. 234). Er ist der Befreier von Schmerz und Angst, derjenige, der aus dem Chaos Ordnung schafft, der Träger von Nothilfefunktionen, die in den ersten Lebensjahren die Mutter hat. Darüberhinaus fügt der Arzt Schmerz zu, schneidet und bohrt ins Fleisch und dringt in jede Körperöffnung ein. Er erinnert an die körperliche Intimität mit der Mutter, er ist aber auch ein Repräsentant der beide Eltern betreffenden sadomasochistischen Phantasien.

Ich behaupte, daß dem Psychoanalytiker hauptsächlich seine therapeutische Verpflichtung dem Patienten gegenüber die konsequente Verwendung der verschiedenen »unnatürlichen« Maßnahmen ermöglicht, die die Psychoanalyse erfordert, ohne daß er ritualistisch, autoritär, entfremdet oder gelangweilt wird. Ich spreche hier von Berufsgefahren wie dem stundenlangen Anhören freier oder unfreier Assoziationen, dem Beachten aller Einzelheiten, dem vorwiegend stummen Zuhören, dem Zwang, nur gut gesteuerte emotionale Reaktionen zu zeigen, dem Umstand, daß man sich als Zielscheibe für starke emotionale Stürme des Patienten zur Verfügung stellen muß, daß man nur zum Wohl des Patienten eingreifen darf, daß man zulassen muß, daß man verbal mit Liebe überschüttet wird, ohne verführerisch zu werden, daß man sich beschimpfen lassen muß, ohne sich zu verteidigen oder einen Gegenangriff zu unternehmen.

Es ist hauptsächlich die zugrundeliegende Hingabe an die Aufgabe, dem Kranken zu helfen und ihn zu heilen, die es dem Analytiker unter solchen Umständen ermöglicht, sich emotionale Anteilnahme und Mitgefühl für den Patienten zu bewahren, ohne übermäßig beschützend zu werden wie eine Mutter oder unbeteiligt wie ein Forscher. Die ärztliche Haltung bringt ein ständiges Gewahrsein des im Grunde schmerzlichen und hilflosen Zustands des Patienten mit sich sowie Respekt vor den Maßnahmen, Verfahren und Prozessen, die für therapeutische Ergebnisse notwendig sind. Der Arzt ist weit zuverlässiger in der Einschätzung des Maßes an Schmerz, das sein Patient ertragen kann, als Mutter oder Vater oder ein Forscher.

Aber die Stellung des Therapeuten hat auch Anteile von der der Mutter, wie auch von der des Forschers. (Ich lasse den Vater aus dieser Erörterung heraus, denn ihn einzubeziehen, würde uns zu weit führen.) Ich glaube, der ideale Analytiker ist eine mütterliche Vaterfigur oder eine väterliche Mutter, wobei die Dualität in bezug auf die Funktionen besteht, nicht als sexuelles Charakteristikum. Der analytische Therapeut muß in engem, empathischem, mütterlichem Kontakt mit seinen Patienten stehen, so daß er ihr Potential nähren, ihre Rechte und ihre Wünsche wahren kann, daß er den Unterschied zwischen schädlichen und unschädlichen Befriedigungen kennt, ebenso die Grenzen ihrer Frustrationstoleranz, und damit er bereit sein kann, jahrelang auf die Früchte seiner Bemühungen zu warten. Als Therapeut muß er auch fähig sein, zwischen sich und dem Patienten Distanz zu halten, so daß er die Daten des Patienten »erforschen«, d. h. sich an sie erinnern, sie aussortieren, über sie nachdenken, sie beurteilen, über sie theoretisieren und spekulieren kann. Vor allem muß der Analytiker fähig sein, leicht Zugang zu den Positionen der Mutter und des Forschers zu gewinnen, und er muß in beiden Eigenschaften intervenieren können. Offenkundig darf er jedoch weder als die eine noch als der andere handeln, sondern nur als ein Kompositum: als Therapeut.

Wir können uns nun endlich unserer ursprünglichen Frage wieder zuwenden: Was motiviert einen Menschen, einen Beruf zu wählen, in dem er sein Leben der Behandlung des kranken und leidenden neurotischen Menschen weiht? Ein Witz, der zur Zeit gerade im Schwange ist, enthält mehr als einen Keim der Wahrheit in bezug auf die Beantwortung dieser Frage. Rätsel: Was ist ein Psychoanalytiker? Antwort: Ein jüdischer Arzt, der kein Blut sehen kann! Dieser Witz hebt bestimmte wichtige Überlegungen heraus. Freud hat sich mit der Frage beschäftigt, was einen Menschen motiviere, sich dem Beruf des Psychoanalytikers zu widmen, und obwohl er sie für sich selber ablehnte, schälte er zwei wichtige frühe Wurzeln der therapeutischen Einstellung heraus: »... meine sadistische Veranlagung war nicht sehr groß, so brauchte sich dieser ihrer Abkömmlinge nicht zu entwickeln. Ich habe auch niemals ›Doktor‹ gespielt, meine infantile Neugier ging offenbar andere Wege« (1926 b, G.W. Bd. 14, S. 290).

Ich glaube, die wichtige Rolle der prägenitalen sadistischen Triebe, die zum Interesse der Kinder am »Doktorspielen« beitragen, ist seit der bahnbrechenden Abhandlung von Simmel über die Doktorspiele (1926) gut belegt. Derartige Impulse sind klinisch im offenkundigen Verhalten sadistischer Ärzte zu entdecken, die unnötigen Schmerz zufügen und unnötig verstümmeln, als Reaktionsbildungen bei unentschlossenen, gehemmten Ärzten und als Wiedergutmachungsphänomene bei den mit Schuldgefühlen beladenen Ärzten, die zwanghaft helfen müssen. Relativ gut neutralisierte aggressive Triebe zeigen sich z. B. bei dem Chirurgen, der ohne Konflikte die Entscheidung treffen kann, daß operiert wird, der geschickt und schnell arbeitet und der hinterher weder unangemessene Triumph- noch Schuldgefühle empfindet.

Die libidinösen Beiträge zur therapeutischen Verpflichtung stammen aus prägenitalen und ödipalen Quellen. Der Drang, in den Körper oder in die Seele eines anderen Menschen einzudringen, kann sowohl durch die Sehnsucht nach Verschmelzung mit dem anderen als auch durch destruktive Ziele motiviert sein. In einem ungebührlichen Interesse an den

»schmutzigen« Aspekten des Arztberufs wie auch in der Reaktionsbildung der übermäßigen Reinlichkeit kann sich ganz deutlich analerotische Lust manifestieren.

Einer der Hauptbeiträge Simmels war seine Einsicht, daß die Rolle des Arztes eine Gelegenheit sein kann, das sexuelle, sado-masochistische Mißverständnis der Urszene aus der Kindheit wieder durchzuspielen (S. 529). Der Arzt kann der sadistische Vater sein, der die Mutter (den Patienten) als sein Opfer sexuell quält, er kann aber auch zum Retter werden oder sich mit dem Opfer identifizieren. Manchmal stellt man fest, daß der Arzt versucht, eine Phantasie zu agieren, in der er mit seinem Patienten das tut, was er in der Kindheit gewünscht hat, sein Vater (seine Mutter) solle es mit ihm tun; dies kann eine Variante von Homosexualität und Inzest sein. Das Behandeln der Kranken kann auch von der »stillenden« Mutter abstammen, die dadurch Schmerz lindert, daß sie das Kind nährt (S. 538).

Spätere wichtige Faktoren können sich von verschiedenen Abwehrmanövern herleiten. Das Behandeln von Kranken kann als Mittel dienen, seine Furcht vor Krankheiten zu überwinden, als kontraphobische Tätigkeit. Man sucht das aktiv auf, dessen Eintreten man fürchtet, wenn man passiv ist (Fenichel, 1939). Abwehrtätigkeiten gehen allmählich in den Bereich der Sublimierung und Neutralisierung über. Das Streben nach Wissen und Wahrheit kann zu einem vom Triebhaften befreiten und angstfreien Abkömmling des Drangs werden, Zugang zum unbekannten und gefährlichen Körper und Geist zu gewinnen. Bei dem Wunsch, die Tyrannei unnötiger Krankheit und unnötigen Schmerzes zu bekämpfen, kann auch ein Gefühl der Verwandtschaft mit der leidenden Menschheit eine Rolle spielen.

Der Psychoanalytiker unterscheidet sich von allen anderen medizinischen Therapeuten dadurch, daß er trotz des hohen Grades verbaler Intimität keinen körperlichen Kontakt mit dem Patienten hat. Er entspricht in dieser Hinsicht eher der Mutter, von der man körperlich getrennt ist, als der Mutter, mit der man intimen Körperkontakt hat (Stones, 1961, S. 105). Außerdem teilt der Analytiker sein Wissen und seine Feststellungen weit mehr mit dem Patienten als andere Ärzte, eine Tatsache, die ihn mehr in die Nähe des Lehrers stellt.

Zum Schluß dieser Diskussion über Motivation erscheint es mir angebracht, die beiden kritischen Probleme zu wiederholen. Erstens: Der Ursprung des Wunsches, Therapeut zu werden, ist nicht der entscheidende Faktor; entscheidend ist, wie gut die abgeleiteten Tätigkeiten vom Triebhaften befreit und neutralisiert sind. Zweitens: Wenn die Neutralisierung nicht oder nur teilweise erfolgreich war, ist die nächste Frage: Sind diese primitiven Vorläufer dem vernünftigen Ich des Therapeuten leicht zugänglich, also beeinflußbar und der Zurückhaltung unterwerfbar? Wenn dies der Fall ist, können diese Impulse nicht nur harmlos, sondern sogar wertvolle Anzeiger dessen sein, was im Patienten vor sich geht.

4.3 Was die Psychoanalyse vom »analytischen Milieu« fordert

Der Begriff »analytisches Milieu« bezeichnet den äußeren Rahmen und die Routinemaßnahmen der psychoanalytischen Praxis, die einen wesentlichen Bestandteil des Vorgangs des Psychoanalysiertwerdens bilden. Zwar kann man das eine oder andere dieser Elemente verändern, ohne daß Psychoanalyse unmöglich wird, aber das »analytische Milieu« beeinflußt doch die verschiedenen Prozesse, die in der psychoanalytischen Behandlung stattfinden. Wir wissen z. B., daß Übertragungsreaktionen auch bei neurotischen Menschen spontan auftreten, die nicht in psychoanalytischer Behandlung sind. Aber wir wissen auch, daß das »analytische Milieu« das Auftreten all der verschiedenen Übertragungsreaktionen erleichtert und maximal gestaltet.

Freud hat zwar sorgfältig beschrieben, wie er es anfing, mit seinen neuen Patienten die verschiedenen Routinemaßnahmen und -verfahren zu etablieren, aber er hat nicht festgelegt, was für Beiträge er von ihnen erwartete (Freud, 1912 b, 1913 b). Daß er in dieser Hinsicht einiges erwartete, kann man an seiner Abhandlung über die Übertragungsliebe ablesen, wo er erwähnt, daß das Sich-Verlieben der Patientinnen durch die analytische Situation »induziert« und »provoziert« wird (Freud, 1915 a, G.W. Bd. 10, S. 308—309, 316).

Bis vor relativ kurzer Zeit hat die psychoanalytische Literatur die überwältigende Bedeutung der bisherigen Lebensgeschichte des Patienten und der Haltung des Analytikers betont, der in relativer Neutralität, in relativem Inkognito und relativer Passivität verharren müsse. Dies seien die Faktoren, die den Verlauf der Übertragungsreaktionen bestimmten. Dies gilt zwar im wesentlichen immer noch, aber wir erkennen heute, daß bestimmte Elemente im »analytischen Milieu« und bestimmte Verfahren diese Entwicklungen fördern oder hemmen können. Die Schriften von Macalpine (1950), Greenacre (1954), Lewin (1955), Spitz (1956 b) und Stone (1961) haben besonders viel dazu beigetragen, die Bedeutung des »analytischen Milieus« für die Entwicklung der verschiedenen Übertragungsreaktionen klarzustellen.

Gemäß unseren früheren Aussagen über das Verhältnis des Patienten zum Analytiker wollen wir das »analytische Milieu« unter dem Gesichtspunkt der Elemente untersuchen, die die Übertragungsneurose fördern, und derjenigen, die das Arbeitsbündnis erleichtern; d. h., was hat die Tendenz, den Patienten zum Regredieren zu veranlassen, und was hilft ihm, sein erwachseneres Funktionsniveau zu bewahren? Es ist wesentlich, daß das analytische Milieu beide Möglichkeiten ständig bietet (Greenson, 1965 a).

Der Umstand, daß zwei Menschen lange Zeit hindurch immer wieder lange allein zusammenkommen, hat eine große Intensität des emotionalen Engagements zur Folge. Die Tatsache, daß der eine in Not und relativ hilflos ist, der andere sachkundig ist und Hilfe anbietet, fördert ein ungleichmäßiges, »schiefes« Verhältnis, wobei derjenige, der in Not ist, dazu neigt, auf irgendeine Form infantiler Abhängigkeit zu regredieren (Greenacre, 1954). Auch die übliche Maßnahme, den Patienten auf der Couch liegen zu lassen, trägt auf vielfältige Art zur Regression bei. Das Liegen ist ein Überbleibsel aus den Zeiten der Hypnose und eine Abwandlung des Versuchs, den Patienten in Schlaf zu versetzen (Lewin, 1955; Khan, 1962). Die Herabsetzung äußerer Reize, die Tatsache, daß der Patient den Analytiker nicht sieht, daß der Analytiker relativ schweigsam ist und daß kein physischer Kontakt zwischen ihnen stattfindet, fördert ebenfalls einen schlafähnlichen Zustand (Macalpine, 1950; Spitz, 1956 b).

Spitz (1956 b) hat auch auf den Umstand hingewiesen, daß der Patient liegt und darum »weiter unten« ist als der Analytiker, der aufrecht hinter ihm sitzt, daß Lokomotion und Körperbewegungen des Patienten eingeschränkt sind, und daß er spricht, aber nicht sehen kann, zu wem; dies alles treibt den Patienten in die Richtung der Objektlosigkeit. Phyllis Greenacre (1954) behauptet, diese Kombination von Elementen rekapituliere die Matrix der Mutter-Kind-Beziehung der ersten Lebensmonate. Das freie Assoziieren selbst ist eine Einladung zum Regredieren auf den Primärvorgang und den Traum (Macalpine, 1950; Lewin, 1955). Es ist insofern auch dem Plappern eines Kindes ähnlich, als wir den Patienten auffordern, ohne Unterscheidung und Verantwortung alles zu sagen (Spitz, 1956 b).

Das übliche Verhalten des Analytikers trägt auch zum regressiven Zug des »analytischen Milieus« bei. Seine relative Anonymität, seine gedämpften emotionalen Reaktionen und seine allgemein versagende Haltung in bezug auf die neurotischen Wünsche des Patienten fördern alle die Übertragungsneurose (Macalpine, 1950; Spitz, 1956 b). Der Umstand, daß der Analytiker ein Behandler der Kranken, ein Therapeut ist, aktiviert auch die vielen infantilen Vorläufer der Vorstellung vom Doktor im Phantasieleben des Patienten (siehe Abschnitt 4.23).

Viele der oben beschriebenen Routinemaßnahmen, die die Regression auf die infantile Neurose fördern, tragen auch zur Bildung und Aufrechterhaltung des Arbeitsbündnisses bei, wenn sie konsequent, mit großer Häufigkeit und lange Zeit hindurch angewandt werden. Alle Maßnahmen, die vorhersehbar werden, schaffen ein Gefühl der Sicherheit, und wenn sie als Folgen einer therapeutischen Absicht wahrgenommen werden, schaffen sie ein Gefühl des Vertrauens, das der Kern des Arbeitsbündnisses ist. Sicherheit und Vertrauen machen es dem Patienten möglich, sich das Regredieren zu gestatten, genauso, wie sie ihm den Mut geben, einen neurotischen Abwehrmechanismus aufzugeben und eine neue Form der Anpassung auszuprobieren. Die tägliche Arbeit des Analytikers mit dem Patienten, sein unermüdliches Streben nach Einsicht und Verständnis, seine Achtung und sein Schutz der Rechte, des Potentials und der Würde des Patienten, seine Anteilnahme und sein Mitgefühl, seine offene und bedachtsame Verpflichtung, das neurotische Leiden des Patienten zu lindern, sollten Teil der analytischen Atmosphäre sein.

Die Dialektik, die für so viele Prozesse der Psychoanalyse kennzeichnend ist, ist auch hier anzutreffen. Der unersättliche triebhafte Hunger des Patienten kann sogar die zur Befriedigung geeigneten Haltungen des Analytikers in Frustration verkehren; die Ambivalenz des Patienten kann die therapeutische Anteilnahme des Analytikers in eine Form der Ablehnung verdrehen, und die Geduld des Analytikers wird dann als Gleichgültigkeit empfunden. Entscheidend ist in dieser Sache, wie stark das vernünftige Ich des Patienten in einem bestimmten Augenblick im Vergleich zur Stärke seines Es, zum Über-Ich und zur Außenwelt ist. Die Beziehung zum Analytiker ist von diesen Faktoren abhängig.

Ein Beispiel für diese Bipolarität: Jede Intervention kann entweder als einschläfernd oder als äußerst wachrüttelnd empfunden werden. Die Unwägbarkeiten des Alltagslebens können eine entscheidende Rolle spielen. Trotz der Tatsache, daß das »analytische Milieu« in der therapeutischen Gleichung wichtig ist, kann es die psychoanalytische Technik nicht ersetzen; man kommt nicht aus ohne die Kunst des Deutens und das Geschick im Herstellen einer Beziehung zu einem anderen Menschen. Man muß sich auch in aller Demut klarmachen, daß selbst mit der besten Technik ein erheblicher Zeitaufwand notwendig ist, um die schreckliche Tyrannei zu überwinden, die die Vergangenheit des Patienten und sein Wiederholungszwang ausüben (Greenson, 1966).

Zusätzliche Literatur

Allgemeine Betrachtungen: Altmann (1964), Greenacre (1954), Greenson (1966), Haak (1957), Khan (1960, 1962), Lewin (1955, 1959), Macalpine (1950), Spitz (1956 a, 1956 b), Stone (1961).

Erforderliche Persönlichkeits- und Charakterzüge des Patienten: Aarons (1962), Guttman (1960), Knapp, Levin, McCarter, Wermer und Zetzel (1960), Rosenberg [Zetzel] (1949), Waldhorn (1960).

Befriedigung und Versagung in der analytischen Situation: Glover (1955), Greenacre (1959), Hoffer (1956), Kubie (1950), Menninger (1958), Nacht (1957).

Bibliographie

Aarons, Z. A. (1962): Indications for Analysis and Problems of Analyzability. Psychoanal. Quart., 31, 514—531.

Abraham, K. (1913): Shall We Have the Patients Write Down Their Dreams? In: The Psychoanalytic Reader, Hrsg. R. Fliess, New York, International Universities Press, 1948, 1, 326—328.

— (1919): A Particular Form of Neurotic Resistance against the Psycho-Analytic Method. Selected Papers on Psycho-Analysis, London, Hogarth Press, 1948, S. 303—311. (Über eine besondere Form des neurotischen Widerstandes gegen die psychoanalytische Methodik, Int. Z. f. ärztliche Psychoanalyse, 5, 173—180)

— (1924): A Short Study of the Development of the Libido. Selected Papers on Psycho-Analysis, London, Hogarth Press, 1948, S. 418—501. (Deutsche Originalfassung: Versuch einer Entwicklungsgeschichte der Libido, Internationaler Psychoanalytischer Verlag, Wien)

Aichhorn, A. (1925): Wayward Youth, New York, Viking Press, 1945. (Verwahrloste Jugend. Die Psychoanalyse in der Fürsorgeerziehung, Bern, Huber, 1951)

Alexander, F. (1925): A Metapsychological Description of the Process of Cure, Int. J. Psycho-Anal., 6, 13—34. (Metapsychologische Darstellung des Heilungsvorganges, Int. Z. f. Psychoanalyse, 11, 157—178)

— (1927): Psychoanalysis of the Total Personality, New York u. Washington, Nervous and Mental Disease Publishing Co., 1930. (Deutsche Originalfassung: Psychoanalyse der Gesamtpersönlichkeit, Internationaler Psychoanalytischer Verlag, Wien)

— (1935): The Problem of Psychoanalytic Technique, Psychoanal. Quart., 4, 588—611.

— (1950): Analysis of the Therapeutic Factors in Psychoanalytic Treatment, Psychoanal. Quart., 19, 482—500.

— (1954a): Some Quantitative Aspects of Psychoanalytic Technique, J. Amer. Psychoanal. Assn., 2, 685—701.

— (1954b): Psychoanalysis and Psychotherapy, J. Amer. Psychoanal. Assn., 2, 722—733.

— T. M. French et al. (1946): Psychoanalytic Therapy, New York, Ronald Press.

Altman, L. L. (1957): On the Oral Nature of Acting Out, J. Amer. Psychoanal. Assn., 5, 648—662.

— (1964): Panel report: Theory of Psychoanalytic Therapy, J. Amer. Psychoanal. Assn., 12, 620—631.

Arlow, J. A. (1961): Silence and the Theory of Technique, J. Amer. Psychoanal. Assn., 9, 44—55.

— (1963): Conflict, Regression, and Symptom Formation, Int. J. Psycho-Anal., 44, 12—22. (Deutsch in Psyche 17, 1963)

— u. C. Brenner (1964): Psychoanalytic Concepts and the Structural Theory, New York, International Universities Press.

Balint, M. (1948): On the Psycho-Analytic Training System, Int. J. Psycho-Anal., 29, 163—173.

— (1950 a): Changing Therapeutical Aims and Techniques in Psycho-Analysis, Int. J. Psycho-Anal., 31, 117—124. (Deutsch in: Urformen der Liebe und die Technik der Psychoanalyse, Bern, Huber, 1965)
— (1950b): On the Termination of Analysis, Int. J. Psycho-Anal., 31, 196—199.
— (1954): Analytic Training and Training Analysis, Int. J. Psycho-Anal., 35, 157—162.
Bellak, L. (1961): Free Association: Conceptual and Clinical Aspects, Int. J. Psycho-Anal., 42, 9—20. (Deutsch in Psyche 15, 1961)
Benedek, T. (1953): Dynamics of the Countertransference, Bull. Menninger Clin., 17, 201—208.
— (1955): A Contribution to the Problem of Termination of Training Analysis, J. Amer. Psychoanal. Assn. 3, 615—629.
Benjamin, J. D. (1947): Psychoanalysis and Nonanalytic Psychotherapy, Psychoanal. Quart., 2, 169—176.
Beres, D. (1960): Psychoanalytic Psychology of Imagination, J. Amer. Psychoanal. Assn., 8, 252—269.
Berezin, M. (1957): Note-taking during the Psychoanalytic Session, Bull. Phila. Assn. Psychoanal., 7, 96—101.
Bergler, E. (1949): The Basic Neurosis, New York, Grune & Stratton.
Bernfeld, S. (1962 [1952]): On Psychoanalytic Training. Psychoanal. Quart., 31, 453—482.
Bibring, E. (1937): On the Theory of the Results of Psycho-Analysis, Int. J. Psycho-Anal., 18, 170—189.
— (1943): The Conception of the Repetition Compulsion, Psychoanal. Quart., 12, 486—519.
— (1954): Psychoanalysis and the Dynamic Psychotherapies, J. Amer. Psychoanal. Assn., 2, 745—770.
Bibring, G. L. (1935): A Contribution to the Subject of Transference Resistance, Int. J. Psycho-Anal., 17, 181, 1936. (Zum Thema des Übertragungswiderstandes, Int. Z. f. Psychoanalyse, 21, 55—61)
— (1954): The Training Analysis and Its Place in Psycho-Analytic Training, Int. J. Psycho-Anal., 35, 169—173
Bird, B. (1957): A Specific Peculiarity of Acting Out, J. Amer. Psychoanal. Assn., 5, 630—647.
Bornstein, B. (1949): The Analyis of a Phobic Child: Some Problems of Theory and Technique in Child Analysis, The Psychoanalytic Study of the Child, 3/4, 181—226.*
Bouvet, M. (1958): Technical Variation and the Concept of Distance, Int. J. Psycho-Anal., 39, 211—221.
Braatøy, T. (1954): Fundamentals of Psychoanalytic Technique, New York, Wiley.
Brenner, C. (1955): An Elementary Textbook of Psychoanalysis, New York, International Universities Press.
Breuer, J. u. S. Freud (1893—95): Studien über Hysterie, Sigmund Freud, Gesammelte Werke, Frankfurt, S. Fischer, Band I.
Bridger, H. (1950): Criteria for the Termination of Analysis, Int. J. Psycho-Anal., 31, 202—203.

* The Psychoanalytic Study of the Child, 21 Bde., hrsg. v. R. S. Eissler, A. Freud, H. Hartmann, u. M. Kris, New York, International Universities Press, 1945—1966.

Brierley, M. (1951): Trends in Psycho-Analysis, London, Hogarth Press.
Bychowski, G. (1953): The Problem of Latent Psychosis, J. Amer. Psychoanal. Assn., 1, 484—503.
— (1954): The Structure of Homosexual Acting Out, Psychoanal. Quart., 23, 48—61.
— (1958): Struggle Against the Introjects, Int. J. Psycho-Anal., 39, 182—187. (Deutsch in Psyche 13, 1959)
Colby, K. M. (1951): A Primer for Psychotherapists, New York, Ronald Press.
— (1954): The Leaven of Love: A Development of the Psychoanalytic Theory and Technique of Sandor Ferenczi, New York, Harper.
Deutsch, F. (1939): Associative Anamnesis, Psychoanal. Quart., 8, 354—381.
— (1947): Analysis of Postural Behavior, Psychoanal. Quart., 16, 195—213.
— (1952): Analytic Posturology, Psychoanal. Quart., 21, 196—214.
Deutsch, H. (1942 [1934]): Some Forms of Emotional Disturbances and Their Relationship to Schizophrenia. In: Neuroses and Character Types, New York, International Universities Press, 1965, S. 262—281.
— (1944-45): The Psychology of Women, 2 Bde., New York, Grune & Stratton.
Devereux, G. (1951): Some Criteria for the Timing of Confrontations and Interpretations, Int. J. Psycho-Anal., 32, 19—24.
Eisendorfer, A. (1959): The Selection of Candidates Applying for Psychoanalytic Training, Psychoanal. Quart., 28, 374—378.
Eissler, K. R. (1950a): Ego-Psychological Implications of the Psychoanalytic Treatment of Delinquents, The Psychoanalytic Study of the Child, 5, 97—121.
— (1950b): The Chicago Institute of Psychoanalysis and the Sixth Period of the Development of Psychoanalytic Technique, J. Genet. Psychol., 42, 103—157.
— (1953): The Effect of the Structure of the Ego on Psychoanalytic Technique, J. Amer. Psychoanal. Assn., 1, 104—143.
— (1956): Some Comments on Psychoanalysis and Dynamic Psychiatry, J. Amer. Psychoanal. Assn., 4, 314—317.
— (1958): Remarks on Some Variations in Psycho-Analytical Technique, Int. J. Psycho-Anal., 39, 222—229.
Ekstein, R. (1950): Trial Analysis in the Therapeutic Process, Psychoanal. Quart., 19, 52—63.
— (1955): Termination of the Training Analysis within the Framework of Present-day Institutes, J. Amer. Psychoanal. Assn., 3, 600—614.
— (1956): A Clinical Note on the Therapeutic Use of a Quasi-religious Experience, J. Amer. Psychoanal. Assn., 4, 304—313.
— (1960a): A Historical Survey on the Teaching of Psychoanalytic Technique, J. Amer. Psychoanal. Assn., 8, 500—516.
— (1960b): Panel report: The Teaching of Psychoanalytic Technique, J. Amer. Psychoanal. Assn., 8, 167—174.
— u. S. W. Friedman (1957): The Function of Acting Out, Play Action and Play Acting in the Psychotherapeutic Process, J. Amer. Psychoanal. Assn., 5, 581—629.
— u. R. S. Wallerstein (1958): The Teaching and Learning of Psychotherapy, New York, Basic Books.
Erikson, E. H. (1950): Childhood and Society, New York, Norton. (Deutsche Übersetzung: Kindheit und Gesellschaft, Stuttgart, Klett, ^{4}1971)

Evans, W. N. (1953): Evasive Speech as a Form of Resistance, Psychoanal. Quart., 22, 548—560.
Fairbairn, W. R. D. (1958): On the Nature and Aims of Psycho-Analytical Treatment, Int. J. Psycho-Anal., 39, 374—385.
Feldman, S. S. (1948): Mannerisms of Speech: A Contribution to the Working Through Process, Psychoanal. Quart., 17, 356—367.
— (1958): Blanket Interpretations, Psychoanal. Quart., 27, 205—216.
— (1959): Mannerisms of Speech and Gestures in Everyday Life, New York, International Universities Press.
Fenichel, O. (1934): On the Psychology of Boredom, Collected Papers of Otto Fenichel, 1, 292—302, New York, Norton, 1953.
— (1939): The Counter-Phobic Attidue, The Collected Papers of Otto Fenichel, 2, 163—173, New York, Norton, 1954.
— (1941): Problems of Psychoanalytic Technique, Albany, N. Y., The Psychoanalytic Quarterly, Inc.
— (1945a): The Psychoanalytic Theory of Neurosis, New York, Norton.
— (1945b): Neurotic Acting Out, Collected Papers of Otto Fenichel, 2, 296—304, New York, Norton, 1954.
Ferenczi, S. (1909): Introjection and Transference, Sex in Psychoanalysis, New York, Basic Books, 1950, S. 35—93. (Introjektion und Übertragung, Bausteine zur Psychoanalyse, Band I, 9—57 Bern, Huber, 1969)
— (1911): On Obscene Words, Sex in Psychoanalysis, New York, Basic Books, 1950, S. 132—153. (Über obszöne Worte, Bausteine I, 171—188)
— (1912): Transitory Symptom-Construction during the Analysis, Sex in Psychoanalysis, New York, Basic Books, 1950, S. 193—212. (Über passagère Symptombildungen während der Analyse, Bausteine II, 9—25)
— (1914 a): Discontinuous Analyses, Further Contributions to the Theory and Technique of Psycho-Analysis, London, Hogarth Press, 1950, S. 233—235. (Diskontinuierliche Analysen, Bausteine II, 55—57)
— (1914 b): Sensations of Giddiness at the End of the Psycho-Analytic Session, Further Contributions, S. 239—241. (Schwindelempfindung nach Schluß der Analysestunde, Bausteine II, 29—31)
— (1914 c): On Falling Asleep during Analysis, Further Contributions, London, Hogarth Press, 1950, S. 249—250. (Einschlafen des Patienten während der Analyse, Bausteine II, 9—25)
— (1914 d): The Psychic Effect of the Sunbath, The Theory and Technique of Psycho-Analysis, London, Hogarth Press, 1950, S. 365. (Zur psychischen Wirkung des Sonnenbades, Bausteine III, 49)
— (1915): Restlessness towards the End of the Hour of Analysis, Further Contributions, S. 238—239. (Unruhe gegen das Ende der Analysestunde, Bausteine II, 28)
— (1916): Sex in Psychoanalysis, New York, Basic Books, 1950. (Eine Sammlung von Aufsätzen, die alle in Ferenczi, Bausteine zur Psychoanalyse, enthalten sind.)
— (1916—17 a): Interchange of Affect in Dreams, Further Contributions, S. 345. (Affektvertauschung im Traume, Int. Z. f. ärztl. Psychoanalyse, 4)
— (1916—17 b): Dreams of the Unsuspecting, Further Contributions, S. 346—348. (Träume der Ahnungslosen, Int. Z. f. ärztl. Psychoanalyse, 4, 208—210)
— (1916—17 c): Silence Is Golden, Further Contributions, S. 250—251. (Schweigen ist Gold, Bausteine II, 255—257)

— (1919 a): On the Technique of Psycho-Analysis, Further Contributions, S. 177—189. (Zur psychoanalytischen Technik, Bausteine II, 38—54)
— (1919 b): Technical Difficulties in the Analysis of a Case of Hysteria, Further Contributions, S. 189—197. (Technische Schwierigkeiten einer Hysterieanalyse, Bausteine III, 119—128)
— (1919 c): Sunday Neuroses, Further Contributions, S. 174—177. (Sonntagsneurosen, Bausteine II, 178—184)
— (1921 [1920]): The Further Development of an Active Therapy in Psycho-Analysis, Further Contributions, S. 198—217. (Weiterer Ausbau der ‚aktiven Technik' in der Psychoanalyse, Bausteine II, 62—86)
— (1923): Attention during the Narration of Dreams, Further Contributions, S. 238. (Aufmerken bei der Traumerzählung, Bausteine III, 53)
— (1924): On Forced Phantasies, Further Contributions, S. 68—77. (Über forcierte Phantasien, Bausteine II, 87—98)
— (1925): Contra-Indications to the 'Active' Psycho-Analytical Technique, Further Contributions, S. 217—230. (Kontraindikationen der aktiven psychoanalytischen Technik, Bausteine II, 99—115)
— (1928 a [1927]): The Problem of the Termination of the Analysis, Final Contributions to the Problems and Methods of Psycho-Analysis, New York, Basic Books, 1955, S. 77—86. (Das Problem der Beendigung der Analyse, Bausteine III, 367—379)
— (1928 b [1927]): The Elasticity of Psycho-Analytic Technique, Final Contributions, S. 87—101. (Die Elastizität der psychoanalytischen Technik, Bausteine III, 380—398)
— (1930 [1929]): The Principles of Relaxation and Neocatharsis, Final Contributions, S. 108—125. (Relaxationsprinzip und Neokatharsis, Bausteine III, 468—489)
— (1939 [c. 1913]): Laugther, Final Contributions, S. 177—182.
— u. O. Rank (1924): The Development of Psychoanalysis, New York und Washington, Nervous and Mental Disease Publishing Co., 1925. (Entwicklungsziele der Psychoanalyse, Leipzig u. Wien, Int. Psychoanalytischer Verlag)

Fisher, C. (1953), Studies on the Nature of Suggestion: Teil II. The Transference Meaning of Giving Suggestions, J. Amer. Psychoanal. Assn., 1, 406—437.

Fleming, J. (1946): Observations of the Defenses against a Transference Neurosis, Psychiatry, 9, 365—374.
— (1961): What Analytic Work Requires of an Analyst: A Job Analysis, J. Amer. Psychoanal. Assn., 9, 719—729.
— u. T. Benedek (1964): Supervision: A Method of Teaching Psychoanalysis, Psychoanal. Quart., 33, 71—96.

Fliess, R. (1949): Silence and Verbalization: A Supplement to the Theory of the Analytic Rule, Int. J. Psycho-Anal., 30, 21—30.
— (1953): Countertransference and Counteridentification, J. Amer. Psychoanal. Assn., I, 268—284.
— (1954): The Autopsic Encumbrance: Some Remarks on an Unconscious Interference with the Management of the Analytic Situation, Int. J. Psycho-Anal., 35, 8—12.

Forest, I. de (1951): Significance of Countertransference in Psychoanalytic Therapy, Psychoanal. Rev., 38, 158—171.

Fraiberg, S. (1951): Clinical Notes on the Nature of Transference in Child Analysis, The Psychoanalytic Study of the Child, 6, 286—306.
— (1966): Further Considerations of the Role of Transference in Latency, The Psychoanalytic Study of the Child, 21, 213—236.
Frank, J. (1956): Indications and Contraindications for the Application of the "Standard Technique", J. Amer. Psychoanal. Assn. 4, 266—284.
Freeman, T. (1959): Aspects of Defence in Neurosis and Psychosis, Int. J. Psycho-Anal., 40, 199—212.
French, T. M. (1964): The Transference Phenomena. In: F. Alexander, T. M. French, et al., Psychoanalytic Therapy, New York, Ronald Press.
Freud, A. (1928 [1946]): The Psycho-Analytical Treatment of Children, New York, International Universities Press, 1955. (Einführung in die Technik der Kinderanalyse, London, Imago, 1949, und München, Kindler, 1968)
— (1936): The Ego and the Mechanisms of Defense, New York, International Universities Press, 1946. (Das Ich und die Abwehrmechanismen, München, Kindler, 1964)
— (1950a): Probleme der Lehranalyse. In: Max Eitingon in Memoriam, Jerusalem, Israeli Psychoanalytic Society.
— (1950b): The Significance of the Evolution of Psychoanalytic Child Psychology, Congrès International de Psychiatrie, Paris 1950, 5, 29—36. Abstr. in: The Annual Survey of Psychoanalysis, 1, 200—203, New York, International Universities Press, 1952.
— (1954 a): The Widening Scope of Indications for Psychoanalysis: Discussion, J. Amer. Psycholanal. Assn., 2, 607—620.
— (1954b): Problems of Technique in Adult Analysis, Bull. Phila. Assn. Psychoanal., 4, 44—69.
— (1959): The Nature of the Psychotherapeutic Process (unveröffentlichtes Manuskript) zit. v. Ekstein (1960a).
— (1965): Normality and Pathology in Childhood: Assessments of Development, New York, International Universities Press.
— H. Nagera u. W. E. Freud (1965): Metapsychological Assessment of the Adult Personality: The Adult Profile, The Psychoanalytic Study of the Child, 20, 9—41.
Freud, S. (1894): Die Abwehr-Neuropsychosen, Ges. Werke, Bd. I, S. 57—74.*
— (1896): Weitere Bemerkungen über die Abwehr-Neuropsychosen, Ges. Werke, Bd. I, S. 377—404.
— (1898): Die Sexualität in der Ätiologie der Neurosen, Ges. Werke, Bd. I, S. 489—516.
— (1900): Die Traumdeutung, Ges. Werke, Bd. II.
— (1904 [1903]): Die Freudsche psychoanalytische Methode, Ges. Werke, Bd. V, S. 1—10.
— (1905a [1901]): Bruchstück einer Hysterie-Analyse, Ges. Werke, Bd. V, S. 161—286.
— (1905b [1904]): Über Psychotherapie, Ges. Werke, Bd. V, S. 11—26.
— (1905c): Psychische Behandlung (Seelenbehandlung), Ges. Werke, Bd. V, S. 287—315.

* Sigmund Freud, Gesammelte Werke, chronologisch geordnet, 18 Bde. Herausgegeben von A. Freud, W. Hoffer, E. Kris, O. Isakower, Frankfurt, S. Fischer. (Standard Edition, 24 Bände, London, Hogarth Press and the Institute of Psycho-Analysis, 1953 ff.)

— (1905d): Drei Abhandlungen zur Sexualtheorie, Ges. Werke, Bd. V, S. 27—145.
— (1908): Charakter und Analerotik, Ges. Werke, Bd. VII, S. 201—209.
— (1909): Bemerkungen über einen Fall von Zwangsneurose, Ges. Werke, Bd. VII, S. 379—463.
— (1910a): Die zukünftigen Chancen der psychoanalytischen Therapie, Ges. Werke, Bd. VIII, S. 103—115.
— (1910b): Über „wilde" Psychoanalyse, Ges. Werke, Bd. VIII, S. 117—125.
— (1911a): Psychoanalytische Bemerkungen über einen autobiographisch beschriebenen Fall von Paranoia (Dementia Paranoides), Ges. Werke, Bd. VIII, S. 239—320.
— (1911b): Die Handhabung der Traumdeutung in der Psychoanalyse, Ges. Werke, Bd. VIII, S. 349—357.
— (1912a): Zur Dynamik der Übertragung, Ges. Werke, Bd. VIII, S. 363—374.
— (1912b): Ratschläge für den Arzt bei der psychoanalytischen Behandlung, Ges. Werke, Bd. VIII, S. 375—387.
— (1913a [1912—13]): Totem und Tabu, Ges. Werke, Bd. IX.
— (1913b): Zur Einleitung der Behandlung, Ges. Werke, Bd. VIII, S. 453—478.
— (1914a): Über fausse reconnaissance („déjà raconté") während der psychoanalytischen Arbeit, Ges. Werke, Bd. X, S. 115—123.
— (1914b): Zur Geschichte der psychoanalytischen Bewegung, Ges. Werke, Bd. X, S. 43—113.
— (1914c): Erinnern, Wiederholen und Durcharbeiten, Ges. Werke, Bd. X, S. 125—136.
— (1915a [1914]): Bemerkungen über die Übertragungsliebe, Ges. Werke, Bd. X, S. 305—321.
— (1915b): Das Unbewußte, Ges. Werke, Bd. X, S. 263—303.
— (1915c): Die Verdrängung, Ges. Werke, Bd. X, S. 247—261.
— (1915d): Triebe und Triebschicksale, Ges. Werke, Bd. X, S. 209—232.
— (1916—17 [1915—17]): Vorlesungen zur Einführung in die Psychoanalyse, Ges. Werke, Bd. XI.
— (1917a [1915]): Metapsychologische Ergänzungen zur Traumlehre, Ges. Werke, Bd. X, S. 411—426.
— (1917b [1915]): Trauer und Melancholie, Ges. Werke, Bd. X, S. 427—446.
— (1919a [1918]): Die Wege der psychoanalytischen Therapie, Ges. Werke, Bd. XII, S. 181—194.
— (1919b): »Ein Kind wird geschlagen», Ges. Werke, Bd. XII, S. 195—226.
— (1920): Jenseits des Lustprinzips, Ges. Werke, Bd. XIII, S. 1—69.
— (1921): Massenpsychologie und Ich-Analyse, Ges. Werke, Bd. XIII, S. 71—161.
(1923a [1922]): »Psychoanalyse« und »Libidotheorie«, Ges. Werke, Bd. XIII, S. 209—233.
— (1923b): Das Ich und das Es, Ges. Werke, Bd. XIII, S. 235—289.
— (1923c [1922]): Bemerkungen zur Theorie und Praxis der Traumdeutung, Ges. Werke, Bd. XIII, S. 299—314.
— (1925a [1924]): »Selbstdarstellung«, Ges. Werke, Bd. XIV, S. 31—96.
— (1925b): Die Verneinung, Ges. Werke, Bd. XIV, S. 9—15.
— (1925c): Einige Nachträge zum Ganzen der Traumdeutung (Zusatz zum 14. Band der Ges. Werke Freuds), Ges. Werke, Bd. I, S. 559—573.

— (1926a [1925]): Hemmung, Symptom und Angst, Ges. Werke, Bd. XIV, S. 111—206.
— (1926b): Die Frage der Laienanalyse, Unterredung mit einem Unparteiischen, Ges. Werke, Bd. XIV, S. 207—296.
(1933 [1932]): Neue Folge der Vorlesungen zur Einführung in die Psychoanalyse, Ges. Werke, Bd. XV.
— (1937a): Die endliche und die unendliche Analyse. Ges. Werke, Bd. XVI.
— (1937b): Konstruktionen in der Analyse, Ges. Werke, Bd. XVI.
— (1940a [1938]): Die Ichspaltung im Abwehrvorgang, Ges. Werke, Bd. XVII, S. 47—62.
— (1940b [1938]): Abriß der Psychoanalyse, Ges. Werke, Bd. XVII, S. 63—138.
Friedman, L. J. (1953): Defensive Aspects of Orality, Int. J. Psycho-Anal., 34, 304—312.
— (1954): Regressive Reaction to the Interpretation of a Dream, J. Amer. Psychoanal. Assn., 2, 514—518.
Fromm-Reichmann, F. (1950): Principles of Intensive Psychotherapy, Chicago, University of Chicago Press. (Intensive Psychotherapie, Grundzüge und Technik, Stuttgart, Hippokrates, 1959)
— (1954): Psychoanalytic and General Dynamic Conceptions of Theory and of Therapy: Differences and Similarities, J. Amer. Psychoanal. Assn. 2, 711—721.
— (1955): Clinical Significances of Intuitive Processes of the Psychoanalyst, J. Amer. Psychoanal. Assn., 3, 82—88.
Frosch, J. (1959): Transference Derivatives of the Family Romance, J. Amer. Psychoanal. Assn., 7, 503—522.
Geleerd, E. R. (1957): Some Aspects of Psychoanalytic Technique in Adolescence, The Psychoanalytic Study of the Child, 12, 263—283.
Gero, G. (1951): The Concept of Defense, Psychoanal. Quart., 20, 565—578.
— (1953): Defenses and Symptom Formation, J. Amer. Psychoanal. Assn., 1, 87—103.
Gifford, S. (1964): Panel report: Repetition Compulsion, J. Amer. Psychoanal. Assn., 12, 632—649.
Gill, M. M. (1951): Ego Psychology and Psychotherapy, Psychoanal. Quart., 20, 62—71.
— (1954): Psychoanalysis and Exploratory Psychotherapy, J. Amer. Psychoanal. Assn., 2, 771—797.
— (1963): Topography and Systems in Psychoanalytic Theory [Psychological Issues, Monogr. 10], New York, International Universities Press.
R. Newman u. F. C. Redlich (1954): The Initial Interview in Psychiatric Practice, New York, International Universities Press.
Gillespie, W. H. (1958): Neurotic Ego Distortion, Int. J. Psycho-Anal., 39, 258—259. (Deutsch in Psyche 13, 1959)
Gitelson, M. (1948): Problems of Psychoanalytic Training, Psychoanal. Quart., 17, 198—211.
— (1951), Psychoanalysis and Dynamic Psychiatry: Arch. Neurol. & Psychiat., 66, 280—288.
— (1952): The Emotional Position of the Analyst in the Psycho-Analytic Situation, Int. J. Psycho-Anal., 33, 1—10.

— (1954): Therapeutic Problems in the Analysis of the 'Normal' Candidate, Int. J. Psycho-Anal., 35, 174—183.
— (1958): On Ego Distortion, Int. J. Psycho-Anal., 39, 245—257.
— (1964): On the Identity Crisis in American Psychoanalysis, J. Amer. Psychoanal. Assn., 12, 451—476.
— et al. (1962): The Curative Factors in Psycho-Analysis, Int. J. Psycho-Anal., 43, 194—234.
Glover, E. (1939), Psycho-Aanalysis: A Handbook for Medical Practitioners and Students of Comparative Psychology. New York u. London, Staples Press.
— (1955 [1928, 1940]): The Technique of Psycho-Analysis, New York, International Universities Press.
— (1958): Ego Distortion, Int. J. Psycho-Anal., 39, 260—264. (Deutsch in Psyche 13, 1959)
Gostynski, E. (1951): A Clinical Contribution to the Analysis of Gestures, Int. J. Psycho-Anal., 32, 310—318.
Greenacre, Ph. (1948): Symposium on the Evaluation of Therapeutic Results (C. P. Oberndorf, Ph. Greenacre, L. Kubie), Int. J. Psycho-Anal., 29, 11—14, 32.
— (1950): General Problems of Acting Out. Trauma, Crowth, and Personality, New York, Norton, 1952, S. 224—236.
— (1954): The Role of Transference: Practical Considerations in Relation to Psychoanalytic Therapy, J. Amer. Psychoanal. Assn., 2, 671—684.
— (1956): Re-evaluation of the Process of Working Through, Int. J. Psycho-Anal., 37, 439—444.
— (1958): Toward an Understanding of the Physical Nucleus of Some Defence Reactions, Int. J. Psycho-Anal., 39, 69—76.
— (1959): Certain Technical Problems in the Transference Relationship, J. Amer. Psychoanal. Assn. 7, 484—502.
— (1960): Considerations Regarding the Parent-Infant Relationship, Int. J. Psycho-Anal., 41, 571—584.
— (1961): A Critical Digest of the Literature on Selection of Candidates for Psychoanalytic Training, Psychoanal. Quart., 30, 28—55.
— (1966a): Problems of Training Analysis, Psychoanal. Quart., 35, 540—567.
— (1966b): Problems of Overidealization of the Analyst and of Analysis: Their Manifestations in the Transference and Countertransference Relationship, The Psychoanalytic Study of the Child, 21, 193—212.
Greenson, R. R. (1950): The Mother Tongue and the Mother, Int. J. Psycho-Anal., 31, 18—23.
— (1953): On Boredom, J. Amer. Psychoanal. Assn., 1, 7—21.
— (1954): The Struggle against Identification, J. Amer. Psychoanal. Assn., 2, 200—217.
— (1958a): On Screen Defenses, Screen Hunger and Screen Identity, J. Amer. Psychoanal. Assn., 6, 242—262.
— (1958b): Variations in Classical Psycho-Analytic Technique: An Introduction, Int. J. Psycho-Anal., 39, 200—201.
— (1959a): Phobia, Anxiety and Depression, J. Amer. Psychoanal. Assn. 7, 663—674.
— (1959b): The Classic Psychoanalytic Approach, American Handbook of Psychiatry, hrsg. v. S. Arieti, New York, Basic Books, S. 1399—1416.
— (1960): Empathy and Its Vicissitudes, Int. J. Psycho-Anal., 41, 418—424.

— (1961): On the Silence and Sounds of the Analytic Hour, J. Amer. Psychoanal. Assn., 9, 79—84.
— (1962): On Enthusiasm, J. Amer. Psychoanal. Assn., 10, 3—21.
— (1965a): The Working Alliance and the Transference Neurosis, Psychoanal. Quart., 34, 155—181. (Das Arbeitsbündnis und die Übertragungsneurose, Psyche, 20, 1966, 81—103)
— (1965b): The Problem of Working Through. In: Drives, Affects, Behavior, hrsg. v. M. Schur, New York, International Universities Press, 2, 277—314
— (1966): That "Impossible" Profession, J. Amer. Psychoanal. Assn., 14, 9—27.
— et al. (1958): Variations in Classical Psycho-Analytic Technique, Int. J. Psycho-Anal., 39, 200—242.
Grinstein, A. (1955): Vacations: A Psycho-Analytic Study, Int. J. Psycho-Anal., 36, 177—186.
Gross, A. (1951): The Secret, Bull. Menninger Clin., 15, 37—44.
Grotjahn, M. (1950): About the "Third Ear" in Psychoanalysis, Psychoanal. Rev., 37, 56—65.
— (1954): About the Relation between Psycho-Analytic Training and Psycho-Analytic Therapy, Int. J. Psycho-Anal., 35, 254—262.
Guntrip, H. (1961): Personality Structure and Human Interaction, New York, International Universities Press.
Guttman, S. A. (1960): Panel report: Criteria for Analyzability, J. Amer. Psychoanal. Assn., 8, 141—151.
Haak, N. (1957): Comments on the Analytical Situation, Int. J. Psycho-Anal., 38, 183—195.
Hartmann, H. (1939): Ego Psychology and the Problem of Adaptation, New York, International Universities Press, 1958. (Deutsche Originalfassung: Ich-Psychologie und Anpassungsproblem, Stuttgart, Klett, [2]1970)
— (1947): On Rational and Irrational Action, Essays on Ego Psychology, New York, International Universities Press, 1964, S. 37—68.
— (1950): Comments on the Psychoanalytic Theory of Ego, Essays on Ego Psychology, New York, International Universities Press, 1964, S. 113—141.
— (1951): Technical Implications of Ego Psychology, Essays on Ego Psychology, New York, International Universities Press, 1964, S. 142—154.
— (1955): Notes on the Theory of Sublimation, Essays on Ego Psychology, New York, International Universities Press, 1964, S. 215—240. (Deutsch in Psyche 22, 1968)
— (1956): The Development of the Ego Concept in Freud's Work, Essays on Ego Psychology, New York, International Universities Press, 1964, S. 268—296. (Die Entwicklung des Ich-Begriffs bei Freud, Psyche 18, 1964, 420—444)
— (1964): Essays on Ego Psychology: Selected Problems in Psychoanalytic Theory, New York, International Universities Press. (Deutsche Übersetzung: Ich-Psychologie, Stuttgart, Klett, 1972)
— u. E. Kris (1945): The Genetic Approach in Psychoanalysis, The Psychoanalytic Study of Child, 1, 11—30. (Deutsch in Psyche 3, 1949)
— u. R. M. Loewenstein (1964): Comments on the Formation of Psychic Structure, The Psychoanalytic Study of the Child, 2, 11—38.
Heide, C. van der (1961): Blank Silence and the Dream Screen, J. Amer. Psychoanal. Assn., 9, 85—90.
Heimann, P. (1950): On Counter-Transference, Int. J. Psycho.-Anal., 31, 81—84.

— (1954): Problems of the Training Analysis, Int. J. Psycho-Anal., 35, 163—168.
— (1956): Dynamics of Transference Interpretations, Int. J. Psycho-Anal., 37, 303—310. (Deutsch in Psyche 11, 1957)
Hendrick, I. (1934): Facts and Theories of Psychoanalysis, New York, Knopf.
— (1942): Instinct and the Ego during Infancy, Psychoanal. Quart., 11, 33—58.
— (1951): Early Development of the Ego: Identification in Infancy, Psychoanal. Quart., 20, 44—61.
Hill, L. B. (1951): Anticipation of Arousing Specific Neurotic Feelings in the Psychoanalyst, Psychiatry, 14, 1—8.
Hoffer, W. (1949): Mouth, Hand, and Ego-Integration, The Psychoanalytic Study of the Child, 3/4, 49—56. (Deutsch in Psyche 18, 1964)
— (1950): Three Psychological Criteria for the Termination of Treatment, Int. J. Psycho-Anal., 31, 194—195.
— (1952): The Mutual Influences in the Development of Ego and Id: Earliest Stages: The Psychoanalytic Study of the Child, 7, 31—41.
— (1954): Defensive Process and Defensive Organization, Int. J. Psycho-Anal., 35, 194—198.
— (1956): Transference and Transference Neuroses, Int. J. Psycho-Anal., 37, 377—379.
Isaacs, S. (1948): The Nature and Function of Phantasy. In: Developments in Psycho-Analysis, by M. Klein et al. London, Hogarth Press, 1952, S. 67—121.
Jacobson, E. (1950): Contribution to the Metapsychology of Cyclothymic Depression. In: Affective Disorders, hrsg. v. Ph. Greenacre, New York, International Universities Press, S. 49—83.
— (1954): Transference Problems in the Psychoanalytic Treatment of Severely Depressive Patients, J. Amer. Psychoanal. Assn., 2, 595—606.
— (1964): The Self and the Object World, New York, International Universities Press.
James, M. (1964): Interpretation and Management in the Treatment of Preadolescents, Int. J. Psycho-Anal., 45, 499—511.
Jokl, R. H. (1950): Psychic Determinism and Preservation of Sublimation in Classical Psychoanalytic Procedure, Bull. Menninger Clin., 14, 207—219.
Jones, E. (1953): The Life and Work of Sigmund Freud, Bd. I, New York, Basic-Books.
— (1955): The Life and Work of Sigmund Freud, Bd. II, New York, Basic Books.
— (1957): The Life and Work of Sigmund Freud, Bd. III, New York, Basic Books. (Leben und Werk von Sigmund Freud, 3 Bde., Bern, Huber, 1960 ff.)
Kairys, D. (1964): The Training Analysis: A Critical Review of the Literature and a Controversial Proposal, Psychoanal. Quart., 33, 485—512.
Kanzer, M. (1953): Past and Present in the Transference, J. Amer. Psychoanal. Assn., 1, 144—154.
— (1957): Panel report: Acting Out and Its Relation to Impulse Disorders, J. Amer. Psychoanal. Assn., 5, 136—145.
— (1961): Verbal and Nonverbal Aspects of Free Association, Psychoanal. Quart. 30, 327—350.
Katan, M. (1954): The Importance of the Non-psychotic Part of the Personality in Schizophrenia, Int. J. Psycho.-Anal., 35, 119—128.

— (1958): Contribution to the Panel on Ego-Distortion ('As-If' and 'Pseudo As-If'), Int. J. Psycho-Anal., 39, 265—270.
Keiser, S. (1958): Disturbances in Abstract Thinking and Body-Image Formation, J. Amer. Psychoanal. Assn. 6, 628—652.
Khan, M. M. R. (1960): Regression and Integration in the Analytic Setting, Int. J. Psycho-Anal., 41, 130—146.
— (1962): Dream Psychology and the Evolution of the Psycho-Analytic Situation, Int. J. Psycho-Anal., 43, 21—31.
— (1963a): The Concept of Cumulative Trauma, The Psychoanalytic Study of the Child, 18, 286—306.
— (1963b): Silence as Communication, Bull. Menninger Clin., 27, 300—317.
— (1964): Ego Distortion, Cumulative Trauma, and the Role of Reconstruction in the Analytic Situation, Int. J. Psycho-Anal., 45, 272—278.
Klein, M. (1932): The Psycho-Analysis of Children, London, Hogarth Press, 1949. (Deutsche Originalausgabe: Die Psychoanalyse des Kindes, Internationaler Psychoanalytischer Verlag)
— (1950): On the Criteria for the Termination of a Psycho-Analysis, Int. J. Psycho-Anal., 31, 78—80.
— (1952): The Origins of Transference, Int. J. Psycho-Anal., 33, 433—438.
— (1961): Narrative of a Child Analysis, London, Hogarth Press.
— P. Heimann, S. Isaacs u. J. Riviere (1952): Developments in Psycho-Analysis, London, Hogarth Press.
— — u. R. Money-Kyrle, Hrsg. (1955): New Directions in Psycho-Analysis, New York, Basic Books
P. H. Knapp, S. Levin, R. H. McCarter, H. Wermer u. E. R. Zetzel (1960): Suitability for Psychoanalysis: A Review of 100 Supervised Analytic Cases, Psychoanal. Quart., 29, 459—477.
Knight, R. P. (1949): A Critique of the Present Status of the Psychotherapies, Psychoanalytic Psychiatry and Psychology, hrsg. v. R. P. Knight u. C. R. Friedman, New York, International Universities Press, 1954, S. 52—64.
— (1952): An Evaluation of Psychotherapeutic Techniques, Psychoanalytic Psychiatry and Psychology, hrsg. v. R. P. Knight u. C. R. Friedman, New York, International Universities Press, 1954, S. 65—76.
— (1953a): The Present Status of Organized Psychoanalysis in the United States, J. Amer. Psychoanal. Assn., 1, 197—221.
— (1953b): Borderline States, Psychoanalytic Psychiatry and Psychology, hrsg. v. R. P. Knight u. C. R. Friedman, New York, International Universities Press, 1954, S. 97—109.
Kohut, H. (1957): Panel report: Clinical and Theoretical Aspects of Resistance, J. Amer. Psychoanal. Assn., 5, 548—555.
— (1959): Introspection, Empathy and Psychoanalysis, J. Amer. Psychoanal. Assn., 7, 459—483.
Krapf, E. E. (1955): The Choice of Language in Polyglot Psychoanalysis, Psychoanal. Quart., 24, 343—357. (Deutsch in Psyche 9, 1955)
— (1956): Cold and Warmth in the Transference Experience, Int. J. Psycho-Anal., 37, 389—391. (Deutsch in Psyche 10, 1956)
Kris, E. (1934): The Psychology of Caricature, Psychoanalytic Explorations in Art, New York, International Universities Press, 1952, S. 173—188. (Deutsche Originalfassung: Zur Psychologie der Karikatur, Imago, 20)

— (1950): On Preconscious Mental Processes, Psychoanalytic Explorations in Art, New York, International Universities Press, 1952, S. 303—318.
— (1951): Ego Psychology and Interpretation in Psychoanalytic Therapy, Psychoanal. Quart., 20, 15—30.
— (1952): Explorations in Art, New York, International Universities Press.
— (1956a): On Some Vicissitudes of Insight in Psycho-Analysis, Int. J. Psycho-Anal., 37, 445—455.
— (1956b): The Recovery of Childhood Memories in Psychoanalysis, The Psychoanalytic Study of the Child, 11, 54—88.
Kubie, L. S. (1939): A Critical Analysis of the Concept of a Repetition Compulsion, Int. J. Psycho-Anal., 20, 390—402.
— (1941): The Repetitive Core of Neurosis, Psychoanal. Quart., 10, 23—43.
— (1950): Practical and Theoretical Aspects of Psychoanalysis, New York, International Universities Press.
— (1958): Research into the Process of Supervision in Psychoanalysis, Psychoanal. Quart., 27, 226—236.
Kut, S. (1953): The Changing Pattern of Transference in the Analysis of an Eleven-year-old Girl, The Psychoanalytic Study of the Child, 8, 355—378.
Lagache, D. (1953): Some Aspects of Transference, Int. J. Psycho-Anal., 34, 1—10.
Lampl-de Groot, J. (1954): Problems of Psycho-Analytic Training, Int. J. Psycho-Anal., 35, 184—187.
— (1956): The Role of Identification in Psycho-Analytic Procedure, Int. J. Psycho-Anal., 37, 456—459.
— (1957): On Defense and Development: Normal and Pathological, The Psychoanalytic Study of the Child, 12, 114—126.
— (1963): Symptom Formation and Character Formation, Int. J. Psycho-Anal., 44, 1—11.
Langer, M. (1962): Selection Criteria for the Training of Psycho-Analytic Students, Int. J. Psycho-Anal., 43, 272—276.
Leeuw, P. J. van der (1962): Selection Criteria for the Training of Psycho-Analytic Students, Int. J. Psycho-Anal., 43, 277—282.
Levy, K. (1958): Silence in the Analytic Session, Int. J. Psycho-Anal., 39, 50—58.
Lewin, B. D. (1946): Training in Psychoanalysis, Amer. J. Orthopsychiat., 16, 427—429.
— (1948): The Nature of Reality, the Meaning of Nothing: With an Addendum on Concentration, Psychoanal. Quart., 17, 524—526.
— (1950): The Psychoanalysis of Elation, New York, Norton.
— (1953): The Forgetting of Dreams. In: Drives, Affects, Behavior, hrsg. v. R. M. Loewenstein, New York, International Universities Press, 1, 191—202.
— (1954): Sleep, Narcissistic Neurosis, and the Analytic Situation, Psychoanal. Quart., 23, 487—510.
— (1955): Dream Psychology and the Analytic Situation, Psychoanal. Quart., 24, 169—199.
— (1959): The Analytic Situation: Topographic Considerations, Psychoanal. Quart., 28, 455—469.
— u. H. Ross (1960): Psychoanalytic Education in the United States, New York, Norton.

Lichtenstein, H. (1961): Identity and Sexuality, J. Amer. Psychoanal Assn. 9, 179—260.
Little, M. (1951): Counter-Transference and the Patient's Response to It, Int. J. Psycho-Anal., 32, 32—40.
— (1958): On Delusional Transference (Transference Psychosis), Int. J. Psycho-Anal., 39, 134—138. (Über wahnhafte Übertragung, Psyche 12, 1958, 258—269)
Loewald, H. W. (1952): The Problem of Defence and the Neurotic Interpretation of Reality, Int. J. Psycho-Anal., 33, 444—449.
— (1955): Hypnoid State, Repression, Abreaction and Recollection, J. Amer. Psychoanal. Assn., 3, 201—210.
— (1960): On the Therapeutic Action of Psycho-Analysis, Int. J. Psycho-Anal., 41, 16—33.
Loewenstein, R. M. (1951): The Problem of Interpretation, Psychoanal. Quart., 20, 1—14. (Das Problem der Deutung, Psyche 22, 1968, 187—198)
— (1954): Some Remarks on Defences, Autonomous Ego and Psycho-Analytic Technique, Int. J. Psycho-Anal., 35, 188—193.
— (1956): Some Remarks on the Role of Speech in Psycho-Analytic Technique, Int. J. Psycho-Anal., 37, 460—468.
— (1958a): Remarks on Some Variations in Psycho-Analytic Technique, Int. J. Psycho-Anal., 39, 202—210. (Deutsch in Psyche 13, 1960)
— (1958b): Variations in Classical Technique: Concluding Remarks, Int. J. Psycho-Anal., 39, 240—242. (Deutsch in Psyche 13, 1960)
— (1961): The Silent Patient: Introduction, J. Amer. Psychoanal. Assn., 9, 2—6.
— (1963): Some Considerations on Free Association, J. Amer. Psychoanal. Assn., 11, 451—473.
Loomie, L. S. (1961): Some Ego Considerations in the Silent Patient, J. Amer. Psychoanal. Assn., 9, 56—78.
Lorand, S. (1946): Technique of Psychoanalytic Therapy, New York, International Universities Press.
— u. W. A. Console (1958): Therapeutic Results in Psycho-Analytic Treatment Without Fee, Int. J. Psycho-Anal., 39, 59—64.
Macalpine, I. (1950): The Development of the Transference, Psychoanal. Quart., 19, 501—539.
Mahler, M. S. (1963): Thoughts about Development and Individuation, The Psychoanalytic Study of the Child, 18, 307—324.
— (1965): On the Significance of the Normal Separation-Individuation Phase. In: Drives, Affects, Behavior, hrsg. v. M. Schur, New York, International Universities Press, 2, 161—169.
— u. K. La Perriere (1965): Mother-Child Interaction during Separation-Individuation, Psychoanal. Quart., 34, 483—498.
Marmor, J. (1958): The Psychodynamics of Realistic Worry, Psychoanalysis and the Social Sciences, 5, 155—163, New York, International Universities Press.
Martin, P. A. (1964): Psychoanalytic Aspects of That Type of Communication Termed "Small Talk", J. Amer. Psychoanal. Assn., 12, 392—400.
Meerloo, J. A. M. u. M. L. Coleman (1951): The Transference Function: A Study of Normal and Pathological Transference, Psychoanal. Rev., 38, 205—221.

Menninger, K. A. (1958): Theory of Psychoanalytic Technique, New York, Basic Books.
Milner, M. (1950): A Note on the Ending of an Analysis, Int. J. Psycho-Anal., 31, 191—193.
Mittelmann, B. (1948): The Concurrent Analysis of Married Couples, Psychoanal. Quart., 17, 182—197.
Money-Kyrle, R. (1956): Normal Counter-Transference and Some of Its Deviations, Int. J. Psycho-Anal., 37, 360—366.
Nacht, S. (1954): The Difficulties of Didactic Psycho-Analysis in Relation to Therapeutic Psycho-Analysis, Int. J. Psycho-Anal., 35, 250—253.
— (1957): Technical Remarks on the Handling of the Transference Neurosis, Int. J. Psycho-Anal., 38, 196—202.
— (1958a): Variations in Technique, Int. J. Psycho-Anal., 39, 235—237.
— (1958b): Causes and Mechanisms of Ego Distortion, Int. J. Psycho-Anal., 39, 271—273.
— (1962): The Curative Factors in Psycho-Analysis, Int. J. Psycho-Anal., 43, 206—211.
— (1964): Silence as an Integrative Factor, Int. J. Psycho-Anal., 45, 299—303.
— Lebovici, S. u. R. N. Diatkine (1961): Training for Psycho-Analysis, Int. J. Psycho-Anal., 42, 110—115.
Nagera, H. (1966): Early Childhood Disturbances, the Infantile Neurosis, and the Adulthood Disturbances: Problems of a Developmental Psychoanalytic Psychology [The Psychoanalytic Study of the Child, Monogr. 2], New York, International Universities Press.
Nielsen, N. (1954): The Dynamics of Training Analysis, Int. J. Psycho-Anal., 35, 247—249.
Novey, S. (1962): The Principle of "Working Through" in Psychoanalysis, J. Amer. Psychoanal. Assn., 10, 658—676.
Nunberg, H. (1932): Principles of Psychoanalysis, New York, International Universities Press, 1955. (Allgemeine Neurosenlehre auf psychoanalytischer Grundlage, Bern u. Berlin, Huber)
— (1951): Transference and Reality, Int. J. Psycho-Anal., 32, 1—9.
Olden, C. (1953): On Adult Empathy with Children, The Psychoanalytic Study of the Child, 8, 111—126.
— (1958): Notes on the Development of Empathy, The Psychoanalytic Study of the Child, 13, 505—518.
Olinick, S. L. (1954): Some Considerations of the Use of Questioning as a Psychoanalytic Technique, J. Amer. Psychoanal. Assn., 2, 57—66.
Orens, M. H. (1950): Setting a Termination Date: An Impetus to Analysis, J. Amer. Psychoanal. Assn., 3, 651—665.
Orr, D. W. (1954): Transference and Countertransference: A Historical Survey, J. Amer. Psychoanal. Assn., 2, 621—670.
Payne, S. (1950): Short Communication on Criteria for Terminating of Analysis, Int. J. Psycho-Anal., 31, 205.
Pious, W. L. (1950): Obsessive-compulsive Symptoms in an Incipient Schizophrenic, Psychoanal. Quart., 19, 327—351.
Racker, H. (1953): A Contribution to the Problem of Counter-Transference, Int. J. Psycho-Anal., 34, 313—324.
— (1954): Notes on the Theory of Transference, Psychoanal. Quart., 23, 78—86.

— (1957): The Meanings and Uses of Countertransference, Psychoanal. Quart., 26, 303—357.
Ramzy, I. (1961): The Range and Spirit of Psycho-Analytic Technique, Int. J. Psycho-Anal., 42, 497—501.
Rangell, L. (1954): Similarities and Differences between Psychoanalysis and Dynamic Psychotherapy, J. Amer. Psychoanal. Assn., 2, 734—744.
— (1959): The Nature of Conversion, J. Amer. Psychoanal. Assn., 7, 632—662.
Rapaport, D. u. M. M. Gill (1959): The Points of View and Assumptions of Metapsychology, Int. J. Psycho-Anal., 40, 153—162.
Rappaport, E. A. (1956): The Management of an Eroticized Transference, Psychoanal. Quart., 25, 515—529.
Redl, F. u. D. Wineman (1951): Children Who Hate, Glencoe, Ill., Free Press.
Reich, A. (1951): On Counter-Transference, Int. J. Psycho-Anal., 32, 25—31.
— (1958): A Special Variation of Technique, Int. J. Psycho-Anal., 39, 230—234. (Deutsch in Psyche 13, 1960)
Reich, W. (1928): On Character Analysis. In: The Psychoanalytic Reader, hrsg. v. R. Fliess, New York, International Universities Press, 1948, 1, 129—147. (Über Charakteranalyse, Int. Z. f. Psychoanalyse, 14, 180—196)
— (1929): The Genital Character and the Neurotic Character. In: The Psychoanalytic Reader, hrsg. v. R. Fliess, New York, International Universities Press, 1948, 1, 148—169. (Der genitale und neurotische Charakter, Int. Z. f. Psychoanalyse, 15, 435—455)
Reider, N. (1950): The Concept of Normality, Psychoanal. Quart., 19, 43—51.
— (1953a): A Type of Transference to Institutions, Bull. Menninger Clin., 17, 58—63.
— (1953b): Reconstruction and Screen Function, J. Amer. Psychoanal. Assn., 1, 389—405.
— (1957): Transference Psychosis, J. Hillside Hosp., 6, 131—149.
Reik, Th. (1937): Surprise and the Psychoanalyst, New York, Dutton.
— (1948): Listening with the Third Ear, New York, Farrar, Straus.
Rexford, E. N., Hrsg. (1966): A Developmental Approach to Problems of Acting Out: A Symposium, New York, International Universities Press.
Rickman, J. (1950): On the Criteria for the Termination of an Analysis, Int. J. Psycho-Anal., 31, 200—201.
Robbins, L. L. (1956): Panel report: The Borderline Case, J. Amer. Psychoanal. Assn., 4, 550—562.
Rosen, V. H. (1958): The Initial Psychiatric Interview and the Principles of Psychotherapy, J. Amer. Psychoanal. Assn., 6, 154—167.
— (1960): Some Aspects of the Role of Imagination in the Analytic Process, J. Amer. Psychoanal. Assn., 8, 229—251.
Rosenberg [Zetzel], E. (1949): Anxiety and the Capacity to Bear It, Int. J. Psycho-Anal., 30, 1—12.
Rosenfeld, H. (1952): Transference-Phenomena and Transference-Analysis in an Acute Catatonic Schizophrenic Patient, Int. J. Psycho-Anal., 33, 457—464.
— (1954): Considerations Regarding the Psycho-Analytic Approach to Acute and Chronic Schizophrenia, Int. J. Psycho-Anal., 35, 135—140. (Zur psychoanalytischen Behandlung akuter und chronischer Schizophrenie, Psyche 9, 1955, 161—171)
— (1958): Contribution to the Discussion on Variations in Classical Technique, Int. J. Psycho-Anal., 39, 238—239.

Ross, N. (1960): Panel Report: An Examination of Nosology according to Psychoanalytic Concepts, J. Amer. Psychoanal. Assn., 8, 535—551.
Rowley, J. L. (1951): Rumpelstilzkin in the Analytical Situation, Int. J. Psycho-Anal., 32, 190—195.
Rubinfine, D. L. (1958): Panel report: Problems of Identity, J. Amer. Psychoanal. Assn., 6, 131—142.
Rycroft, C. (1956): The Nature and Function of the Analyst's Communication to the Patient, Int. J. Psycho-Anal., 37, 469—472.
— (1958): An Enquiry into the Function of Words in the Psycho-Analytical Situation, Int. J. Psycho-Anal., 39, 408—415.
Sachs, H. (1947): Observations of a Training Analyst, Psychoanal. Quart., 16, 157—168.
Saul, L. (1958): Technic and Practice of Psychoanalysis, New York, J. B. Lippincott.
Schafer, R. (1959): Generative Empathy in the Treatment Situation, Psychoanal. Quart., 28, 342—373.
— (1964): The Clinical Analysis of Affects, J. Amer. Psychoanal. Assn., 12, 275—299.
Schmideberg, M. (1950): Infant Memories and Constructions, Psychoanal. Quart., 19, 468—481.
— (1953): A Note on Transference, Int. J. Psycho-Anal., 34, 199—201.
Schur, M. (1953): The Ego in Anxiety. In: Drives, Affects, Behavior, hrsg. v. R. M. Loewenstein. New York, International Universities Press, 1, 67—103.
— (1955): Comments on the Metapsychology of Somatization, The Psychoanalytic Study of the Child, 10, 119—164.
— (1960): Phylogenesis and Ontogenesis of Affect, and Structur-Formation and the Phenomenon of Repetition Compulsion, Int. J. Psycho-Anal., 41, 275—287. (Deutsch in Psyche 14, 1961)
— (1966): The Id and the Regulatory Principles of Mental Functioning, New York, International Universities Press.
Scott, W. C. M. (1952): Patients Who Sleep or Look at the Psycho-Analyst during Treatment: Technical Considerations, Int. J. Psycho-Anal., 33, 465—469.
— (1958): Noise, Speech and Technique, Int. J. Psycho-Anal., 39, 108—111.
Searles, H. F. (1960): The Nonhuman Environment in Normal Development and in Schizophrenia, New York, International Universities Press.
— (1965): Collected Papers on Schizophrenia and Related Subjects, New York, International Universities Press.
Sèchehaye, M. A. (1956): The Transference in Symbolic Realization, Int. J. Psycho-Anal., 37, 270—277. (Deutsch in Psyche 10, 1956)
Segal, H. (1964): Introduction to the Work of Melanie Klein, New York, Basic Books.
Servadio, E. (1956): Transference and Thought-Transference, Int. J. Psycho-Anal., 37, 392—395.
Sharpe, E. F. (1930): The Technique of Psycho-Analysis, Collected Papers on Psycho-Analysis, London, Hogarth Press, 1950, S. 9—106.
— (1940): Psycho-Physical Problems Revealed in Language: An Examination of Metaphor, Collected Papers on Psycho-Analysis, London, Hogarth Press, 150, S. 155—169.

— (1947): The Psycho-Analyst, Collected Papers on Psycho-Analysis, London, Hogarth Press, 1950, S. 109—122.
Silverberg, W. V. (1948): The Concept of Transference, Psychoanal. Quart., 17, 303—321.
— (1955): Acting Out versus Insight: A Problem in Psychoanalytic Technique, Psychoanal. Quart., 24, 527—544.
Simmel, E. (1926): The "Doctor Game", Illness, and the Profession of Medicine. In: The Psychoanalytic Reader, hrsg. v. R. Fliess, New York, International Universities Press, 1949, 1, 291—305. (Doktorspiel, Kranksein und Arztberuf, Int. Z. f. Psychoanalyse, 12, 538—539)
Sperling, S. J. (1958): On Denial and the Essential Nature of Defence, Int. J. Psycho-Anal., 39, 25—38.
Spiegel, L. A. (1954): Acting Out and Defensive Instinctual Gratification, J. Amer. Psychoanal. Assn., 2, 107—119.
Spitz, R. A. (1956a): Countertransference: Comments on Its Varying Role in the Analytic Situation, J. Amer. Psychoanal. Assn., 4, 256—265.
— (1956b): Transference: The Analytical Setting and Its Prototype, Int. J. Psycho-Anal., 37, 380—385.
— (1957): No and Yes: On the Genesis of Human Communication, New York, International Universities Press. (Deutsche Übersetzung: Nein und Ja, Stuttgart, Klett, [2]1970)
— (1965): The First Year of Life, New York, International Universities Press. (Deutsche Übersetzung: Vom Säugling zum Kleinkind, Stuttgart, Klett, [2]1969)
Stein, M. H. (1958): The Cliché, J. Amer. Psychoanal. Assn., 6, 263—277.
Sterba, R. F. (1929): The Dynamics of the Dissolution of the Transference Resistance, Psychoanal. Quart., 9, 363—379, 1940. (Zur Dynamik der Bewältigung des Übertragungswiderstandes, Int. Z. f. Psychoanalyse, 15, 456—470)
— (1934): The Fate of the Ego in Analytic Therapy, Int. J. Psycho-Anal., 15, 117—126. (Das Schicksal des Ichs im therapeutischen Verfahren, Int. Z. f. Psychoanalyse, 20, 66—73)
— (1951): Character and Resistance, Psychoanal. Quart., 20, 72—76.
— (1953): Clinical and Therapeutic Aspects of Character Resistance, Psychoanal. Quart., 22, 1—20.
Stern, A. (1948): Transference in Borderline Neuroses, Psychoanal. Quart., 17, 527—528.
Stern, M. M. (1957): The Ego Aspect of Transference, Int. J. Psycho-Anal., 38, 146—157.
Stewart, W. A. (1963): An Inquiry into Concept of Working Through, J. Amer. Psychoanal. Assn., 11, 474—499.
Stone, L. (1951): Psychoanalysis and Brief Psychotherapy, Psychoanal. Quart., 20, 215—236.
— (1954a): On the Principal Obscene Word of the English Language, Int. J. Psycho-Anal., 35, 30—56.
— (1954b): The Widening Scope of Indications for Psychoanalysis, J. Amer. Psychoanal. Assn., 2, 567—594.
— (1961): The Psychoanalytic Situation, New York, International Universities Press.
Strachey, J. (1934): The Nature of the Therapeutic Action of Psycho-Analysis, Int. J. Psycho-Anal., 15, 127—159.

— (1958): Editor's Introduction to Freud's Papers on Technique, Standard Edition, 12, 85—88.
Szasz, T. S. (1957): On the Experiences of the Analyst in the Psychoanalytic Situation: A Contribution to the Theory of Psychoanalytic Treatment, J. Amer. Psychoanal. Assn., 4, 197—223.
Tarachow, S. (1963): An Introduction to Psychotherapy, New York, International Universities Press.
Tartakoff, H. H. (1956): Recent Books on Psychoanalytic Technique: A Comparative Study [Glover: The Technique of Psychoanalysis; Wolstein: Transference; de Forest: The Leaven of Love; Braatøy: Fundamentals of Psychoanalytic Technique], J. Amer. Psychoanal. Assn., 4, 318—343.
Thorner, H. A. (1957): Three Defences against Inner Persecution. In: New Directions in Psychoanalysis, hrsg. v. M. Klein, P. Heimann, u. R. Money-Kyrle, New York, Basic Books, S. 282—306.
Tower, L. E. (1956): Countertransference, J. Amer. Psychoanal. Assn., 4, 224—255.
Waelder, R. (1936): The Problem of the Genesis of Psychical Conflicts in Earliest Infancy, Int. J. Psycho-Anal., 18, 406—473, 1937. (Zur Frage der psychischen Konflikte im frühen Kindesalter, Int. Z. f. Psychoanalyse, XXIII, 513—570)
— (1956): Introduction to the Discussion on Problems of Transference, Int. J. Psycho-Anal., 37, 367—368.
— (1958): Neurotic Ego Distortion: Opening Remarks to the Panel Discussion, Int. J. Psycho-Anal., 39, 243—244.
— (1960): Basic Theory of Psychoanalysis, New York, International Universities Press. (Deutsche Übersetzung: Die Grundlagen der Psychoanalyse, Bern und Stuttgart, Huber und Klett, 1963)
— et al. (1956): Discussion of Problems of Transference, Int. J. Psycho-Anal., 37, 367—395.
Waldhorn, H. F. (1960): Assessment of Analyzability: Technical and Theoretical Oberservations: Psychoanal. Quart., 29, 478—506.
Weigert, E. (1952): Contribution to the Problem of Terminating Psychoanalyses, Psychoanal. Quart., 21, 465—480.
— (1954a): Counter-Transference and Self-Analysis of the Psycho-Analyst, Int. J. Psycho-Anal., 35, 242—246.
— (1954b): The Importance of Flexibility in Psychoanalytic Technique, J. Amer. Psychoanal. Assn., 2, 702—710.
— (1955): Special Problems in Connection with Termination of Training Analyses, J. Amer. Psychoanal. Assn., 3, 630—640.
Weiss, J. (1966): Panel report: Clinical and Theoretical Aspects of "As If" Characters, J. Amer. Psychoanal. Assn., 14, 569—590.
Wexler, M. (1951): The Structural Problem in Schizophrenia, Int. J. Psycho-Anal., 32, 157—166.
— (1960): Hypotheses Concerning Ego Deficiency in Schizophrenia, The Out-Patient Treatment of Schizophrenia, New York, Grune & Stratton, S. 33—43.
Wheelis, A. (1956a): Will and Psychoanalysis, J. Amer. Psychoanal. Assn., 4, 285—303.
— (1956b): The Vocational Hazards of Psycho-Analysis, Int. J. Psycho-Anal., 37, 171—184.

Windholz, E. (1955): Problems of Termination of the Training Analysis, J. Amer. Psychoanal. Assn., 3, 641—650.
Winnicott, D. W. (1949): Hate in the Counter-Transference, Int. J. Psycho-Anal., 30, 69—74.
— (1953): Transitional Objects and Transitional Phenomena, Int. J. Psycho-Anal., 34, 89—97.
— (1955): Metapsychological and Clinical Aspects of Regression within the Psycho-Analytical Set-up, Collected Papers, New York, Basic Books, 1958, S. 278—294.
— (1956a): On Transference, Int. J. Psycho-Anal., 37, 386—388.
— (1956b): The Antisocial Tendency, Collected Papers, New York, Basic Books, 1958, S. 306—315.
— (1957): Mother and Child, New York, Basic Books.
Wolfenstein, M. u. G. Kliman (1965): Children and the Death of the President, Garden City, N. Y., Doubleday.
Worden, F. G. (1955): A Problem in Psychoanalytic Technique, J. Amer. Psychoanal. Assn., 3, 255—279.
Zeligs, M. A. (1957): Acting In, J. Amer. Psychoanal. Assn., 5, 685—706.
— (1961): The Psychology of Silence: Its Role in Transference, Countertransference and the Psychoanalytic Process, J. Amer. Psychoanal. Assn., 9, 7—43.
Zetzel, E. R. (1953): Panel report: The Traditional Psychoanalytic Technique and Its Variations, J. Amer. Psychoanal. Assn., 1, 526—537.
— (1956): Current Concepts of Transference, Int. J. Psycho-Anal., 37, 369—376.
— (1963): The Significance of the Adaptive Hypothesis for Psychoanalytic Theory and Practice, J. Amer. Psychoanal. Assn., 11, 652—660.
— siehe auch E. Rosenberg.
Zilboorg, G. (1952a): The Emotional Problem and the Therapeutic Role of Insight, Psychoanal. Quart., 21, 1—24.
— (1952b): Some Sidelights on Free Associations, Int. J. Psycho-Anal., 33, 489—495. (Deutsch in Psyche 7, 1953)

Namenverzeichnis

Patienten

Sachverzeichnis

Otto F. Kernberg

Schwere Persönlichkeitsstörungen

Theorie, Diagnose, Behandlungsstrategien
Aus dem Amerikanischen von
Helga Steinmetz-Schünemann
Standardwerke der Psychoanalyse
1988. 539 Seiten, Leinen
ISBN 3-608-95417-1

„Der neue Star der ich-psychologischen Forschung heißt Otto F. Kernberg. Sein spezielles Arbeitsgebiet sind nicht die sozusagen alltagsüblichen Neurosen, sondern Persönlichkeitsstörungen wie schwerer Narzißmus, Regressionen und vor allem die Borderline-Patienten, die gleichsam an der Grenzlinie zur wirklichen Geisteskrankheit entlanggehen, ohne sie jemals wirklich zu überschreiten.

Obwohl Kernberg unter den psychoanalytisch arbeitenden Klinikern vielleicht derjenige ist, der sich am stärksten auf Freud bezieht, bricht er doch in seinem neuen Buch mit Tabus oder Klischeevorstellungen, die auch von Psychologen immer wieder zu hören sind. So die Auffassung, psychoanalytische Behandlung jenseits der vierzig sei wenig erfolgversprechend.

Wichtig bis in den politischen Bereich hinein ist Kernbergs Diskussion über das Phänomen der Aggression. Er vertritt eine dualistische Triebtheorie, betont also eine ursprüngliche, den Objektbeziehungen übergeordnete Rolle der Liebe und des Hasses in der Kindheitsentwicklung. Ein Ansatz, der, sollte er sich als zutreffend erweisen, Grundlage jeder Friedenserziehung sein müßte."

Stuttgarter Zeitung

KLETT-COTTA